해커스
전산회계 2급
2주 합격 이론+실무

해커스

이 책의 저자

이남호

학력
단국대학교 회계학과 졸업

경력
현 | 해커스금융 기초회계원리, 전산세무회계 강의
전 | KPMG 삼정회계법인(세무사업본부, Manager)

강의경력
현 | 한국생산성본부 회계·세무 실무강의

자격증
한국공인회계사(CPA), 세무사, 미국공인회계사(AICPA)

해커스
전산회계 2급
2주 합격
이론+실무+최신기출 15회분+무료특강

시험장에 꼭 가져가야 할

빈출분개 100선
핵심 미니북

해커스

계정과목 정리

'계정과목 정리'는 전산회계 2급 이론시험에서 계정을 분류하는 문제와 분개 관련 문제를 풀 때 필수적으로 알아야 하는 내용입니다. 본 부록을 항상 휴대하여 반복해서 암기하고, 시험장에도 꼭 가져가서 마지막까지 시험에 철저히 대비하길 바랍니다.

재무상태표 계정과목

1. 자산

(1) 유동자산

① 당좌자산

계정과목	내용
현금	통화(지폐, 동전)와 통화대용증권(타인발행수표, 자기앞수표, 우편환증서 등)
보통예금	수시로 자유로이 입·출금할 수 있는 통장식 은행예금
당좌예금	은행과의 당좌거래 약정에 의하여 당좌수표를 발행할 수 있는 예금
현금성자산	채무증권이나 금융상품 중에서 취득 당시에 만기가 3개월 이내인 것
현금및현금성자산	외부보고용 재무상태표에서 사용되는 통합 표시 계정으로서, '현금 + 요구불예금(보통예금, 당좌예금 등) + 현금성자산'을 말함
단기금융상품	만기가 결산일로부터 1년 이내에 도래하는 금융상품(정기예금, 정기적금, 양도성예금증서(CD), CMA 등)으로서 현금성자산이 아닌 것
단기매매증권	기업이 여유자금으로 단기간 내에 매매차익을 얻기 위하여 취득하는 유가증권(주식 등 지분증권, 회사채 등 채무증권)
단기대여금	차용증서를 받고 타인에게 빌려준 금전으로서 만기가 결산일로부터 1년 이내에 도래하는 것
외상매출금	기업의 주된 영업활동(일반적인 상거래)인 상품매출을 하고 아직 받지 않은 외상대금
받을어음	기업의 주된 영업활동(일반적인 상거래)인 상품매출을 하고 이에 대한 대금으로 상대방으로부터 받은 어음
매출채권	외부보고용 재무상태표에서 사용되는 통합 표시 계정으로서, '외상매출금 + 받을어음'을 말함
대손충당금	상대방의 파산 등의 사유로 인하여 외상매출금, 받을어음 등을 회수하지 못할 가능성을 추정하여 금액으로 표시하는 차감적 평가계정 참고 외상매출금, 받을어음 등의 차감계정
미수금	일반적인 상거래 이외의 거래에서 발생한 외상대금

계정과목	내용
미수수익	당기에 속하는 수익 중 차기에 회수될 예정인 것(미수이자, 미수임대료 등)으로서 기말 결산 시 발생주의에 따라 추가 계상하는 수익상당액
선급금	계약금 성격으로 미리 지급한 대금
선급비용	당기에 지급한 비용 중 차기 비용에 해당하는 부분(선급이자, 선급임차료, 선급보험료 등)으로서 기말 결산 시 발생주의에 따라 차감하는 비용상당액
소모품	소모품 구입 시 이를 자산으로 처리한 것
가지급금	금전을 지급하였으나 그 내용이 확정되지 않았을 경우 그 내용이 확정될 때까지 임시적으로 사용하는 계정과목
현금과부족	장부상 현금 잔액과 금고에 있는 실제 현금 잔액이 일치하지 않을 경우 그 원인이 밝혀질 때까지 임시적으로 사용하는 계정과목

② 재고자산

계정과목	내용
상 품	상기업의 주된 영업활동으로서 판매할 목적으로 외부로부터 완성품 형태로 구입한 물품
매입환출및에누리	구입한 상품 중 하자나 파손이 발견되어 해당 물품을 반품하거나 값을 깎는 것 참고 상품의 차감계정
매입할인	상품의 구매자가 외상매입대금을 조기에 지급하여 약정에 따라 할인 받는 것 참고 상품의 차감계정

(2) 비유동자산

① 투자자산

계정과목	내용
장기금융상품	만기가 결산일로부터 1년 이후에 도래하는 금융상품(정기예금, 정기적금 등)
장기대여금	차용증서를 받고 타인에게 빌려준 금전으로서, 만기가 결산일로부터 1년 이후에 도래하는 것
투자부동산	투자 목적으로, 즉 시세차익을 얻기 위하여 보유하는 토지, 건물 및 기타의 부동산

② 유형자산

계정과목	내용
토 지	영업활동에 사용할 목적으로 보유하는 대지, 임야, 전, 답 등
건 물	영업활동에 사용할 목적으로 보유하는 공장, 사무실, 창고 등으로서 냉난방, 조명, 기타 건물부속설비를 포함함
구축물	영업활동에 사용할 목적으로 보유하는 것으로서 토지 위에 정착된 건물 이외의 토목설비, 공작물 및 이들의 부속설비(교량, 도로포장, 굴뚝, 정원설비 등)

기계장치	영업활동에 사용할 목적으로 보유하는 기계장치, 운송설비 및 이들의 부속설비
차량운반구	영업활동에 사용할 목적으로 보유하는 승용차, 트럭, 오토바이 등
비품	영업활동에 사용할 목적으로 보유하는 컴퓨터, 복사기, 책상, 의자 등
건설중인자산	유형자산의 건설을 위하여 지출한 금액을 건설 완료 전까지 집계하기 위한 계정 (건설이 완료되면 건물 등 해당 계정으로 대체함)
감가상각누계액	건물, 구축물, 기계장치, 차량운반구, 비품 등 유형자산에 대하여 가치감소분을 누적적으로 표시하는 차감적 평가계정 참고 건물, 구축물, 기계장치, 차량운반구, 비품 등의 차감계정

③ 무형자산

계정과목	내 용
영업권	우수한 경영진, 뛰어난 영업망, 유리한 위치, 기업의 좋은 이미지 등 동종의 다른 기업에 비하여 특별히 유리한 사항들을 집합한 무형의 자원 (사업결합 등 외부로부터 취득한 영업권만 인정되며, 내부적으로 창출한 영업권은 인정되지 않음)
산업재산권	일정 기간 동안 독점적·배타적으로 이용할 수 있는 권리 예 특허권, 실용신안권, 디자인권, 상표권
소프트웨어	컴퓨터 소프트웨어의 구입 금액 예 회계프로그램, ERP프로그램, MS오피스프로그램
개발비	신제품이나 신기술의 개발단계에서 발생한 지출로서 취득원가를 개별적으로 식별 가능하고 미래 경제적 효익을 창출할 수 있는 것

④ 기타비유동자산

계정과목	내 용
임차보증금	월세 등의 조건으로 타인의 동산이나 부동산을 사용하기 위하여 임대차계약에 따라 임차인이 임대인에게 지급하는 보증금 (계약기간이 만료되면 다시 반환 받음)
전세권	월세 조건 없이 타인의 부동산을 사용하기 위하여 임대차계약에 따라 임차인이 임대인에게 지급하는 전세금 (계약기간이 만료되면 다시 반환 받음)
장기외상매출금	기업의 주된 영업활동(일반적인 상거래)인 상품매출을 하고 아직 받지 않은 외상대금으로서, 만기가 결산일로부터 1년 이후에 도래하는 것
장기받을어음	기업의 주된 영업활동(일반적인 상거래)인 상품매출을 하고 이에 대한 대금으로 상대방으로부터 받은 어음으로서, 만기가 결산일로부터 1년 이후에 도래하는 것
장기매출채권	외부보고용 재무상태표에서 사용되는 통합 표시 계정으로서, '장기외상매출금 + 장기받을어음'을 말함
대손충당금	상대방의 파산 등의 사유로 인하여 장기외상매출금, 장기받을어음 등을 회수하지 못할 가능성을 추정하여 금액으로 표시하는 차감적 평가계정 참고 장기외상매출금, 장기받을어음 등의 차감계정
장기미수금	일반적인 상거래 이외의 거래에서 발생한 외상대금으로서, 만기가 결산일로부터 1년 이후에 도래하는 것

2. 부채

(1) 유동부채

계정과목	내용
외상매입금	기업의 주된 영업활동(일반적인 상거래)인 상품 매입을 하고 아직 지급하지 않은 외상대금
지급어음	기업의 주된 영업활동(일반적인 상거래)인 상품 매입을 하고 이에 대한 대금으로 상대방에게 발행하여 지급한 어음
매입채무	외부보고용 재무상태표에서 사용되는 통합 표시 계정으로서, '외상매입금 + 지급어음'을 말함
단기차입금	타인으로부터 빌려온 금전으로서 만기가 결산일로부터 1년 이내에 도래하는 것
미지급금	일반적인 상거래 이외의 거래에서 발생한 외상대금
미지급비용	당기에 속하는 비용 중 차기에 지급할 예정인 것(미지급이자, 미지급임차료 등)으로서 기말 결산 시 발생주의에 따라 추가 계상하는 비용상당액
선수금	계약금 성격으로 미리 받은 대금
선수수익	당기에 받은 수익 중 차기 수익에 해당하는 부분(선수이자, 선수임대료 등)으로서 기말 결산 시 발생주의에 따라 차감하는 수익상당액
예수금	최종적으로는 제3자에게 지급해야 할 금액을 거래처나 종업원으로부터 미리 받아 일시적으로 보관하고 있는 금액
가수금	금전을 수취하였으나 그 내용이 확정되지 않았을 경우 그 내용이 확정될 때까지 임시적으로 사용하는 계정과목
유동성장기부채	장기차입금 등 비유동부채 중에서 당기 결산일을 기준으로 1년 이내에 만기가 도래하는 부채

(2) 비유동부채

계정과목	내용
임대보증금	월세 등의 조건으로 타인(임차인)에게 동산이나 부동산을 임대하는 임대차계약을 체결하고 임차인으로부터 받는 보증금 (계약기간이 만료되면 다시 반환하여야 함)
장기차입금	타인으로부터 빌려온 금전으로서 만기가 결산일로부터 1년 이후에 도래하는 것
장기외상매입금	기업의 주된 영업활동(일반적인 상거래)인 상품 매입을 하고 아직 지급하지 않은 외상대금으로서, 만기가 결산일로부터 1년 이후에 도래하는 것
장기지급어음	기업의 주된 영업활동(일반적인 상거래)인 상품 매입을 하고 이에 대한 대금으로 상대방에게 발행하여 지급한 어음으로서, 만기가 결산일로부터 1년 이후에 도래하는 것
장기매입채무	외부보고용 재무상태표에서 사용되는 통합표시 계정으로서, '장기외상매입금 + 장기지급어음'을 말함
장기미지급금	일반적인 상거래 이외의 거래에서 발생한 외상대금으로서, 만기가 결산일로부터 1년 이후에 도래하는 것

3. 자본

계정과목	내 용
자본금	개인기업 소유주의 출자액을 표시하고, 순이익의 누적액을 포함하는 개념
인출금	기중에 발생하는 자본금 인출이나 추가 출자를 별도로 관리하기 위한 임시계정 (기말 결산 시 자본금 계정으로 대체)

손익계산서 계정과목

1. 수익

(1) 매출액

계정과목	내 용
상품매출	상기업의 주된 영업활동으로서 외부에 판매한 상품의 판매금액
매출환입및에누리	매출한 상품 중 하자나 파손이 발견되어 해당 물품을 반품 받거나 값을 깎는 것 참고 상품매출의 차감계정
매출할인	상품의 구매자로부터 외상매출대금을 조기에 회수하여 약정에 따라 할인해 주는 것 참고 상품매출의 차감계정

(2) 영업외수익

계정과목	내 용
이자수익	예금이나 대여금에서 받는 이자
배당금수익	보유 중인 유가증권 중 주식(지분증권)에서 받는 배당금
임대료	임대업을 주업으로 하지 않는 기업이 타인에게 동산이나 부동산을 임대하고 받는 대가
단기매매증권 평가이익	단기매매증권을 기말 결산 시 공정가치로 평가할 때, 기말 공정가치가 평가 전 장부금액보다 클 경우 그 차액
단기매매증권 처분이익	단기매매증권을 처분할 때, 처분금액이 처분 전 장부금액보다 클 경우 그 차액
유형자산처분이익	유형자산을 처분할 때, 처분금액이 처분 전 장부금액보다 클 경우 그 차액
대손충당금환입	매출채권 이외의 수취채권(미수금, 대여금)에 대하여 기말 결산 시 대손충당금을 환입할 때 사용하는 계정과목
자산수증이익	회사가 주주, 채권자 등으로부터 재산을 무상으로 증여받음으로써 발생하는 수익

채무면제이익	회사가 주주, 채권자 등으로부터 지급채무를 면제받음으로써 발생하는 수익
잡이익	영업외수익에는 해당하나 그 금액이 중요하지 않은 수익

2. 비용

(1) 매출원가

계정과목	내 용
상품매출원가	상기업의 주된 영업활동으로서 당기에 판매한 상품들의 당초 구입원가

(2) 판매비와관리비

계정과목	내 용
급 여	종업원에게 근로의 대가로 지급하는 급여와 수당
상여금	종업원에게 지급하는 상여금과 보너스
잡 급	일용직 근로자에게 지급하는 일당
복리후생비	종업원의 근로환경 개선 및 근로의욕 향상을 위한 지출 [예] 식대, 차·음료, 당사 종업원의 경조사비, 직장체육대회, 야유회, 피복비
여비교통비	종업원의 업무와 관련된 여비(출장)와 교통비(이동) [예] 출장에 따른 철도운임, 항공운임, 숙박료, 식사대, 시내교통비, 주차료, 통행료
기업업무추진비	영업을 목적으로 거래처와의 관계를 유지하기 위하여 소요되는 지출 [예] 거래처 접대비, 거래처 선물대금, 거래처 경조사비 [참고] 종전의 '접대비'에서 '기업업무추진비'로 계정과목 명칭이 변경되었음
통신비	전화, 핸드폰, 인터넷, 우편 등의 요금 [예] 전화료, 정보통신료, 우편료
수도광열비	수도, 전기, 가스, 난방 등의 요금 [예] 상하수도 요금, 전기 요금, 도시가스 요금, 난방용 유류대
세금과공과	세금과 공과금 [예] 재산세, 자동차세, 대한상공회의소 회비, 협회비, 벌금, 과태료
감가상각비	건물, 기계장치, 차량운반구 등 유형자산의 당해 연도 가치감소분에 대한 비용 인식분
임차료	타인의 토지, 건물, 기계장치, 차량운반구 등을 임차하여 그 사용료로 지불하는 비용 [예] 사무실 임차료, 복사기 임차료
수선비	건물, 기계장치 등의 현상유지를 위한 수리비용 [예] 건물 수리비, 비품 수리비
보험료	보험에 가입하고 납부하는 보험료 [예] 화재 보험료, 자동차 보험료

계정과목	내용
차량유지비	차량의 유지와 수선에 소요되는 지출 예 유류대, 차량 수리비, 차량 검사비, 정기주차료
운반비	기업의 주된 영업활동인 상품을 매출하는 과정에서 발생하는 운송료 예 상·하차비, 배달비 참고 상품을 취득하는 과정에서 발생하는 운송료는 취득부대비용에 해당하므로 상품 계정으로 회계처리함
교육훈련비	종업원의 직무능력 향상을 위한 교육 및 훈련에 소요되는 지출 예 강사 초청료, 교육장 대관료, 위탁 교육비
도서인쇄비	도서 구입비, 신문이나 잡지 구독료, 인쇄비 등에 소요되는 지출 예 도서 대금, 신문·잡지 구독료, 제본비, 명함인쇄비
소모품비	소모성 사무용품 등을 구입하는 데 소요되는 지출 예 복사 용지, 문구류, 소모자재
수수료비용	용역(서비스)을 제공받고 지불하는 비용 예 은행의 송금수수료, 어음의 추심수수료, 신용카드 결제수수료, 세무기장료, 무인경비시스템 이용료
광고선전비	상품의 판매촉진을 위하여 불특정 다수인을 대상으로 광고하고 선전하는 활동에 소요되는 지출 예 TV 광고료, 신문 광고료, 광고물 제작비, 선전용품 제작비
대손상각비	매출채권(외상매출금, 받을어음)에 대하여 기중에 회수불능(대손 확정)되었을 때 또는 기말 결산 시 대손충당금을 추가설정할 때 비용으로 인식하는 계정과목
대손충당금환입	매출채권(외상매출금, 받을어음)에 대하여 기말 결산 시 대손충당금을 환입할 때 사용하는 계정과목 참고 손익계산서 작성 시 판매비와관리비의 차감항목으로 표시함
무형자산상각비	산업재산권, 개발비, 소프트웨어 등 무형자산의 당해 연도 가치감소분에 대한 비용 인식분
잡 비	판매비와관리비에는 해당하나 그 금액이 중요하지 않은 지출

(3) 영업외비용

계정과목	내 용
이자비용	차입금에 대하여 지급하는 이자
기부금	업무와 관련없이 무상으로 기증하는 재산
매출채권처분손실	수취채권의 매각거래로 보는 어음의 할인 거래에서 발생하는 할인료
단기매매증권평가손실	단기매매증권을 기말 결산 시 공정가치로 평가할 때, 기말 공정가치가 평가 전 장부금액보다 작을 경우 그 차액
단기매매증권처분손실	단기매매증권을 처분할 때, 처분금액이 처분 전 장부금액보다 작을 경우 그 차액
유형자산처분손실	유형자산을 처분할 때, 처분금액이 처분 전 장부금액보다 작을 경우 그 차액

기타의대손상각비	매출채권 이외의 수취채권(미수금, 대여금)에 대하여 기중에 회수불능(대손 확정)되었을 때 또는 기말 결산 시 대손충당금을 추가설정할 때 비용으로 인식하는 계정과목
재해손실	천재지변 또는 예측치 못한 사건으로 인하여 발생하는 손실
잡손실	영업외비용에는 해당하나 그 금액이 중요하지 않은 지출

빈출분개 100선

전산회계 2급 시험은 분개를 알아야만 풀 수 있는 문제가 약 50%를 차지합니다. 본 부록을 항상 휴대하여 반복해서 암기하시고, 시험장에도 꼭 가져가서 마지막까지 시험에 철저히 대비하길 바랍니다.
※ 분개 입력은 합격상사(코드번호 : 2302) 데이터를 사용하여 [일반전표입력] 메뉴에서 연습할 수 있습니다.

1. 당좌자산

1 7월 1일 하나문구에 상품 500,000원을 판매하고, 대금은 전액 기업은행 발행 자기앞수표로 받았다.

| 7월 | 1일 | (차) 현금 | 500,000 | (대) 상품매출 | 500,000 |

2 7월 2일 경부상회에 상품 1,600,000원을 매출하고, 1,000,000원은 경부상회가 발행한 당좌수표로 받고 잔액은 외상으로 하다.

| 7월 | 2일 | (차) 현금[1] | 1,000,000 | (대) 상품매출 | 1,600,000 |
| | | 외상매출금(경부상회) | 600,000 | | |

[1] 타인발행 당좌수표에 해당하므로 '현금' 계정으로 회계처리한다.

3 7월 3일 제일문구에 상품 1,500,000원을 매출하고, 동점 발행 약속어음(만기일 : 다음 연도 1월 3일)으로 받았다.

| 7월 | 3일 | (차) 받을어음(제일문구) | 1,500,000 | (대) 상품매출 | 1,500,000 |

4 7월 4일 동아상사에 상품 2,400,000원을 매출하고, 대금 중 1,500,000원은 약속어음으로 받고 잔액은 외상으로 하다. 또한 당사 부담 운반비 100,000원은 별도로 현금 지급하였다. (하나의 전표로 입력하시오)

7월	4일	(차) 받을어음(동아상사)	1,500,000	(대) 상품매출	2,400,000
		외상매출금(동아상사)	900,000	현금	100,000
		운반비(판관비)	100,000		

5 7월 5일 안동상사에 대한 외상매출금 2,000,000원을 보통예금으로 회수하였다.

| 7월 | 5일 | (차) 보통예금 | 2,000,000 | (대) 외상매출금(안동상사) | 2,000,000 |

6 7월 6일 퓨처상사로부터 수취했던 받을어음 1,000,000원의 만기가 도래하여 보통예금으로 회수하였다.

| 7월 | 6일 | (차) 보통예금 | 1,000,000 | (대) 받을어음(퓨처상사) | 1,000,000 |

7 7월 7일 거래처 실용상사로부터 상품매출에 대한 외상매출금 2,500,000원이 조기에 회수되어 2% 할인된 금액을 당좌예금 통장으로 송금받았다.

7월	7일	(차) 당좌예금	2,450,000	(대) 외상매출금(실용상사)	2,500,000
		매출할인(상품매출)	50,000		

8 7월 8일 강남상사로부터 1,000,000원의 상품을 구매하였고, 영동상사로부터 상품매출 대금으로 받아 보관 중이던 약속어음을 배서양도하였다.

7월	8일	(차) 상품	1,000,000	(대) 받을어음(영동상사)	1,000,000

9 7월 9일 안동상사에서 판매용 문구용품 700,000원을 매입하고, 대금 중 500,000원은 매출 대금으로 받아 소유하고 있던 수원문구 발행의 약속어음을 배서양도하고 잔액은 외상으로 하다.

7월	9일	(차) 상품	700,000	(대) 받을어음(수원문구)	500,000
				외상매입금(안동상사)	200,000

10 7월 10일 대구상사에서 상품 3,000,000원을 매입하고, 으뜸상사로부터 매출 대금으로 받아 보관 중인 약속어음 2,000,000원을 배서양도하고, 잔액은 당사 발행 약속어음으로 지급하다.

7월	10일	(차) 상품	3,000,000	(대) 받을어음(으뜸상사)	2,000,000
				지급어음(대구상사)	1,000,000

11 7월 11일 동양상사의 외상매입금 1,800,000원을 결제하기 위하여 당사가 상품매출 대금으로 받아 보유하고 있던 기용상사 발행의 약속어음 1,000,000원을 배서양도하고, 잔액은 당사가 약속어음(만기일 : 다음 연도 1월 31일)을 발행하여 지급하다.

7월	11일	(차) 외상매입금(동양상사)	1,800,000	(대) 받을어음(기용상사)	1,000,000
				지급어음(동양상사)	800,000

12 7월 12일 하나문구에서 매출 대금으로 받아 보관 중인 약속어음 1,000,000원의 만기가 도래하여 국민은행에 추심 의뢰한 바, 추심수수료 30,000원을 차감한 금액이 당점 국민은행 보통예금 통장에 입금되다.

7월	12일	(차) 보통예금	970,000	(대) 받을어음(하나문구)	1,000,000
		수수료비용(판관비)	30,000		

13 7월 13일 거래처 오진상사에서 매출 대금으로 받아 보관 중이던 약속어음 2,000,000원을 만기 전에 국민은행에서 할인 받고, 할인료 108,000원을 차감한 금액을 보통예금 통장으로 입금받다. (단, 할인된 어음은 매각거래로 가정한다)

7월	13일	(차) 보통예금	1,892,000	(대) 받을어음(오진상사)	2,000,000
		매출채권처분손실	108,000		

14 7월 14일 나이스상사의 파산으로 인하여 외상매출금 800,000원이 회수불가능하여 대손처리하다. (단, 대손처리 시점의 대손충당금 잔액은 500,000원이다)

7월	14일	(차) 대손충당금(외상매출금)	500,000	(대) 외상매출금(나이스상사)	800,000
		대손상각비(판관비)	300,000		

15 7월 15일 보통예금 통장에서 당좌예금 통장으로 1,200,000원을 이체하였다.

7월	15일	(차) 당좌예금	1,200,000	(대) 보통예금	1,200,000

16 7월 16일 당좌예금 통장(기업은행)에 현금 2,000,000원을 예입하다.

7월	16일	(차) 당좌예금¹⁾	2,000,000	(대) 현금	2,000,000

¹⁾ 채권(타인에게 받을 돈)이 아니므로 거래처(기업은행)를 입력하지 않아도 된다.

17 7월 17일 단기간 내의 매매차익을 목적으로 상장사인 ㈜동원의 주식 100주(1주당 액면금액 5,000원)를 증권회사를 통하여 주당 10,000원에 취득하고, 증권회사에 주식매매수수료 20,000원과 함께 보통예금 통장에서 계좌이체하여 지급하다.

7월	17일	(차) 단기매매증권	1,000,000	(대) 보통예금	1,020,000
		수수료비용(영업외비용)¹⁾	20,000		

¹⁾ 단기매매증권의 구입 시 발생하는 제비용은 '수수료비용' 계정 등 영업외비용으로 회계처리한다.

18 7월 18일 단기매매차익을 목적으로 보유하고 있던 ㈜삼성전자 주식(장부금액 2,000,000원)을 2,400,000원에 매각하고 대금은 당사 당좌예금 계좌로 이체되다.

7월	18일	(차) 당좌예금	2,400,000	(대) 단기매매증권	2,000,000
				단기매매증권처분이익	400,000

19 7월 19일 중도상점에 대한 외상매출금 3,500,000원을 6개월 후 상환조건의 대여금으로 전환하였다.

7월	19일	(차) 단기대여금(중도상점)	3,500,000	(대) 외상매출금(중도상점)	3,500,000

20 7월 20일 거래처 동성전자에 대여한 단기대여금 5,000,000원을 이자 200,000원과 함께 당사 보통예금 계좌로 회수하였다.

7월	20일	(차) 보통예금	5,200,000	(대) 단기대여금(동성전자)	5,000,000
				이자수익	200,000

21 7월 21일 석정상사에서 상품 5,000,000원을 매입하기로 계약하고 대금 중 500,000원은 당좌수표를 발행하여 먼저 지급하였다.

7월	21일	(차) 선급금(석정상사)	500,000	(대) 당좌예금	500,000

22 7월 22일 영업사원 김우빈에게 부산 출장을 명하고 출장비 예상액 300,000원을 현금으로 지급하였다. 이는 실제 지출내역에 따라 정산할 예정이다.

7월 22일	(차) 가지급금(김우빈)	300,000	(대) 현금	300,000

23 7월 23일 출장 후 복귀한 영업사원 김우빈으로부터 260,000원은 교통비 및 숙박비 지출증빙을 제출받고 남은 금액 40,000원은 현금으로 반환받았다.

7월 23일	(차) 여비교통비(판관비)	260,000	(대) 가지급금(김우빈)	300,000
	현금	40,000		

2. 재고자산

24 7월 24일 세일상사에서 상품 3,000,000원을 매입하면서 대금 중 1,000,000원은 소유하고 있던 거래처 발행 당좌수표로 지급하고, 잔액은 당사가 당좌수표를 발행하여 지급하다. 또한, 매입 운임 30,000원은 현금으로 지급하다.

7월 24일	(차) 상품	3,030,000	(대) 현금	1,030,000
			당좌예금	2,000,000

25 7월 25일 레고완구에서 상품 1,800,000원을 매입하면서 대금 중 1,000,000원은 당좌수표를 발행하여 지급하고 잔액은 외상으로 하다. 또한 매입 시 운반비 30,000원은 현금으로 지급하였다.

7월 25일	(차) 상품	1,830,000	(대) 당좌예금	1,000,000
			외상매입금(레고완구)	800,000
			현금	30,000

26 7월 26일 경인상사에서 상품 3,000,000원을 구입하면서 계약금으로 지급한 300,000원을 차감한 잔액을 약속어음으로 발행하여 지급하였다.

7월 26일	(차) 상품	3,000,000	(대) 선급금(경인상사)	300,000
			지급어음(경인상사)	2,700,000

27 7월 27일 아주상사에서 외상으로 매입한 상품 대금 4,000,000원을 약속기일보다 빨리 지급하게 되어 외상대금의 3%를 할인받고 잔액은 보통예금 통장에서 이체하여 지급하다.

7월 27일	(차) 외상매입금(아주상사)	4,000,000	(대) 매입할인(상품)	120,000
			보통예금	3,880,000

3. 비유동자산

28 8월 8일 만기가 2년 후 6월 30일인 정기예금에 1,000,000원을 예금하기 위해 보통예금 통장에서 이체하다.

| 8월 8일 (차) 장기성예금[1] | 1,000,000 | (대) 보통예금 | 1,000,000 |

[1] 만기가 결산일(당해 연도 12월 31일)로부터 1년 이후에 도래하므로 장기금융상품에 해당하는 '176.장기성예금' 계정으로 회계처리한다.

29 8월 9일 투자목적의 토지를 12,000,000원에 당좌수표를 발행하여 구입하고, 토지 등기비용 200,000원은 현금으로 지급하다.

| 8월 9일 (차) 투자부동산 | 12,200,000 | (대) 당좌예금 | 12,000,000 |
| | | 현금 | 200,000 |

30 8월 10일 현주전자에서 사무용으로 사용할 컴퓨터 5대를 1대당 900,000원에 외상매입하고, 운반비 100,000원은 현금으로 지급하였다.

| 8월 10일 (차) 비품 | 4,600,000 | (대) 미지급금(현주전자) | 4,500,000 |
| | | 현금 | 100,000 |

31 8월 11일 광안중고자동차에서 상품운반용 트럭을 8,000,000원에 1년 무이자할부로 구입하고 취득세 등 100,000원은 당좌수표를 발행하여 지급하였다.

| 8월 11일 (차) 차량운반구 | 8,100,000 | (대) 미지급금(광안중고자동차) | 8,000,000 |
| | | 당좌예금 | 100,000 |

32 8월 12일 동일전자에서 사무실 난방기기(비품)를 300,000원에 구입하고, 비씨카드로 결제하다.

| 8월 12일 (차) 비품 | 300,000 | (대) 미지급금(비씨카드) | 300,000 |

33 8월 13일 본사 건물 취득 시 매입가액 20,000,000원과 취득세 500,000원 및 중개수수료 300,000원을 전액 보통예금 계좌에서 이체하여 지급하였다.

| 8월 13일 (차) 건물 | 20,800,000 | (대) 보통예금 | 20,800,000 |

34 8월 14일 선명조명에 비품을 600,000원에 매각하였다. 대금은 전액 현금으로 받았으며, 처분된 비품의 장부가액은 800,000원(취득가액 2,000,000원, 감가상각누계액 1,200,000원)이었다.

8월 14일 (차) 감가상각누계액(비품)	1,200,000	(대) 비품	2,000,000
현금	600,000		
유형자산처분손실	200,000		

35 8월 15일 사용 중이던 영업용 화물차(취득가액 15,000,000원, 감가상각누계액 5,000,000원)를 광안중고자동차에 13,000,000원에 매각하고, 대금은 2개월 후에 받기로 하였다.

8월 15일	(차) 감가상각누계액(차량운반구)	5,000,000	(대) 차량운반구	15,000,000
	미수금(광안중고자동차)	13,000,000	유형자산처분이익	3,000,000

36 8월 16일 매장 확장에 따라 차임빌딩과 임차계약을 체결하고 보증금 12,000,000원을 보통예금 계좌에서 이체하여 지급하였다.

8월 16일	(차) 임차보증금(차임빌딩)	12,000,000	(대) 보통예금	12,000,000

37 8월 17일 상품보관을 위해 대동건설로부터 임차하여 사용하고 있던 창고건물의 임차기간이 완료되어 임차보증금 5,000,000원을 보통예금 계좌로 돌려받다.

8월 17일	(차) 보통예금	5,000,000	(대) 임차보증금(대동건설)	5,000,000

4. 부채

38 9월 8일 백합상사에서 상품 3,000,000원을 구매하였고, 이에 대하여 약속어음을 발행하였다.

9월 8일	(차) 상품	3,000,000	(대) 지급어음(백합상사)	3,000,000

39 9월 9일 거래처 아주상사의 외상매입금 1,000,000원을 당좌수표를 발행하여 지급하였다.

9월 9일	(차) 외상매입금(아주상사)	1,000,000	(대) 당좌예금	1,000,000

40 9월 10일 거래처 안형전자의 외상매입금 2,000,000원을 약속어음을 발행하여 지급하였다.

9월 10일	(차) 외상매입금(안형전자)	2,000,000	(대) 지급어음(안형전자)	2,000,000

41 9월 11일 강남상사에서 매입한 상품 중 불량품이 있어 500,000원을 반품하고 외상매입금과 상계 처리하다.

9월 11일	(차) 외상매입금(강남상사)	500,000	(대) 매입환출및에누리(상품)	500,000

42 9월 12일 당사가 상품매입 시 으뜸상사에 발행했던 약속어음 1,000,000원이 만기가 되어 보통예금 계좌에서 이체하여 지급하였다. 또한, 송금수수료 3,000원은 현금으로 지급하였다. (하나의 전표로 입력하시오)

9월 12일	(차) 지급어음(으뜸상사)	1,000,000	(대) 보통예금	1,000,000
	수수료비용(판관비)	3,000	현금	3,000

43 9월 13일 전월 소모품 구입에 따른 국민카드사의 당월 결제금액 650,000원이 보통예금 통장에서 자동이체되어 지급되다.

| 9월 | 13일 | (차) 미지급금(국민카드) | 650,000 | (대) 보통예금 | 650,000 |

44 9월 14일 수협에서 6,000,000원을 3개월간 차입하기로 하고, 선이자 300,000원을 공제한 잔액이 당사 보통예금 통장에 계좌이체되었다.

| 9월 | 14일 | (차) 보통예금 | 5,700,000 | (대) 단기차입금(수협) | 6,000,000 |
| | | 이자비용 | 300,000 | | |

45 9월 15일 사업 확장을 위해 기업은행에서 5,000,000원을 차입하여 즉시 당사 보통예금으로 이체하였다. (차입일 : 당해 연도 9월 15일, 상환예정일 : 다음 연도 10월 31일, 이자지급 : 매월 말일, 이자율 : 연 6%)

| 9월 | 15일 | (차) 보통예금 | 5,000,000 | (대) 단기차입금(기업은행)[1] | 5,000,000 |

[1] 전체 차입기간은 1년을 초과하나, 만기가 결산일(당해 연도 12월 31일)로부터 1년 이내에 도래하므로 유동부채에 해당하는 '단기차입금' 계정으로 회계처리한다.

46 9월 16일 거래처 시니어조명에 상품 3,000,000원을 매출하기로 계약하고, 계약대금의 10%를 현금으로 받았다.

| 9월 | 16일 | (차) 현금 | 300,000 | (대) 선수금(시니어조명) | 300,000 |

47 9월 17일 위더전등에 상품 2,000,000원을 판매하고, 미리 받았던 계약금 100,000원을 제외한 1,900,000원을 현금으로 받았다.

| 9월 | 17일 | (차) 선수금(위더전등) | 100,000 | (대) 상품매출 | 2,000,000 |
| | | 현금 | 1,900,000 | | |

48 9월 18일 영업사원 급여 2,000,000원 중 원천징수세액 110,000원을 차감한 잔액을 보통예금 계좌에서 이체하여 지급하였다.

| 9월 | 18일 | (차) 급여(판관비) | 2,000,000 | (대) 보통예금 | 1,890,000 |
| | | | | 예수금 | 110,000 |

49 9월 19일 당월분 영업사원 급여를 다음과 같이 원천징수세액을 차감한 잔액으로 보통예금 계좌에서 이체하여 지급하였다.

성 명	직 급	급 여	원천징수세액		차감지급액
			소득세	지방소득세	
정준하	과 장	4,000,000원	300,000원	30,000원	3,670,000원
안어봉	대 리	3,500,000원	200,000원	20,000원	3,280,000원
계		7,500,000원	500,000원	50,000원	6,950,000원

9월 19일 (차) 급여(판관비)　　7,500,000　　(대) 예수금　　550,000
　　　　　　　　　　　　　　　　　　　　　　　　보통예금　　6,950,000

50 9월 20일 전월 급여 지급 시 원천징수했던 예수금 2,440,000원을 현금으로 납부하였다.

9월 20일 (차) 예수금　　2,440,000　　(대) 현금　　2,440,000

5. 자본

51 9월 21일 대표자 자택에서 사용할 컴퓨터를 퓨처상사에서 600,000원에 구입하고, 대금을 당사 보통예금 계좌에서 이체하여 지급하였다. (자본금에 대한 평가계정으로 처리할 것)

9월 21일 (차) 인출금　　600,000　　(대) 보통예금　　600,000

52 9월 22일 사업주가 500,000원을 추가로 출자하여 당사 보통예금 계좌에 입금하였다. (자본금에 대한 평가계정으로 처리할 것)

9월 22일 (차) 보통예금　　500,000　　(대) 인출금　　500,000

53 9월 23일 사업주가 자택에서 사용하기 위해 판매용 상품 200,000원을 가져가다. (자본금에 대한 평가계정으로 처리할 것)

9월 23일 (차) 인출금　　200,000　　(대) 상품　　200,000

54 9월 24일 사업주가 업무와 관련없이 개인용도로 사용하기 위해 신형 스마트폰기기를 990,000원에 구매하고 회사 비씨카드(신용카드)로 결제하였다. (자본금에 대한 평가계정으로 처리할 것)

9월 24일 (차) 인출금　　990,000　　(대) 미지급금(비씨카드)　　990,000

6. 수익과 비용

55 10월 5일 블루상사에 외상으로 판매한 상품대금 1,000,000원 중 불량품 2개(@50,000원)를 반품 처리해 주고, 잔액은 당사 거래은행의 보통예금 계좌로 입금받았음을 확인하였다.

10월 5일	(차) 매출환입및에누리(상품매출)	100,000	(대) 외상매출금(블루상사)	1,000,000
	보통예금	900,000		

56 10월 6일 사무실 직원들의 야근 식사대 120,000원을 현금으로 지급하다.

10월 6일	(차) 복리후생비(판관비)	120,000	(대) 현금	120,000

57 10월 7일 당사 영업부 사원의 결혼식에 축의금 200,000원을 현금으로 지급하였다.

10월 7일	(차) 복리후생비(판관비)	200,000	(대) 현금	200,000

58 10월 8일 당사 영업사원의 부친 회갑연 축하화환 100,000원, 거래처 직원의 조문화환 100,000원을 팔도꽃배달에서 주문하고 화환 대금인 200,000원을 보통예금 통장에서 이체하다.

10월 8일	(차) 복리후생비(판관비)	100,000	(대) 보통예금	200,000
	기업업무추진비(판관비)	100,000		

59 10월 9일 종업원 유니폼을 경부상회에서 구입하고, 대금 300,000원은 월말에 지급하기로 하다. (전액 비용처리할 것)

10월 9일	(차) 복리후생비(판관비)	300,000	(대) 미지급금(경부상회)	300,000

60 10월 10일 거래처 영동상사에 선물하기 위하여 선물용품 1,000,000원을 백합상사에서 구입하고 국민카드로 결제하였다.

10월 10일	(차) 기업업무추진비(판관비)	1,000,000	(대) 미지급금(국민카드)	1,000,000

61 10월 11일 영업부 직원이 신규 거래처 확보를 위해 업체 담당자와 식사하고, 식사 대금 200,000원을 기업은행 발행 자기앞수표로 지급하였다.

10월 11일	(차) 기업업무추진비(판관비)	200,000	(대) 현금	200,000

62 10월 12일 동작우체국에서 업무서류를 등기우편으로 발송하고, 우편료 30,000원을 현금으로 지급하였다.

10월 12일	(차) 통신비(판관비)	30,000	(대) 현금	30,000

63 10월 13일 사무실 전기요금 200,000원, 전화요금 100,000원이 보통예금 계좌에서 자동이체되었다.

10월 13일 (차) 수도광열비(판관비)	200,000	(대) 보통예금	300,000
통신비(판관비)	100,000		

64 10월 14일 차임빌딩의 임차료 2,000,000원 중 1,200,000원은 현금으로 지급하고, 나머지는 다음 달에 주기로 하였다.

10월 14일 (차) 임차료(판관비)	2,000,000	(대) 현금	1,200,000
		미지급금(차임빌딩)	800,000

65 10월 15일 영동상사에 상품 3,000,000원을 외상으로 판매하고 당점 부담의 운반비 30,000원을 현금으로 지급하였다. (하나의 전표로 입력하시오)

10월 15일 (차) 외상매출금(영동상사)	3,000,000	(대) 상품매출	3,000,000
운반비(판관비)	30,000	현금	30,000

66 10월 16일 업무용 승용차의 정기주차료 50,000원을 차임빌딩에 현금으로 지급하였다.

10월 16일 (차) 차량유지비(판관비)	50,000	(대) 현금	50,000

67 10월 17일 영업용 승용차의 휘발유 대금 120,000원을 성동주유소에서 국민카드로 결제하여 지급하였다.

10월 17일 (차) 차량유지비(판관비)	120,000	(대) 미지급금(국민카드)	120,000

68 10월 18일 업무용 화물차에 대하여 자동차세 50,000원과 자동차보험료 500,000원을 보통예금 계좌에서 이체하여 지급하였다.

10월 18일 (차) 세금과공과(판관비)	50,000	(대) 보통예금	550,000
보험료(판관비)	500,000		

69 10월 19일 영업용 화물차의 자동차세 60,000원과 기업주 개인 승용차의 자동차세 80,000원을 현금으로 납부하였다. (단, 기업주의 개인적 지출은 자본금에 대한 평가계정으로 처리할 것)

10월 19일 (차) 세금과공과(판관비)	60,000	(대) 현금	140,000
인출금	80,000		

70 10월 20일 상공회의소 회비 50,000원을 현금으로 납부하였다.

10월 20일 (차) 세금과공과(판관비)	50,000	(대) 현금	50,000

71 10월 21일 영업사원의 명함을 인쇄하고 대금 130,000원을 나라인쇄에 현금으로 지급하였다.

   10월 21일 (차) 도서인쇄비(판관비)   130,000   (대) 현금   130,000

72 10월 22일 영업부서에서 구독하는 월간지와 신문대금 35,000원을 중앙일보에 현금으로 납부하였다.

   10월 22일 (차) 도서인쇄비(판관비)   35,000   (대) 현금   35,000

73 10월 23일 본사 건물의 도색비용(수익적 지출) 1,000,000원과 엘리베이터 설치비용(자본적 지출) 9,000,000원을 당좌수표를 발행하여 지급하다.

   10월 23일 (차) 수선비(판관비)   1,000,000   (대) 당좌예금   10,000,000
              건물   9,000,000

74 10월 24일 사무실의 에어컨 수리 비용 200,000원을 당사 보통예금 계좌에서 안형전자 계좌로 이체하였다. (수익적 지출로 처리할 것)

   10월 24일 (차) 수선비(판관비)   200,000   (대) 보통예금   200,000

75 10월 25일 상품판매계약에 따른 계약이행보증보험을 대한보증보험에 가입하고, 1년분 보험료 400,000원을 현금으로 지급하였다. (전액 비용으로 처리할 것)

   10월 25일 (차) 보험료(판관비)   400,000   (대) 현금   400,000

76 10월 26일 문라이트에서 소모자재인 복사용지와 토너 100,000원을 구입하고, 대금은 월말에 지급하기로 하였다. (소모자재는 비용으로 회계처리함)

   10월 26일 (차) 소모품비(판관비)   100,000   (대) 미지급금(문라이트)   100,000

77 10월 27일 중도상점에서 소모용품 1,000,000원(비용으로 처리)을 구입하고, 약속어음을 발행하여 지급하였다.

   10월 27일 (차) 소모품비(판관비)   1,000,000   (대) 미지급금(중도상점)[1]   1,000,000

              [1] 일반적인 상거래 이외의 거래이므로 어음을 발행하더라도 '미지급금' 계정으로 회계처리한다.

78 10월 28일 건물 도난경보장치의 유지관리비 50,000원을 보안회사에 현금으로 지급하였다.

   10월 28일 (차) 수수료비용(판관비)   50,000   (대) 현금   50,000

79 10월 29일 당사의 장부기장을 의뢰하고 있는 세무사 사무소에 당월분 기장수수료 300,000원을 보통예금 계좌에서 인터넷뱅킹으로 이체하여 지급하다.

   10월 29일 (차) 수수료비용(판관비)   300,000   (대) 보통예금   300,000

80 10월 30일 사무실 건물 임차와 관련하여 공인중개사 수수료 100,000원을 현금으로 지급하였다.

| 10월 30일 | (차) 수수료비용(판관비) | 100,000 | (대) 현금 | 100,000 |

> 참고 if 건물 임차가 아니라 건물 취득 과정에서 발생하는 중개수수료라면, 이는 취득부대비용에 해당하므로 차변을 '건물'(자산) 계정으로 회계처리한다.

81 11월 1일 불특정 다수인을 대상으로 한 회사홍보용 볼펜 100,000원어치를 석정상사에서 현금으로 구입하였다.

| 11월 1일 | (차) 광고선전비(판관비) | 100,000 | (대) 현금 | 100,000 |

82 11월 2일 기업은행 당좌예금 계좌에 이자 200,000원이 입금되었음을 확인하였다.

| 11월 2일 | (차) 당좌예금 | 200,000 | (대) 이자수익 | 200,000 |

83 11월 3일 보유 중인 ㈜동원의 주식에 대하여 중간배당금 100,000원을 보통예금 계좌로 송금받다.

| 11월 3일 | (차) 보통예금 | 100,000 | (대) 배당금수익 | 100,000 |

84 11월 4일 수익증대를 위하여 사무실을 2년간 설진상사에 임대하기로 계약하고, 보증금 2,000,000원과 1개월분 임대료 300,000원을 보통예금으로 이체받다.

| 11월 4일 | (차) 보통예금 | 2,300,000 | (대) 임대보증금(설진상사) | 2,000,000 |
| | | | 임대료 | 300,000 |

85 11월 5일 갑작스러운 폭설로 피해를 입은 농민을 돕기 위해 현금 3,000,000원을 한국방송공사에 지급하다.

| 11월 5일 | (차) 기부금 | 3,000,000 | (대) 현금 | 3,000,000 |

7. 기말수정분개

86 결산일 현재 단기대여금에 대한 당기 기간 경과분 이자미수액 80,000원을 계상하다. (이자수령일은 다음 연도 1월 20일이다)

| 12월 31일 | (차) 미수수익 | 80,000 | (대) 이자수익 | 80,000 |

87 결산일 현재 국민은행으로부터 차입한 다음의 단기차입금에 대한 경과 이자분을 월할 계산하다.

> - 원금 : 9,000,000원
> - 이자율 : 연 8%
> - 차입일 : 당해 연도 11월 1일
> - 차입기간 : 6개월
> - 이자지급일 : 만기일인 내년 4월 30일

12월 31일	(차) 이자비용	120,000	(대) 미지급비용	120,000[1]

[1] (9,000,000원 × 연 8% × $\frac{6개월}{12개월}$) × $\frac{2개월}{6개월}$ = 9,000,000원 × 연 8% × $\frac{2개월}{12개월}$ = 120,000원

88 11월에 현금으로 지급하고 전액 비용으로 처리한 보험료 1,000,000원은 올해 11월분부터 내년 3월분까지 해당분이다. 기말수정분개를 하시오. (월할 계산할 것)

12월 31일	(차) 선급비용	600,000[1]	(대) 보험료(판관비)	600,000

[1] 1,000,000원 × (3개월/5개월) = 600,000원
(보험료 지급 중 당기 비용(보험료)으로 계상되는 금액 = 400,000원)

참고 | if 기중 보험료 지급 시 1,000,000원을 전액 비용(보험료)이 아니라 자산(선급비용)으로 처리한 경우라면, 기말수정분개는 아래와 같다.

12월 31일	(차) 보험료(판관비)	400,000[1]	(대) 선급비용	400,000

[1] 1,000,000원 × (2개월/5개월) = 400,000원
(보험료 지급액 중 당기 비용(보험료)으로 계상되는 금액 = 400,000원)

89 결산일 현재 이자수익 계정에는 단기대여금에 대한 기간 미경과 이자 150,000원이 포함되어 있다.

12월 31일	(차) 이자수익	150,000	(대) 선수수익	150,000

90 창고를 조사한 결과, 기말 현재 영업부에서 사용하지 않고 남아있는 소모품 150,000원이 있다. (단, 소모품을 구입하는 시점에서 모두 비용으로 계상함)

12월 31일	(차) 소모품	150,000	(대) 소모품비(판관비)	150,000

91 단기간 내의 매매차익을 목적으로 당기 중에 주당 10,000원에 취득하여 보유하고 있는 ㈜동원 주식 100주(1주당 액면금액 5,000원)의 기말 공정가치가 주당 11,000원으로 평가되었다.

12월 31일	(차) 단기매매증권	100,000	(대) 단기매매증권평가이익	100,000

92 11월 26일 현금출납장의 잔액과 비교하여 실제 현금이 20,000원 부족한데 그 원인을 파악할 수 없어서, 원인을 찾을 때까지 현금과부족으로 처리하기로 하였다.

11월 26일	(차) 현금과부족	20,000	(대) 현금	20,000

93 기말 결산 시, 11월 26일 발생했던 현금과부족 20,000원의 사용처를 알 수 없어 잡손실로 처리하다.

12월 31일	(차) 잡손실	20,000	(대) 현금과부족	20,000

94 기말 합계잔액시산표의 가수금 잔액 800,000원은 거래처 경인상사에 대한 외상매출금 회수액으로 판명되다. (가수금의 거래처 입력은 생략한다)

| 12월 31일 | (차) 가수금 | 800,000 | (대) 외상매출금(경인상사) | 800,000 |

95 기말 결산 시, 인출금 계정 차변 잔액 400,000원을 자본금 계정으로 대체하다.

| 12월 31일 | (차) 자본금 | 400,000 | (대) 인출금 | 400,000 |

96 나라은행의 보통예금은 마이너스통장이다. 기말 현재 보통예금 잔액 (−)2,200,000원을 단기차입금 계정으로 대체하다.

| 12월 31일 | (차) 보통예금 | 2,200,000 | (대) 단기차입금(나라은행) | 2,200,000 |

97 결산일 현재 국민은행에 대한 장기차입금 20,000,000원의 상환기일이 내년 6월 30일로 도래하였다.

| 12월 31일 | (차) 장기차입금(국민은행) | 20,000,000 | (대) 유동성장기부채(국민은행) | 20,000,000 |

98 기말 결산 시, 외상매출금과 받을어음의 잔액이 각각 40,310,000원, 21,720,000원이라고 가정할 때, 매출채권 잔액에 대하여 2%의 대손충당금을 설정하다. (외상매출금의 전기말 대손충당금은 없고, 받을어음의 전기말 대손충당금은 65,000원이다)

| 12월 31일 | (차) 대손상각비(판관비) | 1,175,600 | (대) 대손충당금(외상매출금) | 806,200[1] |
| | | | 대손충당금(받을어음) | 369,400[2] |

[1] 40,310,000원 × 2% = 806,200원
[2] 21,720,000원 × 2% − 65,000원 = 369,400원

99 기말 결산 시, 당기분 영업용 차량운반구에 대한 감가상각비 1,000,000원과 판매부서의 비품에 대한 감가상각비 600,000원을 계상하다.

| 12월 31일 | (차) 감가상각비(판관비) | 1,600,000 | (대) 감가상각누계액(차량운반구) | 1,000,000 |
| | | | 감가상각누계액(비품) | 600,000 |

100 기말 결산 시, 재고실사 결과 기말상품재고액은 7,600,000원인 것으로 확인되었다. 결산일 현재 합계잔액시산표상 상품 계정의 차변 잔액이 169,540,000원이고 매입환출및에누리 계정의 대변 잔액이 500,000원, 매입할인 계정의 대변 잔액이 120,000원이라고 가정할 때, 상품매출원가의 결산정리분개를 하시오. (단, 5.결산차변, 6.결산대변을 사용하시오)

| 12월 31일 | (결차) 상품매출원가 | 161,320,000[1] | (결대) 상품 | 161,320,000 |

[1] 판매가능상품 − 기말상품재고액 = (169,540,000 − 500,000 − 120,000) − 7,600,000 = 161,320,000원

참고 [결산자료입력] 메뉴에서 기간 1월 ~ 12월을 선택하고, 기말상품재고액 "7,600,000"을 '2.매출원가 ▶ 상품매출원가 ▶ 146.기말상품재고액'의 '결산반영금액'란에 입력한 후, 메뉴 상단에 있는 F3 전표추가 를 클릭하여도 위와 동일한 내용의 자동전표를 생성할 수 있다.

빈출 회계공식 정리

'빈출 회계공식 정리'는 전산회계 2급 이론시험에서 출제되는 계산문제를 보다 쉽게 학습할 수 있도록 단원별로 필수적으로 알아야 할 회계공식을 수록하였습니다. 본 부록을 항상 휴대하여 반복해서 암기하고, 시험장에도 꼭 가져가서 마지막까지 시험에 철저히 대비하길 바랍니다.

회계의 기본원리

1. 재무상태표 등식

$$자산 = 부채 + 자본$$

[예제] 다음에 주어진 자료에서 부채총액은 얼마인가? [제62회]

- 현금 : 20,000원
- 상품 : 100,000원
- 보통예금 : 200,000원
- 비품 : 50,000원
- 외상매출금 : 100,000원
- 자본금 : 250,000원

[해설]
- 자산 = 현금 + 상품 + 보통예금 + 비품 + 외상매출금
  = 20,000 + 100,000 + 200,000 + 50,000 + 100,000 = 470,000원
- 자본 = 자본금 = 250,000원
∴ 부채 = 자산 − 자본 = 470,000 − 250,000 = 220,000원

2. 재무상태표와 손익계산서의 관계

재무상태표의 기초자본 + (추가출자액 − 기업주 인출액) ± 손익계산서의 당기순손익
= 재무상태표의 기말자본

[예제] 다음 자료를 이용하여 제2기 기말자본금을 계산하면 얼마인가? [제44회]

구 분	기초자본금	추가출자액	기업주 인출액	당기순이익
제1기	100,000원	20,000원	10,000원	5,000원
제2기	( )	30,000원	20,000원	10,000원

[해설] 제2기 기초자본금 = 제1기 기말자본금 = 제1기 기초자본금 + 추가출자액 − 기업주 인출액 + 당기순이익
= 100,000 + 20,000 − 10,000 + 5,000 = 115,000원
∴ 제2기 기말자본금 = 제2기 기초자본금 + 추가출자액 − 기업주 인출액 + 당기순이익
= 115,000 + 30,000 − 20,000 + 10,000 = 135,000원

3. 시산표 등식

기말자산 + 총비용 = 기말부채 + 기초자본 + 총수익

[예제] 아래 자료에서 빈칸에 들어갈 금액은? [제57회]

기 초	기 말			총수익	총비용
자 본	자 산	부 채	자 본		
80,000원	㉮	100,000원	㉯	65,000원	55,000원

[해설] 당기순이익 = 총수익 − 총비용 = 65,000 − 55,000 = 10,000원
㉯ 기말자본 = 기초자본 + 당기순이익 = 80,000 + 10,000 = 90,000원
㉮ 기말자산 = 기말부채 + 기말자본 = 100,000 + 90,000 = 190,000원

계정과목별 회계처리

1. 대손충당금 추가설정액

대손충당금 추가설정액 = (기말채권 잔액 × 대손추정률) − 기 설정 대손충당금

[예제] 다음 자료에서 당기의 대손충당금 추가설정액은 얼마인가? [제61회]

- 전기말 외상매출금에 대한 대손충당금 잔액은 20,000원이다.
- 당기 중 거래처의 파산으로 외상매출금 10,000원을 대손처리하다.
- 당기말 외상매출금 잔액 5,000,000원에 대해 1%의 대손을 설정하다.

[해설] 대손충당금 추가설정액 = (외상매출금 잔액 × 대손추정률) − 기 설정 대손충당금
= (5,000,000 × 1%) − (20,000 − 10,000) = 40,000원

참고 기중 대손충당금의 변동
- 채무자의 파산 등으로 인한 대손의 확정 : 대손충당금 잔액을 한도로 대손충당금이 감소함
- 대손처리한 채권의 회수 : 대손충당금이 증가함

2. 상품매출원가

> 상품매출원가 = 기초상품재고액 + 당기상품(순)매입액 − 기말상품재고액
> = 판매가능상품 금액 − 기말상품재고액
> = 매출액 − 매출총이익

[예제] 다음 자료에서 기초상품재고액은 얼마인가?   [제57회]

- 당기매입액 : 300,000원
- 기말상품재고액 : 80,000원
- 당기매출액 : 600,000원
- 매출총이익 : 220,000원

[해설]
- 상품매출원가 = 당기매출액 − 매출총이익 = 600,000 − 220,000 = 380,000원
- 상품매출원가 = 기초상품재고액 + 당기상품순매입액 − 기말상품재고액
  380,000 = 기초상품재고액 + 300,000 − 80,000
  ∴ 기초상품재고액 = 160,000원

3. 상품의 취득원가

> 상품의 취득원가 = 당기상품(순)매입액
> = 매입가액 + 취득부대비용 − 매입환출 − 매입에누리 − 매입할인

[예제] 다음 자료에서 상품의 매출원가를 구하면 얼마인가?   [제51회]

- 기초상품재고액 : 1,500,000원
- 당기매입액 : 3,000,000원
- 매입운임 : 200,000원
- 매입에누리 : 90,000원
- 기말상품재고액 : 2,000,000원
- 매입환출 : 50,000원

[해설] 상품의 취득원가 = 매입가액 + 취득부대비용 − 매입환출 − 매입에누리 − 매입할인
= 3,000,000 + 200,000 − 50,000 − 90,000 = 3,060,000원
∴ 상품의 매출원가 = 기초상품재고액 + 당기상품순매입액 − 기말상품재고액
= 1,500,000 + 3,060,000 − 2,000,000 = 2,560,000원

4. 기말상품재고액

기말상품재고액 = 수량 × 단가
- 수량
  ① 계속기록법
  ② 실지재고조사법
  ③ 혼합법
  ④ 총평균법
  ⑤ 이동평균법
- 단가
  ① 개별법
  ② 선입선출법
  ③ 후입선출법

[예제] 아래 자료에서 선입선출법, 후입선출법, 총평균법으로 12월의 매출원가를 계산하면 얼마인가?
[제38회 수정]

- 12월 1일   상품재고   10개   @1,000원   10,000원
- 12월 15일   상품매입   40개   @1,100원   44,000원
- 12월 20일   상품매출   20개   @1,200원   24,000원

[해설]
- 판매가능상품 금액 = 기초상품재고액 + 당기상품순매입액
  = 10,000 + 44,000 = 54,000원
- 기말재고자산 수량 = 기초재고수량 + 당기매입수량 − 매출수량
  = 10 + 40 − 20 = 30개
- 선입선출법
  기말재고자산가액 = (30개 × @1,100) = 33,000원
  ∴ 매출원가 = 판매가능상품 금액 − 기말재고자산가액
  = 54,000 − 33,000 = 21,000원
- 후입선출법
  기말재고자산가액 = (10개 × @1,000) + (20개 × @1,100) = 32,000원
  ∴ 매출원가 = 판매가능상품 금액 − 기말재고자산가액
  = 54,000 − 32,000 = 22,000원
- 총평균법
  · 총평균단가 = 총입고금액 ÷ 총입고수량
  = 54,000 ÷ 50개 = @1,080원
  · 기말재고자산가액 = 기말재고수량 × 총평균단가
  = 30개 × @1,080 = 32,400원
  ∴ 매출원가 = 판매가능상품 금액 − 기말재고자산가액
  = 54,000 − 32,400 = 21,600원

  참고 기중 매입이 1건만 있는 경우에는 총평균법과 이동평균법의 계산 결과가 동일함

5. 감가상각방법에 따른 감가상각비

- 정액법 : (취득원가 − 잔존가치) × (1/내용연수)
- 정률법 : (취득원가 − 기초의 감가상각누계액) × 감가상각률

[예제] 아래 자료에서 20x2년 기말 결산 후 재무상태표에 표시될 차량운반구에 대한 감가상각누계액을 정액법과 정률법으로 각각 계산하면 얼마인가? [제45회 수정]

- 20x1년 1월 1일 차량운반구 취득
- 내용연수 : 4년
- 정률법 상각률 : 30%
- 취득가액 : 5,000,000원
- 잔존가치 : 1,000,000원

[해설]
- 정액법
  - 20x1년 감가상각비 = (5,000,000 − 1,000,000) × (1/4)년 = 1,000,000원
  - 20x2년 감가상각비 = (5,000,000 − 1,000,000) × (1/4)년 = 1,000,000원
  - ∴ 20x2년 말 감가상각누계액 = 1,000,000 + 1,000,000 = 2,000,000원
- 정률법
  - 20x1년 감가상각비 = 5,000,000 × 30% = 1,500,000원
  - 20x2년 감가상각비 = (5,000,000 − 1,500,000) × 30% = 1,050,000원
  - ∴ 20x2년 말 감가상각누계액 = 1,500,000 + 1,050,000 = 2,550,000원

6. 유형자산처분손익

$$\text{유형자산처분손익} = \text{처분금액} - \text{처분 전 장부금액}$$
$$= \text{처분금액} - (\text{취득원가} - \text{감가상각누계액})$$

[예제] 다음 자료에서 20x3년 1월 1일 차량 처분 시 유형자산처분손익을 계산하면 얼마인가? (단, 회계기간은 1. 1. ~ 12. 31.이며, 감가상각은 월할 계산한다) [제58회]

- 20x1년 1월 1일 : 차량운반구 취득 (취득원가 10,000,000원, 잔존가치 0원, 내용연수 10년, 정액법 감가상각)
- 20x3년 1월 1일 : 차량운반구 처분 (현금 처분금액 7,300,000원)

[해설] 20x3년 1월 1일 현재 감가상각누계액 = 10,000,000 × (1/10)년 × 2년 = 2,000,000원
∴ 유형자산처분손익 = 처분금액 − (취득원가 − 감가상각누계액)
= 7,300,000 − (10,000,000 − 2,000,000) = (−)700,000원

참고 유형자산 처분의 회계처리

(차) 현금	7,300,000	(대) 차량운반구	10,000,000
감가상각누계액(차량운반구)	2,000,000		
유형자산처분손실	700,000		

7. 손익계산서의 기본구조

Ⅰ. 매출액
Ⅱ. 매출원가
Ⅲ. 매출총이익 　　　　(= 매출액 − 매출원가)
Ⅳ. 판매비와관리비
Ⅴ. 영업이익 　　　　　(= 매출총이익 − 판매비와관리비)
Ⅵ. 영업외수익
Ⅶ. 영업외비용
Ⅷ. 소득세비용차감전순이익 (= 영업이익 + 영업외수익 − 영업외비용)
Ⅸ. 소득세 등
Ⅹ. 당기순이익 　　　　(= 소득세비용차감전순이익 − 소득세 등)

[예제] 다음의 자료를 이용하여 영업이익을 계산하면 얼마인가?　　　　　　　　[제55회]

- 매출액 : 6,000,000원
- 당기상품매입액 : 3,000,000원
- 판매비와관리비 : 1,000,000원
- 기초상품재고액 : 1,000,000원
- 기말상품재고액 : 1,500,000원
- 영업외수익 : 1,200,000원

[해설] 상품매출원가 = 기초상품재고액 + 당기상품매입액 − 기말상품재고액
　　　　　　　　　= 1,000,000 + 3,000,000 − 1,500,000 = 2,500,000원
∴ 영업이익 = 매출액 − 매출원가 − 판매비와관리비
　　　　　= 6,000,000 − 2,500,000 − 1,000,000 = 2,500,000원

8. 당기순매출액

$$\text{매출액} = \text{당기(순)매출액} = \text{총매출액} - \text{매출환입} - \text{매출에누리} - \text{매출할인}$$

[예제] 아래 자료에서 당기 외상 매출액을 계산하면 얼마인가? [제54회]

- 외상매출금 기초잔액 : 60,000원
- 외상매출액 중 에누리액 : 15,000원
- 외상매출액 중 환입액 : 15,000원
- 외상매출금 기말잔액 : 80,000원
- 외상매출액 중 대손액 : 10,000원
- 당기외상매출액 중 회수액 : 500,000원

[해설] 기초잔액 + 당기 외상매출액 = 매출에누리 + 매출환입 + 외상매출금 회수액 + 대손액 + 기말잔액
60,000 + 당기 외상매출액 = 15,000 + 15,000 + 500,000 + 10,000 + 80,000
∴ 당기 외상매출액 = 560,000원

참고 외상매출금의 총계정원장

외상매출금

1/1	기초잔액	60,000	x/x	매출에누리	15,000
x/x	상품매출(외상매출)	560,000	x/x	매출환입	15,000
			x/x	대손충당금	10,000
			x/x	현금(회수)	500,000
			12/31	기말잔액	80,000
		620,000			620,000

Note

Note

전산회계 2급도 역시
해커스

fn.Hackers.com
금융·세무회계 전문 교육기관 해커스금융

전산회계 2급, 보다 쉽고 빠르게 합격할 수 없을까?

전산회계 2급 시험을 준비하며 어려움을 겪는 학생들을 보며 해커스는 고민했습니다.
전산회계 2급 학습에 대한 고민을 줄이고, 시험에 합격할 수 있는 보다 확실한 방법을 알려드리고자 해커스는 전산회계 2급 합격자들의 합격 노하우와 최근 출제경향을 면밀히 분석하여 「해커스 전산회계 2급 2주 합격 이론+실무+최신기출 15회분+무료특강」에 모두 담았습니다.

「해커스 전산회계 2급 2주 합격 이론+실무+최신기출 15회분+무료특강」은

1. 출제 가능성이 높은 핵심이론만 엄선하였으며, 다양한 문제로 학습한 이론을 문제에 적용하는 연습을 할 수 있습니다.
2. 어려운 실무문제도 "기출확인문제"와 "기출 따라 하기"로 단계별 문제풀이 과정과 프로그램 입력순서를 익히고 입력결과 이미지로 더 쉽게 이해할 수 있습니다.
3. "핵심기출문제"로 학습한 이론이 시험에 어떻게 출제되는지 파악하고, "최신기출문제" 15회분으로 실전 감각을 극대화할 수 있습니다.
4. 빈출분개와 주요 회계공식 및 계정과목을 정리한 핵심 미니북으로 시험 대비에 필요한 핵심 내용을 빠르게 확인하고, 교재에서 학습한 내용을 한 번 더 정리할 수 있습니다.

전산회계 2급도 역시 해커스입니다!

「해커스 전산회계 2급 2주 합격 이론+실무+최신기출 15회분+무료특강」과 함께 전산회계 2급 시험을 준비하는 수험생 모두 합격의 꿈을 이루고 더 큰 목표를 향해 한 걸음 더 나아갈 수 있기를 바랍니다.

목차

이론+실무편

- 전산회계 2급 학습방법 6
- KcLep & 백데이터 설치방법 16
- 전산회계 2급 합격 가이드 12
- 알아두면 유용한 계산기 사용법 22
- 시험 당일 체크 포인트 14
- 전산회계 2급 학습플랜 24

이론
제1장 회계의 기본원리

제1절	회계의 기본개념	30
제2절	재무상태표와 손익계산서	36
제3절	거래의 기록	50
제4절	회계의 순환과정	64

이론
제3장 계정과목별 회계처리

제1절	당좌자산	126
제2절	재고자산	162
제3절	비유동자산	182
제4절	부채	208
제5절	자본	226
제6절	수익과 비용	234
제7절	기말수정분개	264

실무
제2장 기초정보의 등록·수정

제1절	회사등록	80
제2절	전기분 재무제표 입력	92
제3절	거래처 등록과 계정과목 등록	106

실무
제4장 거래자료의 입력·조회

제1절	일반전표입력	288
제2절	오류수정	316
제3절	결산	324
제4절	장부조회	342

최신기출편

최신기출문제

제122회 기출문제	368
제121회 기출문제	378
제120회 기출문제	389
제119회 기출문제	399
제118회 기출문제	410
제117회 기출문제	420
제116회 기출문제	430
제115회 기출문제	440
제114회 기출문제	451
제113회 기출문제	460
제112회 기출문제	470
제111회 기출문제	480
제110회 기출문제	490
제109회 기출문제	500
제108회 기출문제	509
정답 및 해설	518

- 빈출분개 100선 핵심 미니북 [별책부록]
- 4단계 분개 전략을 활용한 빈출분개 100선 연습(PDF)
- 분개연습 노트(PDF)
- 최신기출문제 및 해설집(PDF)

· 모든 PDF자료는 해커스금융 사이트(fn.Hackers.com)에서 무료로 다운받으실 수 있습니다.

전산회계 2급 학습방법

1 출제경향을 파악하고 전략적으로 학습한다!

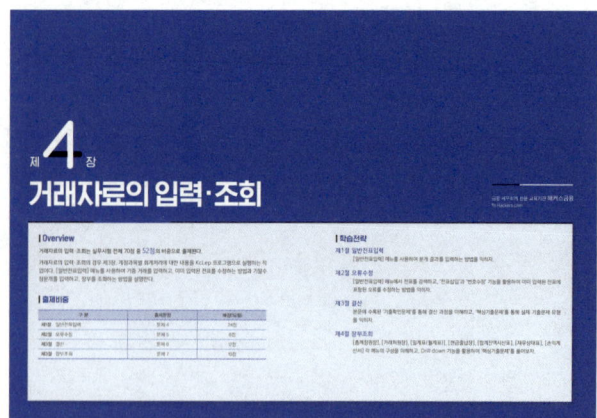

출제비중 및 학습전략
장별로 기출문제를 철저히 분석한 최신출제경향을 통해 효과적인 학습전략을 세울 수 있습니다. 또한, 절별 출제비중을 통해 중요한 내용을 보다 전략적으로 학습할 수 있습니다.

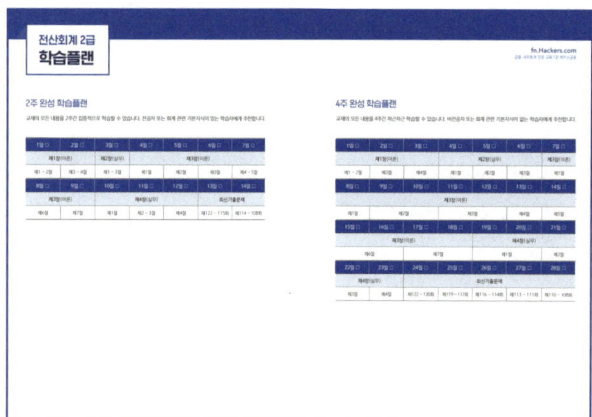

학습플랜
학습자의 상황에 따라 적합한 학습플랜을 선택할 수 있도록 2주/4주 완성 학습플랜을 수록하였습니다.
이론부터 실무까지 학습플랜에 따라 차근차근 학습하면 시험에 확실히 대비할 수 있습니다.

fn.Hackers.com
금융·세무회계 전문 교육기관 해커스금융

2 시험에 꼭 나오는 이론과 문제를 확실하게 파악한다!

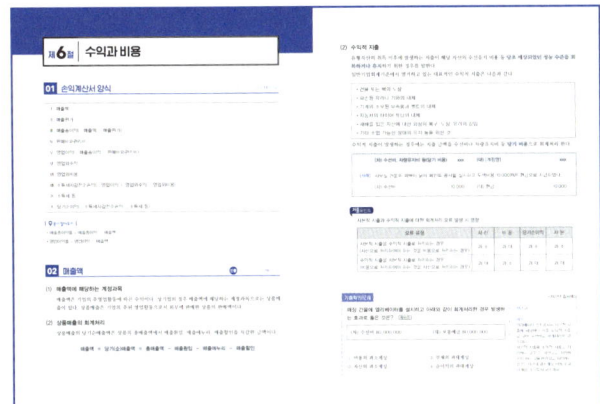

기출 횟수 및 빈출 표시
최근 82회 시험을 분석하여 관련 이론의 출제 횟수 및 빈출을 표시하여 출제 경향과 중요한 이론을 파악할 수 있습니다.

용어 알아두기 & 기출포인트
'용어 알아두기'를 통해 본문 내용 중 생소한 용어를 쉽게 이해하고 '기출포인트'로 시험에 자주 출제되는 중요 내용을 파악하여 효과적으로 학습할 수 있습니다.

기출확인문제
학습한 이론을 바로 적용하여 풀어보면서 문제 적용 능력을 키울 수 있습니다.

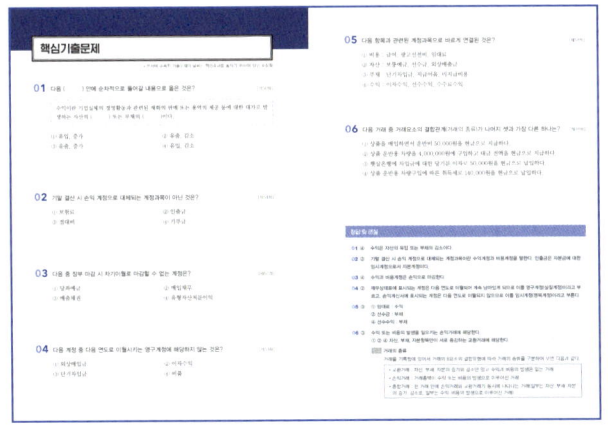

핵심기출문제
시험에 자주 출제되는 핵심기출문제를 풀어보며 실전에 충분히 대비할 수 있습니다.

전산회계 2급 학습방법 **7**

전산회계 2급
학습방법

3 단계별 학습과 이론 연계학습으로 실무시험을 완전히 정복한다!

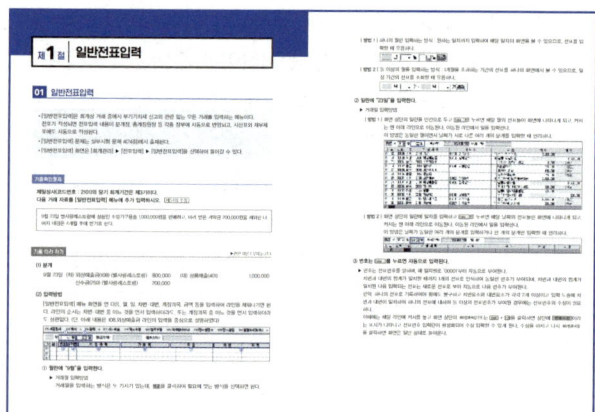

기출확인문제 및 기출 따라 하기
기출확인문제를 통해 대표적인 출제유형을 파악하고, 기출 따라 하기의 상세한 단계별 풀이과정을 통해 순서대로 답을 입력해 가며 자연스럽게 문제 해결 방법을 익힐 수 있습니다.

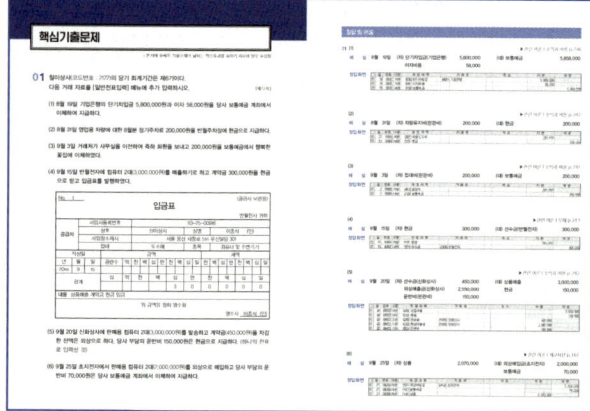

관련 이론 페이지 표시
각 문제 해설에 관련 이론 페이지를 표시하여 이론과 연계하여 학습할 수 있습니다.

fn.Hackers.com
금융·세무회계 전문 교육기관 해커스금융

4 풍부한 분개문제로 실전에 대비한다!

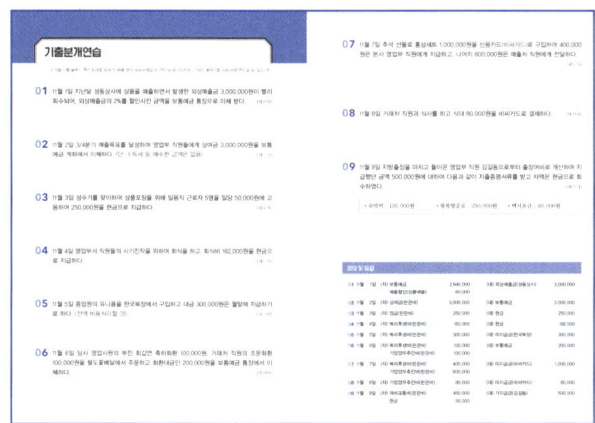

기출분개연습
자주 출제되는 분개문제를 수록한 기출분개연습을 통해 분개문제를 확실하게 학습할 수 있으며, KcLep 프로그램에서 연습상사(코드번호 : 2301) 데이터를 사용하여 [일반전표입력] 메뉴에서 실제 시험과 같이 연습할 수 있습니다.

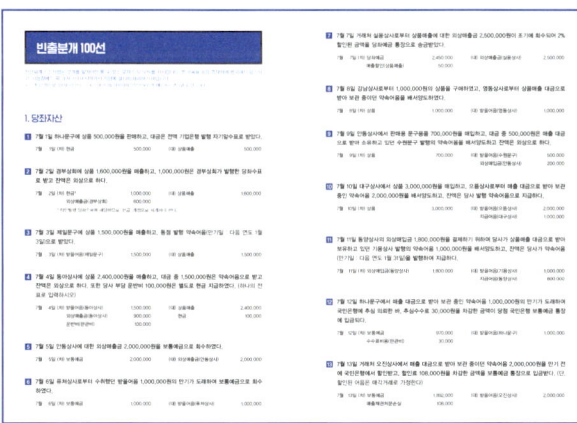

빈출분개 100선 핵심 미니북 [별책부록]
빈출분개와 주요 회계공식 및 계정과목을 정리한 핵심 미니북으로 시험 대비에 필요한 핵심 내용을 빠르게 학습하고, 교재에서 학습한 내용을 한 번 더 정리할 수 있습니다.

전산회계 2급 학습방법 **9**

전산회계 2급 학습방법

5 최신기출문제를 통해 실전 감각을 극대화한다!

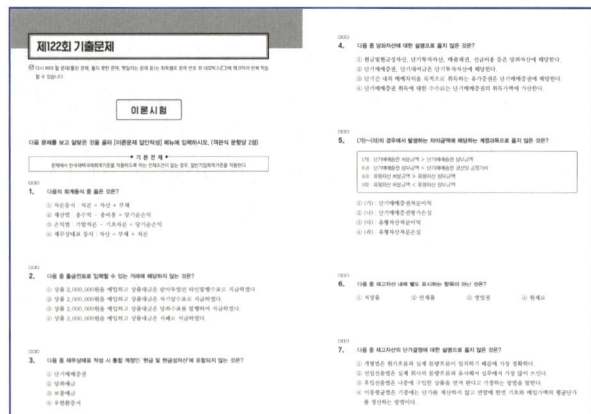

최신기출문제와 정답 및 해설

최신기출문제 15회분을 수록하여 다양한 기출문제를 학습하고 효율적으로 복습할 수 있어 확실한 실전 마무리가 가능합니다.

또한, 모든 문제에 대해 상세한 해설을 제공하여 쉽게 이해할 수 있으며, 정답 및 해설 오른쪽에 있는 QR코드로 연결된 해설 강의로 어려운 문제도 확실하게 짚고 넘어갈 수 있습니다.

최신기출문제 및 해설집(PDF) + 강의 제공

해커스금융 사이트(fn.Hackers.com)에서 제공하는 15개년 <최신기출문제 및 해설집> PDF를 통해 실전에 대비할 수 있습니다.

또한, 선생님의 자세한 해설 강의로 잘 이해되지 않는 문제를 확실하게 이해할 수 있습니다.

• 모든 PDF자료는 해커스금융 사이트(fn.Hackers.com) 에서 무료로 다운받으실 수 있습니다.

6 다양한 추가 학습자료로 시험준비를 확실하게 마무리한다!

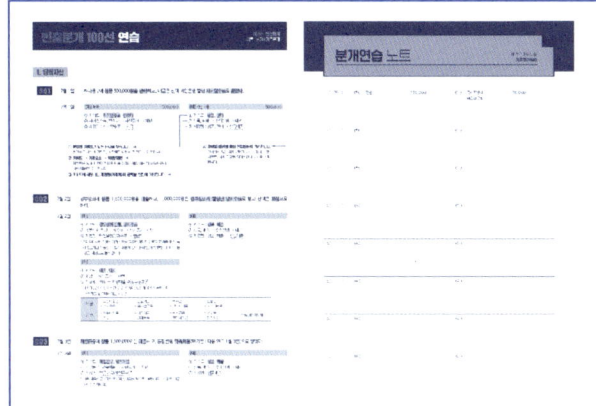

4단계 분개전략을 활용한 빈출분개 100선 연습 (PDF)

분개문제를 단계별로 풀이하여 분개가 어려운 초보자들도 자연스럽게 분개하는 법을 익힐 수 있습니다.

분개연습 노트(PDF)

분개연습에 필요한 기본 틀을 제공하여 편리하게 분개문제를 풀어볼 수 있습니다.

전산회계 2급
합격 가이드

전산회계 2급이란?

대학 초급 또는 고등학교 상급수준의 재무회계(회계원리)에 관한 기본지식과 기업체의 세무회계 업무보조자로서 전산회계 프로그램을 이용한 회계업무 처리능력을 평가하는 시험

자격시험 안내

■ 시험일정

시험일정	원서 접수일	합격자 발표
정기 시험 연 6회 실시	시험일 약 1개월 전	시험일 약 3주 후

* 자세한 시험일정은 한국세무사회 자격시험 사이트(https://license.kacpta.or.kr)에서 확인할 수 있습니다.

■ 시험 관련 세부사항

시험방법	· 이론(30%) : 객관식 4지선다형 필기시험 · 실무(70%) : PC에 설치된 전산세무회계 프로그램(케이렙 : KcLep)을 이용한 실무시험
합격자 결정기준	· 100점 만점에 70점 이상
시험시간	· 60분
응시자격	· 제한 없음 (다만, 부정행위자는 해당 시험을 중지 또는 무효로 하며, 이후 2년간 시험에 응시할 수 없음)
접수방법	· 한국세무사회 자격시험 사이트(https://license.kacpta.or.kr)로 접속하여 단체 및 개인별 선착순 접수(회원가입 및 사진등록 필수)
시험주관	· 한국세무사회(02-521-8398, https://license.kacpta.or.kr)

■ 시험 평가범위

구 분		평가범위
이 론 (15문항, 30%)	회계원리(30%)	당좌자산, 재고자산, 유형자산, 부채, 자본, 수익과 비용
실 무 (7문항, 70%)	기초정보의 등록·수정(20%)	회사등록, 거래처 등록, 계정과목 및 적요등록, 초기이월
	거래자료의 입력(40%)	일반전표입력, 입력자료의 수정·삭제, 결산자료입력(상기업에 한함)
	입력자료 및 제장부 조회(10%)	전표입력 자료의 조회, 장부의 조회

· 각 구분별 ±10% 이내에서 범위를 조정할 수 있음
· 답안매체로는 문제 USB 메모리가 주어지며, 이 USB 메모리에는 전산세무회계 실무과정을 폭넓게 평가하기 위하여 회계처리 대상회사의 기초등록사 항 및 1년간의 거래자료가 전산 수록되어 있음
· 답안수록은 문제 USB 메모리의 기본 DATA를 이용하여 수험프로그램상에서 주어진 문제의 해답을 입력하고 USB 메모리에 일괄 수록(저장)하면 됨

합격전략

TIP 1. 전산회계 2급 시험은 2 ~ 4주 정도 학습하는 것이 좋습니다.

해커스가 분석한 결과, 전산회계 2급 합격자의 평균 학습기간은 4주입니다. 본 교재는 이러한 학습자의 성향과 해커스만의 단기 합격 비법을 듬뿍 담아 2주/4주 완성 학습플랜을 수록하였으며, 학습전략에 따라 적합한 플랜을 선택할 수 있어 최적의 학습이 가능합니다. 또한 본 교재는 전산회계 2급 기출문제를 철저히 분석하여 출제되지 않은 불필요한 내용은 줄이고 출제된 핵심 이론을 풍부하게 수록하여 단기간에 전략적인 학습이 가능합니다.

TIP 2. '이론 → 실무'의 순서대로 학습하는 것이 가장 효율적입니다.

전산회계 2급은 이론 30%, 실무 70%인 시험이지만, 이론이 바탕이 되어야 실무문제를 쉽게 풀 수 있습니다. 본 교재는 이론 학습 후 실무를 바로 연결하여 학습할 수 있도록 구성되어 있어 가장 효율적인 학습이 가능합니다.

TIP 3. 기출문제를 많이 풀어볼수록 유리합니다.

전산세무회계 시험은 과거 출제되었던 문제가 반복해서 출제되는 경향이 있습니다. 따라서 기출문제 학습은 매우 중요하며, 최소 1년치(6회분) 이상의 기출문제를 학습하는 것을 권장합니다. 해커스는 총 15회분의 최신기출문제를 수록하여 다양한 기출문제를 학습할 수 있고 효과적으로 반복 학습할 수 있도록 각 문제에 3회독 체크박스 (□□□)를 수록하여 충분한 실전 연습이 가능합니다.

시험 당일 체크 포인트

▎시험 시작 전

1. 고사장 가기 전	• 수험표, 신분증, 일반 계산기, 필기구(흑색 또는 청색)를 반드시 준비합니다. • 교재 부록인 <핵심 미니북>을 준비하여, 시험 시작 전까지 최종 정리를 합니다. 수험표　　신분증　　일반 계산기　　필기구　　<핵심 미니북> **참고 유효신분증** 주민등록증(분실 시 임시 발급확인서), 운전면허증, 여권, 초·중·고등학생의 학생증(사진부착, 생년월일 포함), 청소년증(분실 시 청소년증 임시 발급확인서), 장애인카드, 공무원증, 초·중·고등학교 재학증명서(사진부착, 생년월일과 학교 직인 포함)
2. 고사장 도착 (PM 12:10 이전)	• 고사장에는 오후 12시 10분(시험 시작 20분 전) 이전에 도착해야 합니다. • 고사장 입구에서 자신의 이름과 수험번호로 해당 고사실을 확인한 후, 고사실 입구에서 자신의 자리를 확인합니다.
3. 쉬는 시간 (도착 후 ~ PM 12:20)	• 고사장에 도착한 후, 약 12시 20분까지 준비 시간이 주어집니다. 시험이 시작되면 쉬는 시간이 없으므로 반드시 이 시간에 화장실을 다녀오도록 합니다. • 컴퓨터를 부팅하여 키보드, 마우스 작동 상태 및 KcLep 프로그램 설치 유무를 확인합니다. • 준비해 간 <핵심 미니북>을 보면서 최종 마무리 학습을 합니다.
4. USB 수령 및 **문제 수록 파일 설치** (PM 12:20 ~ 12:25)	• USB 수령 : 감독관에게 USB를 수령한 후, USB 꼬리표에 기재된 내용이 본인이 응시한 시험 종목 및 급수가 맞는지 확인하고, 꼬리표에 수험정보(수험번호, 성명)를 기재합니다. • USB 내 문제 수록 파일 설치 　· USB를 컴퓨터에 꽂은 후, 내 컴퓨터를 실행하여 USB 드라이브로 이동합니다. 　· USB 드라이브에서 문제 수록 파일인 'Tax.exe' 파일을 설치합니다. 　　**주의** Tax.exe 파일은 처음 설치한 이후, 수험자 임의로 절대 재설치(초기화)하지 말아야 합니다. 　· 파일이 설치되면 KcLep 프로그램을 실행한 후, 　　수험정보 [수험번호(8자리)] - [성명] - [문제유형(A, B)]을 정확히 입력합니다. 　　**주의** · 처음 수험정보를 입력한 이후에는 수정이 불가합니다. 　　　　　· 수험정보를 잘못 입력하여 발생하는 일체의 불이익과 책임은 수험자 본인에게 있습니다.
5. 시험지 수령 (PM 12:25 ~ 12:30)	• 시험지가 USB 꼬리표에 기재된 시험 종목 및 급수와 문제유형이 동일한지 확인하고, 총 페이지 및 인쇄 상태를 확인합니다.

시험 시작 후

1. 시험 시작 (PM 12:30)	감독관이 불러주는 [감독관 확인번호]를 정확히 입력한 후, 엔터를 누르면 시험이 시작됩니다.
2. 문제 풀이 및 답안 저장 (PM 12:30 ~ 1:30)	이론문제와 실무문제를 푸는 순서가 정해져 있지 않으므로, 본인이 편한 순서로 문제를 풉니다. **이론문제 답안부터 입력하는 방법** ① 시험지에 답안 체크 ② [이론문제 답안작성] 클릭 ③ 이론문제 답안 입력 ④ 실무문제 답안 입력 ⑤ [답안저장(USB로 저장)] 클릭 **실무문제 답안부터 입력하는 방법** ① 시험지에 답안 체크 ② 실무문제 답안 입력 ③ [이론문제 답안작성] 클릭 ④ 이론문제 답안 입력 ⑤ [답안저장(USB로 저장)] 클릭   참고 ・[이론문제 답안작성]을 클릭하여 작성한 답안은 USB에 저장되는 것이 아니며, PC상에 임시로 작성되는 것입니다. 따라서 실무문제 답안까지 작성한 후, [답안저장(USB로 저장)] 버튼을 눌러야 모든 답안이 USB에 저장됩니다. ・실무문제 답안은 KcLep 프로그램 입력 시 자동으로 저장됩니다. 주의 ・답안저장 소요시간도 시험시간에 포함됩니다. [답안저장(USB로 저장)] 후 답안을 수정한 경우 반드시 다시 저장해야 하며, [답안저장(USB로 저장)]을 하지 않음으로써 발생하는 일체의 불이익과 책임은 수험자 본인에게 있습니다. ・타인의 답안을 자신의 답안으로 부정 복사한 경우, 해당 관련자 모두 불합격 처리됩니다.
3. 시험 종료 (PM 1:30)	답안이 수록된 USB를 감독관에게 제출한 후, 시험지를 가지고 조용히 퇴실합니다. 참고 퇴실은 오후 1시 40분(시험 종료 20분 전)부터 가능합니다.

KcLep & 백데이터
설치방법

첨부된 이미지는 예시 이미지로, 해커스금융(fn.Hackers.com) 홈페이지의 가장 최신 버전의 KcLep과 백데이터를 이용해 주시길 바랍니다.

1. KcLep 수험용 프로그램 설치방법

CASE 1 | 해커스금융(fn.Hackers.com)에서 다운로드 받는 방법

1 해커스금융(fn.Hackers.com)에 접속합니다.

2 홈페이지 상단바 메뉴 '회계/세무' ▶ 회계 공통이벤트 ▶ 무료 자료실 클릭 후, KcLep 최신 버전을 클릭합니다.

3 다운로드 파일을 클릭하여 KcLep 설치 파일을 다운로드합니다.

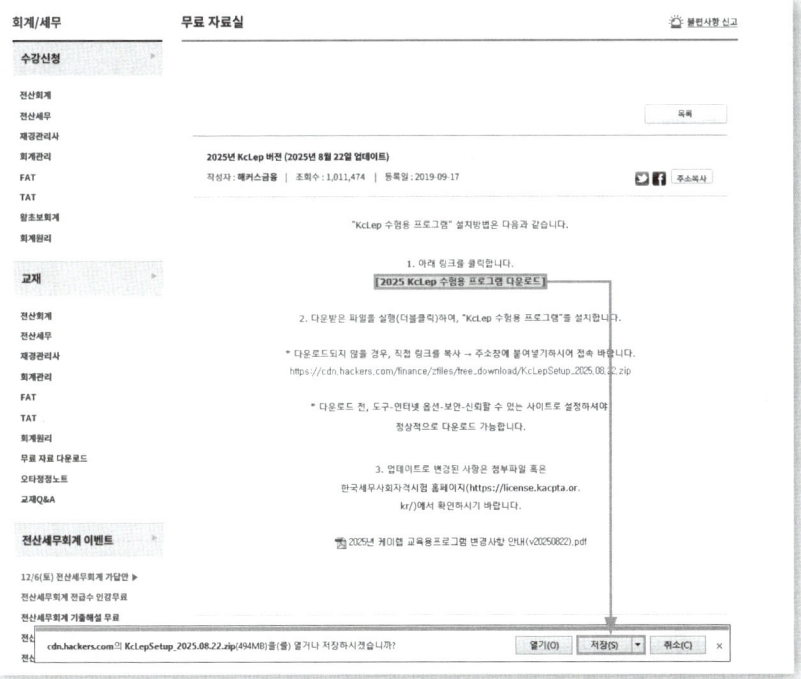

4 KcLepSetup 설치 파일이 설치폴더에 정상적으로 다운로드되었는지 확인합니다.

* KcLep 프로그램은 한국세무사회 업데이트 일정에 따라 버전이 달라질 수 있습니다.

5 다운로드 받은 파일을 실행하여 KcLep 수험용 프로그램을 설치합니다.

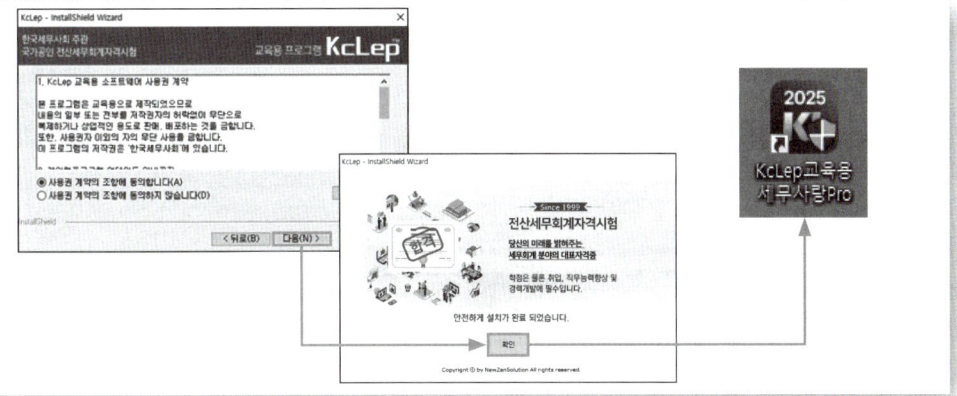

KcLep & 백데이터 설치방법　17

CASE 2 | 한국세무사회 홈페이지(license.kacpta.or.kr)에서 다운로드 받는 방법

1️⃣ 한국세무사회 자격시험 홈페이지(license.kacpta.or.kr)에 접속 후 왼쪽 하단에 있는 케이렙(수험용) 다운로드를 클릭하여 다운로드합니다.

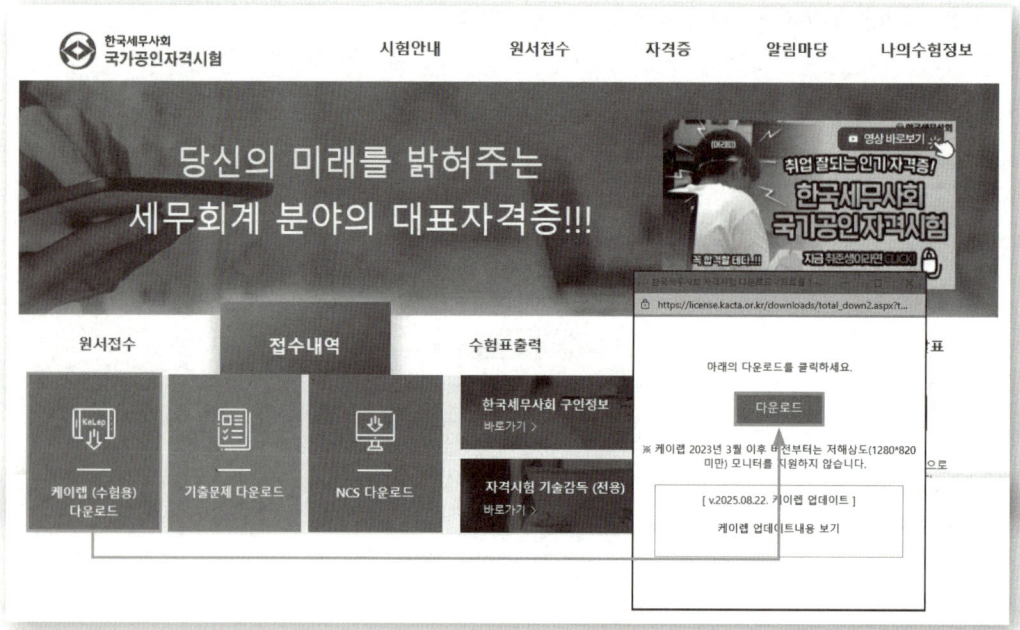

2️⃣ KcLepSetup 설치 파일이 설치폴더에 정상적으로 다운로드되었는지 확인합니다.

* KcLep 프로그램은 한국세무사회 업데이트 일정에 따라 버전이 달라질 수 있습니다.

3️⃣ 다운로드 받은 파일을 실행하여 KcLep 수험용 프로그램을 설치합니다.

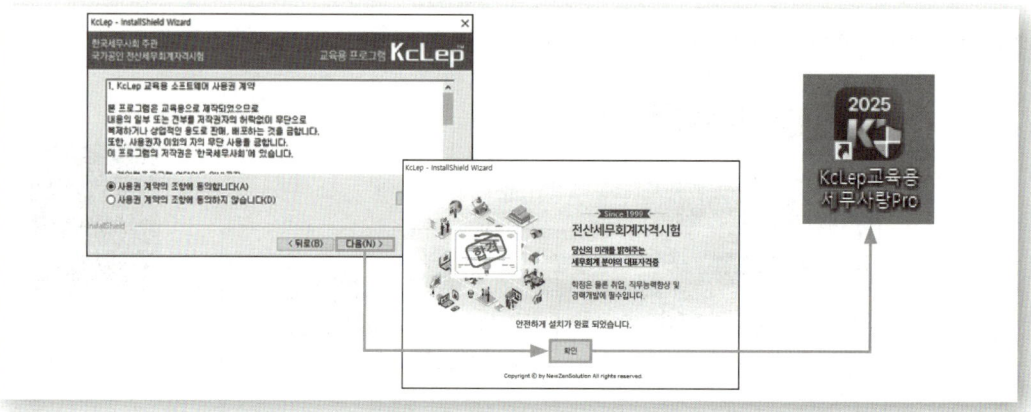

2. 백데이터 설치방법

1️⃣ 해커스금융(fn.Hackers.com)에 접속 후 상단바 메뉴 '회계/세무' ▶ 회계 공통이벤트 ▶ 무료 자료실 클릭 후, 전산회계 2급 이론+실무+최신기출+무료특강 백데이터를 클릭합니다.

2️⃣ 다운로드 파일을 클릭하여 백데이터 파일을 다운로드합니다. (다운로드 완료 시, 압축파일이 생성됨)

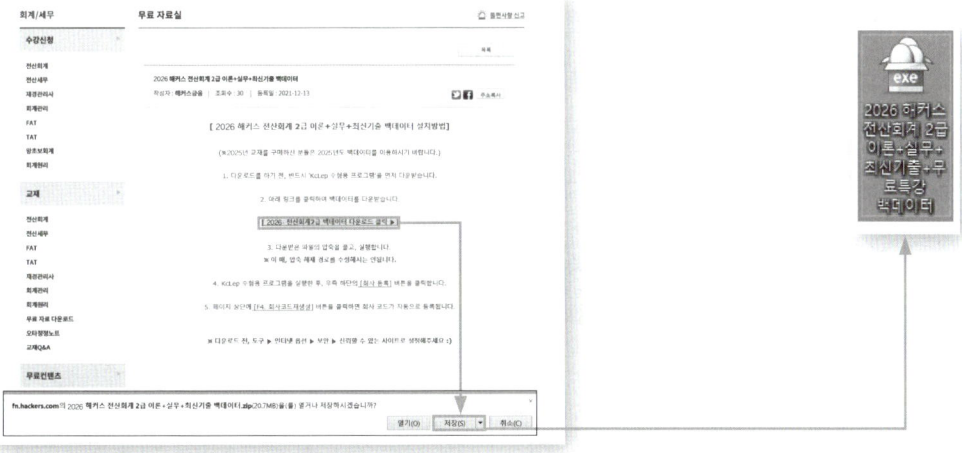

* 백데이터 업데이트 일정에 따라 파일명이 달라질 수 있습니다.

3 해커스 전산회계 2급 이론+실무+최신기출+무료특강 백데이터를 더블 클릭 시, 자동으로 정해진 위치에 압축 해제되어 저장됩니다.

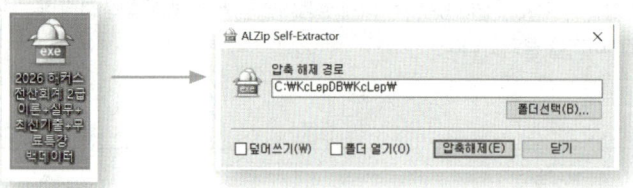

4 다운로드 완료 시, 다음과 같이 저장됩니다.

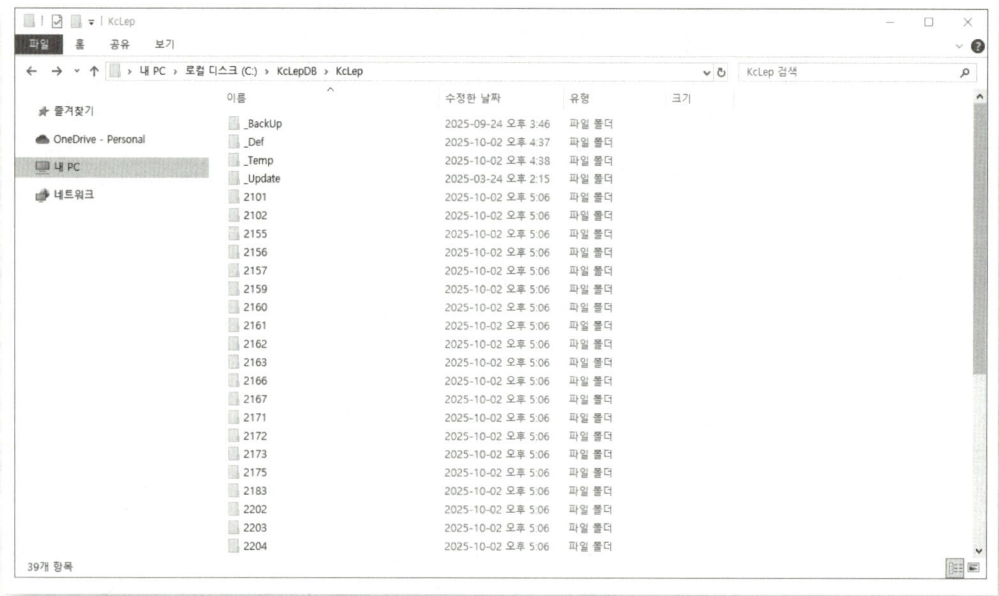

* 정렬방식 등에 따라 보이는 이미지와 다를 수 있습니다.

5 KcLep 프로그램을 실행시킨 후 회사등록 버튼을 클릭합니다.

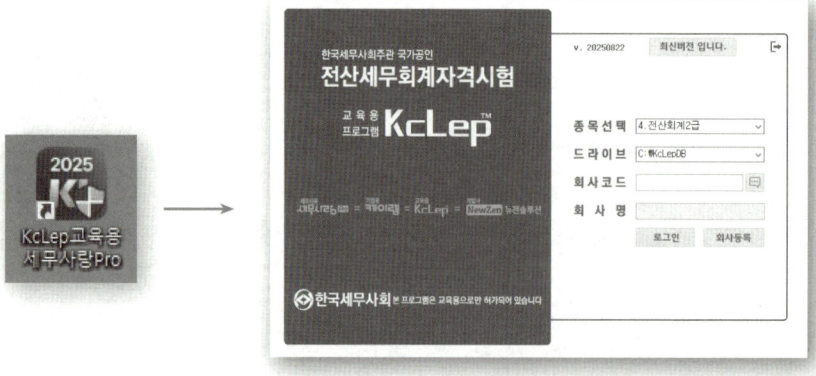

6 회사등록 버튼 클릭 시 아래의 화면을 확인할 수 있으며 F4 회사코드재생성 클릭 후, 예(Y) 버튼을 클릭합니다.

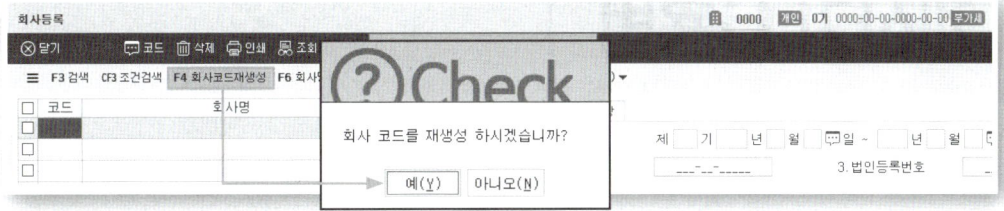

7 회사등록이 완료되었습니다.

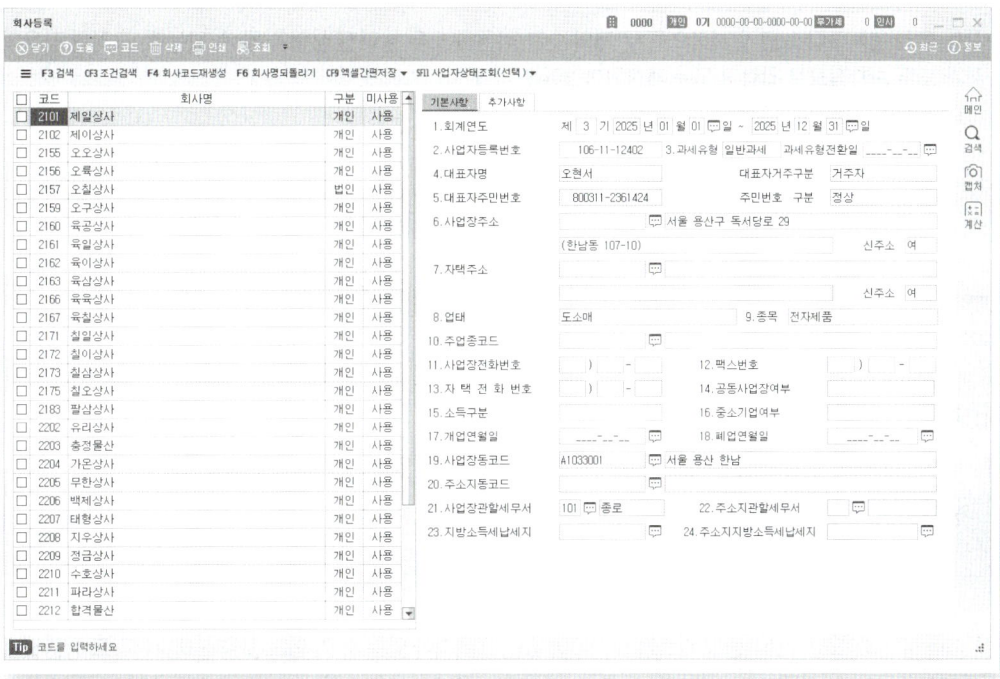

* 백데이터 업데이트에 따라 보이는 이미지와 다를 수 있습니다.

Q. 저장되어 있는 실무 답을 지우고 다시 풀어보고 싶은데, 어떻게 하나요? (백데이터 초기화 방법)

A. 백데이터를 다시 다운받을 시 초기화된 상태에서 실무문제를 풀 수 있습니다. 백데이터를 다시 다운받기 전, p.20 4번과 같이 번호가 있는 폴더를 모두 이동(정답 데이터를 저장해두고 싶을 경우) 또는 삭제합니다. 이후 p.19의 순서대로 백데이터를 다시 다운로드하면 초기화할 수 있습니다.

알아두면 유용한
계산기 사용법

▌전산회계 학습에 적합한 계산기 선택 방법

- $+$, $-$, $\times$, $\div$ 만 되는 일반 계산기이어야 합니다.
  - 공학용 계산기, 전자사전 등은 공식 저장 기능이 있기 때문에 시험장에서 사용 불가
- 숫자를 빨리 입력하다 보면 일시적으로 두 개의 숫자 버튼이 모두 눌러진 상태가 될 수 있는데, 그러한 경우에도 두 숫자가 모두 순차적으로 입력이 되는 계산기이어야 합니다.
  - (테스트 방법) ① → ② → ③ → ④ → ⑤
    ① 숫자 1을 누름
    ② 숫자 1을 누른 상태에서, 숫자 2를 누름
    ③ 숫자 1과 숫자 2를 모두 누른 상태에서, 숫자 1에서 손가락을 뗌
    ④ 숫자 2만 누른 상태에서, 다시 숫자 1을 누름
    ⑤ 숫자 2와 숫자 1을 모두 누른 상태에서, 숫자 2에서 손가락을 뗌
  - (테스트 결과) 화면에 1 2 1이 표시되는지 확인

▌계산기 설정 방법

- 계산기에 'F', 'CUT', '5/4' 등의 기호가 표시되어 있는 스위치가 있는 경우 'F'를 선택합니다.

F (Full)	계산 결과 금액을 표시할 때 소수점 이하를 모두 표시
CUT	계산 결과 금액을 표시할 때 소수점 이하를 일정한 자리에서 내림하여 표시
5/4	계산 결과 금액을 표시할 때 소수점 이하를 일정한 자리에서 반올림하여 표시

- 계산기에 '4', '3', '2', '1', '0' 등의 기호가 표시되어 있는 스위치가 있는 경우, 어느 것을 선택하더라도 상관없습니다.
  - 예 4 : 'CUT' 또는 '5/4'를 선택했을 때 소수점 4번째 자리에서 내림 또는 반올림 ('F'를 선택한 경우에는 기능 없음)

▌알아두면 유용한 계산기 기능

- M+, M-, MR, MC

M+ (Memory Plus)	계산한 금액을 더하면서 저장함
M- (Memory Minus)	계산한 금액을 빼면서 저장함
MR (Memory Result)	저장된 금액을 불러옴
MC (Memory Clear)	저장된 금액을 지움

[사례] (2 × 3) + (2 × 2) = 10
[입력방법]

순서	①	②	③	④*	⑤	⑥	⑦	⑧	⑨*	⑩	⑪
입력	2	×	3	=	M+	2	×	2	=	M+	MR
결과				6	6				4	4	10

* 생략 가능

fn.Hackers.com
금융·세무회계 전문 교육기관 해커스금융

■ GT, C, AC

GT (Grand Total)	= 를 눌러서 나온 금액들을 모두 합한 금액을 불러옴
C (Clear)	GT 금액은 지우지 않고, 방금 전에 계산한 금액만 지움
AC (All Clear)	방금 전에 계산한 금액과 GT 금액을 모두 지움

[사례] (2 × 3) + (2 × 2) = 10
[입력방법]

순서	①	②	③	④	⑤*	⑥	⑦	⑧	⑨	⑩
입력	2	×	3	=	C	2	×	2	=	GT
결과				6	0				4	10

* 생략 가능

■ A + + B : B에서 출발하여 A만큼씩 계속 더하기

[사례] 3에서 출발하여 2씩 더하기
[입력방법]

순서	①	②	③	④	⑤	⑥	⑦	⑧	⑨	⑩
입력	2	+	+	3	=	=	=	=	=	=
결과		K	K	5	7	9	11	13	...

■ A − − B : B에서 출발하여 A만큼씩 계속 빼기

[사례] 15에서 출발하여 2씩 계속 빼기
[입력방법]

순서	①	②	③	④	⑤	⑥	⑦	⑧	⑨	⑩
입력	2	−	−	15	=	=	=	=	=	=
결과		K	K	13	11	9	7	5	...

■ A × × B : B에서 출발하여 A만큼씩 계속 곱하기

[사례] 3에서 출발하여 2씩 계속 곱하기
[입력방법]

순서	①	②	③	④	⑤	⑥	⑦	⑧	⑨	⑩
입력	2	×	×	3	=	=	=	=	=	=
결과		K	K	6	12	24	48	96	...

■ A ÷ ÷ B : B에서 출발하여 A만큼씩 계속 나누기

[사례] 192에서 출발하여 2씩 나누기
[입력방법]

순서	①	②	③	④	⑤	⑥	⑦	⑧	⑨	⑩
입력	2	÷	÷	192	=	=	=	=	=	=
결과		K	K	96	48	24	12	6	...

알아두면 유용한 계산기 사용법

전산회계 2급 학습플랜

2주 완성 학습플랜

교재의 모든 내용을 2주간 집중적으로 학습할 수 있습니다. 전공자 또는 회계 관련 기본지식이 있는 학습자에게 추천합니다.

1일 ☐	2일 ☐	3일 ☐	4일 ☐	5일 ☐	6일 ☐	7일 ☐
제1장(이론)		제2장(실무)	제3장(이론)			
제1~2절	제3~4절	제1~3절	제1절	제2절	제3절	제4~5절

8일 ☐	9일 ☐	10일 ☐	11일 ☐	12일 ☐	13일 ☐	14일 ☐
제3장(이론)		제4장(실무)			최신기출문제	
제6절	제7절	제1절	제2~3절	제4절	제122~115회	제114~108회

4주 완성 학습플랜

교재의 모든 내용을 4주간 차근차근 학습할 수 있습니다. 비전공자 또는 회계 관련 기본지식이 없는 학습자에게 추천합니다.

1일 ☐	2일 ☐	3일 ☐	4일 ☐	5일 ☐	6일 ☐	7일 ☐
제1장(이론)			제2장(실무)			제3장(이론)
제1~2절	제3절	제4절	제1절	제2절	제3절	제1절

8일 ☐	9일 ☐	10일 ☐	11일 ☐	12일 ☐	13일 ☐	14일 ☐
제3장(이론)						
제1절	제2절		제3절		제4절	제5절

15일 ☐	16일 ☐	17일 ☐	18일 ☐	19일 ☐	20일 ☐	21일 ☐
제3장(이론)				제4장(실무)		
제6절			제7절		제1절	제2절

22일 ☐	23일 ☐	24일 ☐	25일 ☐	26일 ☐	27일 ☐	28일 ☐
제4장(실무)		최신기출문제				
제3절	제4절	제122~120회	제119~117회	제116~114회	제113~111회	제110~108회

금융·세무회계 전문 교육기관 **해커스금융**
fn.Hackers.com

제1장 회계의 기본원리 [이론]

- 제1절 회계의 기본개념
- 제2절 재무상태표와 손익계산서
- 제3절 거래의 기록
- 제4절 회계의 순환과정

제 1 장
회계의 기본원리

Overview

회계의 기본원리는 이론시험 전체 15문제에서 평균적으로 **3문제**가 출제된다.

(이론시험 : 1문제당 2점의 배점으로 출제되어 총 30점 만점으로 구성)

회계의 기본원리의 경우 이론시험과 실무시험 전반에 걸쳐 기본이 되는 개념과 회계원리를 설명하고 있다. 무작정 암기하기보다는 기본개념과 회계의 순환과정을 거시적인 관점에서 이해하는 것이 중요하다.

출제비중

구 분	출제문항
제1절 회계의 기본개념	평균적으로 3문제가 출제된다.
제2절 재무상태표와 손익계산서	
제3절 거래의 기록	
제4절 회계의 순환과정	

금융·세무회계 전문 교육기관 **해커스금융**
fn.Hackers.com

학습전략

1. 암기보다는 이해 위주의 학습
생소한 용어를 하나씩 암기하기보다는 전체적인 흐름을 이해하는 데 초점을 두고 학습하자.

2. 이해가 되지 않는 부분은 일단 넘어가고 나중에 다시 복습
회계를 처음 접하는 입문자가 회계이론을 익히는 데에는 시간이 필요하다. 처음에 이해되지 않는 부분은 일단 넘어가고, 제3장 계정과목별 회계처리를 학습한 후에 다시 복습하자.

제1절 | 회계의 기본개념

01 회계의 정의

회계(Accounting)란 회계정보이용자가 합리적인 판단과 의사결정을 할 수 있도록 기업의 경제적 활동에 관한 유용한 정보를 식별, 측정, 기록하여 전달하는 과정을 말한다.

02 회계의 목적

최근 82회 시험 중 7회 기출

회계의 목적은 회계정보이용자에게 경제적 의사결정에 유용한 정보를 제공하는 것이다.

경제규모가 커짐에 따라 기업에 대한 소유와 경영이 분리되었고, 기업의 경영진이 해당 기업에 투자한 투자자(주주)를 대신하여 기업을 경영하게 되었다. 따라서 이에 대한 결과를 보고하는 과정 즉, 회계의 필요성이 커지게 되었다.

03 회계의 기본가정과 특징

최근 82회 시험 중 2회 기출

회계에는 ① 계속기업, ② 기업실체, ③ 기간별 보고라는 기본가정이 깔려 있으며, ④ 발생주의를 기본적 특징으로 한다.

계속기업의 가정 (Going Concern)	• 계속기업의 가정이란 기업이 예상 가능한 기간 동안 영업을 계속할 것이라는 가정을 말한다. • 이는 앞으로 학습하게 될 여러 가지 회계처리에 대하여 이론적인 근거를 제공한다.
기업실체의 가정 (Business Entity)	• 회계에서는 기업을 소유주와 분리된 독립적인 존재로 보아 기업실체라고 부른다. • 기업실체의 가정이란 기업의 관점에서 경제활동에 대한 정보를 측정, 보고한다는 가정을 말한다. • 예를 들어 기업의 지분 전액을 한 사람이 보유하고 있는 경우라 하더라도, 기업은 소유주와 분리된 별도의 회계단위로 인정되며 회계 처리의 주체는 기업이다. • 경제활동을 측정, 보고하기 위하여 구분하는 장소적 범위를 **회계단위**라고 한다. 일반적으로 하나의 기업이 하나의 회계단위가 된다.
기간별 보고의 가정 (Periodicity)	• 기간별 보고의 가정이란 기업의 존속기간을 일정한 기간 단위로 분할하여 각 기간 단위별로 정보를 측정, 보고한다는 가정을 말한다. • 기업의 경제활동은 사업을 개시하는 날부터 계속적으로 이루어지므로 경영성과를 파악하기 위해서는 인위적으로 6개월 또는 1년 등으로 구분하여 기간적 범위를 설정하여야 하는데, 이를 **회계연도** 또는 **회계기간**이라 한다. • 회계기간은 1년을 초과할 수 없다. 개인기업은 회계기간이 1월 1일부터 12월 31일까지로 정해져 있으며, 법인기업은 기업이 정관에서 정한 기간으로 한다.

발생주의 (Accrual Basis)	• 수익과 비용을 인식하는 시점을 언제로 볼 것인지에 대한 기준으로 현금기준과 발생기준이 있을 수 있는데, 회계에서는 이 중 발생기준에 따른다.	
	현금기준 (현금주의, Cash Basis)	현금이 유입될 때 수익으로 인식하고, 현금이 유출될 때 비용으로 인식한다.
	발생기준 (발생주의, Accrual Basis)	현금의 수수에 관계없이 거래나 사건이 발생한 시점에 수익과 비용을 인식한다.

04 회계연도 관련 용어 정리 [회계기간이 1월 1일부터 12월 31일까지인 경우]

최근 82회 시험 중 1회 기출

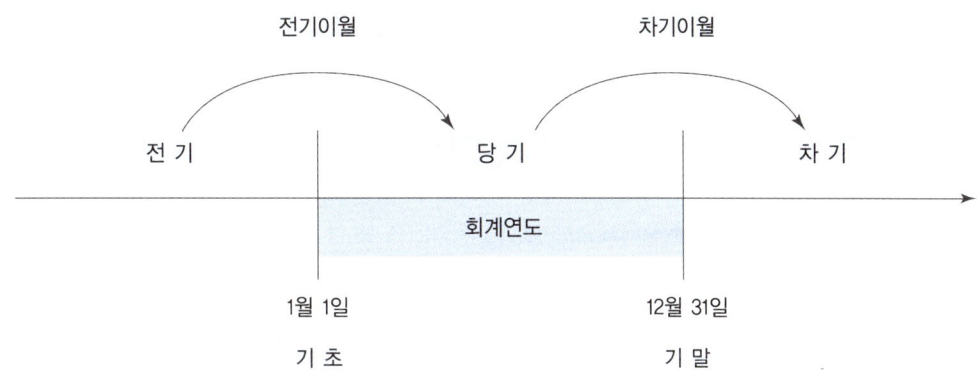

① 기초 : 회계연도가 시작되는 날
② 기말 : 회계연도가 끝나는 날 (= 회계연도 말 = 보고기간 종료일 = 결산일 = 재무상태표일)
③ 전기 : 앞 회계연도
④ 당기 : 현재 회계연도
⑤ 차기 : 다음 회계연도
⑥ 이월 : 다음 회계연도로 넘기는 것
⑦ 전기이월 : 전기 기말에서 당기 기초로 넘어오는 것
⑧ 차기이월 : 당기 기말에서 차기 기초로 넘어가는 것

기출확인문제

*2026년 출제예상

기업의 재무상태와 경영성과를 명백히 하기 위해 인위적으로 1년 이내의 기간적 범위를 정하는 것을 무엇이라 하는가? [제41회]

① 회계정의   ② 회계목적   ③ 회계연도   ④ 회계거래

정답 ③

해설
기업의 재무상태와 경영성과를 파악하기 위하여 인위적으로 1년 이내의 기간적 범위를 정한 것을 회계연도 또는 회계기간이라고 한다.

05 기업회계기준

최근 82회 시험 중 1회 기출

다양한 외부정보이용자에게 제공되는 회계정보가 유용한 것이 되기 위해서는 그 회계정보가 일정한 기준에 따라 작성된 것이어야 한다.

기업이 회계처리를 하거나 보고서(재무제표)를 작성할 때 기준으로 삼는 원칙을 '일반적으로 인정된 회계원칙(GAAP : Generally Accepted Accounting Principles)'이라고 하며, GAAP을 성문화한 규정들을 통칭하여 기업회계기준이라고 부른다.

우리나라의 기업회계기준은 금융위원회의 권한을 위임받아 한국회계기준원에서 제정하고 있으며, 다음과 같이 구성되어 있다.

구 분	내 용
한국채택 국제회계기준 (K-IFRS)[1]	재무제표의 국제적 통일성 향상과 국가경쟁력 강화를 도모하고자, 국제회계기준위원회가 공표하는 회계기준에 맞추어 제정한 새로운 회계기준
일반기업회계기준	K-IFRS를 적용하지 않는 기업을 위하여 종전의 기업회계기준을 수정·보완하여 제정한 편람식 회계기준
중소기업회계기준[2]	중소기업이 회계처리를 단순화할 수 있도록 제정한 회계기준

[1] K-IFRS : Korean-International Financial Reporting Standards

[2] 중소기업회계기준 : 일반기업회계기준 중에서 중소기업에 허용되는 특례들만 모아 놓은 규정집으로서, 일반기업회계기준의 일부로 볼 수 있음

우리나라 기업이 선택할 수 있는 기업회계기준은 다음과 같이 요약할 수 있다.

구 분		K-IFRS	일반기업회계기준	중소기업회계기준
외부감사대상[1] 기업	상장기업[2]	○		
	비상장기업	○	○	
외부감사대상이 아닌 기업		○	○	○

[1] 외부감사대상 : '주식회사의 외부감사에 관한 법률'에서 정하는 일정 규모(예 직전 사업연도 말의 자산총액 120억 원) 이상의 기업

[2] 상장기업 : 증권거래소나 코스닥 등의 유가증권 시장에 등록되어 주식이 거래되고 있는 기업을 말하며, 상장기업은 반드시 K-IFRS를 적용하여야 함

이 책에서는 K-IFRS와 일반기업회계기준(중소기업회계기준 포함)에서 공통으로 규정하고 있는 내용을 학습하게 되며, 전산회계 자격시험은 일반기업회계기준을 출제범위로 한다.

06 재무제표

최근 82회 시험 중 22회 기출

재무제표란 주주, 은행, 거래처, 과세기관 등 기업 **외부**의 다양한 **정보이용자**에게 기업에 관한 유용한 회계정보를 전달하기 위하여, **기업회계기준**에 따라 일정한 양식으로 작성하는 보고서를 말한다.

재무제표를 작성할 책임은 일차적으로 경영자에게 있으며, 일반기업회계기준에 따르면 재무제표의 종류는 다음과 같다.

재무상태표	일정 시점 현재 기업의 재무상태(자산, 부채, 자본)를 나타내는 보고서
손익계산서	일정 기간 동안의 기업의 경영성과(수익, 비용)를 나타내는 보고서
자본변동표	기업의 자본에 관하여 일정 시점 현재 크기와 일정 기간 동안의 변동 내역을 나타내는 보고서
현금흐름표	기업의 현금에 관하여 일정 시점 현재 크기와 일정 기간 동안의 변동(유입, 유출) 내역을 나타내는 보고서
주 석	재무제표상의 과목 또는 금액에 기호를 붙여 해당 항목에 대한 추가적인 정보를 나타내는 별지

기출포인트

- **주석**은 재무제표 뒷부분에 있는 **별지**를 말한다. 여기에는 재무제표상의 과목 또는 금액 중 기호가 표시된 항목들에 대한 세부내역이 기재된다. 이뿐만 아니라 기업이 적용한 기업회계기준(K-IFRS or 일반기업회계기준), 금액으로 표시되지 않은 소송사건 등과 같이 재무제표를 이해하는 데 필요한 여러 정보가 기재되므로 주석은 **재무제표에 포함**된다.
- **주기**는 재무제표상의 과목 다음에 간단한 단어나 금액을 **괄호** 안에 표시하는 것을 말한다. 주기는 단순히 부연 설명 역할만 하는 것이므로 **재무제표에 포함되지 않는다**.
- **이익잉여금처분계산서**(결손금처리계산서)는 **재무제표에 포함되지 않는다**. 다만 상법 등 관련 법규에서 요구하는 경우에는 주석에 포함하여 공시할 수 있다.

기출확인문제

*2026년 출제예상

다음 중 일반기업회계기준에서 정하고 있는 재무제표가 아닌 것은? (제19회)

① 손익계산서
② 합계잔액시산표
③ 현금흐름표
④ 재무상태표

정답 ②

해설
일반기업회계기준에서 정하고 있는 재무제표의 종류는 재무상태표, 손익계산서, 자본변동표, 현금흐름표, 주석이다.

핵심기출문제

*본서에 수록된 기출문제의 날짜는 학습효과를 높이기 위하여 일부 수정함

01 다음 괄호 안에 들어갈 내용으로 옳은 것은? [제52회]

> (   )는 일정 기간 동안 기업실체의 경영성과에 대한 정보를 제공하는 재무보고서이다.

① 현금흐름표 ② 손익계산서
③ 재무상태표 ④ 합계잔액시산표

02 다음 중 일반기업회계기준에서 규정하고 있는 재무제표의 종류가 아닌 것은? [제62회]

① 재무상태표 ② 손익계산서
③ 자본변동표 ④ 주기

03 다음의 작성방법은 어느 것을 나타내는 것인가? [제51회]

> 해당 개별항목에 기호를 붙이고 별지에 동일한 기호를 표시하여 그 내용을 설명한다.

① 주기   ② 주석   ③ 인식   ④ 측정

정답 및 해설

01 ② 손익계산서는 일정 기간 동안 기업실체의 경영성과에 대한 정보를 제공하는 재무보고서이다.

02 ④ • 일반기업회계기준에 따른 재무제표의 종류 : 재무상태표, 손익계산서, 자본변동표, 현금흐름표, 주석
 • 주기는 단순히 부연 설명 역할만 하는 것이므로 재무제표에 포함되지 않는다.

03 ② 재무제표상의 과목 또는 금액에 기호를 붙이고, 기호가 표시된 항목에 대한 추가적인 정보를 별지에서 설명하는데, 주석이란 재무제표 뒷부분에 있는 이러한 별지를 말한다.

제 2 절 | 재무상태표와 손익계산서

01 재무상태표

(1) 재무상태표의 정의

재무상태표(Statement of Financial Position)는 기업의 **재무상태**를 보고하기 위하여 **일정 시점** 현재의 자산, 부채, 자본을 나타내는 보고서이다. 재무상태표의 종전 명칭은 대차대조표(Balance Sheet, B/S)였으나 국제회계기준의 도입에 따라 명칭이 바뀌게 되었다.

(2) 재무상태표의 구성요소

① **자산**
자산(Asset)이란 기업이 소유하고 있는 재화나 채권(받을 돈)으로서 금전적 가치(미래의 경제적 효익)가 있는 것을 말하며, 이를 **총자산**이라고도 한다.

② **부채**
부채(Liability)란 기업이 장차 타인에게 지급해야 할 채무(줄 돈)로서 미래 경제적 효익의 희생이 있는 것을 말하며, 이를 **타인자본**이라고도 한다.

③ **자본**
자본(Equity)이란 기업이 소유하고 있는 자산총액에서 타인에게 지급해야 할 부채총액을 차감한 잔액을 말하며, 이를 **순자산** 또는 **자기자본**이라고도 한다. 그리고 이와 같은 관계를 '자본 등식'이라고 한다.

$$자산 - 부채 = 자본$$

자본은 기업에 대한 소유주(주주)의 청구권이라고 이해할 수 있으며, 기업을 청산하는 경우에 부채를 먼저 상환한 다음 남은 잔액을 소유주에게 반환한다 하여 자본을 **잔여지분**이라고도 부른다.

(3) 재무상태표 등식

기업이 5억 원의 건물을 구입했는데 구입대금 5억 원 중 3억 원은 기업의 자금으로 지급하였으나 2억 원은 은행에서 빌려서 지급한 것이라고 할 때, 이를 해당 일정 시점(예 20x1년 1월 1일) 현재의 재무상태표로 나타내면 다음과 같다.

재무상태표
20x1년 1월 1일 현재

자산 5억 원	부채 2억 원
	자본 3억 원

재무상태표는 기업의 재산, 즉 자산은 타인의 몫인 부채(타인자본)와 소유주의 몫인 자본(자기자본)으로 이루어져 있다는 것을 나타낸다. 자산을 왼쪽에 기재하고 부채와 자본을 오른쪽에 기재했을 때 왼쪽의 자산 총계는 오른쪽의 부채 및 자본 총계와 일치하는데, 이를 '재무상태표 등식'이라고 한다.

$$자산 = 부채 + 자본$$

재무상태표를 자금 측면에서 해석하면, 재무상태표의 오른쪽은 기업이 자금을 어떻게 조달하였는가 하는 자금조달정보를 나타내고 왼쪽은 조달된 자금을 어디에 사용하였는가 하는 자금운용정보를 나타낸다. 사례에서, 기업은 자금을 부채(타인자본)로 2억 원, 자본(자기자본)으로 3억 원을 조달하여, 건물의 취득에 5억 원을 사용한 것으로 볼 수 있다.

기출확인문제

다음 빈칸에 알맞은 금액은 얼마인가? (제32회)

구 분	자 산	부 채	자 본
남향상사	500,000원	(가)	200,000원
북향상사	(나)	350,000원	300,000원

① (가) 300,000원 (나) 300,000원
② (가) 650,000원 (나) 650,000원
③ (가) 650,000원 (나) 300,000원
④ (가) 300,000원 (나) 650,000원

정답 ④

해설
(가) 부채 = 자산 − 자본
    = 500,000 − 200,000
    = 300,000원
(나) 자산 = 부채 + 자본
    = 350,000 + 300,000
    = 650,000원

02 손익계산서

최근 82회 시험 중 18회 기출

(1) 손익계산서의 정의

손익계산서(Income Statement, I/S)는 기업의 **경영성과**를 보고하기 위하여 **일정 기간** 동안에 일어난 거래나 사건을 통해 발생한 수익, 비용, 순이익(순손실)을 나타내는 보고서이다.

(2) 손익계산서의 구성요소

① **수익**
   수익(Revenue)이란 기업이 경영활동의 결과로 획득한 금액을 말한다.

② **비용**
   비용(Expense)이란 기업이 경영활동 과정에서 수익을 얻기 위해 지출하거나 사용한 것을 말한다.

(3) 손익계산서 등식

기업이 상품을 2억 원에 구입하여 고객에게 3억 원에 판매하였다면 1억 원의 순이익을 남긴 것이다. 이를 해당 일정 기간(예 20x1년 1월 1일부터 12월 31일까지) 동안의 손익계산서로 나타내면 다음과 같다.

손익계산서
20x1년 1월 1일부터 20x1년 12월 31일까지

비용 2억 원	수익 3억 원
순이익 1억 원	

손익계산서는 일정 기간 동안의 경영성과인 순이익(또는 순손실)은 해당 기간의 수익총액에서 비용총액을 차감한 잔액이라는 것을 나타낸다. 비용과 순이익(순손실인 경우에는 음수로 표시)을 왼쪽에 기재하고 수익을 오른쪽에 기재했을 때 왼쪽의 총계는 오른쪽의 총계와 일치하는데, 이를 '손익계산서 등식'이라고 한다.

비용 + 순이익 = 수익

기출확인문제

다음 괄호 안에 들어갈 내용으로 옳은 것은? [제57회]

> ( )은(는) 기업실체의 경영활동의 결과로서 발생하였거나 발생할 현금유출액을 나타내며, 경영활동의 종류와 당해 ( )이(가) 인식되는 방법에 따라 매출원가, 급여, 감가상각비, 이자비용, 임차비용 등과 같이 다양하게 구분될 수 있다.

① 자산   ② 부채   ③ 수익   ④ 비용

정답 ④

해설
비용에 관한 설명이다.

---

03 재무상태표와 손익계산서의 관계

(1) 재무상태표와 손익계산서의 관계 요약

재무상태표의 기초자본 + 손익계산서의 당기순이익 = 재무상태표의 기말자본

손익계산서 구성요소인 수익과 비용은 당기(이번 회계기간) 동안의 경영성과를 나타내는 것이므로, 당기 손익계산서의 구성요소는 차기로 이월되지 않는다.

재무상태표 구성요소인 자산, 부채, 자본은 경영활동의 결과로 일정 시점까지 누적된 재무상태를 나타내는 것이므로, 당기 기말 재무상태표의 구성요소는 차기 기초로 이월된다.

(2) 재무상태표와 손익계산서의 작성 사례

서울상사는 도·소매업을 영위하는 개인기업이다. 제1기 회계연도인 20x1년 1월 1일부터 12월 31일 사이에 다음과 같은 거래가 발생했을 때 기초(사업 개시 시점) 재무상태표, 기말 재무상태표, 당기 손익계산서를 작성하여 보자.

- 20x1년 1월 1일 현금 1,000,000원을 출자하여 사업을 개시하였다.
- 20x1년 1월 1일 사업 개시 시점에 은행에서 현금 500,000원을 빌려왔다.
- 20x1년 1월 8일 공급처로부터 상품 600,000원을 현금을 주고 사와서(상품매출원가), 1월 20일 고객에게 이 상품을 현금 1,000,000원에 판매하였다(상품매출).
- 20x1년 1월 31일 종업원에게 급여 100,000원을 현금으로 지급하였다(급여).

[풀이] ① 20x1년 1월 1일 재무상태표

재무상태표
서울상사 20x1년 1월 1일 현재 (단위 : 원)

자산		부채	
현금	1,500,000	차입금	500,000
		자본	
		자본금	1,000,000
	1,500,000		1,500,000

② 20x1년 1월 1일부터 20x1년 12월 31일까지 손익계산서

손익계산서
서울상사 20x1년 1월 1일부터 20x1년 12월 31일까지 (단위 : 원)

비용		수익	
상품매출원가	600,000	상품매출	1,000,000
급여	100,000		
당기순이익			
당기순이익	300,000		
	1,000,000		1,000,000

③ 20x1년 12월 31일 재무상태표

재무상태표
서울상사 20x1년 12월 31일 현재 (단위 : 원)

자산		부채	
현금	1,800,000	차입금	500,000
		자본	
		자본금	1,300,000
	1,800,000		1,800,000

④ 재무상태표와 손익계산서의 관계

서울상사의 제1기 회계연도를 사례로 재무상태표와 손익계산서의 관계를 그림으로 살펴보면 다음과 같다.

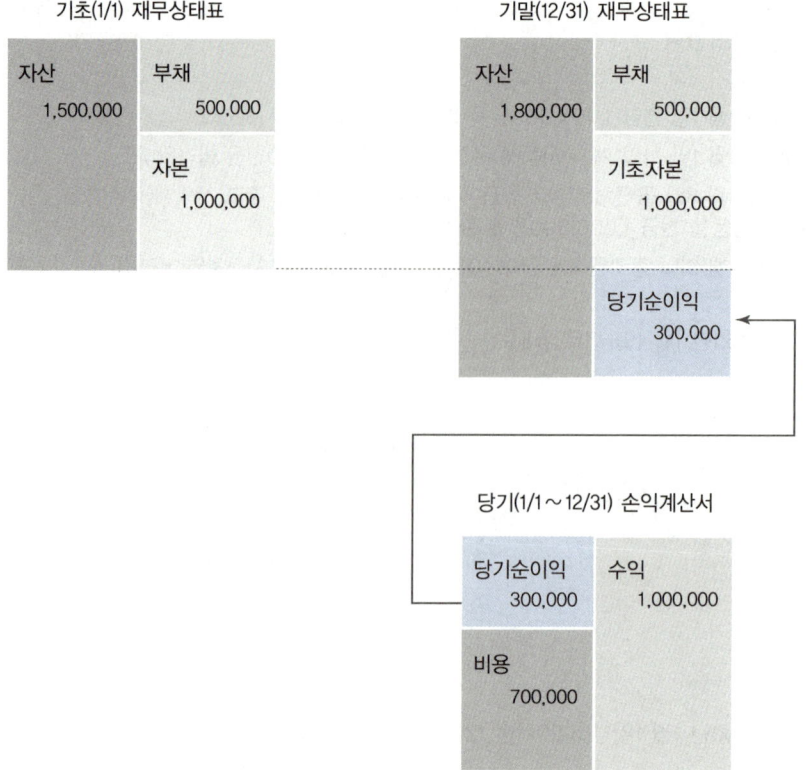

서울상사는 제1기 기초(사업 개시) 시점인 20x1년 1월 1일에 자본총액 1,000,000원으로 시작하여, 당기(제1기) 동안 순이익 300,000원의 경영성과를 달성하였다.

그 결과 제1기 기말 시점인 20x1년 12월 31일 현재 자산 항목인 현금은 기초보다 300,000원 증가한 1,800,000원이 되었고, 기말 자본은 기초 자본에서 당기순이익을 합한 1,300,000원이 되었다.

기출확인문제

다음 중 빈칸에 들어갈 값으로 옳은 것은? (제38회 수정)

기초			기말			당기순이익
자산	부채	자본	자산	부채	자본	
1,300,000	(가)	740,000	(나)	650,000	(다)	150,000

	(가)	(나)	(다)
①	550,000	1,510,000	860,000
②	550,000	1,520,000	870,000
③	560,000	1,530,000	880,000
④	560,000	1,540,000	890,000

정답 ④

해설
(가) 기초부채
 = 기초자산 − 기초자본
 = 1,300,000 − 740,000
 = 560,000원
(나) 기말자산
 = 기말부채 + 기말자본
 = 650,000 + 890,000
 = 1,540,000원
(다) 기말자본
 = 기초자본 + 당기순이익
 = 740,000 + 150,000
 = 890,000원

04 재무상태표의 작성

최근 82회 시험 중 22회 기출

(1) 재무상태표의 기본구조

자산은 **보고기간 종료일로부터 1년 이내**(또는 정상영업주기 이내)에 현금화되는지 여부에 따라 유동자산과 비유동자산으로 구분한다. 여기서 다시 유동자산은 당좌자산과 재고자산으로 구분하며, 비유동자산은 투자자산, 유형자산, 무형자산, 기타비유동자산으로 구분한다.

부채는 **보고기간 종료일로부터 1년 이내**(또는 정상영업주기 이내)에 상환기한이 도래하는지 여부에 따라 유동부채와 비유동부채로 구분한다.

법인기업은 자본을 자본금, 자본잉여금, 자본조정, 기타포괄손익누계액, 이익잉여금으로 구분하여 표시한다. 이와 달리, 개인기업은 자본을 자본금으로만 표시한다.

개인기업의 경우, 재무상태표의 기본구조는 다음과 같다.

재무상태표
XX기업　　　　　　　　　　20x1년 12월 31일 현재

자산	부채
유동자산	유동부채
당좌자산	비유동부채
재고자산	
비유동자산	자본
투자자산	자본금
유형자산	
무형자산	
기타비유동자산	

(2) 재무상태표의 작성기준

구분표시	• 자산, 부채, 자본 중 중요한 항목에 대해서는 별도 항목으로 구분 표시하여야 한다.
총액주의	• 자산, 부채, 자본은 총액으로 기재함을 원칙으로 한다. 자산 항목과 부채·자본 항목을 상계함으로써 그 전부 또는 일부를 재무상태표에서 제외하여서는 안 된다.
1년 기준	• 자산과 부채는 '보고기간 종료일로부터 1년'을 기준으로 각각 유동과 비유동으로 구분한다. 다만, '보고기간 종료일로부터 1년'을 초과하더라도 '정상적인 1영업주기' 이내인 경우에는 유동으로 분류할 수 있다. • 정상영업주기란 영업활동을 위하여 자산을 취득하는 시점부터 그 자산을 외부로 팔고 판매대금을 회수하는 시점까지 소요되는 기간을 말한다. 정상영업주기를 명확하게 식별할 수 없는 경우에는 이를 1년으로 추정한다.
유동성배열법	• 자산과 부채는 유동성이 높은 계정(현금화하기 쉬운 계정)부터 배열한다. • 이에 따라, 재무상태표의 자산은 '당좌자산, 재고자산, 투자자산, 유형자산, 무형자산, 기타비유동자산'의 순서로 배열한다.
잉여금의 구분	• 법인 기업의 경우 자본 항목 중 잉여금은 자본거래에서 발생한 자본잉여금과 손익거래에서 발생한 이익잉여금으로 구분하여 표시한다.
미결산항목 표시금지	• 가지급금, 가수금 등과 같은 미결산항목이 있는 경우에는 동 항목이 재무상태표상 자산·부채 항목으로 표시되지 않도록 그 내용을 나타내는 적절한 계정으로 대체하여야 한다.

제2절 재무상태표와 손익계산서

기출확인문제

다음 자료에서 일반기업회계기준의 유동성배열법에 따라 자산계정을 올바르게 나열한 것은? 제57회

| (가) 재고자산 | (나) 당좌자산 | (다) 유형자산 | (라) 무형자산 |

① (가) - (나) - (다) - (라)
② (가) - (나) - (라) - (다)
③ (나) - (가) - (다) - (라)
④ (나) - (가) - (라) - (다)

정답 ③

해설
유동성배열법에 따라 자산은 먼저 유동자산, 비유동자산 순서로 나열되고, 유동자산은 당좌자산, 재고자산 순서로 나열하며, 비유동자산은 투자자산, 유형자산, 무형자산, 기타비유동자산 순서로 나열된다.

05 손익계산서의 작성

최근 82회 시험 중 10회 기출

(1) 손익계산서의 기본구조

손익계산서의 양식에는 수익과 비용을 차변 및 대변으로 기재하는 방식인 계정식과 수익과 비용을 수직적으로 기재하는 방식인 보고식이 있다. 계정식의 경우 총수익과 총비용의 대조에는 편리하나 매출총이익, 영업이익, 소득세(법인세)비용차감전순이익을 표시하기 어렵기 때문에, 기업회계기준에서는 손익계산서의 양식으로 보고식만 인정하고 있다.

개인기업의 경우, 계정식 손익계산서와 보고식 손익계산서의 기본구조는 다음과 같다.

① 계정식

손익계산서
XX기업 20x1년 1월 1일부터 20x1년 12월 31일까지

비용	수익
매출원가	매출액
판매비와관리비	영업외수익
영업외비용	
소득세비용	
당기순이익	
당기순이익	

② 보고식

손익계산서
XX기업 20x1년 1월 1일부터 20x1년 12월 31일까지

Ⅰ. 매출액
Ⅱ. 매출원가
Ⅲ. 매출총이익   (= 매출액 - 매출원가)
Ⅳ. 판매비와관리비
Ⅴ. 영업이익   (= 매출총이익 - 판매비와관리비)
Ⅵ. 영업외수익
Ⅶ. 영업외비용
Ⅷ. 소득세비용차감전순이익 (= 영업이익 + 영업외수익 - 영업외비용)
Ⅸ. 소득세비용
Ⅹ. 당기순이익   (= 소득세비용차감전순이익 - 소득세비용)

(2) 손익계산서의 작성기준

발생주의	• 수익과 비용이 그 현금의 유출입이 있는 기간이 아니라 해당 거래나 사건이 발생한 기간에 정당하게 배분되도록 회계처리하여야 한다.
실현주의	• 실현주의란 발생주의를 구현하기 위한 **수익 인식의 원칙**으로서, "수익은 실현되는 기간에 인식하여야 한다."는 원칙을 말한다. • 수익이 실현되는 시점은 "㉠ 수익획득을 위한 노력이 완료되었거나 실질적으로 완료되고 ㉡ 그 금액을 합리적으로 측정할 수 있는 때"를 의미한다. • 예를 들어 상품을 판매하고 한 달 후에 대금을 받는 거래에서, 상품 포장 완료, 주문 수령, 상품 인도, 대금 회수 등 여러 시점 중에서 상품 인도 시점을 수익이 실현되는 시점으로 보아 그 시점에 수익을 인식한다.
수익·비용 대응의 원칙	• 수익·비용 대응의 원칙이란 발생주의를 구현하기 위한 **비용 인식의 원칙**으로서, "비용은 그와 관련된 수익이 인식되는 기간에 그 관련 수익에 대응시켜서 인식해야 한다."는 원칙을 말한다.
총액주의	• 수익과 비용은 총액으로 기재함을 원칙으로 한다. 수익 항목과 비용 항목을 직접 상계함으로써 그 전부 또는 일부를 손익계산서에서 제외하여서는 안 된다.
구분계산	• 손익계산서상 이익은 매출총이익, 영업이익, 소득세(법인세)비용차감전순이익, 당기순이익으로 구분하여 계산하여야 한다.

> **참고** 비용의 인식방법 3가지
>
> 비용을 인식하는 가장 기본적인 원칙은 수익·비용 대응의 원칙이다. 그러나 수익과 비용의 직접적인 인과관계를 파악할 수 없을 때에는, 발생 즉시 비용으로 인식하거나, 또는 합리적으로 추정된 여러 기간으로 나누어 비용으로 인식하는 방법이 사용되고 있다.

관련 수익에 직접 대응	관련 수익과 직접적인 인과관계를 파악할 수 있는 비용은 관련 수익에 직접 대응시킨다. 예 당기 매출액에 대한 당기 매출원가
즉시 비용처리	관련 수익과 직접적인 인과관계를 파악할 수 없고 당해 지출이 미래 경제적 효익을 제공하지 못하거나 미래 경제적 효익의 유입가능성이 불확실한 경우에는 이를 발생 즉시 비용으로 처리한다. 예 광고선전비
합리적이고 체계적인 방법에 의한 기간배분	관련 수익과의 직접적인 인과관계를 파악할 수는 없지만 당해 지출이 일정 기간 동안 수익창출활동에 기여하는 것으로 판단되면 이를 해당되는 기간에 걸쳐 합리적이고 체계적으로 배분하여 비용으로 처리한다. 예 감가상각비

기출확인문제

기업의 미래현금흐름과 수익창출 능력 등의 예측에 유용한 정보를 제공하는 손익계산서에 표시되지 않는 것은? (제41회)

① 매출총손익
② 영업손익
③ 당기순손익
④ 경상손익

정답 ④

해설
손익계산서상 손익은 매출총손익, 영업손익, 소득세(법인세)비용차감전순손익, 당기순손익으로 구분하여 계산하여야 한다.

핵심기출문제

*본서에 수록된 기출문제의 날짜는 학습효과를 높이기 위하여 일부 수정함

01 (가), (나), (다) 및 (라)에 들어갈 용어를 올바르게 짝지은 것은? [제67회]

- 재무상태표는 (가)의 (나)를 나타내는 재무제표이다.
- 손익계산서는 (다)의 (라)를 나타내는 재무제표이다.

① (가) 일정 기간   (나) 재무상태   (다) 일정 시점   (라) 경영성과
② (가) 일정 기간   (나) 경영성과   (다) 일정 시점   (라) 재무상태
③ (가) 일정 시점   (나) 재무상태   (다) 일정 기간   (라) 경영성과
④ (가) 일정 시점   (나) 경영성과   (다) 일정 기간   (라) 재무상태

02 다음 (   ) 안에 들어갈 내용으로 옳은 것은? [제50회]

(   )은(는) 순자산으로서 기업실체의 자산에 대한 소유주의 잔여청구권이다.

① 자산   ② 부채   ③ 자본   ④ 당기순이익

03 다음 중 장부 마감 시 차기로 이월할 수 없는 것은? [제66회 수정]

① 부채   ② 자산   ③ 비용   ④ 자본

04 다음 빈칸에 들어갈 금액을 바르게 나열한 것은? [제49회]

회사명	자 산	부 채	자 본
일산물산	(A)	450,000원	550,000원
바로상사	900,000원	360,000원	(B)

	(A)	(B)		(A)	(B)
①	1,000,000원	1,260,000원	②	1,000,000원	540,000원
③	100,000원	1,260,000원	④	100,000원	540,000원

05 다음 중 빈칸에 들어갈 금액으로 옳은 것은? [제67회]

기 초	기 말			당기순이익
자 본	자 산	부 채	자 본	
100,000원	(가)	90,000원	(나)	10,000원

	(가)	(나)		(가)	(나)
①	180,000원	110,000원	②	180,000원	90,000원
③	200,000원	110,000원	④	200,000원	90,000원

정답 및 해설

01 ③ 재무상태표는 일정 시점의 재무상태를, 손익계산서는 일정 기간의 경영성과를 나타내는 재무제표이다.

02 ③ 자본은 기업실체의 자산 총액에서 부채 총액을 차감한 잔액으로서, 순자산 또는 자기자본이라고도 한다. 이는 기업실체의 자산에 대한 소유주의 잔여청구권이다.

03 ③ 손익계산서 구성요소인 수익과 비용은 당기(이번 회계기간) 동안의 경영성과를 나타내는 것이므로, 당기 손익계산서의 구성요소는 차기로 이월되지 않는다.

04 ②
- 일산물산 재무상태표

자산 (A)	1,000,000	부채	450,000
		자본	550,000

- 바로상사 재무상태표

자산	900,000	부채	360,000
		자본 (B)	540,000

05 ③
- 기초자본 + 당기순이익 = 기말자본
  → 100,000 + 10,000 = (나)
  ∴ (나) = 110,000원
- 기말 재무상태표

기말자산 (가)	200,000	기말부채	90,000
		기말자본	110,000

06 다음 자료에서 당기총수익은 얼마인가? [제19회]

- 당기총수익 : (   )
- 당기총비용 : 6,000,000원
- 기초자본 : 5,000,000원
- 기말자본 : 9,000,000원

① 10,000,000원   ② 8,000,000원   ③ 9,000,000원   ④ 7,000,000원

07 20x1년 회계연도 말 장부를 조사하여 다음과 같은 자료를 얻었다. 20x1년 회계연도 기초에 자산총액이 700,000원이었다면 20x1년 기초의 부채총액은 얼마인가? [제25회]

- 자산총액 : 1,500,000원
- 1년간 수익총액 : 3,000,000원
- 부채총액 : 800,000원
- 1년간 비용총액 : 2,800,000원

① 100,000원   ② 200,000원   ③ 300,000원   ④ 400,000원

08 다음 자료에서 기초자본과 총수익은 얼마인가? [제70회]

기초자본	기말자산	기말부채	기말자본	총수익	총비용	당기순이익
?	550,000원	250,000원	?	?	200,000원	80,000원

① 기초자본 210,000원, 총수익 270,000원
② 기초자본 220,000원, 총수익 270,000원
③ 기초자본 220,000원, 총수익 280,000원
④ 기초자본 210,000원, 총수익 280,000원

09 다음 자료에서 기말자산을 계산하면 얼마인가? [제50회]

- 기초자산 : 90,000원
- 기말부채 : 30,000원
- 기초부채 : 40,000원
- 당기순손실 : 10,000원

① 50,000원   ② 70,000원   ③ 80,000원   ④ 90,000원

정답 및 해설

06 ①
- 기초자본 + 당기순이익 = 기말자본
  → 5,000,000 + ? = 9,000,000
  ∴ 당기순이익 = 4,000,000원
- 당기순이익 = 총수익 − 총비용
  → 4,000,000 = ? − 6,000,000
  ∴ 총수익 = 10,000,000원

07 ②
- 기말 재무상태표

기말자산	1,500,000	기말부채	800,000
		기말자본	700,000

- 당기순이익 = 총수익 − 총비용 = 3,000,000 − 2,800,000 = 200,000원
- 기초자본 + 당기순이익 = 기말자본
  → ? + 200,000 = 700,000
  ∴ 기초자본 = 500,000원
- 기초 재무상태표

기초자산	700,000	기초부채	200,000
		기초자본	500,000

08 ③
- 기말 재무상태표

기말자산	550,000	기말부채	250,000
		기말자본	300,000

- 당기순이익 = 총수익 − 총비용
  → 80,000 = ? − 200,000
  ∴ 총수익 = 280,000원
- 기초자본 + 당기순이익 = 기말자본
  → ? + 80,000 = 300,000
  ∴ 기초자본 = 220,000원

09 ②
- 기초 재무상태표

기초자산	90,000	기초부채	40,000
		기초자본	50,000

- 기초자본 + 당기순이익(손실) = 기말자본
  → 50,000 + (−)10,000 = ?
  ∴ 기말자본 = 40,000원
- 기말 재무상태표

기말자산	70,000	기말부채	30,000
		기말자본	40,000

10 다음 ( ) 안에 들어갈 내용의 연결이 옳은 것은? [제51회]

> 유동자산은 당좌자산과 (A)으로 구분하고, 비유동자산은 (B), (C), 무형자산, (D)으로 구분한다.

① (A) 자본, (B) 투자자산
② (A) 투자자산, (D) 재고자산
③ (B) 재고자산, (C) 투자자산
④ (B) 투자자산, (D) 기타비유동자산

11 다음 중 손익계산서 구성항목이 아닌 것은? [제47회]

① 매출액　　　② 영업외비용　　　③ 판매비와관리비　　　④ 자본금

12 다음은 재무상태표 작성기준에 대한 설명이다. 틀린 것은? [제92회]

① 재무상태표의 계정과목은 유동성이 낮은 순서대로 배열한다.
② 재무상태표에서 자산·부채·자본은 총액 표시를 원칙으로 한다.
③ 자본 항목 중 잉여금은 자본잉여금과 이익잉여금으로 구분하여 표시한다.
④ 자산과 부채는 원칙적으로 결산일 현재 1년을 기준으로 유동항목과 비유동항목으로 구분하여 표시한다.

13 재무상태표를 작성할 때 유의해야 할 사항 중 가장 적절하지 않은 것은? [제42회]

① 자산은 유동자산 및 비유동자산으로, 부채는 유동부채 및 비유동부채로 구분한다.
② 자산은 현금화하는 데 빠른 계정과목을 먼저 기재한다.
③ 부채는 상환기간이 늦은 계정과목을 먼저 기재한다.
④ 중요하지 않은 항목은 성격 또는 기능이 유사한 항목에 통합하여 표시할 수 있다.

14 다음 중 일반기업회계기준의 손익계산서 작성기준에 대한 설명으로 가장 잘못된 것은? [제88회]

① 수익과 비용은 순액으로 기재함을 원칙으로 한다.
② 수익은 실현시기를 기준으로 인식한다.
③ 비용은 관련 수익이 인식된 기간에 인식한다.
④ 수익과 비용의 인식기준은 발생주의를 원칙으로 한다.

15 다음 중 비용의 인식기준으로 맞는 것은? [제76회]

① 총액주의
② 수익·비용 대응의 원칙
③ 구분표시의 원칙
④ 유동성배열법

정답 및 해설

10 ④ 유동자산은 당좌자산과 재고자산으로 구분하고, 비유동자산은 투자자산, 유형자산, 무형자산, 기타비유동자산으로 구분한다.
11 ④ 자본금은 재무상태표 구성항목이다.
12 ① 재무상태표의 계정과목은 유동성이 높은 순서대로 배열한다. (유동성배열법)
13 ③ 부채는 상환기간이 빠른 유동부채 먼저 기재한다.
14 ① 수익과 비용은 총액으로 기재함을 원칙으로 한다. (총액주의)
15 ② 수익은 실현주의에 따라 인식하고, 비용은 수익·비용 대응의 원칙에 따라 인식한다.

제3절 | 거래의 기록

01 회계상 거래

 최근 82회 시험 중 29회 기출

회계상 거래란 기업의 경영활동에서 ㉠ 자산·부채·자본·수익·비용의 증감변화가 생기는 것으로서 ㉡ 그 증감을 금액으로 측정할 수 있는 것을 말한다. 즉 회계에서는 자산·부채·자본·수익·비용에 증감변화가 발생하여 재무상태표 또는 손익계산서에 영향을 미치는 경제적 사건들을 거래로 보는 것이다. 회계상 거래에 해당하는 경우 이는 장부에 기록(부기)되어야 한다.

회계상 거래는 일상생활에서의 거래와 의미에 차이가 있기 때문에, 일상생활에서는 거래이지만 회계상으로는 거래가 아닌 경우[1]도 있고 일상생활에서는 거래가 아니지만 회계상으로는 거래인 경우[2]도 있다.

[1] 예를 들어 계약금 없이 구두로 상품 주문을 받은 경우 또는 종업원과 채용 계약을 체결한 경우, 일상생활에서는 이를 거래로 보지만 주문 또는 계약체결 행위 자체만으로는 자산·부채·자본·수익·비용의 증감변화가 생기지 않기 때문에 회계에서는 이를 거래로 보지 않는다.

[2] 예를 들어 건물에 화재가 발생한 경우, 일상생활에서는 이를 거래로 보지 않지만 화재라는 사건으로 인해 자산·부채·자본·수익·비용의 증감변화가 생기고 피해 금액을 측정할 수 있기 때문에 회계에서는 이를 거래로 보며 장부에 기록한다.

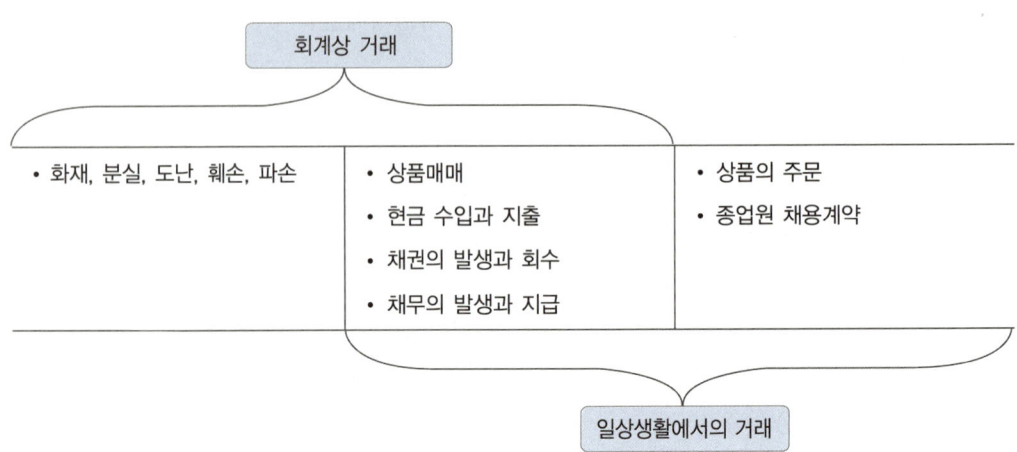

기출확인문제

*2026년 출제예상

다음 중 회계상의 거래가 아닌 것은? (제34회)

① 상품 5,000,000원을 매입하고 대금은 월말에 지급하기로 하다.
② 종업원이 회사의 현금 3,000,000원을 분실하다.
③ 사장이 현금 2,000,000원을 개인용도로 인출해 가다.
④ 월 급여 1,500,000원을 지급하는 조건으로 종업원을 채용하기로 하다.

정답 ④

해설
종업원을 채용하기로 한 것만으로는 자산, 부채, 자본, 수익, 비용의 증감변화가 생기지 않으므로 이는 회계상의 거래가 아니다.

02 복식부기

최근 82회 시험 중 7회 기출

회계상 거래를 장부에 기록하는 방법에는 단식부기와 복식부기가 있을 수 있는데, 단식부기란 거래의 결과(예 수입과 지출)만을 가계부 형식으로 기록하는 방식을 말하고, 복식부기란 하나의 거래를 두 가지 내용(원인과 결과)으로 나누어 왼쪽과 오른쪽 양변에 기록하는 방식을 말한다.

회계는 거래를 복식부기에 따라 양변으로 기록하며, 이때 **왼쪽**을 **차변**이라고 하고, **오른쪽**을 **대변**이라고 한다.

복식부기의 특징은 다음과 같다.

거래의 이중성	거래의 이중성이란 회계상 거래를 장부에 기록할 때에는 재산 증감변화의 원인과 결과로 나누어 이중(차변과 대변)으로 기록하여야 한다는 것을 말하며, 이를 복식부기의 원리라고도 한다.
대차평균의 원리	거래의 이중성에 의하여 모든 회계상 거래는 차변과 대변 양쪽으로 기록되므로 장부상 차변 금액합계와 대변 금액합계는 항상 일치하여야 하는데 이를 대차평균의 원리라고 한다.
자기검증기능	대차평균의 원리에 의하여 장부상 차변 금액합계와 대변 금액합계는 항상 일치하여야 한다. 만약 일치하지 않는다면 장부 기록에 오류가 있음을 자동적으로 발견할 수 있게 되는데 이를 복식부기의 자기검증기능이라고 한다.

기출확인문제

'거래를 분개 시 차변금액과 대변금액이 같으므로, 계정 전체의 차변합계액과 대변합계액이 일치해야 한다'와 관련있는 회계용어는? (제44회)

① 분개의 원리
② 대차평균의 원리
③ 거래요소의 결합
④ 거래의 이중성

정답 ②

해설
대차평균의 원리 : 모든 회계상 거래는 차변과 대변으로 기록되므로 장부상 차변금액합계와 대변금액합계는 항상 일치하여야 한다.

03 거래의 8요소와 결합관계

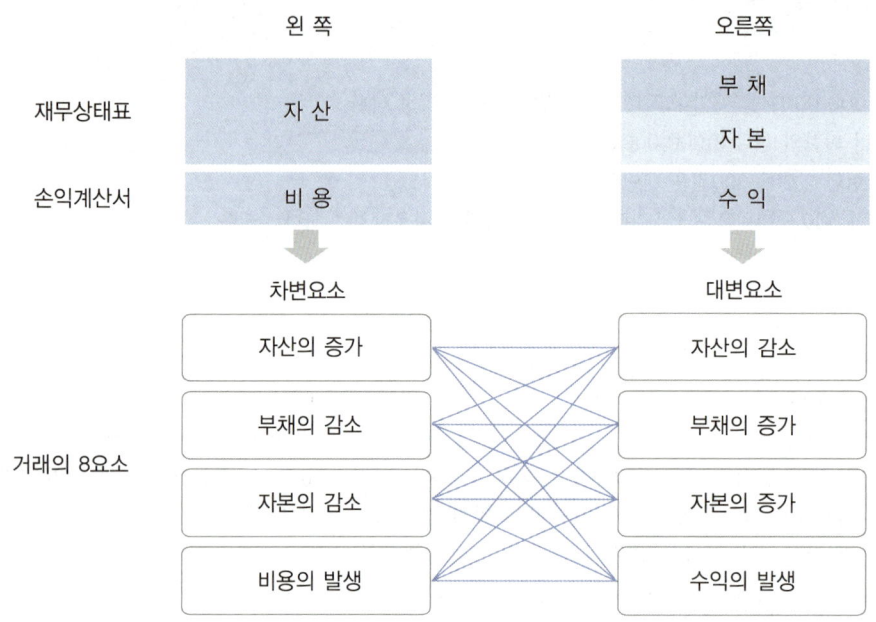

(1) 거래의 8요소

회계상 거래는 자산·부채·자본·수익·비용의 경제적인 증감변화를 의미하므로, 회계상 거래는 장부에 기록될 때 '자산의 증가와 감소, 부채의 증가와 감소, 자본의 증가와 감소, 수익의 증가와 감소, 비용의 증가와 감소'라는 10가지 형태로 표시될 수 있다.

이 중 '수익의 감소'와 '비용의 감소'는 이미 발생한 수익과 비용을 차감조정하는 것이므로 거래의 발생을 기록할 때에는 사용되지 않는 것이 일반적이고, 이 둘을 제외한다면 수익과 비용은 증가 또는 감소로 표현하지 않고 발생으로만 표현하는 것이 조금 더 정확할 것이다.

이와 같이 회계상 거래의 발생을 기록할 때 나타날 수 있는 거래의 구성요소는 '자산의 증가, 자산의 감소, 부채의 증가, 부채의 감소, 자본의 증가, 자본의 감소, 수익의 발생, 비용의 발생'으로 정리할 수 있는데, 이를 '거래의 8요소'라고 한다.

(2) 거래 8요소의 결합관계

재무상태표의 구성요소와 손익계산서의 구성요소에서 원래 위치가 왼쪽인 것은 자산, 비용이고 원래 위치가 오른쪽인 것은 부채, 자본, 수익이다.

거래를 기록할 때, 차변과 대변의 위치는 자산·부채·자본·수익·비용의 원래 위치를 고려하여 그 증가 또는 감소를 정확하게 반영할 수 있도록 결정되어야 한다.

거래의 8요소 중 '자산의 증가, 부채의 감소, 자본의 감소, 비용의 발생'은 반드시 차변에만 올 수 있으며 이를 차변요소라고 한다. 반면, 거래의 8요소 중 '자산의 감소, 부채의 증가, 자본의 증가, 수익의 발생'은 반드시 대변에만 올 수 있으며 이를 대변요소라고 한다.

회계상 거래의 발생은 거래의 8요소 중 차변요소 1개 이상과 대변요소 1개 이상의 결합으로 기록되는데 이를 '거래 8요소의 결합관계'라고 한다.

차변 금액합계와 대변 금액합계만 일치한다면(대차평균의 원리), 1개의 차변요소가 2개 이상의 대변요소와 결합하는 경우 또는 2개 이상의 차변요소가 1개의 대변요소와 결합하는 경우도 얼마든지 있을 수 있다. 그러나 차변요소끼리의 결합 또는 대변요소끼리의 결합만으로는 절대로 거래를 기록할 수 없다.

기출확인문제

다음 중 하나의 거래에서 성립할 수 없는 결합관계는? [제13회]

① 자산의 증가와 수익의 발생
② 부채의 증가와 자본의 증가
③ 비용의 발생과 자산의 감소
④ 자산의 증가와 자본의 증가

정답 ②

해설
부채의 증가와 자본의 증가는 모두 대변요소이므로 이 항목들만으로는 분개를 완성할 수 없다.

04 분개

(1) 계정

계정(Account, A/C)이란 거래를 기록할 때 사용하는 세분화된 단위(예 현금 계정, 급여 계정)를 말하며, 이를 계정과목이라고도 한다.

(2) 분개

분개(Journalizing, Journal Entry, J/E)란 회계상 거래를 복식부기에 입각하여 차변과 대변으로 나누어 기록하는 것을 말한다.

기출포인트

- 모든 계정과목은 자산·부채·자본·수익·비용 중 어느 하나에 해당하며, 그 계정과목이 증가하는지 감소하는지에 따라 차변과 대변 중 어느 쪽에 분개할 것인지를 결정한다.
- 거래 8요소의 결합관계는 분개의 구성원리를 의미한다.

(3) 분개의 절차

사례를 통하여 분개의 절차를 분석하여 보면 다음과 같다.

> 회계상 거래 : 1월 31일 종업원에게 급여 100,000원을 현금으로 지급하였다.

(1단계) 어떤 계정과목을 사용할 것인가?
→ '급여' 계정과 '현금' 계정이 필요하다.

(2단계) 사용하려는 계정과목을 차변과 대변 중 어느 쪽에 기록할 것인가?
→ '급여' 계정은 비용에 해당하며, '급여'라는 비용이 발생하였으므로 차변에 기록한다.
→ '현금' 계정은 자산에 해당하며, '현금'이라는 자산이 감소하였으므로 대변에 기록한다.
→ 차변요소 1개와 대변요소 1개가 도출되어 거래 8요소의 결합관계가 성립한다.

(3단계) 금액을 얼마로 기록할 것인가?
→ 거래 금액은 100,000원이므로 분개에서 차변 금액합계와 대변 금액합계는 각각 100,000원이 되어야 한다.

분개 : 1월 31일 (차) 급여   100,000   (대) 현금   100,000

(4) 전표와 분개장

기업에서 거래가 발생하면 그 때마다 분개를 하게 되는데, 거래에 대한 분개를 기록하는 문서로는 전표와 분개장이 있다.

① 전표

전표(Slip, Voucher)란 거래 하나에 대한 분개마다 한 장씩 작성하는 서식을 말한다. 한 장의 전표에는 거래 하나에 대한 분개만 기록된다.

전표에는 거래일자, 차변과 대변의 계정과목 및 금액, 거래처, 적요, 내부승인권자의 서명 등 거래에 대한 상세한 내용이 기재된다.

② 분개장

분개장(Journal)이란 각 전표에 기록된 분개들을 발생한 순서에 따라 차례대로 기재하는 서식을 말한다. 한 장의 분개장에는 일정 기간 동안 발생한 모든 거래들에 대한 분개가 차례대로 기록된다.

05 전기

최근 82회 시험 중 16회 기출

(1) 전기

거래가 발생하면 이에 대한 전표가 작성되고 분개장이 만들어지는데, 분개장은 거래가 발생한 순서대로 기록되어 있는 장부이기 때문에 분개장만으로는 계정과목별 잔액을 파악할 수가 없다. 이를 해결하고자 분개한 내용을 계정과목별로 모아서 옮겨 적는 작업을 하는데, 이 작업을 전기(Posting)라고 한다.

(2) 총계정원장

전기 작업의 결과 분개 내용이 각 계정별로 집계되는데 이를 원장(Ledger) 또는 총계정원장(General Ledger, G/L)이라고 한다.

(3) 총계정원장의 작성방법

원장 준비	• 분개에 사용된 모든 계정과목에 대하여 계정과목마다 1개씩 총계정원장을 준비한다.
기초 금액 기재	• 자산·부채·자본에 속하는 계정과목은 전기 기말 금액이 당기 기초로 이월되므로 당기에 그 금액에서 출발할 수 있도록 기초 금액을 기재한다. • 기초 금액을 기재하는 위치는 자산·부채·자본이 재무상태표에서 표시되는 위치와 동일하다. 즉, 자산 계정은 차변, 부채 계정과 자본 계정은 대변에 각각 기초 금액을 기재한다. • 수익·비용에 속하는 계정과목은 전기 기말 금액이 당기 기초로 이월되지 않고 당기에 금액이 '0'에서 다시 출발하므로 기초 금액을 기재하지 않는다.
증가·감소 금액 기재	• 계정과목이 차변에 분개되었다면 그 금액을 해당 계정과목의 총계정원장에 차변에 기재한다. • 계정과목이 대변에 분개되었다면 그 금액을 해당 계정과목의 총계정원장에 대변에 기재한다.
상대 계정 과목 기재	• 총계정원장에 증가·감소 금액을 기재할 때에는, 그 금액이 어떻게 분개되었던 것인지에 대한 정보를 제공하기 위하여 분개에서 해당 계정과목이 기록되었던 위치(예를 들어, 차변)의 반대편(대변)에 기록되어 있던 계정과목 이름을 기재한다.

기출포인트

- 자산·부채·자본 계정에 속하는 계정과목의 총계정원장에는 기초 금액을 적는다.
- 전기를 할 때, 금액은 **자기 금액**을 적고, 계정과목은 **상대 계정과목**을 적는다.
- 'A라는 계정과목'의 총계정원장에서 '금액'이 적혀 있는 위치가 '차변인지 대변인지'를 보고, 그 금액과 함께 적혀 있는 'B라는 상대 계정과목'만 보면, 해당 거래의 분개 내용(차변 계정과목과 금액, 대변 계정과목과 금액)을 모두 알 수 있게 된다.

제3절 거래의 기록 55

(4) 총계정원장에서 증감액과 잔액의 위치

거래를 분개할 때 계정을 차변과 대변 중 어느 쪽에 기입할 것인지는 해당 계정이 자산·부채·자본·수익·비용 중 어디에 속하는지, 해당 계정의 증감이 거래의 8요소 중 어디에 해당하는지에 따라 결정된다.

총계정원장은 이러한 원리로 작성된 분개 내용을 각 계정별로 집계한 것이므로, 총계정원장에서의 증감액과 잔액의 위치는 다음과 같은 규칙성을 나타낸다.

- **자산** 계정은 증가를 차변에, 감소를 대변에 기재하며, 잔액은 반드시 **차변**에 남는다.
- **부채** 계정은 증가를 대변에, 감소를 차변에 기재하며, 잔액은 반드시 **대변**에 남는다.
- **자본** 계정은 증가를 대변에, 감소를 차변에 기재하며, 잔액은 반드시 **대변**에 남는다.
- **수익** 계정은 발생을 대변에, 소멸(차감조정)을 차변에 기재하며, 잔액은 반드시 **대변**에 남는다.
- **비용** 계정은 발생을 차변에, 소멸(차감조정)을 대변에 기재하며, 잔액은 반드시 **차변**에 남는다.

요약해보면, 총계정원장에서 자산·부채·자본·수익·비용 각 계정의 **증가**·**감소** 위치는 **거래의 8요소**에서의 위치와 동일하고, 이에 따라 **잔액**이 남는 위치도 **재무상태표**·**손익계산서**에서의 위치와 일치하게 됨을 확인할 수 있다.

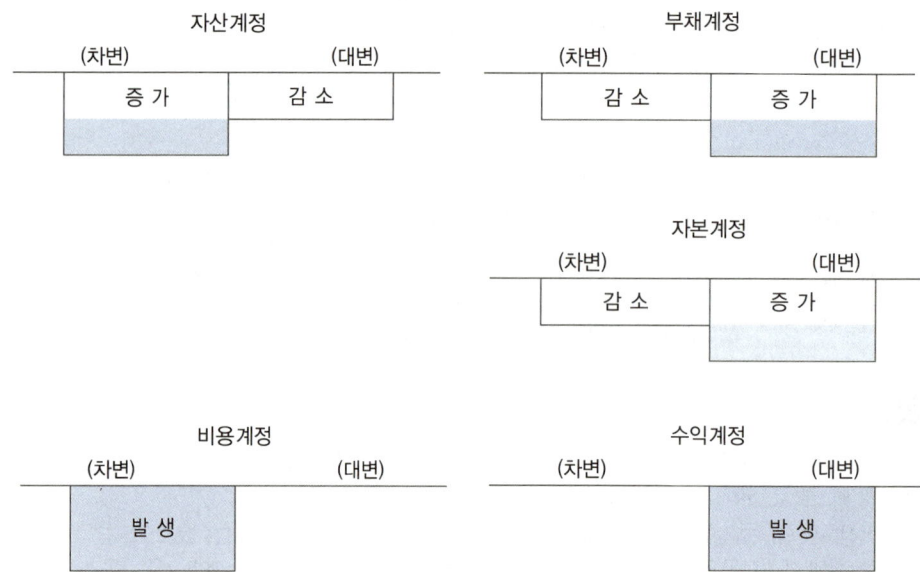

06 회계장부

최근 82회 시험 중 11회 기출

회계장부란 기업의 경영활동을 기록, 계산, 정리하기 위하여 작성하는 문서를 말하며, 주요장부와 보조장부로 나눌 수 있다.

주요장부란 모든 거래를 총괄하여 기록하는 장부를 말하며, 분개장과 총계정원장이 주요장부에 해당한다.

보조장부란 주요장부에 대한 보충적 역할을 하는 여러 장부를 말하며, 보조장부에는 특정 계정에 대한 발생 순서별 변동내역을 기록하는 보조기입장과 특정 계정에 대한 거래처·품목별 상세내역을 기록하는 보조원장이 있다.

주요장부	분개장	일정 기간 동안 발생한 모든 거래들에 대한 분개를 차례대로 기록
	총계정원장	분개장의 분개 내용을 계정과목별로 집계
보조장부	보조기입장	현금출납장	현금의 유입과 유출을 기록
		당좌예금출납장	당좌예금의 예입과 인출(수표발행)을 기록
		매입장	상품 등의 매입, 매입환출, 매입에누리를 기록
		매출장	상품 등의 매출, 매출환입, 매출에누리를 기록
		받을어음기입장	받을어음의 수취, 어음대금의 회수 등을 기록
		지급어음기입장	지급어음의 발행, 어음대금의 지급 등을 기록
	보조원장	상품재고장	상품의 품목별로 입고, 출고, 잔액을 기록
		매입처원장	외상매입금의 거래처별로 외상매입액, 지급액, 잔액을 기록
		매출처원장	외상매출금의 거래처별로 외상매출액, 회수액, 잔액을 기록
		고정자산대장	고정자산의 항목별로 증가액, 감소액, 장부가액을 기록

기출확인문제

다음 중 주요장부로만 짝지어진 것은? (제57회)

| 가. 분개장 | 나. 현금출납장 | 다. 총계정원장 | 라. 상품재고장 |

① 가, 나   ② 나, 다   ③ 다, 라   ④ 가, 다

정답 ④

해설
- 주요장부 : 분개장, 총계정원장
- 보조장부 : 주요장부에 대한 보충적 역할을 하는 여러 장부

07 분개장과 총계정원장의 작성 사례

부산상사는 도·소매업을 영위하는 기업이다. 당기 중에 다음과 같은 거래가 발생했을 때 분개장과 총계정원장을 작성하여 보자.

- 현금 계정과목은 자산에 해당하고, 전기 기말에서 당기 기초로 이월되어 온 기초 금액은 1,500,000원이다.
- 상품 계정과목은 자산에 해당하고, 전기 기말에서 당기 기초로 이월되어 온 기초 금액은 0원이다.
- 상품매출 계정과목은 수익에 해당하고, 상품매출원가 계정과목과 급여 계정과목은 비용에 해당한다.
- 1월 8일 공급처로부터 상품 600,000원을 현금을 주고 구입하였다(상품구입).
- 1월 20일 보유하고 있던 상품 전부를 고객에게 현금 1,000,000원을 받고 판매하였다(상품매출).
- 1월 31일 종업원에게 급여 100,000원을 현금으로 지급하였다(급여).
- 단, 상품매출원가를 인식하는 분개는 결산일인 12월 31일에 하기로 한다.

[풀이] ① 일자별 분개와 그에 대한 거래 8요소의 결합관계 분석

1월 8일 (차) 상품 (자산의 증가) 600,000	(대) 현금 (자산의 감소) 600,000
1월 20일 (차) 현금 (자산의 증가) 1,000,000	(대) 상품매출 (수익의 발생) 1,000,000
1월 31일 (차) 급여 (비용의 발생) 100,000	(대) 현금 (자산의 감소) 100,000
12월 31일 (차) 상품매출원가 (비용의 발생) 600,000	(대) 상품 (자산의 감소) 600,000

② 분개장

일 자	차 변		대 변	
	계정과목	금 액	계정과목	금 액
1월 8일	상 품	600,000	현 금	600,000
1월 20일	현 금	1,000,000	상품매출	1,000,000
1월 31일	급 여	100,000	현 금	100,000
12월 31일	상품매출원가	600,000	상 품	600,000

③ 총계정원장

현금(자산)					
1/1	전기이월	1,500,000	1/8	상품	600,000
1/20	상품매출	1,000,000	1/31	급여	100,000

상품(자산)					
1/1	전기이월	0	12/31	상품매출원가	600,000
1/8	현금	600,000			

상품매출(수익)					
			1/20	현금	1,000,000

급여(비용)					
1/31	현금	100,000			

상품매출원가(비용)					
12/31	상품	600,000			

핵심기출문제

* 본서에 수록된 기출문제의 날짜는 학습효과를 높이기 위하여 일부 수정함

01 다음 중 회계상 거래로 볼 수 없는 것은? [제48회 수정]

① 수해로 건물의 일부가 파손되다.
② 상품의 구입 계약을 체결하다.
③ 상품을 외상으로 판매하다.
④ 현금을 분실하다.

02 다음의 내용이 설명하는 것으로 옳은 것은? [제68회]

> 자산, 부채, 자본이 증감하는 거래에 있어 차변에 발생한 거래는 반드시 대변에도 같은 금액의 거래가 발생하여 이중으로 기입하게 된다.

① 거래의 이중성   ② 거래의 8요소   ③ 총액주의   ④ 유동성배열법

03 다음 내용과 관련있는 회계 용어로 옳은 것은? [제78회]

> "복식부기에서는 모든 계정의 차변 합계와 대변 합계는 항상 일치하여 자기검증기능을 갖는다."

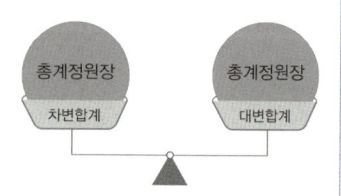

① 거래의 8요소
② 거래의 이중성
③ 대차평균의 원리
④ 수익·비용 대응의 원리

04 다음 중 증가액이나 발생액이 차변에 나타나는 것은? [제73회 수정]

① 자산   ② 부채   ③ 자본   ④ 수익

05 다음 거래 요소 중 차변에 올 수 있는 것은? [16년 8월 특별회차]

① 비용의 발생　② 수익의 발생　③ 자산의 감소　④ 부채의 증가

06 다음 자료에서 거래의 8요소 중 차변요소와 대변요소의 구분으로 올바른 것은? [제96회]

| 가. 부채의 증가 | 나. 자본의 감소 | 다. 수익의 발생 |

① 가. 대변, 나. 대변, 다. 대변
② 가. 대변, 나. 대변, 다. 차변
③ 가. 차변, 나. 차변, 다. 대변
④ 가. 대변, 나. 차변, 다. 대변

정답 및 해설

01 ② 상품을 주문하거나 구입 계약을 체결한 것만으로는 자산, 부채, 자본, 수익, 비용의 증감변화가 생기지 않으므로 이는 회계상 거래가 아니다.

02 ① 거래의 이중성이란 회계상 거래를 장부에 기록할 때에는 재산 증감변화의 원인과 결과로 나누어 이중(차변과 대변)으로 기록하여야 한다는 것을 말하며, 이를 복식부기의 원리라고도 한다.

03 ③ 회계상 거래는 복식부기 방식에 따라 차변과 대변 양쪽으로 기록되므로 장부상 차변금액 합계와 대변금액 합계는 항상 일치하여야 하는데 이를 대차평균의 원리라고 한다.

04 ① • 자산, 비용 : 증가액이나 발생액이 차변(왼쪽)에 나타난다.
　　• 부채, 자본, 수익 : 증가액이나 발생액이 대변(오른쪽)에 나타난다.

05 ① • 비용의 발생 : 차변으로 분개한다.
　　• 수익의 발생, 자산의 감소, 부채의 증가 : 대변으로 분개한다.

06 ④ 부채의 증가(대변요소), 자본의 감소(차변요소), 수익의 발생(대변요소)

07 다음 중 거래 결합관계에서 성립할 수 없는 것은? [제85회]

① (차변) 부채의 증가   (대변) 부채의 감소
② (차변) 자산의 증가   (대변) 자본의 증가
③ (차변) 자산의 증가   (대변) 수익의 발생
④ (차변) 비용의 발생   (대변) 자산의 감소

08 다음 중 빈칸 안에 들어갈 (가), (나) 용어가 순서대로 되어 있는 것은? [제74회]

> 발생한 거래 내역을 순서에 따라 장부에 분개하여 적는 장부를 (가)라 하고, 이러한 거래를 계정과목별로 기록, 계산, 요약하는 장부를 (나)라 한다.

	(가)	(나)		(가)	(나)
①	현금출납장	분개장	②	총계정원장	분개장
③	분개장	매출처원장	④	분개장	총계정원장

09 다음 그림의 (가)에 들어갈 내용으로 옳은 것은? [제73회]

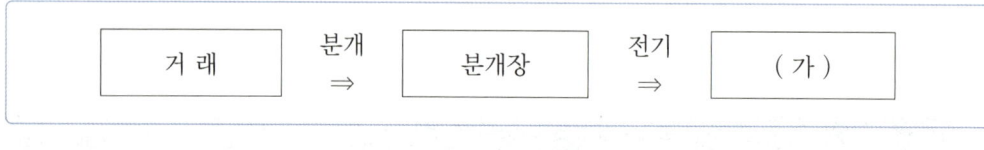

① 시산표   ② 정산표   ③ 재무상태표   ④ 총계정원장

10 다음 중 계정의 증가, 감소, 발생, 소멸을 나타낸 것으로 잘못된 것은? [제87회 수정]

① 부채 계정
감소	증가

② 자산 계정
감소	증가

③ 자본 계정
감소	증가

④ 수익 계정
소멸	발생

11 다음 중 계정 잔액의 표시가 틀린 것은? [제88회 수정]

①	부채 계정
	150,000원

②	자본 계정
	150,000원

③	수익 계정
	150,000원

④	비용 계정
	150,000원

12 다음 중 주요장부로만 짝지어진 것은? [제67회]

① 총계정원장, 상품재고장
② 분개장, 매입장
③ 매입장, 매출장
④ 분개장, 총계정원장

정답 및 해설

07 ①
- **차변요소** : 자산의 증가, 부채의 감소, 자본의 감소, 비용의 발생
- **대변요소** : 자산의 감소, 부채의 증가, 자본의 증가, 수익의 발생

08 ④
- **분개장** : 일정 기간 동안 발생한 거래들에 대한 분개를 시간 순서대로 기록한 장부
- **총계정원장** : 분개장의 분개 내용을 계정과목별로 집계한 장부

09 ④
- 분개장만으로는 계정과목별 잔액을 파악할 수 없기 때문에 분개한 내용을 계정과목별로 모아서 옮겨적는 작업을 하는데 이를 '전기'라고 한다.
- '전기' 작업에 따라 분개 내용이 각 계정과목별로 집계되는데 이를 '총계정원장'이라고 한다.

10 ②
- **자산, 비용** : 총계정원장에서 증가액·발생액이 왼쪽에, 감소액·소멸액이 오른쪽에 기록된다.
- **부채, 자본, 수익** : 총계정원장에서 증가액·발생액이 오른쪽에, 감소액·소멸액이 왼쪽에 기록된다.

11 ④
- **자산, 비용** : 총계정원장에서 잔액이 왼쪽에 남게 된다.
- **부채, 자본, 수익** : 총계정원장에서 잔액이 오른쪽에 남게 된다.

12 ④
- **주요장부** : 분개장, 총계정원장
- **보조장부** : 주요장부에 대한 보충적 역할을 하는 여러 장부

제4절 회계의 순환과정

01 회계의 순환과정

최근 82회 시험 중 12회 기출

회계의 순환과정이란 거래를 식별하여 장부에 기록하는 것에서부터 이를 정리하여 재무제표를 작성하기까지 이루어지는 일련의 과정을 말한다. 이러한 순환과정은 매 회계기간마다 계속 반복해서 이루어진다.

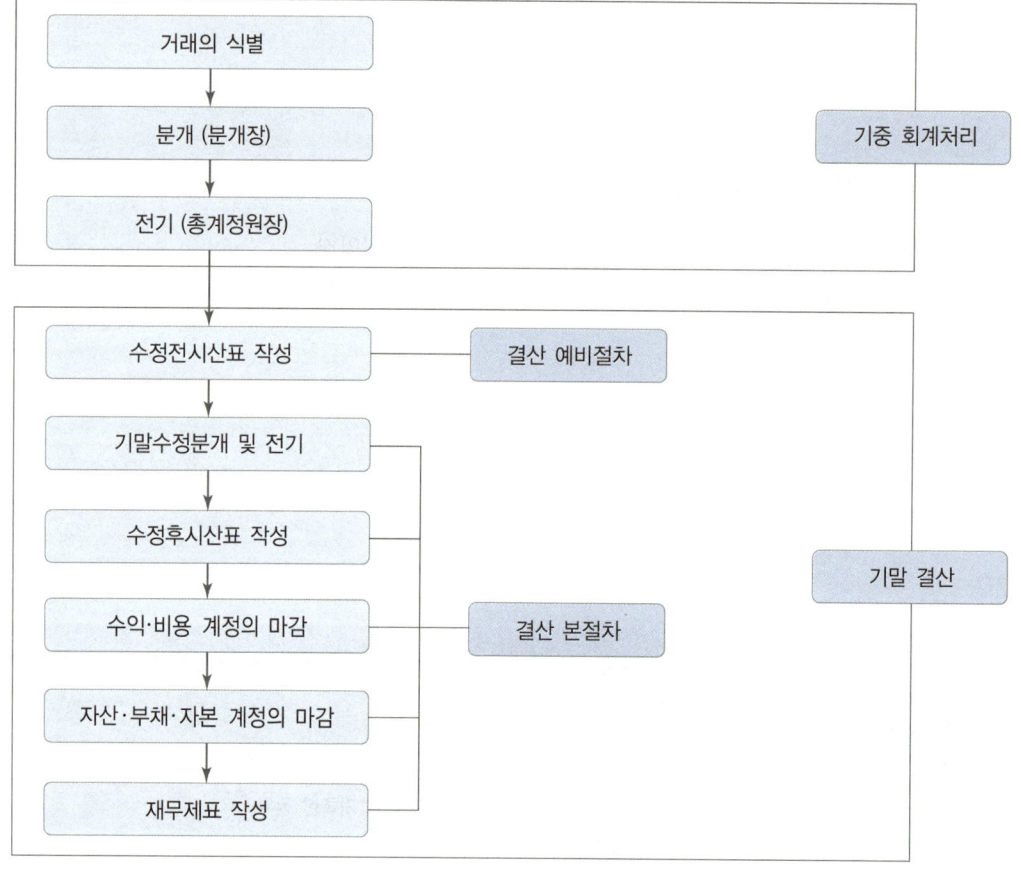

02 결산

(1) 결산의 정의

기업은 회계상 거래가 발생할 때마다 이를 식별하여 분개장에 분개하고 이를 총계정원장에 전기하는 작업을 기중에 걸쳐 반복한다. 회계기간 말에는 기중에 기록한 장부를 정리하고 마감하여 기업의 재무상태와 경영성과를 파악하는 작업을 하는데, 이를 결산(Closing)이라고 한다.

(2) 결산의 절차

(1단계) 수정전시산표 작성	기말 결산을 하기 위한 예비작업으로서, 기중에 작성한 분개장과 총계정원장이 대차평균의 원리에 따라 올바르게 작성되었는지 확인하기 위하여 시산표를 작성한다.
(2단계) 기말수정분개 및 전기	기중의 회계처리만으로는 자산·부채·자본·수익·비용을 정확하게 나타낼 수 없기 때문에 기말 결산 때 이를 조정해주는 수정분개를 한다. 기말수정분개를 분개장에 기록하고 총계정원장에 전기한다.
(3단계) 수정후시산표 작성	기말수정분개와 전기가 대차차액 없이 정확하게 작성되었는지 확인하기 위하여 수정후시산표를 작성한다.
(4단계) 수익·비용 계정의 마감	수익·비용 계정은 차기로 이월되지 않으므로 잔액이 '0'이 되도록 마감하고, 수익과 비용을 집계하여 산출한 당기순이익을 재무상태표의 자본으로 반영한다.
(5단계) 자산·부채·자본 계정의 마감	자산·부채·자본 계정은 차기로 이월되어야 하므로 잔액이 '0'이 되지 않고 계속해서 유지되도록 마감한다.
(6단계) 재무제표 작성	손익계산서, 재무상태표, 그 외 필요한 재무제표를 작성한다.

03 시산표

최근 82회 시험 중 15회 기출

시산표(Trial Balance, T/B)란 분개와 전기가 대차차액 없이 정확하게 되었는지를 확인하기 위하여 모든 계정과목의 총계정원장 금액을 한 곳에 모아 정리한 표를 말한다.

복식부기에서 모든 거래는 차변과 대변이 항상 같은 금액으로 분개되므로, 총계정원장 금액을 모아 놓은 시산표에서 '모든 계정과목의 차변을 합계한 금액'과 '모든 계정과목의 대변을 합계한 금액'은 반드시 일치하여야 한다.

시산표는 다음과 같은 형태로 작성할 수 있다.

합계시산표	각 계정의 총계정원장에 있는 차변 합계액을 시산표의 차변에, 대변 합계액을 시산표의 대변에 기재
잔액시산표	각 계정의 총계정원장에 있는 차변 잔액을 시산표의 차변에, 대변 잔액을 시산표의 대변에 기재 (즉, 자산·부채·자본·수익·비용을 구성하는 모든 계정과목의 총계정원장 잔액을 한곳에 모아놓은 표)
합계잔액시산표	합계시산표와 잔액시산표를 하나의 표로 작성

기출확인문제

*2026년 출제예상

분개장에 분개된 거래가 총계정원장에 바르게 전기되었는지의 정확성 여부를 대차평균의 원리에 따라 검증하기 위해 작성하는 것은? (제53회)

① 정산표 ② 시산표 ③ 손익계산서 ④ 재무상태표

정답 ②

해설
시산표를 작성함으로써 분개와 전기가 대차차액 없이(대차평균의 원리에 따라) 작성되었는지 확인할 수 있다.

04 기말수정분개

기중의 회계처리만으로는 자산·부채·자본·수익·비용을 정확하게 나타낼 수 없기 때문에, 기말 결산 때 각 계정의 실제 잔액을 파악하여 총계정원장의 잔액이 실제 잔액과 일치하도록 조정해 주는 분개를 하는데, 이를 기말수정분개 또는 결산정리분개라고 한다.

기말수정분개를 분개장에 기록하고 총계정원장에 전기하고 나면 이러한 작업이 대차차액 없이 정확하게 이루어졌는지 확인하기 위하여 수정후시산표를 작성한다.

05 수익·비용 계정의 마감

최근 82회 시험 중 8회 기출

마감은 당기 회계기간 동안 기록해온 총계정원장을 결산일 기준으로 끝내고 다음 회계기간에 기록을 계속할 수 있도록 준비하는 절차이다.

손익계산서 계정인 수익·비용 계정이 먼저 당기순이익으로 집계되어야 그 금액이 재무상태표 계정인 자본 계정으로 반영될 수 있으므로, 계정을 마감할 때는 **손익계산서 계정을 먼저, 재무상태표 계정을 나중**에 하게 된다.

수익·비용 계정은 당기의 경영성과를 보여주는 것으로서 다음 기의 경영성과를 파악할 때 영향을 미쳐서는 안 된다. 따라서 수익·비용 계정은 한 회계기간이 끝나면 잔액을 '0'으로 만들어서 다음 기의 수익·비용 계정이 '0'에서 출발하도록 해야 한다.

수익·비용 계정을 마감할 때는 임시 계정인 '집합손익' 계정(또는 '손익' 계정이라고도 함)을 사용한다. 모든 수익·비용 계정을 집합손익 계정으로 대체하여 잔액을 '0'으로 만들고, 당기순이익(당기순손실) 금액을 의미하는 집합손익 계정의 잔액을 자본 계정의 증가(감소)로 반영한다.

수익·비용 계정의 마감절차는 다음과 같다.

1단계	집합손익 계정이라는 임시 계정을 만들고 총계정원장을 준비한다.
2단계	수익 계정은 잔액이 대변에 남아 있으므로, 모든 수익 계정의 잔액을 차변에 적어서 잔액을 '0'으로 만들고, 이를 집합손익 계정으로 대체하는 분개를 한다. (차) 모든 수익 계정　　　　　　　xxx　　(대) 집합손익 계정　　　　　　　xxx
3단계	비용 계정은 잔액이 차변에 남아 있으므로, 모든 비용 계정의 잔액을 대변에 적어서 잔액을 '0'으로 만들고, 이를 집합손익 계정으로 대체하는 분개를 한다. (차) 집합손익 계정　　　　　　　xxx　　(대) 모든 비용 계정　　　　　　　xxx
4단계	집합손익 계정의 잔액을 자본 계정으로 대체[1]하는 분개를 한다. 이에 따라 집합손익 계정의 잔액은 '0'이 된다. • 당기순이익(즉, 수익 > 비용)인 경우, 집합손익 계정의 잔액이 대변에 남게 되므로, 집합손익 계정의 잔액을 차변에 적어서 잔액을 '0'으로 만들고, 이를 자본 계정의 증가로 반영하는 분개를 한다. 　　(차) 집합손익 계정　　　　　　xxx　　(대) 자본 계정 (자본의 증가)　　　xxx • 당기순손실(즉, 수익 < 비용)인 경우, 집합손익 계정의 잔액이 차변에 남게 되므로, 집합손익 계정의 잔액을 대변에 적어서 잔액을 '0'으로 만들고, 이를 자본 계정의 감소로 반영하는 분개를 한다. 　　(차) 자본 계정 (자본의 감소)　　xxx　　(대) 집합손익 계정　　　　　　　xxx
5단계	마감 분개를 수익 계정, 비용 계정, 집합손익 계정의 총계정원장에 전기하여 잔액이 '0'이 맞는지 확인한다.

[1] 집합손익 계정의 잔액을 자본 계정으로 대체할 때, 개인기업의 경우에는 자본이 자본금 계정으로만 구성되어 있으므로 자본금 계정으로 대체하면 된다. 법인기업의 경우에는 자본이 여러 계정으로 구성되어 있는데 그중 이익잉여금 계정으로 대체한다.

06 자산·부채·자본계정의 마감

최근 82회 시험 중 3회 기출

자산·부채·자본 계정은 경영활동의 결과 일정 시점까지 누적된 재무상태를 보여주는 것으로서 다음 연도에도 그 권리나 의무가 그대로 존속된다. 따라서 자산·부채·자본 계정은 한 회계기간이 끝나도 잔액이 계속 유지되어 차기로 이월되도록 해야 한다.

결산을 마친 자본 계정에는 집합손익 계정을 거쳐 자본으로 대체된 당기순이익 금액이 포함되어 있다.

자산·부채·자본 계정의 마감절차는 다음과 같다.

- 자산 계정은 결산일 현재 총계정원장에서 잔액이 차변에 남아 있으므로 총계정원장의 대변에 '차기이월'하는 항목임을 표시하면서 차변 잔액과 동일한 금액을 기재하여 당기 총계정원장에서 차변 합계와 대변 합계를 일치시킨다. 그리고 동시에 다음 회계연도 기초 시점 총계정원장의 차변에 '전기이월'된 항목임을 표시하면서 동 금액을 기재한다.
  이에 따라 당기 회계연도 기말의 차변 잔액이 차기 회계연도 기초의 차변 잔액으로 이월된다.
- 부채 계정과 자본 계정은 결산일 현재 총계정원장에서 잔액이 대변에 남아 있으므로 총계정원장의 차변에 '차기이월'하는 항목임을 표시하면서 대변 잔액과 동일한 금액을 기재하여 당기 총계정원장에서 차변 합계와 대변 합계를 일치시킨다. 그리고 동시에 다음 회계연도 기초 시점의 총계정원장 대변에 '전기이월'된 항목임을 표시하면서 동 금액을 기재한다.
  이에 따라 당기 회계연도 기말의 대변 잔액이 차기 회계연도 기초의 대변 잔액으로 이월된다.

기출포인트

- 자산·부채·자본 계정의 총계정원장에서 기초(전기이월) 금액을 기재하는 위치는 자산·부채·자본이 재무상태표에서 표시되는 위치와 동일하다. 즉, 자산 계정은 차변, 부채 계정과 자본 계정은 대변에 각각 기초 금액을 기재한다.
- 마감이 끝난 자산·부채·자본 계정의 총계정원장에는 기말(차기이월) 금액이 기재되어 있고 차변 합계와 대변 합계가 일치한다.
- 마감이 끝난 자산·부채·자본 계정의 총계정원장에서 기말(차기이월) 금액을 기재하는 위치는 자산·부채·자본이 재무상태표에서 표시되는 위치와 정반대이다. 즉, 기초 금액의 반대편에 기말 금액을 기재한다.

07 손익계산서와 재무상태표의 작성

모든 계정이 마감되어 금액이 확정되면 손익계산서와 재무상태표를 작성하여 당기 동안의 경영성과와 당기말 현재의 재무상태를 파악한다.

수익·비용 계정은 마감 후에는 잔액이 '0'이 되므로 손익계산서는 수익·비용 계정의 마감 전 잔액을 이용하여 작성한다.

수익·비용 계정을 마감하는 과정에서 당기순이익 금액이 집합손익 계정을 거쳐 자본으로 대체됨에 따라, 손익계산서의 당기순이익은 재무상태표의 자본에 반영된다.

자산·부채·자본 계정은 마감 후에도 잔액이 '0'이 되지 않고 차기로 이월되므로 재무상태표는 자산·부채·자본 계정의 마감 후 잔액을 이용하여 작성하면 된다.

08 회계의 순환과정 사례

최근 82회 시험 중 **4**회 기출

한국상사는 도·소매업을 영위하는 개인기업이다. 당기 회계기간은 제2기로서 20x2년 1월 1일부터 12월 31일까지이다. 기초 재무상태표, 기중에 발생한 거래 내역, 기말수정분개 사항이 다음과 같을 때 기중 회계처리와 기말 결산 작업을 수행하여 보자.

(자료1) 기초 재무상태표

재무상태표
한국상사　　　　　　　　　　　　20x2년 1월 1일 현재　　　　　　　　　　　　(단위 : 원)

자산		부채	
현금	1,800,000	차입금	500,000
		자본	
		자본금	1,300,000
	1,800,000		1,800,000

(자료2) 기중 거래 내역

- 20x2년 2월 10일 공급처로부터 상품 900,000원을 현금을 주고 구입하였다(상품구입).
- 20x2년 2월 20일 보유하고 있던 상품을 고객에게 현금 1,400,000원을 받고 판매하였다(상품매출).
- 20x2년 2월 28일 종업원에게 급여 100,000원을 현금으로 지급하였다(급여).
- 20x2년 3월 15일 은행에서 빌렸던 차입금 500,000원 중 200,000원을 현금으로 상환하였다.

(자료3) 기말수정분개 사항

- 상품매출원가를 인식하는 분개는 결산일인 12월 31일에 기말수정분개로 반영하기로 한다.
- 기말 결산 시 상품 재고 조사를 해 본 결과 기말에 남아있는 상품 재고는 없고 900,000원에 구입했던 상품이 모두 당기에 판매된 것으로 파악되었다(상품매출원가).

[풀이] (1) 기중 거래에 대한 분개장, 총계정원장, 수정 전 합계잔액시산표

① 분개장

일자	차변		대변	
	계정과목	금액	계정과목	금액
2월 10일	상품	900,000	현금	900,000
2월 20일	현금	1,400,000	상품매출	1,400,000
2월 28일	급여	100,000	현금	100,000
3월 15일	차입금	200,000	현금	200,000

② 총계정원장

현금(자산)

1/1	전기이월	1,800,000	2/10	상품	900,000
2/20	상품매출	1,400,000	2/28	직원급여	100,000
			3/15	차입금	200,000

상품(자산)

1/1	전기이월	0	
2/10	현금	900,000	

차입금(부채)

3/15	현금	200,000	1/1	전기이월	500,000

자본금(자본)

			1/1	전기이월	1,300,000

상품매출(수익)

			2/20	현금	1,400,000

급여(비용)

2/28	현금	100,000	

③ 수정 전 합계잔액시산표

차 변		계정과목	대 변	
잔 액	합 계		합 계	잔 액
2,000,000	3,200,000	현 금	1,200,000	
900,000	900,000	상 품		
	200,000	차입금	500,000	300,000
		자본금	1,300,000	1,300,000
		상품매출	1,400,000	1,400,000
100,000	100,000	급 여		
3,000,000	4,400,000	합 계	4,400,000	3,000,000

(2) 기말수정분개에 대한 분개장, 총계정원장, 수정 후 합계잔액시산표

① 분개장

일 자	차 변		대 변	
	계정과목	금 액	계정과목	금 액
12월 31일	상품매출원가	900,000	상 품	900,000

② 총계정원장

현금(자산), 차입금(부채), 자본금(자본), 상품매출(수익), 급여(비용) : 변동 없음

상품(자산)

| 1/1 | 전기이월 | 0 | 12/31 | 상품매출원가 | 900,000 |
| 2/10 | 현금 | 900,000 | | | |

상품매출원가(비용)

| 12/31 | 상품 | 900,000 | | | |

③ 수정 후 합계잔액시산표

차 변		계정과목	대 변	
잔 액	합 계		합 계	잔 액
2,000,000	3,200,000	현 금	1,200,000	
0	900,000	상 품	900,000	
	200,000	차입금	500,000	300,000
		자본금	1,300,000	1,300,000
		상품매출	1,400,000	1,400,000
900,000	900,000	상품매출원가		
100,000	100,000	급 여		
3,000,000	5,300,000	합 계	5,300,000	3,000,000

(3) 수익·비용 계정의 마감

① 모든 수익 계정의 잔액을 집합손익 계정으로 대체

일 자	차 변		대 변	
	계정과목	금 액	계정과목	금 액
12월 31일	상품매출	1,400,000	집합손익	1,400,000

② 모든 비용 계정의 잔액을 집합손익 계정으로 대체

일 자	차 변		대 변	
	계정과목	금 액	계정과목	금 액
12월 31일	집합손익	1,000,000	상품매출원가	900,000
			급 여	100,000

③ 집합손익 계정의 잔액을 자본 계정으로 대체

일 자	차 변		대 변	
	계정과목	금 액	계정과목	금 액
12월 31일	집합손익	400,000	자본금	400,000

④ 수익 계정, 비용 계정, 집합손익 계정의 마감 후 총계정원장

상품매출(수익)

12/31 집합손익	1,400,000	2/20 현금	1,400,000
	1,400,000		1,400,000

상품매출원가(비용)

12/31 상품	900,000	12/31 집합손익	900,000
	900,000		900,000

급여(비용)

2/28 현금	100,000	12/31 집합손익	100,000
	100,000		100,000

집합손익

12/31 상품매출원가	900,000	12/31 상품매출	1,400,000
12/31 급여	100,000		
12/31 자본금	400,000		
	1,400,000		1,400,000

(4) 자산·부채·자본 계정의 마감

① 자산 계정의 마감 후 총계정원장

현금(자산)

1/1	전기이월	1,800,000	2/10	상품	900,000
2/20	상품매출	1,400,000	2/28	급여	100,000
			3/15	차입금	200,000
			12/31	차기이월	2,000,000
		3,200,000			3,200,000

상품(자산)

1/1	전기이월	0	12/31	상품매출원가	900,000
2/10	현금	900,000	12/31	차기이월	0
		900,000			900,000

② 부채·자본 계정의 마감 후 총계정원장

차입금(부채)

3/15	현금	200,000	1/1	전기이월	500,000
12/31	차기이월	300,000			
		500,000			500,000

자본금(자본)

12/31	차기이월	1,700,000	1/1	전기이월	1,300,000
			12/31	집합손익	400,000
		1,700,000			1,700,000

(5) 제2기 회계연도에 대한 손익계산서와 재무상태표

① 20x2년 1월 1일부터 20x2년 12월 31일까지 손익계산서

손익계산서

한국상사　　　　20x2년 1월 1일부터 20x2년 12월 31일까지　　　　(단위 : 원)

비용		수익	
상품매출원가	900,000	상품매출	1,400,000
급여	100,000		
당기순이익			
당기순이익	400,000		
	1,400,000		1,400,000

② 20x2년 12월 31일 재무상태표

재무상태표
한국상사　　　　　　　　　　　20x2년 12월 31일 현재　　　　　　　　　　　　(단위 : 원)

자산		부채	
현금	2,000,000	차입금	300,000
		자본	
		자본금	1,700,000
	2,000,000		2,000,000

기출포인트

한국상사의 제2기 회계연도를 사례로 수정 후 잔액시산표, 재무상태표, 손익계산서의 관계를 그림으로 살펴보면 다음과 같다.

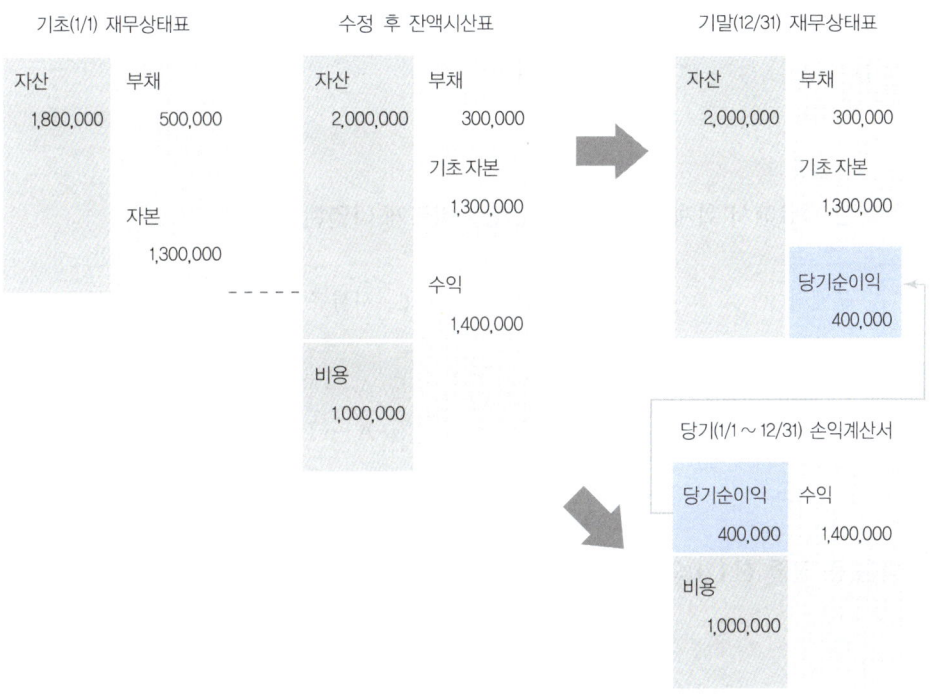

- 수정 후 잔액시산표에서 아래의 등식관계가 성립하는데 이를 '**시산표 등식**'이라고 한다. 시산표에는 기말자본이 아니라 기초자본이 표시된다는 점에 주의가 필요하다.

  기말자산 + 총비용 = 기말부채 + **기초자본** + 총수익
  2,000,000 + 1,000,000 = 300,000 + **1,300,000** + 1,400,000

- 한국상사의 제2기 기말자본은 제2기 기초자본 1,300,000원에서 제2기 당기순이익 400,000원을 합한 1,700,000원이 된다.

- 당기순이익은 '수익 – 비용'일 뿐만 아니라 '순자산의 변동'으로도 설명할 수 있다. 제2기 기말 자산총액은 2,000,000원으로서 기초보다 200,000원 증가하였고, 기말 부채총액은 300,000원으로서 기초보다 200,000원 감소하였는데. 순자산은 자산총액에서 부채총액을 차감한 잔액을 말하는 것이므로 제2기 기말 순자산은 기초보다 400,000원이 증가하였다고 볼 수 있고, 이 금액은 당기순이익과 일치하게 된다.

핵심기출문제

* 본서에 수록된 기출문제의 날짜는 학습효과를 높이기 위하여 일부 수정함

01 다음 중 회계의 순환과정 순서로 올바른 것은? [제84회]

> A. 분개　　　　B. 수정전시산표 작성　　C. 기말수정분개　　D. 거래의 발생
> E. 총계정원장의 마감　F. 재무제표 작성　　G. 전기(총계정원장)

① A → B → C → D → E → F → G
② B → A → D → G → C → E → F
③ D → A → G → B → C → E → F
④ D → A → G → C → B → F → E

02 주어진 자료에서 회계의 순환과정 순서로 바르게 나열된 것은? [제23회]

> A. 분개장　　　B. 재무상태표　　C. 시산표　　D. 총계정원장

① A → B → C → D　　　　② A → B → D → C
③ A → D → B → C　　　　④ A → D → C → B

03 다음 중 밑줄 친 (가)의 결산 절차에 해당하는 내용으로 옳은 것은? [제50회]

> 결산절차 : (가) → 본 절차 → 보고서 작성

① 수정전시산표 작성　　　　② 재무상태표 작성
③ 결산 수정분개　　　　　　④ 총계정원장 마감

04 다음은 시산표에 대한 설명이다. 틀린 것은? [제56회]

① 차변과 대변의 합계액이 일치한다면 계정기록의 오류가 전혀 없다는 것을 의미한다.
② 작성시기에 따라 수정전시산표와 수정후시산표로 구분된다.
③ 대차평균의 원리에 근거하여 분개장에서 원장으로의 전기의 정확성을 점검한다.
④ 시산표의 종류에는 잔액시산표, 합계시산표, 합계잔액시산표가 있다.

05 다음 중 결산마감 시 가장 먼저 마감되는 계정은? [제68회]

① 자산 ② 부채 ③ 자본 ④ 수익과 비용

06 다음 중 빈칸에 가장 알맞은 것은? [제48회]

$$(가) + 비용 = 기말부채 + (나) + 수익$$

	(가)	(나)		(가)	(나)
①	기말자산	기말자본	②	기말자산	기초자본
③	기말자본	기말자산	④	기말자본	기초자산

07 다음의 등식 중 잘못된 것은? [15년 8월 특별회차]

① 기말자본 = 기초자본 + 총수익 − 총비용
② 기말자산 = 기말부채 + 기초자본 + 당기순이익
③ 기말자본 = 기말자산 − 기말부채
④ 기말자산 + 총비용 = 기말부채 + 기말자본 + 총수익

정답 및 해설

01 ③   D. 거래의 발생 → A. 분개 → G. 전기(총계정원장) → B. 수정전시산표 작성 → C. 기말수정분개 → 수정후시산표 작성 → E. 총계정원장의 마감(먼저 수익·비용 계정, 그 다음 자산·부채·자본 계정) → F. 재무제표 작성

02 ④   A. 분개장 → D. 총계정원장 → C. 시산표 → B. 재무상태표

03 ①   결산을 위한 예비절차로서 수정전시산표를 작성한다.

04 ①   시산표에서 발견할 수 없는 오류가 있을 수 있다. 즉, 시산표를 작성하면 분개와 전기가 대차차액 없이(대차평균의 원리에 따라) 작성되었는지는 확인할 수 있으나, 대차 양편 금액을 동시에 잘못 기입하는 오류는 발견할 수 없다.

05 ④   손익계산서 계정인 수익·비용 계정은 당기순이익으로 집계되어 재무상태표의 자본계정으로 반영되어야 하므로, 계정을 마감할 때 손익계산서 계정(수익, 비용)을 먼저, 재무상태표 계정(자산, 부채, 자본)을 나중에 마감하여야 한다.

06 ②   시산표 등식 : 기말자산 + 비용 = 기말부채 + 기초자본 + 수익

07 ④   시산표 등식 : 기말자산 + 총비용 = 기말부채 + 기초자본 + 총수익
① 재무상태표와 손익계산서의 관계 : 기말자본 = 기초자본 + 당기순이익
② ③ 재무상태표 등식 : 기말자산 = 기말부채 + 기말자본

금융·세무회계 전문 교육기관 해커스금융

fn.Hackers.com

제 2 장
기초정보의 등록·수정
[실무]

제1절 회사등록
제2절 전기분 재무제표 입력
제3절 거래처 등록과 계정과목 등록

제2장
기초정보의 등록·수정

Overview

기초정보의 등록·수정은 실무시험 전체 70점 중 18점의 비중으로 출제된다.

기초정보의 등록·수정의 경우 KcLep 프로그램 내 회사등록, 전기분 재무제표, 거래처, 적요를 등록하거나 수정하는 방법을 설명하고 있다. 내용이 어렵지 않은 부분이며, KcLep 프로그램에 익숙해지고 해당 메뉴를 왜 작성하는지 이해하는 것이 중요하다.

출제비중

구 분	출제문항	배점(18점)
제1절 회사등록	문제1	6점
제2절 전기분 재무제표 입력	문제2	6점
제3절 거래처 등록과 계정과목 등록	문제3	6점

금융·세무회계 전문 교육기관 **해커스금융**
fn.Hackers.com

학습전략

제1절 회사등록
사업자등록증의 구성을 익히고 [회사등록] 메뉴에서 개업일, 업태, 종목, 사업장주소, 사업장관할세무서를 수정하고 추가 입력하는 방법을 익히자.

제2절 전기분 재무제표 입력
[전기분재무상태표]와 [전기분손익계산서] 메뉴에서 계정코드를 입력하고 수정 및 추가 입력한 결과를 검증하는 연습을 하자.

제3절 거래처 등록과 계정과목 등록
[거래처등록], [계정과목등록], [거래처별초기이월] 각 메뉴에서 내용을 수정하고 추가 입력하는 방법을 익히자.

제1절 | 회사등록

01 회사등록

- [회사등록]은 KcLep 프로그램을 사용하고자 하는 회사의 기초정보를 입력하는 메뉴이다.
- [회사등록] 문제는 실무시험 문제1(6점)에서 출제된다.
- [회계관리] ▶ [기초정보관리] ▶ [회사등록]을 선택하여 들어가거나, 로그인 화면의 우측 하단에 있는 [회사등록]을 클릭하여 들어갈 수 있다.

기출확인문제

제일상사(코드번호 : 2101)는 조명기구를 판매하는 개인기업이며, 당기(제3기) 회계기간은 2026. 1. 1. ~ 2026. 12. 31.이다.
다음은 제일상사의 사업자등록증이다. [회사등록] 메뉴에 입력된 내용을 검토하여 누락분은 추가 입력하고 잘못된 부분은 정정하시오. 제58회 수정

사업자등록증
(일반과세자)
등록번호 : 106-11-12402

1. 상 호 명 : 제일상사

2. 대 표 자 명 : 오현서

3. 개 업 연 월 일 : 2024. 3. 25.

4. 사 업 장 소 재 지 : 서울 용산구 독서당로 29(한남동 107-10)

5. 사 업 의 종 류 : [업태] 도소매
　　　　　　　　　　[종목] 조명기구

6. 교 부 사 유 : 신규

7. 공 동 사 업 장 :

8. 주류판매신고번호 :

9. 사업자단위과세여부 : 부

2024년 3월 26일
용산세무서장 인

기출 따라 하기

[회사등록] 메뉴에서

① 9.종목란에 "전자제품"을 "조명기구"로 수정 입력한다.
② 17.개업연월일란에 "2024년 3월 25일"을 추가 입력한다.
③ 21.사업장관할세무서란에 🖵(또는 F2)을 클릭하여 "종로"를 "용산"으로 수정 입력한다.

▶ 입력내용의 저장방법
모든 메뉴에서 공통으로, ⊗닫기(또는 Esc)를 클릭하면 메뉴가 종료되면서 해당 메뉴에서 입력한 내용이 자동으로 저장된다.

🔽 ① ~ ③ 입력결과 화면은 아래와 같다.

- 코드정보

☐	코드	회사명	구분	미사용
☐	2101	제일상사	개인	사용

- 기본사항

| 기본사항 | 추가사항 |

1. 회계연도 : 제 3 기 2026 년 01 월 01 일 ~ 2026 년 12 월 31 일
2. 사업자등록번호 : 106-11-12402   3. 과세유형 일반과세   과세유형전환일 ____-__-__
4. 대표자명 : 오현서   대표자거주구분 : 거주자
5. 대표자주민번호 : 800311-2361424   주민번호 구분 : 정상
6. 사업장주소 :   서울 용산구 독서당로 29
   (한남동 107-10)   신주소 여
7. 자택주소 :
                                        신주소 여
8. 업태 : 도매   ① 9.종목 조명기구
10. 주업종코드 :
11. 사업장전화번호 : ( ) -   12. 팩스번호 : ( ) -
13. 자택전화번호 : ( ) -   14. 공동사업장여부 :
15. 소득구분 :   16. 중소기업여부 :
② 17. 개업연월일 : 2024-03-25   18. 폐업연월일 : ____-__-__
19. 사업장동코드 : A1033001   서울 용산 한남
20. 주소지동코드 :
③ 21. 사업장관할세무서 : 106 용산   22. 주소지관할세무서 :
23. 지방소득세납세지 :   24. 주소지지방소득세납세지 :

+ 더 알아보기 1

[회사등록] 메뉴의 주요 입력란

• 프로그램 툴바

모든 메뉴에서 사용하는 좌측 상단의 아이콘은 다음과 같은 기능을 한다.

아이콘	단축키	기능
ⓧ 닫기	Esc	실행 중인 메뉴를 종료한다. (입력된 내용을 자동으로 저장한다)
ⓘ 도움	F1	해당 메뉴에 있는 입력란에 대한 해설과 상세 입력방법이 포함된 매뉴얼 화면창을 불러온다. (단, 실제 시험에서는 매뉴얼 화면이 제공되지 않는다)
🖭 코드	F2	커서의 위치에 따라 프로그램에 등록된 '거래처' 또는 '계정과목'의 코드를 검색한다. (커서가 거래처 또는 계정과목과 관련없는 란에 위치해 있을 때에는 기타 내용에 대한 검색키(Ctrl + F) 기능을 하기도 한다)
🗑 삭제	F5	커서가 위치한 입력내용을 삭제한다.
🖨 인쇄	F9	해당 메뉴의 서식을 인쇄한다.
🔍 조회	F12	데이터를 다시 불러온다. ('새로고침'과 같은 기능을 한다)

• 회사변경 방법

[회사등록]에 등록된 회사는 KcLep 프로그램을 사용할 수 있게 된다.

'제일상사'의 작업을 하다가 '육공상사'로 이동하여 작업을 하고자 하는 경우, 프로그램을 새로 열어서 로그인 화면으로 돌아가지 않고도 '제일상사'에서 '육공상사'로 바로 이동할 수 있다.

'제일상사'의 메인메뉴 화면 우측에 있는 🏢를 클릭하면 [회사등록]에 등록된 회사의 검색창이 나타나고, 작업하고자 하는 '육공상사'를 선택하여 변경 을 클릭하면 '육공상사'의 메인메뉴 화면으로 바로 이동된다.

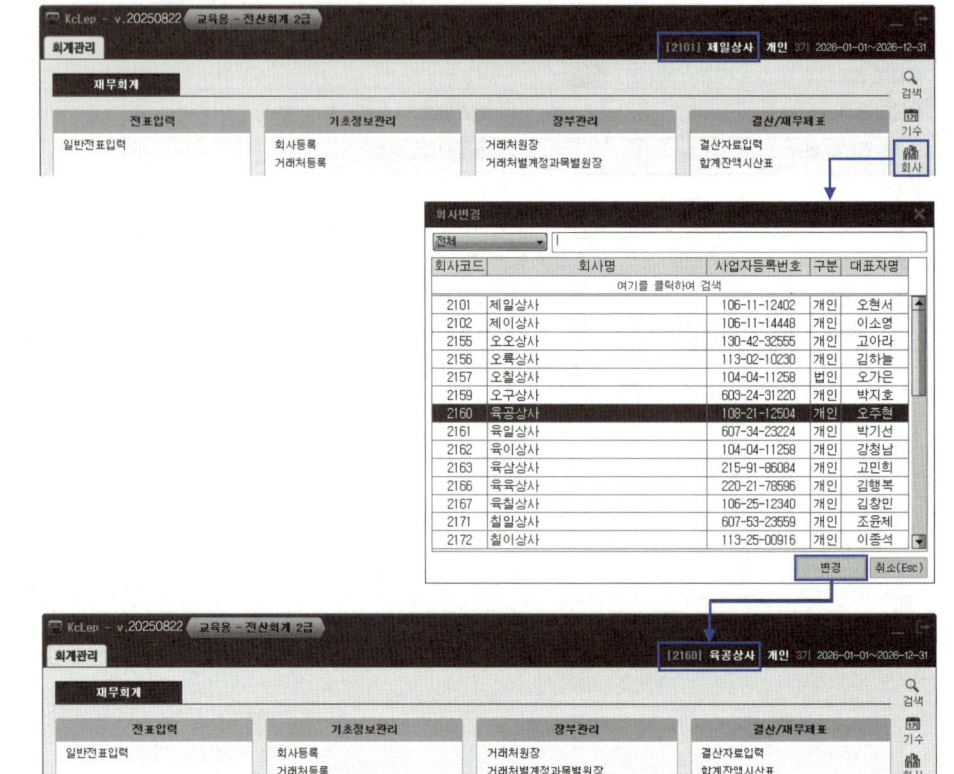

+ 더 알아보기 2

[회사등록] 메뉴의 주요 입력란

- 코드정보

코 드	등록할 회사코드를 '0101 ~ 9999' 사이의 값으로 입력
회사명	사업자등록증에 기재된 상호명을 입력
구 분	'1 : 법인'과 '2 : 개인' 중에서 선택
미사용	'0 : 사용'과 '1 : 미사용' 중에서 선택(폐업 등 특별한 경우가 아니면 기본값인 '사용'으로 설정) 참고 '미사용'을 선택하면 로그인 화면에서 🖥을 클릭해도 조회되지 않음

- 기본사항

1.회계연도	기수와 회계연도를 입력
2.사업자등록번호	사업자등록증에 기재된 사업자등록번호를 입력 참고 사업자등록번호의 구성 • 최초 3자리 : 사업자등록을 최초로 신고한 세무서코드 • 가운데 2자리 : 회사형태(예 개인과세사업자는 01 ~ 79) • 마지막 5자리 : 일련번호 4자리와 검증번호 1자리
3.과세유형	부가가치세법상 과세유형을 말하는 것으로서 '1. 일반과세', '2. 간이과세', '3. 면세사업자' 중에서 선택(사업자등록증에 '간이과세자'라고 적혀 있거나 '면세사업자'라는 특별한 언급이 없으면 기본값인 '일반과세'로 설정)
4.대표자명	사업자등록증에 기재된 대표자명을 입력
6.사업장주소	사업장의 주소를 입력(우편번호와 함께 입력하고자 하는 경우에는 해당란의 🖥(또는 F2)을 클릭하여 사업자등록증에 기재된 사업장소재지의 주소를 검색하고 선택을 클릭하여 나머지 주소를 입력) 참고 우편번호 검색기능을 사용하여 주소를 입력하는 경우 신주소(도로명 주소) 여부가 신주소란에 자동 표시된다.
8.업태 / 9.종목	사업자등록증에 기재된 업태와 종목을 입력
10.주업종코드	각종 전자신고를 할 때 사용할 목적으로, 사업자등록증에 기재된 업태와 종목에 해당하는 업종코드를 찾아서 입력(전산회계 자격시험의 평가항목은 아니므로 특별한 언급이 없으면 입력을 생략)
17.개업연월일	사업자등록증에 기재된 개업연월일을 입력 참고 사업자등록증 발급일과 구분하여야 함
21.사업장관할세무서	해당란의 🖥(또는 F2)을 클릭하여 사업자등록증에 기재된 관할세무서를 검색하여 입력

핵심기출문제

* 본서에 수록된 기출문제의 날짜는 학습효과를 높이기 위하여 일부 수정함

01 칠삼상사(코드번호 : 2173)는 가전제품을 판매하는 개인기업이며, 당기(제5기) 회계기간은 2026. 1. 1. ~ 2026. 12. 31.이다.
다음은 칠삼상사의 사업자등록증이다. [회사등록] 메뉴에 입력된 내용을 검토하여 누락분은 추가 입력하고 잘못된 부분은 정정하시오. (주소 입력 시 우편번호는 입력하지 않아도 무방함)

[제73회 수정]

사업자등록증
(일반과세자)
등록번호 : 134-25-23560

1. 상　　　　호 : 칠삼상사

2. 성　　　　명 : 우상언

3. 개 업 연 월 일 : 2022. 3. 11.

4. 생 년 월 일 : 1968. 10. 20.

5. 사업장소재지 : 경기도 안산시 상록구 건지미길 10

6. 사 업 의 종 류 : [업태] 도소매
　　　　　　　　　　[종목] 가전제품

7. 교 부 사 유 : 신규

8. 사업자단위과세 적용사업자 여부 : 부

9. 전자세금계산서 전용 전자우편 주소 :

2022년 3월 20일
안산세무서장 인

정답 및 해설

01

해 설 [회사등록] 메뉴에서
- 17.개업연월일을 "2022년 3월 20일"에서 "2022년 3월 11일"로 수정 입력한다.
  - 참고 사업자등록증 발급일과 개업연월일을 구분하여야 함
- 8.업태를 "도소매"로 추가 입력한다.
- 21.사업장관할세무서를 "동안양"에서 "안산"으로 수정 입력한다.

정답화면

□	코드	회사명	구분	미사용
■	2173	칠삼상사	개인	사용

[기본사항] 추가사항

1.회계연도	제 5 기 2026 년 01 월 01 일 ~ 2026 년 12 월 31 일
2.사업자등록번호	134-25-23560 3.과세유형 일반과세 과세유형전환일 ____-__-__
4.대표자명	우상언 대표자거주구분 거주자
5.대표자주민번호	681020-1890001 주민번호 구분 정상
6.사업장주소	경기도 안산시 상록구 건지미길 10 신주소 여
7.자택주소	경기도 안산시 상록구 건지미길 10 신주소 여
8.업태	**도소매** 9.종목 가전제품
10.주업종코드	513230 도매 / 주방용기기및용품
11.사업장전화번호	031) 329 - 1212 12.팩스번호 031) 2017 - 1111
13.자택전화번호	( ) - 14.공동사업장여부
15.소득구분	16.중소기업여부 여
17.개업연월일	**2022-03-11** 18.폐업연월일 ____-__-__
19.사업장동코드	4127111100 경기도 안산시상록구 건건동
20.주소지동코드	4127111100 경기도 안산시상록구 건건동
21.사업장관할세무서	**134 안산** 22.주소지관할세무서 134 안산
23.지방소득세납세지	안산시상록구 24.주소지지방소득세납세지 안산시상록구

02 육칠상사(코드번호 : 2167)는 컴퓨터 및 주변장치를 판매하는 개인기업이며, 당기(제6기) 회계기간은 2026. 1. 1. ~ 2026. 12. 31.이다.

다음은 육칠상사의 사업자등록증이다. [회사등록] 메뉴에 입력된 내용을 검토하여 누락분은 추가 입력하고 잘못된 부분은 정정하시오. (주소 입력 시 우편번호는 입력하지 않아도 무방함)

[제67회 수정]

사업자등록증
(일반과세자)
등록번호 : 106-25-12340

1. 상   호 : 육칠상사

2. 성   명 : 김창민

3. 개 업 연 월 일 : 2021. 10. 13.

4. 생 년 월 일 : 1970. 12. 13.

5. 사 업 장 소 재 지 : 서울시 용산구 이태원로 29

6. 사 업 의 종 류 : [업태] 도소매
                     [종목] 컴퓨터및주변장치

7. 교 부 사 유 : 신규

8. 공 동 사 업 자 :

9. 주류판매신고번호 :

10. 사업자단위과세 적용사업자 여부 : 부

11. 전자세금계산서 전용메일주소 :

2021년 10월 13일
용산세무서장 인

정답 및 해설

02

해 설 [회사등록] 메뉴에서
- 6.사업장주소를 "서울시 광진구 강변북로 332"에서 "서울시 용산구 이태원로 29"로 수정 입력한다.
- 9.종목을 "전자계산기,복사기"에서 "컴퓨터및주변장치"로 수정 입력한다.
- 21.사업장관할세무서를 "성동"에서 "용산"으로 수정 입력한다.

정답화면

□	코드	회사명	구분	미사용
□	2167	육칠상사	개인	사용

기본사항 / 추가사항

1. 회계연도: 제 6 기 2026년 01월 01일 ~ 2026년 12월 31일
2. 사업자등록번호: 106-25-12340 3. 과세유형: 일반과세 과세유형전환일: ----
4. 대표자명: 김창민 대표자거주구분: 거주자
5. 대표자주민번호: 701213-1261424 주민번호 구분: 정상
6. 사업장주소: 서울시 용산구 이태원로 29 신주소: 여
7. 자택주소: 신주소: 여
8. 업태: 도소매 9. 종목: 컴퓨터및주변장치
10. 주업종코드:
11. 사업장전화번호: 02) 521-9987 12. 팩스번호:) -
13. 자택전화번호:) - 14. 공동사업장여부:
15. 소득구분: 16. 중소기업여부:
17. 개업연월일: 2021-10-13 18. 폐업연월일: ----
19. 사업장동코드:
20. 주소지동코드:
21. 사업장관할세무서: 106 용산 22. 주소지관할세무서:
23. 지방소득세납세지: 24. 주소지지방소득세납세지:

03 육일상사(코드번호 : 2161)는 장난감완구를 판매하는 개인기업이며, 당기(제5기) 회계기간은 2026. 1. 1. ~ 2026. 12. 31.이다.

다음은 육일상사의 사업자등록증이다. [회사등록] 메뉴에 입력된 내용을 검토하여 누락분은 추가 입력하고 잘못된 부분은 정정하시오.

[제61회]

사업자등록증
(일반과세자)
등록번호 : 607-34-22324

1. 상　　호　　명 : 육일상사

2. 대　표　자　명 : 박인숙

3. 개 업 연 월 일 : 2022. 2. 7.

4. 사 업 장 소 재 지 : 부산광역시 동래구 안락로 101(안락동)

5. 사 업 의 종 류 : [업태] 도소매
　　　　　　　　　　[종목] 장난감완구

6. 교　부　사　유 : 신규

7. 공 동 사 업 장 :

8. 주류판매신고번호 :

9. 사업자단위과세여부 : 부

2022년 2월 7일
동래세무서장 인

정답 및 해설

03

해 설 [회사등록] 메뉴에서
- 2.사업자등록번호를 "607-34-23224"에서 "607-34-22324"로 수정 입력한다.
- 4.대표자명을 "박기선"에서 "박인숙"으로 수정 입력한다.
- 9.종목을 "팬시"에서 "장난감완구"로 수정 입력한다.

정답화면

코드	회사명	구분	미사용
2161	육일상사	개인	사용

기본사항 / 추가사항

1. 회계연도: 제 5 기 2026년 01월 01일 ~ 2026년 12월 31일
2. 사업자등록번호: 607-34-22324   3. 과세유형: 일반과세   과세유형전환일: ____-__-__
4. 대표자명: 박인숙   대표자거주구분: 거주자
5. 대표자주민번호: 800311-2361424   주민번호 구분: 정상
6. 사업장주소: 부산광역시 동래구 안락로 101
   (안락동)   신주소: 여
7. 자택주소:
   신주소: 여
8. 업태: 도소매   9. 종목: 장난감완구
10. 주업종코드:
11. 사업장전화번호: ( ) -   12. 팩스번호: ( ) -
13. 자택전화번호: ( ) -   14. 공동사업장여부:
15. 소득구분: 16. 중소기업여부:
17. 개업연월일: 2022-02-07   18. 폐업연월일: ____-__-__
19. 사업장동코드: B0610002   부산 동래 안락
20. 주소지동코드:
21. 사업장관할세무서: 607 동래   22. 주소지관할세무서:
23. 지방소득세납세지: 동래구   24. 주소지지방소득세납세지:

04 오칠상사(코드번호 : 2157)는 컴퓨터 및 컴퓨터부품을 판매하는 개인기업이며, 당기(제3기) 회계기간은 2026. 1. 1. ~ 2026. 12. 31.이다.

다음은 오칠상사의 사업자등록증이다. [회사등록] 메뉴에 입력된 내용을 검토하여 누락분은 추가 입력하고 잘못된 부분은 정정하시오. (단, 과세유형도 입력할 것) [제57회 수정]

사업자등록증
(일반과세자)
등록번호 : 104-04-11258

---

1. 상　　호　　명 : 오칠상사

2. 대　표　자　명 : 오가은

3. 개 업 연 월 일 : 2024. 4. 14.

4. 사 업 장 소 재 지 : 서울 중구 을지로 2가 120번지

5. 사 업 의 종 류 : [업태] 도소매
　　　　　　　　　　[종목] 컴퓨터 및 컴퓨터부품

6. 교　부　사　유 : 신규

7. 공 동 사 업 장 :

8. 주류판매신고번호 :

9. 사업자단위과세여부 : 부

2024년 4월 14일
남대문세무서장 인

정답 및 해설

04

해 설 [회사등록] 메뉴에서
- 사업자 구분을 "법인"에서 "개인"으로 수정 입력한다.
- 3.과세유형을 "일반과세"로 입력한다.
- 17.개업연월일을 "2023년 3월 25일"에서 "2024년 4월 14일"로 수정 입력한다.
- 9.종목을 "자전거 및 자전거부품"에서 "컴퓨터 및 컴퓨터부품"으로 수정 입력한다.

정답화면

□	코드	회사명	구분	미사용
□	2157	오칠상사	개인	사용

기본사항 / 추가사항

1.회계연도	제 3 기 2026년 01월 01일 ~ 2026년 12월 31일
2.사업자등록번호	104-04-11258 3.과세유형 일반과세 과세유형전환일 ____-__-__
4.대표자명	오가은 대표자거주구분
5.대표자주민번호	800311-2361424 주민번호 구분 정상
6.사업장주소	서울 중구 을지로 2가
	120번지 신주소 부
7.자택주소	
	신주소 부
8.업태	도소매 9.종목 컴퓨터 및 컴퓨터부품
10.주업종코드	
11.사업장전화번호	( ) - 12.팩스번호 ( ) -
13.자택전화번호	( ) - 14.공동사업장여부
15.소득구분	16.중소기업여부
17.개업연월일	2024-04-14 18.폐업연월일 ____-__-__
19.사업장동코드	
20.주소지동코드	
21.사업장관할세무서	104 남대문 22.주소지관할세무서
23.지방소득세납세지	24.주소지지방소득세납세지

제2절 전기분 재무제표 입력

01 전기분 재무상태표

- [전기분재무상태표]는 사업을 계속하여온 회사가 KcLep 프로그램을 처음 도입하여 사용하는 경우 전기이월 재무상태표 금액을 입력하는 메뉴이다.
- [전기분재무상태표] 문제는 실무시험 문제2(6점)에서 출제된다.
- [전기분재무상태표] 화면은 [회계관리] ▶ [전기분재무제표] ▶ [전기분재무상태표]를 선택하여 들어갈 수 있다.

기출확인문제

다음은 제일상사(코드번호 : 2101)의 전기분 재무상태표이다. 입력되어 있는 자료를 검토하여 오류 부분은 정정하고 누락된 부분은 추가 입력하시오. 제58회

재무상태표

회사명 : 제일상사 제2기 2025. 12. 31. 현재 (단위 : 원)

과 목	금 액		과 목	금 액	
현금		3,900,000	외상매입금		13,486,000
당좌예금		15,600,000	지급어음		6,800,000
보통예금		9,250,000	미지급금		4,200,000
외상매출금	15,900,000		예수금		700,000
대손충당금	159,000	15,741,000	단기차입금		30,000,000
받을어음	6,500,000		자본금		43,240,000
대손충당금	65,000	6,435,000			
미수금		1,300,000			
상품		7,200,000			
차량운반구	28,000,000				
감가상각누계액	11,000,000	17,000,000			
비품	4,500,000				
감가상각누계액	2,500,000	2,000,000			
임차보증금		20,000,000			
자산총계		98,426,000	부채와 자본총계		98,426,000

> **기출 따라 하기**

[전기분재무상태표] 메뉴에서

① 외상매출금에 대한 대손충당금이 미기입되어 있으므로 자산항목에 "109.대손충당금 159,000"을 추가 입력한다.

▶ 대손충당금, 감가상각누계액 등과 같은 차감적 평가계정은 해당 계정과목의 바로 아래에 있는 코드번호를 선택해야 한다. 예를 들면, 108.외상매출금에 대한 대손충당금은 바로 아래에 있는 "109.대손충당금"을 선택해야 하고, 110.받을어음에 대한 대손충당금은 "111.대손충당금"을 선택해야 한다.

대손충당금, 감가상각누계액 등 차감적 평가계정의 경우에도, 입력되는 금액이 자산의 차감 금액으로 자동 반영되므로 금액을 양수(+)로 입력한다.

▶ 계정과목코드 또는 거래처코드 검색 방법

| 방법1 | 코드 입력란에 커서를 놓고 **코드**(또는 F2)를 클릭하면 검색창이 나타난다. 검색창에서 찾고자 하는 계정과목 또는 거래처명의 앞 1글자 이상을 입력하면 해당하는 계정과목 또는 거래처가 조회된다.

| 방법2 | 코드 입력란에 찾고자 하는 계정과목 또는 거래처명의 앞 1글자 이상을 입력한 후 Enter↵를 누르면 해당하는 계정과목 또는 거래처가 조회된다.

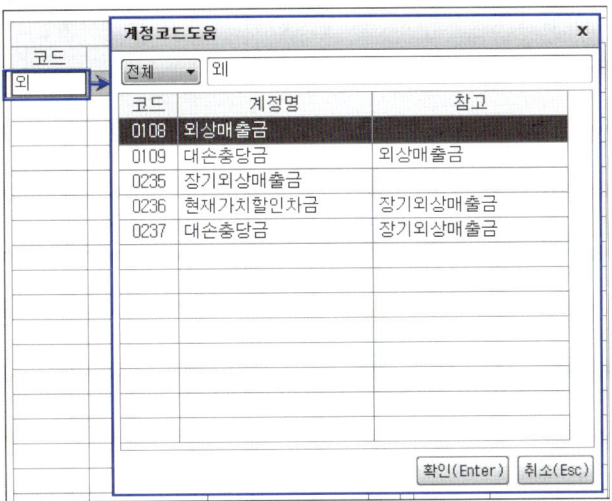

② 예수금 "70,000"을 "700,000"으로 수정 입력한다.

▶ 금액 입력 시 +의 활용

모든 메뉴에서 공통으로, 금액의 자릿수 콤마(,)는 3자리마다 자동으로 반영된다. 그리고 금액을 입력할 때 +를 누르면 '000'이 자동으로 입력된다.

금액 '700,000'을 넣고자 할 때 해당 칸에 '700000' 또는 '700+'를 입력하면 된다.

③ 대차차액이 없음을 확인한다.

① ~ ③ 입력결과 화면은 아래와 같다.

	자산			부채 및 자본			계정별 합계	
코드	계정과목	금액	코드	계정과목	금액		1. 유동자산	59,426,000
0101	현금	3,900,000	0251	외상매입금	13,486,000		①당좌자산	52,226,000
0102	당좌예금	15,600,000	0252	지급어음	6,800,000		②재고자산	7,200,000
0103	보통예금	9,250,000	0253	미지급금	4,200,000		2. 비유동자산	39,000,000
0108	외상매출금	15,900,000	② 0254	예수금	700,000		①투자자산	
① 0109	대손충당금	159,000	0260	단기차입금	30,000,000		②유형자산	19,000,000
0110	받을어음	6,500,000	0331	자본금	43,240,000		③무형자산	
0111	대손충당금	65,000					④기타비유동자산	20,000,000
0120	미수금	1,300,000					자산총계(1+2)	98,426,000
0146	상품	7,200,000					3. 유동부채	55,186,000
0208	차량운반구	28,000,000					4. 비유동부채	
0209	감가상각누계액	11,000,000					부채총계(3+4)	55,186,000
0212	비품	4,500,000					5. 자본금	43,240,000
0213	감가상각누계액	2,500,000					6. 자본잉여금	
0232	임차보증금	20,000,000					7. 자본조정	
							8. 기타포괄손익누계액	
							9. 이익잉여금	
							자본총계(5+6+7+8+9)	43,240,000
	차변합계	98,426,000		대변합계	98,426,000		부채 및 자본 총계	98,426,000
						③	대 차 차 액	

퇴직급여충당부채(295) : 제 조 / 분 양 / 도 급 / 운 송 / 보 관 / 판 관 비
퇴직연금충당부채(329) : 제 조 / 분 양 / 도 급 / 운 송 / 보 관 / 판 관 비

> **참고** [전기분재무상태표] 입력 시 유의사항
> - 전기에 KcLep 프로그램을 사용하여 결산 및 장부마감을 한 회사는 전기의 장부금액이 [전기분재무상태표] 메뉴에 자동으로 반영되므로 금액 입력 작업을 따로 하지 않아도 된다. 실무에서는 이러한 전기이월 메뉴에 대한 입력 작업은 사업을 계속하여 온 회사가 KcLep 프로그램을 처음 도입하여 사용하는 경우에만 필요한 것이다.
> - [전기분재무상태표]에 입력된 금액은 ㉠ [전기분손익계산서]의 상품매출원가에 있는 기말상품재고액과 ㉡ [거래처별초기이월]의 각 계정 금액으로 자동 반영된다.
> - 자산란에는 재무상태표 작성 시 차변(왼쪽)에 기재되는 계정과목만, 부채 및 자본란에는 대변(오른쪽)에 기재되는 계정과목만 조회 및 입력되도록 설정되어 있다. 따라서 모든 계정 금액은 차변·대변 구분 없이 양수(+)로 입력한다.
> - 메뉴를 종료하거나 코드 칸을 클릭하면(해당 칸이 `코드` 로 표시됨) 계정과목이 코드순서에 따라 자동으로 정렬된다. 따라서 계정과목과 금액을 추가 입력할 때에는 코드 순서에 관계없이 맨 아래 칸에 입력하면 된다.
> - 입력된 계정과목과 금액을 삭제할 때에는 해당 라인에 커서를 놓고, `삭제` (또는 F5)를 클릭한 후, `예(Y)` 를 클릭하면 된다.

02 전기분 손익계산서

- [전기분손익계산서]는 사업을 계속하여 온 회사가 KcLep 프로그램을 처음 도입하여 사용하는 경우 비교식 손익계산서 작성을 위하여 전기 손익계산서 금액을 입력하는 메뉴이다.
- [전기분손익계산서] 문제는 실무시험 문제2(6점)에서 출제된다.
- [전기분손익계산서] 화면은 [회계관리] ▶ [전기분재무제표] ▶ [전기분손익계산서]를 선택하여 들어갈 수 있다.

기출확인문제

다음은 제일상사(코드번호 : 2101)의 전기분 손익계산서이다. 입력되어 있는 자료를 검토하여 오류 부분은 정정하고 누락된 부분은 추가 입력하시오. 단, 전기분 재무상태표는 적정한 것으로 본다. [제59회 수정]

손익계산서

회사명 : 제일상사   제2기 2025. 1. 1. ~ 2025. 12. 31.   (단위 : 원)

과 목	금 액	과 목	금 액
Ⅰ. 매출액	475,800,000	Ⅴ. 영업이익	16,624,000
1. 상품매출	475,800,000	Ⅵ. 영업외수익	400,000
Ⅱ. 매출원가	370,500,000	1. 이자수익	350,000
상품매출원가	370,500,000	2. 잡이익	50,000
1. 기초상품재고액	20,100,000	Ⅶ. 영업외비용	4,500,000
2. 당기상품매입액	357,600,000	1. 이자비용	1,500,000
3. 기말상품재고액	7,200,000	2. 기부금	3,000,000
Ⅲ. 매출총이익	105,300,000	Ⅷ. 소득세차감전순이익	12,524,000
Ⅳ. 판매비와관리비	88,676,000	Ⅸ. 소득세등	0
1. 급여	65,000,000	Ⅹ. 당기순이익	12,524,000
2. 복리후생비	2,476,000		
3. 여비교통비	2,500,000		
4. 기업업무추진비	3,000,000		
5. 수도광열비	900,000		
6. 감가상각비	700,000		
7. 임차료	6,000,000		
8. 보험료	2,500,000		
9. 차량유지비	1,800,000		
10. 소모품비	800,000		
11. 광고선전비	3,000,000		

기출 따라 하기

[전기분손익계산서] 메뉴에서

① 기업업무추진비 "300,000"을 "3,000,000"으로 수정 입력한다.

② 잡이익 "70,000"을 "50,000"으로 수정 입력한다.

③ 기부금 "2,000,000"을 "3,000,000"으로 수정 입력한다.

④ 당기순이익 금액이 "12,524,000"임을 확인한다.

▼ ① ~ ④ 입력결과 화면은 아래와 같다.

코드	계정과목	금액
0401	상품매출	475,800,000
0451	상품매출원가	370,500,000
0801	급여	65,000,000
0811	복리후생비	2,476,000
0812	여비교통비	2,500,000
① 0813	기업업무추진비	3,000,000
0815	수도광열비	900,000
0818	감가상각비	700,000
0819	임차료	6,000,000
0821	보험료	2,500,000
0822	차량유지비	1,800,000
0830	소모품비	800,000
0833	광고선전비	3,000,000
0901	이자수익	350,000
② 0930	잡이익	50,000
0951	이자비용	1,500,000
③ 0953	기부금	3,000,000

계정별합계	
1. 매출	475,800,000
2. 매출원가	370,500,000
3. 매출총이익(1-2)	105,300,000
4. 판매비와관리비	88,676,000
5. 영업이익(3-4)	16,624,000
6. 영업외수익	400,000
7. 영업외비용	4,500,000
8. 소득세비용차감전순이익(5+6-7)	12,524,000
9. 소득세비용	
④ 10. 당기순이익(8-9)	12,524,000
11. 주당이익(10/주식수)	

참고 [전기분손익계산서] 입력 시 유의사항

- 전기에 KcLep 프로그램을 사용하여 결산 및 장부마감을 한 회사는 전기의 장부금액이 [전기분손익계산서] 메뉴에 자동으로 반영되므로 금액 입력 작업을 따로 하지 않아도 된다. 실무에서는 이러한 전기이월 메뉴에 대한 입력 작업은 사업을 계속해온 회사가 KcLep 프로그램을 처음 도입하여 사용하는 경우에만 필요한 것이다.
- [전기분손익계산서]의 상품매출원가 계산 시 [전기분재무상태표]의 상품계정 금액이 자동 반영되어 영향을 미친다.

➕ 더 알아보기

매출원가 입력 시 유의사항

[전기분손익계산서]의 상품매출원가 금액란을 클릭하면 매출원가 보조창이 나타난다. 기초상품재고액 및 당기상품매입액 등을 보조창에 입력하면 상품매출원가가 계산되는데, 여기서 기말상품재고액 금액은 [전기분재무상태표]의 상품계정 금액이 자동 반영된 것이므로, 기말상품재고액을 수정하여야 할 경우에는 [전기분재무상태표] 메뉴에서 상품계정 금액을 수정하여야 한다.

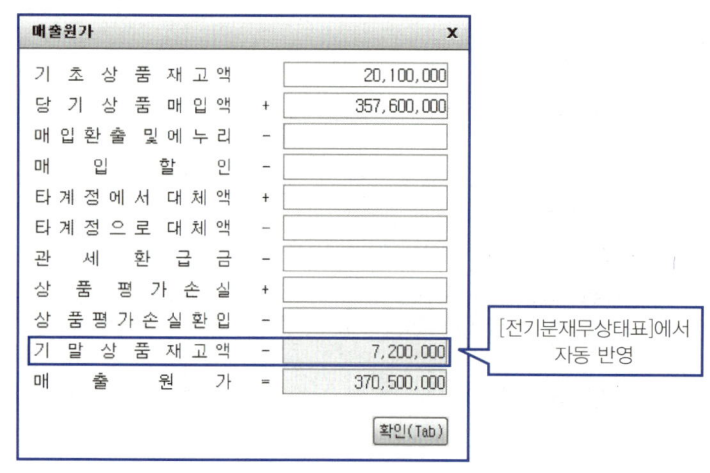

fn.Hackers.com

핵심기출문제

*본서에 수록된 기출문제의 날짜는 학습효과를 높이기 위하여 일부 수정함

01 다음은 칠일상사(코드번호 : 2171)의 전기분 재무상태표이다. 입력되어 있는 자료를 검토하여 오류 부분은 정정하고 누락된 부분은 추가 입력하시오. [제71회]

재무상태표

회사명 : 칠일상사　　　　제4기 2025. 12. 31.　　　　(단위 : 원)

과 목	금 액		과 목	금 액	
현금		1,352,000	외상매입금		15,100,000
당좌예금		1,400,000	지급어음		1,000,000
보통예금		5,000,000	미지급금		15,550,000
외상매출금	20,000,000		예수금		355,000
대손충당금	200,000	19,800,000	단기차입금		1,000,000
받을어음	5,000,000		자본금		31,697,000
대손충당금	50,000	4,950,000	(당기순이익		
미수금		1,500,000	: 5,000,000)		
선급금		2,200,000			
단기대여금		1,500,000			
상품		10,000,000			
차량운반구	20,000,000				
감가상각누계액	4,500,000	15,500,000			
비품	3,000,000				
감가상각누계액	1,500,000	1,500,000			
자산총계		64,702,000	부채와 자본총계		64,702,000

정답 및 해설

01

해 설 [전기분재무상태표] 메뉴에서
- 받을어음 대손충당금 "500,000"을 "50,000"으로 수정 입력한다.
- 선급금 "2,000,000"을 "2,200,000"으로 수정 입력한다.
- 단기차입금 "1,000,000"을 추가 입력한다.
- 대차차액이 없음을 확인한다.

정답화면

자산

코드	계정과목	금액
0101	현금	1,352,000
0102	당좌예금	1,400,000
0103	보통예금	5,000,000
0108	외상매출금	20,000,000
0109	대손충당금	200,000
0110	받을어음	5,000,000
0111	대손충당금	50,000
0114	단기대여금	1,500,000
0120	미수금	1,500,000
0131	선급금	2,200,000
0146	상품	10,000,000
0208	차량운반구	20,000,000
0209	감가상각누계액	4,500,000
0212	비품	3,000,000
0213	감가상각누계액	1,500,000
	차변합계	64,702,000

부채 및 자본

코드	계정과목	금액
0251	외상매입금	15,100,000
0252	지급어음	1,000,000
0253	미지급금	15,550,000
0254	예수금	355,000
0260	단기차입금	1,000,000
0331	자본금	31,697,000
	대변합계	64,702,000

계정별 합계

1. 유동자산	47,702,000
①당좌자산	37,702,000
②재고자산	10,000,000
2. 비유동자산	17,000,000
①투자자산	
②유형자산	17,000,000
③무형자산	
④기타비유동자산	
자산총계(1+2)	64,702,000
3. 유동부채	33,005,000
4. 비유동부채	
부채총계(3+4)	33,005,000
5. 자본금	31,697,000
6. 자본잉여금	
7. 자본조정	
8. 기타포괄손익누계액	
9. 이익잉여금	
자본총계(5+6+7+8+9)	31,697,000
부채 및 자본 총계	64,702,000
대 차 차 액	

02 다음은 육육상사(코드번호 : 2166)의 전기분 손익계산서이다. 입력되어 있는 자료를 검토하여 오류 부분은 정정하고 누락된 부분은 추가 입력하시오. [제66회]

손익계산서

회사명 : 육육상사   제3기 2025. 1. 1. ~ 2025. 12. 31.   (단위 : 원)

과 목	금 액	과 목	금 액
Ⅰ. 매출액	475,800,000	Ⅴ. 영업이익	35,370,000
1. 상품매출	475,800,000	Ⅵ. 영업외수익	400,000
Ⅱ. 매출원가	358,400,000	1. 이자수익	350,000
상품매출원가	358,400,000	2. 잡이익	50,000
1. 기초상품재고액	20,100,000	Ⅶ. 영업외비용	2,100,000
2. 당기상품매입액	357,600,000	1. 이자비용	900,000
3. 기말상품재고액	19,300,000	2. 기부금	1,200,000
Ⅲ. 매출총이익	117,400,000	Ⅷ. 소득세차감전순이익	33,670,000
Ⅳ. 판매비와관리비	82,030,000	Ⅸ. 소득세등	0
1. 급여	65,000,000	Ⅹ. 당기순이익	33,670,000
2. 복리후생비	4,100,000		
3. 여비교통비	200,000		
4. 기업업무추진비	1,100,000		
5. 수도광열비	700,000		
6. 세금과공과	400,000		
7. 감가상각비	700,000		
8. 임차료	6,000,000		
9. 보험료	900,000		
10. 차량유지비	1,800,000		
11. 소모품비	800,000		
12. 광고선전비	330,000		

정답 및 해설

02

해 설 [전기분손익계산서] 메뉴에서
- 복리후생비 "1,400,000"을 "4,100,000"으로 수정 입력한다.
- 세금과공과 "400,000"을 추가 입력한다.
- 기부금 "120,000"을 "1,200,000"으로 수정 입력한다.
- 당기순이익이 "33,670,000"임을 확인한다.

정답화면

코드	계정과목	금액
0401	상품매출	475,800,000
0451	상품매출원가	358,400,000
0801	급여	65,000,000
0811	복리후생비	4,100,000
0812	여비교통비	200,000
0813	기업업무추진비	1,100,000
0815	수도광열비	700,000
0817	세금과공과	400,000
0818	감가상각비	700,000
0819	임차료	6,000,000
0821	보험료	900,000
0822	차량유지비	1,800,000
0830	소모품비	800,000
0833	광고선전비	330,000
0901	이자수익	350,000
0930	잡이익	50,000
0951	이자비용	900,000
0953	기부금	1,200,000

계정별합계

1. 매출	475,800,000
2. 매출원가	358,400,000
3. 매출총이익(1-2)	117,400,000
4. 판매비와관리비	82,030,000
5. 영업이익(3-4)	35,370,000
6. 영업외수익	400,000
7. 영업외비용	2,100,000
8. 소득세비용차감전순이익(5+6-7)	33,670,000
9. 소득세비용	
10. 당기순이익(8-9)	33,670,000
11. 주당이익(10/주식수)	

03 다음은 육삼상사(코드번호 : 2163)의 전기분 손익계산서이다. 입력되어 있는 자료를 검토하여 오류 부분은 정정하고 누락된 부분은 추가 입력하시오. [제63회]

손익계산서

회사명 : 육삼상사   제4기 2025. 1. 1. ~ 2025. 12. 31.   (단위 : 원)

과 목	금 액	과 목	금 액
Ⅰ. 매출액	595,000,000	11. 보험료	650,000
Ⅱ. 매출원가	491,000,000	12. 차량유지비	1,221,000
1. 기초상품재고액	10,000,000	13. 운반비	464,000
2. 당기상품매입액	489,000,000	14. 도서인쇄비	129,000
3. 기말상품재고액	8,000,000	15. 소모품비	2,628,000
Ⅲ. 매출총이익	104,000,000	16. 수수료비용	340,000
Ⅳ. 판매관리비	66,148,000	Ⅴ. 영업이익	37,852,000
1. 급여	30,000,000	Ⅵ. 영업외수익	291,000
2. 퇴직급여	2,000,000	1. 이자수익	291,000
3. 복리후생비	7,100,000	Ⅶ. 영업외비용	5,623,000
4. 여비교통비	7,200,000	1. 이자비용	5,623,000
5. 기업업무추진비	6,802,000	Ⅷ. 소득세차감전순이익	32,520,000
6. 통신비	878,000	Ⅸ. 소득세등	0
7. 수도광열비	2,582,000	Ⅹ. 당기순이익	32,520,000
8. 세금과공과	1,575,000		
9. 감가상각비	2,357,000		
10. 임차료	222,000		

정답 및 해설

03

해 설 [전기분재무상태표] 메뉴에서

상품 "8,000,000"을 추가 입력한다.

> 참고 [전기분손익계산서]의 매출원가 보조창에 있는 기말상품재고액을 수정하기 위해서는 [전기분재무상태표] 메뉴에서 상품 계정금액을 수정하여야 한다.

[전기분손익계산서] 메뉴에서

- 수도광열비 "2,852,000"을 "2,582,000"으로 수정 입력한다.
- 이자비용 "5,623,000"을 추가 입력한다.
- 당기순이익이 "32,520,000"임을 확인한다.

정답화면

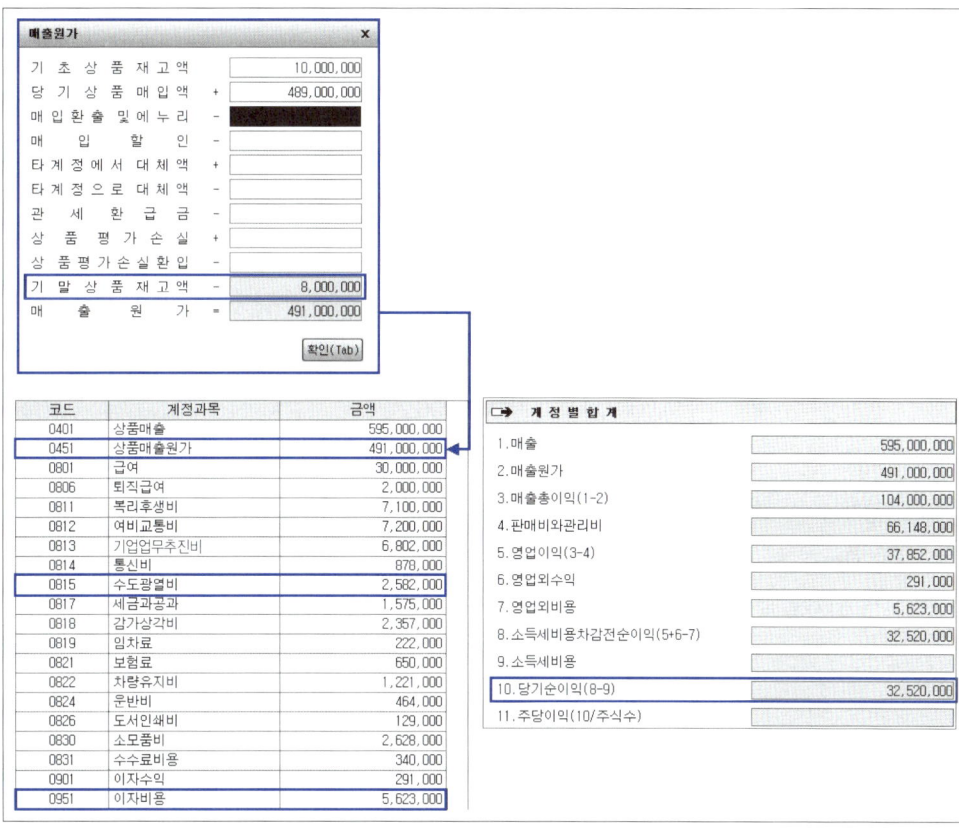

04 다음은 육이상사(코드번호 : 2162)의 전기분 재무상태표이다. 입력되어 있는 자료를 검토하여 오류 부분은 정정하고 누락된 부분은 추가 입력하시오. [제62회]

재무상태표

회사명 : 육이상사 제5기 2025. 12. 31. 현재 (단위 : 원)

과 목	금 액		과 목	금 액	
현금		12,000,000	외상매입금		11,000,000
당좌예금		4,000,000	지급어음		7,500,000
보통예금		13,600,000	미지급금		3,300,000
외상매출금	6,600,000		예수금		870,000
대손충당금	66,000	6,534,000	단기차입금		8,000,000
받을어음	2,700,000		자본금		54,337,000
대손충당금	27,000	2,673,000			
미수금		5,500,000			
상품		11,000,000			
차량운반구	24,000,000				
감가상각누계액	14,000,000	10,000,000			
비품	7,000,000				
감가상각누계액	2,300,000	4,700,000			
임차보증금		15,000,000			
자산총계		85,007,000	부채와 자본총계		85,007,000

정답 및 해설

04

해 설 [전기분재무상태표] 메뉴에서
- 받을어음 대손충당금 "27,000"을 추가 입력한다.
- 비품 감가상각누계액 "3,200,000"을 "2,300,000"으로 수정 입력한다.
- 예수금 "780,000"을 "870,000"으로 수정 입력한다.
- 대차차액이 없음을 확인한다.

정답화면

자산		
코드	계정과목	금액
0101	현금	12,000,000
0102	당좌예금	4,000,000
0103	보통예금	13,600,000
0108	외상매출금	6,600,000
0109	대손충당금	66,000
0110	받을어음	2,700,000
0111	대손충당금	27,000
0120	미수금	5,500,000
0146	상품	11,000,000
0208	차량운반구	24,000,000
0209	감가상각누계액	14,000,000
0212	비품	7,000,000
0213	감가상각누계액	2,300,000
0232	임차보증금	15,000,000
차변합계		85,007,000

부채 및 자본		
코드	계정과목	금액
0251	외상매입금	11,000,000
0252	지급어음	7,500,000
0253	미지급금	3,300,000
0254	예수금	870,000
0260	단기차입금	8,000,000
0331	자본금	54,337,000
대변합계		85,007,000

계정별 합계

1. 유동자산	55,307,000
①당좌자산	44,307,000
②재고자산	11,000,000
2. 비유동자산	29,700,000
①투자자산	
②유형자산	14,700,000
③무형자산	
④기타비유동자산	15,000,000
자산총계(1+2)	85,007,000
3. 유동부채	30,670,000
4. 비유동부채	
부채총계(3+4)	30,670,000
5. 자본금	54,337,000
6. 자본잉여금	
7. 자본조정	
8. 기타포괄손익누계액	
9. 이익잉여금	
자본총계(5+6+7+8+9)	54,337,000
부채 및 자본 총계	85,007,000
대 차 차 액	

제3절 | 거래처 등록과 계정과목 등록

01 거래처 등록

- [거래처등록]은 회사의 상시 거래처에 대한 정보를 등록하는 메뉴이다.
- [거래처등록] 문제는 실무시험 문제3(3점)에서 출제된다.
- [거래처등록] 화면은 [회계관리] ▶ [기초정보관리] ▶ [거래처등록]을 선택하여 들어갈 수 있다.

기출확인문제

제일상사(코드번호 : 2101)의 [거래처등록] 메뉴에서 다음의 작업을 수행하고자 한다. 거래처의 사업장 이전이 발생하였다. 다음 사항을 확인하여 정정하시오. (우편번호 입력은 생략함) [제58회 수정]

회사명	대표자명	사업자등록번호	사업장소재지	업 태	종 목
조명나라	한빛나	107-02-52119	서울 영등포구 신길동 10	도소매	전자제품

기출 따라 하기

[거래처등록] 메뉴에서

① 주어진 거래처 정보를 이용하여 [일반거래처] 탭에 있는 "101.조명나라"를 찾는다.

▶ 거래처 검색 방법

[일반거래처] 탭에 있는 임의의 입력란에 커서를 놓고 □코드(또는 Ctrl + F)를 클릭하면 검색창이 나타난다. 검색창의 찾을 내용란에 해당 거래처의 회사명, 대표자명, 사업자등록번호 중에서 하나를 선택하여 전부 또는 일부를 입력하고 Enter↲를 누르면 등록된 거래처 중에서 입력된 정보를 포함하고 있는 거래처가 검색된다.
예를 들어, [일반거래처] 탭에서 검색창을 띄우고, 찾을 내용란에 '조명나라', '한빛', '52119' 등을 입력하고 Enter↲ 를 누르면 입력된 정보를 포함하고 있는 '101.조명나라'가 검색된다.

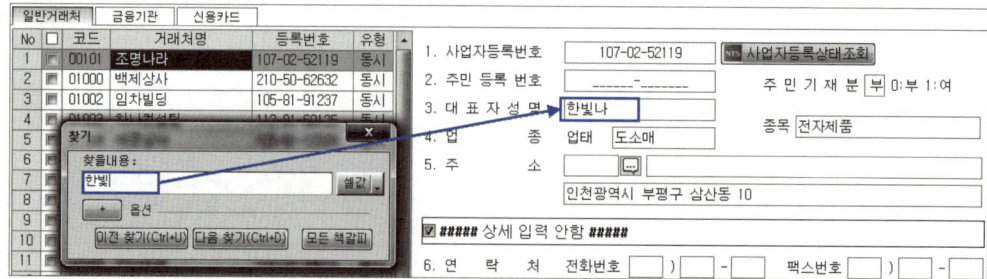

② 101.조명나라의 주소를 "인천광역시 부평구 삼산동 10"에서 "서울 영등포구 신길동 10"으로 수정 입력한다.

▼ ① ~ ② 입력결과 화면은 아래와 같다.

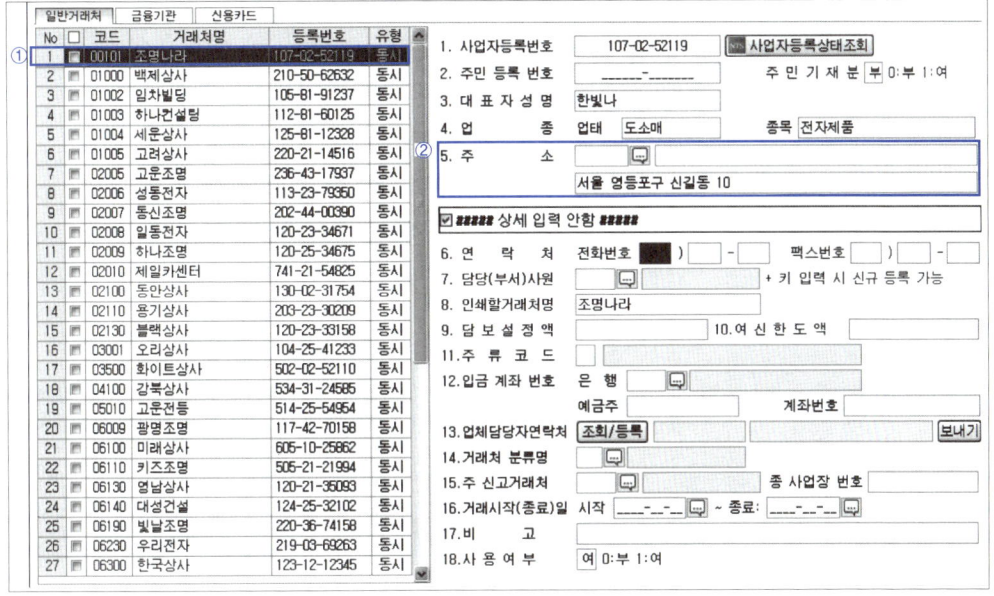

+ 더알아보기 1

[거래처등록] 메뉴의 주요 입력란

• 거래처 등록
  · [일반전표입력]에서 분개를 입력할 때 이 메뉴에 등록된 거래처코드를 사용하면 보조원장인 거래처원장이 자동으로 작성되어 채권·채무를 각 거래처별로 관리할 수 있게 된다.
  · KcLep에서는 일반거래처, 금융기관, 신용카드로 거래처를 분류하여 등록하며, 각 분류마다 입력할 자료가 다르다.

• 거래처의 이름 변경
  등록하여 사용하던 거래처의 이름이 바뀌어 수정하는 경우, [거래처등록] 메뉴에서 거래처의 이름을 직접 변경하면 된다. 만약 기존에 입력했던 거래처 관련 전표를 바뀐 거래처명으로 수정하려면, 화면 상단의 F11전표변경(또는 F11)을 클릭한 후, 예(Y) 를 클릭하면 된다.

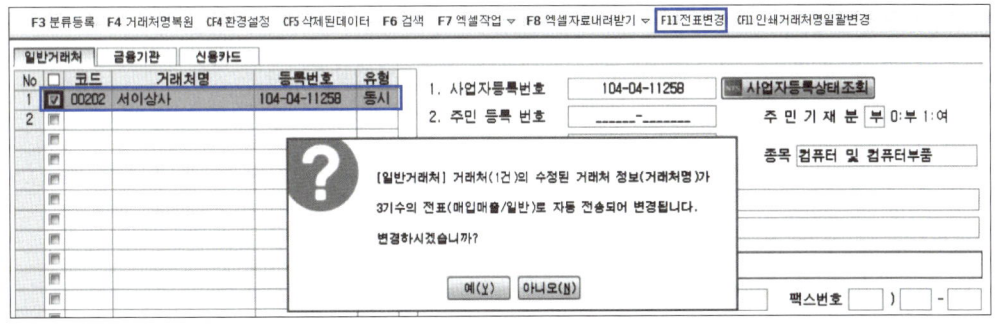

제3절 거래처 등록과 계정과목 등록 **107**

+ 더 알아보기 2

[거래처등록] 메뉴의 주요 입력란

- **[일반거래처] 탭**

코 드	등록할 거래처코드를 '00101 ~ 97999' 사이의 값으로 입력
거래처명	사업자등록증, 세금계산서 등에 기재된 상호명을 입력
등록번호	화면 우측에 입력되는 사업자등록번호 또는 주민등록번호가 자동 반영
유 형	'1 : 매출', '2 : 매입', '3 : 동시' 중에서 선택(특별한 언급이 없으면 기본값인 '3 : 동시'로 설정)
1. 사업자등록번호	사업자등록증, 세금계산서 등에 기재된 거래처의 사업자등록번호를 입력(잘못 입력된 번호인 경우 빨간색으로 표시됨)
2. 주민등록번호	거래처가 사업자등록증이 없는 비사업자인 경우에는 주민등록번호를 입력하고, 우측 주민기재란에 '1 : 여'를 입력(잘못 입력된 번호인 경우 빨간색으로 표시됨)
18. 사용여부	'0 : 부(미사용)'와 '1 : 여(사용)' 중에서 선택(특별한 언급이 없으면 기본값인 '사용'으로 설정) 참고 '미사용'을 선택하면 거래처코드 검색 시 조회되지 않음

- **[금융기관] 탭**

코 드	'98000 ~ 99599' 범위 내에서 코드번호를 선택 예 '1'을 입력하면 '98001'이 입력됨
거래처명	금융기관명을 입력
계좌번호	화면 우측에 입력되는 계좌번호가 자동 반영
유 형	계좌의 금융상품 유형을 말하는 것으로서 '1 : 보통예금', '2 : 당좌예금', '3 : 정기적금', '4 : 정기예금', '5 : 기타', '6 : 외화' 중에서 선택
1. 계좌번호	해당 금융기관의 계좌번호를 입력

- **[신용카드] 탭**

코 드	'99600 ~ 99999' 범위 내에서 코드번호를 선택 예 '1'을 입력하면 '99601'이 입력됨
거래처명	신용카드회사명을 입력
가맹점(카드)번호	화면 우측에 입력되는 가맹점번호 또는 카드번호가 자동 반영
유 형	'1 : 매출'과 '2 : 매입' 중에서 선택 참고 • 1 : 매출 - 가맹점신용카드를 등록 • 2 : 매입 - 법인카드 등 매입신용카드를 등록
1. 사업자등록번호	해당 신용카드회사의 사업자등록번호를 입력
2. 가맹점번호	신용카드 가맹점번호를 입력(유형이 매출인 경우에만 활성화)
3. 카드번호(매입)	신용카드번호를 입력(유형이 매입인 경우에만 활성화)

02 거래처별 초기이월

- [거래처별초기이월]은 각 거래처별 채권·채무의 전기분 잔액을 입력하는 메뉴이다. 입력된 금액은 [거래처원장]에 각 거래처별 전기이월 금액으로 자동 반영된다.
- [거래처별초기이월] 문제는 실무시험 문제3(3점)에서 출제된다.
- [거래처별초기이월] 화면은 [회계관리] ▶ [전기분재무제표] ▶ [거래처별초기이월]을 선택하여 들어갈 수 있다.

기출확인문제

제일상사(코드번호 : 2101)의 [거래처별초기이월] 메뉴에서 다음의 작업을 수행하고자 한다. 제일상사의 전기분 기말채권과 기말채무 잔액은 다음과 같다. 거래처별 초기이월을 검토하여 수정 또는 추가 입력하시오. 제58회 수정

계정과목	거래처명	금 액	계정과목	거래처명	금 액
외상매출금	하나조명	8,800,000원	지급어음	세운상사	4,200,000원
	우리전자	4,500,000원		동신조명	1,700,000원
	한국상사	2,600,000원		일동전자	900,000원

기출 따라 하기

[거래처별초기이월] 메뉴에서
① 화면 좌측에서 "108.외상매출금"을 선택한다.
② 외상매출금 계정에서 우리전자 "2,600,000"을 "4,500,000"으로 수정 입력한다.
③ 외상매출금 계정에서 한국상사 "4,500,000"을 "2,600,000"으로 수정 입력한다.
④ 외상매출금에 대한 차액(계정금액과 거래처별 합계금액의 차액)이 "0"임을 확인한다.

▽ ① ~ ④ 입력결과 화면은 아래와 같다.

코드	계정과목	재무상태표금액
① 0108	외상매출금	15,900,000
0110	받을어음	6,500,000
0232	임차보증금	20,000,000
0251	외상매입금	13,486,000
0252	지급어음	6,800,000
0260	단기차입금	30,000,000

	코드	거래처	금액
	02009	하나조명	8,800,000
②	06230	우리전자	4,500,000
③	06300	한국상사	2,600,000
	합 계		15,900,000
④	차 액		0

⑤ 화면 좌측에서 "252.지급어음"을 선택한다.
⑥ 거래처 코드 입력란에 커서를 놓고 [코드](또는 [F2])를 클릭하여 "02008.일동전자"를 검색한다.

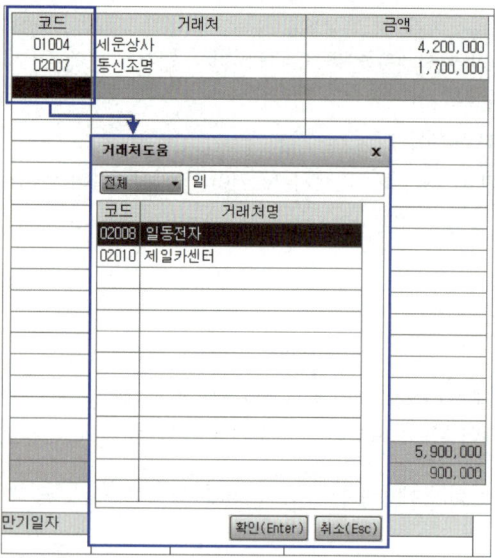

⑦ "일동전자 900,000"을 추가 입력한다.
⑧ 지급어음에 대한 차액(계정금액과 거래처별 합계금액의 차액)이 "0"임을 확인한다.

▼ ⑤ ~ ⑧ 입력결과 화면은 아래와 같다.

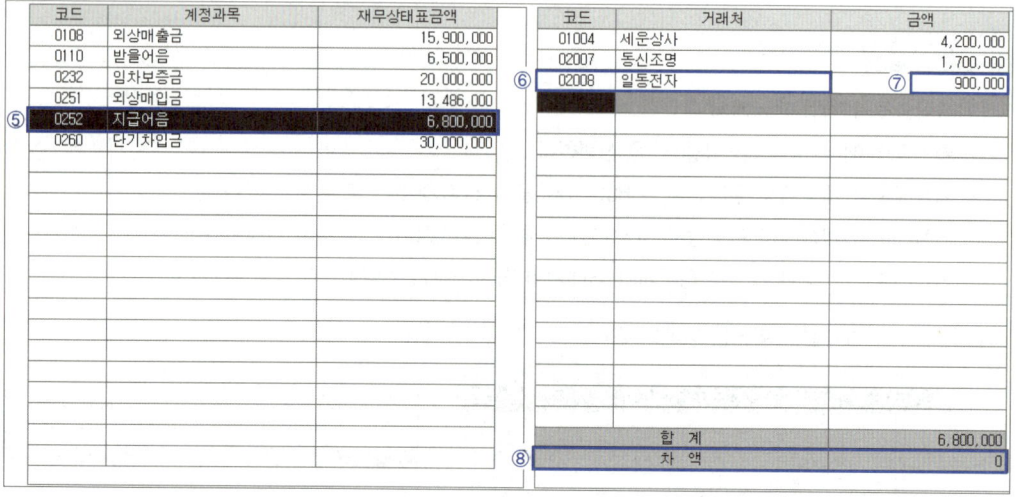

참고 불러오기

- [거래처별초기이월] 메뉴에서 화면 좌측에 나타나는 계정과목 이외의 계정과목에 대하여 거래처별 금액을 입력하여 관리하고자 하는 경우 F4 불러오기 기능을 활용하면 된다.

- [거래처별초기이월] 메뉴에서 화면 상단의 F4 불러오기(또는 [F4])를 클릭한 후 [예(Y)]를 클릭하면, [전기분재무상태표]에 있는 모든 계정금액을 불러온다.

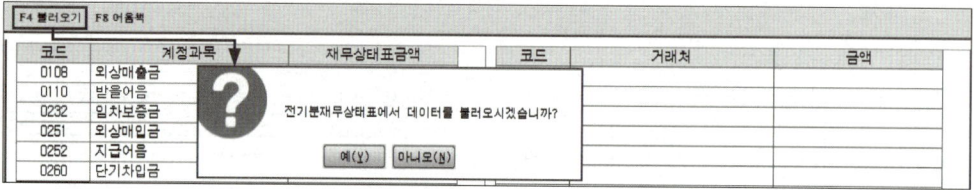

03 계정과목 및 적요등록

- [계정과목및적요등록]은 회사가 사용할 계정과목을 설정하고 계정과목의 적요를 등록하는 메뉴이다.
- [계정과목및적요등록] 문제는 실무시험 문제3(3점)에서 출제된다.
- [계정과목및적요등록] 화면은 [회계관리] ▶ [기초정보관리] ▶ [계정과목및적요등록]을 선택하여 들어갈 수 있다.

기출확인문제

제일상사(코드번호 : 2101)의 [계정과목및적요등록] 메뉴에서 다음의 작업을 수행하고자 한다. 제일상사는 설날을 맞이하여 전 직원에게 300,000원 상당의 상품을 지급하기로 하였다. 판매비및일반관리비의 복리후생비 계정에 다음 내용의 적요를 등록하시오. 제59회

현금적요 9. 종업원 설날 선물 지급

기출 따라 하기

[계정과목및적요등록] 메뉴에서

① "811.복리후생비" 계정을 검색한다.

▶ 계정과목 및 적요등록에서 계정 검색 방법

| 방법1 | "계정체계"에 있는 "판매관리비"를 클릭하면 "판매비및일반관리비" 계정과목들이 나타나는데, 여기서 "811.복리후생비"를 검색한다.

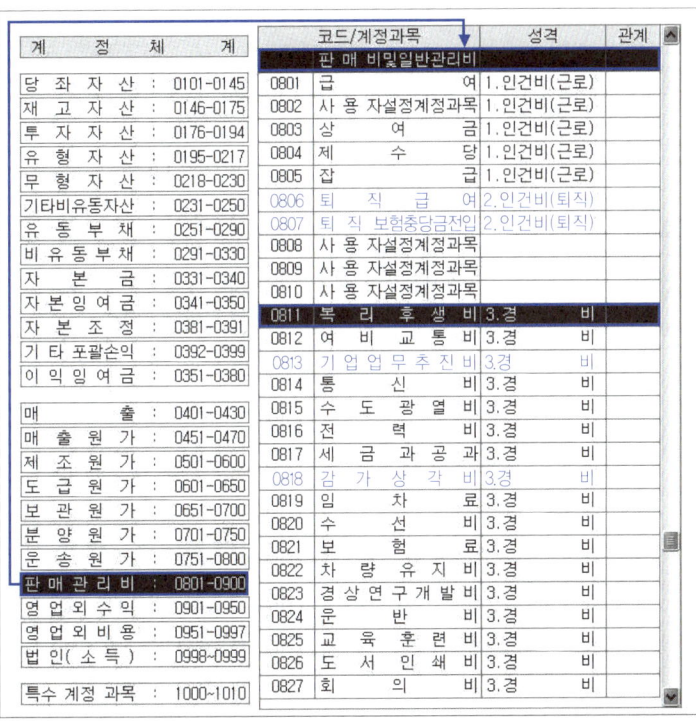

| 방법2 | 계정과목 입력란에 커서를 놓고 ▣코드(또는 F2, Ctrl + F)를 클릭하여 "811.복리후생비"를 직접 검색한다.

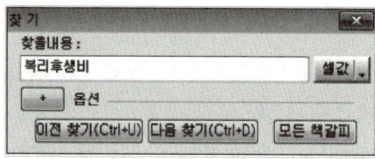

| 방법3 | 계정과목 코드 입력란에 커서를 놓고 "811"을 입력하면 해당하는 코드번호로 자동으로 이동한다.

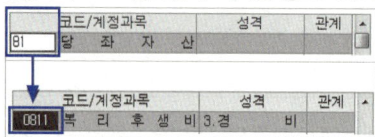

② 811.복리후생비 계정의 현금적요란 9번에 "종업원 설날 선물 지급"이라고 입력한다.
▶ 적요란 거래내역을 간략하게 요약한 일종의 메모를 말한다. 적요등록 사항에 입력된 내역들은 해당 계정과목에서 자주 사용되는 내역을 미리 입력해 놓은 것이며, 전표입력 시 적요번호를 선택함으로써 쉽게 입력할 수 있게 된다.

🔻 ① ~ ② 입력결과 화면은 아래와 같다.

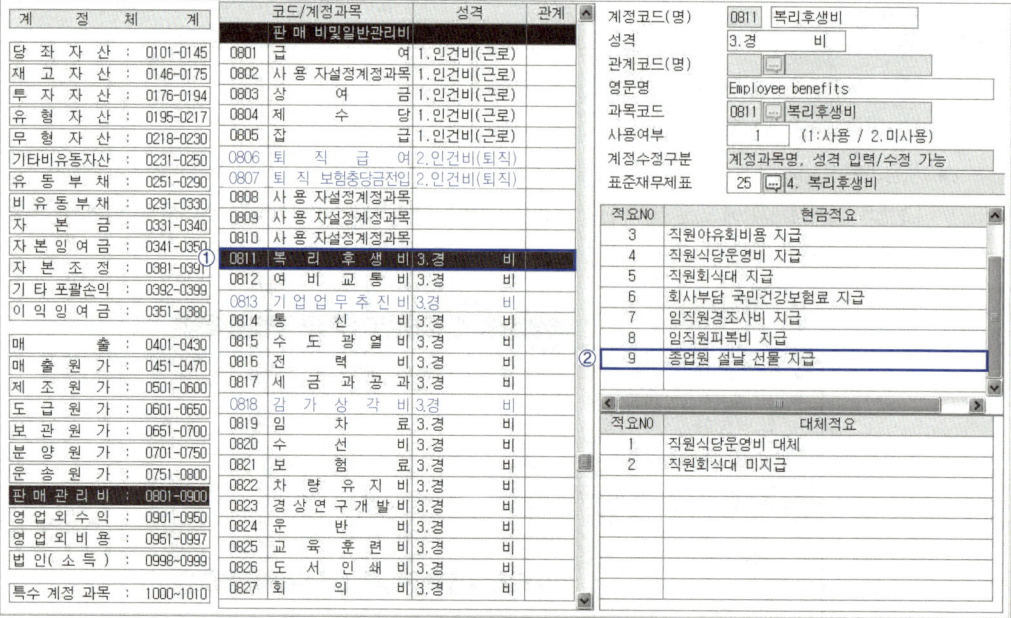

> **참고** 비용 계정과목의 코드체계
>
> 동일한 계정과목(예 복리후생비)이라도 계정코드에 따라 제조원가(511.복리후생비)인 경우도 있고, 판매관리비(811.복리후생비)인 경우도 있다.
> 비용 계정과목의 코드체계는 다음과 같다.

- 제조원가 : 500번대
- 판매비와관리비 : 800번대
- 영업외수익 및 영업외비용 : 900번대
- 그 외에도 도급원가(600번대), 보관원가(600번대), 분양원가(700번대), 운송원가(700번대) 등이 있으나 수험목적으로는 사용되지 않음

+ 더알아보기

[계정과목및적요등록] 메뉴의 주요입력란

구분	내용
코 드	• '101 ~ 999' 사이의 값으로 구성되어 있음(계정과목 코드에 커서를 놓고 원하는 계정과목 코드를 입력하면 해당하는 코드번호로 자동으로 이동함)
계정과목	• 계정과목 신규 등록 : 계정과목코드 체계 범위 내에서, 회사설정 계정과목으로 표시되어 있는 란에 신규 등록할 계정과목을 입력 • 계정과목 수정 등록 : 이미 등록되어 있는 계정과목에 커서를 놓고 변경할 계정과목으로 수정 (단, 빨간색 글자로 표시된 계정과목은 프로그램 운영상 수정할 수 없도록 되어 있고, 실무상 부득이 수정하여야 하는 경우에는 해당 계정과목에 커서를 놓고 'Ctrl + F2'를 클릭하면 우측의 계정코드(명)란이 활성화되어 수정 입력이 가능해짐)
성 격	• 프로그램 내에서 전산적으로 재무제표를 자동 작성하기 위하여 각 계정과목이 갖는 특성을 설정해 놓은 것(프로그램에서 이미 등록되어 있는 계정과목들에 대하여는 설정되어 있는 기본값을 그대로 사용하면 됨)
관 계	• 관계란은 프로그램 내에서 전산적으로 재무제표 및 전표를 자동 작성하기 위하여 서로 관련있는 계정과목들을 연결해 놓은 것(프로그램에서 이미 등록되어 있는 계정과목들에 대하여는 설정되어 있는 기본값을 그대로 사용하면 됨) 예 '109.대손충당금'의 관계코드(명)는 '108.외상매출금'
현금적요	• 현금적요는 [일반전표입력] 메뉴에서 거래를 입력할 때 구분란에 '1.출금' 또는 '2.입금'을 선택할 때 나타나는 적요를 말함 • 각 계정마다 기본적인 내용은 이미 입력되어 있으며 추가 등록 및 수정 시에는 해당란에 커서를 놓고 직접 입력하면 됨
대체적요	• 대체적요는 [일반전표입력] 메뉴에서 거래를 입력할 때 구분란에 '3.차변' 또는 '4.대변'을 선택할 때 나타나는 적요를 말함 • 각 계정마다 기본적인 내용은 이미 입력되어 있으며 추가 등록 및 수정 시에는 해당란에 커서를 놓고 직접 입력하면 됨
고정적요	• '146.상품'이나 '813.기업업무추진비' 등을 선택하면 고정적요가 나타남 • 고정적요는 현금적요나 대체적요 중 프로그램 운영상 특수한 기능이 있는 것으로서 수정할 수 없음

핵심기출문제

* 본서에 수록된 기출문제의 날짜는 학습효과를 높이기 위하여 일부 수정함

01 다음 자료를 이용하여 칠이상사(코드번호 : 2172)의 해당 메뉴에 입력된 내용을 검토하고 물음에 답하시오.

[제72회]

(1) 다음 거래처별 초기이월 자료를 검토하여 수정 또는 추가 입력하시오.

계정과목	거래처명	금액(원)	계정과목	거래처명	금액(원)
외상매출금	로뎀문구	600,000	외상매입금	반짝전등	1,000,000
	청송컴퓨터	2,000,000		스타트상사	5,700,000
	협진문구	10,000,000		하모니상사	3,000,000

(2) 다음과 같은 신규거래처를 [거래처등록] 메뉴에 추가 등록하시오.

- 상호 : 보석컴퓨터
- 대표자명 : 신동학
- 업태 : 도소매
- 유형 : 동시
- 회사코드 : 2023
- 사업자등록번호 : 607-54-56235
- 종목 : 조립컴퓨터및주변기기
- 사업장 소재지 : 부산 동래구 명륜로 265

※ 주소 입력 시 우편번호 입력은 생략해도 무방함

정답 및 해설

01 (1)

해 설 [거래처별초기이월] 메뉴에서
- 외상매출금 계정에서 청송컴퓨터 "1,000,000"을 "2,000,000"으로 수정 입력한다.
- 외상매출금에 대한 차액이 "0"임을 확인한다.
- 외상매입금 계정에서 스타트상사 "5,700,000"을 추가 입력한다.
- 외상매입금 계정에서 하모니상사 "4,000,000"을 "3,000,000"으로 수정 입력한다.
- 외상매입금에 대한 차액이 "0"임을 확인한다.

정답화면 • 외상매출금

코드	계정과목	재무상태표금액
0108	외상매출금	12,600,000
0110	받을어음	3,000,000
0232	임차보증금	20,000,000
0251	외상매입금	9,700,000
0252	지급어음	3,400,000

코드	거래처	금액
01005	협진문구	10,000,000
02009	로뎀문구	600,000
06300	청송컴퓨터	2,000,000
	합 계	12,600,000
	차 액	0

• 외상매입금

코드	계정과목	재무상태표금액
0108	외상매출금	12,600,000
0110	받을어음	3,000,000
0232	임차보증금	20,000,000
0251	외상매입금	9,700,000
0252	지급어음	3,400,000

코드	거래처	금액
01003	하모니상사	3,000,000
05010	반짝전등	1,000,000
06420	스타트상사	5,700,000
	합 계	9,700,000
	차 액	0

(2)

해 설 [거래처등록] 메뉴에서

[일반거래처] 탭을 선택한 후, 해당 내용을 추가 입력한다.

정답화면

No	코드	거래처명	등록번호	유형
1	00101	장난감문구	143-01-94379	동시
2	00102	맛나식당	134-37-82714	동시
3	01000	신화상사	125-86-13109	동시
4	01002	좋은빌딩	129-34-10712	동시
5	01003	하모니상사	125-81-46022	동시
6	01004	디반상사	410-86-16440	동시
7	01005	협진문구	109-02-29287	동시
8	02005	밝은조명	306-81-11200	동시
9	02006	반월전자	216-82-00028	동시
10	02007	메리문구	410-86-69200	동시
11	02008	홍전자	303-12-46174	동시
12	02009	로뎀문구	124-22-73290	동시
13	02010	구로상사	124-39-44449	동시
14	02023	보석컴퓨터	607-54-56235	동시
15	02100	창조상사	128-39-73306	동시
16	02110	틴탑상사	141-04-00712	동시
17	02130	미래상사	130-44-74336	동시
18	03001	우리상사	109-07-92941	동시
19	03500	한일상사	116-81-15020	동시
20	04100	초지전자	221-06-20003	동시
21	05010	반짝전등	415-02-27205	동시
22	05020	서경상사	101-08-80943	동시
23	06009	제일조명	143-01-30040	동시
24	06100	유니상사	129-19-76083	동시
25	06110	메이저조명	140-05-40794	동시
26	06130	반월주차장	121-90-79085	동시
27	06140	카스코건설	307-08-88242	동시

1. 사업자등록번호: 607-54-56235
2. 주민 등록 번호: 주 민 기 재 분 부 0:부 1:여
3. 대 표 자 성 명: 신동학
4. 업 종: 업태 도소매 종목 조립컴퓨터및주변기기
5. 주 소: 부산 동래구 명륜로 265

상세 입력 안함

6. 연 락 처: 전화번호 ( ) - 팩스번호 ( ) -
7. 담당(부서)사원: + 키 입력 시 신규 등록 가능
8. 인쇄할거래처명: 보석컴퓨터
9. 담 보 설 정 액: 10. 여 신 한 도 액:
11. 주 류 코 드:
12. 입금 계좌 번호: 은 행
    예금주 계좌번호
13. 업체담당자연락처: 조회/등록 보내기
14. 거래처 분류명:
15. 주 신고거래처: 종 사업장 번호
16. 거래시작(종료)일: 시작 ~ 종료:
17. 비 고:
18. 사 용 여 부: 여 0:부 1:여

02

다음 자료를 이용하여 육칠상사(코드번호 : 2167)의 해당 메뉴에 입력된 내용을 검토하고 물음에 답하시오.

[제67회]

(1) 육칠상사의 전기분 기말채권과 기말채무 잔액은 다음과 같다. 주어진 자료를 검토하여 수정 및 추가 입력하시오.

계정과목	거래처명	금액(원)	계정과목	거래처명	금액(원)
외상매출금	하늘컴퓨터	15,000,000	미지급금	한일상사	17,000,000
	제일테크노	7,000,000		주원문구	1,580,000
	제일상사	2,500,000		용산문구	2,000,000

(2) 육칠상사는 영업담당 직원들에게 휴대폰 사용요금의 50%를 지원하기로 하였다. 판매비와 관리비의 통신비 계정에 다음 내용의 적요를 등록하시오.

> 대체적요 3. 영업담당자 휴대폰 사용요금 지원

정답 및 해설

02 (1)

해 설 [거래처별초기이월] 메뉴에서
- 외상매출금 계정에서 제일테크노 "700,000"을 "7,000,000"으로 수정 입력한다.
- 외상매출금 계정에서 "주원문구 6,300,000"에 커서를 놓고 화면 상단의 🗑 삭제 (또는 F5)를 클릭한다.
- 외상매출금에 대한 차액이 "0"임을 확인한다.
- 미지급금 계정에서 주원문구 "158,000"을 "1,580,000"으로 수정 입력한다.
- 미지급금 계정에서 용산문구 "20,000,000"을 "2,000,000"으로 수정 입력한다.
- 미지급금에 대한 차액이 "0"임을 확인한다.

정답화면 • 외상매출금

코드	계정과목	재무상태표금액
0108	외상매출금	24,500,000
0110	받을어음	7,000,000
0251	외상매입금	25,100,000
0252	지급어음	21,000,000
0253	미지급금	20,580,000

코드	거래처	금액
02009	하늘컴퓨터	15,000,000
06230	제일테크노	7,000,000
06300	제일상사	2,500,000
	합 계	24,500,000
	차 액	0

- 미지급금

코드	계정과목	재무상태표금액
0108	외상매출금	24,500,000
0110	받을어음	7,000,000
0251	외상매입금	25,100,000
0252	지급어음	21,000,000
0253	미지급금	20,580,000

코드	거래처	금액
01000	한일상사	17,000,000
01005	주원문구	1,580,000
02007	용산문구	2,000,000
	합 계	20,580,000
	차 액	0

(2)
해 설 [계정과목및적요등록] 메뉴에서
- 판매관리비의 "814.통신비"를 검색한다.
- 814.통신비 계정의 대체적요란 3번에 "영업담당자 휴대폰 사용요금 지원"을 입력한다.

정답화면

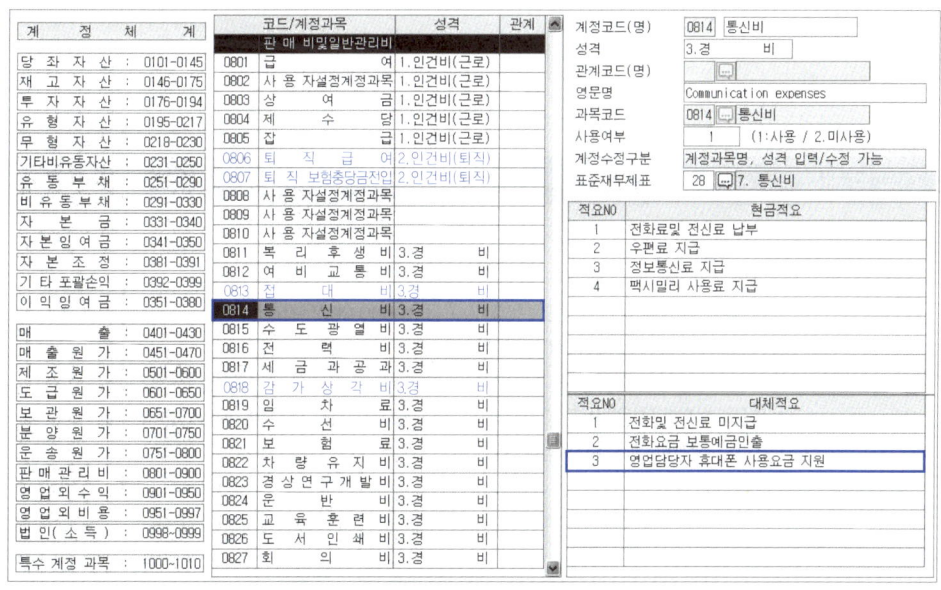

03
다음 자료를 이용하여 육공상사(코드번호 : 2160)의 해당 메뉴에 입력된 내용을 검토하고 물음에 답하시오.
[제60회 수정]

(1) 육공상사의 전기분 기말채권과 기말채무 잔액은 다음과 같다. 거래처별 초기이월을 검토하여 수정 또는 추가 입력하시오.

계정과목	거래처명	금액(원)	계정과목	거래처명	금액(원)
외상매출금	하나문구	2,000,000	지급어음	세일상사	700,000
	제일문구	1,600,000		수원문구	2,000,000
	동아상사	3,300,000		용인문구	1,400,000

(2) 매장 내에서 판매물품의 홍보를 위해 사용하는 광고선전용 전기요금에 대해 전기요금 계정을 등록하여 사용하고자 한다. 판매비와관리비의 853.사용자설정계정과목을 수정하여 등록하시오. (성격 : 3.경비)

정답 및 해설

03 (1)

해 설 [거래처별초기이월] 메뉴에서
- 외상매출금 계정에서 제일문구 "160,000"을 "1,600,000"으로 수정 입력한다.
- 외상매출금에 대한 차액이 "0"임을 확인한다.
- 지급어음 계정에서 수원문구 "1,400,000"을 "2,000,000"으로 수정 입력한다.
- 지급어음 계정에서 용인문구 "2,000,000"을 "1,400,000"으로 수정 입력한다.
- 지급어음에 대한 차액이 "0"임을 확인한다.

정답화면 • 외상매출금

코드	계정과목	재무상태표금액	코드	거래처	금액
0101	현금	3,900,000	02009	하나문구	2,000,000
0102	당좌예금	15,600,000	06230	제일문구	1,600,000
0103	보통예금	9,250,000	06300	동아상사	3,300,000
0108	외상매출금	6,900,000			
0110	받을어음	6,500,000			
0111	대손충당금	65,000			
0120	미수금	1,300,000			
0146	상품	12,500,000			
0208	차량운반구	28,000,000			
0209	감가상각누계액	11,000,000			
0212	비품	4,711,000			
0213	감가상각누계액	2,500,000			
0232	임차보증금	20,000,000			
0251	외상매입금	13,486,000			
0252	지급어음	4,100,000			
0253	미지급금	4,200,000			
0254	예수금	70,000			
0260	단기차입금	30,000,000			
0331	자본금	43,240,000			
				합 계	6,900,000
				차 액	0

• 지급어음

코드	계정과목	재무상태표금액
0101	현금	3,900,000
0102	당좌예금	15,600,000
0103	보통예금	9,250,000
0108	외상매출금	6,900,000
0110	받을어음	6,500,000
0111	대손충당금	65,000
0120	미수금	1,300,000
0146	상품	12,500,000
0208	차량운반구	28,000,000
0209	감가상각누계액	11,000,000
0212	비품	4,711,000
0213	감가상각누계액	2,500,000
0232	임차보증금	20,000,000
0251	외상매입금	13,486,000
0252	지급어음	4,100,000
0253	미지급금	4,200,000
0254	예수금	70,000
0260	단기차입금	30,000,000
0331	자본금	43,240,000

코드	거래처	금액
01004	세일상사	700,000
01005	수원문구	2,000,000
02007	용인문구	1,400,000

	합계	4,100,000
	차액	0

(2)

해 설 [계정과목및적요등록] 메뉴에서

- 판매관리비의 "853.사용자설정계정과목"을 검색한다.
  계정과목 코드에 커서를 놓고 "853"을 입력하면 해당하는 코드번호로 자동으로 이동한다.
- "853.사용자설정계정과목"을 "853.전기요금(성격 : 3.경비)"으로 수정 입력한다.
  화면 우측의 계정코드(명)란에 입력하면 코드/계정과목란에 자동으로 반영된다.

정답화면

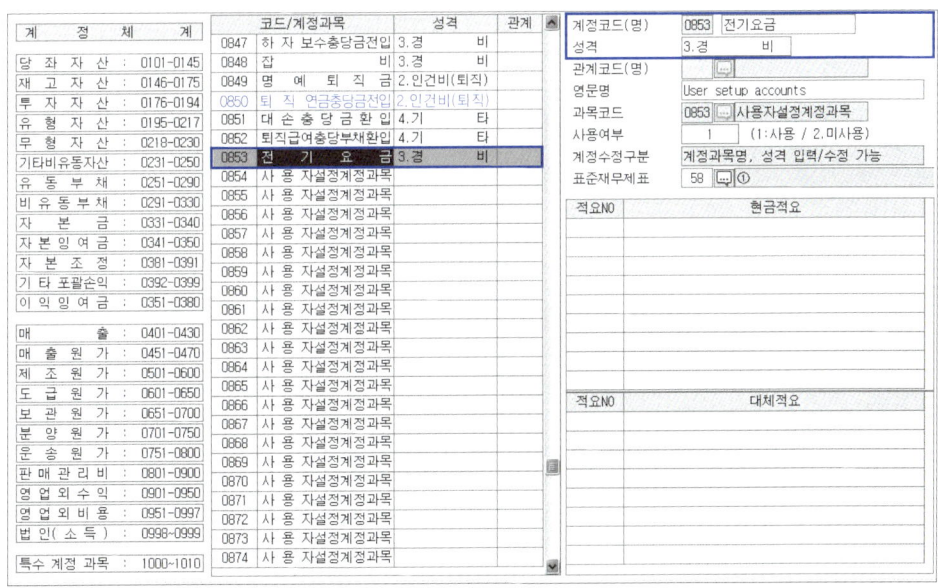

제3절 거래처 등록과 계정과목 등록 119

04 다음 자료를 이용하여 오칠상사(코드번호 : 2157)의 해당 메뉴에 입력된 내용을 검토하고 물음에 답하시오.

[제57회]

(1) 아래의 신규 거래처를 추가 등록하시오.

- 상호 : 히트상사
- 대표자명 : 이동규
- 사업장소재지 : 서울 동작 사당 530
- 회사코드 : 00553
- 사업자등록번호 : 107-28-19634
- 업태/종목 : 도소매/컴퓨터

(2) 오칠상사는 창고의 일부를 1년간 임차하기로 계약하고 1년분 임차료를 선급하고 있다. 유동자산 항목에 다음 사항을 추가 입력하시오.

코 드	계정과목	성 격	적 요
127	선급임차료	3.일반	대체적요 1. 기간미경과임차료계상

정답 및 해설

04 (1)

해 설 [거래처등록] 메뉴에서

[일반거래처] 탭을 선택한 후, 해당 내용을 추가 입력한다.

참고 유형에 대한 특별한 언급이 없으므로 기본값인 '3 : 동시'로 입력한다.

정답화면

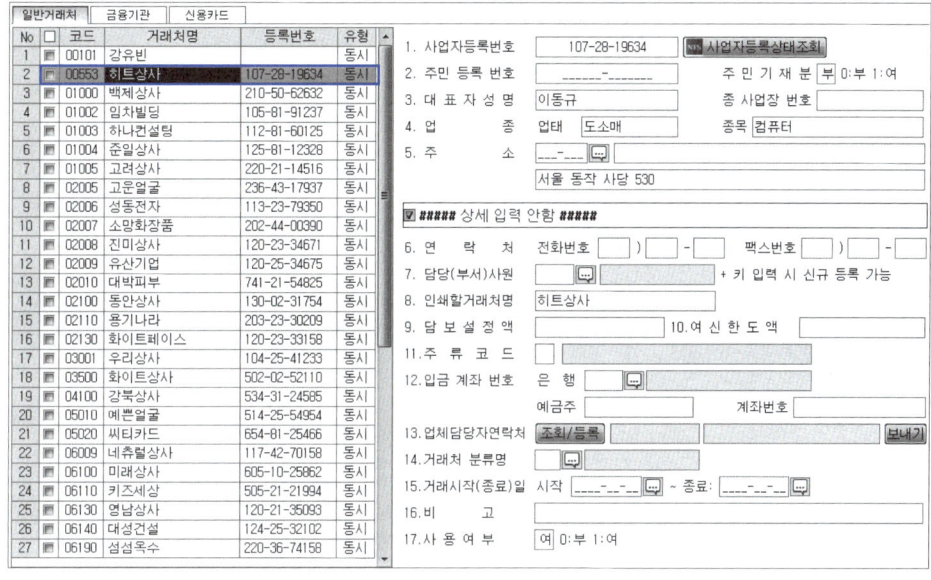

(2)

해 설 [계정과목및적요등록] 메뉴에서

• "127.사용자설정계정과목"을 검색한다.

• 127.사용자설정계정과목란에 "선급임차료(성격 : 3.일반)"를 기입하고 대체적요란 1번에 "기간미경과임차료계상"이라고 입력한다.

정답화면

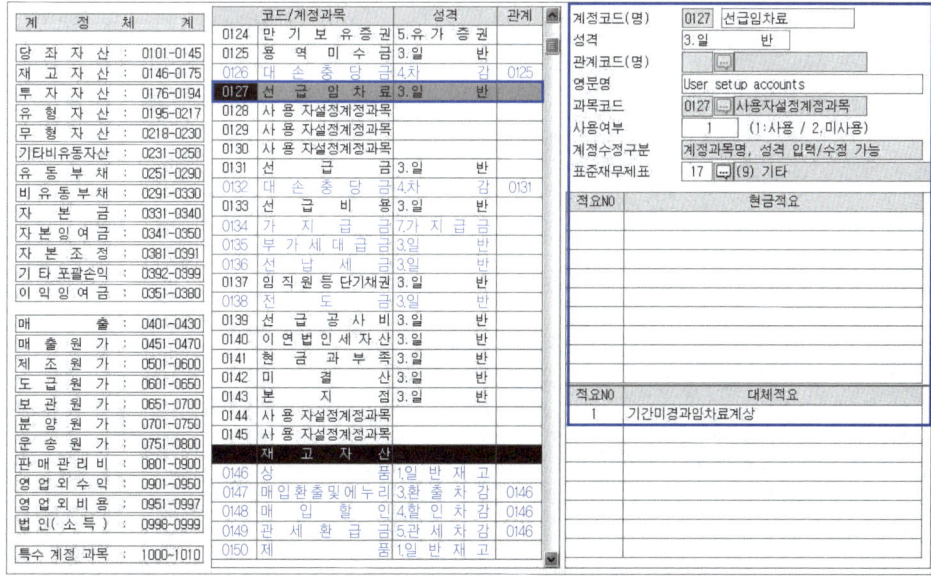

제3절 거래처 등록과 계정과목 등록 **121**

금융·세무회계 전문 교육기관 해커스금융
fn.Hackers.com

제3장
계정과목별 회계처리
[이론]

- 제1절 당좌자산
- 제2절 재고자산
- 제3절 비유동자산
- 제4절 부채
- 제5절 자본
- 제6절 수익과 비용
- 제7절 기말수정분개

제3장
계정과목별 회계처리

Overview

계정과목별 회계처리는 이론시험 전체 15문제에서 평균적으로 **12문제**가 출제된다.
(이론시험 : 1문제당 2점의 배점으로 출제되어 총 30점 만점으로 구성)

계정과목별 회계처리의 경우 각 계정과목의 거래 형태와 그에 대한 회계처리를 설명하고 있다. 계정과목의 정의와 거래 내용을 파악하고 거래의 8요소의 결합관계에 입각해서 회계처리를 이해하는 것이 중요하다.

출제비중

구 분	출제문항
제1절 당좌자산	
제2절 재고자산	
제3절 비유동자산	
제4절 부채	평균적으로 12문제가 출제된다.
제5절 자본	간혹 하나의 절에서 3문제 이상 출제되는 경우도 있다.
제6절 수익과 비용	
제7절 기말수정분개	

금융·세무회계 전문 교육기관 **해커스금융**
fn.Hackers.com

학습전략

1. 회계처리의 이해
분개에서 사용되는 계정과목이 자산·부채·자본·수익·비용 중 어디에 해당하는지를 파악한 후, 거래 8요소의 결합관계를 바탕으로 분개의 구성 원리를 이해하고 자연스럽게 익히자.

2. 기출분개연습 활용
각 절에 수록된 '기출분개연습'을 풀면서 분개 관련 문제에 익숙해지자.
*분개입력은 연습상사(코드번호 : 2301) 데이터를 사용하여 [일반전표입력] 메뉴에서 연습할 수 있습니다.

제1절 당좌자산

01 당좌자산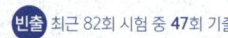

(1) 유동자산
유동자산이란 보고기간 종료일로부터 1년 이내에 현금화되는 자산을 말한다.
유동자산은 당좌자산과 재고자산으로 나누어진다.

(2) 당좌자산의 정의
당좌자산이란 판매과정을 거치지 않고 보고기간 종료일로부터 1년 이내에 현금화되는 자산을 말한다.

(3) 당좌자산에 해당하는 계정과목

계정과목	내용
현금	통화(지폐, 동전)와 통화대용증권(타인발행수표, 자기앞수표, 우편환증서 등)
보통예금	수시로 자유로이 입·출금할 수 있는 통장식 은행예금
당좌예금	은행과의 당좌거래 약정에 의하여 당좌수표를 발행할 수 있는 예금
현금성자산	채무증권이나 금융상품 중에서 취득 당시에 만기가 3개월 이내인 것
현금및현금성자산	**외부보고용** 재무상태표에서 사용되는 **통합 표시 계정**으로서, '현금 + 요구불예금(보통예금, 당좌예금 등) + 현금성자산'을 말함
단기금융상품[1]	만기가 결산일로부터 1년 이내에 도래하는 금융상품(정기예금, 정기적금, 양도성예금증서(CD), CMA 등)으로서 현금성자산이 아닌 것
단기매매증권[1]	기업이 여유자금으로 단기간 내에 매매차익을 얻기 위하여 취득하는 유가증권(주식 등 지분증권, 회사채 등 채무증권)
단기대여금[1]	차용증서를 받고 타인에게 빌려준 금전으로서 만기가 결산일로부터 1년 이내에 도래하는 것
외상매출금	기업의 주된 영업활동(일반적인 상거래)인 상품매출을 하고 아직 받지 않은 외상대금
받을어음	기업의 주된 영업활동(일반적인 상거래)인 상품매출을 하고 이에 대한 대금으로 상대방으로부터 받은 어음
매출채권	**외부보고용** 재무상태표에서 사용되는 **통합 표시 계정**으로서, '외상매출금 + 받을어음'을 말함
대손충당금	상대방의 파산 등의 사유로 인하여 외상매출금, 받을어음 등을 회수하지 못할 가능성을 추정하여 금액으로 표시하는 차감적 평가계정 참고 외상매출금, 받을어음 등의 차감계정
미수금	일반적인 상거래 이외의 거래에서 발생한 외상대금
미수수익	당기에 속하는 수익 중 차기에 회수될 예정인 것(미수이자, 미수임대료 등)으로서 기말 결산 시 발생주의에 따라 추가 계상하는 수익상당액

선급금	계약금 성격으로 미리 지급한 대금
선급비용	당기에 지급한 비용 중 차기 비용에 해당하는 부분(선급이자, 선급임차료, 선급보험료 등)으로서 기말 결산 시 발생주의에 따라 차감하는 비용상당액
소모품	소모품 구입 시 이를 자산으로 처리한 것
가지급금	금전을 지급하였으나 그 내용이 확정되지 않았을 경우 그 내용이 확정될 때까지 임시적으로 사용하는 계정과목
현금과부족	장부상 현금 잔액과 금고에 있는 실제 현금 잔액이 일치하지 않을 경우 그 원인이 밝혀질 때까지 임시적으로 사용하는 계정과목

1) 외부보고용 재무상태표를 작성할 때 '단기금융상품 + 단기매매증권 + 단기대여금'을 대하여, 각 항목의 금액이 중요한 경우에는 각각 구분 표시하지만, 중요하지 않은 경우에는 이를 합하여 '단기투자자산' 계정으로 통합 표시할 수 있다.

> 참고 기업 내부 목적용 상세 계정과목
> 기업 내부적으로 거래를 자세히 기록·관리하기 위하여 필요한 경우에는 상세 계정과목을 사용하여 회계처리한 다음, 재무제표를 작성할 때 상기 계정과목으로 합산하여 표시한다. 예를 들어, 단기금융상품에 대한 상세 계정과목에는 정기예금, 정기적금 등이 있다.

02 현금및현금성자산

 최근 82회 시험 중 27회 기출

현금및현금성자산이란 자산 중에서 결제수단으로 자유롭게 사용 가능한 것들을 통틀어 나타내는 개념으로서 '현금 + 요구불예금(보통예금, 당좌예금 등) + 현금성자산'으로 구성되어 있다.

기업 내부적으로 회계처리를 할 때는 현금 계정, 보통예금 계정 등을 사용하고, 외부보고용 재무제표를 작성할 때는 현금및현금성자산 계정으로 통합 표시한다.

(1) 현금

현금은 기업이 보유하고 있는 자산 중 유동성이 가장 높은 자산이다.

회계상 현금은 지폐나 동전 등의 통화뿐만 아니라 통화처럼 사용할 수 있는 통화대용증권을 포함한다. 예를 들어 거래처로부터 통화대용증권인 자기앞수표를 받은 경우 이는 장부에 현금 계정으로 기록된다.

- 통화 : 지폐, 동전
- 통화대용증권 : 은행발행 자기앞수표, 타인발행 당좌수표, 송금수표, 우편환증서, 만기가 도래한 공·사채의 이자표, 배당금지급통지표 등

> 기출포인트
> 우표나 수입인지는 통화대용증권(현금)으로 보지 않고 통신비나 세금과공과 등 비용으로 분류한다.

(2) 요구불예금

요구불예금이란 만기가 없이 언제든지 인출할 수 있는 예금을 말하며, 보통예금, 당좌예금 등이 여기에 해당한다.

> - 보통예금 : 만기가 없이 수시로 자유로이 입·출금할 수 있는 통장식 은행예금
> - 당좌예금 : 은행과의 당좌거래 약정에 의하여 현금을 예입하고 당좌수표를 발행하여 언제든지 인출할 수 있는 예금

(3) 현금성자산

현금성자산이란 ㉠ 큰 거래비용 없이 현금으로 전환이 용이하고 ㉡ 이자율 변동에 따른 가치변동의 위험이 중요하지 않은 것으로서 ㉢ **취득 당시**에 만기가 3개월 이내인 **채무증권 또는 금융상품**을 말한다.

만기가 3개월 이내인지 여부를 판단하는 기산일은 결산일이 아니라 취득일이라는 점에 주의해야 한다.

주식(지분증권)은 만기가 없기 때문에 현금성자산에 포함되지 않는다. 다만, 상환우선주의 경우에는 만기 성격인 상환일이 정해져 있으므로 예외로 한다.

현금성자산의 예는 다음과 같다.

> - 취득 당시에 만기가 3개월 이내에 도래하는 채무증권(국채, 공채, 회사채)
> - 취득 당시에 상환일이 3개월 이내에 도래하는 상환우선주
> - 취득 당시에 3개월 이내의 환매조건인 환매채
> - 취득 당시에 만기가 3개월 이내에 도래하는 금융상품(정기예금, 정기적금, CD, CMA 등)

기출확인문제 *2026년 출제예상

다음 중 현금및현금성자산의 금액은 얼마인가? [제53회]

- 수입인지 : 3,000원
- 배당금지급통지표 : 5,000원
- 사채이자지급통지표 : 5,000원
- 보통예금 : 3,000원
- 만기6개월정기예금 : 5,000원
- 타인발행당좌수표 : 5,000원

① 18,000원 ② 20,000원 ③ 23,000원 ④ 28,000원

정답 ①

해설
현금및현금성자산
= 배당금지급통지표(통화대용증권) + 사채이자지급통지표(통화대용증권) + 보통예금(요구불예금) + 타인발행당좌수표(통화대용증권)
= 5,000 + 5,000 + 3,000 + 5,000
= 18,000원

03 당좌수표와 당좌차월

최근 82회 시험 중 9회 기출

(1) 당좌수표의 정의

당좌수표란 당좌예금을 예입한 발행인이 수표소지인에게 일정한 금액을 지급하겠다는 내용을 기재한 증서를 말한다.

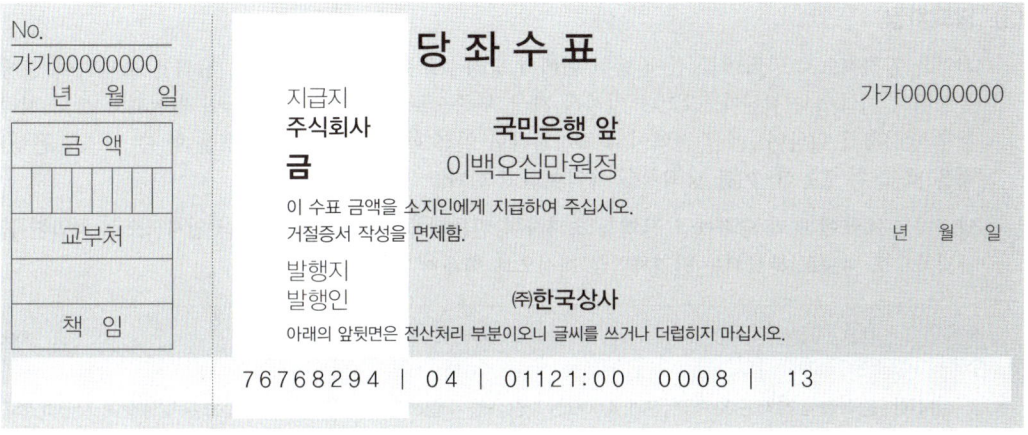

> **참고** 인터넷뱅킹
> 최근에는 인터넷뱅킹이 보편화됨에 따라 실무에서 당좌수표는 그 쓰임새가 많이 줄어들었다. 그러나 이론적으로나 수험목적으로는 당좌수표는 여전히 중요한 주제에 해당한다.

(2) 당좌수표의 회계처리

① **당사가 당좌수표를 발행하면 당좌예금 계정을 대변**

당좌예금의 예금주인 기업 입장에서 볼 때 당좌수표를 발행하면 당좌예금 잔고가 감소하므로, 당사가 당좌수표를 발행하면 당좌예금 계정을 대변으로(자산의 감소) 회계처리한다.

(차) [계정명]	xxx	(대) 당좌예금	xxx

[사례] 상품을 4,000원에 구입하고 대금은 당좌수표를 발행하여 지급하였다.

(차) 상품	4,000	(대) 당좌예금	4,000

② **타인발행 당좌수표는 현금 계정**

타인발행 당좌수표(타인발행수표)란 다른 회사가 발행한 당좌수표를 말한다.

당사 입장에서 볼 때 타인발행 당좌수표는 언제든지 현금으로 바꿀 수 있는 통화대용증권에 해당한다. 따라서 타인발행 당좌수표를 수령하면 현금 계정을 차변으로(자산의 증가), 보유하고 있던 타인발행 당좌수표를 대금 결제에 사용하면 현금 계정을 대변으로(자산의 감소) 회계처리한다.

(차) 현금	xxx	(대) [계정명]	xxx

[사례] 상품을 5,000원에 판매하고 상대방 거래처가 발행한 당좌수표를 받았다.

(차) 현금	5,000	(대) 상품매출	5,000

(차) [계정명]	xxx	(대) 현금	xxx

[사례] 상품을 2,000원에 구입하고 대금은 보유하고 있던 타인발행 당좌수표로 지급하였다.

(차) 상품	2,000	(대) 현금	2,000

(3) 당좌차월

기업은 원칙적으로 당좌예금 잔액 범위 내에서 당좌수표를 발행할 수 있고, 잔액을 초과하여 발행하면 은행에서 지급이 거절된다. 그러나 일시적 자금 부족으로 인해 수표의 지급이 거절되고 부도 처리되는 것을 방지하기 위하여, 예금 잔액이 부족하더라도 일정 한도까지는 수표발행을 할 수 있도록 은행과 약정을 맺을 수 있는데, 이를 당좌차월 계약이라고 한다.

당좌차월 계약에 따라 당좌예금 잔액을 초과하여 인출된 금액은 은행으로부터 일시적으로 차입한 금액에 해당하므로 부채로 분류되는 단기차입금 계정으로 회계처리한다.

(차) [계정명]	xxx	(대) 단기차입금	xxx

[사례] 당좌예금 잔액은 3,000원인데, 4,000원의 상품을 구입하고 대금을 전액 당좌수표를 발행하여 지급하였다.

(차) 상품	4,000	(대) 당좌예금	3,000
		단기차입금[1]	1,000

[1] 기중에는 '당좌차월'이라는 임시 계정과목을 사용하다가 기말 결산 때 단기차입금 계정으로 대체하는 것도 가능하다.

(4) 자기앞수표의 정의

자기앞수표란 발행인인 은행이 수표소지인에게 일정한 금액을 지급하겠다는 내용을 기재한 증서를 말한다.

즉, 자기앞수표란 발행인이 은행인 수표를 말하는 것이며, 이는 일상생활에서 현금처럼 사용되고 있는 대표적인 통화대용증권에 해당한다.

(5) 자기앞수표의 회계처리

자기앞수표는 통화대용증권이므로 **현금** 계정으로 회계처리한다. 따라서 자기앞수표를 수령하면 현금 계정을 차변으로(자산의 증가), 보유하고 있던 자기앞수표를 대금 결제에 사용하면 현금 계정을 대변으로 (자산의 감소) 회계처리한다.

(차) 현금	xxx	(대) [계정명]	xxx

[사례] 상품을 6,000원에 판매하고 자기앞수표를 받았다.

(차) 현금	6,000	(대) 상품매출	6,000

(차) [계정명]	xxx	(대) 현금	xxx

[사례] 상품을 3,000원에 구입하고 대금은 보유하고 있던 자기앞수표로 지급하였다.

(차) 상품	3,000	(대) 현금	3,000

04 단기금융상품

최근 82회 시험 중 1회 기출

단기금융상품이란 금융기관에서 불특정 다수의 고객을 상대로 개발한 정형화된 금융상품(정기예금♥, 정기적금♥, 양도성예금증서(CD)♥, 어음관리계좌(CMA)♥, 환매채(RP)♥, 신종기업어음(CP)♥ 등) 중에서 당사가 보유하고 있는 것으로서 만기가 결산일로부터 1년 이내에 도래하지만 현금성자산이 아닌 것을 말한다.

기업이 보유하는 금융상품은 그 만기에 따라 다음과 같이 분류한다.

- 현금및현금성자산 : 취득 당시 만기가 3개월 이내
- 단기금융상품 : 결산일로부터 만기가 1년 이내
- 장기금융상품 : 결산일로부터 만기가 1년 이후

예를 들어 기업이 정기예금을 개설했을 때, 개설 당시에 만기가 3개월 이내에 도래하는 경우에는 현금및현금 성자산으로 분류하고, 만기가 결산일로부터 1년 이내에 도래하는 경우에는 단기금융상품으로, 결산일로부터 1년 이후에 도래하는 경우에는 장기금융상품으로 분류한다.

단기금융상품의 경우 기업 내부적으로는 정기예금, 정기적금 등 상세 계정과목을 사용하여 회계처리하고, 재무 상태표를 작성할 때에는 단기금융상품 계정으로 합산하여 표시한다.

> **참고** 사용이 제한되어 있는 예금
> - 보통예금이나 당좌예금이라 하더라도 사용이 제한되어 있는 경우(예 차입금에 대한 담보로 제공된 예금)에는 이를 현금및현금성자산으로 분류할 수 없다.
> - 사용이 제한되어 있는 예금은 만기에 따라 단기·장기금융상품으로 분류하며, 그 내용을 주석에 기재하여야 한다.

> **용어 알아두기**
> - 정기예금 : 정해진 기간 동안 일정한 금액을 예치한 후 만기가 되면 이자와 원금을 돌려받는 금융상품
> - 정기적금 : 정해진 기간 동안 매월 일정 금액을 불입한 후 만기가 되면 이자와 원금을 돌려받는 금융상품
> - 양도성예금증서(CD, Certificate of Deposit) : 예금의 만기일에 예금증서 소지인에게 원금과 이자를 지급하는 무기명 정기예금증서
> - 어음관리계좌(CMA, Cash Management Account) : 종금사에서 예탁금을 어음이나 채권에 투자하여 그 수익을 돌려주는 실적배당 상품
> - 환매채(RP, Repurchase Agreement) : 환매조건부채권의 줄임말로 발행기관이 일정 기간 후에 다시 매입하는 조건으로 판매하는 채권
> - 신종기업어음(CP, Commercial Paper) : 신용도 높은 우량기업이 단기적인 자금조달을 위해 발행하는 단기 무담보 융통어음

05 유가증권

(1) 개요

유가증권이란 재산적인 권리를 표시하는 증서를 말한다.

유가증권은 증권시장 등을 통하여 거래되며 여유자금이 있는 기업은 이를 취득한다.

유가증권의 형태는 지분증권과 채무증권으로 나눌 수 있다.

지분증권이란 주식 등과 같이 발행한 회사의 순자산에 대한 소유권을 나타내는 유가증권을 말한다. 지분증권은 만기가 없다. 지분증권을 취득하면 보유기간 동안 배당을 받고 주주총회에서 의결권을 행사할 수 있다.

채무증권이란 국채, 공채, 회사채 등과 같이 발행자에게 금전을 청구할 수 있는 권리를 나타내는 유가증권을 말한다. 채무증권은 만기가 있다[1]. 채무증권을 취득하면 보유기간 동안 이자를 받고 만기가 되면 액면금액을 받는다.

[1] 만약 채무증권이면서 취득 당시에 만기가 3개월 이내에 도래하는 경우라면 이를 현금성자산 계정과목(현금및현금성자산)으로 처리한다.

(2) 계정과목

기업이 유가증권을 취득하면, 유가증권의 형태가 지분증권(주식)인지 채무증권(채권)인지에 따라, 그리고 기업이 유가증권을 보유하는 목적이 무엇인지에 따라 해당 유가증권을 단기매매증권, 만기보유증권, 지분법적용투자주식, 매도가능증권 중 하나의 계정과목으로 처리한다.

전산회계 2급 자격시험에서는 이 중 단기매매증권만을 출제범위로 하고 있다.

06 단기매매증권

최근 82회 시험 중 **12회** 기출

단기매매증권이란 단기간 내의 매매차익을 목적으로 취득한 유가증권을 말한다.

(1) 단기매매증권의 취득

단기매매증권의 경우 해당 주식이나 채권의 **순수한 매입가액**(취득 시점의 공정가치)만 **취득원가**로 처리하고, 수수료 등 취득과 관련하여 발생하는 **취득부대비용**은 **당기 비용(영업외비용)**으로 처리한다.

(차) 단기매매증권	xxx	(대) [계정명]	xxx
수수료비용	xxx		

[사례] 단기매매차익을 목적으로 주식 10주를 주당 2,000원에 매입하였으며 매입수수료 1,000원을 포함하여 현금으로 지급하였다.

(차) 단기매매증권	20,000	(대) 현금	21,000
수수료비용(영업외비용)	1,000		

> [참고] 자산 취득 시 취득부대비용의 회계처리
> - 자산 취득 시 발생하는 취득부대비용은 해당 자산의 취득원가로 처리하는 것이 원칙이다.
> - 단기매매증권의 경우만은 예외적으로 취득부대비용을 당기 비용(영업외비용)으로 처리한다. 이는 단기매매증권의 성격상 순수한 매입가액을 사용하여 매매수익률을 산정해 보아야 할 필요가 있기 때문이다.

(2) 보유기간 중 배당금수익 및 이자수익

단기매매증권을 보유하는 기간 중에 주식에 대한 배당금을 받았을 경우에는 배당금수익 계정(수익)을, 채권에 대한 이자를 받았을 경우에는 이자수익 계정(수익)을 인식한다.

(차) [계정명]	xxx	(대) 배당금수익	xxx

[사례] 보유 중인 단기매매증권(주식)에 대하여 배당금 1,000원이 보통예금으로 입금되었다.

(차) 보통예금	1,000	(대) 배당금수익	1,000

(차) [계정명]	xxx	(대) 이자수익	xxx

[사례] 보유 중인 단기매매증권(채권)에 대하여 이자 1,500원이 보통예금으로 입금되었다.

(차) 보통예금	1,500	(대) 이자수익	1,500

(3) 단기매매증권의 기말평가

단기매매증권을 취득하여 기말 현재 보유하고 있는 경우에는 이를 기말 공정가치(시가)로 평가한다.

기말 공정가치가 평가 전 장부금액보다 크다면 단기매매증권평가이익 계정(수익)을, 기말 공정가치가 평가 전 장부금액보다 작다면 단기매매증권평가손실 계정(비용)을 인식한다.

기말 공정가치 > 평가 전 장부금액 : 단기매매증권평가이익

(차) 단기매매증권　　　　xxx　　(대) 단기매매증권평가이익　　xxx

[사례] 당기 중에 단기매매차익을 목적으로 매입가액 10,000원에 취득한 주식의 기말(12월 31일) 공정가치가 12,000원으로 상승하였다.

12월 31일 (차) 단기매매증권　　2,000　　(대) 단기매매증권평가이익　　2,000

기말 공정가치 < 평가 전 장부금액 : 단기매매증권평가손실

(차) 단기매매증권평가손실　　xxx　　(대) 단기매매증권　　xxx

[사례] 당기 중에 단기매매차익을 목적으로 매입가액 10,000원에 취득한 채권의 기말(12월 31일) 공정가치가 9,000원으로 하락하였다.

12월 31일 (차) 단기매매증권평가손실　　1,000　　(대) 단기매매증권　　1,000

---

(4) 단기매매증권의 처분

단기매매증권을 처분하는 경우에는 처분금액과 처분 전 장부금액을 비교하여 처분손익을 인식한다.

처분금액이 처분 전 장부금액보다 크다면 단기매매증권처분이익 계정(수익)을, 처분금액이 처분 전 장부금액보다 작다면 단기매매증권처분손실 계정(비용)을 인식한다.

처분금액을 계상할 때, 수수료 등 매각 시 부대비용이 있는 경우에는 매각금액에서 동 부대비용을 차감한 순매각금액을 처분금액으로 본다.

처분 전 장부금액을 계상할 때, 처분하는 단기매매증권이 당기에 취득한 것이라면 취득원가가 곧 장부금액이 되지만, 만약 전기에 취득하여 전기 말에 공정가치로 평가한 것이라면 전기 말 공정가치가 장부금액이 된다.

처분금액 > 처분 전 장부금액 : 단기매매증권처분이익

(차) [계정명]　　　　xxx　　(대) 단기매매증권　　　　　xxx
　　　　　　　　　　　　　　　　단기매매증권처분이익　　xxx

[사례] 당기 3월 1일에 단기매매차익을 목적으로 매입가액 10,000원에 취득한 주식을 9월 1일에 13,000원에 매각처분하고 대금은 매각수수료 1,000원을 차감한 후 현금으로 받았다.

9월 1일 (차) 현금　　12,000　　(대) 단기매매증권　　　　　10,000
　　　　　　　　　　　　　　　　　단기매매증권처분이익　　2,000[1]

---

[1] 처분금액 − 처분 전 장부금액 = (13,000 − 1,000) − 10,000 = 2,000원

```
                    처분금액 < 처분 전 장부금액 : 단기매매증권처분손실
            (차) [계정명]                    xxx      (대) 단기매매증권          xxx
                 단기매매증권처분손실          xxx
```

[사례] 전기 11월 1일에 단기매매차익을 목적으로 주식을 매입가액 14,000원에 취득하고 전기 결산일인 12월 31일에 공정가치 20,000원으로 평가하였다. 이 주식을 당기 8월 1일에 18,000원에 매각처분하고 대금은 매각수수료 2,000원을 차감한 후 현금으로 받았다.

```
8월 1일   (차) 현금                      16,000      (대) 단기매매증권       20,000
               단기매매증권처분손실        4,000[1)]
```

[1)] 처분금액 − 처분 전 장부금액 = (18,000 − 2,000) − 20,000 = (−)4,000원

참고 자산을 취득할 때와 처분할 때 발생하는 운송료, 수수료, 제세금 등의 회계처리

구 분		회계처리
자산 취득 시 운송료, 수수료, 제세금 등	원 칙	자산의 취득과 관련하여 발생하는 취득부대비용은 **자산의 취득원가**로 회계처리한다.
	예 외	단기매매증권의 취득과 관련하여 발생하는 취득부대비용은 **당기 비용(영업외비용)**으로 회계처리한다.
자산 처분 시 운송료, 수수료, 제세금 등	일반적인 상거래	기업의 주된 영업활동인 상품매출(재고자산의 처분)과 관련하여 발생하는 부대비용은 **운반비, 수수료비용, 세금과공과 등 별도의 비용 계정**(판매비와관리비)으로 회계처리한다.
	일반적인 상거래 이외의 거래	기업의 주된 영업활동이 아닌 자산의 처분(재고자산이 아닌 자산의 처분)과 관련하여 발생하는 부대비용은 자산의 처분금액에서 직접 차감하여 **해당 자산의 처분손익 계정**(영업외수익 또는 영업외비용)으로 회계처리한다.

기출확인문제

아래의 거래에서 단기매매증권 취득원가는 얼마인가? (제38회)

> 증권거래소에 상장되어 있는 ㈜동원상사의 주식 100주를 1주당 10,000원에 취득하고 증권회사에 대한 증권 매매수수료 10,000원과 함께 보통예금으로 지급하다.

① 900,000원
② 1,000,000원
③ 1,010,000원
④ 1,100,000원

정답 ②

해설
- 단기매매증권을 취득할 때 발생하는 수수료는 취득원가로 합산하지 않고 당기 비용(영업외비용)으로 회계처리한다.
- 단기매매증권의 취득원가 = 100주 × @10,000원 = 1,000,000원

07 어음

(1) 어음의 정의

어음(약속어음)이란 발행인이 미래의 일정한 날짜에 어음상의 수취인 또는 어음소지인에게 일정한 금액을 지급하겠다는 내용을 기재한 증서를 말한다.

```
                        약 속 어 음
                   ㈜루비전자  귀하              가가000000000
            금  오백만원정                    5,000,000원
                 위의 금액을 귀하 또는 귀하의 지시인에게 지급하겠습니다.

        지급기일  20x1년 9월 30일      발행일  20x1년 4월 1일
        지 급 지  우리은행              발행지
        지급장소  구로지점              주  소
                                      발행인  ㈜한국상사
        00000000l  23 l                           13 l 000010000
```

> 참고 **전자어음**
> 최근에는 실무에서 어음을 발행할 때 종이어음 형태가 아니라 대부분 전자어음 형태로 발행하고 있다. 전자어음이란 작성자의 신원을 확인할 수 있는 공인인증시스템을 거쳐 정보통신망으로 발급하는 어음을 말한다.

(2) 분류

어음(약속어음)은 약속증서일 뿐 채무증권 또는 정형화된 금융상품이 아니므로, 설사 취득 당시에 어음의 만기가 3개월 이내인 경우라 하더라도 이는 현금성자산에 포함되지 않는다.

어음을 타인으로부터 수령하면 향후에 돈을 받을 수 있으므로 이는 수취채권(받을 돈)에 해당하고, 어음을 타인에게 발행하면 향후에 돈을 지급해야 하므로 이는 지급채무(줄 돈)에 해당한다.

(3) 수표와 어음의 차이점

수표소지인과 어음소지인은 모두 증서에 기재된 금액을 받을 수 있다는 공통점이 있지만, 그 시기를 보면 수표소지인은 지금 즉시 받을 수 있는 반면, 어음소지인은 어음의 만기가 되어야 받을 수 있다는 점에서 차이가 있다.

> 참고 **선일자수표**
> 실무에서는 장래의 어느 일자가 발행일로 기재된 수표가 발행되어 유통되는 것을 볼 수 있는데, 이를 선일자수표라고 부른다. 수표는 어음에 비해 발행이 간편한 대신 유효기간이 짧은데, 은행과 어음거래를 할 수 없는 소규모 기업은 수표를 어음처럼 활용하기 위하여 이러한 선일자수표를 발행하게 된다. 따라서, **선일자수표**에 대한 **회계처리**는 **어음과 동일**하다. 선일자수표를 수령하거나 발행하면 어음을 수령하거나 발행한 것으로 보아 회계처리한다.

(4) 외상거래와 어음거래의 차이점

어음이라는 증서는 제3자에게 양도가 가능하므로, 어음소지인은 어음의 만기가 되기 전에 자금을 유통할 수 있다는 장점이 있다.

예를 들어, A사가 B사에게 물건을 팔고 대금은 인도일로부터 일정 기간 후에 받기로 했을 때, 어음을 발행하지 않는 단순 외상거래인 경우라면 A사는 대금을 받기로 한 날까지 기다렸다가 B사로부터 돈을 직접 받아야 한다. 이와 달리 B사가 A사에게 어음을 발행한 경우라면 A사는 제3자인 C사에게 어음을 양도하면서 대금을 지불할 수 있으므로 어음의 만기 전이라도 자금을 유통할 수 있다.

08 수취채권과 지급채무

최근 82회 시험 중 4회 기출

수취채권(채권)이란 타인에게 재화, 용역, 금전을 제공한 대가로 청구할 수 있는 권리(즉, 받을 돈)를 말한다.
지급채무(채무)란 타인에게 재화, 용역, 금전을 제공받은 대가로 지급하여야 할 의무(즉, 줄 돈)를 말한다.
일반적인 상거래란 기업의 사업 목적을 달성하기 위한 계속적·반복적 영업활동(즉, **주된 영업활동**)에서 발생하는 거래를 말한다. 도·소매업을 영위하는 기업의 경우 상품을 구입하는 거래(재고자산의 취득)와 상품을 판매하는 거래(재고자산의 처분)가 이에 해당한다.
수취채권과 지급채무에 대하여 사용하는 계정과목은 다음과 같다.

구 분		수취채권(자산)	지급채무(부채)
일반적인 상거래	외 상	외상매출금	외상매입금
	어 음	받을어음	지급어음
일반적인 상거래 이외의 거래	외 상	미수금	미지급금
	어 음		
금전대차거래		대여금	차입금

일반적인 상거래 이외의 거래에서 어음을 수령하는 경우
　　(차) 미수금　　　　　　　　　xxx　　(대) [계정명]　　　　　　　　xxx

[사례] 사용하던 토지(장부금액 : 50,000원)를 50,000원에 매각하고 어음을 받았다.
　　(차) 미수금　　　　　　　50,000　　(대) 토지　　　　　　　　　50,000

일반적인 상거래 이외의 거래에서 어음을 발행하여 지급하는 경우
　　(차) [계정명]　　　　　　　　xxx　　(대) 미지급금　　　　　　　　xxx

[사례] 사무실에서 사용할 비품을 4,000원에 구입하고 대금은 어음을 발행하여 지급하였다.
　　(차) 비품　　　　　　　　4,000　　(대) 미지급금　　　　　　　4,000

> **기출포인트**
>
> **일반적인 상거래 이외의 거래**(예 유형자산의 처분이나 구입)에서는 **어음**을 수령하거나 발행하더라도 이를 받을어음 계정이나 지급어음 계정이 아니라 **미수금 계정**이나 **미지급금 계정**으로 회계처리한다.

> **참고** '채권'이라는 용어의 서로 다른 두 가지 뜻

09 매출채권

매출채권이란 기업의 주된 영업활동(일반적인 상거래)인 상품매출을 하고 획득한 금전적인 권리를 통틀어 나타내는 개념으로서 '외상매출금 + 받을어음'으로 구성되어 있다.

기업 내부적으로 회계처리를 할 때는 외상매출금 계정과 받을어음 계정을 사용하고, 외부보고용 재무제표를 작성할 때는 매출채권 계정으로 통합 표시한다.

(1) 외상매출금

외상매출금이란 기업의 주된 영업활동인 상품매출을 하고 아직 받지 않은 외상대금을 말한다.

① 외상판매

(차) 외상매출금	xxx	(대) 상품매출	xxx

[사례] 상품을 10,000원에 판매하고 3,000원은 현금으로 받고 나머지는 다음 달 10일에 받기로 하였다.

(차) 현금	3,000	(대) 상품매출	10,000
외상매출금	7,000		

② 외상매출금의 회수

(차) [계정명]	xxx	(대) 외상매출금	xxx

[사례] 외상매출금 7,000원을 현금으로 회수하였다.

(차) 현금	7,000	(대) 외상매출금	7,000

(2) 받을어음

받을어음이란 기업의 주된 영업활동인 상품매출을 하고 이에 대한 대금으로 상대방으로부터 받은 어음을 말한다.

받을어음을 수령한 기업은, 어음의 만기까지 기다렸다가 금액을 회수(추심)할 수도 있지만, 대금 지불 수단으로 다른 기업에 양도(배서양도)하거나 은행에서 현금화(할인)함으로써 만기가 되기 전에 자금을 유통할 수도 있다.

① 받을어음의 수령

당사가 상품매출을 하고 이에 대한 대금으로 상대방이 발행하였거나 상대방이 보유하고 있던 어음(타인발행 약속어음)을 수령하면 받을어음 계정으로 회계처리한다.

(차) 받을어음	xxx	(대) 상품매출	xxx

[사례] 상품을 5,000원에 판매하고 약속어음을 받았다.

(차) 받을어음	5,000	(대) 상품매출	5,000

② 받을어음의 추심

어음의 만기가 되면 어음소지인은 어음에 기재된 지급장소에서 어음을 제시하여 어음에 기재된 금액을 받을 수 있다. 그러나 일반적으로는 어음소지인이 어음상의 지급장소로 직접 방문하지 않고 자신의 거래 은행에 이러한 대금 회수 업무를 위임하는데, 위임을 받은 은행이 어음의 대금을 회수하는 것을 추심이라고 한다.

어음을 양도할 때에는 어음의 뒷면에 양도자의 인적사항을 기재하게 되는데, 이를 배서라고 한다. 거래 은행에 추심을 의뢰할 때에도 배서를 하기 때문에 실무에서는 추심의뢰를 추심위임배서라고 부르기도 한다.

어음소지인이 거래 은행에 추심을 의뢰하면서 지급하는 수수료는 수수료비용 계정(비용)으로 회계처리한다.

(차) [계정명]	xxx	(대) 받을어음	xxx
수수료비용	xxx		

[사례] 상품매출 대금으로 받아 보유 중이던 타인발행 약속어음 5,000원의 만기일이 도래하여 거래 은행에 추심을 의뢰하고 추심료 100원을 차감한 잔액을 현금으로 받았다.

(차) 현금	4,900	(대) 받을어음	5,000
수수료비용	100		

③ 받을어음의 배서양도

배서양도란 어음소지인이 다른 기업에 대금을 지불하기 위하여 자신이 보유하고 있던 타인발행 약속어음을 어음의 만기가 되기 전에 배서하여 양도하는 것을 말한다.

(차) [계정명]	xxx	(대) 받을어음	xxx

[사례] 강원상사에서 상품을 6,000원에 구입하고, 대금 결제를 위하여 제주상사로부터 상품매출 대금으로 받아 보유 중이던 약속어음 5,000원을 강원상사로 배서양도하고, 나머지 1,000원은 현금으로 지급하였다.

(차) 상품	6,000	(대) 받을어음	5,000
		현금	1,000

④ 받을어음의 할인

어음의 할인이란 어음소지인이 어음의 만기가 되기 전에 이를 현금화 시키기 위하여 은행에 배서양도하는 것을 말한다.

어음을 할인하면 어음소지인은 어음에 기재된 금액에서 만기까지 남은 기간에 대한 선이자를 차감한 금액을 받게 되는데, 이러한 선이자를 할인료라고 한다.

어음의 할인 거래는 일반적으로 수취채권의 매각거래로 보므로, 어음소지인이 어음을 할인하면서 지급하는 할인료는 매출채권처분손실 계정(비용)으로 회계처리한다.

(차) [계정명]	xxx	(대) 받을어음	xxx
매출채권처분손실	xxx		

[사례] 만기가 2개월 남은 받을어음 5,000원을 할인하고 할인료 400원을 차감한 잔액을 현금으로 받았다. (매각거래로 가정함)

(차) 현금	4,600	(대) 받을어음	5,000
매출채권처분손실	400		

10 대손충당금

(1) 개요

① 대손의 정의

대손이란 외상매출금, 받을어음 등의 수취채권을 채무자의 파산 등의 이유로 받지 못하게 되는 것을 말한다.

② 대손 관련 비용의 인식방법

대손에 대하여 비용을 인식하는 방법으로는 직접상각법과 충당금설정법이 있을 수 있는데, 기업회계기준에서는 충당금설정법만 인정하고 있다.

직접상각법	대손이 예상되는 시점에는 별도의 회계처리를 하지 않고 실제로 대손이 확정된 시점에만 비용(대손상각비)을 인식하는 방법
충당금설정법	각 회계연도 말에 대손이 예상되는 금액을 추정하여 자산의 차감적 평가계정(대손충당금)을 설정함으로써 미리 비용(대손상각비)을 인식하고, 실제로 대손이 확정된 시점에는 설정되어 있던 대손충당금과 우선 상계하고 대손충당금 잔액이 부족한 부분에 대하여만 비용(대손상각비)을 인식하는 방법

③ 충당금설정법의 회계처리 흐름

- 상품 외상매출 : 20x1년 6월 15일 상품을 200,000원에 외상판매하였다.

  20x1. 6. 15.　　(차) 외상매출금　　　　　200,000　　　(대) 상품매출　　　　　200,000

- 대손예상액의 추정 : 20x1년 12월 31일 기말 결산 시 외상매출금 200,000원 중 2,000원이 대손 발생할 것으로 추정되어 대손충당금을 설정하였다.

  20x1. 12. 31.　　(차) 대손상각비　　　　　2,000　　　(대) 대손충당금　　　　　2,000

- 대손의 확정 : 20x2년 2월 1일 외상매출금 중 3,000원이 대손으로 확정되었다.

  20x2. 2. 1.　　(차) 대손충당금　　　　　2,000　　　(대) 외상매출금　　　　　3,000
  　　　　　　　　　　대손상각비　　　　　1,000

④ 충당금설정법의 장점

- 20x1년 기말 현재 외상매출금 잔액은 200,000원이지만 그에 대한 대손예상액 2,000원을 차감함으로써, 재무상태표에서 수취채권을 회수가능한 금액으로 표시할 수 있다.
- 3,000원의 대손이 20x2년에서야 확정되었지만, 그에 대한 비용 금액을 20x1년에 2,000원, 20x2년에 1,000원으로 합리적이고 체계적인 방법에 의하여 기간배분함으로써, 손익계산서에서 비용을 수익·비용 대응의 원칙에 부합하는 금액으로 표시할 수 있다.

⑤ 대손충당금의 표시방법

대손충당금이란 외상매출금, 받을어음, 미수금, 대여금 등 수취채권 성격이 있는 계정들의 잔액에 대한 대손예상액을 말한다.

회계처리를 할 때 대손충당금 계정은 수취채권 **계정과목마다** 별도의 계정(예 외상매출금에 대한 대손충당금 계정, 미수금에 대한 대손충당금 계정)을 사용한다.

재무상태표를 작성할 때 대손충당금 계정은 아래 예시와 같이 각 수취채권 계정별로 구분하여 차감적 평가계정으로 표시한다.

재무상태표

자산		
외상매출금	200,000	
대손충당금	(2,000)	
	198,000	
미수금	50,000	
대손충당금	(500)	
	49,500	

(2) 회계처리

① 대손충당금의 설정

기말 현재 보유 중인 수취채권에 대한 대손예상액(대손추산액)은 일반적으로 '기말 현재 수취채권 잔액'에 과거 데이터를 분석하여 통계적으로 산출한 '대손추정률'을 곱하여 계산한다.

각 수취채권 계정별로 기말 대손추산액을 구하고 나면 이 금액이 기말 재무상태표상 대손충당금 잔액이 되도록 대손충당금을 설정한다. 즉, 기말에 대손충당금을 설정할 때 만약 과거에 설정했던 대손충당금 잔액이 남아 있다면 기말 대손추산액에서 이 금액을 차감하여 부족한 금액만을 당기에 추가로 설정하는데, 이러한 설정 방식을 보충법이라고 부른다.

> 대손충당금 추가설정액 = (기말채권 잔액 × 대손추정률) - 기 설정 대손충당금

대손충당금 계정은 자산의 차감적 평가계정이므로 **증가**할 때는 **대변**으로(자산 차감의 증가 = 자산의 감소), **감소**할 때는 **차변**으로(자산 차감의 감소 = 자산의 증가) 회계처리한다는 점에 주의해야 한다.

기말 대손추산액이 기 설정 대손충당금보다 큰 경우에는 부족한 금액만큼 대손충당금을 추가로 설정하여야 하는데, 이때는 대변에 대손충당금 계정의 증가를, 차변에 판매비와관리비에 해당하는 대손상각비 계정(비용의 증가) 또는 영업외비용에 해당하는 기타의대손상각비 계정(비용의 증가)을 회계처리한다.

반대로 기말 대손추산액이 기 설정 대손충당금보다 작은 경우에는 과다한 금액만큼 대손충당금을 환입하여야 하는데, 이때는 차변에 대손충당금 계정의 감소를, 대변에 판매비와관리비의 차감 항목에 해당하는 대손충당금환입 계정(비용 차감의 증가 = 비용의 감소) 또는 영업외수익에 해당하는 대손충당금환입 계정(수익의 증가)을 회계처리한다.

대손충당금 추가설정 및 환입과 관련된 계정과목과 손익계산서상 위치를 요약하면 다음과 같다.

구 분	수취채권 계정과목	계정과목과 손익계산서상 위치	
		대손충당금 추가설정	대손충당금 환입
일반적인 상거래	외상매출금	대손상각비 (판매비와관리비)	대손충당금환입 (판매비와관리비의 차감항목)
	받을어음		
일반적인 상거래 이외의 거래	미수금	기타의대손상각비 (영업외비용)	대손충당금환입 (영업외수익)
금전대차거래	대여금		

대손추산액 > 외상매출금, 받을어음의 기 설정 대손충당금
(차) 대손상각비　　　　xxx　　(대) 대손충당금　　　　xxx 　　(판매비와관리비)

[사례] 20x1년 12월 31일 결산일 현재 외상매출금 잔액은 500,000원이다. 외상매출금에 대한 대손추정률이 1%이고 전기로부터 이월된 대손충당금 잔액이 3,000원 남아 있을 때, 기말 결산 시 대손충당금을 보충법으로 회계처리하였다.

　　20x1. 12. 31.　(차) 대손상각비　　　2,000　　(대) 대손충당금　　　2,000[1]

[1] (500,000원 × 1%) − 3,000원 = 2,000원

대손추산액 > 미수금, 대여금의 기 설정 대손충당금
(차) 기타의대손상각비　　xxx　　(대) 대손충당금　　　　xxx 　　(영업외비용)

[사례] 20x1년 12월 31일 결산일 현재 미수금 잔액은 150,000원이다. 미수금에 대한 대손추정률이 2%이고 전기로부터 이월된 대손충당금 잔액이 없을 때, 기말 결산 시 대손충당금을 보충법으로 회계처리하였다.

　　20x1. 12. 31.　(차) 기타의대손상각비　　3,000　　(대) 대손충당금　　　3,000[1]

[1] (150,000원 × 2%) − 0원 = 3,000원

대손추산액 < 외상매출금, 받을어음의 기 설정 대손충당금
(차) 대손충당금　　　　xxx　　(대) 대손충당금환입　　　xxx 　　　　　　　　　　　　　　(판매비와관리비의 차감항목)

[사례] 20x1년 12월 31일 결산일 현재 외상매출금 잔액은 600,000원이다. 외상매출금에 대한 대손추정률이 1.5%이고 전기로부터 이월된 대손충당금 잔액이 10,000원 남아 있을 때, 기말 결산 시 대손충당금을 보충법으로 회계처리하였다.

　　20x1. 12. 31.　(차) 대손충당금　　　1,000[1]　　(대) 대손충당금환입　　1,000

[1] (600,000원 × 1.5%) − 10,000원 = (−)1,000원

대손추산액 < 미수금, 대여금의 기 설정 대손충당금
(차) 대손충당금　　　　xxx　　(대) 대손충당금환입　　　xxx 　　　　　　　　　　　　　　(영업외수익)

[사례] 20x1년 12월 31일 결산일 현재 미수금 잔액은 500,000원이다. 미수금에 대한 대손추정률이 1%이고 전기로부터 이월된 대손충당금 잔액이 6,000원 남아 있을 때, 기말 결산 시 대손충당금을 보충법으로 회계처리하였다.

　　20x1. 12. 31.　(차) 대손충당금　　　1,000[1]　　(대) 대손충당금환입　　1,000

[1] (500,000원 × 1%) − 6,000원 = (−)1,000원

② 대손의 확정
회계기간 중에 채무자의 파산 등으로 인해 대손이 확정되었을 경우, 해당 수취채권은 더 이상 회수할 수 없으므로 수취채권 계정과목을 대변으로(자산의 감소) 회계처리한다. **차변**에는 동 수취채권에 대하여 설정되어 있는 **대손충당금 계정**을 **우선 상계** 처리하고 대손충당금 잔액이 부족한 부분에 대하여만 비용(대손상각비 계정, 기타의대손상각비 계정)으로 인식한다.

대손확정액 < 외상매출금, 받을어음, 미수금, 대여금의 대손충당금 잔액

| (차) 대손충당금 | xxx | (대) 해당 수취채권 계정 | xxx |

[사례] 20x2년 3월 15일 채무자의 파산으로 외상매출금 4,000원을 회수할 수 없음이 확정(대손 확정)되었다. 외상매출금에 대한 대손충당금 잔액은 5,000원이 있었다.

20x2. 3. 15. (차) 대손충당금   4,000   (대) 외상매출금   4,000

대손확정액 > 외상매출금, 받을어음의 대손충당금 잔액

(차) 대손충당금	xxx	(대) 외상매출금, 받을어음	xxx
대손상각비	xxx		
(판매비와관리비)			

[사례] 20x2년 3월 30일 채무자의 파산으로 외상매출금 4,000원을 회수할 수 없음이 확정(대손 확정)되었다. 외상매출금에 대한 대손충당금 잔액은 3,000원이 있었다.

20x2. 3. 30. (차) 대손충당금   3,000   (대) 외상매출금   4,000
              대손상각비   1,000

대손확정액 > 미수금, 대여금의 대손충당금 잔액

(차) 대손충당금	xxx	(대) 미수금, 대여금	xxx
기타의대손상각비	xxx		
(영업외비용)			

[사례] 20x2년 4월 15일 채무자의 파산으로 미수금 4,000원을 회수할 수 없음이 확정(대손 확정)되었다. 미수금에 대한 대손충당금 잔액은 1,000원이 있었다.

20x2. 4. 15. (차) 대손충당금   1,000   (대) 미수금   4,000
              기타의대손상각비   3,000

③ 전기에 대손처리한 수취채권의 회수

대손이 확정되어 수취채권 계정을 감소시키는 대손 확정 회계처리를 하였는데 그 이후 회계연도에 그 수취채권이 현금 등으로 다시 회수되는 경우가 있다.

전기에 이미 대손 확정 회계처리한 수취채권이 당기 회계연도 중에 현금 등으로 회수되는 경우에는, 회수되는 시점에 회수되는 현금 계정과목 등을 차변으로 회계처리하고, **대변**에는 **대손충당금 계정**으로(대손충당금 계정의 증가 = 자산 차감의 증가 = 자산의 감소) 회계처리한다.

이와 같이 회수 시점의 회계처리를 하면, 기중 회계처리에서는 회수액에 대하여 수익·비용 계정이 나타나지 않지만, 기말 결산 때 대손충당금 추가설정 금액이 그만큼 줄어들게 되므로 결국 회수액만큼 당기 비용을 감소시키는 효과(= 당기순이익을 증가시키는 효과)를 가져온다.

| (차) [계정명] | xxx | (대) 대손충당금 | xxx |

[사례] 20x3년 2월 20일 전기에 대손 확정되어 감소시켰던 외상매출금 중 1,500원을 현금으로 회수하였다.

20x3. 2. 20. (차) 현금   1,500   (대) 대손충당금   1,500

20x3년 12월 31일 결산일 현재 외상매출금 잔액은 800,000원이다. 외상매출금에 대한 대손추정률이 1%이고, 전기로부터 이월된 대손충당금 기초잔액은 3,000원이다. 전기에 이미 대손 확정 회계처리를 하였으나 당기에 현금으로 회수되어 대손충당금의 증가로 회계처리한 금액 1,500원이 있을 때, 기말 결산 시 대손충당금을 보충법으로 회계처리하였다.

20x3. 12. 31. (차) 대손상각비 3,500   (대) 대손충당금   3,500[1]

[1] • (800,000원 × 1%) − (3,000원 + 1,500원) = 3,500원
• 기중에 회수된 금액 1,500원을 대손충당금의 증가로 회계처리함에 따라 기말 결산 시 비용으로 인식하여야 하는 대손충당금 추가설정액이 동 금액만큼 줄어들었다.

기출확인문제

*2026년 출제예상

다음의 자료를 토대로 당기 대손상각비로 계상할 금액은 얼마인가? 〔제56회〕

- 기초 매출채권에 대한 대손충당금 잔액은 200,000원이다.
- 3월 3일 거래처의 파산으로 매출채권 80,000원이 회수불능되었다.
- 기말 매출채권에 대한 대손충당금 잔액은 150,000원이다.
- 대손충당금은 보충법을 적용한다.

① 10,000원   ② 20,000원   ③ 30,000원   ④ 40,000원

정답 ③

해설
대손상각비
= 150,000 − (200,000 − 80,000)
= 30,000원

11 그 밖의 당좌자산

최근 82회 시험 중 19회 기출

(1) 단기대여금

단기대여금이란 금전대차거래에 따라 차용증서 등을 받고 타인에게 빌려준 금전으로서 만기가 **회계기간 종료일**로부터 1년 이내에 도래하는 것을 말한다. 만기가 회계기간 종료일로부터 1년 이후에 도래하는 경우에는 장기대여금으로 분류한다.

① 대여

(차) 단기대여금	xxx	(대) [계정명]	xxx

[사례] 거래처에 6개월 만기로 현금 50,000원을 대여하였다.

(차) 단기대여금	50,000	(대) 현금	50,000

② 원금과 이자의 회수

(차) [계정명]	xxx	(대) 단기대여금	xxx
		이자수익	xxx

[사례] 거래처에 6개월 만기로 빌려주었던 대여금의 만기가 도래하여 원금 50,000원과 이자 2,000원을 현금으로 회수하였다.

(차) 현금	52,000	(대) 단기대여금	50,000
		이자수익	2,000

기출포인트

- 단기대여금은 회계기간 종료일로부터 만기가 1년 이내에 도래하는 것이므로, 전체 대여기간이 1년을 초과하는 대여금도 경우에 따라 단기대여금으로 분류될 수 있다.
- 예를 들어 20x1년 4월 1일에 빌려준 18개월 만기 대여금의 경우, 만기(20x2. 9. 30.)가 회계기간 종료일(20x1. 12. 31.)로부터 1년 이내이므로 회사는 대여일에 이를 단기대여금 계정으로 회계처리한다.

(2) 미수금

미수금이란 일반적인 상거래 이외의 거래(예 사용하던 기계장치의 매각)에서 발생한 외상대금을 말한다.

일반적인 상거래 이외의 거래에서는 타인발행 약속어음을 수령하더라도 이를 받을어음 계정이 아니라 미수금 계정으로 회계처리한다.

① 외상 매각

(차) 미수금	xxx	(대) [계정명]	xxx

[사례] 사용하던 토지(장부금액 : 600,000원)를 600,000원에 외상으로 매각하였다.

(차) 미수금	600,000	(대) 토지	600,000

② 어음 수령

| (차) 미수금 | xxx | (대) [계정명] | xxx |

[사례] 사용하던 토지(장부금액 : 600,000원)를 600,000원에 매각하고 약속어음을 받았다.

| (차) 미수금 | 600,000 | (대) 토지 | 600,000 |

③ 미수금의 회수

| (차) [계정명] | xxx | (대) 미수금 | xxx |

[사례] 사용하던 토지를 매각하고 발생한 외상대금 600,000원을 현금으로 회수하였다.

| (차) 현금 | 600,000 | (대) 미수금 | 600,000 |

(3) 선급금

선급금이란 계약금 성격으로 미리 지급한 대금을 말한다.

① 계약금 선지급

| (차) 선급금 | xxx | (대) [계정명] | xxx |

[사례] 공급처에 상품 20,000원을 구입 주문하고 계약금 4,000원을 현금으로 지급하였다.

| (차) 선급금 | 4,000 | (대) 현금 | 4,000 |

② 상품 인도

| (차) 상품 | xxx | (대) 선급금 | xxx |
| | | [계정명] | xxx |

[사례] 구입 주문했던 상품 20,000원이 창고에 입고되어 계약금 4,000원을 제외한 잔액을 현금으로 지급하였다.

| (차) 상품 | 20,000 | (대) 선급금 | 4,000 |
| | | 현금 | 16,000 |

(4) 가지급금

가지급금이란 금전을 지급하였으나 그 내용이 확정되지 않았을 경우 그 내용이 확정될 때까지 임시적으로 사용하는 계정과목을 말한다.

가지급금은 그 내용이 확정되면 적절한 계정과목으로 대체하여야 하며, 대표적인 미결산항목에 해당하므로 기말 결산 때까지는 반드시 적절한 계정과목으로 대체하여 최종 재무제표에는 나타나지 않도록 하여야 한다.

① 가지급

| (차) 가지급금 | xxx | (대) [계정명] | xxx |

[사례] 영업사원에게 출장을 명하고 출장비 예상액 50,000원을 현금으로 지급하였다.

(차) 가지급금 50,000 (대) 현금 50,000

② 내용확정

| (차) [계정명] | xxx | (대) 가지급금 | xxx |

[사례] 출장 후 복귀한 영업사원으로부터 어림잡아 지급했던 금액 50,000원 중 40,000원은 교통비 및 숙박비 지출증빙을 제출받아 확인하고 남은 금액 10,000원은 현금으로 반환받았다.

(차) 여비교통비 40,000 (대) 가지급금 50,000
    현금   10,000

(5) 현금과부족

현금과부족이란 장부상 현금 잔액과 금고에 있는 실제 현금 잔액이 일치하지 않을 경우 그 원인이 밝혀질 때까지 임시적으로 사용하는 계정과목을 말한다.

현금과부족은 그 원인이 규명되면 적절한 계정과목으로 대체하여야 하며, 기말 결산 때까지 그 원인이 밝혀지지 않을 경우에는 잡이익 계정(수익)이나 잡손실 계정(비용)으로 대체한다.

① 현금과잉 : 실제 현금 잔액 > 장부상 현금 잔액

- 현금과잉 발생

| (차) 현금 | xxx | (대) 현금과부족 | xxx |

[사례] 20x1년 4월 1일 현재 장부상 현금 잔액은 50,000원이나 금고에 있는 실제 현금 잔액은 60,000원이다.

20x1. 4. 1. (차) 현금 10,000 (대) 현금과부족 10,000

- 원인 규명분 계정 대체

| (차) 현금과부족 | xxx | (대) [계정명] | xxx |

[사례] 20x1년 4월 15일 월초에 발견되었던 현금과잉액 중 8,000원은 이자수익을 회수한 것에 대한 회계처리 누락임을 확인하였다.

20x1. 4. 15. (차) 현금과부족 8,000 (대) 이자수익 8,000

- 기말 결산 시 원인 불명분 계정 대체

	(차) 현금과부족	xxx	(대) 잡이익	xxx

  [사례] 20x1년 12월 31일 기말 결산 시까지 현금과잉액 2,000원의 원인이 밝혀지지 않았다.

  20x1. 12. 31. (차) 현금과부족   2,000   (대) 잡이익   2,000

② 현금부족 : 실제 현금 잔액 < 장부상 현금 잔액

- 현금부족 발생

	(차) 현금과부족	xxx	(대) 현금	xxx

  [사례] 20x1년 9월 1일 현재 장부상 현금 잔액은 50,000원이나 금고에 있는 실제 현금 잔액은 43,000원이다.

  20x1. 9. 1. (차) 현금과부족   7,000   (대) 현금   7,000

- 원인 규명분 계정 대체

	(차) [계정명]	xxx	(대) 현금과부족	xxx

  [사례] 20x1년 9월 15일 월초에 발견되었던 현금부족액 중 4,000원은 이자비용을 지급한 것에 대한 회계처리 누락임을 확인하였다.

  20x1. 9. 15. (차) 이자비용   4,000   (대) 현금과부족   4,000

- 기말 결산 시 원인 불명분 계정 대체

	(차) 잡손실	xxx	(대) 현금과부족	xxx

  [사례] 20x1년 12월 31일 기말 결산 시까지 현금부족액 3,000원의 원인이 밝혀지지 않았다.

  20x1. 12. 31. (차) 잡손실   3,000   (대) 현금과부족   3,000

참고 가지급금·가수금 vs 현금과부족

가지급금	누구에게 금전을 지급하였는지는 알고 있으나 그 내용이 확정되지 않았을 때 사용한다.
가수금	누구로부터 금전을 받았는지는 알고 있으나 그 내용이 확정되지 않았을 때 사용한다.
현금과부족	장부상 현금 잔액과 금고에 있는 실제 현금 잔액이 일치하지 않고, 누구에게 지급하였거나 누구로부터 받았는지도 모를 때 사용한다.

기출분개연습

* 기출문제 날짜는 학습효과를 높이기 위해 일부 수정하였으며, 연습상사(코드번호 : 2301) 데이터를 사용하여 연습할 수 있습니다.

01 6월 1일 대원상회에 상품을 판매하고 상품대금 1,500,000원을 현금으로 받았다. [제6회]

02 6월 2일 매출처 홍제상사에 상품 10,000,000원을 판매하고, 대금 중 8,000,000원은 보통예금으로 받고, 잔액은 외상으로 하다. [제40회]

03 6월 3일 거래처 여행박사에 상품 8,000,000원을 매출하고 대금 중 절반은 자기앞수표로 받고 나머지는 외상으로 하다. [제39회]

04 6월 4일 거래처 평창완구에 상품 1,500,000원을 판매하고 대금은 평창완구가 발행한 당좌수표 1,000,000원과 자기앞수표 500,000원으로 회수하였다. [제42회 수정]

05 6월 5일 디씨백화점의 외상매출금 잔액 3,200,000원을 보통예금 통장으로 입금받다. [제53회]

06 6월 6일 운동랜드에 상품 5,000,000원을 매출하고 대금 중 3,000,000원은 동점 발행 약속어음(만기일 당해 연도 9월 15일)으로 받고, 잔액은 1개월 후에 받기로 하다. [제44회]

07 6월 7일 부흥신발에 상품 3,500,000원을 매출하고, 대금 중 500,000원은 약속어음(만기일 당해 연도 9월 7일)으로 받고 잔액은 외상으로 하다. 또한 당사 부담 운반비 15,000원은 현금으로 별도로 지급하다. [제46회]

08 6월 8일 삼미상사의 외상매출금 10,000,000원에 대하여 7,000,000원은 당해 연도 12월 31일 만기 약속어음으로 받고 잔액은 현금으로 받다. [제29회]

09 6월 9일 거래처 호반상사에서 상품 1,000,000원을 매입하고 대금은 당좌수표 발행하여 지급하다. [제24회]

정답 및 해설

01 6월 1일	(차) 현금		1,500,000	(대) 상품매출		1,500,000
02 6월 2일	(차) 보통예금		8,000,000	(대) 상품매출		10,000,000
	외상매출금(홍제상사)		2,000,000			
03 6월 3일	(차) 현금		4,000,000	(대) 상품매출		8,000,000
	외상매출금(여행박사)		4,000,000			
04 6월 4일	(차) 현금¹⁾		1,500,000	(대) 상품매출		1,500,000

1) 타인발행 당좌수표와 자기앞수표는 모두 통화대용증권에 해당하므로 '현금' 계정으로 회계처리한다.

05 6월 5일	(차) 보통예금		3,200,000	(대) 외상매출금(디씨백화점)		3,200,000
06 6월 6일	(차) 받을어음(운동랜드)		3,000,000	(대) 상품매출		5,000,000
	외상매출금(운동랜드)		2,000,000			
07 6월 7일	(차) 받을어음(부흥신발)		500,000	(대) 상품매출		3,500,000
	외상매출금(부흥신발)		3,000,000	현금		15,000
	운반비(판관비)		15,000			
08 6월 8일	(차) 받을어음(삼미상사)		7,000,000	(대) 외상매출금(삼미상사)		10,000,000
	현금		3,000,000			
09 6월 9일	(차) 상품		1,000,000	(대) 당좌예금		1,000,000

10 6월 10일 제일문구에서 상품 500,000원을 매입하고 대금은 소유하고 있던 삼미상사 발행의 받을어음을 배서양도하다. [제43회]

11 6월 11일 거래처 하나상사에서 매출대금으로 받은 약속어음 1,000,000원이 만기가 되어 당사 당좌예금 계좌에 입금된 사실을 인터넷뱅킹을 통하여 확인하다. [제43회]

12 6월 12일 거래처 일제자전거에 상품을 판매하고 받았던 약속어음 12,000,000원을 거래은행에 추심 의뢰하여 추심료 30,000원을 차감한 잔액이 당사 보통예금 계좌에 입금되었음을 통보받다. [제50회]

13 6월 13일 거래처 태안상회로부터 받은 받을어음 1,000,000원을 만기 전에 거래처 은행으로부터 할인 받고, 할인료 38,000원을 차감한 금액을 보통예금 통장으로 입금받다. (단, 할인된 어음은 매각거래로 가정한다) [제51회]

14 6월 14일 거래처 명품전자의 파산으로 인하여 외상매출금 530,000원이 회수불가능하게 되어 대손처리하다. (대손처리 시점의 외상매출금에 대한 대손충당금 잔액은 180,000원이다) [제53회]

15 기말 결산 시, 외상매출금과 받을어음의 잔액이 각각 69,286,000원, 104,800,000원이라고 가정할 때, 매출채권 잔액에 대하여 2%의 대손충당금을 보충법으로 설정하다. (기초 외상매출금의 대손충당금은 0원, 기초 받을어음의 대손충당금은 500,000원이다) [제53회]

16 6월 16일 증권거래소에 상장된 ㈜동원의 주식 100주를 1주당 15,000원에 단기보유목적으로 취득하고, 증권회사에 주식매매수수료 15,000원과 함께 보통예금 통장에서 계좌이체하여 지급하다. [제60회]

17 6월 17일 시장성 있는 단기보유목적의 ㈜한라무역의 주식(장부금액 4,000,000원)을 4,200,000원에 매각하고 대금은 당사 보통예금 계좌로 이체 받다. [제29회]

18 6월 18일 거래처 학사문구에 10개월 후에 회수하기로 약정하고 현금 2,000,000원을 대여하여 주다. [제43회]

정답 및 해설

10	6월 10일	(차) 상품	500,000	(대) 받을어음(삼미상사)	500,000
11	6월 11일	(차) 당좌예금	1,000,000	(대) 받을어음(하나상사)	1,000,000
12	6월 12일	(차) 보통예금 　　수수료비용(판관비)	11,970,000 30,000	(대) 받을어음(일제자전거)	12,000,000
13	6월 13일	(차) 보통예금 　　매출채권처분손실	962,000 38,000	(대) 받을어음(태안상회)	1,000,000
14	6월 14일	(차) 대손충당금(외상매출금) 　　대손상각비(판관비)	180,000 350,000	(대) 외상매출금(명품전자)	530,000
15	12월 31일	(차) 대손상각비(판관비)	2,981,720	(대) 대손충당금(외상매출금) 　　대손충당금(받을어음)	1,385,720[1] 1,596,000[2]

[1] (69,286,000원 × 2%) − 0원 = 1,385,720원
[2] (104,800,000원 × 2%) − 500,000원 = 1,596,000원

16	6월 16일	(차) 단기매매증권 　　수수료비용(영업외비용)[1]	1,500,000 15,000	(대) 보통예금	1,515,000

[1] 단기매매증권 구입 시 발생하는 제비용은 '수수료비용' 계정 등 영업외비용으로 회계처리한다.

17	6월 17일	(차) 보통예금	4,200,000	(대) 단기매매증권 　　단기매매증권처분이익	4,000,000 200,000
18	6월 18일	(차) 단기대여금(학사문구)	2,000,000	(대) 현금	2,000,000

19 6월 19일 거래처 성일문구에 대여한 단기대여금 5,000,000원과 이자 250,000원을 당사 보통예금 계좌로 회수하다. [제47회]

20 6월 20일 세운상사에서 상품 3,000,000원을 매입하기로 계약하고, 이 중 매입금액의 20%를 계약금 명목으로 당사 보통예금 계좌에서 이체하다. [제58회]

21 6월 21일 동일상사에서 상품 3,400,000원을 매입하고, 지난달에 지급한 계약금 300,000원을 차감한 잔액을 전액 보통예금에서 송금하였다. [특별회차(16년 2월)]

22 6월 22일 경북지방에 판로를 개척하기 위하여 1주일간 영업사원 안상용을 출장 보내면서 현금 500,000원을 지급하고, 내역은 출장에서 돌아온 후 정산하기로 하다. [제40회]

23 6월 23일 지난주 업무차 출장한 강은비 사원에게 출장여비로 개산하여 지급하였던 150,000원에 대하여 교통비 75,000원, 숙박비 50,000원, 기타제경비 40,000원으로 정산하고, 출장비 초과분은 현금으로 지급하다. [제43회]

24 6월 24일 지방 출장을 마치고 돌아온 영업부 직원 김성실로부터 출장여비로 개산하여 지급했던 금액 600,000원에 대하여 다음과 같이 지출증명서류를 받고 차액은 현금으로 회수하였다. [제54회]

- 교통비 : 90,000원
- 숙박비 : 180,000원

25 6월 25일 현금 잔고를 확인한 결과 장부 잔액보다 실제 잔고가 100,000원 더 적은 것을 확인하였으나 그 원인이 밝혀지지 않다. [제55회]

26 기말 결산 시, 현금과부족 계정으로 처리되어 있는 기중 발생 현금부족액 30,000원에 대하여 사용처를 알 수 없어 잡손실로 처리하다. [제44회]

정답 및 해설

19	6월 19일	(차) 보통예금	5,250,000	(대) 단기대여금(성일문구)	5,000,000
				이자수익	250,000
20	6월 20일	(차) 선급금(세운상사)	600,000	(대) 보통예금	600,000
21	6월 21일	(차) 상품	3,400,000	(대) 선급금(동일상사)	300,000
				보통예금	3,100,000
22	6월 22일	(차) 가지급금(안상용)	500,000	(대) 현금	500,000
23	6월 23일	(차) 여비교통비(판관비)	165,000	(대) 가지급금(강은비)	150,000
				현금	15,000
24	6월 24일	(차) 여비교통비(판관비)	270,000	(대) 가지급금(김성실)	600,000
		현금	330,000		
25	6월 25일	(차) 현금과부족	100,000	(대) 현금	100,000
26	12월 31일	(차) 잡손실	30,000	(대) 현금과부족	30,000

핵심기출문제

*본서에 수록된 기출문제의 날짜는 학습효과를 높이기 위하여 일부 수정함

01 다음 중 현금및현금성자산에 포함되지 않는 것은? [제97회]

① 보통예금 ② 자기앞수표 ③ 우편환증서 ④ 받을어음

02 단기금융상품은 만기 1년 이내인 정기예금 및 정기적금 등을 말한다. 만기 1년 이내의 기준일로 적절한 것은? [제58회]

① 정기예금 및 정기적금을 가입한 기준일
② 재무상태표 기준일
③ 정기예금 및 정기적금을 찾는 기준일
④ 정기예금 및 정기적금의 이자지급 기준일

03 다음에서 밑줄 친 (가)와 (나)를 회계처리한 경우 재무상태표에 통합 표시될 항목으로 옳은 것은? [제56회]

> 서울상사는 거래처에서 외상대금 500만 원을 회수하여 (가) <u>200만 원은 6개월 만기 정기예금에 가입</u>하고, (나) <u>잔액은 당좌예금에 입금</u>하다.

① (가) 단기투자자산   (나) 단기투자자산
② (가) 단기투자자산   (나) 현금및현금성자산
③ (가) 현금및현금성자산 (나) 단기투자자산
④ (가) 현금및현금성자산 (나) 현금및현금성자산

04 청석상점은 올해 10월 15일 단기시세차익을 목적으로 시장성 있는 ㈜대성의 주식을 600,000원(액면금액 5,000원, 100주)에 구입하고 수수료 10,000원과 함께 현금으로 지급하였다. 이 주식을 올해 11월 20일 700,000원에 전량 매각하였을 경우 단기매매증권처분이익으로 계상될 금액은 얼마인가? [제75회]

① 90,000원 ② 100,000원 ③ 110,000원 ④ 190,000원

05 다음 계정기입에 대한 설명으로 가장 옳은 것은? (단, 반드시 아래에 표시된 계정만으로 판단할 것) [제71회]

외상매출금	
	5/3 현금 500,000

① 상품 500,000원을 외상 매출하다.
② 외상매입금 500,000원을 현금으로 지급하다.
③ 외상매출금 500,000원을 현금으로 회수하다.
④ 상품 500,000원을 매출하고 현금으로 받다.

06 다음 중 대손처리할 수 없는 계정과목은 어느 것인가? [제46회]

① 받을어음 ② 미수금 ③ 외상매입금 ④ 단기대여금

정답 및 해설

01 ④
- 현금및현금성자산 = (통화 + 통화대용증권) + 요구불예금 + 현금성자산
- 보통예금은 요구불예금에 해당하며, 자기앞수표와 우편환증서는 통화대용증권에 해당한다.
- 받을어음은 현금및현금성자산이 아니라 매출채권에 해당한다.

02 ② 단기금융상품은 만기가 결산일(재무상태표 기준일)로부터 1년 이내에 도래하는 정기예금 및 정기적금 등으로서 현금성자산이 아닌 것을 말한다.

03 ② (가) 단기금융상품은 단기투자자산으로 통합 표시된다.
(나) 당좌예금은 현금및현금성자산으로 통합 표시된다.

> 참고
> - 단기투자자산 = 단기금융상품 + 단기매매증권 + 단기대여금
> - 현금및현금성자산 = 통화 + 통화대용증권 + 요구불예금 + 현금성자산

04 ②
- 10월 15일 (구입 시점)

(차) 단기매매증권	600,000	(대) 현금	610,000
수수료비용(영업외비용)	10,000		

- 11월 20일 (처분 시점)

(차) 현금	700,000	(대) 단기매매증권	600,000
		단기매매증권처분이익	100,000

05 ③ 5월 3일 (차) 현금 500,000 (대) 외상매출금 500,000
→ 외상매출금 500,000원을 현금으로 회수하는 거래이다.

06 ③ 대손처리는 수취채권(자산)에 대하여만 할 수 있다. 외상매입금은 부채에 해당한다.

07 다음 자료를 참고로 적절한 회계처리는? [제93회]

> 4월 2일 매출처 A사의 파산으로 매출채권 2,000,000원이 회수불가능하여 대손처리하였다.
> (대손충당금 잔액은 930,000원으로 확인됨)

① (차) 대손상각비　　　2,000,000원　　　(대) 매출채권　　　2,000,000원
② (차) 대손충당금　　　　930,000원　　　(대) 매출채권　　　2,000,000원
　　　대손상각비　　　1,070,000원
③ (차) 대손충당금　　　　930,000원　　　(대) 매출채권　　　　930,000원
④ (차) 대손상각비　　　1,070,000원　　　(대) 매출채권　　　1,070,000원

08 다음과 같이 주어진 자료에서 당기의 외상매출금 회수액은 얼마인가? [제91회]

> • 외상매출금 기초잔액 : 5,000,000원　　• 당기에 발생한 외상매출액 : 13,000,000원
> • 외상매출금 기말잔액 : 3,000,000원　　• 당기에 대손 확정된 외상매출금 : 10,000,000원

① 13,000,000원　　② 10,000,000원　　③ 5,000,000원　　④ 3,000,000원

09 다음 거래에 대한 기말 분개로 가장 옳은 것은? [제95회]

> 12월 31일 결산 시 외상매출금 잔액 30,000,000원에 대해 2%의 대손을 예상하였다.
> 단, 당사는 보충법을 사용하고 있으며 기말 분개 전 대손충당금 잔액은 100,000원이 계상되어 있다.

① (차) 대손충당금　　　500,000원　　　(대) 대손상각비　　　500,000원
② (차) 대손상각비　　　500,000원　　　(대) 대손충당금　　　500,000원
③ (차) 대손상각비　　　500,000원　　　(대) 외상매출금　　　500,000원
④ (차) 대손상각비　　　600,000원　　　(대) 대손충당금　　　600,000원

10 다음 자료에서 당기 손익계산서에 보고되는 외상매출금의 대손상각비는 얼마인가? [제64회]

- 전기말 외상매출금의 대손충당금은 30,000원이다.
- 당기 중 외상매출금 20,000원을 회수불능으로 대손처리하다.
- 당기말 외상매출금 잔액 5,000,000원에 대해 1%의 대손을 설정하다.

① 20,000원   ② 30,000원   ③ 40,000원   ④ 50,000원

정답 및 해설

07 ②
- 대손이 확정되었을 경우, 해당 채권은 더 이상 회수할 수 없으므로 이를 감소시키되, 동 채권에 대하여 설정되어 있는 대손충당금을 우선 상계처리하고 대손충당금 잔액이 부족한 부분에 대하여만 비용(대손상각비)으로 인식한다.

(차) 대손충당금	930,000	(대) 매출채권	2,000,000
대손상각비	1,070,000		

08 ③
- 외상매출 시 회계처리

(차) 외상매출금	13,000,000	(대) 상품매출	13,000,000

- 대손 확정 시 회계처리

(차) 대손충당금(또는 대손상각비)	10,000,000	(대) 외상매출금	10,000,000

- 외상매출금 회수 시 회계처리

(차) 현금 등	?	(대) 외상매출금	?

- 외상매출금 계정의 총계정원장

외상매출금(자산)

기초잔액	5,000,000	회수액	?
외상매출액	13,000,000	대손 확정	10,000,000
		기말잔액	3,000,000
	18,000,000		18,000,000

∴ 회수액 = (5,000,000 + 13,000,000) − (10,000,000 + 3,000,000) = 5,000,000원

09 ②

(차) 대손상각비(판관비)	500,000	(대) 대손충당금(외상매출금)	500,000[1]

[1] (30,000,000 × 2%) − 100,000 = 500,000원

10 ③
- 대손충당금 계정의 총계정원장

대손충당금

대손 확정	20,000	기초	30,000
기말	50,000	추가설정	40,000
	70,000		70,000

- 대손 확정(기중) 회계처리

(차) 대손충당금	20,000	(대) 외상매출금	20,000

- 추가설정(결산일) 회계처리

(차) 대손상각비	40,000	(대) 대손충당금	40,000[1]

[1] (5,000,000 × 1%) − (30,000 − 20,000) = 40,000원

- 당기 손익계산서에 보고할 대손상각비 = 40,000원

11 다음 자료를 토대로 당기 손익계산서에 보고할 대손상각비는 얼마인가? [제83회]

- 당기 1월 1일 현재 대손충당금 잔액은 150,000원이다.
- 당기 5월 10일 거래처의 파산으로 매출채권 200,000원이 회수불능되었다.
- 기말 매출채권 잔액 7,500,000원에 대해 1%의 대손을 설정하다.

① 25,000원 ② 75,000원 ③ 105,000원 ④ 125,000원

12 다음 자료에서 20x1년 말 대손충당금 추가설정액은 얼마인가? (단, 대손충당금은 매출채권 잔액의 1%를 설정한다) [제51회]

- 20x1.1.1. 대손충당금 전기이월액 : 1,200,000원
- 20x1.7.1. 전기에 대손처리한 매출채권의 당기 회수액 : 200,000원
- 20x1.12.31. 매출채권 잔액 : 200,000,000원

① 600,000원 ② 800,000원 ③ 1,000,000원 ④ 1,200,000원

13 다음 자료에서 4월 6일 거래의 설명으로 옳은 것은? [제57회]

선급금			
4/6 현금	150,000	4/8 상품	150,000

① 상품을 주문하고 계약금을 지급하다. ② 상품을 주문받고 계약금을 받다.
③ 상품을 매입하고 계약금을 차감하다. ④ 상품을 매출하고 계약금을 차감하다.

14 다음 (가)와 (나)를 분개할 때, 차변 계정과목으로 옳은 것은? [제40회]

(가) 출장가는 사원에 어림잡아 출장비 100,000원을 현금 지급하다.
(나) 거래처에 상품을 주문하고, 계약금으로 50,000원을 현금 지급하다.

① (가) 가수금   (나) 선급금
② (가) 가수금   (나) 선수금
③ (가) 가지급금 (나) 선급금
④ (가) 가지급금 (나) 선수금

15 다음 분개에 대한 설명으로 옳은 것은? [제67회]

| (차) 현금과부족 | 10,000원 | (대) 현금 | 10,000원 |

① 현금과잉액의 원인이 밝혀진 경우
② 현금의 실제 잔액이 장부 잔액보다 많음을 발견한 경우
③ 현금부족분의 원인이 밝혀진 경우
④ 현금의 실제 잔액이 장부 잔액보다 부족함을 발견한 경우

정답 및 해설

11 ④ • 대손충당금 계정의 총계정원장

대손충당금			
대손 확정	150,000	기초	150,000
기말	75,000	추가설정	75,000
	225,000		225,000

• 대손확정일(5월 10일) 회계처리
  (차) 대손충당금   150,000   (대) 매출채권   200,000
       대손상각비   50,000
• 추가설정(결산일) 회계처리
  (차) 대손상각비   75,000   (대) 대손충당금   75,000[1]
   [1] (7,500,000 × 1%) − (150,000 − 150,000) = 75,000원
• 당기 손익계산서에 보고할 대손상각비 = 50,000 + 75,000 = 125,000원

12 ① • 대손충당금 계정의 총계정원장

대손충당금			
		기초	1,200,000
		전기 대손처리채권 회수	200,000
기말	2,000,000	추가설정	600,000
	2,000,000		2,000,000

• 전기 대손처리채권 회수(7월 1일) 회계처리
  (차) 현금 등   200,000   (대) 대손충당금   200,000
• 추가설정(결산일) 회계처리
  (차) 대손상각비   600,000   (대) 대손충당금   600,000[1]
   [1] 추가설정액 = (200,000,000 × 1%) − (1,200,000 + 200,000) = 600,000원

13 ① 4월 6일 (차) 선급금   150,000   (대) 현금   150,000
  → 구입 주문을 하고 계약금을 지급하는 거래이다.

14 ③ • 가지급금 : 금전을 지급하였으나 내용이 확정되지 않았을 때 그 내용이 확정될 때까지 임시적으로 사용하는 계정과목
• 가수금 : 금전을 수령하였으나 내용이 확정되지 않았을 때 그 내용이 확정될 때까지 임시적으로 사용하는 계정과목
• 선급금 : 계약금 성격으로 미리 지급한 대금
• 선수금 : 계약금 성격으로 미리 받은 대금

15 ④ 부족한 실제 현금 잔액에 맞추어 장부상 현금 잔액을 줄이는 회계처리이다.

제2절 | 재고자산

01 재고자산

최근 82회 시험 중 22회 기출

(1) 재고자산의 정의

재고자산이란 기업의 주된 영업활동에서 ㉠ 판매를 목적으로 보유하고 있는 자산(상품, 제품), ㉡ 판매를 목적으로 생산과정에 있는 자산(재공품, 반제품), ㉢ 판매할 자산의 생산과정에 투입될 자산(원재료, 저장품)을 말한다.

재고자산은 해당 기업의 업종에 따라 범위가 달라질 수 있다. 예를 들어, 토지나 건물은 영업활동에 사용할 목적으로 보유하는 유형자산으로 분류되는 것이 일반적이나, 부동산매매업을 주업으로 하는 기업이 판매를 목적으로 토지나 건물을 구입하여 보유하고 있다면 이는 재고자산으로 분류된다.

(2) 재고자산에 해당하는 계정과목

도·소매업을 영위하는 기업(상기업)에서 재고자산에 해당하는 계정과목은 상품이다. 상품이란 기업의 주된 영업활동으로서 외부에서 완성품 형태로 구입하여 추가가공 없이 재판매하는 물품을 말한다. 상기업의 재무상태표상 재고자산은 기말 현재 판매되지 않고 남아있는 상품의 가액이 된다.

계정과목	내용
상품	상기업의 주된 영업활동으로서 판매할 목적으로 외부로부터 완성품 형태로 구입한 물품
매입환출및에누리	구입한 상품 중 하자나 파손이 발견되어 해당 물품을 반품하거나 값을 깎는 것 참고 상품의 차감계정
매입할인	상품의 구매자가 외상매입대금을 조기에 지급하여 약정에 따라 할인 받는 것 참고 상품의 차감계정

02 주된 영업활동에 대한 회계처리

최근 82회 시험 중 21회 기출

(1) 주된 영업활동에 대한 회계처리방법

기업이 주된 영업활동(일반적인 상거래)을 하여 얻는 수익을 매출이라고 하며 이러한 매출을 창출하기 위하여 투입된 원가로서 매출에 직접 대응되는 비용을 매출원가라고 한다.

상기업의 주된 영업활동은 상품을 싸게 사와서 그 상품에 이윤을 붙여서 파는 거래이다.

주된 영업활동에 대하여 회계처리하는 방법을 살펴보면, 이론적으로는 '처분손익만 표시하는 방법(1분법)'과 '매출과 매출원가를 모두 표시하는 방법(2분법)' 두 가지가 있을 수 있는데, 일반적으로 인정된 회계원칙(GAAP)에서는 이 중 후자의 방법(2분법)으로 회계처리하도록 하고 있다.

처분손익만 표시하는 방법(1분법)	• 주된 영업활동이 아닌 자산의 매매거래(예 유형자산의 구입·처분)에 사용되는 회계처리방법 • 판매할 때마다 처분손익을 인식함
매출과 매출원가를 모두 표시하는 방법(2분법)	• 주된 영업활동인 상품의 매매거래에 사용되는 회계처리방법 • 판매할 때에는 매출(수익)만 인식하고, 매출원가(비용)는 기말 결산 시점에 인식함

(2) 1분법 및 2분법에 의한 상품 매매거래의 회계처리

상기업인 A사의 제2기 회계연도에 다음과 같은 거래가 발생했을 때 이를 분개하여 보자.

- 기초재고 : 20x1년 1월 1일 기초 현재, 전기로부터 이월된 상품 1개가 있으며 당초 취득원가는 80원이었다.
- 당기매입 : 20x1년 2월 15일 상품 10개를 개당 100원에 현금으로 구입하였다.
- 당기매출 : 20x1년 3월 20일 전기에 구입했던 상품(개당 원가 80원) 1개와 당기에 구입한 상품(개당 원가 100원) 8개를 합한 총 9개를 개당 110원에 현금으로 판매하였다.
- 기말재고 : 20x1년 12월 31일 기말 현재, 상품 2개가 판매되지 않고 남아 있으며 취득원가는 개당 100원이었다.

① 처분손익만 표시하는 방법 (1분법)

- 기초재고 : 기초 재무상태표상 재고자산 금액은 80원으로 계상되어 있다.
- 당기매입 : 자산의 취득으로 회계처리한다.

    20x1. 2. 15.　(차) 상품　　　　　　　　　　1,000　　　(대) 현금　　　　　　　　　1,000

- 당기매출 : 처분금액으로 받는 현금 계정과목 등을 차변으로(자산의 증가 등), 상품 계정과목의 처분 전 장부금액을 대변으로(자산의 감소) 회계처리한다. 처분금액과 처분 전 장부금액의 차이만큼 처분손익을 인식한다.

    20x1. 3. 20.　(차) 현금　　　　　　　　　　990[1]　　(대) 상품　　　　　　　　　　880[2]
    　　　　　　　　　　　　　　　　　　　　　　　　　　　　　상품처분이익　　　　　　110[3]

    [1] 처분금액 = 9개 × @110원 = 990원
    [2] 처분 전 장부금액 = (1개 × @80원) + (8개 × @100원) = 880원
    [3] 처분금액 - 처분 전 장부금액 = 990 - 880 = 110원

- 기말재고 : 기말 결산 시 별도의 기말수정분개가 필요 없으며, 기말재고자산 금액은 200원[4](= 2개 × @100원)이 남아 있다.

    [4] 기초재고 + 당기매입 - 당기판매분 = 80 + 1,000 - 880 = 200원

② 매출과 매출원가를 모두 표시하는 방법 (2분법)

- 기초재고 : 기초 재무상태표상 재고자산 금액은 80원으로 계상되어 있다.
- 당기매입 : 자산의 취득으로 처리한다.

(차) 상품	xxx	(대) [계정명]	xxx
20x1. 2. 15. (차) 상품	1,000	(대) 현금	1,000

- 당기매출 : 차변에는 처분금액으로 받는 현금 계정과목 등으로(자산의 증가 등) 회계처리하고, 대변에는 동일한 금액을 상품매출 계정과목으로(수익의 발생) 회계처리한다. 상품 계정의 감소 및 그에 따른 비용을 인식하지 않고, 처분금액 전체에 대하여 수익만 인식한다.

(차) [계정명]	xxx	(대) 상품매출	xxx
20x1. 3. 20. (차) 현금	990	(대) 상품매출	990[1]

[1] 처분금액 : 9개 × @110원 = 990원

- 기말재고 : 기말 결산 시 기말재고를 파악하여 매출원가를 역으로 계산하고, 이 금액만큼 차변에 상품매출원가 계정(비용의 발생)으로, 대변에 상품 계정으로(자산의 감소) 회계처리한다. 이러한 기말수정분개에 따라 기말재고자산 금액은 200원(= 2개 × @100원)이 남게 된다.

(차) 상품매출원가	xxx	(대) 상품	xxx
20x1. 12. 31. (차) 상품매출원가	880[2]	(대) 상품	880

[2] 기초재고 + 당기매입 − 기말재고 = 80 + 1,000 − 200 = 880원

(3) 2분법의 장점

기업의 주된 영업활동에 대하여 '매출과 매출원가를 모두 표시하는 방법(2분법)'으로 회계처리하는 경우, '처분손익만 표시하는 방법(1분법)'과 비교할 때 다음과 같은 장점이 있다.

① 유용한 정보 제공

주된 영업활동에 대하여 단순히 처분손익(상품처분이익)만을 보여주는 것이 아니라, 얼마만큼의 판매(상품매출)가 이루어졌는지 그리고 그 판매에 대응하는 비용(매출원가)은 얼마인지를 보여줌으로써 회계정보이용자에게 보다 유용한 정보를 제공할 수 있다.

손익계산서에는 상품매출에서 상품매출원가를 차감한 매출총이익이 별도로 표시되며 이는 상품처분이익과 동일한 금액이다.

$$\text{매출총이익} = \text{상품매출} - \text{상품매출원가} = \text{상품처분이익}$$

② 실무상 적용 용이

주된 영업활동인 상품의 구입과 판매는 매우 빈번하게 일어나고 동일한 상품이더라도 구입 시점에 따라 그 가격이 달라지기 때문에, 1분법에 따라 판매 시점마다 일일이 상품의 처분 전 장부금액(당초 구입원가)과 처분손익(상품처분이익)을 구하는 것은 현실적으로 어렵다.

반면, 2분법으로 회계처리하는 경우에는 기말 결산 시점에 상품 실지재고조사를 통하여 구입 상품 중에서 당기에 판매된 분을 역으로 계산하고 이를 상품매출원가로 한 번에 계정 대체하기 때문에 실무상 적용이 편리하다.

참고 상품, 상품매출, 상품매출원가의 비교

계정과목	구 분
상 품	자산 (재고자산)
상품매출	수익 (매출액)
상품매출원가	비용 (매출원가)

(4) 상품매출원가

상품매출원가란 당기에 팔린 상품들의 당초 구입원가를 말한다.

상품매출원가는 기초상품재고액에서 당기상품매입액을 가산한 후 기말상품재고액을 차감하여 계산한다.

여기서 기초상품재고액과 당기상품매입액을 합한 금액은 분개와 전기를 통하여 상품 계정의 총계정원장에서 차변으로 집계되는데, 이를 판매가능상품금액이라고 한다.

기말 결산 시점까지 집계된 판매가능상품금액은 당기에 판매된 부분(상품매출원가)과 기말 현재 판매되지 않고 남아 있는 부분(기말상품재고액)으로 배분된다.

따라서 기말 결산 시 실지재고조사를 통하여 기말상품재고액을 파악한 후 이를 장부상 판매가능상품 금액에서 차감함으로써 상품매출원가를 역산할 수 있는 것이다.

$$\text{상품매출원가} = \text{기초상품재고액} + \text{당기상품매입액} - \text{기말상품재고액}$$
$$= \text{판매가능상품금액} - \text{기말상품재고액}$$

참고 상품의 총계정원장

A사의 제2기 회계연도를 사례로 2분법에 따른 상품 계정의 총계정원장을 작성하여 보면 다음과 같다.

03 재고자산의 취득원가

(1) 상품의 취득원가

$$\text{취득원가} = \text{당기상품(순)매입액}$$
$$= \text{매입가액} + \text{취득부대비용}^{1)} - \text{매입환출}^{2)} - \text{매입에누리}^{3)} - \text{매입할인}^{4)}$$

1) 매입운임, 매입하역료, 매입수수료, 취득세 등 상품을 취득하는 과정에서 정상적으로 발생하는 비용
2) 구입한 상품 중 하자나 파손이 발견되어 해당 물품을 반품하는 것
3) 구입한 상품 중 하자나 파손이 발견되어 값을 깎는 것
4) 상품의 구매자가 외상매입대금을 조기에 지급하여 약정에 따라 할인 받는 것

기출포인트
- 상품 취득 시 운송료, 수수료, 제세금 : 자산의 취득과 관련한 취득부대비용이므로 상품의 취득원가에 포함한다.
- 상품 매출 시 운송료, 수수료, 제세금 : 기업의 주된 영업활동인 상품의 매출과 관련하여 발생하는 비용이므로 운반비, 수수료비용, 세금과공과 등 별도의 비용 계정(판매비와관리비)으로 회계처리한다.

(2) 상품 취득에 대한 회계처리

상품을 취득할 때 취득부대비용은 상품 계정을 사용하여 취득원가에 그대로 합산되도록 회계처리하고, 매입환출·매입에누리·매입할인은 상품의 차감계정을 사용하여 취득원가에서 차감되도록 회계처리한다.

매입환출·매입에누리·매입할인 계정은 기중에 기업 내부적으로 사용하는 상세 계정과목이므로, 기말 결산 시 재무제표를 작성할 때에는 상품 계정에서 직접 차감한다.

① 취득부대비용

(차) 상품	xxx	(대) [계정명]	xxx

[사례] 1월 10일 상품을 20,000원에 외상으로 매입하고 매입운임 1,000원을 현금으로 지급하였다.

1월 10일	(차) 상품	21,000	(대) 외상매입금	20,000
			현금	1,000

② 매입환출 및 매입에누리

(차) 외상매입금	xxx	(대) 매입환출및에누리	xxx

[사례] 1월 12일 이틀 전 매입했던 상품 중에서 일부 파손이 발견되어 외상매입대금 중 5,000원을 깎았다.

1월 12일	(차) 외상매입금	5,000	(대) 매입환출및에누리	5,000

③ 매입할인

(차) 외상매입금	xxx	(대) [계정명]	xxx
		매입할인	xxx

[사례] 1월 18일 8일 전에 매입했던 상품의 외상매입대금 15,000원에 대하여 현금으로 결제하였다. 판매자와의 약정에 따라 조기 결제금액인 15,000원의 2%를 할인 받았다.

1월 18일	(차) 외상매입금	15,000	(대) 현금	14,700
			매입할인	300[1]

[1] 15,000원 × 2% = 300원

④ 상품 계정의 당기(순)매입액
= 매입가액 + 취득부대비용 − 매입환출및에누리 − 매입할인
= 20,000 + 1,000 − 5,000 − 300
= 15,700원

04 기말재고자산가액의 결정

 최근 82회 시험 중 50회 기출

기말 결산 시 회사는 상품 총계정원장의 차변에 집계된 판매가능상품 금액에서 재고실사로 파악한 기말상품 재고액을 차감하여 상품매출원가를 산출한다. 따라서 기말상품재고액의 결정은 상품매출원가에 영향을 끼침으로써 당기순이익을 달라지게 할 수 있다.

기말재고자산가액(기말상품재고액)은 다음과 같이 결정된다.

기말재고자산가액	=	수량	×	단가
		① 계속기록법 ② 실지재고조사법 ③ 혼합법		① 개별법 ② 선입선출법 ③ 후입선출법 ④ 총평균법 ⑤ 이동평균법

(1) 수량 결정방법

계속기록법	• 기중에 상품의 입고와 출고 수량을 계속적으로 기록하여 기말에 장부에 의하여 수량을 파악하는 방법을 말한다. • 계속기록법에서는 기초재고수량, 당기매입수량, 당기판매수량이 모두 기록되므로 장부상 재고수량은 언제든지 파악할 수 있으나, 실제 재고수량은 조사하지 않으므로 이를 파악할 수 없다.
실지재고조사법	• 기말에 직접 조사를 통하여 실제 재고수량을 파악하는 방법을 말한다. • 실지재고조사법에서는 기중에는 상품의 입고만 기록하고 입고란에 기록된 수량에서 기말에 직접 조사한 실제 수량을 차감하여 판매된 수량을 산출한다. 즉, 기초재고수량과 당기매입수량만 기록되므로 당기판매수량은 기말에 실지재고조사를 마쳐야만 일괄적으로 파악할 수 있다.
혼합법	• 실무에서는 기말재고수량을 파악할 때 **계속기록법과 실지재고조사법을 병행**하고 있는데, 이를 혼합법이라고 한다. • 혼합법에서는 장부상 재고수량과 직접 조사한 실제 재고수량을 모두 알 수 있기 때문에 보관 중에 발생한 **재고감모수량**(도난이나 파손 등)을 파악할 수 있다.

(2) 단가 결정방법 (원가흐름의 가정)

상품의 구입시기에 따라 동일한 상품의 구입단가가 계속하여 변동하는 경우 구입한 상품이 팔리는 순서에 관하여 일정한 가정을 하게 되는데, 이를 원가흐름의 가정이라고 한다.

재고자산의 원가흐름을 어떻게 가정하는가에 따라 매출원가와 기말재고자산가액을 계산할 때 사용되는 단가가 달라지게 된다.

원가흐름의 가정, 즉 기말재고자산의 단가 결정방법은 다음과 같다.

개별법	• 개별 상품 각각에 가격표를 붙여서 개별 물량흐름을 직접 추적하여 출고단가를 산정하는 방법을 말한다. • 가장 정확한 단가 산정방법이나 실무에서 적용하기는 현실적으로 어렵다.
선입선출법	• 먼저 매입(입고)한 상품을 먼저 판매(출고)한다는 가정하에 출고단가를 산정하는 방법을 말한다. (FIFO : First-In-First-Out) • 기말재고자산이 가장 최근 매입분으로 구성되므로 시가에 가깝게 표시된다(장점). 반면, 오래전 매입분이 매출원가로 기록되므로 수익·비용 대응이 적절히 이루어지지 않는다(단점).
후입선출법	• 나중에 매입(입고)한 상품을 먼저 판매(출고)한다는 가정하에 출고단가를 산정하는 방법을 말한다. (LIFO : Last-In-First-Out) • 가장 최근 매입분이 매출원가로 기록되므로 수익·비용 대응이 적절히 이루어진다(장점). 반면, 기말재고자산이 오래전 매입분으로 구성되므로 시가에 가깝게 표시되지 않는다(단점).
총평균법	• 기말에 총입고금액을 총입고수량으로 나누어 총평균단가를 구하고 총평균단가로 출고단가를 산정하는 방법을 말한다. • 공식 $$총평균단가 = \frac{기초재고액 + 당기매입액}{기초재고수량 + 당기매입수량}$$
이동평균법	• 매입할 때마다 새로 입고되는 상품의 매입액과 기존 상품의 장부금액을 합하여 새로운 평균단가(이동평균단가)를 구하고 이동평균단가로 출고단가를 산정하는 방법을 말한다. • 공식 $$이동평균단가 = \frac{매입 직전 재고액 + 추가 매입액}{매입 직전 재고수량 + 추가 매입수량}$$

> 참고 **평균법**
> 먼저 매입한 상품과 나중에 매입한 상품이 평균적으로 판매된다는 가정하에 일정 기간 동안의 재고자산매입액을 평균한 평균단가로 출고단가를 산정하는 방법을 평균법(또는 가중평균법)이라고 한다. 평균법에는 총평균법과 이동평균법이 있다.

(3) 단가결정방법에 따른 기말재고자산가액의 결정 사례

상기업인 B사의 제2기 회계연도에 다음과 같은 상품 거래가 발생했을 때 선입선출법, 후입선출법, 총평균법, 이동평균법에 따라 상품재고장(재고수불부)을 작성하고 기말재고자산가액 및 매출원가를 구하여 보자.

- 1월 1일 기초 현재, 전기로부터 이월된 상품 10개가 있으며 개당 120원이었다.
- 2월 2일 공급처로부터 상품 30개를 개당 140원에 현금 매입하였다.
- 3월 3일 고객사에 상품 20개를 개당 200원에 현금 매출하였다.
- 7월 7일 공급처로부터 상품 20개를 개당 165원에 현금 매입하였다.
- 11월 11일 고객사에 상품 20개를 개당 200원에 현금 매출하였다.
- 12월 31일 기말 결산 시, 창고를 직접 조사하여 기말 현재 판매되지 않고 남아있는 재고수량이 20개라는 것을 확인하였다.

① 선입선출법

상품재고장

(단위 : 원)

날짜	구분	입고			출고			잔고		
1/1	전기이월	10개	@120	1,200				10개	@120	1,200
2/2	매입	30개	@140	4,200				10개	@120	1,200
								30개	@140	4,200
3/3	매출				10개	@120	1,200			
					10개	@140	1,400	20개	@140	2,800
7/7	매입	20개	@165	3,300				20개	@140	2,800
								20개	@165	3,300
11/11	매출				20개	@140	2,800	20개	@165	3,300
12/31	차기이월				20개	@165	3,300			
합계		60개		8,700	60개		8,700			

- 기말재고자산가액 = 20개 × @165원 = 3,300원
- 매출원가 = 판매가능상품 금액 − 기말재고자산가액 = 8,700 − 3,300 = 5,400원

② 후입선출법

상품재고장

(단위 : 원)

날짜	구분	입고			출고			잔고		
1/1	전기이월	10개	@120	1,200				10개	@120	1,200
2/2	매입	30개	@140	4,200				10개	@120	1,200
								30개	@140	4,200
3/3	매출				20개	@140	2,800	10개	@120	1,200
								10개	@140	1,400
7/7	매입	20개	@165	3,300				10개	@120	1,200
								10개	@140	1,400
								20개	@165	3,300
11/11	매출				20개	@165	3,300	10개	@120	1,200
								10개	@140	1,400
12/31	차기이월				10개	@120	1,200			
					10개	@140	1,400			
합계		60개		8,700	60개		8,700			

- 기말재고자산가액 = (10개 × @120원) + (10개 × @140원) = 2,600원
- 매출원가 = 판매가능상품 금액 − 기말재고자산가액 = 8,700 − 2,600 = 6,100원

③ 총평균법

상품재고장

(단위 : 원)

날짜	구분	입고			출고			잔고		
1/1	전기이월	10개	@120	1,200				10개		
2/2	매 입	30개	@140	4,200				40개		
3/3	매 출				20개			20개		
7/7	매 입	20개	@165	3,300				40개		
11/11	매 출				20개			20개		
12/31	차기이월				20개					
합 계		60개		8,700	60개					

- 총평균단가 = 총입고금액 ÷ 총입고수량 = 8,700원 ÷ 60개 = @145원
- 기말재고자산가액 = 기말재고수량 × 총평균단가 = 20개 × @145원 = 2,900원
- 매출원가 = 판매가능상품 금액 − 기말재고자산가액 = 8,700 − 2,900 = 5,800원

④ 이동평균법

상품재고장

(단위 : 원)

날짜	구분	입고			출고			잔고		
1/1	전기이월	10개	@120	1,200				10개	@120	1,200
2/2	매 입	30개	@140	4,200				40개	@135	5,400
3/3	매 출				20개	@135	2,700	20개	@135	2,700
7/7	매 입	20개	@165	3,300				40개	@150	6,000
11/11	매 출				20개	@150	3,000	20개	@150	3,000
12/31	차기이월				20개	@150	3,000			
합 계		60개		8,700	60개		8,700			

- 2월 2일 이동평균단가 = (1,200원 + 4,200원) ÷ (10개 + 30개) = @135원
  7월 7일 이동평균단가 = (2,700원 + 3,300원) ÷ (20개 + 20개) = @150원
- 기말재고자산가액 = 기말재고수량 × 이동평균단가 = 20개 × @150원 = 3,000원
- 매출원가 = 판매가능상품 금액 − 기말재고자산가액 = 8,700 − 3,000 = 5,700원

참고 **상품재고장에서 출고단가와 출고금액의 기재 여부**

실무에서는 상품재고장을 작성할 때 출고수량만 기재하고 출고단가와 출고금액은 기재하지 않는 경우가 많다. 왜냐하면 이는 매출시점마다 일일이 상품의 처분 전 장부금액을 구하는 것에 준하는 번거로운 작업이기 때문이다.

다만, ㉠ 이동평균법을 적용할 때에는 상품재고장에 출고금액과 잔고금액을 지속적으로 기재하여야만 이동평균단가를 계산할 수 있으며, ㉡ 후입선출법을 적용할 때에는 상품재고장에 출고단가 및 출고금액을 기재하는 경우와 그렇지 않은 경우 계산결과가 서로 달라질 수 있다.

⑤ 단가결정방법에 따른 기말재고자산가액, 매출원가, 당기순이익의 계산 결과

(단위: 원)

구 분	선입선출법	이동평균법	총평균법	후입선출법
판매가능상품 금액	8,700	8,700	8,700	8,700
기말재고자산가액	3,300	3,000	2,900	2,600
매출원가	5,400	5,700	5,800	6,100
매출액	8,000	8,000	8,000	8,000
매출총이익, 당기순이익	2,600	2,300	2,200	1,900

참고 **단가 결정방법에 따른 기말재고자산가액, 매출원가, 당기순이익의 계산 결과 비교**

㉠ 물가는 상승하고 ㉡ 기말재고수량은 기초재고수량보다 같거나 크다고 가정한다.

구 분	계산 결과
기말재고자산가액	선입선출법 > 이동평균법 > 총평균법 > 후입선출법
매출원가	선입선출법 < 이동평균법 < 총평균법 < 후입선출법
당기순이익	선입선출법 > 이동평균법 > 총평균법 > 후입선출법

기출확인문제

기말재고자산을 과대평가하였을 때 나타나는 현상으로 옳은 것은? (제50회)

① 매출원가: 과대, 당기순이익: 과대
② 매출원가: 과대, 당기순이익: 과소
③ 매출원가: 과소, 당기순이익: 과대
④ 매출원가: 과소, 당기순이익: 과소

정답 ③

해설
기말재고자산 과대평가
→ 매출원가 과소계상
→ 당기순이익 과대계상

기출분개연습

*기출문제 날짜는 학습효과를 높이기 위해 일부 수정하였으며, 연습상사(코드번호 : 2301) 데이터를 사용하여 연습할 수 있습니다.

01 7월 1일 정일상사로부터 판매용 사무용품 5,000,000원을 외상으로 매입하고, 매입 시 당사 부담 운반비 50,000원을 한길택배에 현금으로 지급하다. [제53회]

02 7월 2일 진미상사로부터 상품 1,000,000원을 매입하고, 대금 중 500,000원은 상품매출대금으로 받아두었던 극동상사 발행 당좌수표로 지급하고 나머지는 자기앞수표로 지급하다. [특별회차(15년 8월)]

03 7월 3일 우리전자에서 상품 2,000,000원을 매입하고, 대금 중 500,000원은 소유하고 있던 거래처 발행 당좌수표로 지급하고, 잔액은 당사가 당좌수표를 발행하여 지급하다. (단, 매입운임 20,000원은 현금으로 지급하다) [제57회]

04 7월 4일 미래상사에서 판매용 화장품 1,500,000원을 매입하고, 지난달 지급한 계약금 200,000원을 제외한 금액은 보통예금 통장에서 이체하여 지급하다. [제55회]

05 7월 5일 한라상사에서 상품 2,000,000원을 매입하고, 지난달 지급한 계약금 200,000원을 차감한 대금 중 500,000원은 현금으로 지급하고 잔액은 외상으로 하다. [제54회]

06 7월 6일 동신조명에서 상품 1,600,000원을 매입하고, 지난달 지급한 계약금 200,000원을 차감한 잔액은 외상으로 하다. 또한 매입 시 당사 부담 운반비 10,000원은 현금으로 지급하다. [제58회]

07 7월 7일 영동상사에서 외상으로 매입한 상품 대금 4,000,000원을 약속기일보다 빨리 지급하게 되어 외상대금의 3%를 할인 받고 잔액은 보통예금 통장에서 이체하여 지급하다. (매입할인 계정을 사용한다) [제62회]

08 당기 판매가능상품 금액이 142,110,000원이고, 기말상품재고액은 7,600,000원이다. 기말 결산 시 상품매출원가의 결산정리분개를 하시오. (단, 결산차변, 결산대변을 사용하시오) [제59회 수정]

정답 및 해설

01	7월 1일	(차) 상품	5,050,000	(대) 외상매입금(정일상사)	5,000,000
				현금	50,000
02	7월 2일	(차) 상품	1,000,000	(대) 현금[1]	1,000,000

[1] 타인발행 당좌수표와 자기앞수표는 모두 통화대용증권에 해당하므로 '현금' 계정으로 회계처리한다.

03	7월 3일	(차) 상품	2,020,000	(대) 현금	520,000
				당좌예금	1,500,000
04	7월 4일	(차) 상품	1,500,000	(대) 선급금(미래상사)	200,000
				보통예금	1,300,000
05	7월 5일	(차) 상품	2,000,000	(대) 선급금(한라상사)	200,000
				현금	500,000
				외상매입금(한라상사)	1,300,000
06	7월 6일	(차) 상품	1,610,000	(대) 선급금(동신조명)	200,000
				외상매입금(동신조명)	1,400,000
				현금	10,000
07	7월 7일	(차) 외상매입금(영동상사)	4,000,000	(대) 매입할인(상품)	120,000
				보통예금	3,880,000
08	12월 31일	(결차) 상품매출원가	134,510,000[1]	(결대) 상품	134,510,000

[1] 판매가능상품 금액 − 기말상품재고액 = 142,110,000 − 7,600,000 = 134,510,000원

핵심기출문제

*본서에 수록된 기출문제의 날짜는 학습효과를 높이기 위하여 일부 수정함

01 다음은 재고자산에 대한 설명이다. 옳지 않은 것은? [제30회]

① 판매를 목적으로 보유하고 있는 자산이다.
② 상품, 제품 등이 해당된다.
③ 업무용 책상, 의자가 해당된다.
④ 컴퓨터 판매업의 판매목적 컴퓨터가 해당된다.

02 상품의 매입원가에 가산하는 항목이 아닌 것은? [제70회]

① 매입운임   ② 매입하역료   ③ 매입수수료   ④ 매입할인

03 다음 설명 중 그 내용이 가장 올바르지 못한 것은? [제44회]

① 매입에누리는 매입한 상품의 파손이나 하자를 이유로 값을 깎아준 것을 말한다.
② 매입환출은 매입한 상품을 반품한 것을 말한다.
③ 매입할인은 상품의 구입대금을 조기에 지급할 때에 상대방이 깎아준 것을 말한다.
④ 상품 구입 시 운반비를 구매자가 부담하기로 한 경우 관련 운반비는 운반비 계정으로 처리한다.

04 다음 대화를 통해 상품 순매입액을 구하면 얼마인가? [제45회]

- 사　　장 : 박부장! 소명상점에 주문한 상품이 들어왔습니까?
- 박부장 : 예, 8월 1일 갑상품 200개(개당 단가 1,000원)가 들어와서 창고에 입고했습니다.
- 사　　장 : 그럼 상품 구입 시 운임은 누구 부담인가요? 그리고 대금은 지불했습니까?
- 박부장 : 예, 상품대금 중 50,000원은 현금 지급하고, 나머지는 외상으로 하였습니다. 또 운임 30,000원은 상대방이 지불하였습니다. 그리고 8월 20일에 갑상품 10개가 흠이 발견되어 반품시켰습니다. 그리고 약속기일(8월 31일) 전인 8월 30일에 나머지 외상매입대금을 지급하고, 그 외상매입대금의 10%를 할인 받았습니다.

① 160,000원   ② 176,000원   ③ 180,000원   ④ 186,000원

05 다음 자료에 의하여 도출되는 매출원가는? [제72회]

- 기초상품재고액 : 500,000원
- 당기매입액 : 600,000원
- 기말상품재고액 : 100,000원

① 900,000원 ② 1,000,000원 ③ 1,100,000원 ④ 1,200,000원

정답 및 해설

01 ③ 업무용 책상, 의자는 유형자산에 해당한다.

02 ④
- 상품(재고자산)의 취득원가 = 매입가액 + 취득부대비용 − 매입환출 − 매입에누리 − 매입할인
- 매입운임, 매입하역료, 매입수수료는 취득 과정에서 정상적으로 발생하는 취득부대비용에 해당한다.

03 ④ 상품 구입 시 구매자가 부담하는 운반비는 상품의 취득원가로 처리하여야 한다.

04 ②
- 주문한 상품 입고 시 회계처리

  8월 1일 (차) 상품   200,000   (대) 현금   50,000
                                                         외상매입금   150,000

- 매입한 상품 반품 시 회계처리

  8월 20일 (차) 외상매입금   10,000   (대) 매입환출및에누리   10,000

- 외상대금 조기 지급에 따른 매입할인 시 회계처리

  8월 30일 (차) 외상매입금   140,000   (대) 현금   126,000
                                                         매입할인   14,000

- 상품 순매입액 = 상품 취득원가
  = 매입가액 + 취득부대비용 − 매입환출 − 매입에누리 − 매입할인
  = (200개 × @1,000원) + 0 − (10개 × @1,000원) − 0 − {(150,000원 − 10,000원) × 10%}
  = 200,000원 + 0 − 10,000원 − 0 − 14,000원
  = 176,000원

05 ② 매출원가 = 기초상품재고액 + 당기매입액 − 기말상품재고액
  = 500,000 + 600,000 − 100,000 = 1,000,000원

06 다음 자료에서 매출원가를 구하면 얼마인가? [제51회]

- 기초상품재고액 : 1,500,000원
- 당기매입가액 : 3,000,000원
- 매입운임 : 200,000원
- 매입에누리 : 90,000원
- 기말상품재고액 : 2,000,000원
- 매입환출 : 50,000원

① 2,560,000원 ② 2,580,000원 ③ 2,610,000원 ④ 2,700,000원

07 다음 자료에 의하여 상품의 당기 총매입액은 얼마인가? [제96회]

- 기초상품재고액 : 80,000원
- 당기매출원가 : 160,000원
- 기말상품재고액 : 45,000원
- 매입에누리 : 20,000원

① 145,000원 ② 120,000원 ③ 115,000원 ④ 110,000원

08 다음 자료에서 기초상품재고액은 얼마인가? [제57회]

- 당기매입액 : 300,000원
- 기말상품재고액 : 80,000원
- 당기매출액 : 600,000원
- 매출총이익 : 220,000원

① 160,000원 ② 180,000원 ③ 200,000원 ④ 220,000원

09 다음 중 재고자산의 수량결정방법에 해당하는 것은? [제67회]

① 실지재고조사법　② 선입선출법　③ 총평균법　④ 이동평균법

정답 및 해설

06 ①
- 당기 순매입액 = 매입가액 + 취득부대비용 − 매입환출 − 매입에누리 − 매입할인
  = 3,000,000 + 200,000 − 50,000 − 90,000 − 0
  = 3,060,000원
- 매출원가 = 기초재고 + 당기 순매입액 − 기말재고
  = 1,500,000 + 3,060,000 − 2,000,000
  = 2,560,000원

07 ① 매출원가 = 기초재고 + (당기 총매입액 − 매입에누리) − 기말재고
→ 160,000 = 80,000 + (? − 20,000) − 45,000
∴ 당기 총매입액 = 145,000원

08 ①
- 매출총이익 = 매출액 − 매출원가
  → 220,000 = 600,000 − ?
  ∴ 매출원가 = 380,000원
- 매출원가 = 기초재고 + 당기 매입액 − 기말재고
  → 380,000 = ? + 300,000 − 80,000
  ∴ 기초재고 = 160,000원

09 ①
- 재고자산의 수량결정방법 : 계속기록법, 실지재고조사법, 혼합법
- 재고자산의 단가결정방법 : 개별법, 선입선출법, 후입선출법, 총평균법, 이동평균법

10 ㈜서울의 12월 매입과 매출자료이다. 선입선출법에 의한 12월 말 재고자산과 매출원가는 얼마인가? [제77회]

일자	내역	입고		출고
		수량	단가	수량
12월 1일	월초 재고	100개	300원	
12월 10일	매입	200개	400원	
12월 18일	매출			150개
12월 27일	매입	100개	500원	

	기말재고자산	매출원가		기말재고자산	매출원가
①	110,000원	50,000원	②	80,000원	50,000원
③	60,000원	110,000원	④	50,000원	110,000원

11 다음은 당사의 당기 재고자산과 관련된 자료이다. 원가흐름의 가정을 선입선출법을 적용한 경우와 총평균법을 적용한 경우의 기말재고자산 가액의 차이는 얼마인가? [제85회]

구분	수량	단가
기초재고 (1월 1일)	10개	100원
매입 (3월 10일)	20개	200원
매입 (7월 25일)	30개	300원
매입 (8월 20일)	40개	400원
매출 (9월 15일)	30개	700원

① 3,000원 ② 4,000원 ③ 5,000원 ④ 6,000원

12 다음 자료에 기초한 장보고회사의 매출원가와 매출총이익은 얼마인가? [제78회]

- 기초상품 : 100개(@2,000)
- 당기상품판매 : 800개(@3,000)
- 당기상품매입 : 900개(@2,000)

	매출원가	매출총이익		매출원가	매출총이익
①	1,600,000원	900,000원	②	1,600,000원	800,000원
③	2,400,000원	900,000원	④	2,400,000원	800,000원

정답 및 해설

10 ①
- 상품재고장

상품				
기초재고	100개 × @300 = 30,000원	매출원가	150개	
12월 10일	200개 × @400 = 80,000원			
12월 27일	100개 × @500 = 50,000원	기말재고	250개	
	400개 160,000원		400개	160,000원

- 선입선출법
  - 기말재고 = (100개 × @500원) + (150개 × @400원) = 110,000원
  - 매출원가 = 판매가능상품 금액 − 기말재고 = 160,000 − 110,000 = 50,000원

11 ②
- 상품재고장

상품				
기초재고	10개 × @100 = 1,000원	매출원가	30개	
3월 10일	20개 × @200 = 4,000원			
7월 25일	30개 × @300 = 9,000원			
8월 20일	40개 × @400 = 16,000원	기말재고	70개	
	100개 30,000원		100개	30,000원

- 선입선출법
  - 기말재고 = (40개 × @400원) + (30개 × @300원) = 25,000원
  - 매출원가 = 판매가능상품 금액 − 기말재고 = 30,000 − 25,000 = 5,000원
- 총평균법
  - 총평균단가 = 총입고금액 ÷ 총입고수량 = 30,000원 ÷ 100개 = @300원
  - 기말재고 = 기말재고수량 × 총평균단가 = 70개 × @300원 = 21,000원
  - 매출원가 = 판매가능상품 금액 − 기말재고 = 30,000 − 21,000 = 9,000원
- 기말재고 차이 금액 = 25,000 − 21,000 = 4,000원

12 ②
- 기초재고의 구입 단가(@2,000원)와 당기매입액의 구입 단가(@2,000원)가 동일하다.
- 매출원가 = 판매수량 × 구입 단가 = 800개 × @2,000원 = 1,600,000원
- 매출액 = 판매수량 × 판매 단가 = 800개 × @3,000원 = 2,400,000원
- 매출총이익 = 매출액 − 매출원가 = 2,400,000 − 1,600,000 = 800,000원

13 다음 자료에 기초한 장보고회사의 매출원가와 매출총이익은 얼마인가? (단, 재고의 흐름은 선입선출법을 적용하고 있다) [제86회]

- 기초상품 : 100개(@2,000)
- 당기상품매입 : 900개(@3,000)
- 당기상품판매 : 800개(@4,000)

	매출원가	매출총이익		매출원가	매출총이익
①	1,600,000원	1,600,000원	②	2,300,000원	900,000원
③	2,400,000원	800,000원	④	2,400,000원	0원

14 아래 자료에서 선입선출법과 후입선출법으로 각각 매출원가를 계산하였을 때 매출총이익은 얼마인가? [제38회]

- 8월 1일   상품재고   40개   @1,000원   40,000원
- 8월 15일 상품매입   10개   @1,100원   11,000원
- 8월 20일 상품매출   20개   @1,200원   24,000원

	선입선출법	후입선출법		선입선출법	후입선출법
①	4,000원	4,000원	②	3,000원	3,000원
③	3,000원	4,000원	④	4,000원	3,000원

15 재고자산은 그 평가방법에 따라 금액이 달라질 수 있는데, 평가방법의 변경에 따른 기말재고자산 금액의 변동이 매출원가와 매출총이익에 미치는 영향으로 올바른 것은? [제62회]

① 기말재고자산 금액이 증가하면 매출원가가 증가한다.
② 기말재고자산 금액이 증가하면 매출총이익이 증가한다.
③ 기말재고자산 금액이 감소하면 매출총이익이 증가한다.
④ 기말재고자산 금액이 감소하면 매출원가가 감소한다.

16 다음 중 재고자산의 단가결정방법 중 선입선출법에 대한 설명으로 적절하지 않은 것은?

[제83회]

① 물가상승 시 기말재고자산이 과소평가된다.
② 물량흐름과 원가흐름이 대체적으로 일치한다.
③ 기말재고자산이 시가에 가깝게 표시된다.
④ 물가상승 시 이익이 과대계상된다.

17 다음 중 물가하락 시 당기순이익이 가장 높게 계상되는 재고자산 원가결정방법은? (단, 재고자산의 기초재고수량과 기말재고수량이 동일하다고 가정한다)

[제86회]

① 선입선출법　　② 이동평균법　　③ 총평균법　　④ 후입선출법

정답 및 해설

13 ② ・선입선출법에 의한 매출원가 = (100개 × @2,000원) + (700개 × @3,000원) = 2,300,000원
・매출액 = 800개 × @4,000원 = 3,200,000원
・매출총이익 = 매출액 − 매출원가 = 3,200,000 − 2,300,000 = 900,000원

14 ④ ・선입선출법
　− 매출원가 = (20개 × @1,000원) = 20,000원
　− 매출총이익 = 매출액 − 매출원가 = 24,000 − 20,000 = 4,000원
・후입선출법
　− 매출원가 = (10개 × @1,100원) + (10개 × @1,000원) = 21,000원
　− 매출총이익 = 매출액 − 매출원가 = 24,000 − 21,000 = 3,000원

15 ② ・기말재고자산 금액 증가 → 매출원가 감소 → 매출총이익 증가
・기말재고자산 금액 감소 → 매출원가 증가 → 매출총이익 감소

16 ① 선입선출법에서는 기말재고자산이 가장 최근 매입분으로 구성되므로, 물가가 상승할 경우 다른 단가결정방법에 비하여 기말재고자산이 과대평가된다.

17 ④ 후입선출법에서는 매출원가가 가장 최근 매입분으로 구성되므로, 물가가 하락하는 상황일 경우 다른 단가결정방법에 비하여 매출원가(비용)가 적게 계상되어 당기순이익이 가장 높게 나타난다.

제3절 | 비유동자산

01 비유동자산
최근 82회 시험 중 2회 기출

비유동자산이란 장기간 보유하는 자산으로서 보고기간 종료일로부터 1년 이후에 현금화되는 자산을 말한다. 비유동자산은 투자자산, 유형자산, 무형자산, 기타비유동자산으로 나누어진다.

02 투자자산
최근 82회 시험 중 6회 기출

(1) 투자자산의 정의
투자자산이란 장기적인 투자수익을 목적으로 보유하고 있는 자산을 말한다.

(2) 투자자산에 해당하는 계정과목

계정과목	내 용
장기금융상품	만기가 결산일로부터 1년 이후에 도래하는 금융상품(정기예금, 정기적금 등)
장기대여금	차용증서를 받고 타인에게 빌려준 금전으로서, 만기가 결산일로부터 1년 이후에 도래하는 것
투자부동산	투자 목적으로, 즉 시세차익을 얻기 위하여 보유하는 토지, 건물 및 기타의 부동산

> 참고 장기금융상품의 경우 기업 내부적으로는 거래를 상세하게 기록하기 위하여 장기성예금, 특정현금과예금 등 상세 계정과목을 사용하여 회계처리하고, 재무상태표를 작성할 때에는 장기금융상품으로 합산하여 표시한다.

용어 알아두기
- 장기성예금 : 사용이 제한되어 있지 않은 일반적인 장기금융상품
- 특정현금과예금 : 사용이 제한되어 있는 장기금융상품

03 유형자산

(1) 유형자산의 정의

유형자산이란 장기간에 걸쳐 영업활동에 사용할 목적으로 보유하는 자산으로서 물리적 형체가 있는 자산을 말한다.

(2) 유형자산에 해당하는 계정과목

계정과목	내 용
토 지	영업활동에 사용할 목적으로 보유하는 대지, 임야, 전, 답 등
건 물	영업활동에 사용할 목적으로 보유하는 공장, 사무실, 창고 등으로서 냉난방, 조명, 기타 건물부속설비를 포함함
구축물	영업활동에 사용할 목적으로 보유하는 것으로서 토지 위에 정착된 건물 이외의 토목설비, 공작물 및 이들의 부속설비(교량, 도로포장, 굴뚝, 정원설비 등)
기계장치	영업활동에 사용할 목적으로 보유하는 기계장치, 운송설비 및 이들의 부속설비
차량운반구	영업활동에 사용할 목적으로 보유하는 승용차, 트럭, 오토바이 등
비 품	영업활동에 사용할 목적으로 보유하는 컴퓨터, 복사기, 책상, 의자 등
건설중인자산	유형자산의 건설을 위하여 지출한 금액을 건설 완료 전까지 집계하기 위한 계정 (건설이 완료되면 건물 등 해당 계정으로 대체함)
감가상각누계액	건물, 구축물, 기계장치, 차량운반구, 비품 등 유형자산에 대하여 가치감소분을 누적적으로 표시하는 차감적 평가계정 참고 건물, 구축물, 기계장치, 차량운반구, 비품 등의 차감계정

(3) 유형자산의 특징

① 영업활동에 사용할 목적으로 보유

유형자산은 기업이 영업활동에 사용할 목적으로 보유하고 있는 것이어야 한다. 예를 들어 토지나 건물이라 하더라도, 기업이 이를 영업활동에 사용하지 않고 투자목적으로(시세차익을 얻기 위하여) 보유하고 있다면 투자자산(투자부동산 계정)으로 분류되어야 하고, 부동산매매업을 주업으로 하는 기업이 이를 판매할 목적으로 보유하고 있다면 재고자산으로 분류되어야 한다.

② 여러 회계기간에 걸쳐 사용

유형자산은 여러 회계기간에 걸쳐 수익창출활동에 기여하는 것이어야 한다. 예를 들어 비품을 취득하였는데 해당 자산이 수익창출활동에 기여하는 기간(내용연수)이 1년 미만이라면 이는 유형자산이 아니라 당기 비용(소모품비 계정)으로 분류되어야 한다.

③ 물리적 형체가 있는 자산

유형자산은 물리적 형체가 있는 것이어야 한다. 예를 들어 컴퓨터 소프트웨어인 ERP 프로그램을 구입하였다면 이는 물리적 형체가 없으므로 무형자산(소프트웨어 계정)으로 분류되어야 한다.

04 유형자산의 취득원가

최근 82회 시험 중 18회 기출

(1) 취득원가의 구성

유형자산의 취득원가는 해당 자산의 매입가액(외부구입 시) 또는 제조원가(자가건설 시)에 취득부대비용을 더하며 매입할인 등이 있는 경우에는 이를 취득원가에서 차감한다.

취득부대비용에 해당하는 대표적인 항목은 다음과 같다.

- 설치장소 준비를 위한 지출
- 외부 운송비
- 설치비
- 정상적인 사용을 위한 시운전비
- 설계와 관련하여 전문가에게 지급하는 수수료
- 취득과 관련된 중개인수수료
- **취득세** 등 취득과 직접 관련된 제세공과금

> **기출포인트**
> **재산세**, 자동차보험료, 보관비용 등은 자산의 보유와 관련된 지출이므로 취득부대비용(취득원가)으로 보지 않고 당기 비용으로 분류한다.

(2) 외부구입

취득원가 = 매입가액 + 취득부대비용 − 매입할인 등

(차) 해당 유형자산 계정	xxx	(대) [계정명]	xxx

[사례] 사무실 건물을 20,000원에 외상으로 구입하고 건물 구입과 관련하여 취득세 1,000원을 현금으로 지급하였다.

(차) 건물	21,000	(대) 미지급금	20,000
		현금	1,000

(3) 자가건설 (건설중인 자산)

건설과 관련하여 소요되는 지출은 건설중인자산 계정으로 집계하였다가 건설이 완료되면 건물이나 기계장치 등 해당 유형자산 계정으로 대체한다.

```
건설 완료 전까지 지출 발생
    (차) 건설중인자산        xxx      (대) [계정명]           xxx

건설 완료되어 공사 잔금을 지급
    (차) 해당 유형자산계정    xxx      (대) 건설중인자산        xxx
                                          [계정명]           xxx
```

[사례] 1월 11일 사무실 건물을 신축하기로 결정하고 공사 착수금 30,000원을 현금으로 지급하였다.
9월 30일 사무실 건물 신축 공사를 완료하고 잔금 50,000원을 보통예금으로 지급하였다.

1월 11일	(차) 건설중인자산[1]	30,000	(대) 현금		30,000
9월 30일	(차) 건물	80,000	(대) 건설중인자산		30,000
			보통예금		50,000

[1] 유형자산을 건설하기 위하여 지출한 금액으로서 아직 건설이 완료되지 않은 것을 말한다.

(4) 증여에 의한 무상취득

증여에 의하여 무상으로 취득한 경우에는 그 자산의 공정가치를 취득원가로 한다.

공정가치(Fair Value)란 합리적인 판단력과 거래의사가 있는 독립적 당사자 사이의 거래에서 인정되는 해당 자산의 교환가치를 말한다.

```
취득원가 = 공정가치 + 취득부대비용
    (차) 해당 유형자산 계정    xxx      (대) 자산수증이익        xxx
                                          [계정명]           xxx
```

[사례] 회사의 임원 홍길동으로부터 공정가치 50,000원인 토지를 증여받고 취득세 2,000원을 현금으로 지급하였다.

(차) 토지	52,000	(대) 자산수증이익[1]		50,000
		현금		2,000

[1] 회사가 주주 또는 기타의 자로부터 재산을 무상으로 증여받음으로써 발생하는 수익을 말한다.

05 유형자산의 취득 이후의 지출

최근 82회 시험 중 26회 기출

유형자산을 취득한 이후에 이를 영업활동에 사용하는 과정에서 각종 지출이 발생하게 되는데, 회사는 지출의 성격에 따라 다음과 같이 '자본적 지출'과 '수익적 지출'로 구분하여 회계처리한다.

(1) 자본적 지출

자본적 지출이란 유형자산의 취득 이후에 발생하는 지출이 해당 자산의 내용연수를 연장하거나 성능 수준을 현저히 향상시키는 등 **미래 경제적 효익을 증가**시키는 경우를 말한다.

자본적 지출에 해당하는 대표적인 항목은 다음과 같다.

- 본래의 용도를 변경하기 위한 개조
- 엘리베이터 또는 냉난방 장치의 설치
- 빌딩 등에 있어서 피난시설 등의 설치
- 기타 개량, 확장, 증설 등 자산의 가치를 증가시키는 것

자본적 지출이 발생하는 경우에는 지출금액을 **해당 자산의 취득원가에 가산**한다. 그 후, 지출의 효익이 지속되는 기간에 걸쳐 감가상각을 통하여 비용을 인식한다.

| (차) 해당 유형자산 계정 | xxx | (대) [계정명] | xxx |

[사례] 사무실 건물에 엘리베이터를 설치하고 공사대금 20,000원은 현금으로 지급하였다.

| (차) 건물 | 20,000 | (대) 현금 | 20,000 |

(2) 수익적 지출

수익적 지출이란 유형자산의 취득 이후에 발생하는 지출이 해당 자산을 수선하는 등 **당초 예상되었던 성능 수준으로 회복시키거나 유지**하기 위한 경우를 말한다.
수익적 지출에 해당하는 대표적인 항목은 다음과 같다.

- 건물 또는 벽의 도장
- 파손된 유리나 기와의 대체
- 기계의 소모된 부속품과 벨트의 대체
- 자동차의 타이어 튜브의 대체
- 기타 조업 가능한 상태의 유지 등을 위한 것

수익적 지출이 발생하는 경우에는 지출금액을 수선비 계정이나 차량유지비 계정 등 **당기 비용**으로 회계처리한다.

| (차) 수선비, 차량유지비 등(당기 비용) | xxx | (대) [계정명] | xxx |

[사례] 사무실 건물의 외벽이 낡아 페인트 공사를 실시하고 도색비용 10,000원은 현금으로 지급하였다.

| (차) 수선비 | 10,000 | (대) 현금 | 10,000 |

기출포인트

자본적 지출과 수익적 지출에 대한 회계처리 오류 발생 시 영향

오류 유형	자산	비용	당기순이익	자본
자본적 지출을 수익적 지출로 처리하는 경우 (자산으로 처리하여야 하는 것을 비용으로 처리하는 경우)	과소	과대	과소	과소
수익적 지출을 자본적 지출로 처리하는 경우 (비용으로 처리하여야 하는 것을 자산으로 처리하는 경우)	과대	과소	과대	과대

기출확인문제

*2026년 출제예상

매장 건물에 엘리베이터를 설치하고 아래와 같이 회계처리한 경우 발생하는 효과로 옳은 것은? (제46회)

| (차) 수선비 | 80,000,000 | (대) 보통예금 | 80,000,000 |

① 비용의 과소계상
② 부채의 과대계상
③ 자산의 과소계상
④ 순이익의 과대계상

정답 ③

해설
엘리베이터 설치공사는 자본적 지출에 해당하나 이를 수익적 지출로 보아 수선비로 회계처리한 경우이다.
자본적 지출을 수익적 지출로 처리하는 경우(즉, 자산으로 처리하여야 하는 것을 비용으로 처리하는 경우): 자산의 과소계상, 비용의 과대계상, 순이익의 과소계상

06 유형자산의 감가상각

 최근 82회 시험 중 50회 기출

(1) 감가상각의 정의

유형자산은 영업활동에 사용되면서 소모되므로 시간의 경과에 따라 자산가치가 점점 감소하게 되는데, 이러한 현상을 측정하여 유형자산의 사용기간에 걸쳐 비용으로 배분하는 절차를 감가상각이라고 한다.

감가상각은 수익·비용 대응의 원칙에 입각한 비용의 인식을 위하여, 유형자산의 취득원가에서 잔존가치를 차감한 감가상각대상금액을 그 자산이 사용되면서 수익창출활동에 기여하는 기간에 걸쳐 합리적이고 체계적인 방법으로 배분하는 것이라고 할 수 있다.

기출포인트

- 토지는 감가상각을 하지 않는다.
- 건설중인자산은 아직 건설이 완료되지 않은 것이므로 감가상각을 하지 않는다. (건설이 완료되어 건물 등 해당 계정으로 대체되고 자산이 사용 가능한 때부터 감가상각을 시작한다)

(2) 감가상각의 회계처리

각 회계연도 말에 당기 감가상각 금액을 계산하여, 차변에는 비용인 감가상각비 계정으로(비용의 발생), 대변에는 자산의 차감적 평가계정인 감가상각누계액 계정으로(자산 차감의 증가 = 자산의 감소) 회계처리한다.

(차) 감가상각비	xxx	(대) 감가상각누계액	xxx

감가상각누계액이란 건물, 기계장치 등 유형자산에 해당하는 계정들의 취득원가에 대한 가치감소분의 누적액을 말한다.

회계처리를 할 때 감가상각누계액 계정은 유형자산 계정과목마다 별도의 계정(예 건물에 대한 감가상각누계액 계정, 기계장치에 대한 감가상각누계액 계정)을 사용한다.

재무상태표를 작성할 때 감가상각누계액 계정은 아래 예시와 같이 각 유형자산 계정별로 구분하여 차감적 평가계정으로 표시한다.

유형자산의 취득원가에서 감가상각누계액을 차감한 금액을 유형자산의 장부금액(또는 미상각잔액)이라고 한다.

재무상태표

유형자산		
건물	200,000	
감가상각누계액	(80,000)	
	120,000	
기계장치	50,000	
감가상각누계액	(25,000)	
	25,000	

[사례] 20x1년 1월 1일에 기계장치를 1,000,000원에 취득하였고, 20x1년 기말에 감가상각비 200,000원을 인식하였다. 20x2년의 감가상각비가 200,000원으로 계산되었을 때, 20x2년 기말의 감가상각 회계처리를 하고 20x2년 손익계산서와 20x2년 말 재무상태표에 표시하여 보자.

[풀이] • 20x2년 기말 결산 시 감가상각 회계처리
    20x2. 12. 31. (차) 감가상각비   200,000   (대) 감가상각누계액   200,000

• 20x2년 회계연도 손익계산서

판매비와관리비		
감가상각비	200,000	

• 20x2년 회계연도 기말 재무상태표

유형자산		
기계장치	1,000,000	
감가상각누계액[1]	(400,000)	
	600,000	

[1] 가치감소분의 누적액 = 200,000(20x1년 가치감소분) + 200,000(20x2년 가치감소분) = 400,000원

(3) 감가상각비의 계산요소

당기 감가상각비를 계산하기 위해서는 취득원가, 잔존가치, 내용연수를 알아야 한다.

취득원가	취득 시점의 장부금액을 말하며, 취득 시점 이후 자본적 지출이 발생하는 경우에는 이를 가산한다.
잔존가치	자산을 내용연수가 종료하는 시점까지 사용한 후 처분할 때 받을 것으로 예상되는 처분금액에서 예상되는 처분비용을 차감한 금액을 말한다.
내용연수	자산에 대한 예상 사용기간을 말한다.

(4) 감가상각방법

① 정액법

정액법이란 감가상각대상금액(= 취득원가 − 잔존가치)을 내용연수 동안 매기 동일한 금액으로 균등하게 배분하는 방법을 말한다.

$$감가상각비 = (취득원가 - 잔존가치) \times \frac{1}{내용연수}$$

[사례] 20x1년 1월 1일에 기계장치를 1,000,000원에 취득하였다. 내용연수는 4년, 잔존가치는 100,000원이다. 감가상각방법이 정액법일 경우 각 회계연도별 감가상각비를 계산하여 보자.

[풀이]

회계연도	감가상각비 계산근거	당기 감가상각비	기말 감가상각누계액	기말 장부금액
20x1년	(1,000,000 − 100,000) × (1/4)	225,000	225,000	775,000
20x2년	(1,000,000 − 100,000) × (1/4)	225,000	450,000	550,000
20x3년	(1,000,000 − 100,000) × (1/4)	225,000	675,000	325,000
20x4년	(1,000,000 − 100,000) × (1/4)	225,000	900,000	100,000

> 참고 **정액법일 경우 감가상각비와 장부금액의 변동 추이**
>
> 자산을 기초 시점에 취득하였다고 가정하면 정액법일 경우, 감가상각비는 매년 동일하고, 이에 따라 장부금액은 매년 일정한 금액만큼씩 감소하게 된다. 이러한 변동 추이를 그림으로 살펴보면 다음과 같다.

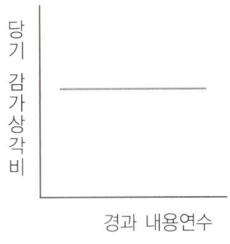

② 정률법

정률법이란 기초의 미상각잔액(= 취득원가 - 감가상각누계액)에 매기 동일한 상각률을 곱해서 감가상각비를 구하는 방법을 말한다.

정률법을 적용하면 내용연수 초기에는 감가상각비를 많이 인식하고 후기로 갈수록 적게 인식하게 된다.

정률법의 상각률은 제곱근을 사용하여 계산되므로 문제에서 값이 주어지는 것이 일반적이다.

> 감가상각비 = (취득원가 - 기초의 감가상각누계액) × 감가상각률[1]

[1] 감가상각률 = $1 - \sqrt[n]{잔존가치/취득원가}$ (n : 내용연수)

[사례] 20x1년 1월 1일에 기계장치를 1,000,000원에 취득하였다. 내용연수는 4년, 잔존가치는 100,000원이다. 감가상각방법이 정률법(감가상각률 : 0.438[2])일 경우 각 회계연도별 감가상각비를 계산하여 보자.

[풀이]

회계연도	감가상각비 계산근거	당기 감가상각비	기말 감가상각누계액	기말 장부금액
20x1년	(1,000,000 - 0) × 0.438	438,000	438,000	562,000
20x2년	(1,000,000 - 438,000) × 0.438	246,156	684,156	315,844
20x3년	(1,000,000 - 684,156) × 0.438	138,340	822,496	177,504
20x4년	(1,000,000 - 822,496) × 0.438	77,504[3]	900,000	100,000

[2] 감가상각표 = $1 - \sqrt[4]{100,000/1,000,000} = 0.438$

[3] 감가상각이 종료되는 20x4년의 감가상각비 계산 시 기말 장부금액이 잔존가치와 일치되도록 끝수를 조정하였는데, 이는 계산에 사용되었던 감가상각률이 정확한 비율이 아니라 소수점 넷째 자리에서 반올림한 것이기 때문이다.

참고 정률법일 경우 감가상각비와 장부금액의 변동 추이

자산을 기초 시점에 취득하였다고 가정하면 정률법일 경우, 감가상각비는 매년 일정한 비율(= 1 - 감가상각률)로 감소하고[1], 이에 따라 장부금액은 매년 체감적으로 감소하게 된다[2]. 이러한 변동 추이를 그림으로 살펴보면 다음과 같다.

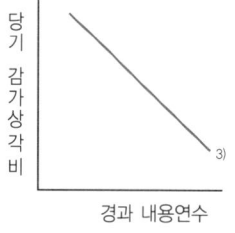

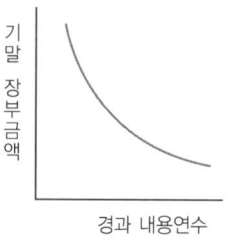

[1] 상기 사례에서 감가상각비는 매년 0.562(= 1 - 0.438)라는 일정한 비율로 감소한다.

[2] 정률법의 경우, 내용연수 초기에는 감가상각비를 많이 인식하고 후기로 갈수록 적게 인식하기 때문에 장부금액이 내용연수 초기에는 급격히 감소하나 후기로 갈수록 완만하게 감소하게 되는데, 이와 같이 장부금액이 체감적으로 감소하는 행태를 보이는 감가상각방법들을 통칭하여 '체감잔액법'이라고 한다.

[3] 체감잔액법에 해당하는 감가상각방법의 경우 경과 내용연수에 따른 당기 감가상각비 그래프는 모두 우하향한다. 우하향 그래프의 형태를 보면, 정률법일 때는 거의 직선에 가까운 곡선 형태로 나타난다.

(5) 기중에 취득하는 경우의 감가상각

유형자산을 기초가 아니라 기중에 취득하는 경우, 첫 회계기간의 감가상각비는 취득 시점부터 기말까지의 기간에 대하여만 인식하여야 한다.

기중에 취득한 유형자산에 대한 각 회계연도별 감가상각비를 계산할 때에는, 먼저 취득 시점을 기준으로 하여 1년 단위로 감가상각비를 구한 다음, 이를 각 회계기간이 차지하는 기간 비율에 따라 안분한다.

다만, 정액법과 정률법의 경우, 간편법으로도 동일한 금액을 계산할 수 있다.

[사례] 20x1년 4월 1일에 기계장치를 1,000,000원에 취득하였다. 내용연수는 4년, 잔존가치는 100,000원이다.

감가상각방법이 정액법일 경우와 정률법(감가상각률 : 0.438)일 경우를 가정하여 20x1년과 20x2년의 감가상각비를 각각 계산하여 보자. (단, 결산일은 매년 12월 31일이며, 월할 계산한다)

[풀이] • 정액법

회계연도	감가상각비 계산근거	당기 감가상각비
20x1년	(1,000,000 − 100,000) × (1/4) × (9개월/12개월)	168,750
20x2년	{(1,000,000 − 100,000) × (1/4) × (3개월/12개월)} + {(1,000,000 − 100,000) × (1/4) × (9개월/12개월)}	225,000[1]

[1] 간편법 = (취득원가 − 잔존가치) × $\dfrac{1}{\text{내용연수}}$

= (1,000,000 − 100,000) × $\dfrac{1}{4}$ = 225,000원

• 정률법

회계연도	감가상각비 계산근거	당기 감가상각비
20x1년	(1,000,000 − 0) × 0.438 × (9개월/12개월)	328,500
20x2년	{(1,000,000 − 0) × 0.438 × (3개월/12개월)} + {(1,000,000 − 438,000) × 0.438 × (9개월/12개월)}	294,117[2]

[2] 간편법 = (취득원가 − 기초의 감가상각누계액) × 감가상각률
= (1,000,000 − 328,500) × 0.438 = 294,117원

07 유형자산의 처분

유형자산을 처분하는 경우에는 처분금액과 처분 전 장부금액(= 취득원가 − 감가상각누계액)을 비교하여 처분손익을 인식한다.

처분금액이 처분 전 장부금액보다 크다면 유형자산처분이익 계정(수익)을, 처분금액이 처분 전 장부금액보다 작다면 유형자산처분손실 계정(비용)을 인식한다.

처분금액을 계상할 때, 수수료 등 매각 시 부대비용이 있는 경우에는 매각금액에서 동 부대비용을 차감한 순매각금액을 처분금액으로 본다.

처분금액 > 처분 전 장부금액 : 유형자산처분이익			
(차) [계정명]	xxx	(대) 해당 유형자산 계정	xxx
감가상각누계액	xxx	유형자산처분이익	xxx

[사례] 사용하던 기계장치를 거래처에 100,000원에 매각처분하고 대금은 매각수수료 1,000원을 차감한 후 현금으로 받았다. 처분 시점 현재 기계장치의 장부상 취득원가는 200,000원, 감가상각누계액은 120,000원이었다.

(차) 감가상각누계액	120,000	(대) 기계장치	200,000
현금	99,000	유형자산처분이익	19,000[1]

[1] 처분금액 − 처분 전 장부금액 = (100,000 − 1,000) − (200,000 − 120,000) = 19,000원

처분금액 < 처분 전 장부금액 : 유형자산처분손실			
(차) [계정명]	xxx	(대) 해당 유형자산 계정	xxx
감가상각누계액	xxx		
유형자산처분손실	xxx		

[사례] 사용하던 차량을 중고자동차매매업체에 30,000원에 매각처분하고 대금은 현금으로 받았다. 처분 시점 현재 차량의 장부상 취득원가는 100,000원, 감가상각누계액은 60,000원이었다.

(차) 감가상각누계액	60,000	(대) 차량운반구	100,000
현금	30,000		
유형자산처분손실	10,000[2]		

[2] 처분금액 − 처분 전 장부금액 = 30,000 − (100,000 − 60,000) = (−)10,000원

08 무형자산

(1) 무형자산의 정의

무형자산이란 장기간에 걸쳐 영업활동에 사용할 목적으로 보유하는 물리적 형체가 없는 자산으로서 ㉠ **식별 가능**하고, ㉡ **기업이 통제**하고 있으며, ㉢ **미래 경제적 효익**이 있는 것을 말한다.

(2) 무형자산에 해당하는 계정과목

계정과목	내 용
영업권	우수한 경영진, 뛰어난 영업망, 유리한 위치, 기업의 좋은 이미지 등 동종의 다른 기업에 비하여 특별히 유리한 사항들을 집합한 무형의 자원 (사업결합 등 외부로부터 취득한 영업권만 인정되며, **내부적으로 창출한 영업권은 인정되지 않음**)
산업재산권	일정 기간 동안 독점적·배타적으로 이용할 수 있는 권리 예 특허권, 실용신안권, 디자인권, 상표권
소프트웨어	컴퓨터 소프트웨어의 구입 금액 예 회계프로그램, ERP프로그램, MS오피스프로그램
개발비	신제품이나 신기술의 개발단계에서 발생한 지출로서 취득원가를 개별적으로 식별 가능하고 미래 경제적 효익을 창출할 수 있는 것

09 기타비유동자산

최근 82회 시험 중 5회 기출

(1) 기타비유동자산의 정의

기타비유동자산이란 비유동자산 중에서 투자자산, 유형자산, 무형자산에 속하지 아니하는 자산을 말한다.

(2) 기타비유동자산에 해당하는 계정과목

계정과목	내 용
임차보증금	월세 등의 조건으로 타인의 동산이나 부동산을 사용하기 위하여 임대차계약에 따라 임차인이 임대인에게 지급하는 보증금 (계약기간이 만료되면 다시 반환 받음)
전세권	월세 조건 없이 타인의 부동산을 사용하기 위하여 임대차계약에 따라 임차인이 임대인에게 지급하는 전세금 (계약기간이 만료되면 다시 반환 받음)
장기외상매출금	기업의 주된 영업활동(일반적인 상거래)인 상품매출을 하고 아직 받지 않은 외상대금으로서, 만기가 결산일로부터 1년 이후에 도래하는 것
장기받을어음	기업의 주된 영업활동(일반적인 상거래)인 상품매출을 하고 이에 대한 대금으로 상대방으로부터 받은 어음으로서, 만기가 결산일로부터 1년 이후에 도래하는 것
장기매출채권	**외부보고용** 재무상태표에서 사용되는 **통합 표시 계정**으로서, '장기외상매출금 + 장기받을어음'을 말함
대손충당금	상대방의 파산 등의 사유로 인하여 장기외상매출금, 장기받을어음 등을 회수하지 못할 가능성을 추정하여 금액으로 표시하는 차감적 평가계정 참고 장기외상매출금, 장기받을어음 등의 차감계정
장기미수금	일반적인 상거래 이외의 거래에서 발생한 외상대금으로서, 만기가 결산일로부터 1년 이후에 도래하는 것

(3) 임차보증금

① 임차계약 체결 시 임차보증금의 지급

(차) 임차보증금	xxx	(대) [계정명]	xxx

[사례] 월세를 조건으로 사무실 임차계약을 체결하고 보증금 100,000원을 현금으로 지급하였다.

(차) 임차보증금	100,000	(대) 현금	100,000

② 임차계약 만료 시 임차보증금의 회수

(차) [계정명]	xxx	(대) 임차보증금	xxx

[사례] 사무실 임차계약기간이 만료되어 계약 체결 당시 납입했던 보증금 100,000원을 현금으로 돌려받았다.

(차) 현금	100,000	(대) 임차보증금	100,000

> **참고** 임차보증금, 임대보증금, 임차료, 임대료의 비교
>
> 동산이나 부동산의 임대차계약을 체결할 때, 임료를 내고 상대방의 물건을 빌리는 사람(세입자)을 임차인이라고 하고, 임료를 받고 자신의 물건을 빌려주는 사람(집주인)을 임대인이라고 한다.
>
> 임대차계약에서 임료의 형태는 크게 월세와 보증금으로 나누어 볼 수 있다.
>
> 임차인과 임대인의 입장에서 월세와 보증금을 회계처리할 때 사용하는 계정과목은 각각 다음과 같다.
>
> | 구 분 | 임차인 (세입자) | 임대인 (집주인) |
> |---|---|---|
> | 월 세 | 임차료 (비용) | 임대료 (수익) |
> | 보증금 | 임차보증금 (자산) | 임대보증금 (부채) |

fn.Hackers.com

기출분개연습

*기출문제 날짜는 학습효과를 높이기 위해 일부 수정하였으며, 연습상사(코드번호 : 2301) 데이터를 사용하여 연습할 수 있습니다.

01 8월 1일 한국상사에 2년 후 회수 예정으로 6,000,000원을 대여하고 보통예금 계좌에서 이체하다. [제52회]

02 8월 2일 만기가 2년 후 7월 31일인 정기예금에 1,000,000원을 예금하기 위해 보통예금 통장에서 이체하다. [제51회]

03 8월 3일 매장 신축용 토지를 20,000,000원에 ㈜한국개발에서 구입하고, 대금 중 5,000,000원은 자기앞수표로 지급하고, 잔액은 2개월 후에 지급하기로 하다. 또한 토지에 대한 취득세 300,000원을 현금으로 지급하다. [제50회]

04 8월 4일 매장 건물을 신축하기 위하여 토지를 취득하고 그 대금 30,000,000원을 당좌수표를 발행하여 지급하다. 또한 부동산 중개수수료 500,000원과 취득세 600,000원은 현금으로 지급하다. [제42회]

05 8월 5일 화물트럭 구입 시 취득세 680,000원을 현금으로 지급하였다. [제53회]

06 8월 6일 사무실에서 사용하는 FAX 기기 250,000원, FAX 잉크 1개 35,000원을 구입하고 현금으로 결제하다. FAX 기기는 비품(자산)으로 FAX 잉크는 소모품비(비용)로 처리하다.
[제42회]

07 8월 7일 판매부서의 건물에 엘리베이터 설치비(자본적 지출) 6,000,000원과 외벽 도색비(수익적 지출) 500,000원을 현금으로 지급하다.
[제59회]

08 8월 8일 매장 건물의 모든 출입문을 자동화 시설로 교체하고, 출입문 설치비 6,000,000원은 태극설비에 2개월 후에 지급하기로 하다. (자본적 지출로 회계처리)
[제51회]

정답 및 해설

01	8월 1일	(차) 장기대여금(한국상사)	6,000,000	(대) 보통예금		6,000,000	
02	8월 2일	(차) 장기성예금¹⁾	1,000,000	(대) 보통예금		1,000,000	

¹⁾ 만기가 결산일(당해 연도 12월 31일)로부터 1년 이후에 도래하므로 장기금융상품에 해당하는 '장기성예금' 계정으로 회계처리한다.

03	8월 3일	(차) 토지	20,300,000	(대) 현금	5,300,000
				미지급금(㈜한국개발)	15,000,000
04	8월 4일	(차) 토지	31,100,000	(대) 당좌예금	30,000,000
				현금	1,100,000
05	8월 5일	(차) 차량운반구	680,000	(대) 현금	680,000
06	8월 6일	(차) 비품	250,000	(대) 현금	285,000
		소모품비(판관비)	35,000		
07	8월 7일	(차) 건물	6,000,000	(대) 현금	6,500,000
		수선비(판관비)	500,000		
08	8월 8일	(차) 건물	6,000,000	(대) 미지급금(태극설비)	6,000,000

09 8월 9일 영업팀에서 사용하던 차량운반구를 기아상사에 7,800,000원에 매각하고 대금은 현금으로 받았다. (단, 당기 감가상각비는 계상하지 않는다) [제32회]

계정과목	취득원가	감가상각누계액	상각방법
차량운반구	15,000,000원	7,500,000원	정률법

10 8월 10일 매장에서 사용 중인 냉온풍기(취득원가 3,000,000원, 감가상각누계액 1,800,000원)를 경인상사에 800,000원에 처분하고, 대금은 월말에 받기로 하다. [제56회]

11 8월 11일 상품 배송에 사용하는 트럭(취득원가 5,000,000원, 폐차 시점까지 감가상각누계액 4,800,000원)을 폐차하고, 폐차에 대한 고철값 100,000원을 현금으로 받다. [제53회]

12 기말 결산 시, 당기분 영업용 차량운반구에 대한 감가상각비 600,000원과 판매부서의 비품에 대한 감가상각비 500,000원을 계상하다. [제58회]

13 기말 결산 시, 영업부에서 사용하기 위하여 전년도 5월 초에 취득한 비품의 당기분 감가상각비를 계상하다. (취득원가 8,000,000원, 잔존가치 2,000,000원, 내용연수 5년, 정액법) [제99회]

14 8월 14일 매출 증대를 위해 대왕마트에서 한 달 동안 완구용품을 판매하기로 하고 대형마트용 진열대를 임차하면서 대왕마트에 보증금 300,000원과 1개월분 임차료 100,000원을 보통예금 계좌에서 이체하다. [제45회]

15 8월 15일 상품 보관을 위해 대성건설로부터 임차하여 사용하고 있던 창고 건물의 임차기간이 완료되어 임차보증금 10,000,000원을 보통예금 계좌로 돌려받다. [제57회]

정답 및 해설

09	8월 9일	(차) 감가상각누계액(차량운반구)	7,500,000	(대) 차량운반구	15,000,000
		현금	7,800,000	유형자산처분이익	300,000
10	8월 10일	(차) 감가상각누계액(비품)	1,800,000	(대) 비품	3,000,000
		미수금(경인상사)	800,000		
		유형자산처분손실	400,000		
11	8월 11일	(차) 감가상각누계액(차량운반구)	4,800,000	(대) 차량운반구	5,000,000
		현금	100,000		
		유형자산처분손실	100,000		
12	12월 31일	(차) 감가상각비(판관비)	1,100,000	(대) 감가상각누계액(차량운반구)	600,000
				감가상각누계액(비품)	500,000
13	12월 31일	(차) 감가상각비(판관비)	1,200,000[1]	(대) 감가상각누계액(비품)	1,200,000

[1] (취득원가 − 잔존가치) × (1/내용연수) = (8,000,000 − 2,000,000) × (1/5) = 1,200,000원

14	8월 14일	(차) 임차보증금(대왕마트)	300,000	(대) 보통예금	400,000
		임차료(판관비)	100,000		
15	8월 15일	(차) 보통예금	10,000,000	(대) 임차보증금(대성건설)	10,000,000

핵심기출문제

* 본서에 수록된 기출문제의 날짜는 학습효과를 높이기 위하여 일부 수정함

01 아래 내용의 (가) 항목에 해당하는 자산으로 옳은 것은? [제61회]

> 비유동자산은 투자자산, (가), 무형자산, 기타비유동자산으로 구분된다.

① 차량운반구 ② 임차보증금 ③ 투자부동산 ④ 산업재산권

02 유형자산에 대한 설명으로 틀린 것은? [제73회]

① 판매를 목적으로 하는 자산
② 1년을 초과하여 사용할 것이 예상되는 자산
③ 물리적 형체가 있는 자산
④ 영업활동에 사용할 목적으로 보유하는 자산

03 다음 설명의 (가), (나), (다)의 내용으로 옳은 것은? [제52회]

> 토지를 판매 목적으로 취득하면 (가)으로, 토지를 투기 목적으로 취득하면 (나)으로, 토지를 영업에 사용할 목적으로 취득하면 (다)으로 처리한다.

① (가) 투자자산, (나) 재고자산, (다) 유형자산
② (가) 재고자산, (나) 투자자산, (다) 유형자산
③ (가) 재고자산, (나) 유형자산, (다) 투자자산
④ (가) 투자자산, (나) 유형자산, (다) 재고자산

04 소유기간이 장기이고 영업활동에 사용할 목적으로 보유하는 것으로서 물리적 형체가 있는 자산에 해당되는 것으로만 묶인 것은? [제54회]

㉮ 상품운반용 트럭 ㉯ 판매용 컴퓨터 ㉰ 투자목적용 건물 ㉱ 사무실 업무용 책상

① ㉮, ㉯ ② ㉮, ㉱ ③ ㉯, ㉰ ④ ㉰, ㉱

05 다음 중 유형자산으로 분류할 수 없는 것은? [제93회]

① 전화기 생산업체가 보유하고 있는 조립용 기계장치
② 생수업체가 사용하고 있는 운반용 차량운반구
③ 핸드폰 판매회사가 사용하는 영업장 건물
④ 자동차 판매회사가 보유하고 있는 판매용 승용자동차

06 다음의 유형자산과 관련된 지출금액 중 유형자산의 취득원가에 포함할 수 없는 것은? [제82회]

① 취득 시 발생한 설치비
② 취득 시 사용 가능한 장소까지 운반을 위하여 발생한 외부 운송 및 취급비
③ 유형자산을 사업에 사용함에 따라 발생하는 수리비
④ 유형자산의 제작 시 설계와 관련하여 전문가에게 지급하는 수수료

정답 및 해설

01 ① (가)는 유형자산이며, 유형자산에는 토지, 건물, 차량운반구, 기계장치, 비품, 건설중인자산 등이 있다.

02 ① 유형자산은 ㉠ 장기간에 걸쳐 ㉡ 영업활동에 사용할 목적으로 보유하는 자산으로서 ㉢ 물리적 형체가 있는 자산을 말한다.

03 ② 동일한 자산이라 하더라도, 보유 목적에 따라 재고자산, 투자자산, 유형자산으로 구분이 달라질 수 있다.

04 ② ㉮㉱는 유형자산, ㉯는 재고자산, ㉰는 투자자산에 해당한다.

05 ④ • 유형자산이란 장기간에 걸쳐 영업활동에 사용할 목적으로 보유하는 자산으로서 물리적 형체가 있는 자산을 말한다.
• 자동차 판매회사가 보유하고 있는 판매용 승용자동차는 기업의 주된 영업활동에서 판매를 목적으로 보유하고 있는 자산이므로 재고자산에 해당한다.

06 ③ • 유형자산의 취득원가는 매입가액(또는 제조원가)에 경영진이 의도하는 방식으로 자산을 가동하는 데 필요한 장소와 상태에 이르게 하는 데 직접 관련되는 지출(취득부대비용)을 더한 금액으로 한다.
• 유형자산을 사업에 사용함에 따라 발생하는 수리비는 취득 단계 이후에 발생하는 지출이므로 취득부대비용에 해당하지 않는다.

07 다음 내역 중 건물 계정 차변에 기입될 수 있는 내용으로 옳은 것은? [제52회]

> 가. 건물 취득 후 자본적 지출　　　나. 건물 취득 시 취득세 지급
> 다. 건물 취득 후 화재보험료 지급　라. 건물 취득 후 재산세 지급

① 가, 나　　　② 가, 라　　　③ 나, 다　　　④ 다, 라

08 다음의 내용과 관련한 예시 중 성격이 다른 것은? [제97회]

> 유형자산의 내용연수를 연장시키거나 가치를 실질적으로 증가시키는 지출은 <u>자본적 지출</u>로 하고, 당해 유형 자산의 원상을 회복시키거나 능률유지를 위한 지출은 <u>수익적 지출</u>로 한다.

① 건물의 피난시설 설치
② 파손된 건물유리의 교체
③ 건물의 엘리베이터의 설치
④ 건물의 용도를 변경하기 위한 개조

09 수원상점은 20x1년 3월 1일 영업용 건물을 10,000,000원에 구입하였다. 같은 해 4월 1일에 아래와 같은 지출 후 건물 계정의 잔액은? [제28회]

> ㉮ 건물 외벽의 도색비용 : 1,000,000원　　㉯ 파손된 유리 및 전등 교체비 : 600,000원
> ㉰ 건물 증축비용 : 500,000원　　　　　　㉱ 엘리베이터 설치비 : 2,500,000원

① 11,160,000원　　② 12,100,000원　　③ 13,000,000원　　④ 14,600,000원

10 자본적 지출을 수익적 지출로 처리하였을 때의 영향으로 옳은 것은? [16년 8월 특별회차]

① 자산의 과대계상　　　　② 비용의 과소계상
③ 자본의 과대계상　　　　④ 당기순이익의 과소계상

11 영업용 차량의 엔진오일을 교체하고 다음과 같이 회계처리한 경우, 재무제표에 미치는 영향으로 옳은 것은? [제64회]

| (차) 차량운반구 | 500,000원 | (대) 현금 | 500,000원 |

① 영업이익의 과대계상
② 자산의 과소계상
③ 비용의 과대계상
④ 당기순이익의 과소계상

12 다음 중 감가상각에 대한 설명 중 틀린 것은? [제63회]

① 정액법은 매년 같은 금액으로 감가상각을 하는 방법이다.
② 감가상각의 3요소는 내용연수, 취득원가, 잔존가치이다.
③ 모든 유형자산은 감가상각의 대상이 된다.
④ 정률법은 매년 같은 상각률을 곱해서 감가상각비를 구하는 방법이다.

정답 및 해설

07 ① 자본적 지출과 취득세는 자산의 취득원가에 포함되므로 자산 계정의 차변에 기입된다.

08 ② • 자본적 지출 : 건물의 피난시설 설치, 건물의 엘리베이터 설치, 건물의 용도를 변경하기 위한 개조
  • 수익적 지출 : 파손된 건물유리의 교체

09 ③ ㉮ ㉯는 수익적 지출, ㉰ ㉱는 자본적 지출에 해당한다.

10 ④ 자본적 지출(자산)을 수익적 지출(비용)로 처리하는 경우
  : 자산 과소, 비용 과대 → 당기순이익 과소 → 자본 과소

11 ① 수익적 지출(비용)을 자본적 지출(자산)로 처리하는 경우
  : 자산 과대, 비용 과소 → 당기순이익(영업이익) 과대 → 자본 과대

12 ③ 유형자산 중 토지와 건설중인자산은 감가상각 대상이 아니다.

13 다음 중 감가상각의 대상이 아닌 것으로 묶인 것은? [제61회]

① 건물, 건설중인자산
② 토지, 건설중인자산
③ 건물, 비품
④ 차량운반구, 기계장치

14 다음은 유형자산의 감가상각방법을 나타낸다. A, B에 해당하는 것은? [16년 8월 특별회차]

- 정액법 = (취득원가 − A) ÷ 내용연수
- 정률법 = (취득원가 − B) × 감가상각률

	A	B		A	B
①	잔존가치	감가상각누계액	②	잔존가치	내용연수
③	감가상각누계액	잔존가치	④	내용연수	잔존가치

15 당해 연도 1월 1일에 취득원가가 5,000,000원이고, 잔존가치가 500,000원, 내용연수가 5년인 유형자산을 취득한 경우 연간 감가상각비는 얼마인가? (단, 유형자산의 감가상각방법은 정액법을 적용한다.) [제74회]

① 1,000,000원　② 900,000원　③ 800,000원　④ 500,000원

16 당해 연도 10월 1일에 구입한 영업용 차량(단, 취득원가 25,000,000원, 잔존가치 1,000,000원, 내용연수 10년, 결산 연 1회)에 대한 12월 31일 결산 시 정액법으로 계산한 감가상각비는 얼마인가? (단, 감가상각은 월할 상각한다) [제93회]

① 600,000원　② 625,000원　③ 1,875,000원　④ 2,400,000원

17 다음 자료에 의해 정액법으로 계산할 경우, 회계기간이 1. 1. ~ 12. 31.인 회사가 20x3년 12월 31일 결산 이후 기계장치 장부금액은 얼마인가? [제86회]

- 기계장치 취득원가 : 20,000,000원
- 잔존가치 : 2,000,000원
- 전기말 감가상각누계액 : 7,200,000원
- 취득시기 : 20x1년 1월 1일
- 내용연수 : 5년

① 3,600,000원　② 4,000,000원　③ 9,200,000원　④ 10,800,000원

정답 및 해설

13 ② 토지와 건설중인자산은 감가상각을 하지 않는다.

14 ①
- 정액법 = (취득원가 − 잔존가치) ÷ 내용연수
- 정률법 = (취득원가 − 감가상각누계액) × 감가상각률

15 ② 정액법에 의한 감가상각비 = (취득원가 − 잔존가치) ÷ 내용연수
= (5,000,000 − 500,000) ÷ 5 = 900,000원

16 ① 기중 취득 자산에 대한 정액법 감가상각비 = (취득원가 − 잔존가치) × (1/내용연수) × 해당 월수
= (25,000,000 − 1,000,000) × (1/10) × (3개월/12개월)
= 600,000원

17 ③
- 정액법에 의한 당기(20x3년) 감가상각비 = (취득원가 − 잔존가치) ÷ 내용연수
= (20,000,000 − 2,000,000) ÷ 5
= 3,600,000원
- 당기말 감가상각누계액 = 전기말 감가상각누계액 + 당기 감가상각비
= 7,200,000 + 3,600,000
= 10,800,000원
- 당기말 장부금액 = 취득원가 − 감가상각누계액
= 20,000,000 − 10,800,000
= 9,200,000원

18 다음은 회계기간이 1. 1. ~ 12. 31.인 회사의 건물과 관련된 자료이다. 20x2년 건물의 감가상각비는 얼마인가? [제69회]

- 취득일 : 20x1. 1. 1.
- 취득세 : 500,000원
- 구입대금 : 8,000,000원
- 상각률 : 10%(정률법)

① 560,000원　② 688,500원　③ 765,000원　④ 850,000원

19 주어진 자료에서 기말(20x2년 12월 31일) 결산 후 재무상태표에 표시될 차량운반구에 대한 감가상각누계액으로 옳은 것은? [제45회]

- 전년도(20x1년) 1월 1일 차량운반구 취득 : 취득원가 5,000,000원(내용연수 5년, 상각률 40%)
- 상각방법 : 정률법

① 1,000,000원　② 1,200,000원　③ 2,000,000원　④ 3,200,000원

20 다음은 건물 처분과 관련된 자료이다. 건물의 처분금액은 얼마인가? [제86회]

- 취득원가 : 100,000,000원
- 유형자산처분이익 : 40,000,000원
- 감가상각누계액 : 50,000,000원

① 10,000,000원　② 80,000,000원　③ 90,000,000원　④ 100,000,000원

21 다음은 대한상사의 차량 처분과 관련된 자료이다. 차량 취득원가는 얼마인가? [제57회]

- 감가상각누계액 : 8,000,000원
- 유형자산처분손실 : 2,000,000원
- 처분금액 : 11,000,000원

① 20,000,000원　② 21,000,000원　③ 22,000,000원　④ 23,000,000원

22 다음 자료에서 유동성배열법에 의해 자산 계정의 배열 순서가 옳은 것은? [제70회]

> (가) 비품　　　　(나) 상품　　　(다) 단기대여금　　(라) 영업권

① (나) - (다) - (가) - (라)　　② (다) - (나) - (가) - (라)
③ (나) - (다) - (라) - (가)　　④ (다) - (나) - (라) - (가)

정답 및 해설

18 ③ · 정률법 상각액 = (매입가액 + 취득세 - 감가상각누계액) × 상각률
　　　· 20x1년 : (8,000,000 + 500,000) × 0.1 = 850,000원
　　　· 20x2년 : (8,500,000 - 850,000) × 0.1 = 765,000원

19 ④ · 20x1년 감가상각비 = 5,000,000원 × 40% = 2,000,000원
　　　· 20x2년 감가상각비 = (5,000,000원 - 2,000,000원) × 40% = 1,200,000원
　　　· 20x2년 말 감가상각누계액 = 2,000,000 + 1,200,000 = 3,200,000원

20 ③ （차) 감가상각누계액　　　　50,000,000　　　（대) 건물　　　　　　　　100,000,000
　　　　　현금 등(= 처분금액)　　　　?　　　　　　　　유형자산처분이익　　　40,000,000
　　　∴ 처분금액 = 90,000,000원

21 ② （차) 감가상각누계액　　　　8,000,000　　　（대) 차량운반구(= 취득원가)　　?
　　　　　현금 등　　　　　　　　11,000,000
　　　　　유형자산처분손실　　　　2,000,000
　　　∴ 취득원가 = 21,000,000원

22 ② (다) 단기대여금(당좌자산) - (나) 상품(재고자산) - (가) 비품(유형자산) - (라) 영업권(무형자산)

제4절 | 부채

01 유동부채

(1) 유동부채의 정의
유동부채란 보고기간 종료일로부터 1년 이내에 상환기한이 도래하는 부채를 말한다.

(2) 유동부채에 해당하는 계정과목

계정과목	내용
외상매입금	기업의 주된 영업활동(일반적인 상거래)인 상품 매입을 하고 아직 지급하지 않은 외상대금
지급어음	기업의 주된 영업활동(일반적인 상거래)인 상품 매입을 하고 이에 대한 대금으로 상대방에게 발행하여 지급한 어음
매입채무	**외부보고용** 재무상태표에서 사용되는 **통합 표시 계정**으로서, '외상매입금 + 지급어음'을 말함
단기차입금	타인으로부터 빌려온 금전으로서 만기가 결산일로부터 1년 이내에 도래하는 것
미지급금	일반적인 상거래 이외의 거래에서 발생한 외상대금
미지급비용	당기에 속하는 비용 중 차기에 지급할 예정인 것(미지급이자, 미지급임차료 등)으로서 기말 결산 시 발생주의에 따라 추가 계상하는 비용상당액
선수금	계약금 성격으로 미리 받은 대금
선수수익	당기에 받은 수익 중 차기 수익에 해당하는 부분(선수이자, 선수임대료 등)으로서 기말 결산 시 발생주의에 따라 차감하는 수익상당액
예수금	최종적으로는 제3자에게 지급해야 할 금액을 거래처나 종업원으로부터 미리 받아 일시적으로 보관하고 있는 금액
가수금	금전을 수취하였으나 그 내용이 확정되지 않았을 경우 그 내용이 확정될 때까지 임시적으로 사용하는 계정과목
유동성장기부채	장기차입금 등 비유동부채 중에서 당기 결산일을 기준으로 1년 이내에 만기가 도래하는 부채

(3) 매입채무

① 외상매입금
- 외상구입

(차) 상품	xxx	(대) 외상매입금	xxx

[사례] 상품을 10,000원에 구입하고 3,000원은 현금으로 지급하고 나머지는 다음 달 10일에 지급하기로 하였다.

(차) 상품	10,000	(대) 현금	3,000
		외상매입금	7,000

- 외상매입금의 상환

  | (차) 외상매입금 | xxx | (대) [계정명] | xxx |

  [사례] 외상매입금 7,000원을 현금으로 지급하였다.

  | (차) 외상매입금 | 7,000 | (대) 현금 | 7,000 |

② 지급어음

- 어음을 발행하여 구입

  | (차) 상품 | xxx | (대) 지급어음 | xxx |

  [사례] 상품을 4,000원에 구입하고 대금은 약속어음을 발행하여 지급하였다.

  | (차) 상품 | 4,000 | (대) 지급어음 | 4,000 |

- 어음대금의 상환

  | (차) 지급어음 | xxx | (대) [계정명] | xxx |

  [사례] 상품 구입 대금으로 발행하였던 약속어음의 만기일이 도래하여 어음소지인에게 어음상 액면금액인 4,000원을 현금으로 지급하였다.

  | (차) 지급어음 | 4,000 | (대) 현금 | 4,000 |

(4) 단기차입금

① 차입

  | (차) [계정명] | xxx | (대) 단기차입금 | xxx |

  [사례] 은행으로부터 6개월 만기로 현금 50,000원을 차입하였다.

  | (차) 현금 | 50,000 | (대) 단기차입금 | 50,000 |

② 원금과 이자의 상환

  | (차) 단기차입금 | xxx | (대) [계정명] | xxx |
  | 이자비용 | xxx | | |

  [사례] 은행으로부터 6개월 만기로 빌려왔던 차입금의 만기가 도래하여 원금 50,000원과 이자 2,000원을 현금으로 지급하였다.

  | (차) 단기차입금 | 50,000 | (대) 현금 | 52,000 |
  | 이자비용 | 2,000 | | |

> **기출포인트**
> - 단기차입금은 회계기간 종료일로부터 만기가 1년 이내에 도래하는 것이므로, 전체 차입기간이 1년을 초과하는 차입금도 경우에 따라 단기차입금으로 분류될 수 있다.
> - 예를 들어 20x1년 4월 1일에 빌려온 18개월 만기 차입금의 경우, 만기(20x2. 9. 30.)가 회계기간 종료일(20x1. 12. 31.)로부터 1년 이내이므로 회사는 차입일에 이를 단기차입금 계정으로 회계처리한다.

(5) 미지급금

① 일반적인 상거래 이외의 거래에서 외상 구입

(차) [계정명]	xxx	(대) 미지급금	xxx

[사례] 사무실에서 사용할 비품을 10,000원에 외상으로 구입하였다.

(차) 비품	10,000	(대) 미지급금	10,000

② 일반적인 상거래 이외의 거래에서 어음을 발행하여 구입

(차) [계정명]	xxx	(대) 미지급금	xxx

[사례] 사무실에서 사용할 비품을 10,000원에 구입하고 대금은 약속어음을 발행하여 지급하였다.

(차) 비품	10,000	(대) 미지급금[1]	10,000

[1] 일반적인 상거래 이외의 거래에서는 약속어음을 발행하여 대금을 지급하더라도 이를 지급어음 계정이 아니라 미지급금 계정으로 회계처리한다.

③ 일반적인 상거래 이외의 거래에서 신용카드로 결제하여 구입

(차) [계정명]	xxx	(대) 미지급금	xxx

[사례] 사무실에서 사용할 비품을 A사로부터 10,000원에 구입하고 대금은 신용카드(현대카드)로 결제하였다.

(차) 비품	10,000	(대) 미지급금[1]	10,000

[1] 일반적인 상거래 이외의 거래에서 발생한 지급채무이므로 미지급금 계정으로 회계처리하되, 신용카드로 결제하여 발생한 지급채무이므로 그 거래처를 A사가 아니라 현대카드로 기록하여 관리하여야 한다.

> **참고** 신용카드로 결제하여 발생한 지급채무
> 거래상대방(A거래처)으로부터 재화나 용역을 구입하고 그 대금을 신용카드(B신용카드사)로 결제한 경우, 동 지급채무에 대한 회계처리방법은 다음과 같다.
> - 계정과목 : 외상매입금(일반적인 상거래) 또는 미지급금(일반적인 상거래 이외의 거래)
> - 거래처 : B신용카드사(이유 : 당사가 향후 카드대금을 지급하여야 할 곳은 A거래처가 아니라 B신용카드사임)

④ 미지급금의 상환

| (차) 미지급금 | xxx | (대) [계정명] | xxx |

[사례] 사무실에서 사용할 비품을 구입하고 발생한 외상대금 10,000원을 현금으로 지급하였다.

| (차) 미지급금 | 10,000 | (대) 현금 | 10,000 |

(6) 선수금

① 계약금 선수령

| (차) [계정명] | xxx | (대) 선수금 | xxx |

[사례] 고객사로부터 상품 20,000원을 주문받고 계약금 4,000원을 현금으로 받았다.

| (차) 현금 | 4,000 | (대) 선수금 | 4,000 |

② 인도

| (차) 선수금 | xxx | (대) 상품매출 | xxx |
| [계정명] | xxx | | |

[사례] 주문받았던 상품 20,000원을 고객사에 인도하고 계약금 4,000원을 제외한 잔액을 현금으로 받았다.

| (차) 선수금 | 4,000 | (대) 상품매출 | 20,000 |
| 현금 | 16,000 | | |

(7) 예수금

예수금이란 최종적으로는 제3자에게 지급해야 할 금액을 거래처나 종업원으로부터 미리 받아 일시적으로 보관하고 있는 금액을 말한다.

예를 들면, 종업원에게 급여를 지급할 때 기업은 관련 법규에 따라 종업원이 납부하여야 하는 소득세, 국민연금, 건강보험료 등을 급여 지급액에서 공제하여 일시적으로 보관하고 있다가 다음 달 10일에 해당 기관에 종업원 대신 납부하게 된다. 이와 같이 기업이 급여 등을 지급할 때 소득귀속자의 세금 등을 미리 공제하는 것을 원천징수라고 하며, 원천징수된 금액은 기업의 장부에 예수금 계정으로 회계처리된다.

① 원천징수

| (차) 급여 등 | xxx | (대) 예수금 | xxx |
| | | [계정명] | xxx |

[사례] 2월 25일, 2월분 급여 총액 1,200,000원 중에서 소득세 등 150,000원을 원천징수하고 나머지 금액을 종업원에게 현금으로 지급하였다.

| 2월 25일 | (차) 급여 | 1,200,000 | (대) 예수금 | 150,000 |
| | | | 현금 | 1,050,000 |

② 원천징수한 금액을 해당 기관에 납부

(차) 예수금	xxx	(대) [계정명]	xxx

[사례] 3월 10일. 2월분 급여 지급 시 원천징수했던 150,000원을 세무서 등 해당 기관에 현금으로 납부하였다.

3월 10일 (차) 예수금 150,000 (대) 현금 150,000

(8) 가수금

가수금이란 금전을 수취하였으나 그 내용이 확정되지 않았을 경우 그 내용이 확정될 때까지 임시적으로 사용하는 계정과목을 말한다.

가수금 역시 가지급금과 마찬가지로 그 내용이 확정되면 적절한 계정과목으로 대체하여야 하며, 대표적인 미결산계정에 해당하므로 기말 결산 때까지는 반드시 적절한 계정과목으로 대체하여 최종 재무제표에는 나타나지 않도록 하여야 한다.

① 가수취

(차) [계정명]	xxx	(대) 가수금	xxx

[사례] 내용을 알 수 없는 보통예금 10,000원을 계좌이체 받았다.

(차) 보통예금 10,000 (대) 가수금 10,000

② 내용 확정

(차) 가수금	xxx	(대) [계정명]	xxx

[사례] 원인 불명으로 계좌이체 받았던 보통예금 10,000원이 외상매출금의 회수였던 것으로 밝혀졌다.

(차) 가수금 10,000 (대) 외상매출금 10,000

(9) 유동성장기부채

장기차입금 등 비유동부채 중에서 당기 결산일을 기준으로 1년 이내에 만기가 도래하는 부채가 있는 경우, 결산 시 이를 비유동부채에서 유동부채로 대체하여야 하는데, 유동성장기부채란 이러한 대체 분개를 할 때 사용되는 유동부채 계정과목을 말한다.

(차) 장기차입금	xxx	(대) 유동성장기부채	xxx

[사례] 20x2년 12월 31일 결산일 현재 장기차입금 300,000원(차입기간 : 20x1. 4. 1. ~ 20x3. 3. 31.)의 상환 기일이 내년으로 도래하였음을 확인하였다.

20x2. 12. 31. (차) 장기차입금 300,000 (대) 유동성장기부채 300,000

> **기출확인문제**   *2026년 출제예상
>
> 대한컴퓨터의 아래 거래를 분개 시 (가), (나)와 관련된 대변 계정과목으로 옳은 것은? 제56회
>
> 컴퓨터(@700,000원) 10대 구입(대금은 월말 지급)
> (가) 판매용 컴퓨터 9대   (나) 직원 업무용 컴퓨터 1대
>
> ① (가) 미지급금   (나) 미지급금
> ② (가) 미지급금   (나) 외상매입금
> ③ (가) 외상매입금   (나) 미지급금
> ④ (가) 외상매입금   (나) 외상매입금

정답 ③

해설
(가) 판매용 컴퓨터(상품)의 구입은 일반적인 상거래이므로 외상매입금 계정을 사용한다.
(나) 직원 업무용 컴퓨터(비품)의 구입은 일반적인 상거래 이외의 거래이므로 미지급금 계정을 사용한다.

02 비유동부채
최근 82회 시험 중 13회 기출

(1) 비유동부채의 정의
비유동부채란 보고기간 종료일로부터 1년 이후에 상환기한이 도래하는 부채를 말한다.

(2) 비유동부채에 해당하는 계정과목

계정과목	내 용
임대보증금	월세 등의 조건으로 타인(임차인)에게 동산이나 부동산을 임대하는 임대차계약을 체결하고 임차인으로부터 받는 보증금 (계약기간이 만료되면 다시 반환하여야 함)
장기차입금	타인으로부터 빌려온 금전으로서 만기가 결산일로부터 1년 이후에 도래하는 것
장기외상매입금	기업의 주된 영업활동(일반적인 상거래)인 상품 매입을 하고 아직 지급하지 않은 외상대금으로서, 만기가 결산일로부터 1년 이후에 도래하는 것
장기지급어음	기업의 주된 영업활동(일반적인 상거래)인 상품 매입을 하고 이에 대한 대금으로 상대방에게 발행하여 지급한 어음으로서, 만기가 결산일로부터 1년 이후에 도래하는 것
장기매입채무	**외부보고용** 재무상태표에서 사용되는 **통합 표시 계정**으로서, '장기외상매입금 + 장기지급어음'을 말함
장기미지급금	일반적인 상거래 이외의 거래에서 발생한 외상대금으로서, 만기가 결산일로부터 1년 이후에 도래하는 것

(3) 임대보증금

① 임대계약 체결 시 임대보증금의 수취

(차) [계정명]	xxx	(대) 임대보증금	xxx

[사례] 회사가 보유하고 있는 건물을 월세 조건으로 임대하고 세입자(임차인)로부터 보증금 100,000원을 현금으로 받았다.

(차) 현금	100,000	(대) 임대보증금	100,000

② 임대계약 만료 시 임대보증금의 지급

(차) 임대보증금	xxx	(대) [계정명]	xxx

[사례] 건물 임대계약기간이 만료되어 계약 체결 당시 받았던 보증금 100,000원을 현금으로 반환하였다.

(차) 임대보증금	100,000	(대) 현금	100,000

fn.Hackers.com

기출분개연습

*기출문제 날짜는 학습효과를 높이기 위해 일부 수정하였으며, 연습상사(코드번호 : 2301) 데이터를 사용하여 연습할 수 있습니다.

01 9월 1일 강북상사에서 상품 3,000,000원을 매입하고, 대금 중 2,000,000원은 약속어음(만기일 : 당해 연도 12월 21일)을 발행하여 지급하고 잔액은 외상으로 거래하다. [제55회]

02 9월 2일 금장상회에서 상품 1,000,000원을 매입하고, 지난달 지급한 계약금 300,000원을 제외한 금액은 1개월 후에 지급하기로 하다. [제94회]

03 9월 3일 설악상사의 외상매입금 4,000,000원을 보통예금 계좌에서 이체하여 지급하였다. [제57회]

04 9월 4일 세명상사의 외상매입금 3,000,000원을 결제하기 위하여 당사가 상품매출대금으로 받아 보유하고 있던 동신상사 발행의 약속어음 2,000,000원을 배서양도하고, 잔액은 당사가 약속어음(만기일 : 당해 연도 12월 4일)을 발행하여 지급하다. [제47회]

05 9월 5일 동양상사에 상품매입 대금으로 발행해 준 약속어음 900,000원이 만기가 되어 당사 보통예금 계좌에서 이체하여 지급하다. [제60회]

06 9월 6일 나라은행으로부터 원금 10,000,000원을 2개월 동안 차입하면서 선이자 140,000원을 차감한 금액이 당사 보통예금 계좌로 입금되다. (단, 선이자는 이자비용으로 회계처리하기로 한다) [제55회]

07 9월 7일 금강상사의 단기차입금 1,000,000원과 그에 대한 이자 80,000원을 당사 보통예금 계좌에서 금강상사 계좌로 이체하여 지급하다. [제48회]

08 9월 8일 업무용 화물차를 한국자동차에서 10,000,000원에 구입하고, 대금 중 2,000,000원은 보통예금 계좌에서 이체하여 지급하고, 잔액은 12개월 무이자 할부로 하다. 또한 화물차에 대한 취득세 200,000원을 현금으로 납부하다. [제61회]

09 9월 9일 영업용 승용차의 전조등을 세련튜닝에서 교체하고 대금 500,000원 중 300,000원은 당좌수표를 발행하여 지급하고, 잔액은 당사 발행 약속어음으로 지급하다. (차량에 대한 자본적 지출로 처리한다) [제62회]

정답 및 해설

01	9월 1일	(차) 상품	3,000,000	(대) 지급어음(강북상사)	2,000,000	
				외상매입금(강북상사)	1,000,000	
02	9월 2일	(차) 상품	1,000,000	(대) 선급금(금장상회)	300,000	
				외상매입금(금장상회)	700,000	
03	9월 3일	(차) 외상매입금(설악상사)	4,000,000	(대) 보통예금	4,000,000	
04	9월 4일	(차) 외상매입금(세명상사)	3,000,000	(대) 받을어음(동신상사)	2,000,000	
				지급어음(세명상사)	1,000,000	
05	9월 5일	(차) 지급어음(동양상사)	900,000	(대) 보통예금	900,000	
06	9월 6일	(차) 보통예금	9,860,000	(대) 단기차입금(나라은행)	10,000,000	
		이자비용	140,000			
07	9월 7일	(차) 단기차입금(금강상사)	1,000,000	(대) 보통예금	1,080,000	
		이자비용	80,000			
08	9월 8일	(차) 차량운반구	10,200,000	(대) 보통예금	2,000,000	
				미지급금(한국자동차)	8,000,000	
				현금	200,000	
09	9월 9일	(차) 차량운반구	500,000	(대) 당좌예금	300,000	
				미지급금(세련튜닝)[1]	200,000	

[1] 일반적인 상거래 이외의 거래이므로 어음을 발행하더라도 '미지급금' 계정으로 회계처리한다.

10 9월 10일 당사는 현대자동차에서 업무용 승용차 1대(20,000,000원)를 구입하고, 대금 중 15,000,000원(15,000,000원)은 국민카드로 결제하고, 5,000,000원은 현금으로 지급하다. 그리고 차량구입에 따른 취득세 1,100,000원도 현금으로 지급하다.
[제41회]

11 9월 11일 전월 소모품 구입에 따른 삼일카드사의 당월 결제금액 800,000원이 보통예금 통장에서 자동이체되어 지급되다.
[제56회]

12 9월 12일 지혜상사에 상품 2,000,000원을 판매하기로 하고 계약금 200,000원을 현금으로 받다.
[제54회]

13 9월 13일 상품 1,650,000원을 매출처 하나상사에 판매하고, 대금은 지난달 수령한 계약금 650,000원을 차감한 잔액을 보통예금 계좌로 이체 받았다.
[제60회]

14 9월 14일 당월분 영업사원 급여를 다음과 같이 보통예금 계좌에서 종업원 급여 계좌로 이체하다.
[제55회]

성 명	직 급	급 여	원천징수세액		차감지급액
			소득세	지방소득세	
한복판	과 장	4,200,000원	250,000원	25,000원	3,925,000원
장병지	대 리	3,500,000원	180,000원	18,000원	3,302,000원
계		7,700,000원	430,000원	43,000원	7,227,000원

15 9월 10일 8월 종업원 급여 지급 시 원천징수하였던 근로소득세 400,000원과 지방소득세 40,000원을 현금으로 납부하다. [제94회]

16 9월 16일 지난달 보통예금으로 입금된 가수금 1,500,000원은 우리상사에 대한 외상매출금을 회수한 것으로 확인되다. (가수금의 거래처 입력은 생략한다) [제59회]

정답 및 해설

10	9월 10일	(차) 차량운반구	21,100,000	(대) 미지급금(국민카드)	15,000,000	
				현금	6,100,000	
11	9월 11일	(차) 미지급금(삼일카드)	800,000	(대) 보통예금	800,000	
12	9월 12일	(차) 현금	200,000	(대) 선수금(지혜상사)	200,000	
13	9월 13일	(차) 선수금(하나상사)	650,000	(대) 상품매출	1,650,000	
		보통예금	1,000,000			
14	9월 14일	(차) 급여(판관비)	7,700,000	(대) 예수금	473,000	
				보통예금	7,227,000	
15	9월 10일	(차) 예수금	440,000	(대) 현금	440,000	
16	9월 16일	(차) 가수금	1,500,000	(대) 외상매출금(우리상사)	1,500,000	

핵심기출문제

* 본서에 수록된 기출문제의 날짜는 학습효과를 높이기 위하여 일부 수정함

01 다음 중 부채 계정으로만 짝지어진 것은? [16년 2월 특별회차]

① 미수금, 미지급금
② 선수금, 지급어음
③ 선급금, 지급어음
④ 받을어음, 미지급금

02 다음 중 계정 잔액의 표시가 잘못된 것은? [제64회]

① 선수금 | 120,000원
② 가수금 | 120,000원
③ 미수금 | 120,000원
④ 예수금 | 120,000원

03 다음 중 재무상태표에 표시되는 매입채무 계정에 해당하는 것은? [제72회]

① 미수금, 미지급금
② 외상매입금, 지급어음
③ 외상매입금, 미지급금
④ 외상매출금, 받을어음

04 다음에서 (가), (나)에 해당하는 계정과목은? [제47회]

(가) 사무실에서 사용할 컴퓨터 구입에 따른 외상대금
(나) 컴퓨터 판매회사의 판매용 컴퓨터 구입에 따른 외상대금

	(가)	(나)		(가)	(나)
①	외상매입금	미지급금	②	미지급금	외상매입금
③	미지급금	미수금	④	외상매출금	외상매입금

05 다음 거래를 분개할 경우 (가), (나)의 계정과목이 올바르게 짝지어진 것은? [제87회]

> 우현상사는 거래처에서 컴퓨터 10대(@800,000)를 8,000,000원에 매입하고 당사 발행 약속어음으로 지급하였다. (단, 5대는 판매용, 5대는 영업부의 업무용으로 구입함)
> (차변) 상품   4,000,000원   (대변) (가)   4,000,000원
> (차변) 비품   4,000,000원   (대변) (나)   4,000,000원

	(가)	(나)		(가)	(나)
①	지급어음	지급어음	②	미지급금	미지급금
③	미지급금	지급어음	④	지급어음	미지급금

06 다음 거래에서 계정의 증감 내용이 기입될 곳으로 바른 것은? [제61회]

> [거래] 외상매입금 1,000,000원을 당사 보통예금 계좌에서 이체하여 지급하다.

자산 계정			부채 계정	
가	나		다	라

① 가, 다   ② 가, 라   ③ 나, 다   ④ 다, 라

정답 및 해설

01 ② • 자산 : 받을어음, 미수금, 선급금
    • 부채 : 지급어음, 미지급금, 선수금

02 ③ 총계정원장에서 미수금(자산) 계정의 잔액은 왼쪽에, 선수금(부채), 가수금(부채), 예수금(부채) 계정의 잔액은 오른쪽에 남게 된다.

03 ② • 매출채권 : 외상매출금, 받을어음
    • 매입채무 : 외상매입금, 지급어음

04 ② (가) 일반적인 상거래 이외의 거래에서 발생한 지급채무 외상대금 : 미지급금
    (나) 일반적인 상거래에서 발생한 지급채무 외상대금 : 외상매입금

05 ④ 당사가 발행한 약속어음에 대하여 대변을 기록할 때, 일반적인 상거래에서는 지급어음 계정으로, 일반적인 상거래 이외의 거래에서는 미지급금 계정으로 회계처리한다.

06 ③ (차) 외상매입금 (부채의 감소, (다))   1,000,000   (대) 보통예금 (자산의 감소, (나))   1,000,000

07 다음 분개를 보고 거래 내용을 바르게 추정한 것은? [제41회]

| (차) 외상매입금 | 500,000 | (대) 지급어음 | 500,000 |

① 어음대금 현금 지급
② 외상대금 약속어음으로 회수
③ 외상대금 약속어음 발행 지급
④ 상품 매입하고 약속어음 발행

08 다음 계정 기입에 대한 설명으로 옳은 것은? [제43회]

```
              외상매입금
지급어음    250,000 |
```

① 외상매입금 250,000원을 약속어음으로 받다.
② 상품을 250,000원을 매입하고 약속어음을 발행하다.
③ 어음 대금 250,000원이 만기가 되어 현금으로 지급하다.
④ 외상매입금 250,000원을 약속어음을 발행하여 지급하다.

09 다음 거래와 관련된 설명으로 옳은 것은? [제79회]

업무용 승용차를 30,000,000원에 구입하고 대금 중 20,000,000원은 보통예금에서 이체하였으며 10,000,000원은 신용카드(일시불)로 계산하였다. 승용차 구입 관련 취득세 2,000,000원은 현금으로 지급하였다.

① 비용 발생인 세금과공과금으로 계상되는 금액은 2,000,000원이다.
② 부채 증가인 미지급금으로 계상되는 금액은 20,000,000원이다.
③ 자산 증가인 보통예금으로 계상되는 금액은 10,000,000원이다.
④ 자산 증가인 차량운반구로 계상되는 금액은 32,000,000원이다.

10 다음 계정 기입에 대한 설명으로 옳은 것은? [제46회]

```
              선수금
              | 7/15 현금    100,000
```

① 원인 불명의 보통예금 100,000원이 송금되어 오다.
② 상품을 매입하기로 하고 계약금 100,000원을 현금 지급하다.
③ 상품을 매출하기로 하고 현금 100,000원을 계약금으로 받다.
④ 업무용 비품을 매각하고 그 대금 100,000원을 현금으로 받다.

11 다음의 회계처리를 보고 해당 거래를 추정한 것으로 옳은 것은? [제51회]

| (차) 예수금 | 10,000원 | (대) 보통예금 | 10,000원 |

① 종업원 급여에서 차감하기로 하고 10,000원을 보통예금 계좌에서 이체하다.
② 상품 판매계약을 체결하고 계약금 10,000원이 보통예금 계좌에 입금되다.
③ 거래처에 상품을 주문하고 계약금 10,000원을 보통예금 계좌에서 이체하다.
④ 종업원 급여 지급 시 차감한 소득세 등 10,000원을 보통예금 계좌에서 이체하다.

12 다음 중 재무상태표에 표시될 수 없는 계정과목은? [제51회]

① 예수금　　② 가수금　　③ 선수금　　④ 미수금

정답 및 해설

07 ③　외상매입금 500,000원에 대하여 약속어음 500,000원을 발행하여 결제하는 거래이다.

08 ④　(차) 외상매입금　　　　　250,000　　(대) 지급어음　　　　　250,000
→ 외상매입금 250,000원에 대하여 약속어음 250,000원을 발행하여 결제하는 거래이다.

09 ④　(차) 차량운반구(자산의 증가)　32,000,000　(대) 보통예금(자산의 감소)　20,000,000
　　　　　　　　　　　　　　　　　　　　　　　　미지급금(부채의 증가)　10,000,000
　　　　　　　　　　　　　　　　　　　　　　　　현금(자산의 감소)　　　2,000,000

10 ③　7월 15일　(차) 현금　　　　100,000　　(대) 선수금　　　　　100,000
→ 판매에 대한 계약금 100,000원을 현금으로 받는 거래이다.

11 ④　종업원에게 급여를 지급할 때 공제하여 일시적으로 보관하고 있던 소득세, 국민연금, 건강보험료 등을 다음 달 10일에 해당 기관에 종업원 대신 납부하는 거래이다.

12 ②　가수금은 일시적으로 처리하는 임시계정(미결산 계정)이므로 재무상태표에 표시될 수 없다.

13 다음 (가)와 (나)의 계정과목으로 올바른 것은? [제30회]

> (가) 기업이 종업원의 소득세, 건강보험료를 일시적으로 보관하는 경우
> (나) 현금은 입금되었으나 계정과목이 확정되지 않은 경우

	(가)	(나)		(가)	(나)
①	선수금	가수금	②	예수금	선수금
③	예수금	가수금	④	선수금	예수금

14 가수금으로 회계처리한 100,000원 중 80,000원은 상품 주문에 대한 계약금으로 판명된 경우 회계처리로 옳은 것은? [제53회]

① (차) 가수금　　80,000　　(대) 선수금　　80,000
② (차) 가수금　　80,000　　(대) 미수금　　80,000
③ (차) 선수금　　80,000　　(대) 가수금　　80,000
④ (차) 미수금　　80,000　　(대) 가수금　　80,000

15 다음과 같은 결합관계에 해당하는 거래로 옳지 않은 것은? [제90회]

> (차변) 부채의 감소　　　　(대변) 자산의 감소

① 현금 2,000,000원을 단기간 차입하다.
② 미지급금 100,000원을 현금으로 지급하다.
③ 외상매입금 500,000원을 현금으로 지급하다.
④ 예수금 200,000원을 보통예금 계좌에서 이체하여 지급하다.

16 다음 자료에 의하여 당기 외상매입금 지급액을 계산하면 얼마인가? [제78회]

> • 외상매입금 기초잔액 : 600,000원　　• 당기의 외상매입액 : 3,200,000원
> • 외상매입금 기말잔액 : 400,000원

① 3,400,000원　　② 3,200,000원　　③ 2,600,000원　　④ 600,000원

17 상품매출에 대한 계약금을 거래처로부터 현금으로 받고 대변에 "상품매출" 계정으로 분개하였다. 이로 인해 재무상태표와 손익계산서에 미치는 영향으로 옳은 것은? [제86회]

① 자산이 과소계상되고, 수익이 과소계상된다.
② 자산이 과대계상되고, 수익이 과소계상된다.
③ 부채가 과소계상되고, 수익이 과대계상된다.
④ 부채가 과대계상되고, 수익이 과대계상된다.

정답 및 해설

13 ③
- 예수금 : 최종적으로는 제3자에게 지급해야 할 금액을 기업이 일시적으로 보관하고 있는 금액(예 종업원에게 급여를 지급할 때 관련 법규에 따라 급여 지급액에서 공제한 소득세, 건강보험료)
- 가수금 : 금전을 수취하였으나 그 내용이 확정되지 않았을 때 임시적으로 사용하는 계정과목
- 선수금 : 계약금 성격으로 미리 받은 대금

14 ①
- 가수취
  (차) 현금 등　　　　　　　　　　80,000　　(대) 가수금　　　　　　　　　80,000
- 계정 대체
  (차) 가수금　　　　　　　　　　80,000　　(대) 선수금　　　　　　　　　80,000

15 ①
① (차) 현금(자산의 증가)　　　　2,000,000　　(대) 단기차입금(부채의 증가)　2,000,000
② (차) 미지급금(부채의 감소)　　　100,000　　(대) 현금(자산의 감소)　　　　100,000
③ (차) 외상매입금(부채의 감소)　　500,000　　(대) 현금(자산의 감소)　　　　500,000
④ (차) 예수금(부채의 감소)　　　　200,000　　(대) 보통예금(자산의 감소)　　200,000

16 ①
- 외상매입 시 회계처리
  (차) 상품　　　　　　　　　　3,200,000　　(대) 외상매입금　　　　　　3,200,000
- 외상매입금 지급 시 회계처리
  (차) 외상매입금　　　　　　　　　?　　(대) 현금 등　　　　　　　　　?
- 외상매입금 계정의 총계정원장

외상매입금(부채)			
지급액	?	기초잔액	600,000
기말잔액	400,000	외상매입액	3,200,000
	3,800,000		3,800,000

∴ 당기 외상매입금 지급액 = (600,000 + 3,200,000) − 400,000 = 3,400,000원

17 ③
- 올바른 회계처리
  (차) 현금　　　　　　　　　　　×××　　(대) 선수금(부채의 증가)　　　×××
- 회사의 회계처리
  (차) 현금　　　　　　　　　　　×××　　(대) 상품매출(수익의 발생)　　×××
- 재무제표에 미치는 영향 : 부채 과소, 수익 과대 → 당기순이익 과대 → 자본 과대

제5절 | 자본

01 자본

최근 82회 시험 중 **4**회 기출

자본이란 자산총액에서 부채총액을 차감한 잔액을 말하며, 이를 순자산, 자기자본, 잔여지분이라고도 한다.

재무상태표를 작성할 때, 법인기업은 자본을 자본금, 자본잉여금, 자본조정, 기타포괄손익누계액, 이익잉여금으로 구분하여 표시한다. 이와 달리, 개인기업은 자본을 자본금으로만 표시한다.

02 개인기업의 자본

(1) 특징

개인기업은 자본이 자본금으로만 구성되어 있다.

개인기업에서는 기업주가 기업의 자본금을 자유롭게 인출하거나 추가 출자할 수 있고, 출자액뿐만 아니라 경영성과로 인한 순이익도 자본금으로 합산된다.

(2) 인출 또는 추가 출자에 대한 회계처리

개인기업에서는 기업주의 출자액 인출이나 추가 출자가 빈번하게 일어나므로, 기중의 출자액 증감에 대하여는 자본금 계정에 직접 반영시키지 않고 인출금이라는 임시 계정과목을 사용한다. 그리고 기말 결산 때 인출금 계정의 잔액을 자본금 계정으로 대체하는 회계처리를 하여 인출금 계정이 최종 재무제표에는 나타나지 않게 한다.

① 인출

(차) 인출금	xxx	(대) [계정명]	xxx

[사례] 4월 10일 개인기업의 기업주가 자녀 대학등록금에 사용하기 위하여 출자액 중 20,000원을 보통예금으로 인출하였다.

4월 10일	(차) 인출금	20,000	(대) 보통예금	20,000

② 추가 출자

(차) [계정명]	xxx	(대) 인출금	xxx

[사례] 6월 20일 개인기업의 기업주가 사업확장을 위하여 보통예금 30,000원을 추가 출자하였다.

6월 20일	(차) 보통예금	30,000	(대) 인출금	30,000

③ 기말 결산 시 인출금 계정 잔액을 자본금으로 대체

> 인출액 > 추가 출자액 : 인출금 계정의 잔액이 차변에 남아 있음
> (차) 자본금　　　　　　　xxx　　　(대) 인출금　　　　　　　xxx
>
> 인출액 < 추가 출자액 : 인출금 계정의 잔액이 대변에 남아 있음
> (차) 인출금　　　　　　　xxx　　　(대) 자본금　　　　　　　xxx
>
> [사례] 12월 31일 결산일 현재 인출금 계정의 대변 잔액 10,000원을 자본금 계정으로 대체하였다.
>
> 　　12월 31일　(차) 인출금　　　10,000　　(대) 자본금　　　10,000

(3) 당기순이익(손실)의 자본금 반영에 대한 회계처리

기말 결산 시 모든 수익과 비용 계정의 잔액을 집합손익 계정으로 대체함으로써 모든 수익과 비용 계정의 잔액은 0이 되고, 당기순이익(또는 손실) 금액이 집합손익 계정이라는 임시계정의 잔액으로 남게 된다. 대변(또는 차변)으로 집계된 집합손익 계정의 잔액을 자본금 계정으로 대체함으로써 양수(또는 음수) 금액이 자본금 계정으로 합산된다.

> 모든 수익의 합계 > 모든 비용의 합계액 : 집합손익 계정의 잔액이 대변에 남아 있음
> (차) 집합손익　　　　　　xxx　　　(대) 자본금　　　　　　　xxx
>
> 모든 수익의 합계 < 모든 비용의 합계액 : 집합손익 계정의 잔액이 차변에 남아 있음
> (차) 자본금　　　　　　　xxx　　　(대) 집합손익　　　　　　xxx
>
> [사례] 개인기업의 기말 결산 시 수익 계정과 비용 계정을 마감하고 순손익을 자본으로 대체하는 분개를 하여 보자.
>
> | • 모든 수익의 합계 : 2,000,000원　　• 모든 비용의 합계 : 1,400,000원 |
>
> 수익계정의 마감
> (차) 모든 수익 계정　　2,000,000　　(대) 집합손익　　　2,000,000
>
> 비용계정의 마감
> (차) 집합손익　　　　　1,400,000　　(대) 모든 비용 계정　1,400,000
>
> 순손익의 대체
> (차) 집합손익　　　　　　600,000　　(대) 자본금　　　　　600,000

03 개인기업에서 재무상태표와 손익계산서의 관계

최근 82회 시험 중 3회 기출

　　　　　　　　재무상태표의 기초자본
　　　　　　+　추가 출자액 - 인출액
　　　　　　+　손익계산서의 당기순이익
　　　　　　─────────────────
　　　　　　=　재무상태표의 기말자본

기출분개연습

*기출문제 날짜는 학습효과를 높이기 위해 일부 수정하였으며, 연습상사(코드번호 : 2301) 데이터를 사용하여 연습할 수 있습니다.

01 10월 1일 사업주의 가계비용 550,000원을 보통예금 계좌에서 이체하여 지급하였다. (자본금에 대한 평가계정으로 처리할 것) [제14회]

02 10월 2일 대표자 자택에서 사용할 가구를 상록가구에서 600,000원에 현금으로 구입하고 인출금 계정으로 회계처리하다. [제59회]

03 10월 3일 사업주가 업무와 관련없이 개인용도로 사용하기 위해 신형 빔프로젝트를 500,000원에 구매하고 회사 신용카드(국민카드)로 결제하다. (자본금에 대한 평가계정으로 처리할 것) [특별회차(16년 8월)]

04 10월 4일 사업주의 자택에서 사용하기 위해 판매용 상품 200,000원을 가져가다. (자본금에 대한 평가계정으로 처리할 것) [특별회차(15년 8월)]

05 10월 5일 사업주가 사업 확장을 위하여 10,000,000원을 추가로 출자하여 당사 보통예금 계좌에 입금하였다. (자본금에 대한 평가계정으로 처리할 것) [제23회]

06 기말 결산 시, 인출금 계정 차변 잔액 300,000원을 자본금 계정에 대체하였다. [제82회 수정]

정답 및 해설

01	10월 1일	(차) 인출금	550,000	(대) 보통예금	550,000
02	10월 2일	(차) 인출금	600,000	(대) 현금	600,000
03	10월 3일	(차) 인출금	500,000	(대) 미지급금(국민카드)	500,000
04	10월 4일	(차) 인출금	200,000	(대) 상품	200,000
05	10월 5일	(차) 보통예금	10,000,000	(대) 인출금	10,000,000
06	12월 31일	(차) 자본금	300,000	(대) 인출금	300,000

핵심기출문제

*본서에 수록된 기출문제의 날짜는 학습효과를 높이기 위하여 일부 수정함

01 다음은 개인기업의 당기 12월 31일 자료이다. 자본금을 계산하면 얼마인가? [제69회]

- 현금 : 300,000원
- 단기차입금 : 400,000원
- 외상매입금 : 250,000원
- 외상매출금 : 300,000원
- 비품 : 400,000원
- 건물 : 700,000원
- 지급어음 : 100,000원
- 받을어음 : 200,000원

① 1,150,000원 ② 1,350,000원 ③ 1,550,000원 ④ 1,650,000원

02 인출금 계정에 대해 올바르게 설명되지 않은 것은? [제59회]

① 인출금 계정은 차변과 대변 어느 쪽에도 기입될 수 있다.
② 임시계정이 아니므로 재무제표에 공시된다.
③ 인출금 계정은 기말에 자본금 계정으로 대체한다.
④ 기업주가 개인적인 용도로 현금·상품 등을 인출하거나, 자본금의 추가 출자 등이 빈번하게 나타날 때 설정하여 회계처리한다.

03 다음 제시된 자료에 의하여 제2기 기말자본금을 계산하면 얼마인가? (자본거래는 없음) [제96회]

구 분	기초자본금	기말자본금	총수익	총비용	순이익
1기	300,000원	( )	100,000원	( )	30,000원
2기	( )	( )	400,000원	330,000원	( )

① 200,000원 ② 330,000원 ③ 400,000원 ④ 500,000원

04 다음 자료에서 A 개인기업의 올해 12월 31일 현재 자본금은 얼마인가? [제93회]

- 1월 1일 현금 51,000,000원을 출자하여 영업을 개시하였다.
- 9월 15일 사업주가 개인사용을 목적으로 1,910,000원을 인출하였다.
- 12월 31일 기말 결산 시 사업주가 인출한 금액을 자본금 계정으로 대체하였다.
- 12월 31일 기말 결산 시 당기순이익 6,200,000원이다.

① 49,090,000원 ② 51,000,000원 ③ 55,290,000원 ④ 57,200,000원

정답 및 해설

01 ①
- 자산 = 현금 + 외상매출금 + 비품 + 건물 + 받을어음
  = 300,000 + 300,000 + 400,000 + 700,000 + 200,000 = 1,900,000원
- 부채 = 단기차입금 + 외상매입금 + 지급어음 = 400,000 + 250,000 + 100,000 = 750,000원
- 자본 = 자산 − 부채 = 1,900,000 − 750,000 = 1,150,000원

02 ② 인출금 계정은 기중에 발생하는 자본금 인출이나 추가 출자를 별도로 관리하기 위한 임시계정이므로, 최종 재무제표에 나타나지 않도록 기말 결산 시 이를 자본금 계정으로 대체한다.

03 ③

구 분	기초자본금	기말자본금	총수익	총비용	순이익
1기	300,000원	(330,000원)[1]	100,000원	(70,000원)	30,000원
2기	(330,000원)[2]	(400,000원)[3]	400,000원	330,000원	(70,000원)

[1] (1기) 기말자본 = 기초자본 + 당기순이익 = 300,000 + 30,000 = 330,000원
[2] (2기) 기초자본 = (1기) 기말자본 = 330,000원
[3] (2기) 기말자본 = 기초자본 + 당기순이익 = 330,000 + 70,000 = 400,000원

04 ③
- 자본금(및 인출금) 계정의 총계정원장

자본금(자본)

		기초잔액	51,000,000
인출액	1,910,000	추가출자액	0
기말잔액	?	당기순이익	6,200,000
	57,200,000		57,200,000

- 기초자본 + (추가출자액 − 기업주 인출액) + 당기순이익 = 기말자본
  → 51,000,000 + (0 − 1,910,000) + 6,200,000 = ?
  ∴ 기말자본 = 55,290,000원

05 다음과 같은 자료에서 당기의 추가출자액은 얼마인가? [제90회]

- 기초자본금 : 10,000,000원
- 기말자본금 : 10,000,000원
- 기업주의 자본인출액 : 4,000,000원
- 당기순이익 : 2,000,000원

① 2,000,000원 ② 4,000,000원 ③ 6,000,000원 ④ 10,000,000원

06 다음 자료에서 시언상회의 총비용은 얼마인가? [제56회]

- 기초자본 : 8,000,000원
- 추가출자금 : 5,000,000원
- 기말자본 : 16,000,000원
- 총수익 : 6,000,000원

① 2,000,000원 ② 2,500,000원 ③ 3,000,000원 ④ 4,000,000원

07 다음 자료에서 기초부채를 계산하면 얼마인가? [제48회]

- 기초자산 : 60,000원
- 기말부채 : 30,000원
- 기말자산 : 70,000원
- 추가출자 : 15,000원
- 당기순이익 : 5,000원

① 40,000원 ② 35,000원 ③ 30,000원 ④ 25,000원

정답 및 해설

05 ①
- 자본금(및 인출금) 계정의 총계정원장

자본금(자본)

인출액	4,000,000	기초잔액	10,000,000
기말잔액	10,000,000	추가출자액	?
		당기순이익	2,000,000
	14,000,000		14,000,000

- 기초자본 + (추가출자액 − 기업주 인출액) + 당기순이익 = 기말자본
  → 10,000,000 + (? − 4,000,000) + 2,000,000 = 10,000,000
  ∴ 추가출자액 = 2,000,000원

06 ③
- 자본금(및 인출금) 계정의 총계정원장

자본금(자본)

인출액	0	기초잔액	8,000,000
기말잔액	16,000,000	추가출자액	5,000,000
		당기순이익	?
	16,000,000		16,000,000

- 기초자본 + (추가출자액 − 기업주 인출액) + 당기순이익 = 기말자본
  → 8,000,000 + (5,000,000 − 0) + ? = 16,000,000
  ∴ 당기순이익 = 3,000,000원
- 당기순이익 = 총수익 − 총비용
  → 3,000,000 = 6,000,000 − ?
  ∴ 총비용 = 3,000,000원

07 ①
- 기말 재무상태표

기말자산	70,000	기말부채	30,000
		기말자본	40,000

- 자본금(및 인출금) 계정의 총계정원장

자본금(자본)

인출액	0	기초잔액	?
기말잔액	40,000	추가출자액	15,000
		당기순이익	5,000
	40,000		40,000

- 기초자본 + (추가출자액 − 기업주 인출액) + 당기순이익 = 기말자본
  → ? + (15,000 − 0) + 5,000 = 40,000
  ∴ 기초자본 = 20,000
- 기초 재무상태표

기초자산	60,000	기초부채	40,000
		기초자본	20,000

제6절 | 수익과 비용

01 손익계산서 양식

최근 82회 시험 중 14회 기출

- Ⅰ. 매출액
- Ⅱ. 매출원가
- Ⅲ. 매출총이익   (= 매출액 − 매출원가)
- Ⅳ. 판매비와관리비
- Ⅴ. 영업이익   (= 매출총이익 − 판매비와관리비)
- Ⅵ. 영업외수익
- Ⅶ. 영업외비용
- Ⅷ. 소득세비용차감전순이익   (= 영업이익 + 영업외수익 − 영업외비용)
- Ⅸ. 소득세비용
- Ⅹ. 당기순이익   (= 소득세비용차감전순이익 − 소득세비용)

용어 알아두기

- 매출총이익률 = $\dfrac{매출총이익}{매출액}$
- 영업이익률 = $\dfrac{영업이익}{매출액}$

02 매출액

최근 82회 시험 중 21회 기출

(1) 매출액의 정의

매출액이란 기업의 주된 영업활동에서 발생하는 수익을 말한다.

(2) 매출액에 해당하는 계정과목

도·소매업을 영위하는 기업(상기업)에서 매출액에 해당하는 계정과목은 상품매출이다. 상품매출이란 기업의 주된 영업활동으로서 외부에 판매한 상품의 판매금액을 말한다.

계정과목	내 용
상품매출	상기업의 주된 영업활동으로서 외부에 판매한 상품의 판매금액
매출환입및에누리	매출한 상품 중 하자나 파손이 발견되어 해당 물품을 반품받거나 값을 깎는 것 참고 상품매출의 차감계정
매출할인	상품의 구매자로부터 외상매출대금을 조기에 회수하여 약정에 따라 할인해 주는 것 참고 상품매출의 차감계정

(3) 상품매출의 회계처리

매출액 = 당기(순)매출액 = 총매출액 − 매출환입 − 매출에누리 − 매출할인

① 총매출액

```
(차) [계정명]        xxx    (대) 상품매출       xxx
```

[사례] 1월 10일 상품 30,000원을 판매하고 대금은 한 달 후에 받기로 하였다.

```
1월 10일  (차) 외상매출금    30,000   (대) 상품매출    30,000
```

② 매출환입 및 에누리

```
(차) 매출환입및에누리    xxx    (대) 외상매출금    xxx
```

[사례] 1월 12일 이틀 전에 판매했던 상품 중에서 일부 파손이 발견되어 외상매출대금 중 5,000원을 깎아주기로 하였다.

```
1월 12일  (차) 매출환입및에누리  5,000   (대) 외상매출금   5,000
```

③ 매출할인

```
(차) [계정명]        xxx    (대) 외상매출금    xxx
    매출할인         xxx
```

[사례] 1월 18일 8일 전에 판매했던 상품의 외상매출대금 25,000원에 대하여 현금으로 결제받았다. 구매자와의 약정에 따라 조기 결제금액인 25,000원의 2%를 할인해 주었다.

```
1월 18일  (차) 현금         24,500   (대) 외상매출금   25,000
         매출할인          500[1)]
```

[1)] 25,000원 × 2% = 500원

④ 당기순매출액
= 총매출액 − 매출환입 − 매출에누리 − 매출할인
= 30,000 − 0 − 5,000 − 500
= 24,500원

기출확인문제

다음 자료에 의하면 순매출액은 얼마인가? 〔제47회〕

- 총매출액 : 800,000원
- 매출에누리 : 50,000원
- 매출운임 : 30,000원
- 매출환입 : 30,000원

① 690,000원 ② 720,000원
③ 800,000원 ④ 830,000원

정답 ②

해설
순매출액
= 총매출액 − 매출에누리 − 매출환입
= 800,000 − 50,000 − 30,000
= 720,000원

참고 매출운임은 매출액에서 차감하지 않고 별도의 당기비용으로 처리한다.

---

03 매출원가

(1) 매출원가의 정의
매출원가란 매출액에 직접 대응되는 비용을 말한다.

(2) 매출원가에 해당하는 계정과목
상기업에서 매출원가에 해당하는 계정과목은 상품매출원가이다. 상품매출원가란 기업의 주된 영업활동으로서 당기에 판매한 상품들의 당초 구입원가를 말한다.

계정과목	내 용
상품매출원가	상기업의 주된 영업활동으로서 당기에 판매한 상품들의 당초 구입원가

(3) 상품매출원가의 회계처리

- 상품매출원가 = 기초상품재고액 + 당기상품(순)매입액 − 기말상품재고액
  = 판매가능상품금액 − 기말상품재고액
- 당기상품(순)매입액 = 매입가액 + 취득부대비용 − 매입환출 − 매입에누리 − 매입할인

| (차) 상품매출원가 | ××× | (대) 상품 | ××× |

[사례] 12월 31일 기말 결산 시 상품매출원가를 계산하고 상품 계정을 상품매출원가 계정으로 대체하는 분개를 하여 보자.

- 기초 재무상태표상 상품 계정 금액 : 2,000원
- 당기 상품 순매입액 : 60,000원
- 기말 결산 시 실지재고조사를 통하여 파악한 상품 재고액 : 5,000원

12월 31일 (차) 상품매출원가 57,000[1] (대) 상품 57,000

[1] 기초재고 + 당기매입 − 기말재고 = 2,000 + 60,000 − 5,000 = 57,000원

> **기출확인문제** *2026년 출제예상

다음 자료에 의하여 매출총이익을 계산하면 얼마인가? (제49회)

- 당기매출액 : 5,000,000원
- 당기상품매입가액 : 800,000원
- 당기상품매입운임 : 50,000원
- 기초상품재고액 : 700,000원
- 기말상품재고액 : 1,000,000원
- 이자비용 : 30,000원

① 3,850,000원
② 4,150,000원
③ 4,450,000원
④ 4,500,000원

정답 ③

해설
매출총이익
= 매출액 − {기초재고 + (매입가액 + 매입운임) − 기말재고}
= 5,000,000 − {700,000 + (800,000 + 50,000) − 1,000,000}
= 4,450,000원

참고 매출총이익을 구할 때 이자비용은 고려대상이 아니다.

04 판매비와관리비

 빈출 최근 82회 시험 중 54회 기출

(1) 판매비와관리비의 정의

판매비와관리비란 상품의 판매활동과 기업의 관리활동에서 발생하는 비용으로서 매출원가에 속하지 않는 모든 영업비용을 말한다.

(2) 판매비와관리비에 해당하는 계정과목

계정과목	내용
급여	종업원에게 근로의 대가로 지급하는 급여와 수당
상여금	종업원에게 지급하는 상여금과 보너스
잡급	일용직 근로자에게 지급하는 일당
복리후생비	종업원의 근로환경 개선 및 근로의욕 향상을 위한 지출 예 식대, 차·음료, 당사 종업원의 경조사비, 직장체육대회, 야유회, 피복비
여비교통비	종업원의 업무와 관련된 여비(출장)와 교통비(이동) 예 출장에 따른 철도운임, 항공운임, 숙박료, 식사대, 시내교통비, 주차료, 통행료
기업업무추진비	영업을 목적으로 거래처와의 관계를 유지하기 위하여 소요되는 지출 예 거래처 접대비, 거래처 선물대금, 거래처 경조사비 참고 종전의 '접대비'에서 '기업업무추진비'로 계정과목 명칭이 변경되었음
통신비	전화, 핸드폰, 인터넷, 우편 등의 요금 예 전화료, 정보통신료, 우편료
수도광열비	수도, 전기, 가스, 난방 등의 요금 예 상하수도 요금, 전기 요금, 도시가스 요금, 난방용 유류대
세금과공과	세금과 공과금 예 재산세, 자동차세, 대한상공회의소 회비, 협회비, 벌금, 과태료

계정과목	설명
감가상각비	건물, 기계장치, 차량운반구 등 유형자산의 당해 연도 가치감소분에 대한 비용 인식분
임차료	타인의 토지, 건물, 기계장치, 차량운반구 등을 임차하여 그 사용료로 지불하는 비용 예 사무실 임차료, 복사기 임차료
수선비	건물, 기계장치 등의 현상유지를 위한 수리비용 예 건물 수리비, 비품 수리비
보험료	보험에 가입하고 납부하는 보험료 예 화재 보험료, 자동차 보험료
차량유지비	차량의 유지와 수선에 소요되는 지출 예 유류대, 차량 수리비, 차량 검사비, 정기주차료
운반비	기업의 주된 영업활동인 상품을 매출하는 과정에서 발생하는 운송료 예 상·하차비, 배달비 참고 상품을 취득하는 과정에서 발생하는 운송료는 취득부대비용에 해당하므로 상품 계정으로 회계처리함
교육훈련비	종업원의 직무능력 향상을 위한 교육 및 훈련에 소요되는 지출 예 강사 초청료, 교육장 대관료, 위탁 교육비
도서인쇄비	도서 구입비, 신문이나 잡지 구독료, 인쇄 등에 소요되는 지출 예 도서 대금, 신문·잡지 구독료, 제본비, 명함인쇄비
소모품비	소모성 사무용품 등을 구입하는 데 소요되는 지출 예 복사 용지, 문구류, 소모자재
수수료비용	용역(서비스)을 제공받고 지불하는 비용 예 은행의 송금수수료, 어음의 추심수수료, 신용카드 결제수수료, 세무기장료, 무인경비시스템 이용료
광고선전비	상품의 판매촉진을 위하여 불특정 다수인을 대상으로 광고하고 선전하는 활동에 소요되는 지출 예 TV 광고료, 신문 광고료, 광고물 제작비, 선전용품 제작비
대손상각비	매출채권(외상매출금, 받을어음)에 대하여 기중에 회수불능(대손 확정)되었을 때 또는 기말 결산 시 대손충당금을 추가설정할 때 비용으로 인식하는 계정과목
대손충당금환입	매출채권(외상매출금, 받을어음)에 대하여 기말 결산 시 대손충당금을 환입할 때 사용하는 계정과목 참고 손익계산서 작성 시 판매비와관리비의 차감항목으로 표시함
무형자산상각비	산업재산권, 개발비, 소프트웨어 등 무형자산의 당해 연도 가치감소분에 대한 비용 인식분
잡 비	판매비와관리비에는 해당하나 그 금액이 중요하지 않은 지출

참고 차량과 관련된 비용의 계정과목

- 여비교통비 : 출장에 따른 주차료 및 통행료
- 차량유지비 : 유류대, 차량유지비, 차량검사비, 정기주차료
- 보험료 : 자동차보험료
- 세금과공과 : 자동차세, 벌금 및 과태료

(3) 판매비와관리비의 회계처리

```
(차) 해당 비용 계정(판매비와관리비)    xxx    (대) [계정명]           xxx
```

[사례] 사무실 직원들의 야근식대 100,000원을 현금으로 지급하였다.
(차) 복리후생비   100,000   (대) 현금   100,000

[사례] 당사 종업원의 결혼축하금 50,000원을 현금으로 지급하였다.
(차) 복리후생비   50,000   (대) 현금   50,000

[사례] 종업원의 시내출장비 30,000원을 현금으로 지급하였다.
(차) 여비교통비   30,000   (대) 현금   30,000

[사례] 거래처 사장과 A식당에서 저녁식사를 하고 식사대금 50,000원을 당사 신용카드(비씨카드)로 결제하였다.
(차) 기업업무추진비   50,000   (대) 미지급금[1]   50,000

[사례] 거래처 직원의 결혼축하금 50,000원을 현금으로 지급하였다.
(차) 기업업무추진비[2]   50,000   (대) 현금   50,000

[사례] 우체국에서 업무용 서류를 등기우편으로 발송하고 우편요금 20,000원을 현금으로 지급하였다.
(차) 통신비   20,000   (대) 현금[3]   20,000

[사례] 인터넷 사용료 30,000원이 보통예금 통장에서 자동인출되었다.
(차) 통신비   30,000   (대) 보통예금   30,000

[사례] 사무실 난방용 유류 80,000원을 구입하고 대금을 현금으로 지급하였다.
(차) 수도광열비   80,000   (대) 현금   80,000

[사례] 대한상공회의소 회비 50,000원을 현금으로 납부하였다.
(차) 세금과공과   50,000   (대) 현금   50,000

[사례] 회사 보유 차량에 대한 자동차세 200,000원을 현금으로 납부하였다.
(차) 세금과공과   200,000   (대) 현금   200,000

[1] 일반적인 상거래 이외의 거래에서 발생한 지급채무이므로 미지급금 계정으로 회계처리하되, 신용카드로 결제하여 발생한 지급채무이므로 그 거래처를 A식당이 아니라 비씨카드로 기록하여 관리하여야 한다.

[2] 당사 종업원의 경조사비인 경우에는 복리후생비 계정으로, 거래처 관련 경조사비인 경우에는 기업업무추진비 계정으로 회계처리한다.

[사례]	사무실 임차료 200,000원을 보통예금 계좌에서 이체하여 지급하였다. 계좌이체 과정에서 수수료 1,000원이 발생하여 보통예금으로 지급하였다.			
	(차) 임차료	200,000	(대) 보통예금	201,000
	수수료비용	1,000		

[사례]	사무실 복사기를 수리하고 수리비 50,000원을 현금으로 지급하였다. (수익적 지출로 처리할 것)			
	(차) 수선비[3]	50,000	(대) 현금	50,000

[사례]	업무용 차량에 대한 자동차 보험에 가입하고 보험료 300,000원을 현금으로 지급하였다.			
	(차) 보험료	300,000	(대) 현금	300,000

[사례]	업무용 차량에 주유하고 대금 80,000원을 현금으로 지급하였다.			
	(차) 차량유지비	80,000	(대) 현금	80,000

[사례]	업무용 차량의 1개월 정기주차료 100,000원을 현금으로 지급하였다.			
	(차) 차량유지비	100,000	(대) 현금	100,000

[사례]	고객사에 상품을 판매하고 택배로 발송하면서 택배비 20,000원을 현금으로 지급하였다.			
	(차) 운반비	20,000	(대) 현금	20,000

[사례]	신입사원 교육을 위해 위탁교육기관에 교육비 100,000원을 현금으로 지급하였다.			
	(차) 교육훈련비	100,000	(대) 현금	100,000

[사례]	영업부서에서 구독하는 월간지와 신문대금 30,000원을 현금으로 지급하였다.			
	(차) 도서인쇄비	30,000	(대) 현금	30,000

[사례]	사무실에서 사용할 복사 용지를 50,000원에 현금으로 구입하였다. (비용으로 처리할 것)			
	(차) 소모품비[4]	50,000	(대) 현금	50,000

[사례]	회계법인에 세무기장료 200,000원을 현금으로 지급하였다.			
	(차) 수수료비용	200,000	(대) 현금	200,000

[사례]	사무실 건물 구입과 관련하여 공인중개사 수수료 300,000원을 현금으로 지급하였다.			
	(차) 건물[5]	300,000	(대) 현금	300,000

[사례]	사무실 건물 임차와 관련하여 공인중개사 수수료 300,000원을 현금으로 지급하였다.			
	(차) 수수료비용[6]	300,000	(대) 현금	300,000

[사례]	새벽일보에 회사광고를 게재하고 광고료 200,000원을 현금으로 지급하였다.			
	(차) 광고선전비	200,000	(대) 현금	200,000

[사례]	광고용 전단지 인쇄대금 30,000원을 현금으로 지급하였다.			
	(차) 광고선전비	30,000	(대) 현금	30,000

[3] 수익적 지출인 경우에는 수선비 계정 등 당기 비용으로, 자본적 지출인 경우에는 해당 자산 계정으로 회계처리한다.

[4] 소모성 사무용품을 구입할 때, 비용으로 처리하는 경우에는 소모품비 계정으로, 자산으로 처리하는 경우에는 소모품 계정으로 회계처리한다.

[5] 건물 취득 과정에서 발생하는 중개인수수료는 취득부대비용에 해당하므로 해당 자산 계정으로 회계처리한다.

[6] 건물 임차 과정에서 발생하는 중개인수수료는 취득부대비용에 해당하지 않으므로 당기 비용인 수수료비용 계정으로 회계처리한다.

기출확인문제

다음 지급 내역 중 복리후생비의 금액은? [제36회]

- 종업원 회식비 : 5,000원
- 회사의 인터넷 통신요금 : 2,000원
- 거래처 선물대금 : 3,000원
- 출장사원 고속도로 통행료 : 1,000원

① 5,000원 ② 6,000원 ③ 8,000원 ④ 9,000원

정답 ①

해설
- 종업원 회식비 : 복리후생비
- 인터넷 통신요금 : 통신비
- 거래처 선물대금 : 기업업무추진비
- 출장사원 고속도로 통행료 : 여비교통비

05 영업외수익

최근 82회 시험 중 14회 기출

(1) 영업외수익의 정의

영업외수익이란 기업의 주된 영업활동이 아닌 부수적인 활동에서 발생하는 수익을 말한다.

(2) 영업외수익에 해당하는 계정과목

계정과목	내용
이자수익	예금이나 대여금에서 받는 이자
배당금수익	보유 중인 유가증권 중 주식(지분증권)에서 받는 배당금
임대료	임대업을 주업으로 하지 않는 기업이 타인에게 동산이나 부동산을 임대하고 받는 대가
단기매매증권평가이익	단기매매증권을 기말 결산 시 공정가치로 평가할 때, 기말 공정가치가 평가 전 장부금액보다 클 경우 그 차액
단기매매증권처분이익	단기매매증권을 처분할 때, 처분금액이 처분 전 장부금액보다 클 경우 그 차액
유형자산처분이익	유형자산을 처분할 때, 처분금액이 처분 전 장부금액보다 클 경우 그 차액
대손충당금환입	매출채권 이외의 수취채권(미수금, 대여금)에 대하여 기말 결산 시 대손충당금을 환입할 때 사용하는 계정과목
자산수증이익	회사가 주주, 채권자 등으로부터 재산을 무상으로 증여받음으로써 발생하는 수익
채무면제이익	회사가 주주, 채권자 등으로부터 지급채무를 면제받음으로써 발생하는 수익
잡이익	영업외수익에는 해당하나 그 금액이 중요하지 않은 수익

(3) 영업외수익의 회계처리

| (차) [계정명] | xxx | (대) 해당 수익 계정(영업외수익) | xxx |

[사례] 보통예금 예입액에 대한 이자수익 10,000원이 발생하여 보통예금 통장에 입금되었다.

| (차) 보통예금 | 10,000 | (대) 이자수익 | 10,000 |

매장의 일부를 빌려주고 당월분 사용료 300,000원을 현금으로 받았다.

| (차) 현금 | 300,000 | (대) 임대료 | 300,000 |

기출확인문제

다음 중 영업외수익에 해당하지 않는 것은? [제38회]

① 유형자산처분이익 ② 단기매매증권처분이익
③ 임대료 ④ 임차료

정답 ④

해설
임차료는 판매비와관리비에 해당한다.

---

06 영업외비용

최근 82회 시험 중 22회 기출

(1) 영업외비용의 정의
영업외비용이란 기업의 주된 영업활동이 아닌 부수적인 활동에서 발생하는 비용을 말한다.

(2) 영업외비용에 해당하는 계정과목

계정과목	내용
이자비용	차입금에 대하여 지급하는 이자
기부금	업무와 관련없이 무상으로 기증하는 재산
매출채권처분손실	수취채권의 매각거래로 보는 어음의 할인 거래에서 발생하는 할인료
단기매매증권평가손실	단기매매증권을 기말 결산 시 공정가치로 평가할 때, 기말 공정가치가 평가 전 장부금액보다 작을 경우 그 차액
단기매매증권처분손실	단기매매증권을 처분할 때, 처분금액이 처분 전 장부금액보다 작을 경우 그 차액
유형자산처분손실	유형자산을 처분할 때, 처분금액이 처분 전 장부금액보다 작을 경우 그 차액
기타의대손상각비	매출채권 이외의 수취채권(미수금, 대여금)에 대하여 기중에 회수불능(대손 확정)되었을 때 또는 기말 결산 시 대손충당금을 추가설정할 때 비용으로 인식하는 계정과목
재해손실	천재지변 또는 예측치 못한 사건으로 인하여 발생하는 손실
잡손실	영업외비용에는 해당하나 그 금액이 중요하지 않은 지출

(3) 영업외비용의 회계처리

| (차) 해당 비용 계정(영업외비용) | ××× | (대) [계정명] | ××× |

[사례] 폭우로 피해를 입은 수재민을 돕기 위해 현금 300,000원을 지역 신문사에 기탁하였다.

| (차) 기부금 | 300,000 | (대) 현금 | 300,000 |

07 자산을 취득할 때와 처분할 때 발생하는 운송료, 수수료, 제세금 등의 회계처리

(1) 자산을 취득할 때

자산을 취득하는 과정에서 발생하는 운송료, 수수료, 제세금 등의 부대비용은 **자산의 취득원가**로 회계처리한다.

다만, 예외적으로 단기매매증권을 취득하는 과정에서 발생하는 부대비용은 **당기 비용**(영업외비용)으로 회계처리한다.

(2) 자산을 처분할 때

기업의 주된 영업활동인 상품매출(재고자산의 처분) 과정에서 발생하는 운송료, 수수료, 제세금 등의 부대비용은 운반비 계정, 수수료비용 계정, 세금과공과 계정 등 **별도의 비용 계정**(판매비와관리비)으로 회계처리한다.

반면, 기업의 주된 영업활동이 아닌 자산의 처분(재고자산이 아닌 자산의 처분) 과정에서 발생하는 부대비용은 자산의 처분금액에서 직접 차감함으로써 유형자산처분손익, 단기매매증권처분손익 등 **해당 자산의 처분손익 계정**(영업외수익 또는 영업외비용)으로 회계처리한다.

08 거래의 종류

분개에 사용된 거래 8요소의 결합관계 유형에 따라 거래의 종류를 구분하여 보면 다음과 같다.

교환거래	'자산·부채·자본의 증가·감소'만 있고 '수익·비용의 발생'은 없는 거래 예 (차) 상품(자산의 증가) 5,000 (대) 외상매입금(부채의 증가) 3,000 보통예금(자산의 감소) 2,000
손익거래	거래금액 총액이 '수익·비용의 발생'으로 이루어진 거래 예 (차) 외상매출금(자산의 증가) 3,000 (대) 상품매출(수익의 발생) 5,000 보통예금(자산의 증가) 2,000
혼합거래	하나의 거래 안에 손익거래와 교환거래가 동시에 나타나는 거래 (즉, 거래금액 총액 중 일부는 '자산·부채·자본의 증가·감소'로, 일부는 '수익·비용의 발생'으로 이루어진 거래) 예 (차) 보통예금(자산의 증가) 5,000 (대) 단기매매증권(자산의 감소) 4,000 단기매매증권처분이익(수익의 발생) 1,000

기출확인문제

다음 거래의 결합관계와 거래의 종류를 올바르게 표시한 것은? 〈제71회〉

> 외상매입금 150,000원을 현금으로 지급하다.

	차변요소	대변요소	거래의 종류
①	자산의 증가	부채의 증가	교환 거래
②	부채의 감소	자산의 감소	교환 거래
③	자본의 감소	자산의 감소	혼합 거래
④	비용의 발생	수익의 발생	손익 거래

정답 ②

해설
(차) 외상매입금　　　150,000
　　 (부채의 감소)
(대) 현금　　　　　　150,000
　　 (자산의 감소)
→ 교환거래(자산, 부채, 자본의 증가 및 감소만 있고, 수익과 비용의 발생은 없는 거래)에 해당한다.

fn.Hackers.com

기출분개연습

* 기출문제 날짜는 학습효과를 높이기 위해 일부 수정하였으며, 연습상사(코드번호 : 2301) 데이터를 사용하여 연습할 수 있습니다.

01 11월 1일 지난달 성동상사에 상품을 매출하면서 발생한 외상매출금 3,000,000원이 빨리 회수되어, 외상매출금의 2%를 할인시킨 금액을 보통예금 통장으로 이체 받다. [제59회]

02 11월 2일 3/4분기 매출목표를 달성하여 영업부 직원들에게 상여금 3,000,000원을 보통예금 계좌에서 이체하다. (단, 소득세 등 예수한 금액은 없음) [제57회]

03 11월 3일 성수기를 맞이하여 상품포장을 위해 일용직 근로자 5명을 일당 50,000원에 고용하여 250,000원을 현금으로 지급하다. [제56회]

04 11월 4일 영업부서 직원들의 사기진작을 위하여 회식을 하고, 회식비 182,000원을 현금으로 지급하다. [제52회]

05 11월 5일 종업원의 유니폼을 한국복장에서 구입하고 대금 300,000원은 월말에 지급하기로 하다. (전액 비용처리할 것) [제23회]

06 11월 6일 당사 영업사원의 부친 회갑연 축하화환 100,000원, 거래처 직원의 조문화환 100,000원을 팔도꽃배달에서 주문하고 화환대금인 200,000원을 보통예금 통장에서 이체하다. [제58회]

07 11월 7일 추석 선물로 홍삼세트 1,000,000원을 신용카드(비씨카드)로 구입하여 400,000원은 본사 영업부 직원에게 지급하고, 나머지 600,000원은 매출처 직원에게 전달하다.
[제57회]

08 11월 8일 거래처 직원과 식사를 하고 식대 80,000원을 비씨카드로 결제하다. [제44회]

09 11월 9일 지방출장을 마치고 돌아온 영업부 직원 김길동으로부터 출장여비로 개산하여 지급했던 금액 500,000원에 대하여 다음과 같이 지출증명서류를 받고 차액은 현금으로 회수하였다.
[제55회]

- 숙박비 : 120,000원
- 왕복항공료 : 250,000원
- 택시요금 : 80,000원

정답 및 해설

01	11월 1일	(차) 보통예금	2,940,000	(대) 외상매출금(성동상사)	3,000,000
		매출할인(상품매출)	60,000		
02	11월 2일	(차) 상여금(판관비)	3,000,000	(대) 보통예금	3,000,000
03	11월 3일	(차) 잡급(판관비)	250,000	(대) 현금	250,000
04	11월 4일	(차) 복리후생비(판관비)	182,000	(대) 현금	182,000
05	11월 5일	(차) 복리후생비(판관비)	300,000	(대) 미지급금(한국복장)	300,000
06	11월 6일	(차) 복리후생비(판관비)	100,000	(대) 보통예금	200,000
		기업업무추진비(판관비)	100,000		
07	11월 7일	(차) 복리후생비(판관비)	400,000	(대) 미지급금(비씨카드)	1,000,000
		기업업무추진비(판관비)	600,000		
08	11월 8일	(차) 기업업무추진비(판관비)	80,000	(대) 미지급금(비씨카드)	80,000
09	11월 9일	(차) 여비교통비(판관비)	450,000	(대) 가지급금(김길동)	500,000
		현금	50,000		

10 11월 10일 고객들에게 할인판매 안내장을 남대문우체국에서 등기 우편으로 발송하고 등기 요금 120,000원을 현금으로 일괄 지급하다. [제49회]

11 11월 11일 매장 인터넷요금 33,000원과 전기요금 165,000원을 보통예금 계좌에서 인출하여 납부하다. [제46회]

12 11월 12일 전화요금 35,000원과 업무용 화물차의 자동차세 50,000원을 현금으로 납부하였다. [제46회]

13 11월 13일 상품 홍보관을 운영하기 위해 마포빌딩 건물주와 상가 건물에 대한 임대차계약을 하고, 보증금 7,000,000원과 11월분 임차료 300,000원을 현금으로 지급하다. [제40회]

14 11월 14일 영업용 컴퓨터를 수리하고 대금 150,000원은 당사 보통예금 계좌에서 이체하다. (수익적 지출로 처리할 것) [제63회]

15 11월 15일 업무용 차량의 휘발유대금 150,000원을 성동주유소에 현금으로 지급하다. [제53회]

16 11월 16일 영업용 화물차의 타이어와 엔진오일을 스피드카센터에서 교체하고 250,000원을 현금으로 지급하다. (수익적 지출로 회계처리) [제28회]

17 11월 17일 업무용 차량의 정기주차료 150,000원을 일신주차장에 현금으로 지급하다. [제61회]

18 11월 18일 영업용 트럭의 자동차세 100,000원과 사장 개인 승용차의 자동차세 60,000원을 현금으로 납부하다. (단, 기업주의 개인적 지출은 인출금 계정으로 처리함) [제56회]

19 11월 19일 경기상사에 상품을 5,000,000원에 판매하고 지난달 미리 받은 계약금 500,000원을 제외한 대금은 외상으로 하다. 당사 부담 운반비 150,000원은 현금으로 지급하다. [제85회 수정]

20 11월 20일 영업부 직원의 전략적 성과관리 교육을 하나컨설팅에 위탁하고 교육비 800,000원을 보통예금 계좌에서 이체하여 지급하다. [제57회]

정답 및 해설

10	11월 10일	(차) 통신비(판관비)	120,000	(대) 현금	120,000
11	11월 11일	(차) 통신비(판관비)	33,000	(대) 보통예금	198,000
		수도광열비(판관비)	165,000		
12	11월 12일	(차) 통신비(판관비)	35,000	(대) 현금	85,000
		세금과공과(판관비)	50,000		
13	11월 13일	(차) 임차보증금(마포빌딩)	7,000,000	(대) 현금	7,300,000
		임차료(판관비)	300,000		
14	11월 14일	(차) 수선비(판관비)	150,000	(대) 보통예금	150,000
15	11월 15일	(차) 차량유지비(판관비)	150,000	(대) 현금	150,000
16	11월 16일	(차) 차량유지비(판관비)	250,000	(대) 현금	250,000
17	11월 17일	(차) 차량유지비(판관비)	150,000	(대) 현금	150,000
18	11월 18일	(차) 세금과공과(판관비)	100,000	(대) 현금	160,000
		인출금	60,000		
19	11월 19일	(차) 선수금(경기상사)	500,000	(대) 상품매출	5,000,000
		외상매출금(경기상사)	4,500,000	현금	150,000
		운반비(판관비)	150,000		
20	11월 20일	(차) 교육훈련비(판관비)	800,000	(대) 보통예금	800,000

21 11월 21일 상품포장용 소모품 1,000,000원을 병점완구에서 외상으로 구입하다. (비용으로 회계처리하시오) [제45회]

22 11월 22일 당사의 장부기장을 의뢰하고 있는 세무사 사무소에 당월분 기장수수료 200,000원을 보통예금 계좌에서 인터넷뱅킹으로 이체하여 지급하다. [제57회]

23 11월 23일 양산기업에 대한 받을어음 20,500,000원이 만기가 도래하여 추심수수료 500,000원을 차감한 금액이 국민은행 보통예금 통장에 입금되다. [제47회]

24 11월 24일 서광전자에 미지급금을 지급하기 위해 보통예금 계좌에서 이체한 2,501,000원에는 송금수수료 1,000원이 포함되어 있다. [제53회]

25 11월 25일 한국신문에 상품광고를 게재하고 광고료 1,000,000원을 보통예금 계좌에서 이체하다. [제59회]

26 11월 26일 매장의 일부를 빌려주고 1개월분 사용료 300,000원을 현금으로 받다. [제23회]

27 11월 27일 수익증대를 위하여 사무실을 2년간 성일문구에 임대하기로 계약하고, 보증금 2,000,000원과 1개월분 임대료 300,000원을 보통예금으로 이체 받다. [제65회]

28 11월 28일 국민은행의 단기차입금(차입기간 : 올해 11월 1일 ~ 올해 12월 31일)에 대한 이자 150,000원이 당사의 보통예금 계좌에서 자동이체 되었음을 확인하고 회계처리하다. [제58회]

29 11월 29일 갑작스런 폭설로 피해를 입은 농민을 돕기 위해 현금 3,000,000원을 한국방송공사에 지급하다. [제46회]

정답 및 해설

21	11월 21일	(차) 소모품비(판관비)	1,000,000	(대) 미지급금(병점완구)	1,000,000
22	11월 22일	(차) 수수료비용(판관비)	200,000	(대) 보통예금	200,000
23	11월 23일	(차) 보통예금 수수료비용(판관비)	20,000,000 500,000	(대) 받을어음(양산기업)	20,500,000
24	11월 24일	(차) 미지급금(서광전자) 수수료비용(판관비)	2,500,000 1,000	(대) 보통예금	2,501,000
25	11월 25일	(차) 광고선전비(판관비)	1,000,000	(대) 보통예금	1,000,000
26	11월 26일	(차) 현금	300,000	(대) 임대료	300,000
27	11월 27일	(차) 보통예금	2,300,000	(대) 임대보증금(성일문구) 임대료	2,000,000 300,000
28	11월 28일	(차) 이자비용	150,000	(대) 보통예금	150,000
29	11월 29일	(차) 기부금	3,000,000	(대) 현금	3,000,000

핵심기출문제

* 본서에 수록된 기출문제의 날짜는 학습효과를 높이기 위하여 일부 수정함

01 다음은 손익계산서의 일부이다. 빈칸에 들어갈 (가), (나), (다)의 내용으로 옳은 것은? [제49회]

구 분	20x1년	20x2년
매출액	110,000원	120,000원
기초상품재고액	12,000원	(나)
당기매입액	94,000원	(다)
기말상품재고액	15,000원	16,000원
매출총이익	(가)	20,000원

　　　(가)　　　(나)　　　(다)　　　　　　　　(가)　　　(나)　　　(다)
① 91,000　14,000　110,000　　② 19,000　15,000　101,000
③ 91,000　15,000　101,000　　④ 19,000　15,000　130,000

02 다음의 설명과 관련한 계정과목으로 옳은 것은? [제74회]

(가) 상품 매출대금을 조기에 수취함에 따라 대금의 일부를 깎아주는 것
(나) 매출한 상품에 결함이 있어 상품을 회수하는 것

① (가) 매출할인　　(나) 매출환입　　② (가) 매출환입　　(나) 매출할인
③ (가) 매출할인　　(나) 매출에누리　④ (가) 매출에누리　(나) 매출환입

03 다음은 상품과 관련된 내용이다. 매출원가는 얼마인가? [제82회]

- 상품 월초잔액 : 500,000원
- 매입환출액 : 100,000원
- 매출환입액 : 50,000원
- 당월 매입액 : 700,000원
- 매출에누리 : 100,000원
- 상품 월말잔액 : 400,000원

① 550,000원　　② 600,000원　　③ 650,000원　　④ 700,000원

04 다음 자료에 의해 매출총이익을 계산하면 얼마인가? [제94회]

- 기초상품재고액 : 6,000,000원
- 기말상품재고액 : 3,100,000원
- 상품 매입 시 운반비 : 250,000원
- 당기상품총매출액 : 16,000,000원
- 당기상품매입가액 : 7,100,000원
- 매출에누리 : 750,000원
- 매입에누리 및 매입할인액 : 660,000원

① 5,660,000원   ② 6,000,000원   ③ 6,410,000원   ④ 6,800,000원

정답 및 해설

01 ②
- 20x1년 매출원가 = 기초재고 + 당기매입액 − 기말재고
  = 12,000 + 94,000 − 15,000 = 91,000원
- (가) 20x1년 매출총이익 = 매출액 − 매출원가
  = 110,000 − 91,000 = 19,000원
- (나) 20x2년 기초재고 = 20x1년 기말재고 = 15,000원
- 20x2년 매출총이익 = 매출액 − 매출원가
  → 20,000 = 120,000 − ?
  ∴ 20x2년 매출원가 = 100,000원
- 20x2년 매출원가 = 기초재고 + 당기매입액 − 기말재고
  → 100,000 = 15,000 + ? − 16,000
  ∴ (다) 20x2년 당기매입액 = 101,000원

02 ①
- 매출환입 : 매출한 상품 중 하자나 파손이 발견되어 해당 상품을 반품받는 것
- 매출에누리 : 매출한 상품 중 하자나 파손이 발견되어 원래의 판매가격에서 값을 깎는 것
- 매출할인 : 상품의 구매자로부터 외상대금을 조기에 회수하여 약정에 따라 할인해 주는 것

03 ④
- 당기순매입액 = 매입가액 + 취득부대비용 − 매입환출 − 매입에누리 − 매입할인
  = 700,000 + 0 − 100,000 − 0 − 0 = 600,000원
- 매출원가 = 기초재고액 + 당기순매입액 − 기말재고액
  = 500,000 + 600,000 − 400,000 = 700,000원

04 ①
- (순)매출액 = 총매출액 − 매출환입 − 매출에누리 − 매출할인
  = 16,000,000 − 0 − 750,000 − 0
  = 15,250,000원
- 당기(순)매입액 = 매입가액 + 취득부대비용 − 매입환출 − 매입에누리 및 매입할인
  = 7,100,000 + 250,000 − 0 − 660,000
  = 6,690,000원
- 매출원가 = 기초재고 + 당기(순)매입액 − 기말재고
  = 6,000,000 + 6,690,000 − 3,100,000
  = 9,590,000원
- 매출총이익 = 매출액 − 매출원가
  = 15,250,000 − 9,590,000
  = 5,660,000원

05 다음 중 기말상품재고액은 얼마인가? [15년 8월 특별회차]

- 당기매출액 : 1,000,000원
- 당기상품매입액 : 800,000원
- 기초상품재고액 : 200,000원
- 매출총이익률 : 매출액의 30%

① 240,000원 ② 300,000원 ③ 700,000원 ④ 1,300,000원

06 다음 거래의 예를 이용하여 상품의 취득원가와 순매출액을 구하시오. [제16회]

- 상품 50개를 1개당 10,000원에 구입하고 운반비 10,000원을 지급하다.
- 상품 50개를 1개당 15,000원에 판매하고 운반비 20,000원을 지급하다.

① 상품 510,000원, 매출액 730,000원
② 상품 510,000원, 매출액 750,000원
③ 상품 500,000원, 매출액 750,000원
④ 상품 500,000원, 매출액 730,000원

07 다음은 외상매출금 계정의 차변과 대변에 기록되는 내용을 표시한 것이다. 틀리게 표시하고 있는 항목은? [제64회]

외상매출금

기초재고액	환입 및 에누리액
매출액	대손액
회수액	기말재고액

① 매출액 ② 회수액 ③ 환입 및 에누리액 ④ 대손액

08 다음 자료에 의하여 당기 중에 외상으로 매출한 상품 대금을 계산하면 얼마인가? [제54회]

- 외상매출금 기초잔액 : 60,000원
- 외상매출액 중 에누리액 : 15,000원
- 외상매출액 중 환입액 : 15,000원
- 외상매출금 기말잔액 : 80,000원
- 외상매출액 중 대손액 : 10,000원
- 외상매출액 중 회수액 : 500,000원

① 440,000원 ② 450,000원 ③ 550,000원 ④ 560,000원

정답 및 해설

05 ②
- 매출총이익률 = 매출총이익 ÷ 매출액
  → 30% = ? ÷ 1,000,000
  ∴ 매출총이익 = 300,000원
- 매출총이익 = 매출액 − 매출원가
  → 300,000 = 1,000,000 − ?
  ∴ 매출원가 = 700,000원
- 매출원가 = 기초재고 + 당기매입액 − 기말재고
  → 700,000 = 200,000 + 800,000 − ?
  ∴ 기말재고 = 300,000원

06 ②
- 상품의 매입 과정에서 발생하는 운송료는 취득부대비용에 해당하므로 상품 계정으로 회계처리한다.
  → 상품의 취득원가 = (50개 × @10,000원) + 10,000원 = 510,000원
- 상품의 매출 과정에서 발생하는 운송료는 운반비(판관비) 계정으로 회계처리한다.
  → 매출액 = (50개 × @15,000원) = 750,000원

07 ②
- 외상매출금 회수 시 회계처리
  (차) 현금 등　　　　　　　　　xxx　　(대) 외상매출금　　　　　　xxx
  → 외상매출금의 회수액은 외상매출금 계정의 총계정원장에서 대변에 기입하여야 한다.
- 외상매출금 계정의 총계정원장

외상매출금(자산)	
기초잔액	환입 및 에누리
외상매출액	대손 확정
	회수액
	기말잔액

08 ④
- 외상매출 시 회계처리
  (차) 외상매출금　　　　　　　?　　　(대) 상품매출　　　　　　　?
- 매출환입 및 매출에누리 회계처리
  (차) 매출환입및에누리　　30,000　　(대) 외상매출금　　　　30,000
- 대손 확정 시 회계처리
  (차) 대손충당금(또는 대손상각비)　10,000　　(대) 외상매출금　　10,000
- 외상매출금 회수 시 회계처리
  (차) 현금 등　　　　　　500,000　　(대) 외상매출금　　　500,000
- 외상매출금 계정의 총계정원장

외상매출금(자산)			
기초잔액	60,000	환입 및 에누리	30,000
외상매출액	?	대손 확정	10,000
		회수액	500,000
		기말잔액	80,000
	620,000		620,000

∴ 외상매출액 = (30,000 + 10,000 + 500,000 + 80,000) − 60,000 = 560,000원

09 당월 외상매입 자료에서 외상매입금 당월 지급액은? [16년 8월 특별회차]

- 월초잔액 : 20,000원
- 월말잔액 : 100,000원
- 외상매입액 : 200,000원
- 외상매입액 중 환출액 : 10,000원

① 100,000원 ② 110,000원 ③ 120,000원 ④ 130,000원

10 다음 괄호 안에 들어갈 손익계산서 구성항목은? [제49회]

( )는(은) 제품, 상품, 용역 등의 판매활동과 기업의 관리활동에서 발생하는 비용으로서 매출원가에 속하지 아니하는 모든 영업비용을 포함한다.

① 매출액 ② 영업외비용 ③ 판매비와관리비 ④ 영업외수익

11 다음 내용에 사용하는 계정과목으로 옳은 것은? [제26회]

영업활동에 소요되는 전화요금, 인터넷사용료, 이동통신요금 등

① 통신비 ② 수도광열비 ③ 세금과공과 ④ 기업업무추진비

12 다음 중 손익계산서상 계정과목에 대한 설명으로 가장 적절하지 않은 것은? [제100회]

① 통신비 : 업무와 관련된 전화요금, 휴대폰요금, 인터넷요금, 등기우편요금 등
② 수도광열비 : 업무와 관련된 가스요금, 전기요금, 수도요금, 난방비
③ 기업업무추진비 : 상품 등의 판매촉진을 위하여 불특정 다수인에게 선전하는 데 소요되는 비용
④ 임차료 : 업무와 관련된 토지, 건물, 기계장치, 차량운반구 등을 빌리고 지급하는 사용료

13 다음 중 연결이 바르지 않은 것은? [제86회]

① 신입사원 명함인쇄비용 – 복리후생비
② 거래처 직원과의 식사비용 – 기업업무추진비
③ 직원들에 대한 컴퓨터 교육에 대한 강사비 지출 – 교육훈련비
④ 단기차입금에 대한 이자 지급 – 이자비용

14 다음 중 세금과공과 계정으로 처리할 수 없는 것은? [제92회]

① 대한상공회의소 회비
② 회사 소유 건물에 대한 재산세
③ 업무용 승용차에 대한 자동차세
④ 건물 구입 시 지급한 취득세

15 개인기업에서 납부하는 각종 세금에 대한 회계처리 시 계정과목이 잘못 연결된 것은? [제54회]

① 건물 취득 시 납부한 취득세 : 건물 계정
② 회사 소유 차량에 대한 자동차세 : 차량운반구 계정
③ 사업주 개인 소유 건물의 재산세 : 인출금 계정
④ 종업원 급여 지급 시 원천징수한 소득세 : 예수금 계정

정답 및 해설

09 ② · 외상매입 시 회계처리
  (차) 상품　　　　　　　　　　200,000　　(대) 외상매입금　　　　　200,000
· 매입환출 및 매입에누리 회계처리
  (차) 외상매입금　　　　　　　10,000　　(대) 매입환출및에누리　　10,000
· 외상매입금 지급 시 회계처리
  (차) 외상매입금　　　　　　　　？　　　(대) 현금 등　　　　　　　？
· 외상매입금 계정의 총계정원장

외상매입금(부채)			
환출 및 에누리	10,000	기초잔액	20,000
지급액	?	외상매입액	200,000
기말잔액	100,000		
	220,000		220,000

∴ 당기 외상매입금 지급액 = (20,000 + 200,000) − (10,000 + 100,000) = 110,000원

10 ③ 판매비와관리비는 상품의 판매활동과 기업의 관리활동에서 발생하는 비용으로서 매출원가에 속하지 않는 모든 영업비용을 말한다.

11 ① 통신비는 영업활동에 소요되는 전화요금, 휴대폰요금, 인터넷요금, 등기우편요금 등을 말한다.

12 ③ · 기업업무추진비 : 영업을 목적으로 거래처와의 관계를 유지하기 위하여 소요되는 지출
· 광고선전비 : 상품 등의 판매촉진을 위하여 불특정 다수인을 대상으로 광고하고 선전하는 활동에 소요되는 비용

13 ① 신입사원 명함인쇄비용 − 도서인쇄비

14 ④ 건물 구입 시 지급한 취득세는 취득부대비용에 해당하므로 해당 자산(건물) 계정으로 회계처리한다.

15 ② 회사 소유 차량에 대한 자동차세 : 세금과공과 계정

16 다음 중 판매비와관리비에 해당되는 계정과목이 아닌 것은? [제55회]

① 보험료　　　② 광고선전비　　　③ 운반비　　　④ 기부금

17 다음 중 영업이익 계산과 관련이 없는 계정은? [제27회]

① 이자비용　　　　　　② 세금과공과
③ 매출채권 대손상각비　④ 기업업무추진비

18 다음 지출내역서에서 8월의 판매비와관리비 금액으로 옳은 것은? [제78회]

(8월) 지출내역서

일 자	적 요	금 액
8/5	종업원 회식비용	200,000원
8/11	차입금 이자 지급	50,000원
8/16	수재의연금 기부	30,000원
8/20	거래처 선물 대금	100,000원
8/30	8월분 영업부 전기요금	20,000원

① 220,000원　　② 320,000원　　③ 350,000원　　④ 400,000원

19 다음 자료에 따라 영업이익을 계산한 것으로 옳은 것은? [제85회]

- 매출액 : 5,000,000원
- 기업업무추진비 : 300,000원
- 복리후생비 : 200,000원
- 매출원가 : 2,000,000원
- 유형자산 처분손실 : 100,000원
- 이자수익 : 100,000원

① 2,300,000원　　② 2,400,000원　　③ 2,500,000원　　④ 2,800,000원

20 다음 거래 요소의 결합 관계에 해당하는 거래로 옳은 것은? [제77회]

> (차변요소) 자산의 증가   (대변요소) 자산의 감소

① 거래처에 현금 500,000원을 3개월간 대여하다.
② 당월분 전기요금 160,000원을 현금으로 지급하다.
③ 정기예금에 대한 이자 180,000원을 현금으로 받다.
④ 거래처의 외상 대금 550,000원을 현금으로 지급하다.

정답 및 해설

16 ④ 보험료(판관비), 광고선전비(판관비), 운반비(판관비), 기부금(영업외비용)

17 ① • 영업이익이란 매출총이익에서 판매비와관리비를 차감한 금액이다. 이자비용은 영업외비용에 해당하므로 영업이익에 영향을 미치지 않는다.
• 이자비용(영업외비용), 세금과공과(판관비), 매출채권 대손상각비(판관비), 기업업무추진비(판관비)

18 ② • 종업원 회식비용 : 복리후생비(판관비)
• 차입금 이자 지급 : 이자비용(영업외비용)
• 수재의연금 기부 : 기부금(영업외비용)
• 거래처 선물 대금 : 기업업무추진비(판관비)
• 8월분 영업부 전기요금 : 수도광열비(판관비)

19 ③ • 기업업무추진비(판관비), 유형자산처분손실(영업외비용), 복리후생비(판관비), 이자수익(영업외수익)
• 영업이익 = 매출액 − 매출원가 − 판매비와관리비
= 5,000,000 − 2,000,000 − (300,000 + 200,000)
= 2,500,000원

20 ① ① (차) 단기대여금(자산의 증가) 500,000 (대) 현금(자산의 감소) 500,000
② (차) 수도광열비(비용의 발생) 160,000 (대) 현금(자산의 감소) 160,000
③ (차) 현금(자산의 증가) 180,000 (대) 이자수익(수익의 발생) 180,000
④ (차) 외상매입금(부채의 감소) 550,000 (대) 현금(자산의 감소) 550,000

21 다음 중 거래의 종류를 연결한 것으로 틀린 것은? [제84회]

① 이자수익 100,000원을 현금으로 받다. – 손익거래
② 영업용 비품을 1,000,000원에 구입하고 대금은 현금으로 지급하다. – 교환거래
③ 보험료 2,000,000원을 현금으로 지급하다. – 손익거래
④ 영업용 건물을 10,000,000원에 구입하고 대금 중 일부는 현금으로 지급하고, 나머지 잔액은 나중에 지급하기로 하다. – 혼합거래

22 다음 거래의 유형 중 혼합거래에 해당하는 것은? [제81회]

① 상품 500,000원을 매입하고 대금은 현금으로 지급하다.
② 상품 700,000원을 매출하고 대금 중 500,000원은 현금으로 받고 잔액은 외상으로 하다.
③ 8월분 직원 급여 2,000,000원을 보통예금에서 계좌이체하다.
④ 단기차입금 500,000원과 이자 30,000원을 현금으로 상환하다.

23 아래 분개의 내용을 계정별 원장에 전기한 것으로 가장 적절한 것은? [제97회]

| 12월 1일 : (차) 기업업무추진비   1,000,000원   (대) 현금   1,000,000원 |

① 　　　　　　　　　　　현금
　　12/1 기업업무추진비 1,000,000 |

② 　　　　　　　　　　　현금
　　　　　　　　　　　　　| 12/1 기업업무추진비 1,000,000

③ 　　　　　　　　　　기업업무추진비
　　12/1 기업업무추진비 1,000,000 |

④ 　　　　　　　　　　기업업무추진비
　　　　　　　　　　　　　| 12/1 현금   1,000,000

24 다음 중 계정의 증가, 감소, 발생, 소멸을 나타낸 것으로 잘못된 것은? [제76회]

① 외상매입금
| 감소 | 증가 |

② 미수금
| 감소 | 증가 |

③ 예수금
| 감소 | 증가 |

④ 잡이익
| 소멸 | 발생 |

정답 및 해설

21 ④
① (차) 현금(자산의 증가) 100,000　　(대) 이자수익(수익의 발생) 100,000
→ '수익·비용 금액 = 거래금액의 총액' : 손익거래
② (차) 비품(자산의 증가) 1,000,000　　(대) 현금(자산의 감소) 1,000,000
→ 수익·비용이 없음 : 교환거래
③ (차) 보험료(비용의 발생) 2,000,000　　(대) 현금(자산의 감소) 2,000,000
→ '수익·비용 금액 = 거래금액의 총액' : 손익거래
④ (차) 건물(자산의 증가) 10,000,000　　(대) 현금(자산의 감소) ×××
　　　　　　　　　　　　　　　　　　　　　미지급금(부채의 증가) ×××
→ 수익·비용이 없음 : 교환거래

22 ④
① (차) 상품(자산의 증가) 500,000　　(대) 현금(자산의 감소) 500,000
→ 수익·비용이 없음 : 교환거래
② (차) 현금(자산의 증가) 500,000　　(대) 상품매출(수익의 발생) 700,000
　　　외상매출금(자산의 증가) 200,000
→ '수익·비용 금액 = 거래금액의 총액' : 손익거래
③ (차) 급여(비용의 발생) 2,000,000　　(대) 보통예금(자산의 감소) 2,000,000
→ '수익·비용 금액 = 거래금액의 총액' : 손익거래
④ (차) 단기차입금(부채의 감소) 500,000　　(대) 현금(자산의 감소) 530,000
　　　이자비용(비용의 발생) 30,000
→ '수익·비용 금액 = 거래금액의 일부' : 혼합거래

23 ② • 분개 : (차) 기업업무추진비(비용의 증가) 1,000,000　　(대) 현금(자산의 감소) 1,000,000
• 총계정원장에 전기

기업업무추진비(비용)		현금(자산)	
12/1 현금 1,000,000			12/1 기업업무추진비 1,000,000
(증가)	(감소)	(증가)	(감소)

24 ② • 외상매입금(부채), 미수금(자산), 예수금(부채), 잡이익(수익)
• 미수금 계정은 자산에 해당하므로, 총계정원장을 작성할 때 증가를 차변에, 감소를 대변에 기록한다.

25 다음 중 총계정원장의 잔액이 항상 대변에 나타나는 계정은? [제84회]

① 보통예금　　② 수수료비용　　③ 임대료　　④ 외상매출금

26 기말 결산 시 손익 계정으로 대체되는 계정과목이 아닌 것은? [제54회]

① 보험료　　② 인출금　　③ 기업업무추진비　　④ 기부금

27 다음 중 기말 결산 후에도 차기로 이월하여 사용할 수 있는 계정과목은? [제64회]

① 세금과공과　　② 대손상각비　　③ 단기매매증권　　④ 임대료

28 다음 중 계정의 마감이 옳지 않은 것은? [제76회]

①
임대료			
12/31 손익	150,000	8/19 현금	150,000

②
이자수익			
12/31 손익	150,000	8/19 현금	150,000

③
보험료			
8/19 현금	150,000	12/31 손익	150,000

④
미수금			
8/19 현금	150,000	12/31 손익	150,000

정답 및 해설

25 ③ 총계정원장에서 보통예금(자산), 수수료비용(비용), 외상매출금(자산) 계정의 잔액은 왼쪽에, 임대료(수익) 계정의 잔액은 오른쪽에 남게 된다.

26 ②
- 보험료(비용), 인출금(자본), 기업업무추진비(비용), 기부금(비용)
- 수익 계정과 비용 계정은 기말 결산 시 손익 계정으로 대체된다. 인출금은 자본금에 대한 임시계정으로서 자본 계정에 해당한다.

27 ③
- 세금과공과(비용), 대손상각비(비용), 단기매매증권(자산), 임대료(수익)
- 자산, 부채, 자본 계정은 당기 기말 금액이 차기 기초로 이월된다. 수익 계정과 비용 계정은 이월되지 않는다.

28 ④
- 임대료(수익), 이자수익(수익), 보험료(비용), 미수금(자산)
- 미수금 계정의 마감

미수금(자산)			
8/19 현금	150,000	12/31 차기이월	150,000

제7절 기말수정분개

01 개요

기중의 회계처리만으로는 자산·부채·자본·수익·비용을 정확하게 나타낼 수 없기 때문에, 기말 결산 때 각 계정의 실제 잔액을 파악하여 총계정원장의 잔액이 실제 잔액과 일치하도록 조정해 주는 분개를 하는데, 이를 기말수정분개(또는 결산정리분개)라고 한다.

기말수정분개에 해당하는 대표적인 항목은 다음과 같다.

- 수익·비용의 발생과 이연
- 소모품의 정리
- 마이너스 통장의 정리
- 현금과부족의 정리
- 가지급금·가수금의 정리
- 인출금의 정리
- 단기매매증권의 평가
- 비유동부채의 유동성 대체
- 대손충당금의 설정
- 감가상각비의 계상
- 매출원가의 계상

02 수익·비용의 발생과 이연

(1) 수익의 발생 (미수수익)

당기에 속하는 수익이지만 결산일까지 회수되지 않은 금액을 당기의 수익으로 인식한다.

(차) 미수수익 (자산)	xxx	(대) 해당 수익 계정	xxx

[사례] 당기 결산 시: 20x1년 12월 31일 기말 결산일 현재 은행예금에 대한 당기분 이자 미수액 40,000원을 수익으로 계상하다. (이자수령일은 다음 연도 1월 2일이다)

| 20x1. 12. 31. | (차) 미수수익 | 40,000 | (대) 이자수익 | 40,000 |

실제 입금 시: 20x2년 1월 2일 은행예금에 대한 전년도분 이자 40,000원이 보통예금 계좌로 입금되었다.

| 20x2. 1. 2. | (차) 보통예금 | 40,000 | (대) 미수수익 | 40,000 |

(2) 비용의 발생 (미지급비용)

당기에 속하는 비용이지만 결산일까지 지급되지 않은 금액을 당기의 비용으로 인식한다.

(차) 해당 비용 계정	xxx	(대) 미지급비용 (부채)	xxx

[사례] 당기 결산 시 : 20x1년 12월 31일 기말 결산일 현재 은행차입금에 대한 당기분 이자 미지급액 100,000원을 비용으로 계상하다. (이자지급일은 다음 연도 1월 2일이다)

20x1. 12. 31.	(차) 이자비용	100,000	(대) 미지급비용	100,000

실제 지급 시 : 20x2년 1월 2일 은행차입금에 대한 전년도분 이자 100,000원을 보통예금 계좌에서 이체하여 지급하였다.

20x2. 1. 2.	(차) 미지급비용	100,000	(대) 보통예금	100,000

참고 미지급금 vs 미지급비용

실무에서 미지급금과 미지급비용은 구분이 모호한 경우가 많다. 또한, 분개를 작성해야 하는 시험에서도 두 계정과목이 모두 정답으로 인정되는 경우가 많다.

수험목적으로는 기말수정분개 및 관련 분개일 때에는 미지급비용 계정과목으로, 그 외에는 미지급금 계정과목으로 회계처리하면 된다.

(3) 수익의 이연 (선수수익)

당기에 이미 받은 금액 중에서 차기에 속하는 부분을 계산하여 당기의 수익에서 차감한다. (즉, 차기의 수익으로 이연시킨다)

기중에 수령액을 전액 수익으로 처리한 경우 기말수정분개

(차) 해당 수익 계정	xxx	(대) 선수수익 (부채)	xxx

[사례] 기중 입금 시 : 20x1년 6월 1일 1년분(20x1. 6. 1. ~ 20x2. 5. 31.) 임대료 120,000원을 현금으로 미리 받고 전액 수익으로 계상하였다.

20x1. 6. 1.	(차) 현금	120,000	(대) 임대료	120,000

기말 결산 시 : 기중 회계처리에서 계상되어 있는 임대료 계정 120,000원 중 50,000원은 다음 연도 해당분 임대료임을 확인하였다. (단, 월할 계산한다)

20x1. 12. 31.	(차) 임대료	50,000	(대) 선수수익	50,000[1]

[1]
- 120,000원 × (5개월/12개월) = 50,000원
- 임대료 수령액 중 최종 재무제표에 당기 수익(임대료 계정)으로 표시되는 금액 = 70,000원

	기중에 수령액을 전액 부채로 처리한 경우 기말수정분개			
	(차) 선수수익 (부채)	xxx	(대) 해당 수익 계정	xxx

[사례] 기중 입금 시 : 20x1년 6월 1일 1년분(20x1. 6. 1. ~ 20x2. 5. 31.) 임대료 120,000원을 현금으로 미리 받고 전액 부채로 계상하였다.

    20x1. 6. 1. (차) 현금   120,000   (대) 선수수익   120,000

기말 결산 시 : 기중 회계처리에서 계상되어 있는 선수수익 계정 120,000원 중 50,000원이 다음 연도 해당분 임대료임을 확인하였다. (단, 월할 계산한다)

    20x1. 12. 31. (차) 선수수익   70,000   (대) 임대료   70,000[2]

[2] 임대료 수령액 중 최종 재무제표에 당기 수익(임대료 계정)으로 표시되는 금액 = 70,000원

(4) 비용의 이연 (선급비용)

당기에 이미 지급한 금액 중에서 차기에 속하는 부분을 계산하여 당기의 비용에서 차감한다. (즉, 차기의 비용으로 이연시킨다)

	기중에 지급액을 전액 비용으로 처리한 경우 기말수정분개			
	(차) 선급비용 (자산)	xxx	(대) 해당 비용 계정	xxx

[사례] 기중 지급 시 : 20x1년 10월 1일 1년분(20x1. 10. 1. ~ 20x2. 9. 30.) 보험료 240,000원을 현금으로 미리 지급하고 전액 비용으로 계상하였다.

    20x1. 10. 1. (차) 보험료   240,000   (대) 현금   240,000

기말 결산 시 : 기중 회계처리에서 계상되어 있는 보험료 계정 240,000원 중 180,000원은 다음 연도 해당분 보험료임을 확인하였다. (단, 월할 계산한다)

    20x1. 12. 31. (차) 선급비용   180,000[1]   (대) 보험료   180,000

[1] • 240,000원 × (9개월/12개월) = 180,000원
   • 보험료 지급액 중 최종 재무제표에 당기 비용(보험료 계정)으로 표시되는 금액 = 60,000원

	기중에 지급액을 전액 자산으로 처리한 경우 기말수정분개			
	(차) 해당 비용 계정	xxx	(대) 선급비용 (자산)	xxx

[사례] 기중 지급 시 : 20x1년 10월 1일 1년분(20x1. 10. 1. ~ 20x2. 9. 30.) 보험료 240,000원을 현금으로 미리 지급하고 전액 자산으로 계상하였다.

    20x1. 10. 1. (차) 선급비용   240,000   (대) 현금   240,000

기말 결산 시 : 기중 회계처리에서 계상되어 있는 선급비용 계정 240,000원 중 180,000원이 다음 연도 해당분 보험료임을 확인하였다. (단, 월할 계산한다)

    20x1. 12. 31. (차) 보험료   60,000[2]   (대) 선급비용   60,000

[2] 보험료 지급액 중 최종 재무제표에 당기 비용(보험료 계정)으로 표시되는 금액 = 60,000원

03 소모품의 정리

최근 82회 시험 중 1회 기출

기중에 소모성 사무용품 등을 구입할 때, 지출액을 전액 비용(소모품비 계정)으로 처리하는 경우도 있고 전액 자산(소모품 계정)으로 처리하는 경우도 있다.

기말 결산일에는 구입한 소모품을 사용액과 미사용액으로 구분하여, 최종 재무제표에 사용액은 당기 비용으로, 미사용액은 자산으로 표시되도록 하는 기말수정분개를 한다.

기중에 지출액을 전액 비용으로 처리한 경우 기말수정분개

(차) 소모품 (자산)　　　　xxx　　(대) 소모품비 (비용)　　　　xxx

[사례] 기중 구입 시 : 20x1년 9월 1일 소모성 사무용품 100,000원을 현금으로 구입하고 전액 비용으로 계상하였다.

20x1. 9. 1.　(차) 소모품비　　　100,000　　(대) 현금　　　　100,000

기말 결산 시 : 기중 회계처리에서 계상한 소모품비 계정 100,000원 중에서 12월 31일 기말 현재 미사용액은 40,000원이고 당기 사용액은 60,000원인 것으로 확인하였다.

20x1. 12. 31.　(차) 소모품　　　40,000[1)]　　(대) 소모품비　　　40,000

[1)] • 전액 비용으로 처리되었던 소모품 구입액 중 당기 미사용 잔액 40,000원을 자산으로 대체한다.
• 소모품 구입액 중 최종 재무제표에 당기 비용(소모품비 계정)으로 표시되는 금액 = 60,000원

기중에 지출액을 전액 자산으로 처리한 경우 기말수정분개

(차) 소모품비 (비용)　　　　xxx　　(대) 소모품 (자산)　　　　xxx

[사례] 기중 구입 시 : 20x1년 9월 1일 소모성 사무용품 100,000원을 현금으로 구입하고 전액 자산으로 계상하였다.

20x1. 9. 1.　(차) 소모품　　　100,000　　(대) 현금　　　　100,000

기말 결산 시 : 기중 회계처리에서 계상한 소모품 계정 100,000원 중에서 12월 31일 기말 현재 미사용액은 40,000원이고 당기 사용액은 60,000원인 것으로 확인하였다.

20x1. 12. 31.　(차) 소모품비　　　60,000[1)]　　(대) 소모품　　　60,000

[1)] • 전액 자산으로 처리되었던 소모품 구입액 중 당기 사용액 60,000원을 비용으로 대체한다.
• 소모품 구입액 중 최종 재무제표에 당기 비용(소모품비 계정)으로 표시되는 금액 = 60,000원

> **기출확인문제** *2026년 출제예상
>
> 기중에 소모품 120,000원을 현금으로 구입하면서 다음과 같이 회계처리를 하였다. 결산시점에 창고를 조사하였더니 소모품이 30,000원 남은 것으로 조사되었을 경우 옳은 회계처리는? [제52회]
>
> | (차) 소모품비 | 120,000 | (대) 현금 | 120,000 |
>
> ① (차) 소모품비 90,000   (대) 현금   90,000
> ② (차) 소모품비 30,000   (대) 현금   30,000
> ③ (차) 소모품   90,000   (대) 소모품비 90,000
> ④ (차) 소모품   30,000   (대) 소모품비 30,000
>
> **정답 ④**
>
> **해설**
> 소모품을 구입하는 시점에서 비용으로 처리하였으므로 창고에 남아 있는 소모품만큼 자산으로 계상하고 비용은 감소시켜야 한다.

04 마이너스 통장의 정리

기업은 원칙적으로 보통예금에 대하여 잔고 범위 내에서만 돈을 인출할 수 있다. 그러나 신용거래의 일환으로, 예금 잔액이 부족하더라도 일정 한도까지는 금액을 인출할 수 있도록 은행과 약정을 맺을 수 있는데, 이를 흔히 마이너스 통장이라고 부른다.

기말 결산 시 마이너스 통장에서 보통예금 잔액을 초과하여 인출된 금액이 있는 경우, 이는 은행으로부터 일시적으로 차입한 금액에 해당하므로 부채로 분류되는 단기차입금 계정으로 대체한다.

| (차) 보통예금 | xxx | (대) 단기차입금 | xxx |

[사례] 당사의 보통예금은 마이너스 통장이다. 기말 결산일 현재 보통예금 차변 잔액이 (-)1,500,000원이므로 이를 단기차입금 계정으로 대체하였다.

20x1. 12. 31. (차) 보통예금   1,500,000   (대) 단기차입금   1,500,000

05 기말수정분개 최근 82회 시험 중 60회 기출

(1) 현금과부족의 정리

현금과부족은 장부상 현금 잔액과 금고에 있는 실제 현금 잔액이 일치하지 않을 경우 그 원인이 밝혀질 때까지 임시적으로 사용하는 계정과목이다. 기말 결산 때까지 현금과부족의 원인이 밝혀지지 않을 경우에는 현금과부족 계정을 잡이익 계정(수익)이나 잡손실 계정(비용)으로 대체한다.

현금과잉의 원인이 기말 결산 때까지 밝혀지지 않을 경우			
(차) 현금과부족	xxx	(대) 잡이익	xxx

[사례] 현금과잉 발생 : 20x1년 11월 1일 현재 장부상 현금 잔액은 50,000원이나 금고에 있는 실제 현금 잔액은 60,000원이다.

| 20x1. 11. 1. | (차) 현금 | 10,000 | (대) 현금과부족 | 10,000 |

기말 결산 시 : 12월 31일 기말 결산 시까지 현금과잉액 10,000원의 원인이 밝혀지지 않았다.

| 20x1. 12. 31. | (차) 현금과부족 | 10,000 | (대) 잡이익 | 10,000 |

현금부족의 원인이 기말 결산 때까지 밝혀지지 않을 경우			
(차) 잡손실	xxx	(대) 현금과부족	xxx

[사례] 현금부족 발생 : 20x1년 11월 1일 현재 장부상 현금 잔액은 50,000원이나 금고에 있는 실제 현금 잔액은 43,000원이다.

| 20x1. 11. 1. | (차) 현금과부족 | 7,000 | (대) 현금 | 7,000 |

기말 결산 시 : 12월 31일 기말 결산 시까지 현금부족액 7,000원의 원인이 밝혀지지 않았다.

| 20x1. 12. 31. | (차) 잡손실 | 7,000 | (대) 현금과부족 | 7,000 |

(2) 가지급금·가수금의 정리

가지급금 또는 가수금은 금전을 지급 또는 수취하였으나 그 내용이 확정되지 않았을 경우 그 내용이 확정될 때까지 임시적으로 사용하는 계정과목이다. 이들은 미결산항목에 해당하므로 기말 결산 때까지는 반드시 적절한 계정과목으로 대체하여 최종 재무제표에는 나타나지 않도록 하여야 한다.

① 가지급금

(차) [계정명]	xxx	(대) 가지급금	xxx

[사례] 가지급 시 : 20x1년 10월 15일 영업사원에게 출장을 명하고 출장비 예상액 50,000원을 현금으로 지급하였다.

| 20x1. 10. 15. | (차) 가지급금 | 50,000 | (대) 현금 | 50,000 |

기말 결산 시 : 12월 31일 출장 후 복귀한 영업사원으로부터 어림잡아 지급했던 금액 50,000원 중 40,000원은 교통비 및 숙박비 지출증빙을 제출받아 확인하고 남은 금액 10,000원은 반환받았다.

| 20x1. 12. 31. | (차) 여비교통비 | 40,000 | (대) 가지급금 | 50,000 |
| | 현금 | 10,000 | | |

② 가수금

| | (차) 가수금 | xxx | (대) [계정명] | xxx |

[사례] 가수취 시 : 20x1년 10월 15일 내용을 알 수 없는 보통예금 10,000원을 계좌이체 받았다.

| 20x1. 10. 15. | (차) 보통예금 | 10,000 | (대) 가수금 | 10,000 |

기말 결산 시 : 12월 31일 원인 불명으로 계좌이체 받았던 보통예금 10,000원이 외상매출금의 회수였던 것으로 밝혀졌다.

| 20x1. 12. 31. | (차) 가수금 | 10,000 | (대) 외상매출금 | 10,000 |

(3) 인출금의 정리

개인기업에서는 기업주의 출자액 인출이나 추가 출자가 빈번하게 일어나므로, 기중의 출자액 증감에 대하여는 자본금 계정에 직접 반영시키지 않고 인출금이라는 임시 계정과목을 사용한다. 그리고 기말 결산 때 인출금 계정의 잔액을 자본금 계정으로 대체하여 인출금 계정이 최종 재무제표에는 나타나지 않도록 하여야 한다.

인출액 > 추가 출자액 : 인출금 계정의 잔액이 차변에 남아 있음

| | (차) 자본금 | xxx | (대) 인출금 | xxx |

[사례] 인출 : 4월 10일 개인기업의 기업주가 개인적인 용도로 사용하기 위하여 출자액 중 200,000원을 보통예금으로 인출하였다.

| 20x1. 4. 10. | (차) 인출금 | 200,000 | (대) 보통예금 | 200,000 |

추가 출자 : 6월 20일 개인기업의 기업주가 보통예금 150,000원을 추가 출자하였다.

| 20x1. 6. 20. | (차) 보통예금 | 150,000 | (대) 인출금 | 150,000 |

기말 결산 시 : 결산일 현재 인출금 계정의 차변 잔액 50,000원을 자본금 계정으로 대체하였다.

| 20x1. 12. 31. | (차) 자본금 | 50,000 | (대) 인출금 | 50,000 |

인출액 < 추가 출자액 : 인출금 계정의 잔액이 대변에 남아 있음

| | (차) 인출금 | xxx | (대) 자본금 | xxx |

[사례] 인출 : 4월 10일 개인기업의 기업주가 개인적인 용도로 사용하기 위하여 출자액 중 200,000원을 보통예금으로 인출하였다.

| 20x1. 4. 10. | (차) 인출금 | 200,000 | (대) 보통예금 | 200,000 |

추가 출자 : 6월 20일 개인기업의 기업주가 보통예금 300,000원을 추가 출자하였다.

| 20x1. 6. 20. | (차) 보통예금 | 300,000 | (대) 인출금 | 300,000 |

기말 결산 시 : 결산일 현재 인출금 계정의 대변 잔액 100,000원을 자본금 계정으로 대체하였다.

| 20x1. 12. 31. | (차) 인출금 | 100,000 | (대) 자본금 | 100,000 |

(4) 단기매매증권의 평가

단기매매증권을 취득하여 기말 현재 보유하고 있는 경우에는 이를 기말 공정가치(시가)로 평가한다.

> 기말 공정가치 > 평가 전 장부금액 : 단기매매증권평가이익
>
> (차) 단기매매증권 xxx (대) 단기매매증권평가이익 xxx
>
> [사례] 당기 중에 단기매매차익을 목적으로 매입가액 10,000원에 취득한 주식의 기말(12월 31일) 공정가치가 12,000원으로 상승하였다.
>
> 20x1. 12. 31. (차) 단기매매증권 2,000 (대) 단기매매증권평가이익 2,000

> 기말 공정가치 < 평가 전 장부금액 : 단기매매증권평가손실
>
> (차) 단기매매증권평가손실 xxx (대) 단기매매증권 xxx
>
> [사례] 당기 중에 단기매매차익을 목적으로 매입가액 10,000원에 취득한 채권의 기말(12월 31일) 공정가치가 9,000원으로 하락하였다.
>
> 20x1. 12. 31. (차) 단기매매증권평가손실 1,000 (대) 단기매매증권 1,000

(5) 비유동부채의 유동성 대체

장기차입금 등 비유동부채 중에서 당기 결산일을 기준으로 1년 이내에 만기가 도래하는 부채가 있는 경우, 결산 시 이를 비유동부채에서 유동부채(유동성장기부채 계정)로 대체한다.

> (차) 장기차입금 xxx (대) 유동성장기부채 xxx
>
> [사례] 20x2년 12월 31일 결산일 현재 장기차입금 300,000원(차입기간 : 20x1. 4. 1. ~ 20x3. 3. 31.)의 상환기일이 내년으로 도래하였음을 확인하였다.
>
> 20x2. 12. 31. (차) 장기차입금 300,000 (대) 유동성장기부채 300,000

(6) 대손충당금의 설정

기말 현재 회사가 보유하고 있는 수취채권에 대하여 각 계정별로 대손추산액을 구하고, 이 금액이 기말 재무상태표상 대손충당금 잔액이 되도록 대손충당금을 추가설정 또는 환입한다.

> 대손추산액 > 외상매출금, 받을어음의 기 설정 대손충당금
>
> (차) 대손상각비 xxx (대) 대손충당금 xxx
> (판매비와관리비)
>
> [사례] 20x1년 12월 31일 결산일 현재 외상매출금 잔액은 500,000원이다. 외상매출금에 대한 대손추정률이 1%이고 전기로부터 이월된 대손충당금 잔액이 3,000원 남아 있을 때, 기말 결산 시 대손충당금을 보충법으로 회계처리하였다.
>
> 20x1. 12. 31. (차) 대손상각비 2,000 (대) 대손충당금 2,000[1]

[1] (500,000원 × 1%) - 3,000원 = 2,000원

	대손추산액 > 미수금, 대여금의 기 설정 대손충당금			
	(차) 기타의대손상각비 (영업외비용)	xxx	(대) 대손충당금	xxx

[사례] 20x1년 12월 31일 결산일 현재 미수금 잔액은 150,000원이다. 미수금에 대한 대손추정률이 2%이고 전기로부터 이월된 대손충당금 잔액이 없을 때, 기말 결산 시 대손충당금을 보충법으로 회계처리하였다.

20x1. 12. 31.	(차) 기타의대손상각비	3,000	(대) 대손충당금	3,000[2]

[2] (150,000원 × 2%) − 0원 = 3,000원

	대손추산액 < 외상매출금, 받을어음의 기 설정 대손충당금			
	(차) 대손충당금	xxx	(대) 대손충당금환입 (판매비와관리비의 차감항목)	xxx

[사례] 20x1년 12월 31일 결산일 현재 외상매출금 잔액은 600,000원이다. 외상매출금에 대한 대손추정률이 1.5%이고 전기로부터 이월된 대손충당금 잔액이 10,000원 남아 있을 때, 기말 결산 시 대손충당금을 보충법으로 회계처리하였다.

20x1. 12. 31.	(차) 대손충당금	1,000[3]	(대) 대손충당금환입	1,000

[3] (600,000원 × 1.5%) − 10,000원 = (−)1,000원

	대손추산액 < 미수금, 대여금의 기 설정 대손충당금			
	(차) 대손충당금	xxx	(대) 대손충당금환입 (영업외수익)	xxx

[사례] 20x1년 12월 31일 결산일 현재 미수금 잔액은 500,000원이다. 미수금에 대한 대손추정률이 1%이고 전기로부터 이월된 대손충당금 잔액이 6,000원 남아 있을 때, 기말 결산 시 대손충당금을 보충법으로 회계처리하였다.

20x1. 12. 31.	(차) 대손충당금	1,000[4]	(대) 대손충당금환입	1,000

[4] (500,000원 × 1%) − 6,000원 = (−)1,000원

(7) 감가상각비의 계상

기말 현재 보유하고 있는 유형자산에 대하여 각 계정별로 당기 감가상각비를 계산하여 비용으로 인식한다.

	(차) 감가상각비	xxx	(대) 감가상각누계액	xxx

[사례] 20x2년 12월 31일 기말 결산 시 유형자산인 기계장치에 대하여 당기 감가상각비를 인식하려고 한다. 동 기계장치는 전기인 20x1년 1월 1일에 1,000,000원에 취득한 것으로서, 총내용연수는 4년, 잔존가치는 100,000원, 감가상각방법은 정액법이다.

20x2. 12. 31.	(차) 감가상각비	225,000[1]	(대) 감가상각누계액	225,000

[1] (취득원가 − 잔존가치) × $\dfrac{1}{\text{총내용연수}}$ = (1,000,000원 − 100,000원) × $\dfrac{1}{4}$ = 225,000원

(8) 매출원가의 계상

기말 결산 시 실지재고조사를 통하여 기말상품재고액을 파악한 후 이를 장부상 판매가능상품 금액에서 차감하여 상품매출원가를 계산하고 비용으로 인식한다.

(차) 상품매출원가	xxx	(대) 상품	xxx

[사례] 12월 31일 기말 결산 시 상품매출원가를 계산하고 상품 계정을 상품매출원가 계정으로 대체하는 분개를 하여 보자.

- 기초 재무상태표상 상품 계정 금액 : 2,000원
- 당기 상품 순매입액 : 60,000원
- 기말 결산 시 실지재고조사를 통하여 파악한 상품 재고액 : 5,000원

20x1. 12. 31.	(차) 상품매출원가	57,000[1]	(대) 상품	57,000

[1] 기초재고 + 당기매입 − 기말재고 = 2,000 + 60,000 − 5,000 = 57,000원

기출분개연습

*기출문제 날짜는 학습효과를 높이기 위해 일부 수정하였으며, 연습상사(코드번호 : 2301) 데이터를 사용하여 연습할 수 있습니다.

01 결산일 현재 단기대여금에 대한 당기 기간 경과분에 대한 이자 미수액 80,000원을 계상하다. (이자수령일은 다음 연도 1월 20일이다) [제49회]

02 결산일 현재 12월분 영업부 사무실 임차료 미지급액 100,000원이 미계상되어 있음을 발견하다. [제66회]

03 결산일 현재 단기차입금에 대한 미지급이자 250,000원을 계상하다. (지급일은 다음 연도 3월 31일이다) [제55회]

04 결산일 현재 국민은행으로부터 차입한 다음의 단기차입금에 대한 경과 이자분을 월할 계산하시오. [특별회차(15년 8월)]

- 원금 : 9,000,000원
- 차입일 : 당해 연도 11월 1일
- 이자지급일 : 만기일 (다음 연도 4월 30일)
- 이자율 : 연 8%
- 차입기간 : 6개월

05 결산일 현재 이자수익 계정에는 단기대여금에 대한 기간 미경과 이자 150,000원이 포함되어 있다. [제62회]

06 기말 결산 시 당기에 비용으로 처리한 임차료 중 기간 미경과액 120,000원을 계상하다. [제61회]

07 12월 1일에 12개월분 화재보험료(보험기간 : 올해 12. 1. ~ 내년 11. 30.) 3,000,000원을 보통예금 계좌에서 이체하면서 전액 비용으로 처리하였다. 기말수정분개를 하시오. (월할 계산할 것) [제85회]

08 4월 1일에 당사 소유 차량에 대한 보험료(보험기간 : 올해 4월 1일 ~ 내년 3월 31일) 360,000원을 지급하면서 자산으로 회계처리하였다. 기말결산분개를 수행하시오. (월할 계산할 것)   [제83회]

09 기말 결산 시 창고를 조사한 결과, 영업부에서 사용한 소모품 130,000원이 남았다. (단, 소모품을 구입하는 시점에서 모두 비용으로 계상하였다)   [제53회]

10 결산일 현재 자산으로 계상되어 있는 소모품 중 당기 사용액은 200,000원이다.   [제17회]

11 국민은행의 보통예금은 마이너스 통장이다. 기말 현재 보통예금 잔액 (−)2,800,000원을 단기차입금 계정으로 대체하다. (보통예금에 대한 거래처도 입력할 것)   [제50회]

정답 및 해설

01 12월 31일 (차) 미수수익 80,000 (대) 이자수익 80,000
02 12월 31일 (차) 임차료(판관비) 100,000 (대) 미지급비용 100,000
03 12월 31일 (차) 이자비용 250,000 (대) 미지급비용 250,000
04 12월 31일 (차) 이자비용 120,000 (대) 미지급비용 120,000
  [1] 9,000,000원 × 연 8% × (2개월/12개월) = 120,000원
05 12월 31일 (차) 이자수익 150,000 (대) 선수수익 150,000
06 12월 31일 (차) 선급비용 120,000 (대) 임차료(판관비) 120,000
07 12월 31일 (차) 선급비용 2,750,000[1] (대) 보험료(판관비) 2,750,000
  [1] 3,000,000원 × (11개월/12개월) = 2,750,000원
08 12월 31일 (차) 보험료(판관비) 270,000[1] (대) 선급비용 270,000
  [1] • 360,0000원 × (9개월/12개월) = 270,000원
  • 보험료 지급액 중 당기 비용(보험료 계정)으로 계상되는 금액 : 270,000원

  참고 if 기중 보험료 지급 시 360,000원을 전액 자산(선급비용 계정)이 아니라 비용(보험료 계정)으로 회계처리한 경우라면, 기말수정분개는 아래와 같다.
  　　(차) 선급비용 90,000[2] (대) 보험료(판관비) 90,000
  　　[2] • 360,000원 × (3개월/12개월) = 90,000원
  　　• 보험료 지급액 중 당기 비용(보험료 계정)으로 계상되는 금액 : 270,000원

09 12월 31일 (차) 소모품 130,000 (대) 소모품비(판관비) 130,000
10 12월 31일 (차) 소모품비(판관비) 200,000 (대) 소모품 200,000
11 12월 31일 (차) 보통예금(국민은행) 2,800,000 (대) 단기차입금(국민은행) 2,800,000

12 결산일 현재 기중에 장부상 현금보다 실제 현금이 부족하여 현금과부족 계정으로 처리되어 있는 금액 500,000원이 있는데, 이 중 200,000원은 매출 거래처의 개업축하금으로 지급한 것이고, 300,000원은 당사 영업부서 직원의 결혼축의금으로 지급한 것임을 확인하였다.
[특별회차(16년 2월)]

13 결산일 현재 현금과부족 계정으로 처리되어 있는 현금과다액 40,000원에 대한 원인이 아직 밝혀지지 않고 있다.
[제56회]

14 기말 결산일에 장부상 현금 잔액보다 실제 현금 보유액이 35,000원 부족함을 발견하였으나 원인불명이다.
[제54회]

15 기말합계잔액시산표의 가수금 잔액 500,000원은 거래처 경인상사에 대한 상품매출 외상대금 회수액으로 판명되다. (가수금의 거래처 입력은 생략한다)
[제60회]

16 기말에 인출금 계정 차변 잔액 500,000원을 자본금 계정으로 대체하다.
[제55회 수정]

17 단기매매차익을 목적으로 당기에 취득하여 보유하고 있는 주식(100주, 1주당 취득원가 5,000원)의 기말 현재 공정가치는 주당 7,000원이다. 기말수정분개를 하시오.
[제96회]

18 기말 결산 시 대손충당금은 기말 매출채권(외상매출금 : 33,400,000원, 받을어음 : 10,100,000원) 잔액에 대하여 1%를 보충법으로 설정하다. 외상매출금과 받을어음에 대하여 이미 설정되어 있는 대손충당금 금액은 각각 126,000원과 30,000원이다.
[제57회 수정]

19 기말 결산 시 당기분 비품 감가상각비는 500,000원이고, 차량운반구 감가상각비는 800,000원이다. 모두 영업부 유형자산이다. [제57회]

20 3년 전 취득하였던 영업부서 차량운반구(취득원가 20,000,000원, 잔존가치 4,000,000원, 내용연수 5년, 정액법)의 당기분 감가상각비를 계상하다. [91회]

21 기초상품재고액과 당기상품매입액의 합계가 150,180,000원이고 기말상품재고액은 8,000,000원이다. 상품매출원가의 결산정리분개를 하시오. (단, 결산차변, 결산대변을 사용하시오) [제60회 수정]

정답 및 해설

12 12월 31일 (차) 기업업무추진비(판관비) 200,000 (대) 현금과부족 500,000
　　　　　　　　복리후생비(판관비) 300,000

13 12월 31일 (차) 현금과부족 40,000 (대) 잡이익 40,000

14 12월 31일 (차) 잡손실 35,000 (대) 현금 35,000
　　　참고 아래 2개의 분개가 같은 날짜(12월 31일)에 발생하여 이를 하나의 전표로 작성한 것으로 볼 수 있다.
　　　　　　(차) 현금과부족 35,000 (대) 현금 35,000
　　　　　　(차) 잡손실 35,000 (대) 현금과부족 35,000

15 12월 31일 (차) 가수금 500,000 (대) 외상매출금(경인상사) 500,000

16 12월 31일 (차) 자본금 500,000 (대) 인출금 500,000

17 12월 31일 (차) 단기매매증권 200,000 (대) 단기매매증권평가이익 200,000

18 12월 31일 (차) 대손상각비(판관비) 279,000 (대) 대손충당금(외상매출금) 208,000[1]
　　　　　　　　　　　　　　　　　　　　　　　 대손충당금(받을어음) 71,000[2]

　　　[1] (33,400,000원 × 1%) − 126,000원 = 208,000원
　　　[2] (10,100,000원 × 1%) − 30,000원 = 71,000원

19 12월 31일 (차) 감가상각비(판관비) 1,300,000 (대) 감가상각누계액(비품) 500,000
　　　　　　　　　　　　　　　　　　　　　　　 감가상각누계액(차량운반구) 800,000

20 12월 31일 (차) 감가상각비(판관비) 3,200,000[1] (대) 감가상각누계액(차량운반구) 3,200,000
　　　[1] (취득원가 − 잔존가치) × (1/내용연수)
　　　　 = (20,000,000원 − 4,000,000원) × (1/5) = 3,200,000원

21 12월 31일 (결차) 상품매출원가 142,180,000[1] (결대) 상품 142,180,000
　　　[1] 판매가능상품 − 기말상품재고액
　　　　 = 150,180,000원 − 8,000,000원 = 142,180,000원

핵심기출문제

* 본서에 수록된 기출문제의 날짜는 학습효과를 높이기 위하여 일부 수정함

01 다음 중 비용의 이연에 해당하는 계정과목은? [제88회]

① 선수수익　　② 미수수익　　③ 선급비용　　④ 미지급비용

02 다음 기말 결산정리사항 중 "수익과 비용의 발생"에 해당하는 것으로 짝지어진 것은? [제74회]

① 임대료 선수분 계상 및 임차료 선급분 계상
② 임대료 선수분 계상 및 임차료 미지급분 계상
③ 임대료 미수분 계상 및 임차료 선급분 계상
④ 임대료 미수분 계상 및 임차료 미지급분 계상

03 다음 중 계정 잔액의 표시로 옳지 않은 것은? [제83회]

①　　　건물　　　　　　　　　②　　　미지급금
　　　　　｜100,000원　　　　　　　　　｜100,000원

③　　　선수수익　　　　　　　④　　　외상매입금
　　　　　｜100,000원　　　　　　　　　｜100,000원

04 다음 계정 중 합계잔액시산표의 대변 잔액란에 표시될 수 없는 것은? [제94회]

(가) 미수수익　　(나) 이자수익　　(다) 자본금　　(라) 미지급비용

① (가)　　② (나)　　③ (다)　　④ (라)

05 당해 연도 9월 1일 사무실 임차료 6개월분(당해 연도 9. 1. ~ 다음 연도 2. 28(29).) 300,000원을 현금으로 지급하고 비용 처리한 경우, 12월 31일 결산 시 선급비용에 해당하는 금액은? (단, 월할 계산한다) [제55회]

① 100,000원 ② 150,000원 ③ 200,000원 ④ 250,000원

06 당기 기말 재무상태표에 계상되어 있는 미지급임차료는 20,000원이고, 당기 손익계산서에 계상되는 임차료는 120,000원인 경우 당기에 지급한 임차료는 얼마인가? (단, 전기이월 미지급임차료는 없음) [제98회]

① 20,000원 ② 80,000원 ③ 100,000원 ④ 120,000원

07 결산 시 미수이자에 대한 분개를 누락한 경우 기말 재무제표에 어떤 영향을 미치는가? [제95회]

① 비용이 과소계상된다. ② 부채가 과소계상된다.
③ 자산이 과소계상된다. ④ 수익이 과대계상된다.

정답 및 해설

01 ③ 선수수익(수익의 이연), 미수수익(수익의 발생), 선급비용(비용의 이연), 미지급비용(비용의 발생)

02 ④
- 임대료 미수분 계상 : 미수수익(수익의 발생)
- 임차료 미지급분 계상 : 미지급비용(비용의 발생)
- 임대료 선수분 계상 : 선수수익(수익의 이연)
- 임차료 선급분 계상 : 선급비용(비용의 이연)

03 ① 총계정원장에서 건물(자산) 계정의 잔액은 왼쪽에, 미지급금(부채), 선수수익(부채), 외상매입금(부채) 계정의 잔액은 오른쪽에 남게 된다.

04 ①
- 시산표에서 잔액이 차변에 표시되는 계정 (자산, 비용) : 미수수익(자산)
- 시산표에서 잔액이 대변에 표시되는 계정 (부채, 자본, 수익) : 이자수익(수익), 자본금(자본), 미지급비용(부채)

05 ① 선급비용 = 300,000원 × (2개월/6개월) = 100,000원

06 ③
- 기중 분개 : (차) 임차료　　　　　　　　100,000[2]　　(대) 현금 등　　　　　　100,000[3]
- 기말수정분개 : (차) 임차료　　　　　　20,000[2]　　(대) 미지급비용　　　　20,000[1]
   [1] 재무상태표상 미지급비용 = 20,000원
   [2] 손익계산서상 임차료 = 100,000 + 20,000 = 120,000원
   [3] 당기에 지급한 임차료 = 100,000원

07 ③
- 누락된 회계처리
   (차) 미수수익(자산의 증가)　　　　　xxx　　(대) 이자수익(수익의 증가)　　　　xxx
- 영향 : 자산 과소, 수익 과소 → 당기순이익 과소 → 자본 과소

08 결산 시 미지급 이자비용을 계상하지 않을 경우 당기 재무제표에 어떤 영향을 주는가? [제77회]

① 비용이 과대계상된다.
② 자산이 과소계상된다.
③ 부채가 과대계상된다.
④ 순이익이 과대계상된다.

09 수정 전 당기순이익 500,000원이 산출되었으나 다음과 같은 사항이 누락되었음을 확인하였다. 수정 후 당기순이익은 얼마인가? [제94회]

- 이자 미수분 : 60,000원
- 임차료 미지급분 : 80,000원

① 360,000원 ② 480,000원 ③ 500,000원 ④ 520,000원

10 결산 후 당기순이익이 5,000,000으로 산출되었으나 다음 사항이 누락되었다. 수정 후 당기순이익은 얼마인가? [제49회]

- 보험료 선급분 : 800,000원
- 임대료 선수분 : 500,000원
- 이자비용 미지급분 : 500,000원

① 3,200,000원 ② 3,700,000원 ③ 4,200,000원 ④ 4,800,000원

11 다음 자료에서 당기의 손익계산서에 표시되는 이자수익 금액은? [제94회]

이자수익			
12/31 선수손익	60,000원	10/1 보통예금	100,000원
12/31 손익	40,000원		
	100,000원		100,000원

① 20,000원 ② 40,000원 ③ 60,000원 ④ 100,000원

12 다음은 ㈜공유(회계기간 : 1월 1일 ~ 12월 31일)의 계정별원장 일부이다. 다음의 자료를 토대로 당기 이자비용의 거래내역을 바르게 설명한 것은?　　　　　　　　　　　　　　　　　　　　　　　　[제99회]

이자비용			
10/31 보통예금	300,000원	12/31 집합손익	500,000원
12/31 미지급비용	200,000원		
	500,000원		500,000원

① 당기에 현금으로 지급한 이자금액은 300,000원이다.
② 당기에 발생한 이자비용이지만 아직 지급하지 않은 금액은 500,000원이다.
③ 당기분 이자비용은 500,000원이다.
④ 차기로 이월되는 이자비용은 500,000원이다.

정답 및 해설

08 ④
- 누락된 회계처리
  (차) 이자비용(비용의 발생)　　　　　　xxx　　　(대) 미지급비용(부채의 증가)　　　xxx
- 영향 : 비용 과소, 부채 과소 → 당기순이익 과대 → 자본 과대

09 ②
- 누락된 회계처리
  (차) 미수수익(자산의 증가)　　　　　60,000　　　(대) 이자수익(ⓐ 수익의 증가)　　60,000
  (차) 임차료(ⓑ 비용의 증가)　　　　　80,000　　　(대) 미지급비용(부채의 증가)　　80,000
- 수정 후 당기순이익 = 수정 전 당기순이익 + ⓐ − ⓑ
  　　　　　　　　　= 500,000 + 60,000 − 80,000 = 480,000원

10 ④
- 누락된 회계처리
  (차) 선급비용(자산의 증가)　　　　　800,000　　(대) 보험료(ⓐ 비용의 감소)　　800,000
  (차) 임대료(ⓑ 수익의 감소)　　　　　500,000　　(대) 선수수익(부채의 증가)　　500,000
  (차) 이자비용(ⓒ 비용의 증가)　　　　500,000　　(대) 미지급비용(부채의 증가)　500,000
- 수정 후 당기순이익 = 수정 전 당기순이익 + ⓐ − ⓑ − ⓒ
  　　　　　　　　　= 5,000,000 + 800,000 − 500,000 − 500,000 = 4,800,000원

11 ②
- 10/1　(차) 보통예금　　　　　　100,000　　　(대) 이자수익　　　　100,000
- 12/31　(차) 이자수익　　　　　　60,000　　　(대) 선수수익　　　　60,000
- 12/31　(차) 이자수익　　　　　　40,000　　　(대) 손익　　　　　　40,000
- 손익계산서에 표시되는 이자수익 금액
  = 손익 계정으로 대체되기 전 이자수익의 대변 잔액
  = 100,000 − 60,000 = 40,000원

12 ③
- 10/31　(차) 이자비용　　　　　300,000　　　(대) 보통예금　　　　300,000
- 12/31　(차) 이자비용　　　　　200,000　　　(대) 미지급비용　　　200,000
- 12/31　(차) 집합손익　　　　　500,000　　　(대) 이자비용　　　　500,000
- 이자비용(비용) 계정은 잔액 500,000원이 전액 집합손익 계정으로 대체되어 잔액이 0원이 되므로 차기로 이월되지 않는다.

13 다음 자료에서 당기말 소모품 미사용분의 금액은? [16년 8월 특별회차]

	소모품		(원)
10/25 현금	50,000	12/31 소모품비	20,000
		12/31 차기이월	30,000
	50,000		50,000

① 10,000원   ② 20,000원   ③ 30,000원   ④ 50,000원

14 다음 거래내용과 회계처리가 올바른 것을 모두 고른 것은? [제42회]

거래내용	회계처리
가. 수익 계정과목을 손익 계정으로 대체	(차) 수익 계정 xxx (대) 손익 xxx
나. 비용 계정과목을 손익 계정으로 대체	(차) 손익 xxx (대) 비용 계정 xxx
다. 순이익을 자본금 계정으로 대체	(차) 손익 xxx (대) 자본금 xxx
라. 순손실을 자본금 계정으로 대체	(차) 자본금 xxx (대) 손익 xxx

① 가   ② 가, 나   ③ 가, 나, 다   ④ 가, 나, 다, 라

15 다음은 손익 계정의 일부이다. 이에 대한 설명으로 옳은 것은? [제78회]

	손익		
매출원가	460,000원	매출	780,000원
급여	12,000원	이자수익	62,000원
⋮	⋮	⋮	⋮
자본금	150,000원		
	930,000원		930,000원

① 당기 총비용은 930,000원이다.
② 매출총이익은 320,000원이다.
③ 당기순이익은 100,000원이다.
④ 당기 총수익은 780,000원이다.

16 다음과 같은 자본금 계정의 설명으로 올바른 것은? [제62회]

자본금

12/31 인출금	1,000,000원	1/1 전기이월	5,000,000원
12/31 차기이월	5,500,000원	12/31 손익	1,500,000원
	6,500,000원		6,500,000원

① 기초자본금은 3,000,000원이다.
② 기업주가 1,000,000원의 추가출자를 하였다.
③ 당기순이익이 1,500,000원이다.
④ 기말자본금이 5,000,000원이다.

정답 및 해설

13 ③
- 기중 분개: 10/25 (차) 소모품 50,000[1] (대) 현금 50,000
- 기말수정분개: 12/31 (차) 소모품비 20,000[2] (대) 소모품 20,000[1]

  [1] 손익계산서상 소모품비 = 20,000원
  [2] 재무상태표상 소모품 = 50,000 − 20,000 = 30,000원 = 당기말 소모품 미사용분 금액

14 ④ 모두 올바른 회계처리이다.

15 ②
- 매출총이익 = 매출액 − 매출원가 = 780,000 − 460,000 = 320,000원
- 총수익과 총비용의 차이 금액을 자본금 계정으로 대체하는 분개
  : (차) 손익 150,000 (대) 자본금 150,000
  ∴ 당기순이익 = 150,000원
- 총수익 = 손익 계정 총계정원장의 대변 합계 = 930,000원
- 총비용 = 총수익 − 당기순이익 = 930,000 − 150,000 = 780,000원

16 ③
- 기초자본 = 기초자본금 = 5,000,000원
- 12/31 (차) 자본금 1,000,000 (대) 인출금 1,000,000
  → 기업주가 현금인출하거나 회사 자산을 개인적으로 사용한 금액 = 1,000,000원이다.
- 12/31 (차) 손익 1,500,000 (대) 자본금 1,500,000
  → 당기순이익은 1,500,000원이며, 자본(자본금 계정)의 증가로 반영된다.
- 기초자본 + (추가출자액 − 기업주 인출액) + 당기순이익 = 기말자본
  → 5,000,000 + (0 − 1,000,000) + 1,500,000 = ?
  ∴ 기말자본 = 기말자본금 = 5,500,000원

금융·세무회계 전문 교육기관 해커스금융
fn.Hackers.com

제4장
거래자료의 입력·조회
[실무]

- 제1절 일반전표입력
- 제2절 오류수정
- 제3절 결산
- 제4절 장부조회

제 4 장
거래자료의 입력·조회

Overview

거래자료의 입력·조회는 실무시험 전체 70점 중 52점의 비중으로 출제된다.

거래자료의 입력·조회의 경우 제3장 계정과목별 회계처리에 대한 내용을 KcLep 프로그램으로 실행하는 작업이다. [일반전표입력] 메뉴를 사용하여 기중 거래를 입력하고, 이미 입력된 전표를 수정하는 방법과 기말수정분개를 입력하고, 장부를 조회하는 방법을 설명한다.

출제비중

구 분		출제문항	배점(52점)
제1절	일반전표입력	문제4	24점
제2절	오류수정	문제5	6점
제3절	결산	문제6	12점
제3절	장부조회	문제7	10점

금융·세무회계 전문 교육기관 **해커스금융**
fn.Hackers.com

학습전략

제1절 일반전표입력
[일반전표입력] 메뉴를 사용하여 분개 결과를 입력하는 방법을 익히자.

제2절 오류수정
[일반전표입력] 메뉴에서 전표를 검색하고, '전표삽입'과 '번호수정' 기능을 활용하여 이미 입력된 전표에 포함된 오류를 수정하는 방법을 익히자.

제3절 결산
본문에 수록된 '기출확인문제'를 통해 결산 과정을 이해하고, '핵심기출문제'를 통해 실제 기출문제 유형을 익히자.

제4절 장부조회
[총계정원장], [거래처원장], [일계표(월계표)], [현금출납장], [합계잔액시산표], [재무상태표], [손익계산서] 각 메뉴의 구성을 이해하고, Drill down 기능을 활용하여 '핵심기출문제'를 풀어보자.

제 1 절 일반전표입력

01 일반전표입력

- [일반전표입력]은 회계상 거래 중에서 부가가치세 신고와 관련 없는 모든 거래를 입력하는 메뉴이다. 전표가 작성되면 전표입력 내용이 분개장, 총계정원장 등 각종 장부에 자동으로 반영되고, 시산표와 재무제표에도 자동으로 작성된다.
- [일반전표입력] 문제는 실무시험 문제4(24점)에서 출제된다.
- [일반전표입력] 화면은 [회계관리] ▶ [전표입력] ▶ [일반전표입력]을 선택하여 들어갈 수 있다.

기출확인문제

제일상사(코드번호 : 2101)의 당기 회계기간은 제3기이다.
다음 거래 자료를 [일반전표입력] 메뉴에 추가 입력하시오. 제54회 수정

> 9월 23일 별사랑레스토랑에 상품인 조명기구용품 1,000,000원을 판매하고, 미리 받은 계약금 200,000원을 제외한 나머지 대금은 4개월 후에 받기로 한다.

기출 따라 하기

▶ 관련 이론 | 부채 p.211

(1) 분개

9월 23일	(차) 외상매출금(108) (별사랑레스토랑)	800,000	(대) 상품매출(401)		1,000,000
	선수금(259) (별사랑레스토랑)	200,000			

(2) 입력방법

[일반전표입력] 메뉴 화면을 연 다음, 월, 일, 차변·대변, 계정과목, 금액 등을 입력하여 라인을 채워나가면 된다. 라인의 순서는 차변·대변 중 어느 것을 먼저 입력하더라도, 또는 계정과목 중 어느 것을 먼저 입력하더라도 상관없다. (단, 아래 내용은 108.외상매출금 라인의 입력을 중심으로 설명하였다)

```
F3 자금관리   F4 복사 ▼  F6 검색 ▼  F7 카드매출  F8 적요수정  SF2 번호수정  CF5 삭제한데이타  CF8 전기분전표  CF9 전표삽입  SF5 일괄삭제및기타 ▼
    ┌─┐   ┌──┐
    │ │년 │  │월   ┌─┐일   현금잔액:            대차차액:
    └─┘   └──┘    └─┘
      ①      ②
┌──┬──┬──┬──┬──────┬──────┬──────┬──────┬──────┐
│  │ 일 │번호│구분│  계 정 과 목 │   거 래 처   │   적 요    │   차 변   │   대 변   │
├──┼──┼──┼──┼──────┼──────┼──────┼──────┼──────┤
│  │    │ ③ │ ④ │      ⑤      │      ⑥      │     ⑦     │     ⑧     │           │
│  │    │    │    │              │              │            │            │           │
└──┴──┴──┴──┴──────┴──────┴──────┴──────┴──────┘
```

① 월란에 "9월"을 입력한다.

▶ 거래월 입력방법
거래월을 입력하는 방식은 두 가지가 있는데, 변경을 클릭하여 필요에 맞는 방식을 선택하면 된다.

| 방법1 | 하나의 월만 입력하는 방식 : 원하는 일자까지 입력하여 해당 일자의 화면을 볼 수 있으므로, 전표를 입력할 때 유용하다.

| 방법2 | 둘 이상의 월을 입력하는 방식 : 1개월을 초과하는 기간의 전표를 하나의 화면에서 볼 수 있으므로, 일정 기간의 전표를 조회할 때 유용하다.

② 일란에 "23일"을 입력한다.

▶ 거래일 입력방법

| 방법1 | 화면 상단의 일란을 빈칸으로 두고 Enter↵를 누르면 해당 월의 전표들이 화면에 나타나게 되고, 커서는 맨 아래 라인으로 이동된다. 이동된 라인에서 일을 입력한다.

이 방법은 동일한 월이면서 날짜가 서로 다른 여러 개의 분개를 입력할 때 편리하다.

일	번호	구분	계정과목	거래처	적요	차변	대변
22	00006	차변	0146 상품	04100 강북상사	1 상품 외상매입	3,000,000	
22	00006	대변	0251 외상매입금	04100 강북상사	4 상품 외상매입		3,000,000
24	00001	출금	0815 수도광열비		난방용 유류대 지급	16,000	(현금)
24	00002	출금	0819 임차료	06140 대성건설	9월임차료	200,000	(현금)
24	00003	출금	0822 차량유지비		1 유류대 지급	150,000	(현금)
24	00004	출금	0814 통신비		1 전화요금납부	210,000	(현금)
27	00001	차변	0103 보통예금	98002 기업은행	4 외상대금 보통예금입금	2,500,000	
27	00001	대변	0108 외상매출금	06300 한국상사	1 상품외상매출		2,500,000
29	00006	출금	0813 기업업무추진비		거래처접대비(신용카드)	600,000	(현금)
30	00002	차변	0146 상품		상품매입시어음발행	600,000	
30	00002	대변	0252 지급어음	06190 빛날조명	상품매입시어음발행		600,000
30	00003	출금	0114 단기대여금	06110 키즈조명	1 현금 단기대여	2,000,000	(현금)
30	00004	출금	0131 선급금	02007 동신조명	1 상품대금 선지급	200,000	(현금)

| 방법2 | 화면 상단의 일란에 일자를 입력하고 Enter↵를 누르면 해당 날짜의 전표들만 화면에 나타나게 되고, 커서는 맨 아래 라인으로 이동된다. 이동된 라인에서 일을 입력한다.

이 방법은 날짜가 동일한 여러 개의 분개를 입력하거나 한 개의 분개만 입력할 때 편리하다.

일	번호	구분	계정과목	거래처	적요	차변	대변
23							

③ 번호는 Enter↵를 누르면 자동으로 입력된다.

▶ 번호는 전표번호를 말하며, 매 일자별로 '00001'부터 자동으로 부여된다.

차변과 대변의 합계가 일치할 때까지 1개의 전표로 인식하여 동일한 번호가 부여되며, 차변과 대변의 합계가 일치된 다음 입력되는 전표는 새로운 전표로 보아 자동으로 다음 번호가 부여된다.

만약, 하나의 전표로 기록하여야 함에도 불구하고 차변요소와 대변요소가 각각 2개 이상이고 입력 도중에 차변과 대변이 일치하여 하나의 전표에 대하여 둘 이상의 전표번호가 부여된 경우에는 전표번호의 수정이 필요하다.

이때에는 해당 라인에 커서를 놓고 화면 상단의 SF2 번호수정 (또는 Shift + F2)을 클릭하면 상단에 번호수정 이라는 표시가 나타나고 전표번호 입력란이 활성화되어 수정 입력할 수 있게 된다. 수정을 마치고 다시 SF2 번호수정을 클릭하면 화면은 일반 상태로 돌아온다.

④ 구분란에 "3.차변"을 선택한다.

▶ 구분란에 커서를 놓으면 화면 하단에 아래와 같은 도움말이 나타난다.

> 구분을 입력하세요. 1.출금, 2.입금, 3.차변, 4.대변, 5.결산차변, 6.결산대변

구분란은 다음과 같은 기준에 따라 숫자로 입력한다.

1.출금	출금전표를 의미하는 것으로 거래 금액 전체가 현금으로 출금되는 거래에 사용한다. 출금전표에서는 대변이 항상 현금 계정이므로 차변의 기재 내용만 입력하면 되며, 차변 계정과목에 '101.현금'은 입력되지 않는다.
2.입금	입금전표를 의미하는 것으로 거래 금액 전체가 현금으로 입금되는 거래에 사용한다. 입금전표에서는 차변이 항상 현금 계정이므로 대변의 기재 내용만 입력하면 되며, 대변 계정과목에 '101.현금'은 입력되지 않는다.
3.차변 4.대변	대체전표를 의미하는 것으로 현금이 포함되지 않은 거래이거나 현금이 일부만 포함된 거래에 사용한다. 대체전표는 차변과 대변을 모두 입력해야 하는데, 차변을 입력할 때에는 구분란에 "3"을, 대변을 입력할 때에는 "4"를 입력한다.
5.결차 (결산차변) 6.결대 (결산대변)	KcLep 프로그램에는 결산정리분개 중 몇 가지 유형에 대하여는 일일이 전표입력을 하지 않고도 자동으로 전표를 생성해주는 기능이 있다. 프로그램에서 자동으로 생성된 결산정리분개[1]는 12월 31일 자 [일반전표입력] 화면에서 조회할 수 있는데, 이러한 자동생성전표에서는 차변과 대변이 '결차'와 '결대'로 표시되어 나타난다.

[1] 전산회계 2급 실무편 문항에서 결산정리분개를 [일반전표입력]에 입력하되 5.결산차변, 6.결산대변을 사용하여 전표입력할 것을 요구하는 문제가 종종 등장한다. 이러한 경우에는 구분란에 '5' 또는 '6'을 입력하여 전표를 작성하면 된다.

⑤ 계정과목란에 "108.외상매출금"을 입력한다.

▶ 계정과목 입력방법
[계정과목및적요등록] 메뉴에 등록되어 있는 계정과목을 다음과 같이 두 가지 방법으로 검색하여 입력한다.

| 방법1 | 계정과목코드 입력란에 커서를 놓고 ⊞코드(또는 F2)를 클릭하면 검색창이 나타난다. 검색창에서 찾고자 하는 계정과목의 앞 1글자 이상을 입력하면 해당하는 계정과목이 조회된다.

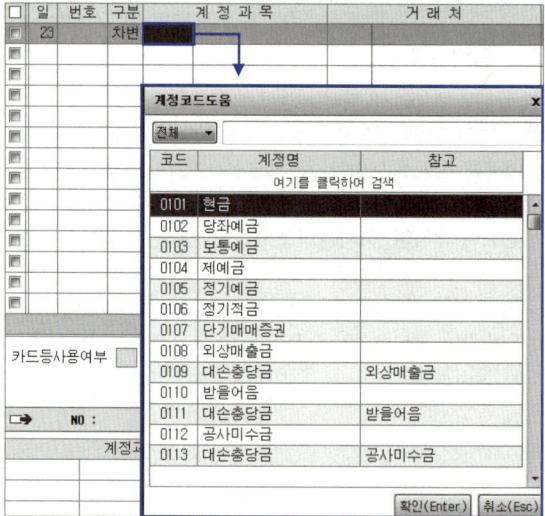

| 방법2 | 계정과목코드 입력란에 찾고자 하는 계정과목의 앞 1글자 이상을 입력한 후 Enter를 누르면 검색창에 해당하는 계정과목이 조회된다.

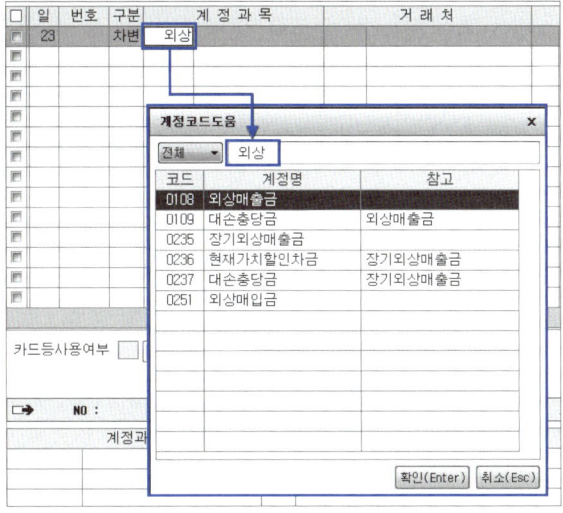

▶ 계정과목코드

계정과목코드를 검색할 때 동일한 이름의 계정과목이 여러 개 조회되더라도 그 분류에 따라 정확한 코드를 찾아서 입력해야 하는 점에 유의하여야 한다.

계정과목 명칭이 동일하더라도 자산·부채계정의 경우에는 유동항목인지 비유동항목인지에 따라 코드가 달라지며, 비용계정의 경우에는 제조원가인지 판매비와관리비인지 또는 영업외비용(수익)인지에 따라 코드가 달라진다.

자산·부채·비용계정 관련 코드는 다음과 같다.

자 산	• 유동자산(당좌자산, 재고자산) : 101 ~ 175번(계정과목 검색창에서 위쪽에 있음) • 비유동자산(투자자산, 유형자산, 무형자산, 기타비유동자산) : 176 ~ 250번(계정과목 검색창에서 아래쪽에 있음)
부 채	• 유동부채 : 251 ~ 290번(계정과목 검색창에서 위쪽에 있음) • 비유동부채 : 291 ~ 330번(계정과목 검색창에서 아래쪽에 있음)
비 용	• 제조원가 : 500번대 • 판매비와관리비 : 800번대 • 영업외수익 및 영업외비용 : 900번대

⑥ 거래처란에 "별사랑레스토랑"을 입력한다.

▶ 수취채권(받을 돈)과 지급채무(줄 돈)는 각 거래처별 잔액을 관리하여야 하므로, 전표 입력 단계에서 채권·채무에 해당하는 계정과목을 입력할 때에는 해당 거래처가 등록되어 있는지 확인하고 거래처코드를 반드시 입력해 주어야 한다.

기출포인트

거래처코드를 입력해 주어야 하는 계정과목

채 권	• 외상매출금 • 가지급금	• 받을어음 • 임차보증금	• 미수금 • 단기대여금	• 선급금 • 장기대여금	
채 무	• 외상매입금 • 가수금	• 지급어음 • 임대보증금	• 미지급금 • 단기차입금	• 선수금 • 장기차입금	• 유동성장기부채

참고 전산회계 자격시험에서 전표를 입력할 때 계정과목에 대하여 거래처 입력 여부를 판단하는 방법

채권·채무 계정과목	거래처를 반드시 입력하여야 한다. (→ 거래처를 입력하지 않으면 감점 사유에 해당한다)
그 외의 계정과목[1]	거래처를 입력하지 않아도 된다. (→ 거래처를 입력하더라도 정답으로 인정된다) (→ 거래처를 입력하였는지 여부가 채점에 영향을 미치지 않는다)

[1] 예 수익 계정과목, 비용 계정과목

▶ 거래처 입력방법

[거래처등록] 메뉴에 등록되어 있는 거래처를 다음과 같이 두 가지 방법으로 검색하여 입력한다.

| 방법1 | 거래처코드 입력란에 커서를 놓고 코드(또는 F2)를 클릭하면 검색창이 나타난다. 검색창에서 찾고자 하는 거래처명의 앞 1글자 이상을 입력하면 해당하는 거래처가 조회된다.

| 방법2 | 계정과목코드 입력란에 찾고자 하는 거래처명의 앞 1글자 이상을 입력한 후 Enter↵를 누르면 검색창에 해당하는 거래처가 조회된다.

⑦ 적요란은 공란으로 비워둔다.

▶ [일반전표입력] 메뉴에서 전표입력에 사용되는 계정과목에 대하여 [계정과목및적요등록] 메뉴에 등록되어 있는 해당 계정과목의 적요가 화면 하단에 표시된다.

화면 하단에 해당 전표 내용에 적합한 적요가 등록되어 있으면 그 적요번호를 입력하고, 적합한 적요가 등록되어 있지 않으면 전표의 적요란에 내용을 직접 입력하면 된다. 전산회계 2급 시험에서는 적요의 입력을 생략하여도 된다.

현금적요에 등록된 내용	[일반전표입력]에서 구분란에 1.출금, 2.입금을 선택한 경우에 표시된다.
대체적요에 등록된 내용	[일반전표입력]에서 구분란에 3.차변, 4.대변을 선택한 경우에 표시된다.

⑧ 차변란에 "800,000"을 입력한다.

⑨ 108.외상매출금 라인의 입력이 완료되면, 259.선수금 라인과 401.상품매출 라인을 동일한 방법으로 각각 ③ ~ ⑧의 순서에 따라 입력한다.

▶ [일반전표입력] 메뉴에서 전표를 입력할 때 Enter↵키를 치면 바로 위 라인의 내용과 동일한 내용이 입력되고, Space bar키를 치면 해당란의 내용이 지워져서 공란이 된다.

따라서, 전표입력 시 구분란에 바로 위 라인과 동일한 내용(예 3.차변)을 넣고자 할 때에는 Enter↵키를 누르면 되고, 적요란을 공란으로 두고 넘어가고자 할 때에는 바로 위 라인도 공란이면 Enter↵키만 누르고 바로 위 라인이 공란이 아니면 Space bar키를 눌러서 공란으로 만든 후 다음 입력란으로 넘어가면 된다.

▼ ① ~ ⑨ 입력결과 화면은 아래와 같다.

	일	번호 ③	구분 ④	계정과목 ⑤	거래처 ⑥	적요 ⑦	차변 ⑧	대변
	23	00003	차변	0108 외상매출금	06680 별사랑레스토랑		800,000	⑨
	23	00003	차변	0259 선수금	06680 별사랑레스토랑		200,000	
	23	00003	대변	0401 상품매출				1,000,000

2026년 09월 23일 현금잔액: 100,061,730 대차차액:

참고 검색창에서 조회가 되지 않는 신규거래처의 입력 방법

[거래처등록] 메뉴로 이동할 필요 없이 [일반전표입력] 메뉴에서 다음과 같은 방법으로 거래처를 직접 등록할 수 있다. 거래처 검색창에서 신규등록(F3)을 클릭하면 거래처를 간편 등록할 수 있는 보조창이 나타난다. 보조창에서 자동 부여된 거래처코드를 원하는 번호로 직접 수정하고 거래처명, 사업자등록번호 등을 입력한 후 확인[TAB]을 클릭하면 해당 코드로 거래처가 등록된다. 화면 하단에서는 업태, 종목 등 추가사항까지 입력할 수 있다.

예를 들어, 달사랑이라는 신규 거래처를 자동 부여된 거래처코드로 등록하는 경우의 보조창과 추가사항 입력화면은 다음과 같다.

기초코드 등록

거래처등록 간편등록 (일반거래처) [코드범위 : 00101-97999]

- 거래처코드: 00102
- 거래처명: 달사랑
- 거래처유형: 1:매출 2:매입 3:동시
- 사업자등록번호:
- 주민등록번호: 주민기재분 0:부 1:여
- 대표자성명:

확인[TAB] 취소[ESC]

거래처등록

- 거래처코드: 00102 사업자등록번호: 사업자등록상태조회
- 거래처명: 달사랑 주민등록번호: 주민등록기재분 0:부 1:여
- 대표자명: 업태: 종목:
- 우편번호, 주소:
- 전화번호:

만약 실무에서 신규 거래처가 상시 거래가 발생할만한 거래처가 아닐 경우에는 거래처 등록 없이 거래처란에 상호명만 입력하고 전표를 작성하면 된다.

전산회계 시험에서는 채권·채무와 관련된 거래처명은 반드시 기 등록되어 있는 거래처코드를 선택하는 방법으로 거래처명을 입력한다.

02 출금·입금·대체전표 작성 사례

1 출금전표

- 출금전표는 거래 금액 전체가 현금으로 출금되는 거래인 경우에 사용하는 전표이다.
- 출금전표의 대변 계정과목은 항상 현금이므로 출금전표에는 차변의 기재내용(계정과목, 금액, 적요, 거래처) 만 입력하면 된다.

기출확인문제

제일상사(코드번호 : 2101)의 당기 회계기간은 제3기이다.
다음 거래 자료를 [일반전표입력] 메뉴에 추가 입력하시오. [제53회]

> 10월 22일 업무용 차량의 휘발유 대금 150,000원을 성동주유소에 현금으로 지급하다.

기출 따라 하기   ▶관련 이론 | 수익과 비용 p.238

(1) 분개

10월 22일 (차) 차량유지비(822) (판관비)   150,000   (대) 현금(101)   150,000

(2) 입력방법

[일반전표입력] 메뉴에서
① 거래일인 "10월 22일"을 선택한다.
② 거래 금액 전체가 현금으로 출금되는 거래이므로 구분란에 "1.출금"을 선택한다.
③ 업무용 차량의 휘발유 대금이므로 계정란에 "822.차량유지비"를 입력한다.
④ 채권·채무 관련 거래가 아니므로 거래처를 입력하지 않아도 된다.
⑤ 문제에서 적요입력을 요구하지 않았으므로 적요입력을 생략한다.
⑥ 출금을 선택하면 대변에 현금이 자동으로 생성되고 차변에 "150,000"을 입력한다.

▼ ① ~ ⑥ 입력결과 화면은 아래와 같다.

	① 일	번호	② 구분	③ 계정과목	④ 거래처	⑤ 적요	⑥ 차변	대변
☐	22	00001	출금	0822 차량유지비			150,000	(현금)

계정과목		적요	차변(출금)	대변(입금)
0822	차량유지비(판)		150,000	
0101	현금			150,000

2 입금전표

- 입금전표는 거래 금액 전체가 현금으로 입금되는 거래인 경우에 사용하는 전표이다.
- 입금전표의 차변 계정과목은 항상 현금이므로 입금전표에는 대변의 기재내용(계정과목, 금액, 적요, 거래처)만 입력하면 된다.

기출확인문제

제일상사(코드번호 : 2101)의 당기 회계기간은 제3기이다.
다음 거래 자료를 [일반전표입력] 메뉴에 추가 입력하시오. [제53회 수정]

> 10월 25일 설악상사에 상품 3,000,000원을 판매하기로 하고 계약금 300,000원을 현금으로 받다.

기출 따라 하기　　　　　　　　　　　　　　　　　　　　　　　▶관련 이론 l 부채 p.211

(1) 분개

　10월 25일　(차) 현금(101)　　　　300,000　　　(대) 선수금(259) (설악상사)　　300,000

(2) 입력방법

[일반전표입력] 메뉴에서

① 거래일인 "10월 25일"을 선택한다.
② 거래 금액 전체가 현금으로 입금되는 거래이므로 구분란에 "2.입금"을 선택한다.
③ 계약금을 지급받았으므로 계정란에 "259.선수금"을 입력한다.
④ 채권·채무 관련 거래이므로 거래처란에 채권자인 "설악상사"를 입력한다.
⑤ 문제에서 적요입력을 요구하지 않았으므로 적요입력을 생략한다.
⑥ 입금을 선택하면 차변에 현금이 자동으로 생성되고 대변에 "300,000"을 입력한다.

▼ ① ~ ⑥ 입력결과 화면은 아래와 같다.

□	① 일	번호	② 구분	③ 계정과목	④ 거래처	⑤ 적요	차변	⑥ 대변
☐	25	00001	입금	0259 선수금	06350 설악상사		(현금)	300,000

계정과목	적요	차변(출금)	대변(입금)
0259 선수금			300,000
0101 현금		300,000	

참고 **대차차액**

[일반전표입력] 메뉴의 우측 상단에는 전표입력이 대차평균의 원리에 따라 정확하게 입력될 수 있도록 차변합계와 대변합계의 차액이 나타난다. 대차차액이 있는 상태에서 메뉴를 종료하는 경우에는 보조창이 나타나므로 이를 확인하고 종료하여야 한다.

예를 들어, 차변에 300,000원, 대변에 100,000원을 입력한 상태에서 메뉴를 종료하려고 하는 경우 아래와 같은 보조창이 나타나는데, 보조창에서 예(Y) 를 클릭하면 대차차액이 있는 전표가 조회된다. 전표를 수정할 때 해당 금액란에 커서를 놓고 Space bar 를 누르면 대차차액을 조정하는 금액이 자동 계산되어 입력된다. 전표수정을 마치면 메뉴를 종료하거나 Esc 를 누른다.

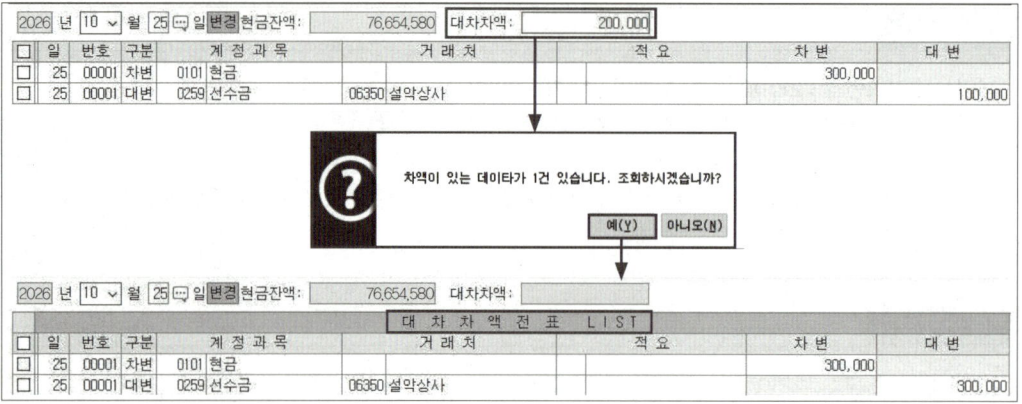

3 대체전표

- 대체전표는 출금전표 및 입금전표 대상이 아닌 모든 거래에 사용하는 전표로서 현금 입·출금이 없거나 거래 금액의 일부에 대하여만 현금 입·출금이 있는 경우, 또는 두 개 이상의 거래가 복합된 경우에 사용한다.
- 대체전표는 차변과 대변 기재내용을 모두 입력하여야 한다.

기출확인문제

제일상사(코드번호 : 2101)의 당기 회계기간은 제3기이다.
다음 거래 자료를 [일반전표입력] 메뉴에 추가 입력하시오. [제53회 수정]

> 10월 30일 태양실업에서 컴퓨터 부품을 외상으로 780,000원에 구입하고 회사는 소모품비(비용)로 회계처리하기로 한다.

기출 따라 하기　　　　　　　　　　　　　　　　　　　　　　　▶ 관련 이론 | 부채 p.210

(1) 분개

　10월 30일　(차) 소모품비(830) (판관비)　　780,000　　(대) 미지급금(253) (태양실업)　　780,000

(2) 입력방법

　[일반전표입력] 메뉴에서

　① 거래일인 "10월 30일"을 선택한다.
　② 구분란에 "3.차변"을 선택한다.

③ 계정과목란에 "830.소모품비"를 입력한다.
④ 거래처와 적요는 생략한다.
⑤ 차변에 "780,000"을 입력한다.
⑥ [Enter↲]를 누르면 차변과 동일하게 일과 번호가 입력된다.
⑦ 구분란에 "4.대변"을 선택한다.
⑧ 외상으로 소모품을 구매하였으므로 계정과목란에 "253.미지급금"을 입력한다.
⑨ 채권·채무 관련 거래이므로 거래처란에 채권자인 "태양실업"을 입력한다.
⑩ 적요는 생략한다.
⑪ 대변에 "780,000"을 입력한다.

◐ ① ~ ⑪ 입력결과 화면은 아래와 같다.

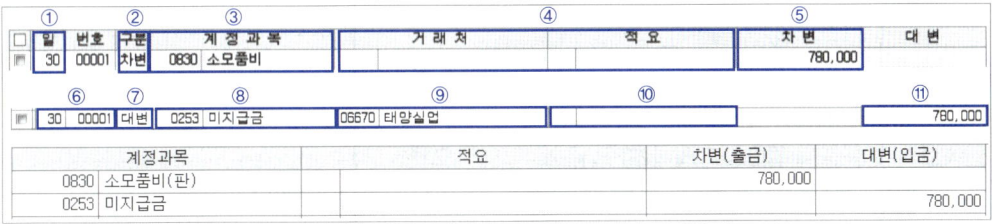

참고 전표삽입

[일반전표입력] 메뉴에 이미 입력되어 있는 하나의 완성된 전표에 대하여 계정을 추가하여 수정하고자 하는 경우에는 '전표삽입' 기능을 사용하면 된다.

예를 들어, 차변에 소모품비 780,000원, 대변에 미지급금 780,000원이 입력된 전표에 해당 거래와 관련된 통신비 30,000원을 추가하는 경우, 계정을 추가하려는 자리의 아래 라인에 커서를 놓고 화면 상단의 CF9전표삽입(또는 [Ctrl] + [F9])을 클릭하면 원하는 계정과 금액을 추가할 수 있다. 한쪽 편(차변) 계정에 금액을 추가 입력함에 따라 대차차액이 발생하여 반대편(대변) 계정의 금액을 입력할 때 [Space bar]를 누르면 직접 입력하지 않아도 금액이 자동 계산되어 입력된다.

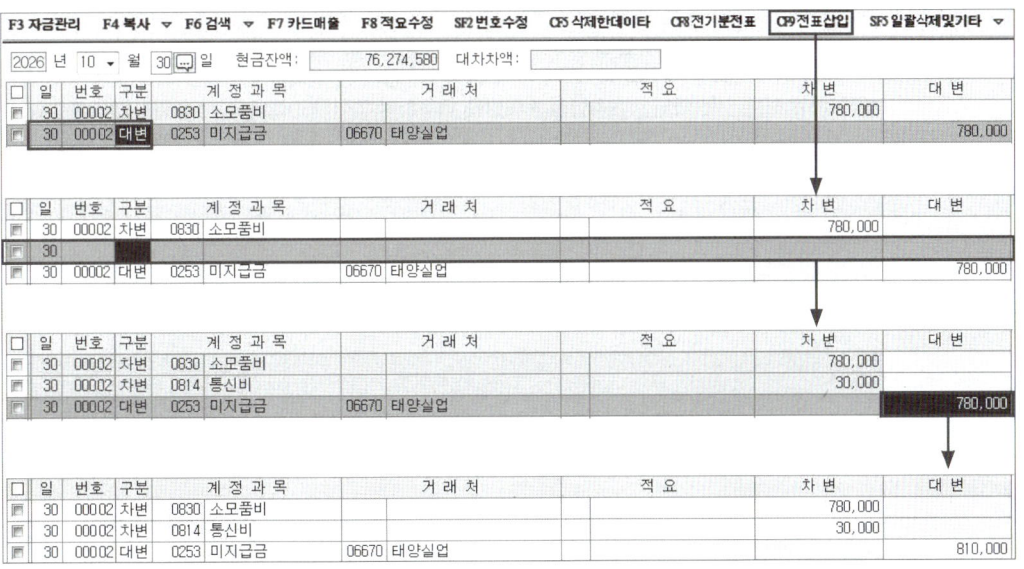

참고 **입력된 전표의 날짜 변경**

[일반전표입력] 메뉴에 이미 입력되어 있는 하나의 완성된 전표에 대하여 날짜를 수정하고자 하는 경우에는 '이동' 기능을 사용하면 된다.

예를 들어, 11월 20일 자로 차변에 복리후생비 67,000원, 대변에 현금 67,000원이 입력된 전표의 거래 일자를 12월 2일 자로 수정하는 경우, 11월 20일 자 기존 전표를 선택한 후, 화면 상단의 F4 복사 옆에 있는 ▼(열림단추)를 클릭하고 아래에 나오는 SF3 이동 (또는 Shift + F3)을 클릭하면, [이동] 화면창이 나타나고, 여기에 이동하고자 하는 일자인 12월 2일을 입력하고 확인(Tab) 을 클릭하면 된다.

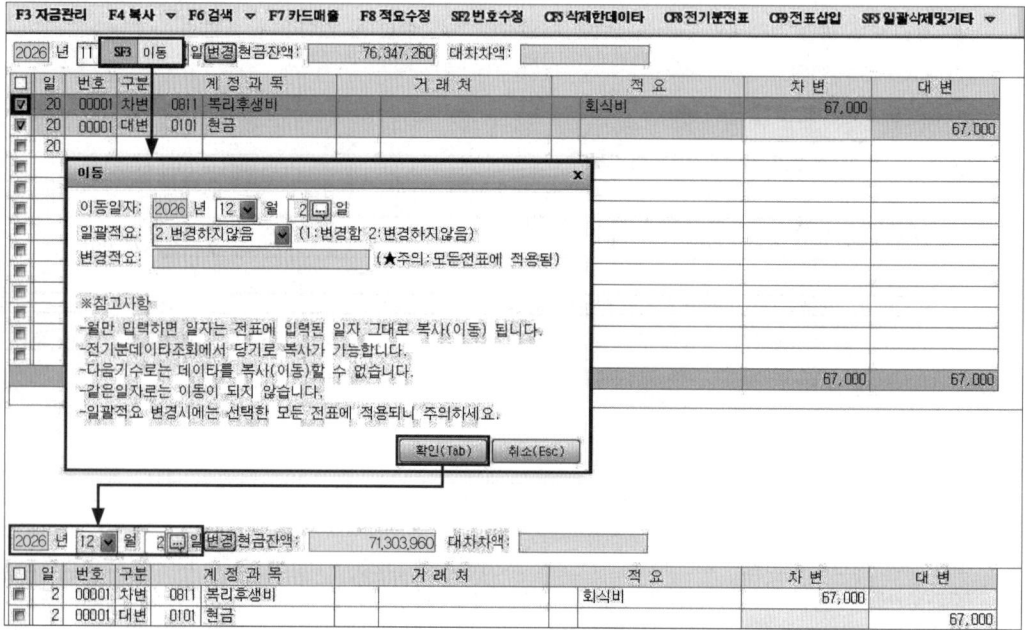

전산회계 자격시험에서의 전표입력 방법

[일반전표입력] 메뉴에서 전표를 입력할 때, 거래 금액 전체가 현금의 증가 또는 감소라 하더라도 반드시 1.출금이나 2.입금으로 입력해야 하는 것은 아니고 3.차변과 4.대변을 이용하여 입력해도 그 결과만 동일하면 상관없다.

전산회계 자격시험에서는 입금전표, 출금전표, 대체전표로 구분하지 않고 모든 거래를 대체전표로 입력하여도 정답으로 인정된다.

03 주의해야 할 출제 유형

1 계정과목에 대응되는 차감 계정의 코드를 찾는 유형

- 감가상각누계액, 대손충당금, 매출환입및에누리, 매출할인, 매입환출및에누리, 매입할인 등 특정한 계정과목에 대응되는 차감적 평가계정 및 차감항목 계정의 코드를 정확하게 찾아서 입력하는 유형이 출제된다.
- 차감 계정은 대응되는 계정과목의 바로 아래에 있는 코드번호를 사용한다.

1) 감가상각누계액

기출확인문제

제일상사(코드번호 : 2101)의 당기 회계기간은 제3기이다.
다음 거래 자료를 [일반전표입력] 메뉴에 추가 입력하시오. 제53회

> 11월 1일 상품배송에 사용하는 트럭(취득가액 5,000,000원, 폐차시점까지 감가상각누계액 4,800,000원)을 폐차하고, 폐차에 대한 고철값 100,000원을 현금으로 받다.

기출 따라 하기　　　　　　　　　　　　　　　　　　　　　▶ 관련 이론 | 비유동자산 p.192

(1) 분개

11월 1일	(차) 감가상각누계액(209) (차량운반구)	4,800,000	(대) 차량운반구(208)	5,000,000
	현금(101)	100,000		
	유형자산처분손실(970)	100,000		

(2) 입력방법

트럭의 취득원가는 "208.차량운반구" 계정과목을 사용하고, 트럭에 대한 감가상각누계액은 대응되는 계정과목의 바로 아래에 있는 코드번호인 "209.감가상각누계액" 계정과목을 사용해야 한다.

□	일	번호	구분	계 정 과 목	거 래 처	적 요	차 변	대 변
☐	1	00003	대변	0208 차량운반구				5,000,000
☐	1	00003	차변	0209 감가상각누계액			4,800,000	
☐	1	00003	차변	0101 현금			100,000	
☐	1	00003	차변	0970 유형자산처분손실			100,000	

2) 대손충당금

기출확인문제

제일상사(코드번호 : 2101)의 당기 회계기간은 제3기이다.
다음 거래 자료를 [일반전표입력] 메뉴에 추가 입력하시오. [제53회 수정]

> 11월 15일 거래처 슬림세상의 파산으로 인하여 외상매출금 530,000원이 회수불가능해짐에 따라 대손처리하다. 단, 대손처리 시점의 대손충당금 잔액은 159,000원이다.

기출 따라 하기　　　　　　　　　　　　　　　　　　　　▶관련 이론 | 당좌자산 p.144

(1) 분개

11월 15일	(차) 대손충당금(109)	159,000	(대) 외상매출금(108)	530,000
	(외상매출금)		(슬림세상)	
	대손상각비(835) (판관비)	371,000		

(2) 입력방법

108.외상매출금에 대한 대손충당금은 대응되는 계정과목의 바로 아래에 있는 코드번호인 "109.대손충당금" 계정과목을 사용해야 한다.

□	일	번호	구분	계정과목	거래처	적요	차변	대변
□	15	00004	대변	0108 외상매출금	06390 슬림세상			530,000
□	15	00004	차변	0109 대손충당금			159,000	
□	15	00004	차변	0835 대손상각비			371,000	

3) 매출환입및에누리, 매출할인, 매입환출및에누리, 매입할인

기출확인문제

제일상사(코드번호 : 2101)의 당기 회계기간은 제3기이다.
다음 거래 자료를 [일반전표입력] 메뉴에 추가 입력하시오. [제59회]

> 11월 30일 11월 22일 한국상사에 상품을 매출하면서 발생한 외상매출금 3,000,000원이 빨리 회수되어, 외상매출금의 2%를 할인시킨 금액을 보통예금 통장으로 이체받다.

기출 따라 하기　　　　　　　　　　　　　　　　　　　　▶관련 이론 | 수익과 비용 p.235

(1) 분개

11월 30일	(차) 보통예금(103)	2,940,000	(대) 외상매출금(108)	3,000,000
	매출할인(403) (상품매출)	60,000	(한국상사)	

(2) 입력방법

401.상품매출에 대한 매출할인은 대응되는 계정과목의 바로 아래에 있는 코드번호인 "403.매출할인" 계정과목을 사용해야 한다.

□	일	번호	구분	계정과목	거래처	적요	차변	대변
□	30	00004	대변	0108 외상매출금	06300 한국상사			3,000,000
□	30	00004	차변	0103 보통예금			2,940,000	
□	30	00004	차변	0403 매출할인			60,000	

참고 '401.상품매출'에 대한 매출환입및에누리는 '402.매출환입및에누리' 계정과목을 사용해야 한다.

2 장부를 조회하여 전표 금액을 입력하는 유형

- 전표에 필요한 금액을 기존 장부에서 조회하여 확인한 후, 전표에 입력하는 유형이 출제된다.
- 전표에 필요한 금액은 다음과 같은 방법으로 조회한다.
  - 특정 거래처 잔액 : [거래처원장]
    예) 3월 31일 현재 고운조명에 대한 외상매출금 잔액
  - 특정 계정과목 잔액 : [합계잔액시산표]
    예) 3월 15일 현재 받을어음에 대한 대손충당금 계정의 잔액
  - 특정 일자 거래금액 : [일반전표입력]
    예) 8월 25일에 회계처리한 예수금 계정의 금액

기출확인문제

제일상사(코드번호 : 2101)의 당기 회계기간은 제3기이다.
다음 거래 자료를 [일반전표입력] 메뉴에 추가 입력하시오. [제53회]

> 12월 1일 디씨백화점의 11월 말 현재 외상매출금 잔액 전부를 보통예금 통장으로 입금받다.

기출 따라 하기

▶ 관련 이론 | 당좌자산 p.138

(1) 분개

12월 1일	(차) 보통예금(103)	3,200,000	(대) 외상매출금(108) (디씨백화점)	3,200,000

(2) 입력방법

① [회계관리] ▶ [장부관리] ▶ [거래처원장]을 선택하여 [거래처원장] 메뉴에 들어간 후, 기간은 "1월 1일 ~ 11월 30일", 계정과목은 "외상매출금", 거래처는 "디씨백화점"을 선택하여, 11월 말 현재 디씨백화점에 대한 외상매출금 잔액을 조회한다.

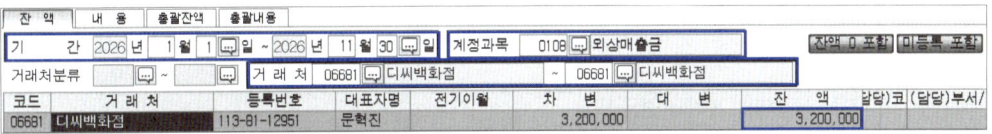

② 조회한 금액을 사용하여 [일반전표입력] 메뉴에서 12월 1일 자 전표를 입력한다.

□	일	번호	구분	계정과목	거래처	적요	차변	대변
□	1	00004	차변	0103 보통예금			3,200,000	
□	1	00004	대변	0108 외상매출금	06681 디씨백화점			3,200,000

핵심기출문제

*본서에 수록된 기출문제의 날짜는 학습효과를 높이기 위하여 일부 수정함

01 칠이상사(코드번호 : 2172)의 당기 회계기간은 제6기이다.
다음 거래 자료를 [일반전표입력] 메뉴에 추가 입력하시오. [제72회]

(1) 8월 19일 기업은행의 단기차입금 5,800,000원과 이자 58,000원을 당사 보통예금 계좌에서 이체하여 지급하다.

(2) 8월 31일 영업용 차량에 대한 8월분 정기주차료 200,000원을 반월주차장에 현금으로 지급하다.

(3) 9월 3일 거래처가 사무실을 이전하여 축하 화환을 보내고 200,000원을 보통예금에서 행복한 꽃집에 이체하였다.

(4) 9월 15일 반월전자에 컴퓨터 2대(총 3,000,000원)를 매출하기로 하고 계약금 300,000원을 현금으로 받고 입금표를 발행하였다.

No. 1																(공급자 보관용)
입금표																
															반월전자 귀하	
공급자	사업자등록번호		113-25-00916													
	상호		칠이상사					성명				이종석 (인)				
	사업장소재지		서울 용산 새창로 514 우신빌딩 301													
	업태		도소매					종목				컴퓨터 및 주변기기				
작성일			금액								세액					
년	월	일	공란수	억	천	백	십	만	천	백	십	일	천	백	십	만	천	백	십	일
20xx	9	15														
합계				십	억	천	백	십	만	천	백	십	일			
								3	0	0	0	0	0			
내용 상품매출 계약금 현금 입금																
위 금액을 정히 영수함																
												영수자 이종석 (인)				

(5) 9월 20일 신화상사에 판매용 컴퓨터 2대(총 3,000,000원)를 발송하고 계약금(450,000원)을 차감한 잔액은 외상으로 하다. 당사 부담의 운반비 150,000원은 현금으로 지급하다. (하나의 전표로 입력할 것)

(6) 9월 25일 초지전자에서 판매용 컴퓨터 2대(총 2,000,000원)를 외상으로 매입하고 당사 부담의 운반비 70,000원은 당사 보통예금 계좌에서 이체하여 지급하다.

정답 및 해설

01 (1) ▶관련 이론 | 부채 p.209

해 설 8월 19일 (차) 단기차입금(기업은행) 5,800,000 (대) 보통예금 5,858,000
              이자비용 58,000

정답화면

□	일	번호	구분	계 정 과 목	거 래 처	적 요	차 변	대 변
□	19	00002	차변	0260 단기차입금	98001 기업은행		5,800,000	
□	19	00002	차변	0951 이자비용			58,000	
□	19	00002	대변	0103 보통예금				5,858,000

(2) ▶관련 이론 | 수익과 비용 p.238

해 설 8월 31일 (차) 차량유지비(판관비) 200,000 (대) 현금 200,000

정답화면

□	일	번호	구분	계 정 과 목	거 래 처	적 요	차 변	대 변
□	31	00002	차변	0822 차량유지비			200,000	
□	31	00002	대변	0101 현금				200,000

(3) ▶관련 이론 | 수익과 비용 p.237

해 설 9월 3일 (차) 기업업무추진비(판관비) 200,000 (대) 보통예금 200,000

정답화면

□	일	번호	구분	계 정 과 목	거 래 처	적 요	차 변	대 변
□	3	00002	차변	0813 기업업무추진비			200,000	
□	3	00002	대변	0103 보통예금				200,000

(4) ▶관련 이론 | 부채 p.211

해 설 9월 15일 (차) 현금 300,000 (대) 선수금(반월전자) 300,000

정답화면

□	일	번호	구분	계 정 과 목	거 래 처	적 요	차 변	대 변
□	15	00002	차변	0101 현금			300,000	
□	15	00002	대변	0259 선수금	02006 반월전자			300,000

(5) ▶관련 이론 | 수익과 비용 p.238

해 설 9월 20일 (차) 선수금(신화상사) 450,000 (대) 상품매출 3,000,000
              외상매출금(신화상사) 2,550,000   현금 150,000
              운반비(판관비) 150,000

정답화면

□	일	번호	구분	계 정 과 목	거 래 처	적 요	차 변	대 변
□	20	00002	대변	0401 상품매출				3,000,000
□	20	00002	대변	0101 현금				150,000
□	20	00002	차변	0259 선수금	01000 신화상사		450,000	
□	20	00002	차변	0108 외상매출금	01000 신화상사		2,550,000	
□	20	00002	차변	0824 운반비			150,000	

(6) ▶관련 이론 | 재고자산 p.166

해 설 9월 25일 (차) 상품 2,070,000 (대) 외상매입금(초지전자) 2,000,000
                                              보통예금 70,000

정답화면

□	일	번호	구분	계 정 과 목	거 래 처	적 요	차 변	대 변
□	25	00003	대변	0251 외상매입금	04100 초지전자			2,000,000
□	25	00003	대변	0103 보통예금				70,000
□	25	00003	차변	0146 상품			2,070,000	

제1절 일반전표입력

(7) 9월 30일 판매장 직원들 격려 차원에서 맛나식당에서 저녁식사를 하고 식사비용 300,000원을 신용카드(비씨카드)로 결제하다.

```
                    신용카드매출전표
        가 맹 점 명    맛나식당
        사업자번호    134-37-82714
        대 표 자 명    김일수
        주      소    경기도 안산시 상록구 건지미길 12

        비씨카드                              신용승인
        거래일시                  20xx-9-30 19:08:04
        카드번호                  9410-3256-****-6834
        유효기간                                 **/**
        가맹점번호                          133501447
        매입사                    비씨카드사(전자서명전표)
        상품명             수량              금액
        식대료                               300,000

        합 계                               300,000원
```

(8) 10월 10일 매출처 청송컴퓨터에서 받아 보관 중인 약속어음 4,000,000원이 만기가 도래하여 당사 거래은행 보통예금 계좌에 입금되었음을 확인하다.

정답 및 해설

(7) ▶관련 이론 | 부채 p.210

해 설 9월 30일 (차) 복리후생비(판관비) 300,000 (대) 미지급금(비씨카드) 300,000

정답화면

일	번호	구분	계정과목	거래처	적요	차변	대변
30	00007	차변	0811 복리후생비			300,000	
30	00007	대변	0253 미지급금	99603 비씨카드			300,000

(8) ▶관련 이론 | 당좌자산 p.139

해 설 10월 10일 (차) 보통예금 4,000,000 (대) 받을어음(청송컴퓨터) 4,000,000

정답화면

일	번호	구분	계정과목	거래처	적요	차변	대변
10	00002	대변	0110 받을어음	06300 청송컴퓨터			4,000,000
10	00002	차변	0103 보통예금			4,000,000	

02

육육상사(코드번호 : 2166)의 당기 회계기간은 제4기이다.
다음 거래 자료를 [일반전표입력] 메뉴에 추가 입력하시오.

[제66회]

(1) 7월 31일 영업사원의 급여 1,800,000원을 지급하면서 소득세, 지방소득세, 건강보험료 등 (근로자 부담분)을 다음 급여대장과 같이 차감하여 잔액을 보통예금 통장에서 이체하였다.

지급내용			공제내용				차감 수령액
기본급	각종수당	급여 계	소득세	지방소득세	건강보험료 등	공제 계	
1,500,000원	300,000원	1,800,000원	50,000원	5,000원	100,000원	155,000원	1,645,000원

(2) 8월 12일 명절에 사용할 현금을 확보하기 위하여 매출처 경기상사 발행의 약속어음 8,000,000원을 은행에서 할인 받고, 할인료 500,000원을 제외한 금액을 당좌예입하다. (단, 매각거래임)

(3) 8월 15일 미래조명에 상품매입 대금으로 발행해 준 약속어음 600,000원이 만기가 되어 당사 보통예금 계좌에서 이체하여 지급하다.

(4) 9월 30일 마포구청에 영업 관련 공과금 800,000원을 현금으로 지급하였다.

(5) 10월 2일 문구 홍보관을 개설하기 위해 점포를 보증금 10,000,000원에 서현빌딩으로부터 임차하고 대금은 현금으로 지급하다.

(6) 10월 10일 회사의 건물 취득 시 건물 대금 20,000,000원과 취득세 500,000원 및 중개수수료 300,000원을 전액 현금으로 지급하다.

(7) 10월 31일 한진상사로부터 차입한 단기차입금 중 일부인 5,000,000원을 보통예금 통장에서 계좌이체하여 상환하다.

(8) 12월 15일 폭설로 피해를 입은 농어민을 돕기 위해 현금 100,000원을 한국방송공사에 지급하다.

정답 및 해설

02 (1) ▶ 관련 이론 | 부채 p.211

해 설 7월 31일 (차) 급여(판관비) 1,800,000 (대) 예수금 155,000
　　　　　　　　　　　　　　　　　　　　　　　　　　보통예금 1,645,000

정답화면

일	번호	구분	계정과목		거래처	적요	차변	대변
31	00017	차변	0801	급여			1,800,000	
31	00017	대변	0254	예수금				155,000
31	00017	대변	0103	보통예금				1,645,000

(2) ▶관련 이론 | 당좌자산 p.140

해 설 8월 12일 (차) 당좌예금 7,500,000 (대) 받을어음(경기상사) 8,000,000
　　　　　　　　　매출채권처분손실 500,000

정답화면

일	번호	구분	계정과목	거래처	적요	차변	대변
12	00002	대변	0110 받을어음	06100 경기상사			8,000,000
12	00002	차변	0956 매출채권처분손실			500,000	
12	00002	차변	0102 당좌예금			7,500,000	

(3) ▶관련 이론 | 부채 p.209

해 설 8월 15일 (차) 지급어음(미래조명) 600,000 (대) 보통예금 600,000

정답화면

일	번호	구분	계정과목	거래처	적요	차변	대변
15	00002	차변	0252 지급어음	06110 미래조명		600,000	
15	00002	대변	0103 보통예금				600,000

(4) ▶관련 이론 | 수익과 비용 p.237

해 설 9월 30일 (차) 세금과공과(판관비) 800,000 (대) 현금 800,000

정답화면

일	번호	구분	계정과목	거래처	적요	차변	대변
30	00007	차변	0817 세금과공과			800,000	
30	00007	대변	0101 현금				800,000

(5) ▶관련 이론 | 비유동자산 p.194

해 설 10월 2일 (차) 임차보증금(서현빌딩) 10,000,000 (대) 현금 10,000,000

정답화면

일	번호	구분	계정과목	거래처	적요	차변	대변
2	00002	차변	0232 임차보증금	06690 서현빌딩		10,000,000	
2	00002	대변	0101 현금				10,000,000

(6) ▶관련 이론 | 비유동자산 p.184

해 설 10월 10일 (차) 건물 20,800,000 (대) 현금 20,800,000

정답화면

일	번호	구분	계정과목	거래처	적요	차변	대변
10	00002	대변	0101 현금				20,800,000
10	00002	차변	0202 건물			20,800,000	

(7) ▶관련 이론 | 부채 p.209

해 설 10월 31일 (차) 단기차입금(한진상사) 5,000,000 (대) 보통예금 5,000,000

정답화면

일	번호	구분	계정과목	거래처	적요	차변	대변
31	00005	차변	0260 단기차입금	04100 한진상사		5,000,000	
31	00005	대변	0103 보통예금				5,000,000

(8) ▶관련 이론 | 수익과 비용 p.242

해 설 12월 15일 (차) 기부금 100,000 (대) 현금 100,000

정답화면

일	번호	구분	계정과목	거래처	적요	차변	대변
15	00002	차변	0953 기부금			100,000	
15	00002	대변	0101 현금				100,000

03 육삼상사(코드번호 : 2163)의 당기 회계기간은 제5기이다.
다음 거래 자료를 [일반전표입력] 메뉴에 추가 입력하시오.

[제63회]

(1) 7월 16일 정연실업에 판매용 흑백복합기 2,000,000원(10개, @200,000원)을 판매하기로 계약하고, 대금 중 20%를 당좌예금 계좌로 송금받다.

(2) 8월 10일 현금 시재를 확인하던 중 장부상 현금보다 실제 현금이 65,000원 많은 것을 발견하였으나 원인을 파악할 수 없다.

(3) 9월 1일 튼튼자동차에서 할부로 구입하고 미지급금으로 처리한 차량할부금 200,000원이 보통예금 계좌에서 자동이체되다.

(4) 9월 2일 상품 보관창고를 임차하기로 하고 임차보증금 5,000,000원을 현금으로 지급하였다.
 · (임차보증금의 거래처 입력은 생략한다)

(5) 9월 9일 영업용 컴퓨터를 수리하고 대금 150,000원은 당사 보통예금 계좌에서 이체하다.
 (수익적 지출로 처리할 것)

(6) 10월 1일 성실상회에 상품 15,000,000원을 매출하고 대금 중 10,000,000원은 자기앞수표로 받고, 나머지는 1개월 후에 받기로 하였다.

(7) 10월 15일 대박컨설팅에 상품 광고비용 500,000원을 현금으로 지급하였다.

(8) 11월 29일 상품 보관창고에 대한 임차료 250,000원을 현금으로 지급하였다.

정답 및 해설

03 (1)

▶관련 이론 | 부채 p.211

해 설   7월 16일   (차) 당좌예금   400,000   (대) 선수금(정연실업)   400,000

정답화면

일	번호	구분	계정과목	거래처	적요	차변	대변
16	00002	차변	0102 당좌예금			400,000	
16	00002	대변	0259 선수금	02100 정연실업			400,000

(2) ▶관련 이론 | 당좌자산 p.148

해 설   8월 10일   (차) 현금   65,000   (대) 현금과부족   65,000

정답화면

일	번호	구분	계정과목	거래처	적요	차변	대변
10	00005	차변	0101 현금			65,000	
10	00005	대변	0141 현금과부족				65,000

(3) ▶관련 이론 | 부채 p.210

해 설   9월 1일   (차) 미지급금(튼튼자동차) 200,000   (대) 보통예금   200,000

정답화면

일	번호	구분	계정과목	거래처	적요	차변	대변
1	00006	차변	0253 미지급금	06430 튼튼자동차		200,000	
1	00006	대변	0103 보통예금				200,000

(4) ▶관련 이론 | 비유동자산 p.194

해 설   9월 2일   (차) 임차보증금   5,000,000   (대) 현금   5,000,000

정답화면

일	번호	구분	계정과목	거래처	적요	차변	대변
2	00002	차변	0232 임차보증금			5,000,000	
2	00002	대변	0101 현금				5,000,000

(5) ▶관련 이론 | 수익과 비용 p.238

해 설   9월 9일   (차) 수선비(판관비)   150,000   (대) 보통예금   150,000

정답화면

일	번호	구분	계정과목	거래처	적요	차변	대변
9	00002	차변	0820 수선비			150,000	
9	00002	대변	0103 보통예금				150,000

(6) ▶관련 이론 | 당좌자산 p.137

해 설   10월 1일   (차) 현금   10,000,000   (대) 상품매출   15,000,000
             외상매출금(성실상회) 5,000,000

정답화면

일	번호	구분	계정과목	거래처	적요	차변	대변
1	00004	대변	0401 상품매출				15,000,000
1	00004	차변	0101 현금			10,000,000	
1	00004	차변	0108 외상매출금	02005 성실상회		5,000,000	

(7) ▶관련 이론 | 수익과 비용 p.238

해 설   10월 15일   (차) 광고선전비(판관비) 500,000   (대) 현금   500,000

정답화면

일	번호	구분	계정과목	거래처	적요	차변	대변
15	00002	차변	0833 광고선전비			500,000	
15	00002	대변	0101 현금				500,000

(8) ▶관련 이론 | 수익과 비용 p.238

해 설   11월 29일   (차) 임차료(판관비)   250,000   (대) 현금   250,000

정답화면

일	번호	구분	계정과목	거래처	적요	차변	대변
29	00001	차변	0819 임차료			250,000	
29	00001	대변	0101 현금				250,000

04 육이상사(코드번호 : 2162)의 당기 회계기간은 제6기이다.
다음 거래 자료를 [일반전표입력] 메뉴에 추가 입력하시오. [제62회]

(1) 7월 1일 전기에 취득한 업무용 자동차를 부광상사에 5,000,000원에 처분하고 대금 중 2,000,000원은 동점발행 당좌수표로 받고, 잔액은 월말에 받기로 하다. 처분하는 자동차의 취득원가는 15,000,000원이며, 처분 시 감가상각누계액은 2,250,000원으로 가정한다.

(2) 8월 7일 성일전자의 파산으로 외상매출금 1,000,000원이 회수불가능하게 되어 대손처리하다. (단, 대손충당금 잔액은 66,000원이다)

(3) 8월 15일 영업용 승용차의 전조등을 세련튜닝에서 교체하고 대금 500,000원 중 300,000원은 당좌수표를 발행하여 지급하고, 잔액은 당점발행 약속어음으로 지급하다. (차량에 대한 자본적 지출로 처리한다)

(4) 8월 24일 영동상사에서 외상으로 매입한 상품 대금 4,000,000원을 약속 기일보다 빨리 지급하게 되어 외상대금의 3%를 할인 받고 잔액은 보통예금 통장에서 이체하여 지급하다. (매입할인 계정을 사용한다)

(5) 9월 4일 목포상사에 매출 계약(8월 26일)한 판매가격 5,000,000원의 상품을 인도하고, 계약금(500,000원)을 차감한 금액 중 3,000,000원은 목포상사가 발행한 약속어음으로 받고 나머지 잔액은 1개월 후에 받기로 하다.

(6) 9월 21일 추석 선물로 홍삼세트 1,000,000원을 신용카드(비씨카드)로 결제하고 구입하여, 600,000원은 본사 경리부 직원에게 지급하고, 나머지 400,000원은 접대를 위하여 거래처(매출처) 직원에게 전달하다.

(7) 10월 2일 춘천상사에서 상품 3,000,000원을 매입하고, 청주상사로부터 매출대금으로 받아 보관 중인 약속어음 2,000,000원을 배서양도하고, 잔액은 당사 발행 약속어음으로 지급하다.

(8) 10월 23일 거래처 인천상사로부터 매출대금으로 받아 보관 중인 약속어음 5,000,000원을 만기 전에 거래처 은행으로부터 할인을 받고, 할인료 155,000원을 차감한 금액을 당사 보통예금 계좌로 입금받다. (단, 할인된 어음은 매각거래로 회계처리함)

정답 및 해설

04 (1) ▶관련 이론 | 비유동자산 p.192

해설	7월 1일	(차) 감가상각누계액(차량운반구)	2,250,000	(대) 차량운반구	15,000,000
		현금[1]	2,000,000		
		미수금(부광상사)	3,000,000		
		유형자산처분손실	7,750,000		

[1] 동점발행 당좌수표는 부광상사가 발행한 당좌수표를 말하는데, 이는 타인발행 당좌수표에 해당하므로 현금 계정으로 처리한다.

정답화면

일	번호	구분	계정과목		거래처	적요	차변	대변
1	00003	대변	0208	차량운반구				15,000,000
1	00003	차변	0209	감가상각누계액			2,250,000	
1	00003	차변	0101	현금			2,000,000	
1	00003	차변	0120	미수금	06130 부광상사		3,000,000	
1	00003	차변	0970	유형자산처분손실			7,750,000	

(2)
해설 8월 7일 (차) 대손충당금(외상매출금) 66,000 (대) 외상매출금(성일전자) 1,000,000
　　　　　　　　　대손상각비(판관비) 934,000

▶관련 이론 | 당좌자산 p.144

정답화면

□	일	번호	구분	계정과목	거래처	적요	차변	대변
□	7	00002	대변	0108 외상매출금	02006 성일전자			1,000,000
□	7	00002	차변	0109 대손충당금			66,000	
□	7	00002	차변	0835 대손상각비			934,000	

(3)
해설 8월 15일 (차) 차량운반구 500,000 (대) 당좌예금 300,000
　　　　　　　　　　　　　　　　　　　　미지급금(세련튜닝)[1] 200,000

▶관련 이론 | 부채 p.210

[1] 본 거래는 일반적인 상거래가 아니므로 지급어음이 아닌 미지급금 계정을 사용하여야 한다.

정답화면

□	일	번호	구분	계정과목	거래처	적요	차변	대변
□	15	00002	차변	0208 차량운반구			500,000	
□	15	00002	대변	0102 당좌예금				300,000
□	15	00002	대변	0253 미지급금	06370 세련튜닝			200,000

(4)
해설 8월 24일 (차) 외상매입금(영동상사) 4,000,000 (대) 매입할인(상품) 120,000
　　　　　　　　　　　　　　　　　　　　　　　　　　　　　　　　　보통예금 3,880,000

▶관련 이론 | 재고자산 p.166

정답화면

□	일	번호	구분	계정과목	거래처	적요	차변	대변
□	24	00001	차변	0251 외상매입금	06009 영동상사		4,000,000	
□	24	00001	대변	0148 매입할인				120,000
□	24	00001	대변	0103 보통예금				3,880,000

참고 계정과목 입력란에서 매입할인을 검색하면 동일명의 계정과목이 여러 개 조회된다. 이 중 '146.상품'에 대응되는 매입할인인 '148.매입할인'을 사용해야 한다.

(5)
해설 9월 4일 (차) 선수금(목포상사) 500,000 (대) 상품매출 5,000,000
　　　　　　　　　받을어음(목포상사) 3,000,000
　　　　　　　　　외상매출금(목포상사) 1,500,000

▶관련 이론 | 부채 p.211

정답화면

□	일	번호	구분	계정과목	거래처	적요	차변	대변
□	4	00001	대변	0401 상품매출				5,000,000
□	4	00001	차변	0259 선수금	03001 목포상사		500,000	
□	4	00001	차변	0110 받을어음	03001 목포상사		3,000,000	
□	4	00001	차변	0108 외상매출금	03001 목포상사		1,500,000	

(6)
해설 9월 21일 (차) 복리후생비(판관비) 600,000 (대) 미지급금(비씨카드) 1,000,000
　　　　　　　　　　기업업무추진비(판관비) 400,000

▶관련 이론 | 수익과 비용 p.237

정답화면

□	일	번호	구분	계정과목	거래처	적요	차변	대변
□	21	00005	대변	0253 미지급금	99600 비씨카드			1,000,000
□	21	00005	차변	0811 복리후생비			600,000	
□	21	00005	차변	0813 기업업무추진비			400,000	

(7)
해설 10월 2일 (차) 상품 3,000,000 (대) 받을어음(청주상사) 2,000,000
　　　　　　　　　　　　　　　　　　　　　　　　지급어음(춘천상사) 1,000,000

▶관련 이론 | 당좌자산 p.140

정답화면

□	일	번호	구분	계정과목	거래처	적요	차변	대변
□	2	00001	차변	0146 상품			3,000,000	
□	2	00001	대변	0110 받을어음	02005 청주상사			2,000,000
□	2	00001	대변	0252 지급어음	02007 춘천상사			1,000,000

(8)
해설 10월 23일 (차) 보통예금 4,845,000 (대) 받을어음(인천상사) 5,000,000
　　　　　　　　　　매출채권처분손실 155,000

▶관련 이론 | 당좌자산 p.140

정답화면

□	일	번호	구분	계정과목	거래처	적요	차변	대변
□	23	00007	대변	0110 받을어음	02100 인천상사			5,000,000
□	23	00007	차변	0956 매출채권처분손실			155,000	
□	23	00007	차변	0103 보통예금			4,845,000	

05 육공상사(코드번호 : 2160)의 당기 회계기간은 제3기이다.
다음 거래자료를 [일반전표입력] 메뉴에 추가 입력하시오. [제60회]

(1) 10월 2일 사무실에서 사용할 소모품 200,000원을 현대문구에서 구입하고 대금은 당좌수표를 발행하여 지급하다. (단, 구입 시 자산으로 처리할 것)

(2) 10월 4일 명절에 사용할 현금을 확보하기 위하여 매출처 실용상사 발행의 약속어음 8,000,000원을 은행에서 할인 받고, 할인료 500,000원을 제외한 금액을 당좌예입하다. (단, 매각거래임)

(3) 10월 12일 지난 9월 30일 출장 갔던 영업사원 김길동이 돌아와 출장 중 지출한 여비교통비 증빙 350,000원을 정산하고, 여비 잔액은 현금으로 회수하다. (가지급금의 거래처 입력은 생략한다)

(4) 10월 15일 동양상사에 상품매입 대금으로 발행해 준 약속어음 900,000원이 만기가 되어 당사 보통예금 계좌에서 이체하여 지급하다.

(5) 10월 16일 매출거래처의 요구에 의하여 견적서를 등기우편으로 발송하고 등기요금 6,300원을 영동우체국에 현금으로 지급하다.

(6) 10월 20일 상품 1,650,000원을 매출처 하나상사에 판매하고, 대금은 10월 6일 수령한 계약금을 차감한 잔액을 보통예금 계좌로 이체받았다.

(7) 10월 25일 레고완구로부터의 단기차입금 중 일부인 5,000,000원을 보통예금 통장에서 계좌이체하여 상환하다.

(8) 10월 30일 증권거래소에 상장된 ㈜동원의 주식 100주를 1주당 15,000원에 단기보유목적으로 취득하고, 증권회사에 주식매매수수료 15,000원과 함께 보통예금 통장에서 계좌이체하여 지급하다.

정답 및 해설

05 (1) ▶관련 이론 | 당좌자산 p.129

해 설 10월 2일 (차) 소모품 200,000 (대) 당좌예금 200,000

(2)

해 설 10월 4일 (차) 당좌예금 7,500,000 (대) 받을어음(실용상사) 8,000,000
              매출채권처분손실 500,000

▶관련 이론 | 당좌자산 p.140

정답화면

일	번호	구분	계정과목	거래처	적요	차변	대변
4	00004	차변	0102 당좌예금			7,500,000	
4	00004	차변	0956 매출채권처분손실			500,000	
4	00004	대변	0110 받을어음	01003 실용상사			8,000,000

(3)

해 설 10월 12일 (차) 여비교통비(판관비) 350,000 (대) 가지급금 400,000[1]
              현금 50,000

▶관련 이론 | 당좌자산 p.148

[1] 9월 30일 조회하여 김길동에게 지급한 가지급금이 400,000원임을 확인한다.

정답화면

일	번호	구분	계정과목	거래처	적요	차변	대변
12	00003	차변	0812 여비교통비			350,000	
12	00003	차변	0101 현금			50,000	
12	00003	대변	0134 가지급금				400,000

(4)

해 설 10월 15일 (차) 지급어음(동양상사) 900,000 (대) 보통예금 900,000

▶관련 이론 | 부채 p.209

정답화면

일	번호	구분	계정과목	거래처	적요	차변	대변
15	00001	차변	0252 지급어음	02010 동양상사		900,000	
15	00001	대변	0103 보통예금				900,000

(5)

해 설 10월 16일 (차) 통신비(판관비) 6,300 (대) 현금 6,300

▶관련 이론 | 수익과 비용 p.237

정답화면

일	번호	구분	계정과목	거래처	적요	차변	대변
16	00005	차변	0814 통신비			6,300	
16	00005	대변	0101 현금				6,300

(6)

해 설 10월 20일 (차) 선수금(하나상사) 650,000[1] (대) 상품매출 1,650,000
              보통예금 1,000,000

▶관련 이론 | 부채 p.211

[1] 10월 6일 조회하여 하나상사로부터 선수금 650,000원을 수령하였음을 확인한다.

정답화면

일	번호	구분	계정과목	거래처	적요	차변	대변
20	00003	차변	0259 선수금	03500 하나상사		650,000	
20	00003	차변	0103 보통예금			1,000,000	
20	00003	대변	0401 상품매출				1,650,000

(7)

해 설 10월 25일 (차) 단기차입금(레고완구) 5,000,000 (대) 보통예금 5,000,000

▶관련 이론 | 부채 p.209

정답화면

일	번호	구분	계정과목	거래처	적요	차변	대변
25	00001	차변	0260 단기차입금	06340 레고완구		5,000,000	
25	00001	대변	0103 보통예금				5,000,000

(8)

해 설 10월 30일 (차) 단기매매증권 1,500,000 (대) 보통예금 1,515,000
              수수료비용(영업외비용) 15,000

▶관련 이론 | 당좌자산 p.133

정답화면

일	번호	구분	계정과목	거래처	적요	차변	대변
30	00002	차변	0107 단기매매증권			1,500,000	
30	00002	차변	0984 수수료비용			15,000	
30	00002	대변	0103 보통예금				1,515,000

참고 단기매매증권의 구입 시 발생하는 제비용은 수수료비용 등 영업외비용으로 처리한다.

06 오구상사(코드번호 : 2159)의 당기 회계기간은 제5기이다.
다음 거래자료를 [일반전표입력] 메뉴에 추가 입력하시오. [제59회]

(1) 7월 2일 진미상사에서 상품 1,000,000원을 매입하기로 계약하고, 계약금 100,000원을 당좌수표를 발행하여 먼저 지급하다.

(2) 7월 6일 진미상사에서 매입 계약(7월 2일)한 상품 1,000,000원을 인수하고, 계약금 100,000원을 차감한 잔액을 1개월 후에 지급하기로 하였다. 인수 운임 30,000원은 당점이 부담하기로 하여 현금 지급하다.

(3) 7월 9일 7월 1일 성동상사에 상품을 매출하면서 발생한 외상매출금 3,000,000원이 빨리 회수되어, 외상매출금의 2%를 할인시킨 금액을 보통예금 통장으로 이체받다.

(4) 7월 11일 7월 5일자 가수금 중 1,000,000원은 우리상사에 대한 상품매출의 계약금이고 나머지는 백제상사의 외상매출금을 회수한 것으로 확인되다. (가수금의 거래처 입력은 생략한다)

(5) 7월 20일 대표자 자택에서 사용할 가구를 상록가구에서 600,000원에 현금으로 구입하고 인출금 계정으로 회계처리하다.

(6) 7월 25일 판매부서의 건물에 엘리베이터 설치비(자본적 지출) 6,000,000원과 외벽 도색비(수익적 지출) 500,000원을 현금으로 지급하다.

(7) 7월 30일 한국신문에 상품광고를 게재하고 광고료 1,000,000원을 보통예금 계좌에서 이체하다.

(8) 8월 1일 사용 중인 업무용 화물차(취득가액 7,000,000원, 처분 시까지 감가상각누계액 3,200,000원)를 신진자동차상사에 3,000,000원으로 처분하고 대금은 월말에 받기로 하다.

정답 및 해설

06 (1) ▶관련 이론 | 당좌자산 p.147

해설 7월 2일 (차) 선급금(진미상사) 100,000 (대) 당좌예금 100,000

정답화면

□	일	번호	구분	계정과목	거래처	적요	차변	대변
□	2	00006	차변	0131 선급금	02008 진미상사		100,000	
□	2	00006	대변	0102 당좌예금				100,000

(2) ▶관련 이론 | 재고자산 p.166

해설 7월 6일 (차) 상품 1,030,000 (대) 선급금(진미상사) 100,000
　　　　　　　　　　　　　　　　　　　　　　　외상매입금(진미상사) 900,000
　　　　　　　　　　　　　　　　　　　　　　　현금 30,000

정답화면

□	일	번호	구분	계정과목	거래처	적요	차변	대변
□	6	00002	차변	0146 상품			1,030,000	
□	6	00002	대변	0131 선급금	02008 진미상사			100,000
□	6	00002	대변	0251 외상매입금	02008 진미상사			900,000
□	6	00002	대변	0101 현금				30,000

(3) ▶관련 이론 | 수익과 비용 p.235

해 설	7월 9일	(차) 보통예금	2,940,000	(대) 외상매출금	3,000,000
		매출할인(상품매출)	60,000[1)]	(성동상사)	

[1)] 3,000,000원 × 2% = 60,000원

정답화면

□	일	번호	구분	계 정 과 목	거 래 처	적 요	차 변	대 변
☐	9	00002	차변	0103 보통예금			2,940,000	
☐	9	00002	차변	0403 매출할인			60,000	
☐	9	00002	대변	0108 외상매출금	02006 성동상사			3,000,000

> 참고 계정과목 입력란에서 매출할인을 검색하면 동일명의 계정과목이 여러 개 조회된다. 이 중 '401.상품매출'에 대응되는 매출할인인 '403.매출할인'을 사용해야 한다.

(4) ▶관련 이론 | 부채 p.212

해 설	7월 11일	(차) 가수금	1,500,000[1)]	(대) 선수금(우리상사)	1,000,000
				외상매출금(백제상사)	500,000

[1)] 7월 5일 조회하여 가수금 1,500,000원을 확인한다.

정답화면

□	일	번호	구분	계 정 과 목	거 래 처	적 요	차 변	대 변
☐	11	00002	차변	0257 가수금			1,500,000	
☐	11	00002	대변	0259 선수금	03001 우리상사			1,000,000
☐	11	00002	대변	0108 외상매출금	01000 백제상사			500,000

(5) ▶관련 이론 | 자본 p.226

해 설	7월 20일	(차) 인출금	600,000	(대) 현금	600,000

정답화면

□	일	번호	구분	계 정 과 목	거 래 처	적 요	차 변	대 변
☐	20	00002	차변	0338 인출금			600,000	
☐	20	00002	대변	0101 현금				600,000

(6) ▶관련 이론 | 비유동자산 p.186

해 설	7월 25일	(차) 건물	6,000,000	(대) 현금	6,500,000
		수선비(판관비)	500,000		

정답화면

□	일	번호	구분	계 정 과 목	거 래 처	적 요	차 변	대 변
☐	25	00004	차변	0202 건물			6,000,000	
☐	25	00004	차변	0820 수선비			500,000	
☐	25	00004	대변	0101 현금				6,500,000

(7) ▶관련 이론 | 수익과 비용 p.238

해 설	7월 30일	(차) 광고선전비(판관비)	1,000,000	(대) 보통예금	1,000,000

정답화면

□	일	번호	구분	계 정 과 목	거 래 처	적 요	차 변	대 변
☐	30	00006	차변	0833 광고선전비			1,000,000	
☐	30	00006	대변	0103 보통예금				1,000,000

(8) ▶관련 이론 | 비유동자산 p.192

해 설	8월 1일	(차) 감가상각누계액(차량운반구)	3,200,000	(대) 차량운반구	7,000,000
		미수금(신진자동차상사)	3,000,000		
		유형자산처분손실	800,000		

정답화면

□	일	번호	구분	계 정 과 목	거 래 처	적 요	차 변	대 변
☐	1	00002	대변	0208 차량운반구				7,000,000
☐	1	00002	차변	0209 감가상각누계액			3,200,000	
☐	1	00002	차변	0120 미수금	01005 신진자동차상사		3,000,000	
☐	1	00002	차변	0970 유형자산처분손실			800,000	

제2절 오류수정

01 오류수정

- 오류수정은 [일반전표입력] 메뉴에서 이미 입력된 전표 내용을 수정하거나 누락된 내용을 추가로 입력하는 문제 유형이다.
- 오류수정 문제는 실무시험 문제5(6점)에서 출제된다.
- [일반전표입력] 화면은 [회계관리] ▶ [전표입력] ▶ [일반전표입력]을 선택하여 들어갈 수 있다.

기출확인문제

제일상사(코드번호 : 2101)의 당기 회계기간은 제3기이다.
[일반전표입력] 메뉴에 입력된 내용 중 다음과 같은 오류가 발견되었다. 입력된 내용을 확인하여 정정하시오.

제58회

> 12월 25일 기업업무추진비로 계상된 2,000,000원은 접대한 것이 아니라, 연말을 맞이하여 사랑의 연탄은행에 기부한 거래로 확인되었으며, 금액 역시 2,000,000원이 아니라 200,000원인 것으로 확인되었다.

기출 따라 하기

▶관련 이론 | 수익과 비용 p.242

(1) 분개

① 수정 전 12월 25일 (차) 기업업무추진비(813) (판관비) 2,000,000   (대) 현금(101)   2,000,000
② 수정 후 12월 25일 (차) 기부금(953)   200,000   (대) 현금(101)   200,000

(2) 입력방법

① [일반전표입력] 메뉴에서 12월 25일 자로 입력된 전표를 조회하여 수정 전 회계처리를 파악한다.
  ▶ 12월 25일 조회결과 화면은 아래와 같다.

□	일	번호	구분	계정과목	거 래 처	적 요	차 변	대 변
□	25	00006	차변	0813 기업업무추진비			2,000,000	
□	25	00006	대변	0101 현금				2,000,000

② 차변에 있는 계정과목 입력란에 커서를 놓고 "기업업무추진비(판관비)" 계정을 "기부금" 계정으로 수정 입력한다.
③ 차변과 대변에 있는 금액 입력란에 커서를 놓고 금액 "2,000,000"을 "200,000"으로 수정 입력한다.
④ 수정 후 전표화면과 회계처리를 확인한다.

🔽 ② ~ ③ 수정결과 화면은 아래와 같다.

□	일	번호	구분	계정과목 ②	거 래 처	적 요	차 변 ③	대 변
□	25	00006	차변	0953 기부금			200,000	③
□	25	00006	대변	0101 현금				200,000

fn.Hackers.com

핵심기출문제

*본서에 수록된 기출문제의 날짜는 학습효과를 높이기 위하여 일부 수정함

01 육칠상사(코드번호 : 2167)의 당기 회계기간은 제6기이다.
[일반전표입력] 메뉴에 입력된 내용 중 다음과 같은 오류가 발견되었다. 입력된 내용을 확인하여 정정하시오.
[제67회]

(1) 10월 2일 지출된 300,000원은 직원 회식비가 아니라 매출거래처 접대용 회식비로 밝혀졌다.

(2) 11월 16일 상품 매출거래에서 상품 대금이 거래처 발행 당좌수표 500,000원과 자기앞수표 300,000원으로 회수된 것이 확인되다.

02 육육상사(코드번호 : 2166)의 당기 회계기간은 제4기이다.
[일반전표입력] 메뉴에 입력된 내용 중 다음과 같은 오류가 발견되었다. 입력된 내용을 확인하여 정정하시오.
[제66회]

(1) 10월 18일 서울은행으로부터 차입한 차입금 10,000,000원은 6개월 뒤 상환조건으로 10,000,000원을 차입하면서 선이자 200,000원을 차감한 금액을 보통예금 계좌로 이체받은 것으로 확인되었다. (단, 선이자는 비용으로 처리한다)

(2) 9월 1일 은아완구에 지급한 상품의 외상매입대금 3,000,000원은 당좌예금이 아니라 보통예금 계좌에서 이체한 것으로 확인되었다.

정답 및 해설

01 (1) ▶관련 이론 | 수익과 비용 p.237

해 설 10월 2일
- 수정 전 (차) 복리후생비(판관비) 300,000 (대) 현금 300,000
- 수정 후 (차) 기업업무추진비(판관비) 300,000 (대) 현금 300,000

정답화면 • 수정 전

□	일	번호	구분	계정과목	거래처	적요	차변	대변
□	2	00002	차변	0811 복리후생비			300,000	
□	2	00002	대변	0101 현금				300,000

• 수정 후

□	일	번호	구분	계정과목	거래처	적요	차변	대변
□	2	00002	차변	0813 기업업무추진비			300,000	
□	2	00002	대변	0101 현금				300,000

(2) ▶관련 이론 | 당좌자산 p.129

해　설　11월 16일
- 수정 전　(차) 당좌예금　　　　500,000　　(대) 상품매출　　　　800,000
　　　　　　　　　현금　　　　　　　300,000
- 수정 후　(차) 현금　　　　　　800,000　　(대) 상품매출　　　　800,000

정답화면　• 수정 전

□	일	번호	구분	계정과목	거래처	적요	차변	대변
☐	16	00002	차변	0102 당좌예금			500,000	
☐	16	00002	차변	0101 현금			300,000	
☐	16	00002	대변	0401 상품매출				800,000

• 수정 후

□	일	번호	구분	계정과목	거래처	적요	차변	대변
☐	16	00002	차변	0101 현금			800,000	
☐	16	00002	대변	0401 상품매출				800,000

> **참고** 수정 전 전표(3개 라인)에서 라인 수를 줄이고자 할 때에는 다음 두 가지 방법 중 하나를 선택하면 된다.
> | 방법1 | 번호수정 기능을 사용하여, 이미 입력되어 있는 전표에서 삭제하고자 하는 라인의 번호를 수정한 후 해당 라인만 삭제한다.
> | 방법2 | 수정 후 전표를 새로 입력한 후, 기존 전표를 삭제한다.

02 (1) ▶관련 이론 | 부채 p.209

해　설　10월 18일
- 수정 전　(차) 보통예금　　　　10,000,000　　(대) 장기차입금(서울은행)　10,000,000
- 수정 후　(차) 보통예금　　　　 9,800,000　　(대) 단기차입금(서울은행)　10,000,000
　　　　　　　　　이자비용　　　　 200,000

정답화면　• 수정 전

□	일	번호	구분	계정과목	거래처	적요	차변	대변
☐	18	00001	차변	0103 보통예금			10,000,000	
☐	18	00001	대변	0293 장기차입금	98005 서울은행			10,000,000

• 수정 후

□	일	번호	구분	계정과목	거래처	적요	차변	대변
☐	18	00001	차변	0103 보통예금			9,800,000	
☐	18	00001	차변	0951 이자비용			200,000	
☐	18	00001	대변	0260 단기차입금	98005 서울은행			10,000,000

> **참고** 전표삽입 기능을 사용하면, 이미 입력되어 있는 전표의 가운데에 라인을 추가하여 입력할 수 있다.

(2) ▶관련 이론 | 부채 p.209

해　설　9월 1일
- 수정 전　(차) 외상매입금(은아완구)　3,000,000　　(대) 당좌예금　　　　3,000,000
- 수정 후　(차) 외상매입금(은아완구)　3,000,000　　(대) 보통예금　　　　3,000,000

정답화면　• 수정 전

□	일	번호	구분	계정과목	거래처	적요	차변	대변
☐	1	00005	차변	0251 외상매입금	06440 은아완구		3,000,000	
☐	1	00005	대변	0102 당좌예금				3,000,000

• 수정 후

□	일	번호	구분	계정과목	거래처	적요	차변	대변
☐	1	00005	차변	0251 외상매입금	06440 은아완구		3,000,000	
☐	1	00005	대변	0103 보통예금				3,000,000

03
육삼상사(코드번호 : 2163)의 당기 회계기간은 제5기이다.
[일반전표입력] 메뉴에 입력된 내용 중 다음과 같은 오류가 발견되었다. 입력된 내용을 확인하여 정정하시오.
[제63회]

(1) 8월 15일 일광문구로부터 현금 100,000원이 들어와 가수금으로 처리된 내용은, 전기에 대손처리하였던 일광문구 외상매출금 100,000원이 현금으로 회수된 것이다.

(2) 8월 17일 상품 270,000원을 일광문구로부터 구입하고 현금으로 지급된 내용은, 사무실에서 사용할 프린터(비품)를 구매하고 대금을 지급하지 않은 것이다.

04
육일상사(코드번호 : 2161)의 당기 회계기간은 제5기이다.
[일반전표입력] 메뉴에 입력된 내용 중 다음과 같은 오류가 발견되었다. 입력된 내용을 확인하여 정정하시오.
[제61회]

(1) 11월 20일 현금으로 지출한 자동차세 120,000원에는 기업주 소유 차량에 대한 자동차세 50,000원이 포함되어 있어 이는 인출금 계정으로 처리하여야 한다.

(2) 11월 26일 비품 1,700,000원을 현금으로 구매한 것은 사무실에서 사용할 컴퓨터 1대 1,500,000원과 소모용품 200,000원(비용으로 처리)의 구매대금을 현금으로 지급한 것이다.

정답 및 해설

03 (1) ▶관련 이론 | 당좌자산 p.145

해 설 8월 15일
- 수정 전   (차) 현금   100,000   (대) 가수금(일광문구)   100,000
- 수정 후   (차) 현금   100,000   (대) 대손충당금(외상매출금)   100,000

정답화면 • 수정 전

□	일	번호	구분	계정과목	거래처	적요	차변	대변
■	15	00002	차변	0101 현금			100,000	
■	15	00002	대변	0257 가수금	06190 일광문구			100,000

• 수정 후

□	일	번호	구분	계정과목	거래처	적요	차변	대변
■	15	00002	차변	0101 현금			100,000	
■	15	00002	대변	0109 대손충당금				100,000

참고 기존 전표를 그대로 두고, 가수금 계정을 대손충당금 계정으로 대체하는 분개를 추가 입력해도 된다.
- 기존 전표 (차) 현금   100,000   (대) 가수금(일광문구)   100,000
- 추가 전표 (차) 가수금(일광문구)   100,000   (대) 대손충당금(외상매출금)   100,000

□	일	번호	구분	계정과목	거래처	적요	차변	대변
■	15	00002	차변	0101 현금			100,000	
■	15	00002	대변	0257 가수금	06190 일광문구			100,000
■	15	00003	차변	0257 가수금	06190 일광문구		100,000	
■	15	00003	대변	0109 대손충당금				100,000

(2) ▶관련 이론 | 부채 p.210

해 설　8월 17일
- 수정 전　(차) 상품　　　　　　　270,000　　(대) 현금　　　　　　　　　　270,000
- 수정 후　(차) 비품　　　　　　　270,000　　(대) 미지급금(일광문구)　　270,000

정답화면　• 수정 전

□	일	번호	구분	계정과목	거래처	적요	차변	대변
□	17	00003	차변	0146 상품			270,000	
□	17	00003	대변	0101 현금				270,000

• 수정 후

□	일	번호	구분	계정과목	거래처	적요	차변	대변
□	17	00003	차변	0212 비품			270,000	
□	17	00003	대변	0253 미지급금	06190 일광문구			270,000

04 (1) ▶관련 이론 | 자본 p.226

해 설　11월 20일
- 수정 전　(차) 세금과공과(판관비)　120,000　　(대) 현금　　　　　　　　　120,000
- 수정 후　(차) 세금과공과(판관비)　 70,000　　(대) 현금　　　　　　　　　120,000
　　　　　　　　인출금　　　　　　　 50,000

정답화면　• 수정 전

□	일	번호	구분	계정과목	거래처	적요	차변	대변
□	20	00002	차변	0817 세금과공과			120,000	
□	20	00002	대변	0101 현금				120,000

• 수정 후

□	일	번호	구분	계정과목	거래처	적요	차변	대변
□	20	00002	차변	0817 세금과공과			70,000	
□	20	00002	차변	0338 인출금			50,000	
□	20	00002	대변	0101 현금				120,000

참고　전표삽입 기능을 사용하면, 이미 입력되어 있는 전표의 가운데에 라인을 추가하여 입력할 수 있다.

(2) ▶관련 이론 | 수익과 비용 p.238

해 설　11월 26일
- 수정 전　(차) 비품　　　　　　　1,700,000　　(대) 현금　　　　　　　　1,700,000
- 수정 후　(차) 비품　　　　　　　1,500,000　　(대) 현금　　　　　　　　1,700,000
　　　　　　　　소모품비(판관비)　 200,000

정답화면　• 수정 전

□	일	번호	구분	계정과목	거래처	적요	차변	대변
□	26	00001	차변	0212 비품			1,700,000	
□	26	00001	대변	0101 현금				1,700,000

• 수정 후

□	일	번호	구분	계정과목	거래처	적요	차변	대변
□	26	00001	차변	0212 비품			1,500,000	
□	26	00001	차변	0830 소모품비			200,000	
□	26	00001	대변	0101 현금				1,700,000

참고　전표삽입 기능을 사용하면, 이미 입력되어 있는 전표의 가운데에 라인을 추가하여 입력할 수 있다.

05
육공상사(코드번호 : 2160)의 당기 회계기간은 제3기이다.
[일반전표입력] 메뉴에 입력된 내용 중 다음과 같은 오류가 발견되었다. 입력된 내용을 확인하여 정정하시오.

[제60회]

(1) 9월 12일 외상매출금 120,000원의 회수거래는 거래처가 발행한 당좌수표로 회수한 것이다.

(2) 9월 20일 매장 건물의 엘리베이터 수리비용 1,500,000원이 현금으로 지급된 것을 수익적 지출로 처리하여야 하나, 자본적 지출로 처리되었다.

06
오구상사(코드번호 : 2159)의 당기 회계기간은 제5기이다.
[일반전표입력] 메뉴에 입력된 내용 중 다음과 같은 오류가 발견되었다. 입력된 내용을 확인하여 정정하시오.

[제59회]

(1) 12월 12일 하나상사에 상품매출 시 지급한 당사 부담의 운반비 30,000원이 외상매출금 계정으로 잘못 처리되었음을 발견하다.

(2) 12월 14일 현금 지출액 130,000원은 전액 상품 운반용 차량을 구입하면서 납부한 취득세로 확인되다.

정답 및 해설

05 (1) ▶관련 이론 | 당좌자산 p.129

해 설   9월 12일
- 수정 전 (차) 받을어음(석정상사) 120,000   (대) 외상매출금(석정상사) 120,000
- 수정 후 (차) 현금 120,000   (대) 외상매출금(석정상사) 120,000

정답화면   • 수정 전

□	일	번호	구분	계정과목	거래처	적요	차변	대변
□	12	00001	차변	0110 받을어음	06360 석정상사		120,000	
□	12	00001	대변	0108 외상매출금	06360 석정상사			120,000

• 수정 후

□	일	번호	구분	계정과목	거래처	적요	차변	대변
□	12	00001	차변	0101 현금			120,000	
□	12	00001	대변	0108 외상매출금	06360 석정상사			120,000

(2)   ▶관련 이론 | 비유동자산 p.186

해 설 9월 20일
- 수정 전 (차) 건물　　　　　　　1,500,000　　(대) 현금　　　1,500,000
- 수정 후 (차) 수선비(판관비)　　1,500,000　　(대) 현금　　　1,500,000

정답화면 • 수정 전

□	일	번호	구분	계정과목	거래처	적요	차변	대변
	20	00001	차변	0202 건물			1,500,000	
	20	00001	대변	0101 현금				1,500,000

• 수정 후

□	일	번호	구분	계정과목	거래처	적요	차변	대변
	20	00001	차변	0820 수선비			1,500,000	
	20	00001	대변	0101 현금				1,500,000

06 (1)   ▶관련 이론 | 수익과 비용 p.238

해 설 12월 12일
- 수정 전 (차) 외상매출금(하나상사)　2,630,000　　(대) 상품매출　　2,600,000
　　　　　　　　　　　　　　　　　　　　　　　　　　　현금　　　　　　30,000
- 수정 후 (차) 외상매출금(하나상사)　2,600,000　　(대) 상품매출　　2,600,000
　　　　　　　　운반비(판관비)　　　　　30,000　　　　현금　　　　　　30,000

정답화면 • 수정 전

□	일	번호	구분	계정과목	거래처	적요	차변	대변
	12	00001	차변	0108 외상매출금	06230 하나상사		2,630,000	
	12	00001	대변	0401 상품매출				2,600,000
	12	00001	대변	0101 현금				30,000

• 수정 후

□	일	번호	구분	계정과목	거래처	적요	차변	대변
	12	00001	차변	0108 외상매출금	06230 하나상사		2,600,000	
	12	00001	차변	0824 운반비			30,000	
	12	00001	대변	0401 상품매출				2,600,000
	12	00001	대변	0101 현금				30,000

참고 전표삽입 기능을 사용하면, 이미 입력되어 있는 전표의 가운데에 라인을 추가하여 입력할 수 있다.

(2)   ▶관련 이론 | 비유동자산 p.184

해 설 12월 14일
- 수정 전 (차) 세금과공과(판관비)　130,000　　(대) 현금　　　130,000
- 수정 후 (차) 차량운반구　　　　　130,000　　(대) 현금　　　130,000

정답화면 • 수정 전

□	일	번호	구분	계정과목	거래처	적요	차변	대변
	14	00001	출금	0817 세금과공과			130,000	(현금)

• 수정 후

□	일	번호	구분	계정과목	거래처	적요	차변	대변
	14	00001	출금	0208 차량운반구			130,000	(현금)

제3절 | 결산

01 결산의 개요

- 결산은 [일반전표입력] 메뉴에서 기말수정분개를 12월 31일 자 일반전표로 입력하는 문제 유형이다.
- 결산 문제는 실무시험 문제6(12점)에서 출제된다.
- [일반전표입력] 화면은 [회계관리] ▶ [전표입력] ▶ [일반전표입력]을 선택하여 들어갈 수 있다.

> **참고** 전산회계 2급에서의 결산 관련 출제범위
> 대표적인 기말수정분개 항목은 다음과 같다. 각 항목의 구체적인 회계처리는 '제3장 제7절 기말수정분개'에서 확인할 수 있다.
>
> - 수익·비용의 발생과 이연
> - 소모품의 정리
> - 마이너스 통장의 정리
> - 현금과부족의 정리
> - 가지급금·가수금의 정리
> - 인출금의 정리
> - 단기매매증권의 평가
> - 비유동부채의 유동성 대체
> - 대손충당금의 설정
> - 감가상각비의 계상
> - 매출원가의 계상

KcLep 프로그램에는 기말수정분개 중 몇 가지 유형에 대하여 [결산자료입력]이라는 메뉴를 통하여 프로그램상에서 자동으로 전표를 생성해 주는 기능이 있으나, 해당 메뉴는 전산회계 2급의 출제범위를 벗어난다.

따라서 전산회계 2급 시험에서는 모든 기말수정분개를 [일반전표입력] 메뉴에서 12월 31일 자 일반전표로 입력하면 된다. 다만, 문제 지문에서 5.결산차변과 6.결산대변을 사용하여 전표입력할 것을 특별히 요구하는 경우에는 구분란에 '5' 또는 '6'을 입력하여 전표를 작성하면 된다.

02 감가상각비의 계상

기말 현재 보유하고 있는 유형자산에 대하여 당기 감가상각비를 차변으로 계상하고 해당 유형자산에 대응되는 감가상각누계액 계정을 대변으로 계상한다.

기출확인문제

제이상사(코드번호 : 2102)*의 당기(제3기) 회계기간은 2026. 1. 1. ~ 2026. 12. 31.이다. 다음의 결산정리사항을 입력하여 결산을 완료하시오. [제58회]

*교재와 동일한 화면으로 학습을 진행하기 위하여 제이상사를 사용함

> 당기분 영업용 차량운반구에 대한 감가상각비 600,000원과 판매부서의 비품에 대한 감가상각비 500,000원을 계상하다.

기출 따라 하기

▶ 관련 이론 | 기말수정분개 p.272

(1) 분개

| 12월 31일 | (차) 감가상각비(818) (판관비) | 1,100,000 | (대) 감가상각누계액(209) (차량운반구) 감가상각누계액(213) (비품) | 600,000 500,000 |

(2) 입력방법

[일반전표입력] 메뉴에서 12월 31일 자로 차변에 감가상각비를 입력하고, 대변에 해당되는 감가상각누계액 계정과목을 선택하여 금액을 입력한다.

▶ 208.차량운반구에 대한 감가상각누계액은 차량운반구 바로 아래에 있는 코드번호인 "209.감가상각누계액"을, 212.비품에 대한 감가상각누계액은 비품 바로 아래에 있는 코드번호인 "213.감가상각누계액"을 선택해야 한다.

□	일	번호	구분	계정과목	거래처	적요	차변	대변
□	31	00017	차변	0818 감가상각비			1,100,000	
□	31	00017	대변	0209 감가상각누계액				600,000
□	31	00017	대변	0213 감가상각누계액				500,000

03 대손충당금의 설정

- 기말 현재 보유하고 있는 채권 잔액과 추가 설정 전 대손충당금 잔액을 조회하여 당기 대손충당금 추가 설정액을 계산한다.
- 외상매출금, 받을어음 등 채권에 대응되는 대손충당금 계정별로 구분하여 설정해야 한다.

기출확인문제

제이상사(코드번호 : 2102)의 당기(제3기) 회계기간은 2026. 1. 1. ~ 2026. 12. 31.이다. 다음의 결산정리사항을 입력하여 결산을 완료하시오. 제58회 수정

> 대손충당금은 받을어음 잔액에 대하여 1%를 보충법으로 설정하다.

기출 따라 하기

▶ 관련 이론 | 기말수정분개 p.271

(1) 분개

12월 31일 (차) 대손상각비(835) (판관비)   81,000   (대) 대손충당금(111) (받을어음)   81,000[1]
[1] 14,600,000원 × 1% − 65,000원 = 81,000원

(2) 입력방법

① [회계관리] ▶ [결산및재무제표] ▶ [합계잔액시산표]를 선택하여 [합계잔액시산표] 메뉴에 들어간 후, 기간은 12월 31일을 선택하고, 12월 말 현재 받을어음, 대손충당금의 잔액을 조회한다.

▶ 받을어음 잔액 : 14,600,000원
받을어음에 대한 대손충당금 잔액 : 65,000원

차 변		계정과목	대 변	
잔액	합계		합계	잔액
14,600,000	43,100,000	받 을 어 음	28,500,000	
		대 손 충 당 금	65,000	65,000

② 기말 받을어음 잔액에 대하여 1%를 보충법으로 설정하는 경우의 대손충당금 추가설정액을 계산한다.

▶ 받을어음에 대한 대손충당금 추가설정액 = 14,600,000원 × 1% − 65,000원 = 81,000원

③ [일반전표입력] 메뉴에서 12월 31일 자로 차변에 대손상각비를 입력하고, 대변에 해당되는 대손충당금 계정과목을 선택하여 금액을 입력한다.

▶ 110.받을어음에 대한 대손충당금은 받을어음 바로 아래에 있는 코드번호인 "111.대손충당금"을 사용해야 한다.

▼ ② ~ ③ 입력결과 화면은 아래와 같다.

□	일	번호	구분	계정과목		거래처	적요	차변	대변
□	31	00018	차변	0835	대손상각비 ③			81,000	②
□	31	00018	대변	0111	대손충당금				81,000

04 매출원가의 계상

- 상품 총계정원장의 차변을 조회하여 판매가능금액을 구하고, 문제에서 주어지는 기말 현재 상품의 실제 재고금액을 차감하여 당기 상품매출원가를 계산한다.
- 당기 상품매출원가 계정을 차변으로 계상하고 상품 계정을 대변으로 계상함으로써 상품 총계정원장의 잔액이 실제 재고금액과 일치하도록 조정해 준다.

기출확인문제

제이상사(코드번호 : 2102)의 당기(제3기) 회계기간은 2026. 1. 1. ~ 2026. 12. 31.이다.
다음의 결산정리사항을 입력하여 결산을 완료하시오. [제53회 수정]

> 기말상품재고액은 6,600,000원이다. (단, 5.결산차변, 6.결산대변을 사용하시오)

기출 따라 하기

▶관련 이론 | 기말수정분개 p.273

(1) 분개

12월 31일 (결차) 상품매출원가(451)   137,380,000[1]   (결대) 상품(146)   137,380,000

[1] 판매가능상품 − 기말상품재고액 = 143,980,000 − 6,600,000 = 137,380,000원

(2) 입력방법

① [회계관리] ▶ [결산및재무제표] ▶ [합계잔액시산표]를 선택하여 [합계잔액시산표] 메뉴에 들어간 후, 기간은 12월 31일을 선택하고, 12월 말 현재 상품 잔액을 조회한다.

▶ 합계잔액시산표상의 상품 잔액 = 기초상품재고액 + 당기상품매입액 = 판매가능상품 = 143,980,000원

차 변		계정과목	대 변	
잔액	합계		합계	잔액
143,980,000	143,980,000	〈재 고 자 산〉		
143,980,000	143,980,000	상 품		

② 기말상품재고액이 6,600,000원일 경우의 상품매출원가를 계산한다.

▶ 상품매출원가 = 판매가능상품 − 기말상품재고액 = 합계잔액시산표상의 상품 잔액 − 기말상품재고액
= 143,980,000 − 6,600,000 = 137,380,000원

③ [일반전표입력] 메뉴에서 12월 31일 자로 결산차변(5.결차)에 "상품매출원가"를 입력하고, 결산대변(6.결대)에 "상품"을 입력한다.

▼ ② ~ ③ 입력결과 화면은 아래와 같다.

□	일	번호	구분 ③	계 정 과 목	거 래 처	적 요	차 변 ②	대 변
□	31	00019	결차	0451 상품매출원가			137,380,000	
□	31	00019	결대	0146 상품				137,380,000

참고 [결산자료입력] 메뉴를 통한 자동전표 생성

상기의 매출원가 계상 기말수정분개는 [결산자료입력] 메뉴를 사용하여 다음 방법으로 자동전표를 생성할 수도 있다.

① [회계관리] ▶ [결산/재무제표] ▶ [결산자료입력]을 선택하여 [결산자료입력] 메뉴에 들어간 후, 기간은 1월 ~ 12월을 선택한다.

기 간 2026 년 01 ▼ 월 ~ 2026 년 12 ▼ 월

② 기말 상품 재고액 "6,600,000"을 '2.매출원가 ▶ 상품매출원가 ▶ 146.기말 상품 재고액'의 '결산반영금액'란에 입력한 후, '2.매출원가 ▶ 상품매출원가'의 '결산후금액' 란이 "137,380,000"임을 확인한다.

±	코드	과 목	결산분개금액	결산전금액	결산반영금액	결산후금액
		2. 매출원가		143,980,000		137,380,000
	0451	상품매출원가				137,380,000
	0146	① 기초 상품 재고액		7,200,000		7,200,000
	0146	② 당기 상품 매입액		136,780,000		136,780,000
	0146	⑩ 기말 상품 재고액			6,600,000	6,600,000

③ 메뉴 상단에 있는 F3 전표추가 (또는 F3)를 클릭하여 자동전표를 생성한다.

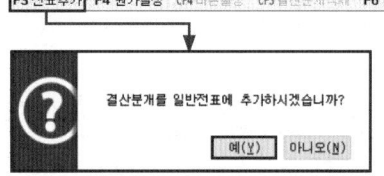

④ [일반전표입력] 메뉴에서 12월 31일 자로 입력되어 있는 자동전표 내용을 확인한다. 자동전표는 '구분'란이 '결차' 또는 '결대'로 표시되고, 해당 전표에 커서를 놓으면 오른쪽 상단에 '결산'이라는 글자가 표시되는 것을 확인할 수 있다.

	일	번호	구분	계정과목	거래처	적요	차변	대변
☐	31	00019	결차	0451 상품매출원가		1 상품매출원가 대체	137,380,000	
☐	31	00019	결대	0146 상품				137,380,000

2026 년 12 ▼ 월 31 ⃝일 변경 현금잔액: 60,710,460 대차차액: 결산

fn.Hackers.com

핵심기출문제

* 본서에 수록된 기출문제의 날짜는 학습효과를 높이기 위하여 일부 수정함

01 팔삼상사(코드번호 : 2183)의 당기(제7기) 회계기간은 2026. 1. 1. ~ 2026. 12. 31.이다. 다음의 결산정리사항을 입력하여 결산을 완료하시오. [제83회]

(1) 4월 1일에 당사 소유 차량에 대한 보험료(보험기간 : 올해 4월 1일 ~ 내년 3월 31일) 360,000원을 지급하면서 자산으로 회계처리하였다. 기말결산분개를 수행하시오. (월할 계산할 것)

(2) 결산일 현재 장부에 계상되지 않은 당기분 임대료(영업외수익)는 300,000원이다.

(3) 매출채권(외상매출금, 받을어음) 잔액에 대하여 1%의 대손충당금을 보충법으로 설정하다.

(4) 10월 1일 우리은행으로부터 50,000,000원을 연이자율 6%로 12개월간 차입(차입기간 : 올해 10월 1일 ~ 내년 9월 30일)했고, 이자는 12개월 후 차입금 상환 시 일시에 지급하기로 하였다. 결산분개를 하시오. (월할 계산할 것)

정답 및 해설

01 (1) ▶관련 이론 | 기말수정분개 p.266

해 설 [일반전표입력] 메뉴에서 전표를 입력한다.

12월 31일 (차) 보험료(판관비) 270,000[1] (대) 선급비용 270,000

[1] 360,000원 × (9개월/12개월) = 270,000원

정답화면

□	일	번호	구분	계 정 과 목	거 래 처	적 요	차 변	대 변
□	31	00001	차변	0821 보험료			270,000	
□	31	00001	대변	0133 선급비용				270,000

(2) ▶관련 이론 | 기말수정분개 p.264

해 설 [일반전표입력] 메뉴에서 전표를 입력한다.

12월 31일 (차) 미수수익 300,000 (대) 임대료 300,000

정답화면

□	일	번호	구분	계 정 과 목	거 래 처	적 요	차 변	대 변
□	31	00002	차변	0116 미수수익			300,000	
□	31	00002	대변	0904 임대료				300,000

(3) ▶관련 이론 | 기말수정분개 p.271

해 설
- [합계잔액시산표] 메뉴에서 기간을 12월 31일로 선택하여, 12월 말 현재 외상매출금, 받을어음, 대손충당금의 잔액을 조회한다.

차 변		계정과목	대 변	
잔액	합계		합계	잔액
353,650,000	564,350,000	외 상 매 출 금	210,700,000	
		대 손 충 당 금	2,350,000	2,350,000
91,372,000	108,372,000	받 을 어 음	17,000,000	
		대 손 충 당 금	800,000	800,000

- 대손충당금 추가설정액을 계산한다.
  - 대손충당금(외상매출금) = 353,650,000원 × 1% − 2,350,000원 = 1,186,500원
  - 대손충당금(받을어음) = 91,372,000원 × 1% − 800,000원 = 113,720원

- [일반전표입력] 메뉴에서 전표를 입력한다.

12월 31일 (차) 대손상각비(판관비) 1,300,220 (대) 대손충당금(외상매출금) 1,186,500
　　　　　　　　　　　　　　　　　　　　　　　　 대손충당금(받을어음) 113,720

정답화면

□	일	번호	구분	계 정 과 목	거 래 처	적 요	차 변	대 변
□	31	00003	대변	0109 대손충당금				1,186,500
□	31	00003	대변	0111 대손충당금				113,720
□	31	00003	차변	0835 대손상각비			1,300,220	

(4) ▶관련 이론 | 기말수정분개 p.265

해 설 [일반전표입력] 메뉴에서 전표를 입력한다.

12월 31일 (차) 이자비용 750,000 (대) 미지급비용 750,000[1]

[1] 50,000,000원 × 6% × (3개월/12개월) = 750,000원

정답화면

□	일	번호	구분	계 정 과 목	거 래 처	적 요	차 변	대 변
□	31	00004	차변	0951 이자비용			750,000	
□	31	00004	대변	0262 미지급비용				750,000

02 육육상사(코드번호 : 2166)의 당기(제4기) 회계기간은 2026. 1. 1. ~ 2026. 12. 31.이다. 다음의 결산정리사항을 입력하여 결산을 완료하시오.

[제66회]

(1) 인출금 계정잔액 500,000원을 정리하다.

(2) 결산일 현재 12월분 영업부 사무실 임차료 미지급액 100,000원이 미계상되어 있음을 발견하다.

(3) 대손충당금은 기말 매출채권(외상매출금, 받을어음) 잔액에 대하여 1%를 보충법으로 설정하다.

(4) 단기차입금에 대한 미지급이자 300,000원을 계상하다.

정답 및 해설

02 (1)   ▶ 관련 이론 | 기말수정분개 p.270

해 설 • [합계잔액시산표] 메뉴에서 기간을 12월 31일로 선택하여, 12월 말 현재 인출금 잔액을 조회한다.

차 변		계정과목	대 변	
잔액	합계		합계	잔액
	500,000	인 출 금		-500,000

• [일반전표입력] 메뉴에서 전표를 입력한다.

12월 31일 (차) 자본금   500,000   (대) 인출금   500,000

정답화면

□	일	번호	구분	계 정 과 목	거 래 처	적 요	차 변	대 변
□	31	00018	대변	0338 인출금				500,000
□	31	00018	차변	0331 자본금			500,000	

(2)   ▶ 관련 이론 | 기말수정분개 p.265

해 설 [일반전표입력] 메뉴에서 전표를 입력한다.

12월 31일 (차) 임차료(판관비)   100,000   (대) 미지급비용   100,000

정답화면

□	일	번호	구분	계 정 과 목	거 래 처	적 요	차 변	대 변
□	31	00019	차변	0819 임차료			100,000	
□	31	00019	대변	0262 미지급비용				100,000

(3)   ▶ 관련 이론 | 기말수정분개 p.271

해 설 • [합계잔액시산표] 메뉴에서 기간을 12월 31일로 선택하여, 12월 말 현재 외상매출금, 받을어음, 대손충당금의 잔액을 조회한다.

차 변		계정과목	대 변	
잔액	합계		합계	잔액
41,310,000	575,960,000	외 상 매 출 금	534,650,000	
13,600,000	37,800,000	받 을 어 음	24,200,000	
		대 손 충 당 금	65,000	65,000

• 대손충당금 추가설정액을 계산한다.
  · 대손충당금(외상매출금) = 41,310,000원 × 1% - 0원 = 413,100원
  · 대손충당금(받을어음) = 13,600,000원 × 1% - 65,000원 = 71,000원

• [일반전표입력] 메뉴에서 전표를 입력한다.

12월 31일 (차) 대손상각비   484,100   (대) 대손충당금(외상매출금)   413,100
                                              대손충당금(받을어음)   71,000

정답화면

□	일	번호	구분	계 정 과 목	거 래 처	적 요	차 변	대 변
□	31	00020	대변	0109 대손충당금				413,100
□	31	00020	대변	0111 대손충당금				71,000
□	31	00020	차변	0835 대손상각비			484,100	

참고 제4장 제1절 핵심기출문제를 풀지 않은 경우. 이 문제의 기말수정분개 금액이 달라질 수 있다. 실제 시험에서는 수정후시산표상의 대손충당금 계정잔액이 각각 외상매출금 계정잔액과 받을어음 계정잔액의 1%가 맞으면 정답으로 인정된다.

(4)   ▶ 관련 이론 | 기말수정분개 p.265

해 설 [일반전표입력] 메뉴에서 전표를 입력한다.

12월 31일 (차) 이자비용   300,000   (대) 미지급비용   300,000

정답화면

□	일	번호	구분	계 정 과 목	거 래 처	적 요	차 변	대 변
□	31	00021	차변	0951 이자비용			300,000	
□	31	00021	대변	0262 미지급비용				300,000

03
육삼상사(코드번호 : 2163)의 당기(제5기) 회계기간은 2026. 1. 1. ~ 2026. 12. 31.이다. 다음의 결산정리사항을 입력하여 결산을 완료하시오. [제63회]

(1) 기말상품재고액은 2,700,000원이다. (단, 전표입력에서 구분으로 5.결산차변, 6.결산대변을 사용한다)

(2) 받을어음과 단기대여금 잔액에 대하여 1%의 대손충당금을 보충법으로 설정하다.

(3) 당기 영업용 차량운반구의 감가상각비는 500,000원이고, 사무용 비품의 감가상각비는 300,000원이다.

(4) 단기차입금에 대한 당기말 현재까지 발생한 미지급 이자 100,000원을 계상하다. (거래처 입력은 생략하고, 계정과목은 미지급비용을 사용할 것)

정답 및 해설

03 (1) ▶관련 이론 | 기말수정분개 p.273

해 설
- [합계잔액시산표] 메뉴에서 기간을 12월 31일로 선택하여, 12월 말 현재 상품 잔액을 조회한다.

차 변		계정과목	대 변	
잔액	합계		합계	잔액
148,580,000	148,580,000	상 품		

- 상품매출원가를 계산한다.
  상품매출원가 = 판매가능상품 - 기말상품재고액
  = 148,580,000 - 2,700,000 = 145,880,000원

- [일반전표입력] 메뉴에서 전표를 입력한다.
  12월 31일 (결차) 상품매출원가   145,880,000   (결대) 상품   145,880,000

정답화면

□	일	번호	구분	계 정 과 목	거 래 처	적 요	차 변	대 변
□	31	00015	결차	0451 상품매출원가			145,880,000	
□	31	00015	결대	0146 상품				145,880,000

참고 제2장 제2절 및 제4장 제2절 핵심기출문제를 풀지 않은 경우, 이 문제의 기말수정분개 금액이 달라질 수 있다. 실제 시험에서는 수정후시산표상의 상품 계정 잔액이 2,700,000원이 맞으면 정답으로 인정된다.

참고 [결산자료입력] 메뉴에서 기간 1월 ~ 12월을 선택하고, 기말상품재고액 "2,700,000"을 '2.매출원가 ▶ 상품매출원가 ▶ 146.기말상품재고액'의 '결산반영금액'란에 입력한 후, 메뉴 상단에 있는 F3 전표추가 를 클릭하여도 위와 동일한 내용의 자동전표를 생성할 수 있다.

±	코드	과 목	결산분개금액	결산전금액	결산반영금액	결산후금액
		2. 매출원가		148,580,000		145,880,000
	0451	상품매출원가				145,880,000
	0146	① 기초 상품 재고액		8,000,000		8,000,000
	0146	② 당기 상품 매입액		140,580,000		140,580,000
	0146	⑩ 기말 상품 재고액			2,700,000	2,700,000

(2)　　　　　　　　　　　　　　　　　　　　　　　　　▶ 관련 이론 | 기말수정분개 p.271

해　설　• [합계잔액시산표] 메뉴에서 기간을 12월 31일로 선택하여, 12월 말 현재 받을어음, 단기대여금의 잔액을 조회한다.

차 변		계정과목	대 변	
잔액	합계		합계	잔액
84,500,000	113,500,000	받 을 어 음	29,000,000	
		대 손 충 당 금	40,000	40,000
15,500,000	15,500,000	단 기 대 여 금		

• 대손충당금 추가설정액을 계산한다.
  · 대손충당금(받을어음) = 84,500,000원 × 1% − 40,000원 = 805,000원
  · 대손충당금(단기대여금) = 15,500,000원 × 1% − 0원 = 155,000원

• [일반전표입력] 메뉴에서 전표를 입력한다.
　12월 31일　(차) 대손상각비(판관비)　　　805,000　　　(대) 대손충당금(받을어음)　805,000
　　　　　　　　　기타의대손상각비(영업외비용) 155,000　　　　대손충당금(단기대여금)　155,000

정답화면

□	일	번호	구분	계 정 과 목	거 래 처	적 요	차 변	대 변
□	31	00016	차변	0835 대손상각비			805,000	
□	31	00016	차변	0954 기타의대손상각비			155,000	
□	31	00016	대변	0111 대손충당금				805,000
□	31	00016	대변	0115 대손충당금				155,000

참고　하나의 전표로 입력하라는 별도의 요구사항이 없으므로, 상기 분개에 대하여 두 개의 전표번호가 부여되더라도 정답으로 인정된다.

(3)　　　　　　　　　　　　　　　　　　　　　　　　　▶ 관련 이론 | 기말수정분개 p.272

해　설　[일반전표입력] 메뉴에서 전표를 입력한다.
　12월 31일　(차) 감가상각비(판관비)　　800,000　　　(대) 감가상각누계액(차량운반구)　500,000
　　　　　　　　　　　　　　　　　　　　　　　　　　　　감가상각누계액(비품)　　　　　300,000

정답화면

□	일	번호	구분	계 정 과 목	거 래 처	적 요	차 변	대 변
□	31	00017	차변	0818 감가상각비			800,000	
□	31	00017	대변	0209 감가상각누계액				500,000
□	31	00017	대변	0213 감가상각누계액				300,000

(4)　　　　　　　　　　　　　　　　　　　　　　　　　▶ 관련 이론 | 기말수정분개 p.265

해　설　[일반전표입력] 메뉴에서 전표를 입력한다.
　12월 31일　(차) 이자비용　　100,000　　　(대) 미지급비용　　100,000

정답화면

□	일	번호	구분	계 정 과 목	거 래 처	적 요	차 변	대 변
□	31	00018	차변	0951 이자비용			100,000	
□	31	00018	대변	0262 미지급비용				100,000

04 육공상사(코드번호 : 2160)의 당기(제3기) 회계기간은 2026. 1. 1. ~ 2026. 12. 31.이다. 다음의 결산정리사항을 입력하여 결산을 완료하시오.

[제60회]

(1) 결산일 현재 예금에 대한 당기분 이자 미수액은 125,000원이다.

(2) 기말합계잔액시산표의 가수금 잔액은 거래처 경인상사에 대한 외상매출금 회수액으로 판명되다. (가수금의 거래처 입력은 생략한다)

(3) 당기 중에 단기투자목적으로 ㈜기유의 주식 1,000주(1주당 액면금액 1,000원)를 1주당 1,500원에 취득하였으며, 기말 현재 공정가치는 1주당 1,600원이다. 단, 취득 후 주식의 처분은 없었다.

(4) 영업부에서 사용하기 위하여 전년도 1월 초에 취득한 비품의 당기분 감가상각비를 계상하다. (취득원가 8,000,000원, 잔존가치 2,000,000원, 내용연수 5년, 정액법, 월할 계산)

정답 및 해설

04 (1) ▶관련 이론 | 기말수정분개 p.264

해 설 [일반전표입력] 메뉴에서 전표를 입력한다.

12월 31일 (차) 미수수익　　　　125,000　　(대) 이자수익　　　　125,000

정답화면

일	번호	구분	계정과목	거래처	적요	차변	대변
31	00017	차변	0116 미수수익			125,000	
31	00017	대변	0901 이자수익				125,000

(2) ▶관련 이론 | 기말수정분개 p.269

해 설
- [합계잔액시산표] 메뉴에서 기간을 12월 31일로 선택하여, 12월 말 현재 가수금 잔액을 조회한다.

차변		계정과목	대변	
잔액	합계		합계	잔액
		가　수　금	800,000	800,000

- [일반전표입력] 메뉴에서 전표를 입력한다.

12월 31일 (차) 가수금　　　　800,000　　(대) 외상매출금(경인상사)　　　　800,000

정답화면

일	번호	구분	계정과목	거래처	적요	차변	대변
31	00018	차변	0257 가수금			800,000	
31	00018	대변	0108 외상매출금	06550 경인상사			800,000

(3) ▶관련 이론 | 기말수정분개 p.271

해 설
- [일반전표입력] 메뉴에서 전표를 입력한다.

12월 31일 (차) 단기매매증권　　　　100,000　　(대) 단기매매증권평가이익　　　　100,000[1]

　　[1] 기말 공정가치 − 평가 전 장부금액 = (1,000주 × @1,600원) − (1,000주 × @1,500원)
　　　　　　　　　　　　　　　　　　= 100,000원

정답화면

일	번호	구분	계정과목	거래처	적요	차변	대변
31	00019	차변	0107 단기매매증권			100,000	
31	00019	대변	0905 단기매매증권평가이익				100,000

(4) ▶관련 이론 | 기말수정분개 p.272

해 설
- [일반전표입력] 메뉴에서 전표를 입력한다.

12월 31일 (차) 감가상각비(판관비)　　　　1,200,000[1]　　(대) 감가상각누계액(비품)　　　　1,200,000

　　[1] (취득원가 − 잔존가치) × (1/내용연수) = (8,000,000 − 2,000,000) × (1/5) = 1,200,000원

정답화면

일	번호	구분	계정과목	거래처	적요	차변	대변
31	00020	차변	0818 감가상각비			1,200,000	
31	00020	대변	0213 감가상각누계액				1,200,000

05 오류상사(코드번호 : 2156)의 당기(제3기) 회계기간은 2026. 1. 1. ~ 2026. 12. 31.이다.
다음의 결산정리사항을 입력하여 결산을 완료하시오. [제56회]

(1) 인출금 계정 잔액을 정리하다.

(2) 결산일 현재 단기대여금에 대한 기간미경과분 이자 2,000,000원이 이자수익으로 계상되어 있다.

(3) 결산일 현재 현금과부족 계정으로 처리되어 있는 현금과다액 40,000원에 대한 원인이 아직 밝혀지지 않고 있다.

(4) 12월 31일 기말상품재고액은 5,400,000원이다. (단, 회계처리 시 구분에서 5.결산차변, 6.결산대변을 사용하여 입력하시오)

정답 및 해설

05 (1) ▶관련 이론 | 기말수정분개 p.270

해 설
- [합계잔액시산표] 메뉴에서 기간을 12월 31일로 선택하여, 12월 말 현재 인출금 잔액을 조회한다.

차 변		계정과목	대 변	
잔액	합계		합계	잔액
	500,000	인 출 금		-500,000

- [일반전표입력] 메뉴에서 전표를 입력한다.

  12월 31일   (차) 자본금   500,000   (대) 인출금   500,000

정답화면

일	번호	구분	계정과목	거래처	적요	차변	대변
31	00015	차변	0331 자본금			500,000	
31	00015	대변	0338 인출금				500,000

(2) ▶관련 이론 | 기말수정분개 p.265

해 설 [일반전표입력] 메뉴에서 전표를 입력한다.

12월 31일   (차) 이자수익   2,000,000   (대) 선수수익   2,000,000

정답화면

일	번호	구분	계정과목	거래처	적요	차변	대변
31	00016	차변	0901 이자수익			2,000,000	
31	00016	대변	0263 선수수익				2,000,000

(3) ▶관련 이론 | 기말수정분개 p.268

해 설 [일반전표입력] 메뉴에서 전표를 입력한다.

12월 31일   (차) 현금과부족   40,000   (대) 잡이익   40,000

정답화면

일	번호	구분	계정과목	거래처	적요	차변	대변
31	00017	차변	0141 현금과부족			40,000	
31	00017	대변	0930 잡이익				40,000

(4) ▶관련 이론 | 기말수정분개 p.273

해 설
- [합계잔액시산표] 메뉴에서 기간을 12월 31일로 선택하여, 12월 말 현재 상품 잔액을 조회한다.

차 변		계정과목	대 변	
잔액	합계		합계	잔액
161,880,000	161,880,000	상 품		

- 상품매출원가를 계산한다.

  상품매출원가 = 판매가능상품 − 기말상품재고액
      = 161,880,000 − 5,400,000 = 156,480,000원

- [일반전표입력] 메뉴에서 전표를 입력한다.

  12월 31일   (결차) 상품매출원가   156,480,000   (결대) 상품   156,480,000

정답화면

일	번호	구분	계정과목	거래처	적요	차변	대변
31	00018	결차	0451 상품매출원가			156,480,000	
31	00018	결대	0146 상품				156,480,000

참고 [결산자료입력] 메뉴에서 기간 1월 ~ 12월을 선택하고, 기말상품재고액 "5,400,000"을 '2.매출원가 ▶ 상품매출원가 ▶ 146.기말상품재고액'의 '결산반영금액'란에 입력한 후, 메뉴 상단에 있는 F3 전표추가를 클릭하여도 위와 동일한 내용의 자동전표를 생성할 수 있다.

±	코드	과 목	결산분개금액	결산전금액	결산반영금액	결산후금액
		2. 매출원가		161,880,000		156,480,000
	0451	상품매출원가				156,480,000
	0146	① 기초 상품 재고액		21,800,000		21,800,000
	0146	② 당기 상품 매입액		140,080,000		140,080,000
	0146	⑩ 기말 상품 재고액			5,400,000	5,400,000

06 오오상사(코드번호 : 2155)의 당기(제3기) 회계기간은 2026. 1. 1. ~ 2026. 12. 31.이다. 다음의 결산정리사항을 입력하여 결산을 완료하시오.

[제55회]

(1) 단기차입금에 대한 미지급이자 250,000원을 계상하다. 지급일은 다음 연도 3월 31일이다.

(2) 9월 1일에 지급한 보험료 900,000원은 당해 연도 9월분부터 다음 연도 2월분까지이다. (기중 전표를 조회하고, 월할 계산 하시오)

(3) 당기분 영업부문의 비품 감가상각비는 700,000원이며, 영업부문의 건물 감가상각비는 2,500,000원이다.

(4) 취득 시 영업부문의 소모품비로 계상한 것 중 기말 현재 미사용 소모품은 500,000원이다.

정답 및 해설

06 (1) ▶관련 이론 | 기말수정분개 p.265

해 설 [일반전표입력] 메뉴에서 전표를 입력한다.

12월 31일　(차) 이자비용　　　　250,000　　(대) 미지급비용　　　　250,000

정답화면

일	번호	구분	계 정 과 목	거 래 처	적 요	차 변	대 변
31	00011	차변	0951 이자비용			250,000	
31	00011	대변	0262 미지급비용				250,000

(2) ▶관련 이론 | 기말수정분개 p.266

해 설
- [일반전표입력] 메뉴에서 9월 1일에 지급한 보험료 900,000에 대한 회계처리를 확인한다.

9월 1일　(차) 보험료(판관비)　　900,000　　(대) 현금　　　　　　　900,000

일	번호	구분	계 정 과 목	거 래 처	적 요	차 변	대 변
1	00004	출금	0821 보험료		화재보험 가입	900,000	(현금)

- 당기 비용으로 기중 회계처리 되어있는 금액 중 선급비용 금액을 계산한다.

900,000원 × 2개월/6개월 = 300,000원

- [일반전표입력] 메뉴에서 전표를 입력한다.

12월 31일　(차) 선급비용　　　　300,000　　(대) 보험료(판관비)　　300,000

정답화면

일	번호	구분	계 정 과 목	거 래 처	적 요	차 변	대 변
31	00012	차변	0133 선급비용			300,000	
31	00012	대변	0821 보험료				300,000

(3) ▶관련 이론 | 기말수정분개 p.272

해 설 [일반전표입력] 메뉴에서 전표를 입력한다.

12월 31일　(차) 감가상각비(판관비)　3,200,000　(대) 감가상각누계액(비품)　　700,000
　　　　　　　　　　　　　　　　　　　　　　　　감가상각누계액(건물)　2,500,000

정답화면

일	번호	구분	계 정 과 목	거 래 처	적 요	차 변	대 변
31	00013	차변	0818 감가상각비			3,200,000	
31	00013	대변	0213 감가상각누계액				700,000
31	00013	대변	0203 감가상각누계액				2,500,000

(4) ▶관련 이론 | 기말수정분개 p.267

해 설 [일반전표입력] 메뉴에서 전표를 입력한다.

12월 31일　(차) 소모품　　　　　500,000　　(대) 소모품비(판관비)　　500,000

정답화면

일	번호	구분	계 정 과 목	거 래 처	적 요	차 변	대 변
31	00014	차변	0122 소모품			500,000	
31	00014	대변	0830 소모품비				500,000

제4절 | 장부조회

01 총계정원장

- [총계정원장]은 분개 내용을 각 계정별로 집계하여 놓은 장부이다.
- [총계정원장] 문제는 실무시험 문제7에서 부분점수(2 ~ 4점)로 출제된다.
- [회계관리] ▶ [장부관리] ▶ [총계정원장]을 선택하여 들어갈 수 있다.

기출확인문제

제이상사(코드번호 : 2102)*의 당기(제3기) 회계기간은 2026. 1. 1. ~ 2026. 12. 31.이다.
상반기(1월 ~ 6월) 중 소모품비(판관비)의 지출이 가장 많은 월의 금액과 가장 적은 월의 금액의 차액은 얼마인가?
*교재와 동일한 화면으로 학습을 진행하기 위하여 제이상사를 사용함 [제53회]

기출 따라 하기

[총계정원장] 메뉴에서
① [월별] 탭을 선택한다.
② 조회하고자 하는 기간을 "1월 1일 ~ 6월 30일"로 입력한다.
③ 조회하고자 하는 계정과목을 "소모품비(판관비)"로 입력한다.
④ 월별 금액을 분석하여 요구하는 답을 구한다.

🔽 ① ~ ④ 조회결과 화면은 아래와 같다.

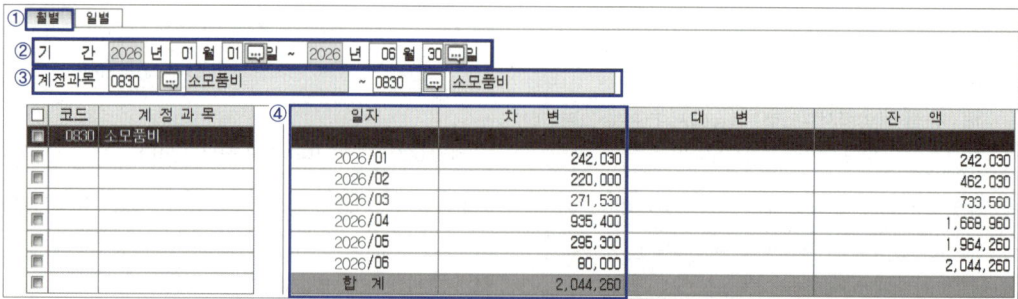

⑤ 지출이 가장 많은 월(4월)의 금액 − 지출이 가장 적은 월(6월)의 금액 = 935,400 − 80,000 = 855,400원이다.

참고 **Drill down 기능**

총계정원장의 월별 금액을 더블 클릭하면 해당 금액에 대한 일자별 원장 내용이 나타난다. 여기서 다시 해당 원장을 더블 클릭하면 전표입력 내용이 나타나며 이 화면에서 수정까지 할 수 있다.

이와 같이 전표입력 메뉴로 들어가지 않더라도 재무제표나 장부 단계에서 해당 전표까지 거슬러 올라가면서 조회할 수 있는 기능을 'Drill down' 기능이라고 하며, 이러한 기능을 통하여 회계프로그램의 활용도는 보다 향상될 수 있다.

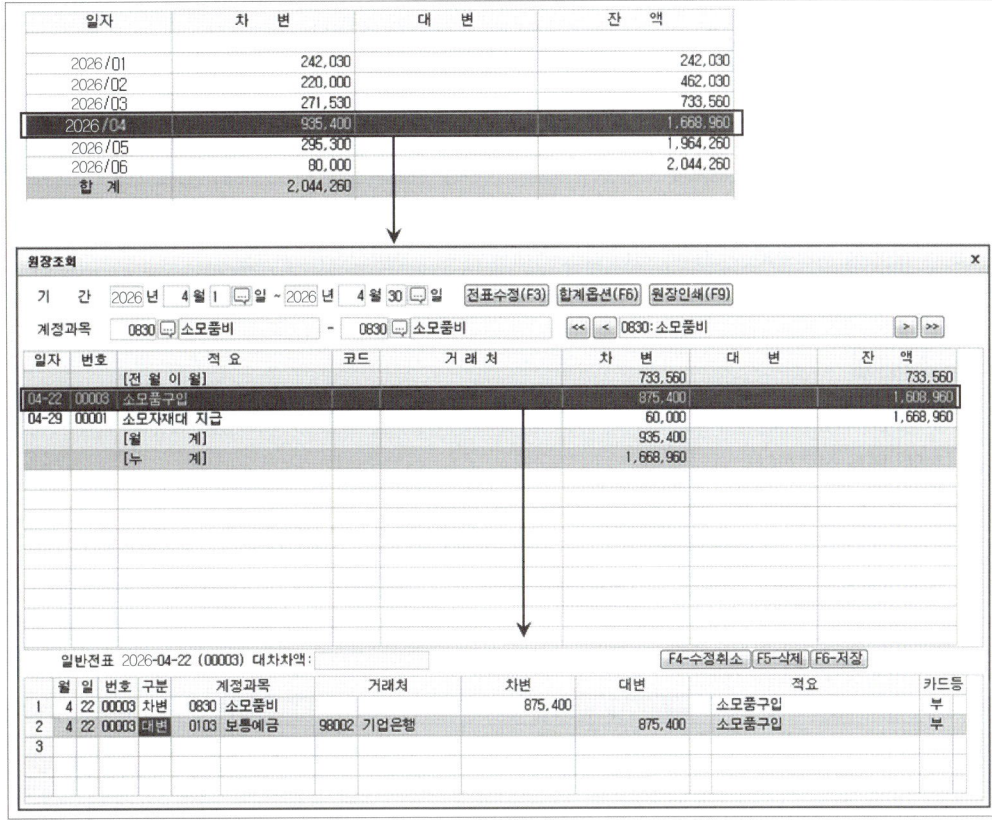

[총계정원장] 메뉴와 [계정별원장] 메뉴의 차이

- [계정별원장] 메뉴에서는 해당 계정의 일자별 원장 내용이 조회된다. [총계정원장] 메뉴로 조회하더라도 월별 금액을 더블 클릭하면 이와 동일한 원장 내용을 볼 수 있다.
- [계정별원장] 메뉴에서는 현금 계정과목이 조회되지 않는다. 현금 계정과목에 대한 원장 내용은 [총계정원장] 메뉴 또는 [현금출납장] 메뉴로 조회하여야 한다.

기출유형

- 특정 계정과목의 월별 금액
  - 상반기(1월 ~ 6월) 중 상품매출액이 가장 많은 달과 그 금액은 얼마인가? [제67회]
  - 2분기(4월 ~ 6월) 중 기업업무추진비(판관비)가 가장 많은 월과 가장 적은 월의 차이는 얼마인가? [제91회]
- 특정 계정과목의 월별 거래 횟수
  - 6월 중에 발생한 상품매출은 몇 건이며, 금액은 얼마인가? [제59회]

02 거래처원장

- [거래처원장]은 매출처별·매입처별 거래내역을 정리해놓은 장부이다.
- [거래처원장] 문제는 실무시험 문제7에서 출제되며, 부분점수(2 ~ 4점)로 출제된다.
- [회계관리] ▶ [장부관리] ▶ [거래처원장]을 선택하여 들어갈 수 있다.

기출확인문제

제이상사(코드번호 : 2102)의 당기(제3기) 회계기간은 2026. 1. 1. ~ 2026. 12. 31.이다.
4월 30일 현재 외상매출금 잔액이 가장 많은 거래처 금액은 얼마인가? [제48회]

기출 따라 하기

[거래처원장] 메뉴에서
① [잔액] 탭을 선택한다.
② 조회하고자 하는 기간을 "1월 1일 ~ 4월 30일"로 입력한다.
③ 조회하고자 하는 계정과목을 "외상매출금"으로 입력한다.
④ 각 거래처별 잔액을 분석하여 요구하는 답을 구한다.

▼ ① ~ ④ 조회결과 화면은 아래와 같다.

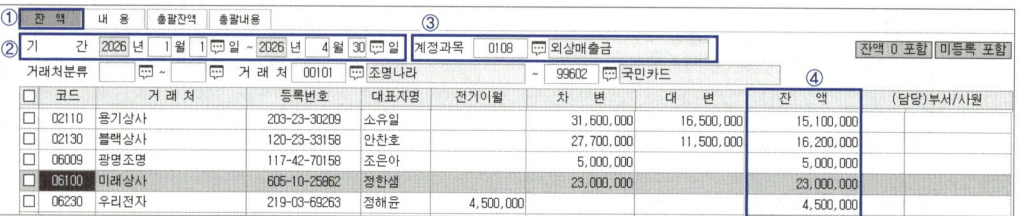

⑤ 4월 30일 현재 외상매출금 잔액이 가장 많은 거래처는 미래상사이고, 그 금액은 23,000,000원이다.

참고 [거래처원장] 메뉴와 [거래처별계정과목별원장] 메뉴의 차이
- [거래처원장] 메뉴에서는 하나의 계정과목으로만 조회할 수 있다. 특정 계정과목에 대한 각 거래처별 금액을 조회할 때 편리하다.
- [거래처별계정과목별원장] 메뉴에서는 여러 개의 계정과목을 선택하여 조회할 수 있다. 특정 거래처에 대한 각 계정과목별 금액을 조회할 때 편리하다.

기출유형

- 특정 계정과목의 각 거래처별 금액
  · 6월 말 현재 외상매출금 잔액이 가장 많은 거래처의 금액은 얼마인가? [제63회]
  · 6월 중 상품 외상매입 거래의 금액이 가장 큰 거래처의 코드번호와 금액은? [제59회]
- 특정 계정과목의 특정 거래처에 대한 금액
  · 4월 30일 현재 예림상사에 대한 외상매입금 잔액은 얼마인가? [제60회]

03 일계표(월계표)

- [일계표(월계표)]는 각 계정과목의 증감을 기록한 표를 말한다.
- [일계표(월계표)] 문제는 실무시험 문제7에서 부분점수(2 ~ 4점)로 출제된다.
- [회계관리] ▶ [장부관리] ▶ [일계표(월계표)]를 선택하여 들어갈 수 있다.

기출확인문제

제이상사(코드번호 : 2102)의 당기(제3기) 회계기간은 2026. 1. 1. ~ 2026. 12. 31.이다.
1월부터 6월까지의 수도광열비(판관비) 중 현금지출액은 얼마인가? [제51회]

기출 따라 하기

[일계표(월계표)] 메뉴에서
① [일계표] 또는 [월계표] 탭을 선택한다.
② 조회하고자 하는 기간을 "1월 1일 ~ 6월 30일"(일계표) 또는 "1월 ~ 6월"(월계표)로 입력한다.
③ 수도광열비(판관비) 계정의 차변 중 '현금' 열의 금액을 찾는다.

▼ ① ~ ③ 조회결과 화면은 아래와 같다.

차 변			계정과목	대 변		
계	대체	현금		현금	대체	계
54,249,100	3,777,000	50,472,100	5.판 매 비및일반관리비			
27,965,000		27,965,000	급 여			
4,446,010	466,600	3,979,410	복 리 후 생 비			
1,124,550		1,124,550	기업업무추진비			
6,278,000		6,278,000	기 업 업 무 추 진 비			
1,189,500	300,000	889,500	통 신 비			
1,191,950	435,000	③ 756,950	수 도 광 열 비			
180,900		180,900	세 금 과 공 과			
343,096,100	232,257,000	110,839,100	금일소계	127,320,000	232,257,000	359,577,000
20,380,900		20,380,900	금일잔고/전일잔고	3,900,000		3,900,000
363,477,000	232,257,000	131,220,000	합계	131,220,000	232,257,000	363,477,000

④ 1월부터 6월까지의 수도광열비(판관비) 중 현금지출액은 756,950원이다.

기출유형

- 특정 기간 동안의 각 계정과목의 증감액
  · 2분기(4. 1. ~ 6. 30.) 판매비와관리비 항목 중에서 거래금액이 가장 큰 계정과목코드와 금액은? [제51회]
  · 4월부터 6월까지의 상품매출액은 얼마인가? [제99회]
- 특정 기간 동안의 각 계정과목의 증감액 중 현금거래 금액
  · 4월에 발생한 복리후생비(판관비) 중 현금으로 지급한 금액은 얼마인가? [제59회]

04 현금출납장

- [현금출납장]은 현금의 입금과 출금 내역을 정리해 놓은 장부이다.
- [현금출납장]은 실무시험 문제7에서 부분점수(2 ~ 4점)로 출제된다.
- [회계관리] ▶ [장부관리] ▶ [현금출납장]을 선택하여 들어갈 수 있다.

기출확인문제

제이상사(코드번호 : 2102)의 당기(제3기) 회계기간은 2026. 1. 1. ~ 2026. 12. 31.이다.
5월 중 현금 지출액은 얼마인가? [제47회]

기출 따라 하기

[현금출납장] 메뉴에서

① 조회하고자 하는 기간을 "5월 1일 ~ 5월 31일"로 입력한다.
② '출금' 열의 '월계' 금액을 찾는다.

▼ ① ~ ② 조회결과 화면은 아래와 같다.

일자	코드	적요	코드	거래처	입금	출금	잔액
05-25		업무차기밀비				500,000	
05-25		직원식대및차대 지급				4,700	
05-25		사무실 차류 구입				15,300	
05-25		식대 지급				35,500	26,562,560
05-27		유류대 지급				90,000	
05-27	1	외상매입금 현금반제	06390	슬림세상		3,700,000	22,772,560
05-28		상품현금매출			3,000,000		
05-28		소모자재대 지급				250,000	25,522,560
05-29	5	기타수선비 지급				500,000	25,022,560
05-30		식대 지급				44,400	24,978,160
05-31		전화료및 전신료 납부				33,000	
05-31		난방용 유류대 지급				28,000	
05-31		기타 세무 자문료 지급				210,000	
05-31	2	차량수리비 지급				650,000	24,057,160
		[월 계]			23,230,000	② 21,418,400	
		[누 계]			122,290,000	98,232,840	

③ 5월 중 현금 지출액은 21,418,400원이다.

참고 **다른 메뉴의 활용**
[총계정원장] 메뉴에서 기간을 '5월 1일 ~ 5월 31일', 계정과목을 '현금'으로 하여, 대변 금액을 찾아도 된다.

기출유형

- 특정 기간 동안의 현금 계정과목의 입금액과 출금액
  · 3월의 현금 지출액은 총 얼마인가? [제68회]

05 합계잔액시산표

- [합계잔액시산표]는 각 계정별 원장의 차변과 대변 합계액 및 그 잔액을 모아서 작성한 표이다.
- [합계잔액시산표] 문제는 실무시험 문제7에서 부분점수(2 ~ 4점)로 출제된다.
- [회계관리] ▶ [결산및재무제표] ▶ [합계잔액시산표]를 선택하여 들어갈 수 있다.

기출확인문제

제이상사(코드번호 : 2102)의 당기(제3기) 회계기간은 2026. 1. 1. ~ 2026. 12. 31.이다.
3월 말 현재 감가상각누계액은 모두 얼마인가? [제53회]

기출 따라 하기

[합계잔액시산표] 메뉴에서

① 조회하고자 하는 기간을 "3월 31일"로 입력한다.
② 차량운반구와 비품에 대한 감가상각누계액 합계액을 구한다.

▼ ① ~ ② 조회결과 화면은 아래와 같다.

차 변		계정과목	대 변	
잔액	합계		합계	잔액
53,500,000	53,500,000	2.비 유 동 자 산	13,500,000	13,500,000
33,500,000	33,500,000	〈유 형 자 산〉	13,500,000	13,500,000
28,000,000	28,000,000	차 량 운 반 구		②
		감 가 상 각 누 계 액	11,000,000	11,000,000
5,500,000	5,500,000	비 품		
		감 가 상 각 누 계 액	2,500,000	2,500,000
20,000,000	20,000,000	〈기 타 비 유 동 자 산〉		
20,000,000	20,000,000	임 차 보 증 금		

③ 3월 말 현재 감가상각누계액은 총 11,000,000 + 2,500,000 = 13,500,000원이다.

기출유형

- 특정 시점 현재 자산, 부채, 자본, 수익, 비용 계정과목의 잔액
  - 6월 30일 현재 보통예금 잔액은 얼마인가? [제102회]
  - 기초상품재고액과 상반기(1월 ~ 6월)의 상품매입액을 합한 판매가능상품 금액은 얼마인가? [제90회]
  - 3월 말 현재 대손충당금은 모두 얼마인가? [제53회]

06 재무상태표

- [재무상태표]는 일정 시점 현재 자산, 부채, 자본의 잔액을 나타내는 재무제표로 우측에는 전기말 현재 잔액이 나타난다.
- [재무상태표] 문제는 실무시험 문제7에서 부분점수(2 ~ 4점)로 출제된다.
- [회계관리] ▶ [결산/재무제표] ▶ [재무상태표]를 선택하여 들어갈 수 있다.

기출확인문제

제이상사(코드번호 : 2102)의 당기(제3기) 회계기간은 2026. 1. 1. ~ 2026. 12. 31.이다.
6월 말 현재 유동부채는 전기말 대비 얼마가 증가되었는가? [제48회]

기출 따라 하기

[재무상태표] 메뉴에서

① 조회하고자 하는 기간을 "6월"로 입력한다.
② 6월 말 현재 유동부채 합계액과 전기말 현재 유동부채 합계액을 비교하여 증가액을 구한다.

🔽 ① ~ ② 조회결과 화면은 아래와 같다.

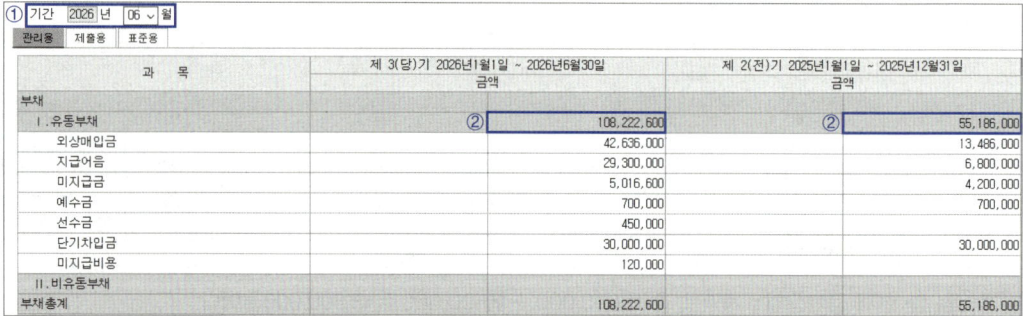

③ 6월 말 현재 유동부채(108,222,600원)는 전기말(55,186,000원) 대비 53,036,600원 증가되었다.

기출유형

- 특정 시점 현재 자산, 부채, 자본 계정과목의 잔액
  · 6월 말 현재 비품의 장부금액(= 취득원가 - 감가상각누계액)은 얼마인가? [제90회]
  · 5월 말 현재 비유동자산 잔액은 얼마인가? [제97회]
- 특정 시점 현재 자산, 부채, 자본 계정과목의 잔액과 전기말 잔액의 비교
  · 6월 말 현재 외상매입금은 전기말과 대비하여 얼마 증가하였는가? [제54회]
  · 3월 말 현재 유동자산은 전기말과 대비하여 얼마 증가하였는가? [제62회]

07 손익계산서

- [손익계산서]는 일정 기간 동안의 수익과 비용 금액을 나타내는 재무제표로 우측에는 전기 금액이 나타난다.
- [손익계산서]는 실무시험 문제7에서 부분점수(2 ~ 4점)로 출제된다.
- [회계관리] ▶ [결산/재무제표] ▶ [손익계산서]를 선택하여 들어갈 수 있다.

기출확인문제

제이상사(코드번호 : 2102)의 당기(제3기) 회계기간은 2026. 1. 1. ~ 2026. 12. 31.이다.
1월 초부터 6월 말까지의 상품매출액 합계액은 얼마인가? [제63회]

기출 따라 하기

[손익계산서] 메뉴에서

① 조회하고자 하는 기간을 "6월"로 입력한다.
② 상품매출 계정 금액을 찾는다.

▼ ① ~ ② 조회결과 화면은 아래와 같다.

과 목	제 3(당)기 2026년1월1일 ~ 2026년6월30일 금액	제 2(전)기 2025년1월1일 ~ 2025년12월31일 금액
I . 매출액	203,380,000	475,800,000
상품매출	203,380,000	475,800,000
II . 매출원가		370,500,000
상품매출원가		370,500,000
기초상품재고액	7,200,000	20,100,000
당기상품매입액	70,500,000	357,600,000
기말상품재고액	77,700,000	7,200,000
III . 매출총이익	203,380,000	105,300,000
IV . 판매비와관리비	54,249,100	88,676,000
급여	27,965,000	65,000,000
복리후생비	4,446,010	2,476,000
여비교통비	1,124,550	2,500,000

③ 1월 초부터 6월 말까지의 상품매출액 합계액은 203,380,000원이다.

> **참고** 다른 메뉴의 활용
> - [일계표(월계표)] 메뉴에서 기간을 '1월 ~ 6월'로 하여 상품매출 계정 금액을 찾아도 된다.
> - [합계잔액시산표] 메뉴에서 기간을 '6월 30일'로 하여 상품매출 계정 금액을 찾아도 된다.

기출유형

- 수익, 비용 계정과목에 대한 1월부터 특정 월까지의 합계액
  - 1월부터 3월까지의 상품매출액은 얼마인가? [제91회]

+ **더 알아보기**

장부조회 시 유의사항

- **Drill down 기능을 사용할 때**
  Drill down 기능으로 불러오는 원장 화면은 하나의 계정과목에 대한 내용이다.
  따라서, 여러 계정과목이 합산된 금액(예 당좌자산, 판매비와관리비)일 경우에는 Drill down 기능으로 불러오는 원장 화면에서 바로 답을 찾지 않도록 주의해야 한다.

- **수익·비용을 조회할 때, 화면에서 바로 답을 찾으려면**
  ㉠ '1월 1일'부터 일정 기간(예 1월 1일부터 6월 30일까지) 동안의 금액을 조회하는 경우
     [손익계산서] 메뉴(예 기간 : 6월), [합계잔액시산표] 메뉴(예 기간 : 6월 30일), [일계표(월계표)] 메뉴(예 기간 : 1월 1일 ~ 6월 30일) 모두 사용 가능
  ㉡ '1월 1일이 아닌 시점'부터 일정 기간(예 4월 1일부터 6월 30일까지) 동안의 금액을 조회하는 경우
     [일계표(월계표)] 메뉴(예 기간 : 4월 1일 ~ 6월 30일)만 사용 가능

- **자산·부채·자본의 잔액을 조회할 때, 화면에서 바로 답을 찾으려면**
  자산·부채·자본은 전기말 금액이 당기초로 이월되므로, '당기 일정 시점 현재 잔액 = 당기초 금액 ± 당기 증감액'의 관계가 성립한다.
  자산·부채·자본의 경우, [일계표(월계표)] 메뉴에서 조회되는 화면(Drill down 기능을 사용하기 전 화면)의 금액은 당기 증감액일 뿐, 일정 시점 현재의 잔액이 아니다.
  따라서, 자산·부채·자본의 일정 시점 현재 잔액을 Drill down 기능 없이 보이는 화면에서 바로 찾으려면, [재무상태표] 메뉴 또는 [합계잔액시산표] 메뉴를 사용하여야 한다.

- **유동자산·비유동자산의 잔액을 조회할 때, 화면에서 바로 답을 찾으려면**
  [합계잔액시산표] 메뉴에서 조회되는 화면에서는 대손충당금 계정(유동자산의 차감계정)과 감가상각누계액 계정(비유동자산의 차감계정)의 잔액이 차변이 아니라 대변에 표시되기 때문에, 유동자산 합계액의 잔액 또는 비유동자산 합계액의 잔액을 구하려면 조회되는 화면에서 '차변 잔액 – 대변 잔액'을 다시 계산하여야 하는 번거로움이 있다.
  따라서, 유동자산 합계액 또는 비유동자산 합계액의 일정 시점 현재 잔액을 계산 작업 없이 보이는 화면에서 바로 찾으려면, [재무상태표] 메뉴를 사용하여야 한다.

fn.Hackers.com

핵심기출문제

* 본서에 수록된 기출문제의 날짜는 학습효과를 높이기 위하여 일부 수정함

01
칠오상사(코드번호 : 2175)의 당기(제2기) 회계기간은 2026. 1. 1. ~ 2026. 12. 31.이다. 다음을 조회하시오.

[제75회]

(1) 5월 말 현재 유동자산에서 유동부채를 차감한 금액은 얼마인가?

(2) 상반기(1월 ~ 6월) 현금으로 지급한 판매비와관리비는 얼마인가?

(3) 6월 30일 현재 기계장치의 장부가액은 얼마인가?

정답 및 해설

01 (1) 118,610,230원

해 설   [재무상태표]에서
- 기간은 5월을 선택한다.
- 유동자산 합계액과 유동부채 합계액을 조회한다.
- 유동자산 합계액 − 유동부채 합계액 = 162,785,230 − 44,175,000 = 118,610,230원

정답화면

과 목	제 2(당)기 2026년1월1일 ~ 2026년5월31일 금액		제 1(전)기 2025년4월23일 ~ 2025년12월31일 금액	
자산				
Ⅰ.유동자산		162,785,230		113,442,500
① 당좌자산		122,060,230		100,442,500
현금		12,156,130		1,500,000
당좌예금		8,100,000		
보통예금		26,136,600		50,500,000
외상매출금	43,200,000		31,250,000	
대손충당금	312,500	42,887,500	312,500	30,937,500
받을어음	20,900,000		4,500,000	
대손충당금	45,000	20,855,000	45,000	4,455,000
미수금		7,225,000		9,550,000
선급금		3,500,000		3,500,000
선급비용		1,200,000		
② 재고자산		40,725,000		13,000,000
상품		40,725,000		13,000,000

과 목	제 2(당)기 2026년1월1일 ~ 2026년5월31일 금액	제 1(전)기 2025년4월23일 ~ 2025년12월31일 금액
부채		
Ⅰ.유동부채	44,175,000	33,095,000
외상매입금	13,150,000	16,850,000
지급어음	17,460,000	4,560,000
미지급금	700,000	6,000,000
예수금	65,000	65,000
단기차입금	12,800,000	
선수수익		5,620,000

(2) 42,293,030원

해 설 [월계표]에서
- 기간은 1월 ~ 6월을 선택한다.
- 판매비와관리비 합계 라인의 차변 중 '현금' 열의 금액을 조회한다.

정답화면

일계표	월계표						
조회기간 : 2026 년 01 월 ~ 2026 년 06 월							
차 변			계정과목	대 변			
계	대체	현금		현금	대체	계	
46,153,430	3,860,400	42,293,030	6.판 매 비및일반관리비				
15,000,000		15,000,000	급 여				
6,315,340	550,000	5,765,340	복 리 후 생 비				
1,124,550		1,124,550	여 비 교 통 비				
6,278,000		6,278,000	기 업 업 무 추 진 비				
1,189,500	300,000	889,500	통 신 비				
1,191,950	435,000	756,950	수 도 광 열 비				
180,900		180,900	세 금 과 공 과				
4,000,000		4,000,000	임 차 료				
2,013,900		2,013,900	수 선 비				
359,460		359,460	보 험 료				
5,085,570	1,500,000	3,585,570	차 량 유 지 비				
160,000		160,000	운 반 비				
200,000	200,000		도 서 인 쇄 비				
2,044,260	875,400	1,168,860	소 모 품 비				
1,010,000		1,010,000	수 수 료 비 용				

(3) 8,500,000원

해 설 [재무상태표]에서
- 기간은 6월을 선택한다.
- 기계장치 계정의 장부가액을 조회한다.
- 장부가액 = 취득원가 − 감가상각누계액 = 10,000,000 − 1,500,000 = 8,500,000원

정답화면

기간 : 2026 년 06 월				
관리용 제출용 표준용				
과 목	제 2(당)기 2026년1월1일 ~ 2026년6월30일		제 1(전)기 2025년4월23일 ~ 2025년12월31일	
	금액		금액	
Ⅱ.비유동자산		76,000,000		73,500,000
① 투자자산				
② 유형자산		26,000,000		23,500,000
기계장치	10,000,000		10,000,000	
감가상각누계액	1,500,000	8,500,000	1,500,000	8,500,000
차량운반구	20,000,000		20,000,000	
감가상각누계액	7,500,000	12,500,000	7,500,000	12,500,000
비품	8,000,000		5,500,000	
감가상각누계액	3,000,000	5,000,000	3,000,000	2,500,000
③ 무형자산				
④ 기타비유동자산		50,000,000		50,000,000
임차보증금		50,000,000		50,000,000
자산총계		334,059,070		186,942,500

02
육칠상사(코드번호 : 2167)의 당기(제6기) 회계기간은 2026. 1. 1. ~ 2026. 12. 31.이다. 다음을 조회하시오. [제67회]

(1) 3월에 발행한 당좌수표 발행액은 총 얼마인가?

(2) 상반기(1월 ~ 6월) 중 상품매출액이 가장 많은 달과 그 금액은 얼마인가?

(3) 3월 중 상품 외상매출 거래 금액이 가장 큰 거래처의 코드번호와 금액은?

정답 및 해설

02 (1) 5,000,000원

해 설 [총계정원장]에서
- 기간은 3월 1일 ~ 3월 31일, 계정과목은 당좌예금을 선택한다.
- Drill down 기능을 사용하여 원장을 불러오고, 3월 대변란의 당좌수표 발행금액을 조회한다.

정답화면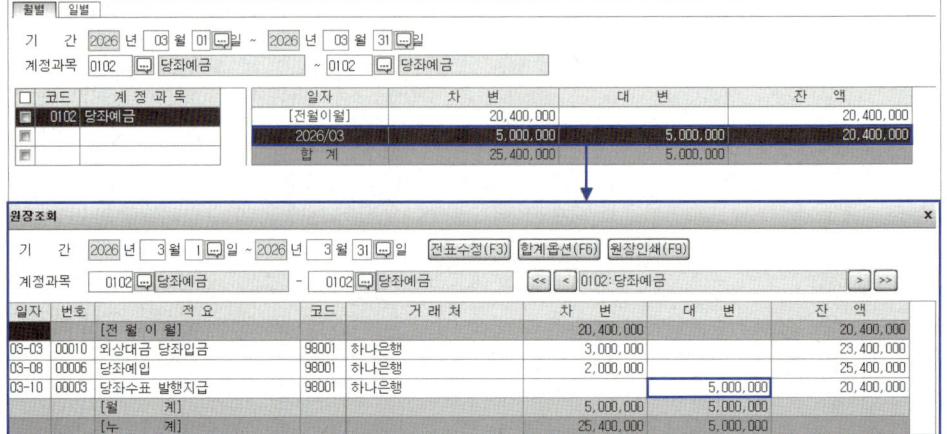

(2) 3월, 55,100,000원

해　설　[총계정원장]에서
- 기간은 1월 1일 ~ 6월 30일, 계정과목은 상품매출을 선택한다.
- 상품매출 계정의 대변 금액이 가장 큰 월을 조회한다.

정답화면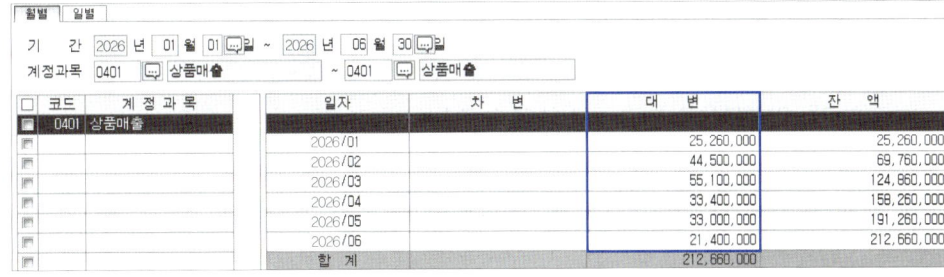

(3) 3010.가가상사, 15,400,000원

해　설　[거래처원장]에서
- 기간은 3월 1일 ~ 3월 31일, 계정과목은 외상매출금, 거래처는 전체를 선택한다.
- 외상매출금의 차변 금액이 가장 큰 거래처를 조회한다.
- Drill down 기능을 사용하여 원장을 불러오고, 차변란의 상품 외상매출 거래금액을 확인한다.

정답화면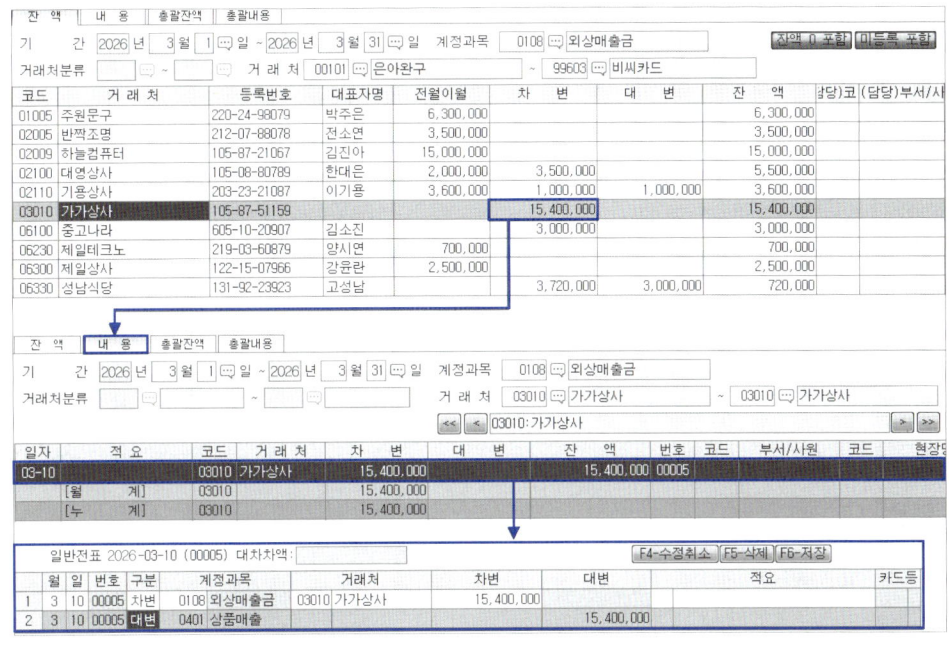

제4절 장부조회　355

03 육삼상사(코드번호 : 2163)의 당기(제5기) 회계기간은 2026. 1. 1. ~ 2026. 12. 31.이다.
다음을 조회하시오.

[제63회]

(1) 6월의 당좌수표 발행액은 얼마인가?

(2) 6월 말 현재 외상매출금 잔액이 가장 많은 거래처의 금액은 얼마인가?

(3) 1월 초부터 6월 말까지의 상품매출액 합계액은 얼마인가?

정답 및 해설

03 (1) 4,500,000원

해 설 [총계정원장]에서
- 기간은 6월 1일 ~ 6월 30일, 계정과목은 당좌예금을 선택한다.
- Drill down 기능을 사용하여 원장을 불러오고, 6월 대변란의 당좌수표 발행금액을 조회한다.

정답화면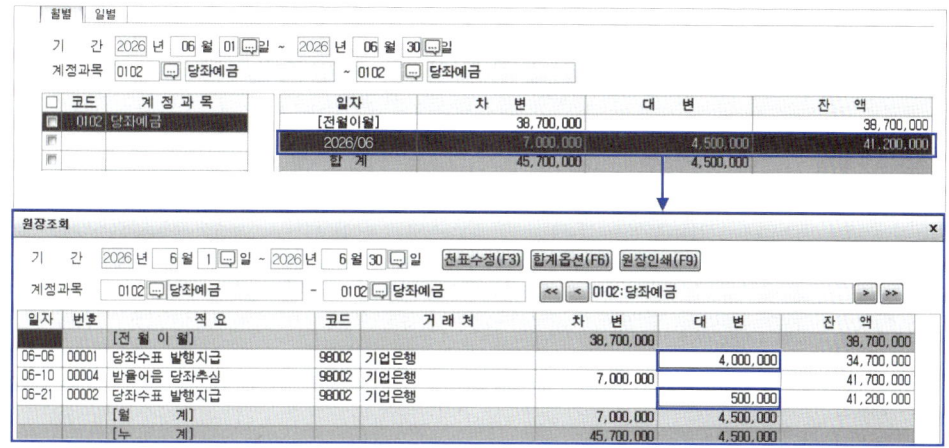

(2) 21,200,000원

해 설 [거래처원장]에서
- 기간은 1월 1일 ~ 6월 30일, 계정과목은 외상매출금, 거래처는 전체를 선택한다.
- 외상매출금 잔액이 가장 큰 거래처를 조회한다.

(3) 227,560,000원

해 설 [월계표]에서
- 기간은 1월 ~ 6월을 선택한다.
- 상품매출 계정의 대변 중 '계' 열의 금액을 조회한다.

참고 [합계잔액시산표](기간 : 6월 30일) 또는 [손익계산서](기간 : 6월)에서도 조회가 가능하다.

04

육이상사(코드번호 : 2162)의 당기(제6기) 회계기간은 2026. 1. 1. ~ 2026. 12. 31.이다. 다음을 조회하시오.

[제62회]

(1) 1/4분기(1월 ~ 3월)의 판매비와관리비 중 복리후생비 지출액이 가장 많은 월과 가장 적은 월의 차이금액은 얼마인가?

(2) 3월 말 현재 유동부채는 전기말과 대비하여 얼마 증가하였는가?

(3) 3월에 지출된 수도광열비(판관비) 중 현금으로 지출된 금액은 얼마인가?

정답 및 해설

04 (1) 720,820원

해설 [총계정원장]에서
- 기간은 1월 1일 ~ 3월 31일, 계정과목은 복리후생비(판관비)를 선택한다.
- 차변금액이 가장 큰 달의 금액 − 차변금액이 가장 적은 달의 금액
  = 1,037,050(3월) − 316,230(1월) = 720,820원

정답화면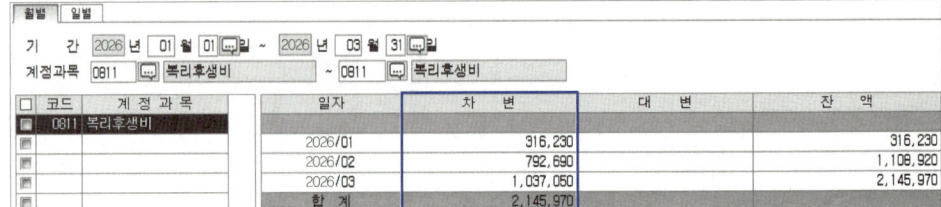

(2) 20,200,000원

해 설 [재무상태표]에서
- 기간은 3월을 선택한다.
- 3월 말 현재 유동부채 금액 − 전기말 유동부채 금액
  = 50,870,000(3월 말) − 30,670,000(전기말) = 20,200,000원

정답화면

과 목	제 6(당)기 2026년1월1일 ~ 2026년3월31일 금액		제 5(전)기 2025년1월1일 ~ 2025년12월31일 금액	
감가상각누계액	14,000,000	10,000,000	14,000,000	10,000,000
비품	8,000,000		7,000,000	
감가상각누계액	2,300,000	5,700,000	2,300,000	4,700,000
③ 무형자산				
④ 기타비유동자산		15,000,000		15,000,000
임차보증금		15,000,000		15,000,000
자산총계		199,457,060		85,007,000
부채				
Ⅰ.유동부채		50,870,000		30,670,000
외상매입금		30,200,000		11,000,000
지급어음		8,500,000		7,500,000
미지급금		3,300,000		3,300,000
예수금		870,000		870,000
단기차입금		8,000,000		8,000,000
Ⅱ.비유동부채				
부채총계		50,870,000		30,670,000

참고 제2장 제2절 핵심기출문제를 풀지 않은 경우, 전기말 유동부채는 50,780,000원, 3월 말 현재 유동부채는 30,580,000원으로 조회된다.

(3) 16,000원

해 설 [월계표]에서
- 기간은 3월 ~ 3월을 선택한다.
- 수도광열비(판관비) 계정의 차변 중 '현금' 열의 금액을 조회한다.

정답화면

조회기간: 2026 년 03 월 ~ 2026 년 03 월

차 변			계정과목	대 변		
계	대체	현금		현금	대체	계
10,614,730	585,000	10,029,730	5.판 매 비 및 일 반 관 리 비			
5,350,000		5,350,000	급 여			
1,037,050		1,037,050	복 리 후 생 비			
160,000		160,000	여 비 교 통 비			
1,000,000		1,000,000	기 업 업 무 추 진 비			
300,000	300,000		통 신 비			
301,000	285,000	16,000	수 도 광 열 비			
120,000		120,000	임 차 료			
1,875,150		1,875,150	차 량 유 지 비			
271,530		271,530	소 모 품 비			
200,000		200,000	수 수 료 비 용			

05
오구상사(코드번호 : 2159)의 당기(제5기) 회계기간은 2026. 1. 1. ~ 2026. 12. 31.이다. 다음을 조회하시오.

[제59회]

(1) 6월 중 상품 외상매입 거래의 금액이 가장 큰 거래처의 코드번호와 금액은?

(2) 4월에 발생한 복리후생비(판관비) 중 현금으로 지급한 금액은 얼마인가?

(3) 6월 중에 발생한 상품매출은 몇 건이며, 총 금액은 얼마인가?

정답 및 해설

05 (1) 6110.대운상사, 15,000,000원

해 설 [거래처원장]에서
- 기간은 6월 1일 ~ 6월 30일, 계정과목은 외상매입금, 거래처는 전체를 선택한다.
- 외상매입금의 대변 금액이 가장 큰 거래처를 조회한다.
- Drill down 기능을 사용하여 원장을 불러오고, 대변란의 상품 외상매입 거래금액을 확인한다.

정답화면
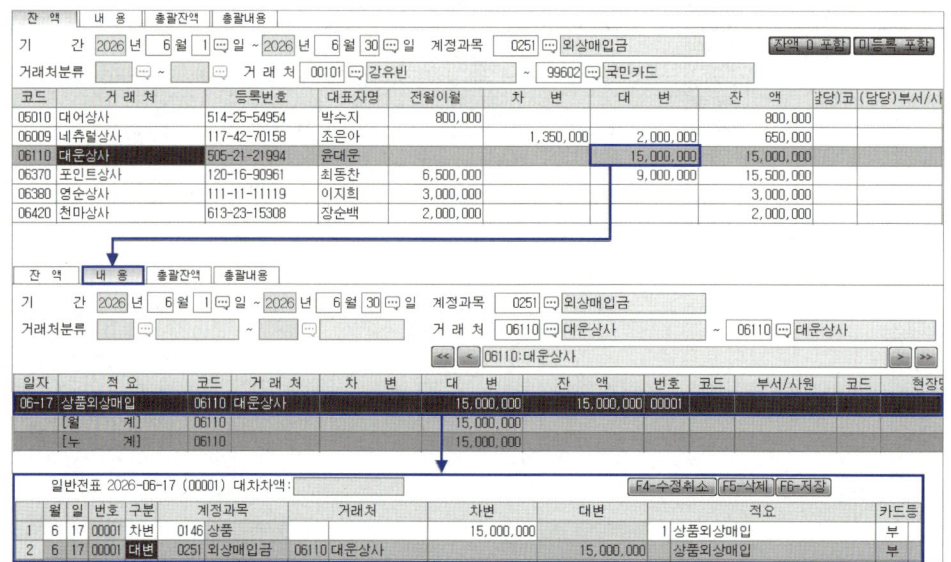

(2) 550,000원

해 설 [월계표]에서 4월을 선택하고 복리후생비(판관비)의 현금지출 금액을 조회한다.

정답화면

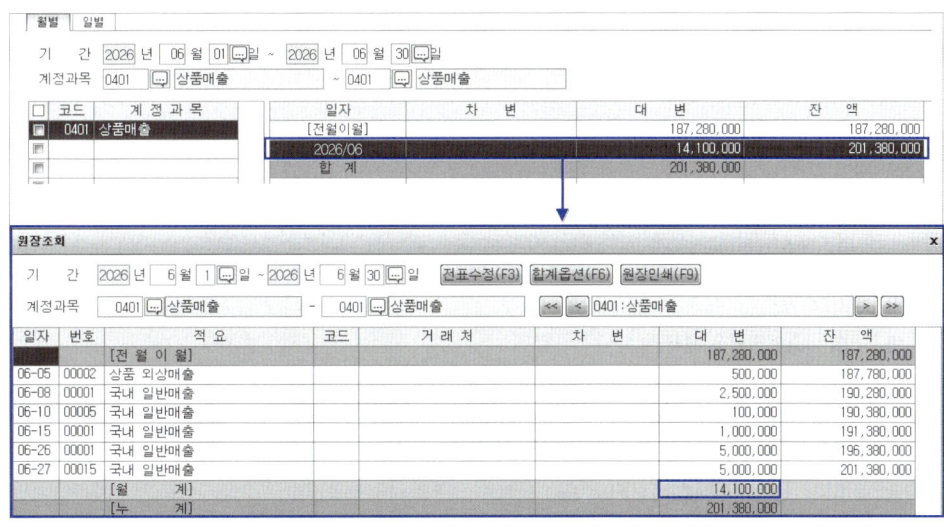

(3) 6건, 14,100,000원

해 설 [총계정원장]에서
- 기간은 6월 1일 ~ 6월 30일, 계정과목은 상품매출을 선택한다.
- Drill down 기능을 사용하여 원장을 불러오고, 6월 대변란의 건수와 합계 금액을 조회한다.

정답화면

06

오칠상사(코드번호 : 2157)의 당기(제3기) 회계기간은 2026. 1. 1. ~ 2026. 12. 31.이다. 다음을 조회하시오.

[제57회]

(1) 2월의 외상매출금 회수금액은 얼마인가?

(2) 3월 말 당좌예금 잔액과 비교하여 4월 말 당좌예금 잔액의 증가액은 얼마인가?

(3) 2/4분기(4월 ~ 6월)의 판매비와관리비 항목 중 현금으로 가장 많이 지출한 계정과목 코드 및 그 금액은 얼마인가?

정답 및 해설

06 (1) 1,500,000원

해 설 [총계정원장]에서
- 기간은 2월 1일 ~ 2월 28일(29일), 계정과목은 외상매출금을 선택한다.
- Drill down 기능을 사용하여 원장을 불러오고, 2월 대변란의 외상매출금 회수금액을 조회한다.

정답화면

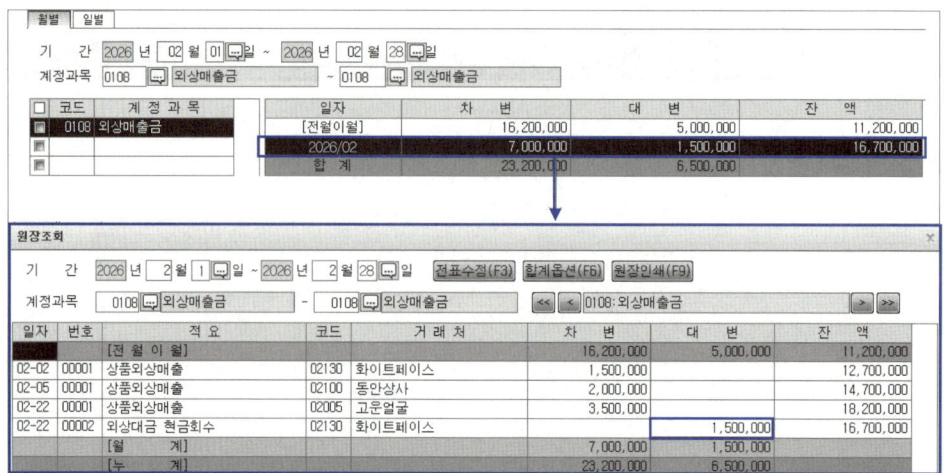

(2) 5,000,000원

해 설 [총계정원장]에서
- 3월 말과 4월 말의 당좌예금 잔액을 조회한다.
- 증가액 = 4월 말 잔액 − 3월 말 잔액
  = 20,000,000 − 15,000,000 = 5,000,000원

정답화면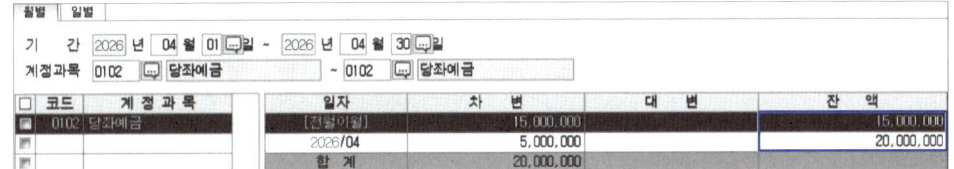

(3) 801.급여, 13,250,000원

해 설 [월계표]에서
- 기간은 4월 ~ 6월을 선택한다.
- 판매비와관리비에 해당하고 차변 중 '현금' 열의 금액이 가장 큰 계정을 조회한다.
- Drill down 기능을 사용하여 원장을 불러오고, 계정과목의 코드를 조회한다.

정답화면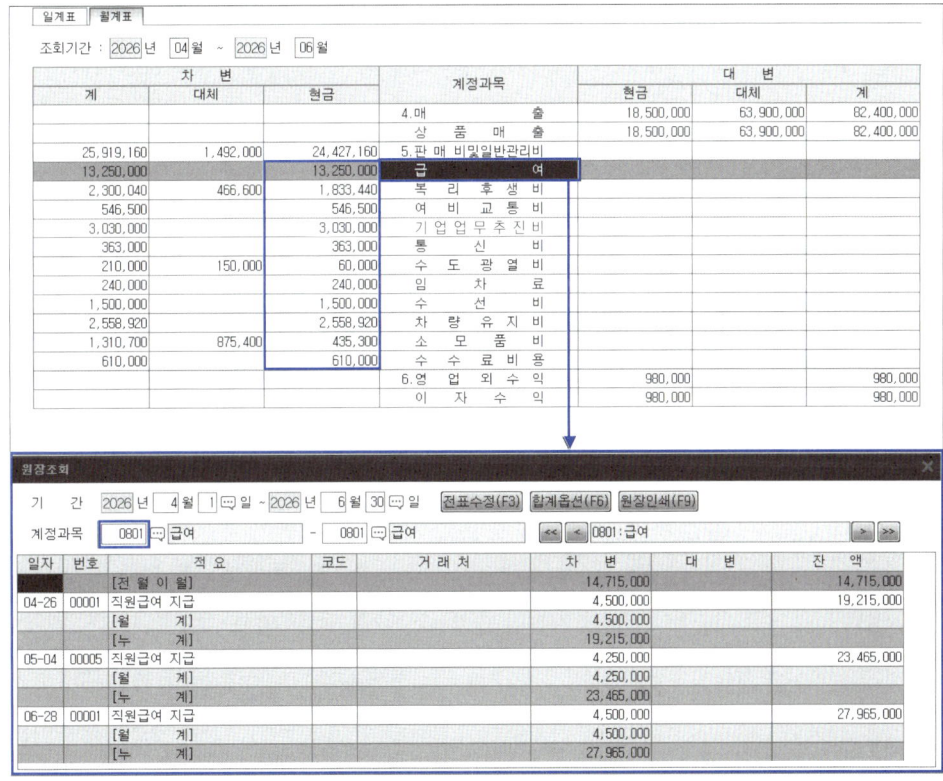

2026 최신개정판

해커스
전산회계 2급
2주 합격

이론+실무+최신기출 15회분+무료특강

개정 12판 1쇄 발행 2026년 1월 2일

지은이	이남호
펴낸곳	해커스패스
펴낸이	해커스금융 출판팀
주소	서울특별시 강남구 강남대로 428 해커스금융
고객센터	02-537-5000
교재 관련 문의	publishing@hackers.com
	해커스금융 사이트(fn.Hackers.com) 교재 Q&A 게시판
동영상강의	fn.Hackers.com
ISBN	979-11-7404-086-2 (13320)
Serial Number	12-01-01

저작권자 © 2026, 이남호
이 책의 모든 내용, 이미지, 디자인, 편집 형태는 저작권법에 의해 보호받고 있습니다.
서면에 의한 저자와 출판사의 허락 없이 내용의 일부 혹은 전부를 인용, 발췌하거나
복제, 배포할 수 없습니다.

금융자격증 1위,
해커스금융(fn.Hackers.com)

해커스금융

- 금융 전문 선생님의 **본 교재 인강**(교재 내 할인쿠폰 수록)
- 무료 특강 제공
  - 최신기출문제 해설강의
  - 이론+실무 전 강의(교재 내 7일 수강권 수록)
  - 이론+실무 기초 특강
  - KcLep 프로그램 사용법 강의
- 빈출분개 100선 연습 및 분개연습 노트 제공
- 최신기출문제 및 해설집 제공

주간동아 선정 2022 올해의 교육 브랜드 파워 온·오프라인 금융자격증 부문 1위

전산회계 2급 합격을 위한
해커스금융의 특별 혜택

이론+실무 전 강의 수강권

VFN235227B45955AA9

해커스금융(fn.Hackers.com) 접속 후 로그인 ▶ 페이지 하단의 [쿠폰&수강권 등록] 클릭 ▶ [수강권입력] 란에 쿠폰번호 입력 후 이용

* 등록 후 7일간 사용 가능 (ID당 1회에 한해 등록 가능)
* 수강권 등록 시 강의는 자동으로 시작되며, 제공된 강의의 연장이 불가합니다.

4단계 분개 전략을 활용한 빈출분개 100선 연습(PDF)

7BA4QEDRUHAE

분개연습 노트(PDF)

CUH48TSNMBC6

해커스금융(fn.Hackers.com) 접속 후 로그인 ▶ 페이지 우측 상단의 [교재] 클릭 ▶ 좌측의 [무료 자료 다운로드] 클릭 ▶ 쿠폰번호 입력 후 이용

▲ QR코드로 확인하기

이남호 교수님의 최신기출문제 해설강의+해설집

해커스금융(fn.Hackers.com) 접속 후 로그인 ▶ 페이지 상단의 [회계/세무] 클릭 ▶ 좌측의 [전산세무회계 기출해설 무료] 클릭 ▶ 급수 선택 후 이용

▲ QR코드로 확인하기

KcLep 프로그램 사용법 강의

해커스금융(fn.Hackers.com) 접속 후 로그인 ▶ 페이지 상단의 [회계/세무] 클릭 ▶ 좌측의 [전산세무회계 기출해설 무료] 클릭 후 이용

▲ QR코드로 확인하기

이론+실무 기초 특강

해커스금융(fn.Hackers.com) 접속 후 로그인 ▶ 페이지 상단의 [회계/세무] 클릭 ▶ 좌측의 [전산세무회계 전급수 인강무료] 클릭 후 이용

▲ QR코드로 확인하기

합격의 기준, 해커스금융 fn.Hackers.com

해커스잡 · 해커스공기업 누적 수강건수 700만 선택

취업교육 1위 해커스

합격생들이 소개하는 단기합격 비법

삼성 그룹
최종 합격!

오*은 합격생

정말 큰 도움 받았습니다!
삼성 취업 3단계 중 많은 취준생이 좌절하는 GSAT에서
해커스 덕분에 합격할 수 있었다고 생각합니다.

국민건강보험공단
최종 합격!

신*규 합격생

모든 과정에서 선생님들이 최고라고 느꼈습니다!
취업 준비를 하면서 모르는 것이 생겨 답답할 때마다, 강의를 찾아보며 그 부분을
해결할 수 있어 너무 든든했기 때문에 모든 선생님께 감사드리고 싶습니다.

해커스 대기업/공기업 대표 교재

GSAT 베스트셀러
279주 1위

7년간 베스트셀러
1위 326회

[279주 베스트셀러 1위] YES24 수험서 자격증 베스트셀러 삼성 GSAT 분야 1위(2014년 4월 3주부터, 1판부터 20판까지 주별 베스트 1위 통산)
[326회] YES24/알라딘/반디앤루니스 취업/상식/적성 분야, 공사 공단 NCS 분야, 공사 공단 수험서 분야, 대기업/공기업/면접 분야 베스트셀러 1위 횟수 합계
(2016.02.~2023.10/1~14판 통산 주별 베스트/주간 베스트/주간집계 기준)
[취업교육 1위] 주간동아 2024 한국고객만족도 교육(온·오프라인 취업) 1위
[700만] 해커스 온/오프라인 취업강의(특강) 누적신청건수(중복수강/무료 강의 포함/2015.06~2024.11.28)

| 대기업 | 공기업 |

최종합격자가
수강한 강의는?
지금 확인하기!

해커스잡 **ejob.Hackers.com**

해커스
전산회계 2급
2주 합격 최신기출 15회분

금융·세무회계 전문 교육기관
해커스금융 fn.Hackers.com

해커스 전산회계 2급 2주 합격 이론+실무+최신기출 15회분+무료특강

최신기출문제

제122회 기출문제	368	제114회 기출문제	451
제121회 기출문제	378	제113회 기출문제	460
제120회 기출문제	389	제112회 기출문제	470
제119회 기출문제	399	제111회 기출문제	480
제118회 기출문제	410	제110회 기출문제	490
제117회 기출문제	420	제109회 기출문제	500
제116회 기출문제	430	제108회 기출문제	509
제115회 기출문제	440		

정답 및 해설   518

해커스금융(fn.Hackers.com)에서 15개년 기출문제 및 해설을 무료로 학습할 수 있습니다.

모든 기출문제는 실전처럼 시간을 정해놓고 풀어보시길 바랍니다.
제한시간 : 1회분당 60분

본서에 수록된 기출문제는 모두 실제 기출문제입니다.
(단, 실제 기출문제에 오류가 있었던 경우 모두 올바르게 수정하고, 날짜 및 회사명은 학습효과를 높이기 위하여 일부 수정함)

제122회 기출문제

✓ 다시 봐야 할 문제(틀린 문제, 풀지 못한 문제, 헷갈리는 문제 등)는 회독별로 문제 번호 위 네모박스(□)에 체크하여 반복 학습할 수 있습니다.

이론시험

다음 문제를 보고 알맞은 것을 골라 [이론문제 답안작성] 메뉴에 입력하시오. (객관식 문항당 2점)

---• 기 본 전 제 •---
문제에서 한국채택국제회계기준을 적용하도록 하는 전제조건이 없는 경우, 일반기업회계기준을 적용한다.

□□□
1. 다음의 회계등식 중 옳은 것은?

① 자본등식 : 자본 = 자산 + 부채
② 재산법 : 총수익 − 총비용 = 당기순손익
③ 손익법 : 기말자본 − 기초자본 = 당기순손익
④ 재무상태표 등식 : 자산 = 부채 + 자본

□□□
2. 다음 중 출금전표로 입력할 수 있는 거래에 해당하지 않는 것은?

① 상품 2,000,000원을 매입하고 상품대금은 받아두었던 타인발행수표로 지급하였다.
② 상품 2,000,000원을 매입하고 상품대금은 자기앞수표로 지급하였다.
③ 상품 2,000,000원을 매입하고 상품대금은 당좌수표를 발행하여 지급하였다.
④ 상품 2,000,000원을 매입하고 상품대금은 지폐로 지급하였다.

□□□
3. 다음 중 재무상태표 작성 시 통합 계정인 '현금 및 현금성자산'에 포함되지 않는 것은?

① 단기매매증권
② 당좌예금
③ 보통예금
④ 우편환증서

4. 다음 중 당좌자산에 대한 설명으로 옳지 않은 것은?

① 현금및현금성자산, 단기투자자산, 매출채권, 선급비용 등은 당좌자산에 해당한다.
② 단기매매증권, 단기대여금은 단기투자자산에 해당한다.
③ 단기간 내의 매매차익을 목적으로 취득하는 유가증권은 단기매매증권에 해당한다.
④ 단기매매증권 취득에 대한 수수료는 단기매매증권의 취득가액에 가산한다.

5. (가)~(라)의 경우에서 발생하는 차이금액에 해당하는 계정과목으로 옳지 않은 것은?

(가) : 단기매매증권 처분금액 > 단기매매증권 장부금액
(나) : 단기매매증권 장부금액 < 단기매매증권 결산일 공정가치
(다) : 유형자산 처분금액 > 유형자산 장부금액
(라) : 유형자산 처분금액 < 유형자산 장부금액

① (가) : 단기매매증권처분이익
② (나) : 단기매매증권평가손실
③ (다) : 유형자산처분이익
④ (라) : 유형자산처분손실

6. 다음 중 재고자산 내에 별도 표시하는 항목이 아닌 것은?

① 저장품   ② 반제품   ③ 영업권   ④ 원재료

7. 다음 중 재고자산의 단가결정에 대한 설명으로 옳지 않은 것은?

① 개별법은 원가흐름과 실제 물량흐름이 일치하기 때문에 가장 정확하다.
② 선입선출법은 실제 회사의 물량흐름과 유사해서 실무에서 가장 많이 쓰인다.
③ 후입선출법은 나중에 구입한 상품을 먼저 판다고 가정하는 방법을 말한다.
④ 이동평균법은 기중에는 단가를 계산하지 않고 연말에 한번 기초와 매입가액의 평균단가를 정산하는 방법이다.

8. 다음은 처분 전 기계장치에 대한 재무상태표 내용이다. 감가상각누계액으로 옳은 것은? 단, 처분가액은 1,000,000원, 기계장치에 대한 유형자산처분이익은 500,000원이다.

재무상태표	
기계장치	3,000,000원
(감가상각누계액)	?

① 1,000,000원　② 1,500,000원　③ 2,000,000원　④ 2,500,000원

9. 다음의 내용과 관련하여 재무제표에 미치는 영향으로 옳은 것은?

- 사무실 건물에 엘리베이터를 설치하고 공사대금을 지급하였다.
- 해당 공사비용을 자본적 지출로 처리하여야 하나, 수익적 지출로 처리하였다.

① 수익의 과대계상
② 비용의 과대계상
③ 당기순이익의 과대계상
④ 자산의 과대계상

10. 아래 계정과목의 재무상태표상 구성요소가 순서대로 옳게 나열된 것은?

선급금 – 미지급금 – 자본금 – 선수수익

① 자산 – 부채 – 자본 – 부채
② 자산 – 자산 – 부채 – 부채
③ 부채 – 자산 – 자본 – 부채
④ 부채 – 부채 – 자본 – 자산

11. 자산과 자본의 내역이 다음과 같을 때 부채총액을 계산하면 얼마인가?

- 상품 : 400,000원
- 비품 : 50,000원
- 차량운반구 : 200,000원
- 자본금 : 400,000원

① 100,000원　② 150,000원　③ 200,000원　④ 250,000원

12.
개인기업인 서울상회의 기초 재무상태와 기중 자본 변동 자료 및 기중 경영성과 자료를 보고, 기말 자본을 계산한 금액으로 옳은 것은?

- 기초자산 : 3,000,000원
- 기초부채 : 1,700,000원
- 총수익 : 1,750,000원
- 총비용 : 1,620,000원
- 추가출자액 : 100,000원
- 인출액 : 200,000원

① 1,300,000원 ② 1,330,000원
③ 1,530,000원 ④ 1,630,000원

13.
다음은 서울상사의 소모품 사용 내역이다. 결산 시 소모품 결산 정리 분개로 옳은 것은?

- 수정전 시산표 소모품비 잔액 : 150,000원
- 사용액 : 100,000원
- 미사용액 : 50,000원
※ 소모품 구입 시 비용으로 회계처리

	(차변)		(대변)	
①	소모품	50,000원	소모품비	50,000원
②	소모품비	50,000원	소모품	50,000원
③	소모품	100,000원	소모품비	100,000원
④	소모품비	100,000원	소모품	100,000원

14.
다음 중 수익과 비용에 대한 설명으로 옳지 않은 것은?

① 유형자산의 감가상각비는 비용에 해당한다.
② 미지급급여는 비용에 해당한다.
③ 이자수익은 수익에 해당한다.
④ 임차료는 비용에 해당한다.

15.
다음 중 판매비와관리비에 해당하는 계정과목끼리만 묶인 것은?

① 급여, 외환차익 ② 여비교통비, 이자비용
③ 대손상각비, 감가상각비 ④ 기부금, 기타의 대손상각비

실무시험

서울상사(회사코드 : 2222)는 유아용 의류를 판매하는 개인기업으로 당기(제16기)의 회계기간은 2025. 1. 1. ~ 2025. 12. 31.이다. 전산세무회계 수험용 프로그램을 이용하여 다음 물음에 답하시오.

문제 1 다음은 서울상사의 사업자등록증이다. [회사등록] 메뉴에 입력된 내용을 검토하여 누락분은 추가 입력하고 잘못된 부분을 정정하시오. 단, 주소 입력 시 우편번호는 입력하지 않아도 무방함. (6점)

사업자등록증
(일반과세자)

등록번호 : 628-26-01035

상   호 : 서울상사
성   명 : 최은우   생 년 월 일: 1988년 10월 17일
개 업 연 월 일 : 2010년 1월 10일
사업장소재지 : 서울특별시 강남구 논현로 56 (개포동)
사 업 의 종 류 : 업태 도소매   종목 유아용 의류

발 급 사 유 : 신규
공 동 사 업 자 :

사업자 단위 과세 적용사업자 여부 : 여( ) 부(∨)
전자세금계산서 전용 전자우편주소 :

2010년 01월 10일
삼성세무서장 인

문제 2 다음은 서울상사의 전기분 손익계산서이다. 입력되어 있는 자료를 검토하여 오류 부분은 정정하고 누락된 부분은 추가 입력하시오. (6점)

손 익 계 산 서

회사명 : 서울상사   제15기 2024. 1. 1. ~ 2024. 12. 31.   (단위 : 원)

과목	금액	과목	금액
매 출 액	500,000,000	영 업 이 익	67,100,000
상 품 매 출	500,000,000	영 업 외 수 익	500,000
매 출 원 가	350,000,000	잡 이 익	500,000
상 품 매 출 원 가	350,000,000	영 업 외 비 용	1,600,000
기 초 상 품 재 고 액	20,000,000	기 부 금	1,500,000
당 기 상 품 매 입 액	400,000,000	잡 손 실	100,000
기 말 상 품 재 고 액	70,000,000	소득세차감전순이익	66,000,000
매 출 총 이 익	150,000,000	소 득 세 등	0
판 매 비 와 관 리 비	82,900,000	당 기 순 이 익	66,000,000
급 여	50,000,000		
복 리 후 생 비	4,500,000		
여 비 교 통 비	3,500,000		
기 업 업 무 추 진 비	5,000,000		
감 가 상 각 비	8,000,000		
보 험 료	900,000		
차 량 유 지 비	6,000,000		
소 모 품 비	5,000,000		

문제 3 다음 자료를 이용하여 입력하시오. (6점)

(1) [계정과목및적요등록] 메뉴를 이용하여 당좌자산의 단기대여금 계정에 다음 내용의 적요를 등록하시오. (3점)

> 대체적요 No.3 : 직원 가불금

(2) 거래처별 초기이월의 올바른 채권과 채무 잔액은 다음과 같다. [거래처별초기이월] 메뉴의 자료를 검토하여 오류가 있으면 올바르게 삭제 또는 수정, 추가 입력을 하시오. (3점)

계정과목	거래처명	금액
외상매출금	아가사랑㈜	15,000,000원
	㈜송파의류	15,000,000원
외상매입금	사랑의류	10,000,000원
	㈜강남의류	15,000,000원

문제 4 [일반전표입력] 메뉴를 이용하여 다음의 거래 자료를 입력하시오. (24점)

● 입력 시 유의사항 ●

- 적요의 입력은 생략한다.
- 부가가치세는 고려하지 않는다.
- 채권·채무와 관련된 거래는 별도의 요구가 없는 한 반드시 기등록된 거래처코드를 선택하는 방법으로 거래처명을 입력한다.
- 회계처리 시 계정과목은 별도의 제시가 없는 한 등록된 계정과목 중 가장 적절한 과목으로 한다.

□□□

(1) 7월 14일 사무실로 이용 중인 신라빌딩 임대차계약을 아래와 같이 임차보증금만 인상하는 것으로 재계약하고, 인상된 임차보증금을 보통예금 계좌에서 이체하여 지급하였다. 종전 임대차계약의 임차보증금은 170,000,000원이며, 갱신 후 임대차계약서는 아래와 같다. (3점)

부동산 임대차(월세) 계약서

본 부동산에 대하여 임대인과 임차인 쌍방은 다음과 같이 합의하여 임대차(월세)계약을 체결한다.

1. 부동산의 표시

소 재 지	서울특별시 강남구 논현로 56				
건 물	구조	철근콘크리트	용도	사무실	면적	100㎡
임 대 부 분	상동 소재지 전부				

2. 계약내용

제 1 조 위 부동산의 임대차계약에 있어 임차인은 보증금 및 차임을 아래와 같이 지불하기로 한다.

보 증 금	일금 일억팔천만 원정 (₩ 180,000,000)
차 임	일금 팔십만 원정 (₩ 800,000)은 매월 말일에 지불한다.

제 2 조 임대인은 위 부동산을 임대차 목적대로 사용·수익할 수 있는 상태로 하여 올해 07월 14일까지 임차인에게 인도하며, 임대차 기간은 인도일로부터 12개월로 한다.

… 중략 …

임대인 : 신라빌딩 대표   김유신 (인)
임차인 : 서울상사 대표   최은우 (인)

□□□

(2) 7월 22일 거래처 동신상사의 외상매출금 3,000,000원이 보통예금 계좌로 입금되었음을 확인하였다. (3점)

(3) 7월 24일 광고 목적으로 선물세트를 구매하고 아래와 같이 신용카드매출전표를 수령하였다. 구매한 선물세트는 무작위로 추첨된 고객들에게 증정하였다. (3점)

```
카드매출전표
카드종류          신용/삼성카드
카드번호          1250-4121-2412-1114
거래일자          20xx.07.24.11:21:51
일시불/할부                   일시불
승인번호                    69117675

이용내역
상품명            과일선물세트
단가                       20,000원
수량                          150개
결제금액                 3,000,000원

가맹점정보
가맹점명             하나로유통
사업자등록번호      130-52-12349
가맹점번호           163732104
대표자명                 김현숙
전화번호           031-400-3240

위의 거래내역을 확인합니다.
                        삼성카드
```

(4) 8월 21일 정풍상사에 판매하기 위한 상품의 상차작업을 위해 일용직 근로자를 고용하고 일당 100,000원을 현금으로 지급하였다. 단, 계정과목은 잡급으로 한다. (3점)

(5) 9월 10일 거래처 오민상사에 상품 2,000,000원을 매출하고 대금은 오민상사에서 발행한 약속어음으로 받았다. 당사가 부담한 운반비 50,000원은 전액 현금으로 지급하다. 단, 하나의 전표로 입력할 것. (3점)

(6) 9월 30일 특수관계인으로부터 업무용 승용차(공정가치 20,000,000원)를 무상으로 기증받았다. (3점)

□□□
(7) 11월 15일 연지상사에 상품 2,000,000원을 판매하는 계약을 하고, 계약금으로 상품 대금의 10%가 보통예금 계좌에 입금되었다. (3점)

□□□
(8) 12월 14일 단기매매 목적으로 100주를 주당 500,000원에 취득하였다. 취득 당시 증권거래 수수료는 10,000원이며, 대금은 모두 보통예금으로 지급하였다. (3점)

문제 5 [일반전표입력] 메뉴에 입력된 내용 중 다음의 오류가 발견되었다. 입력된 내용을 검토하고 수정 또는 삭제, 추가 입력하여 올바르게 정정하시오. (6점)

□□□
(1) 10월 10일 사업용 건물 구입에 따른 취득세 2,000,000원을 보통예금 계좌에서 이체하여 납부하고, 이를 세금과공과(판관비) 계정으로 회계처리한 것으로 확인되었다. (3점)

□□□
(2) 10월 15일 현금으로 지급한 축의금 300,000원은 본사 직원 결혼식 축의금이 아니라 거래처 직원 결혼식 축의금으로 확인되었다. (3점)

문제 6 다음의 결산정리사항을 입력하여 결산을 완료하시오. (12점)

(1) 상품 판매 매장의 12월분 임차료 500,000원을 다음 달 1일에 지급하기로 하였다. (3점)

(2) 기말 현재 가지급금 잔액 150,000원은 상품판매에 대한 운반비 지급액이었던 것으로 확인되었다. (가지급금의 거래처 입력은 생략한다) (3점)

(3) 당기 소모품 내역은 다음과 같다. 결산일에 필요한 회계처리를 하시오. 단, 소모품 구입 시 전액 자산으로 처리하였고 결산 시 기말잔액 이외의 소모품은 전액 소모품비(비용)로 회계처리 한다. (3점)

소모품 기초잔액	소모품 당기매입액	소모품 기말잔액
1,000,000원	5,000,000원	2,000,000원

(4) 결산을 위해 재고자산을 실사한 결과 기말상품재고액은 27,000,000원이었다. (단, 5.결산차변, 6.결산대변을 사용하시오) (3점)

문제 7 다음 사항을 조회하여 알맞은 답안을 [이론문제 답안작성] 메뉴에 입력하시오. (10점)

(1) 상반기(1월 ~ 6월)에 회수한 받을어음 금액이 가장 큰 월과 그 금액은 얼마인가? (3점)

(2) 6월 말 현재 영업용 건물의 장부가액은 얼마인가? (3점)

(3) 당사의 4월 1일부터 6월 30일까지에 대한 상품매출액과 상품매입액은 각각 얼마인가? (4점)

▶ 정답 및 해설 | p.518

제121회 기출문제

다시 봐야 할 문제(틀린 문제, 풀지 못한 문제, 헷갈리는 문제 등)는 회독별로 문제 번호 위 네모박스(□)에 체크하여 반복 학습할 수 있습니다.

이론시험

다음 문제를 보고 알맞은 것을 골라 [이론문제 답안작성] 메뉴에 입력하시오. (객관식 문항당 2점)

● 기 본 전 제 ●
문제에서 한국채택국제회계기준을 적용하도록 하는 전제조건이 없는 경우, 일반기업회계기준을 적용한다.

1. 다음 중 재무회계의 특징으로 옳지 않은 것은?

① 내부통제 목적으로 이용된다.
② 일반기업회계기준에 의해 작성된다.
③ 기본가정으로 기업실체, 계속기업, 기간별보고를 들 수 있다.
④ 기업 외부 이해관계자의 경제적 의사결정에 유용한 정보를 제공하는 것을 목적으로 한다.

2. 다음 중 시산표 등식으로 옳은 것은?

① 기말자산 + 총수익 = 기말부채 + 기초자본 + 총비용
② 기말자산 + 총수익 = 기말부채 + 기말자본 + 총비용
③ 기말자산 + 총비용 = 기말부채 + 기초자본 + 총수익
④ 기말자산 + 총비용 = 기말부채 + 기말자본 + 총수익

3. 다음의 자료를 통해 외상매출금의 당기 입금액을 계산하면 얼마인가?

- 기초 외상매출금 : 100,000원
- 기말 외상매출금 : 80,000원
- 당기 외상매출액 : 300,000원
- 매출에누리 및 매출할인 : 30,000원

① 90,000원
② 290,000원
③ 350,000원
④ 450,000원

4. 다음의 자료에서 주식의 매입거래에서 지출한 수수료에 대한 회계처리로 옳은 것은?

> 단기 시세차익을 목적으로 시장성이 있는 상장 주식 100주(1주당 액면 금액 5,000원)를 1주당 7,000원에 구입하고, 대금은 수수료 10,000원과 함께 현금으로 지급하였다.

① 이자비용으로 처리한다.
② 수수료비용으로 처리한다.
③ 단기매매증권의 취득원가에 가산한다.
④ 단기매매증권의 취득원가에서 차감한다.

5. 다음 중 기말재고에 적용할 취득단가 산정 시 원가흐름의 가정으로 적용하는 방법이 아닌 것은?

① 선입선출법　　② 후입선출법
③ 정액법　　　　④ 이동평균법

6. 다음 중 차량판매업을 영위하는 회사의 감가상각자산에 해당하는 것은?

① 토지　　　　　② 판매용 차량운반구
③ 외상매출금　　④ 사무실 냉난방기

7. 다음의 자료를 이용하여 당기 중에 처분한 비품의 취득원가를 계산하면 얼마인가?

> • 비품 처분가액 : 1,000,000원
> • 비품 감가상각누계액 : 1,800,000원
> • 비품 유형자산처분이익 : 100,000원

① 2,500,000원　　② 2,600,000원
③ 2,700,000원　　④ 2,800,000원

8. 다음 중 자산에 해당하는 계정과목은 모두 몇 개인가?

| • 단기대여금 | • 매출채권 | • 미수금 | • 선수금 |
| • 선급비용 | • 임차보증금 | • 선급금 | • 예수금 |

① 4개　　　② 5개　　　③ 6개　　　④ 7개

9. 다음 중 비유동부채에 해당하는 계정과목이 아닌 것은?

ㄱ. 선수금　　　　　　ㄴ. 단기차입금
ㄷ. 장기미지급금　　　ㄹ. 퇴직급여충당부채

① ㄱ, ㄴ　　② ㄱ, ㄹ　　③ ㄴ, ㄷ　　④ ㄷ, ㄹ

10. 다음 중 손익계산서의 계정과목으로만 짝지어진 것은?

① 자본금, 보통예금　　　② 상품매출, 예수금
③ 이자수익, 감가상각비　④ 대손충당금, 이자비용

11. 다음의 자료는 당기 12월 31일 현재 각 계정의 잔액이다. 단기차입금을 계산하면 얼마인가?

• 현금 : 550,000원	• 외상매출금 : 250,000원
• 선수금 : 200,000원	• 선급금 : 500,000원
• 자본금 : 500,000원	• 단기차입금 : ?

① 500,000원　② 600,000원　③ 700,000원　④ 800,000원

12. 기말 창고에 재고자산이 100,000원이지만 회계담당자의 실수로 재무상태표에는 90,000원으로 계상되었다. 회계담당자의 실수가 재무제표에 미치는 영향으로 옳지 않은 것은?

① 기말재고자산이 10,000원 과소계상 되었다.
② 매출원가는 10,000원 과소계상 되었다.
③ 매출총이익이 10,000원 과소계상 되었다.
④ 영업이익이 10,000원 과소계상 되었다.

13. 다음은 한국상사의 현금과부족 자료이다. 결산 시 현금과부족 계정 잔액의 원인이 밝혀지지 않았다. 결산 시 계정과목과 금액으로 옳은 것은? 단, 회계기간은 1월 1일부터 12월 31일까지이다.

	현금과부족		
7/1 이 자 수 익 60,000	1/30 현 금 80,000
12/31 (가) (나)	
80,000	80,000

	(가)	(나)
①	잡이익	20,000원
②	이자수익	20,000원
③	잡손실	20,000원
④	이자비용	20,000원

14. 다음 중 영업이익에 영향을 미치는 계정으로 옳은 것은?

① 이자수익
② 이자비용
③ 상품매출원가
④ 잡이익

15. 다음 중 광고선전비에 해당하지 않는 것은?

① 유명 인플루언서에게 자사제품을 알리는 목적으로 지급한 비용
② 거래처에게 발송한 한우선물세트 구입 비용
③ 회사 브랜드 이미지를 재구축하기 위해서 지출한 컨설팅 비용
④ 기업 안내 책자 제작 비용

실무시험

민수상사(코드번호 : 2221)는 소프트웨어를 판매하는 개인기업으로 당기(제8기)의 회계기간은 2025. 1. 1. ~ 2025. 12. 31.이다. 전산세무회계 수험용 프로그램을 이용하여 다음 물음에 답하시오.

문제 1 [회사등록] 메뉴에 입력된 내용을 검토하여 누락분은 추가 입력하고 잘못된 부분은 정정하시오. (주소 입력 시 우편번호는 생략할 것) (6점)

사업자등록증
(일반과세자)

등록번호 : 120-46-78227

상　　　　호 : 민수상사
성　　　　명 : 김민수　　　생 년 월 일: 1997년 04월 06일
개 업 연 월 일 : 2018년 05월 26일
사 업 장 소 재 지 : 서울특별시 용산구 한강대로 109(한강로2가)
사 업 의 종 류 : 업태 도소매　　종목 소프트웨어

발 급 사 유 : 신규
공 동 사 업 자 :

사업자 단위 과세 적용사업자 여부 : 여( ) 부(∨)
전자세금계산서 전용 전자우편주소 :

2018년 05월 26일
용산세무서장 인

문제 2

다음은 민수상사의 전기분 재무상태표이다. 입력되어 있는 자료를 검토하여 오류부분은 정정하고 누락된 부분은 추가 입력하시오. (6점)

재 무 상 태 표

회사명 : 민수상사　　　　　제7기 2024. 12. 31. 현재　　　　　(단위 : 원)

과목	금액		과목	금액
현　　　　　금		11,000,000	외 상 매 입 금	22,000,000
당 좌 예 금		55,000,000	지 급 어 음	18,500,000
보 통 예 금		13,600,000	미 지 급 금	4,300,000
외 상 매 출 금	15,500,000		예　　수　　금	780,000
대 손 충 당 금	155,000	15,345,000	단 기 차 입 금	14,000,000
받 을 어 음	3,800,000		자　　본　　금	94,227,000
대 손 충 당 금	38,000	3,762,000		
미　　수　　금		6,500,000		
상　　　　　품		15,000,000		
차 량 운 반 구	25,000,000			
감 가 상 각 누 계 액	14,000,000	11,000,000		
비　　　　　품	8,000,000			
감 가 상 각 누 계 액	3,400,000	4,600,000		
임 차 보 증 금		18,000,000		
자 산 총 계		153,807,000	부채와 자본 총계	153,807,000

문제 3

다음 자료를 이용하여 입력하시오. (6점)

(1) 다음의 신규 거래처를 [거래처등록] 메뉴에서 추가 입력하시오. (3점)

코드	거래처명	대표자명	사업자등록번호	업태	종목	유형
00518	덕우상사	김희동	113-09-67896	도매및소매업	의류 소매업	3.동시

(2) 외상매입금과 지급어음에 대한 거래처별 초기이월 자료는 다음과 같다. 주어진 자료를 검토하여 수정, 삭제 및 누락된 부분을 추가 입력하시오. (3점)

계정과목	거래처	잔액
외상매입금	타임상사	6,000,000원
	초롱상사	16,000,000원
지급어음	달래상사	7,000,000원
	도원상사	11,500,000원

문제 4 [일반전표입력] 메뉴를 이용하여 다음의 거래 자료를 입력하시오. (24점)

● 입력 시 유의사항 ●

- 적요의 입력은 생략한다.
- 부가가치세는 고려하지 않는다.
- 채권·채무와 관련된 거래는 별도의 요구가 없는 한 반드시 기등록된 거래처코드를 선택하는 방법으로 거래처명을 입력한다.
- 회계처리 시 계정과목은 별도의 제시가 없는 한 등록된 계정과목 중 가장 적절한 과목으로 한다.

(1) 7월 28일 상호저축은행에서 원금 20,000,000원을 6개월 동안 차입하면서 선이자 600,000원을 차감한 금액이 보통예금 계좌로 입금되었다. (단, 선이자는 이자비용으로 회계처리 하기로 한다) (3점)

(2) 8월 2일 수민상사의 외상매입금 6,000,000원을 수민상사의 외상매출금과 상계 처리하기로 상호합의 하였다. (3점)

(3) 8월 19일 여수상사에서 매출대금으로 받아 보관 중인 약속어음 5,000,000원이 만기가 도래하여 국민은행에 추심 의뢰한 바, 추심수수료 50,000원을 차감한 금액이 보통예금 통장에 입금되었다. (3점)

(4) 8월 21일 신규 영업부 사원들이 사용할 컴퓨터 5대를 구매하고 계약금 외 나머지 잔액을 모두 보통예금 계좌에서 송금하였다. (단, 6월 19일 주문 시 계약금 1,000,000원을 지급하였다. 컴퓨터는 비품 계정을 사용할 것) (3점)

견 적 서

공급자	사업자번호	237-07-05251			견적번호 : 08461 아래와 같이 견적서를 발송합니다. 08월 21일
	상 호	삼인전자	대 표 자	주시연 (인)	
	소 재 지	서울시 강동구 천호대로 1027 (천호동)			
	업 태	도소매	종 목	컴퓨터	
	담 당 자	김연우	전화번호	1577-0930	

품명	규격	수량(개)	단가(원)	금액(원)	비고
삼성 센스 시리즈	S-7	5	2,000,000	10,000,000	
	이하 여백				
합계 금액				10,000,000	

유효기간 : 견적 유효기간은 발행 후 15일
납 기 : 발주 후 3일
결제방법 : 현금결제 및 카드결제 가능
송금계좌 : KB국민은행 / 625241-12-902380
기 타 : 운반비 별도

(5) 9월 15일 불우이웃돕기를 위해 사회복지센터에 기부금 5,000,000원을 보통예금 계좌에서 송금하였다. (3점)

(6) 10월 10일 영업부 직원의 건강보험료 180,000원을 보통예금 계좌에서 납부하였다. 납부한 금액 중 90,000원은 직원부담분이고 나머지는 회사부담분이며, 직원부담분은 직원의 9월 귀속 급여에서 공제한 상태이다. (단, 하나의 전표로 처리하고 회사부담분은 복리후생비 계정으로 처리할 것) (3점)

□□□
(7) 11월 30일 영업부서 최대리에게 다음과 같이 급여를 당좌예금 계좌에서 이체하였다. 급여대장은 다음과 같다. (3점)

개인별 급여 명세서

11월분

사 원 정 보

사 번	205	성 명	최대리

급여지급내역	항 목	금 액	공제내역	항 목	금 액
	기 본 급	2,100,000원		국 민 연 금	94,500원
				건 강 보 험 료	74,440원
				고 용 보 험 료	18,900원
				장 기 요 양 보 험 료	7,450원
				공 제 합 계	195,290원
실수령액			1,904,710원		

귀하의 노고에 감사드립니다.

□□□
(8) 12월 21일 영업부에서 사용하는 승용자동차에 대한 자동차세 259,740원을 은행에 방문하여 현금으로 납부하였다. (3점)

	20xx-2기 년분 자동차세 세액 신고납부서				납세자보관용 영수증
납세자	민수상사				
주 소	서울특별시 용산구 한강대로 109				
납세번호	기관번호	제목	납세년월기	과세번호	
과세대상	240거1203 (2998cc)	구분	자동차세	지방교육세	납부할 세액 합계
		당초산출세액	199,800	59,940	
과세기간	20xx. 07. 01. ~ 20xx. 12. 31.	선납공제액(10%)		(자동차세액 ×30/100)	259,740원
		요일제감면액(5%)			
		납부할세액	199,800	59,940	

〈납부장소〉

위의 금액을 영수합니다.
20xx년 12월 21일

*수납인이 없으면 이 영수증은 무효입니다.   *공무원은 현금을 수납하지 않습니다.

문제 5
[일반전표입력] 메뉴에 입력된 내용 중 다음의 오류가 발견되었다. 입력된 내용을 검토하고 수정 또는 삭제, 추가 입력하여 올바르게 정정하시오. (6점)

(1) 9월 12일 사업장 건물의 엘리베이터 수리비 2,000,000원을 현금으로 지출하고 건물의 자본적 지출로 처리해야 하나, 수익적 지출로 잘못 처리하였다. (3점)

(2) 12월 1일 보통예금에 입금된 1,300,000원은 거래처 피치상사의 외상매출금을 회수한 것으로 회계처리 하였으나, 이는 거래처 강북상사로부터 받은 계약금인 것으로 밝혀졌다. (3점)

문제 6
다음의 결산정리사항을 입력하여 결산을 완료하시오. (12점)

(1) 다음은 당기에 취득한 단기매매증권의 거래 내역이다. 기말 현재 공정가치는 1주당 @20,000원으로 평가된다. (3점)

취득가액	기중 처분액(취득가액의 50%)	기말 공정가치
1,400,000원(@14,000원, 100주)	700,000원	1,000,000원

(2) 건물 임대료 6개월분(올해. 10. 1. ~ 내년. 3. 31.) 6,000,000원을 전액 현금으로 받고, 수익으로 회계처리 하였다. 기말수정분개를 하시오. (단, 월할 계산할 것) (3점)

(3) 결산일 현재 가수금 잔액 1,400,000원은 고돌상사의 외상매출금 수령액으로 판명되었다. (가수금의 거래처 입력은 생략한다) (3점)

(4) 결산일 현재 단기대여금에 대한 기간경과분 이자수익 250,000원을 계상하시오. (3점)

문제 7 다음 사항을 조회하여 알맞은 답안을 [이론문제 답안작성] 메뉴에 입력하시오. (10점)

☐☐☐
(1) 상반기(1월 ~ 6월) 복리후생비(판관비)가 가장 많은 달의 지출액은 얼마인가? (3점)

☐☐☐
(2) 6월 중 발생한 상품매입 거래는 몇 건이며, 상품 매입대금 합계액은 얼마인가? (3점)

☐☐☐
(3) 6월 30일 현재 샛별상사에 지급해야 할 외상매입금과 미지급금의 잔액의 합계는 얼마인가? (4점)

▶ 정답 및 해설 | p.521

제120회 기출문제

☑ 다시 봐야 할 문제(틀린 문제, 풀지 못한 문제, 헷갈리는 문제 등)는 회독별로 문제 번호 위 네모박스(□)에 체크하여 반복 학습할 수 있습니다.

이론시험

다음 문제를 보고 알맞은 것을 골라 [이론문제 답안작성] 메뉴에 입력하시오. (객관식 문항당 2점)

─────── ● 기 본 전 제 ● ───────
문제에서 한국채택국제회계기준을 적용하도록 하는 전제조건이 없는 경우, 일반기업회계기준을 적용한다.

1. 다음 중 회계상의 거래에 해당하지 않는 것은?

① 상품 200,000원을 외상으로 매입하다.
② 서해 상점에서 상품 100,000원을 주문하다.
③ 점포 임대차 계약을 체결하고, 이달분 월세 500,000원을 보통예금으로 받다.
④ 상품 300,000원을 운반하기 위하여 운송업자와 계약을 체결하고, 계약금 100,000원을 현금으로 지급하다.

2. 다음의 자료에서 설명하고 있는 (가)와 (나)에 각각 들어갈 용어로 바르게 짝지어진 것은?

재무상태표는 (가) 현재 기업실체가 보유하고 있는 경제적 자원인 자산과 경제적 의무인 부채, 그리고 자본에 대한 정보를 제공하는 재무보고서이며, 손익계산서는 (나) 동안 기업실체의 경영성과에 대한 정보를 제공하는 재무보고서이다.

	(가)	(나)
①	일정 시점	일정 기간
②	일정 시점	일정 시점
③	일정 기간	일정 기간
④	일정 기간	일정 시점

3. 다음 중 현금및현금성자산 항목에 해당하지 않는 것은?

① 보통예금 ② 자기앞수표
③ 취득 당시 만기가 5개월인 채권 ④ 당좌예금

4. 다음의 순천상사의 거래를 분개할 경우 (가)와 (나)에 들어갈 계정과목으로 올바르게 짝지어진 것은?

> 순천상사는 매입처에서 컴퓨터 10대(@800,000원)를 8,000,000원에 매입하고 당사 발행 약속어음 (4,000,000원/매, 2매)을 지급하였다. (단, 5대는 판매용이고 5대는 영업부의 업무용으로 구매하였다)
> • (차) 상품 4,000,000원 (대) (가) 4,000,000원
> • (차) 비품 4,000,000원 (대) (나) 4,000,000원

	(가)	(나)
①	지급어음	지급어음
②	지급어음	미지급금
③	미지급금	지급어음
④	미지급금	미지급금

5. 무한상사는 상품을 수입하여 직접 판매 및 수탁자를 통한 위탁판매를 하고 있다. 재고자산 관련 현황이 아래와 같을 때, 기말재고자산 가액은 얼마인가?

> • 무한상사의 창고에 보관 중인 상품 : 100,000원
> • 수탁자가 보관 중인 무한상사의 상품 : 50,000원
> • 선적지 인도조건에 따라 매입하여 운송 중인 미착상품 : 200,000원

① 150,000원 ② 250,000원 ③ 300,000원 ④ 350,000원

6. 다음의 거래 내역을 보고 대구상점의 입장에서 분개를 할 경우 차변의 계정과목으로 옳은 것은?

> 서울상점은 대구상점으로부터 상품 200,000원을 매입하고 대금은 당좌수표를 발행하여 지급하다.

① 현금 ② 당좌예금 ③ 상품 ④ 상품매출

7. 다음 중 괄호 안에 들어갈 감가상각 방법으로 옳은 것은?

( )은 내용연수 초기에 감가상각비가 많이 발생하고, 기간이 경과할수록 적게 발생한다고 가정한다.

① 정액법　　　② 정률법　　　③ 총액법　　　④ 선입선출법

8. 다음 중 자산에 대한 설명으로 옳지 않은 것은?

① 미래 경제적 효익의 유입이 예상되는 것을 자산이라 한다.
② 재고자산과 유형자산은 비유동자산에 해당한다.
③ 자산은 유동자산과 비유동자산으로 구분한다.
④ 선급금, 미수금, 비품 계정과목은 자산에 해당한다.

9. 다음 외상매입금 계정의 자료를 보고, 당기 외상매입액을 계산하면 얼마인가? 단, 모든 상품은 외상으로 매입한 후 일정 기간 후에 현금으로 지급한다.

전기이월액	당기 외상매입액	당기 현금지급액	차기이월액
210,000원	?	310,000원	230,000원

① 290,000원　　② 310,000원　　③ 330,000원　　④ 350,000원

10. 다음의 거래 내용을 보고 결합관계를 적절하게 나타낸 것은?

은행 대출금 1,000,000원을 보통예금으로 변제하였다. 단, 이자는 고려하지 않는다.

	(차변)	(대변)
①	비용 발생	자산 감소
②	부채 감소	수익 발생
③	부채 감소	자산 감소
④	비용 발생	비용 발생

11. 다음의 계정과목 중 재무상태표에서 볼 수 있는 계정과목으로 옳은 것은?

① 상품매출원가　② 수선비　③ 선수금　④ 소득세비용

12. 다음 중 괄호 안에 들어갈 내용으로 옳은 것은?

> 개인이 기업을 설립하며 출자한 자금을 (　　　)(이)라고 한다.

① 자본금　② 자산　③ 부채　④ 비용

13. 갑회사는 상품매출원가에 상품매출원가의 20%를 가산한 금액으로 상품을 판매하고 있다. 당기 상품매출액은 48,000,000원이다. 당기의 매출총이익은 얼마인가?

① 8,000,000원　② 9,600,000원　③ 12,000,000원　④ 40,000,000원

14. 다음 중 판매비와관리비 항목에 해당하는 계정과목으로 옳은 것은?

① 복리후생비　② 선급비용　③ 이자비용　④ 잡손실

15. 다음 중 영업외비용으로 계상되는 거래로 가장 옳은 것은?

① 교회 헌금으로 50,000원을 지급하였다.
② 영업부 직원에게 급여 1,000,000원을 지급하였다.
③ 상품의 외상매출액 30,000원이 대손 확정되었다.
④ 거래처에 선물하기 위해 70,000원을 지출하였다.

실무시험

대전상사(회사코드 : 2220)는 가방을 판매하는 개인기업으로 당기(제10기)의 회계기간은 2025. 1. 1. ~ 2025. 12. 31.이다. 전산세무회계 수험용 프로그램을 이용하여 다음 물음에 답하시오.

문제 1 다음은 대전상사의 사업자등록증이다. [회사등록] 메뉴에서 입력된 내용을 검토하여 누락분은 추가 입력하고 잘못된 부분은 정정하시오. (주소 입력 시 우편번호는 입력하지 않아도 무방함) (6점)

사업자등록증
(일반과세자)
등록번호 : 305-52-36547

상　　　호 : 대전상사
성　　　명 : 최대전　　　생 년 월 일: 1965년 05월 05일
개 업 연 월 일 : 2016년 03월 14일
사 업 장 소 재 지 : 대전광역시 동구 가양남로 1(가양동)
사 업 의 종 류 : 업태 도매　　종목 가방

발 급 사 유 : 신규
공 동 사 업 자 :

사업자 단위 과세 적용사업자 여부 : 여( ) 부(∨)
전자세금계산서 전용 전자우편주소 :

2016년 03월 14일
대전세무서장 인

문제 2 다음은 대전상사의 전기분 손익계산서이다. 입력되어 있는 자료를 검토하여 틀린부분은 수정하고 누락된 부분은 추가 입력하시오. (6점)

손 익 계 산 서

회사명: 대전상사　　　　제9기 2024. 1. 1. ~ 2024. 12. 31.　　　　　(단위: 원)

과목	금액	과목	금액
매 출 액	400,000,000	**영 업 이 익**	62,100,000
상 품 매 출	400,000,000	**영 업 외 수 익**	4,300,000
매 출 원 가	175,000,000	이 자 수 익	1,700,000
상 품 매 출 원 가	175,000,000	잡 이 익	2,600,000
기 초 상 품 재 고 액	10,000,000	**영 업 외 비 용**	3,600,000
당 기 상 품 매 입 액	170,000,000	이 자 비 용	3,500,000
기 말 상 품 재 고 액	5,000,000	잡 손 실	100,000
매 출 총 이 익	225,000,000	**소득세차감전순이익**	62,800,000
판 매 비 와 관 리 비	162,900,000	**소 득 세 등**	0
급 여	110,000,000	**당 기 순 이 익**	62,800,000
복 리 후 생 비	8,300,000		
기 업 업 무 추 진 비	14,400,000		
임 차 료	24,000,000		
수 선 비	1,200,000		
운 반 비	2,300,000		
수 수 료 비 용	2,700,000		

문제 3 다음 자료를 이용하여 입력하시오. (6점)

(1) 다음 자료를 이용하여 [거래처등록] 메뉴에서 거래처(금융기관)를 추가로 등록하시오. (단, 주어진 자료 외의 다른 항목은 입력할 필요 없음) (3점)

- 거래처코드: 98006　　• 거래처명: 우리은행　　• 유형: 보통예금
- 계좌번호: 1005-103-516135　　• 계좌개설일: 2025. 4. 20.

(2) 대전상사의 전기분 미수금과 미지급금 기말 잔액은 다음과 같다. [거래처별초기이월]에 입력된 자료를 검토하여 잘못된 부분은 수정 또는 추가 입력하여 주어진 자료에 맞게 정정하시오. (3점)

계정과목	거래처명	금액	계정과목	거래처명	금액
미수금	도움상사	2,400,000원	미지급금	유미상사	1,200,000원
	태성상회	2,200,000원		소미상사	1,300,000원
	미니상사	1,900,000원		블루상사	1,800,000원

문제 4 [일반전표입력] 메뉴를 이용하여 다음의 거래 자료를 입력하시오. (24점)

● 입력 시 유의사항 ●

- 적요의 입력은 생략한다.
- 부가가치세는 고려하지 않는다.
- 채권·채무와 관련된 거래는 별도의 요구가 없는 한 반드시 기등록된 거래처코드를 선택하는 방법으로 거래처명을 입력한다.
- 회계처리 시 계정과목은 별도의 제시가 없는 한 등록된 계정과목 중 가장 적절한 과목으로 한다.

(1) 7월 5일 본사 건물 에어컨을 수리하고, 수리비 2,000,000원을 보통예금 계좌에서 이체하여 지급하였다. (단, 수익적 지출로 처리한다) (3점)

(2) 7월 31일 영업부의 건물분 재산세 200,000원을 보통예금 계좌에서 납부하였다. (3점)

(3) 8월 11일 영업부 김지연 직원의 퇴직금 3,000,000원을 보통예금 계좌에서 지급하였다. 지급일 현재 퇴직급여충당부채 잔액은 2,600,000원이다. (단, 하나의 전표로 회계처리 할 것) (3점)

(4) 8월 25일 국제상사에서 상품 4,500,000원을 매입하고 당사가 매출대금으로 받아 보관 중이던 오션상사 발행 약속어음으로 배서양도 하였다. (3점)

(5) 9월 20일 둘둘상사로부터 상품 2,500,000원을 구입하는 계약을 하고, 계약금으로 상품 대금의 20%를 보통예금 계좌에서 지급하였다. (3점)

□□□
(6) 10월 20일 본사 직원 생일 선물을 위해 연안수산에서 미역을 구입하고 대금은 현금으로 지급하였다. 이 거래에서 아래와 같은 현금영수증을 수취하였다. (3점)

현금영수증		
승인번호	구매자 발행번호	발행방법
G54782245	305-52-36547	지출증빙
신청구분	발행일자	취소일자
사업자번호	20xx. 10. 20.	-
상품명		
미역		
구분	주문번호	상품주문번호
일반상품		

판매자 정보

판매자상호	대표자명
연안수산	김지은
사업자등록번호	판매자전화번호
201-17-45670	032-459-8751
판매자사업장주소	
인천시 계양구 방축로 106, 75-3	

금액

공급가액			1	0	0	0	0	0
부가세액							
봉사료							
승인금액			1	0	0	0	0	0

(7) 10월 27일 대표자는 같은 와인 10병을 사업용 신용카드(하나카드)로 결제하였다. (5병은 영업 관련한 선물용으로 구매하고, 나머지는 개인적인 용도로 구매하였다) (3점)

하나카드 승인전표	
카드번호	6702-0102-5872-4183
거래유형	신용승인
결제방법	일시불
거래일시	20xx. 10. 27. 19:38
취소일시	
승인번호	00481390
승인금액	2,200,000원
봉사료	원
합계	2,200,000원
가맹점명	대양유통
가맹점번호	215219179
가맹점 주소	서울 용산구 한강로1가 18-4
사업자등록번호	115-50-50087
대표자명	
하나카드	

(8) 12월 21일 도움상사에 10,000,000원을 5년 후 상환받는 조건으로 대여하고, 대여금은 보통예금 계좌에서 이체하였다. (3점)

문제 5 [일반전표입력] 메뉴에 입력된 내용 중 다음의 오류가 발견되었다. 입력된 내용을 검토하고 수정 또는 삭제, 추가 입력하여 올바르게 정정하시오. (6점)

(1) 8월 29일 당사가 지급한 운반비 100,000원은 상품매출에 따른 운반비가 아니라 상품매입에 따른 운반비로 판명되었다. (3점)

(2) 11월 30일 유미상사에 상품 2,600,000원을 외상으로 매출하고, 미수금으로 회계처리 하였다. (3점)

문제 6 다음의 결산정리사항을 입력하여 결산을 완료하시오. (12점)

□□□
(1) 결산일에 현금의 장부 금액은 837,660원이고 실제 현금 금액은 937,660원인 것을 발견하였으나, 그 원인은 밝혀지지 않았다. (3점)

□□□
(2) 영업부서의 소모품비로 계상된 금액 중 결산일 현재 미사용된 소모품이 120,000원 있다. (구입 당시 비용으로 처리함) (3점)

□□□
(3) 결산일 현재 하나은행에서 대출받은 단기차입금(원금 : 30,000,000원, 이자율 : 연 6%, 차입일 : 올해 11월 1일, 차입기간 : 6개월, 이자지급 예정일 : 내년 4월 30일)에 대한 기간경과 이자분을 월할 계산하고 결산을 완료하시오. (3점)

□□□
(4) 보유 중인 영업부의 냉난방기 시설(비품)에 대한 당기분 감가상각비를 계산하시오. (취득일 올해 7월 1일, 취득원가 3,000,000원, 잔존가액 0원, 내용연수 5년, 정률법 상각, 상각률은 0.451이고 월할상각하시오) (3점)

문제 7 다음 사항을 조회하여 알맞은 답안을 [이론문제 답안작성] 메뉴에 입력하시오. (10점)

□□□
(1) 6월 말 현재 거래처 시안상사에 대한 외상매출금 잔액은 얼마인가? (3점)

□□□
(2) 5월 1일부터 5월 31일까지 외상매입금 결제를 위해 지급한 금액은 얼마인가? (3점)

□□□
(3) 6월 판매비와관리비에 해당하는 계정과목 중 현금으로 가장 많이 지급한 계정과목명은 무엇이며 그 금액은 얼마인가? (4점)

▶ 정답 및 해설 | p.525

제119회 기출문제

☑ 다시 봐야 할 문제(틀린 문제, 풀지 못한 문제, 헷갈리는 문제 등)는 회독별로 문제 번호 위 네모박스(□)에 체크하여 반복 학습할 수 있습니다.

이론시험

다음 문제를 보고 알맞은 것을 골라 [이론문제 답안작성] 메뉴에 입력하시오. (객관식 문항당 2점)

● 기 본 전 제 ●
문제에서 한국채택국제회계기준을 적용하도록 하는 전제조건이 없는 경우, 일반기업회계기준을 적용한다.

1. 다음 중 일반기업회계기준상 재무제표에 해당하는 것으로만 구성된 것은?

① 재무상태표, 시산표
② 손익계산서, 시산표
③ 현금흐름표, 자본변동표
④ 주석, 분개장

2. 상품매출에 대한 계약금을 거래처로부터 현금으로 받고 '(차) 현금 xxx / (대) 상품매출 xxx'로 회계처리 하였다. 이로 인해 재무상태표에 미치는 영향으로 옳은 것은?

① 자산이 과소계상 된다.
② 자산이 과대계상 된다.
③ 부채가 과대계상 된다.
④ 부채가 과소계상 된다.

3. 다음 자료에서 재무상태표상에 현금및현금성자산으로 통합표시되는 것으로 바르게 묶은 것은?

ㄱ. 경기은행 발행 자기앞수표
ㄴ. 취득 당시 만기가 3개월 이내인 채권
ㄷ. 단기시세차익을 목적으로 구입한 주식
ㄹ. 취득 당시 만기가 6개월인 정기예금

① ㄱ, ㄴ
② ㄱ, ㄷ
③ ㄴ, ㄷ
④ ㄷ, ㄹ

4. 회사의 재산 상태가 다음과 같은 경우 자산의 총액을 계산하면 얼마인가?

- 자본금 : 200,000원
- 장기차입금 : 50,000원
- 예수금 : 100,000원
- 선수금 : 500,000원

① 550,000원 ② 600,000원 ③ 700,000원 ④ 850,000원

5. 재고자산의 단가결정 방법 중 계속해서 물가가 상승하는 상황에서 기말재고 금액이 큰 것부터 순서대로 나열한 것은? 단, 기초재고수량과 기말재고수량은 동일하다고 가정한다.

① 이동평균법 – 선입선출법 – 후입선출법
② 선입선출법 – 이동평균법 – 후입선출법
③ 후입선출법 – 이동평균법 – 선입선출법
④ 선입선출법 – 후입선출법 – 이동평균법

6. 선급금 계정의 총계정원장은 다음과 같다. 5월 4일 거래에 대한 설명으로 옳은 것은?

	선급금			
5/4	현금	100,000	6/6 상품	100,000

① 상품을 주문하고 계약금을 지급하였다.
② 상품을 주문받고 계약금을 받았다.
③ 상품을 매입하고 계약금을 차감하였다.
④ 상품을 매출하고 계약금을 차감하였다.

7. 다음의 감가상각 방법 중 내용연수 동안 감가상각액이 매 기간 감소하는 방법이 아닌 것은?

① 정률법 ② 정액법 ③ 이중체감법 ④ 연수합계법

8. 다음은 유형자산의 처분에 대한 자료이다. 유형자산처분손익은 얼마인가? 단, 제시된 자료 외의 것은 고려하지 않는다.

- 업무용 트럭을 9,000,000원에 처분하고, 대금은 자기앞수표로 받았다.
- 단, 업무용 트럭의 취득원가는 10,000,000원, 처분 시점의 장부금액은 6,800,000원이다.

① 유형자산 처분이익 1,000,000원
② 유형자산 처분이익 2,200,000원
③ 유형자산 처분손실 1,000,000원
④ 유형자산 처분손실 2,200,000원

9. 다음 중 아래의 회계처리에 대한 설명으로 가장 적절한 것은?

(차) 상품	20,000,000원	(대) 외상매입금	20,000,000원

① 상품을 구입하고 대금 20,000,000원을 즉시 현금으로 지급하였다.
② 상품을 구입하고 대금 20,000,000원을 다음 달에 지급하기로 하였다.
③ 지난달에 구매한 상품에 대한 대금 20,000,000원을 현금으로 지급하였다.
④ 지난달에 구매한 상품을 환불하여 현금 20,000,000원을 수령하였다.

10. 다음 중 재무상태표상 비유동부채에 해당하는 것으로만 구성된 것은?

① 선수금, 외상매입금
② 예수금, 장기차입금
③ 임대보증금, 유동성장기부채
④ 장기차입금, 퇴직급여충당부채

11. 다음은 개인기업인 부산상점의 이월시산표 중 일부이다. 기초자본금은 400,000원이다. 부산상점의 기말자본금은 얼마인가?

	이월시산표	
부산상점	20××년 12월 31일	(단위: 원)
차변	계정과목	대변
⋮	⋮	⋮
80,000	상품	
10,000	선급비용	
5,000	미수수익	
	자본금	500,000
×××		×××

① 80,000원 ② 420,000원 ③ 500,000원 ④ 580,000원

12. 다음의 자료를 이용하여 당기순이익을 계산하면 얼마인가?

- 기초자본: 300,000원
- 판매비와관리비: 110,000원
- 매출총이익: 250,000원
- 기말자본: 460,000원

① 140,000원 ② 160,000원 ③ 410,000원 ④ 510,000원

13. 다음 중 결산 시 손익 계정으로 마감하는 계정과목에 해당하지 않는 것은?

① 이자수익　　　　　　　　　② 임차료
③ 기업업무추진비　　　　　　　④ 미수금

14. 다음의 자료가 설명하는 내용의 개념으로 올바른 것은?

> (　　)는(은) 제품, 상품, 용역 등의 판매활동과 기업의 관리활동에서 발생하는 비용으로서 매출원가에 속하지 아니하는 모든 영업비용을 포함한다.

① 매출원가　　　　　　　　　② 영업외비용
③ 판매비와관리비　　　　　　　④ 매출액

15. 다음의 거래 중 당기순이익을 감소시키는 거래로 옳은 것은?

① 기말에 대손충당금 잔액이 부족하여 추가로 300,000원을 설정하였다.
② 상품의 대량 구매로 인하여 500,000원을 할인받았다.
③ 단기매매증권을 처분하여 500,000원의 처분이익이 발생하였다.
④ 장부가액이 1,000원인 기계장치의 화재로 인하여 보험금 300,000원을 수령하였다.

실무시험

순천상사(회사코드 : 2219)는 신발을 판매하는 개인기업으로 당기(제11기)의 회계기간은 2025. 1. 1. ~ 2025. 12. 31.이다. 전산세무회계 수험용 프로그램을 이용하여 다음 물음에 답하시오.

문제 1 다음은 순천상사의 사업자등록증이다. [회사등록] 메뉴에 입력된 내용을 검토하여 누락분은 추가 입력하고 잘못된 부분은 정정하시오. 단, 주소 입력 시 우편번호는 입력하지 않아도 무방함. (6점)

사업자등록증
(일반과세자)
등록번호 : 104-04-11258

상　　　　호 : 순천상사
성　　　　명 : 박유진　　　　생 년 월 일 : 1976년 07월 22일
개 업 연 월 일 : 2015년 02월 02일
사 업 장 소 재 지 : 서울특별시 서초구 과천대로 854(방배동)
사 업 의 종 류 : 업태 도소매　　종목 신발

발 급 사 유 : 신규
공 동 사 업 자 :

사업자 단위 과세 적용사업자 여부 : 여(　) 부(∨)
전자세금계산서 전용 전자우편주소 :

2015년 02월 02일
반포세무서장 인

문제2 다음은 순천상사의 전기분 재무상태표이다. 입력되어 있는 자료를 검토하여 오류 부분은 정정하고 누락된 부분은 추가 입력하시오. (6점)

재 무 상 태 표

회사명 : 순천상사　　　　　　제10기 2024. 12. 31. 현재　　　　　　(단위 : 원)

과목	금액		과목	금액
현　　　　　금		20,000,000	외 상 매 입 금	55,400,000
당 좌 예 금		45,000,000	지 급 어 음	20,000,000
보 통 예 금		53,000,000	미 지 급 금	18,500,000
외 상 매 출 금	30,000,000		단 기 차 입 금	45,000,000
대 손 충 당 금	300,000	29,700,000	장 기 차 입 금	116,350,000
받 을 어 음	65,000,000		자 본 금	202,550,000
대 손 충 당 금	650,000	64,350,000	(당기순이익 :	
상　　　　　품		3,000,000	46,600,000)	
장 기 대 여 금		15,000,000		
토　　　　　지		100,000,000		
차 량 운 반 구	64,500,000			
감가상각누계액	10,750,000	53,750,000		
비　　　　　품	29,500,000			
감가상각누계액	6,000,000	23,500,000		
임 차 보 증 금		50,500,000		
자 산 총 계		457,800,000	부채와자본총계	457,800,000

문제3 다음 자료를 이용하여 입력하시오. (6점)

(1) 신규거래처인 서울스포츠를 [거래처등록] 메뉴에 추가 등록하시오. (3점)

거래처코드	03095
거래처명	서울스포츠
유형	동시
사업자등록번호	414-03-53425
대표자성명	진선미
업태	도소매
종목	스포츠용품

□□□
(2) 순천상사의 거래처별 초기이월 자료는 다음과 같다. 주어진 자료를 검토하여 잘못된 부분은 정정하고, 누락된 부분은 추가하여 입력하시오. (3점)

계정과목	거래처명	금액
외상매출금	바리상사	30,000,000원
지급어음	차이나상사	20,000,000원
미지급금	다름상사	18,500,000원

문제 4 [일반전표입력] 메뉴를 이용하여 다음의 거래 자료를 입력하시오. (24점)

● 입력 시 유의사항 ●
- 적요의 입력은 생략한다.
- 부가가치세는 고려하지 않는다.
- 채권·채무와 관련된 거래는 별도의 요구가 없는 한 반드시 기등록된 거래처코드를 선택하는 방법으로 거래처명을 입력한다.
- 회계처리 시 계정과목은 별도의 제시가 없는 한 등록된 계정과목 중 가장 적절한 과목으로 한다.

□□□
(1) 7월 16일 평화상사에 상품 3,000,000원을 판매하고 사전에 받은 계약금 600,000원을 제외한 잔액이 보통예금으로 입금되었다. (단, 계약금은 선수금으로 처리했으며, 하나의 전표로 회계처리 할 것) (3점)

□□□
(2) 8월 15일 주민세 사업소분 62,500원을 보통예금 계좌에서 이체하였다. (3점)

□□□
(3) 8월 31일 서비스교육학원 시너스를 통해 영업부 직원들을 대상으로 고객응대방법에 대한 교육을 실시하고 1,000,000원을 보통예금 계좌에서 지급하였다. (3점)

□□□
(4) 9월 24일 도호상사에서 사무용 비품인 컴퓨터 및 주변기기를 8,000,000원에 구입하였다. 미리 지급한 계약금 1,000,000원을 제외한 나머지 잔금 7,000,000원은 당좌수표를 발행하여 결제하였다. (단, 하나의 전표로 입력할 것) (3점)

□□□
(5) 10월 3일 상품을 수입하면서 아래와 같이 관세를 현금으로 납부하였다. (3점)

납부영수증서[납부자용]			File No. : 사업자과세 B/L No. :	
회계구분	관세 일반회계		납부기한	10월 18일
회계연도	20xx		발행일자	10월 03일
수입징수관 계좌번호	110288	납부자번호 0128 010-22-28-8-32301-1	납기내금액	7,560,000원
※ 수납기관에서는 위의 굵은 선 안의 내용을 즉시 전산입력하여 수입징수관에 EDI방식으로 통지될 수 있도록 하시기 바랍니다.			납기후금액	
수입신고번호	42801-22-A80100Q		수입징수관서	인천세관
납부자	성명	박유진	상호	순천상사
	주소	서울특별시 서초구 과천대로 854		

20xx년 10월 03일
수입징수관 인천세관

□□□
(6) 10월 28일 거래처 동문상사 외상매입금 10,000,000원을 상환하기 위해, 매출대금으로 받아 보관 중이던 제주상사 발행의 약속어음을 배서양도 하였다. (3점)

□□□
(7) 11월 27일 다음의 급여명세표에 따라 영업직원 장지우의 11월 급여를 당사 보통예금 계좌에서 사원 통장으로 자동 이체하였다. (3점)

11월 급여내역			
이름	장지우	지급일	11월 27일
기본급여	1,800,000원	소득세	28,520원
직책수당	300,000원	지방소득세	2,850원
급식비	150,000원	국민연금	102,600원
차량유지	120,000원	건강보험	91,280원
교육지원	180,000원	고용보험	18,240원
급여 계	2,550,000원	공제 합계	243,490원
		차인지급액	2,306,510원

□□□
(8) 12월 28일 본사 영업부에서 사용하는 업무용 자동차의 엔진 오일을 교환하고 신용카드로 결제하였다. (3점)

하나카드 승인전표	
카드번호	4140-0202-3245-9959
거래유형	국내일반
결제방법	일시불
거래일시	20xx. 12. 28. 15:35:45
취소일시	
승인번호	98421149
승인금액	880,000원
가맹점명	성남오토스
가맹점번호	00990218110
가맹점 전화번호	031-828-8624
가맹점 주소	경기도 성남시 수정구 성남대로 1169(수진동, 남영빌딩)
사업자등록번호	204-11-76694
대표자명	이은샘
하나카드	

문제 5 [일반전표입력] 메뉴에 입력된 내용 중 다음의 오류가 발견되었다. 입력된 내용을 검토하고 수정 또는 삭제, 추가 입력하여 올바르게 정정하시오. (6점)

□□□
(1) 8월 29일 아현상사에 외상매입금을 결제하기 위해 보통예금 계좌에서 이체한 금액 1,001,000원에는 송금수수료 1,000원이 포함되어 있는 것으로 확인되었다. (3점)

□□□
(2) 11월 25일 보통예금 계좌에 입금된 6,000,000원은 임대료가 아니라 세트상사로부터 수령한 임대보증금인 것으로 확인되었다. (3점)

문제 6 다음의 결산정리사항을 입력하여 결산을 완료하시오. (12점)

(1) 결산일 현재 예금에 대한 기간경과분 발생이자는 150,000원이다. (3점)

(2) 본사 건물의 1년분(올해. 7. 1. ~ 내년. 6. 30.) 화재보험료 1,200,000원을 현금으로 지급하면서 전액 보험료(비용)로 처리하였다. (단, 월할 계산할 것) (3점)

(3) 결산일 현재 장부상 현금 잔액이 현금 실제액보다 50,000원 많은 것으로 확인되었으나, 그 원인은 밝혀지지 않았다. (3점)

(4) 매출채권(외상매출금 및 받을어음) 잔액에 대해서만 1%의 대손충당금을 보충법으로 설정하기로 하였다. (3점)

문제 7 다음 사항을 조회하여 알맞은 답안을 [이론문제 답안작성] 메뉴에 입력하시오. (10점)

(1) 3월 중 판매비및일반관리비에서 현금으로 지급한 복리후생비는 얼마인가? (3점)

(2) 4월 말 현재 외상매출금 잔액이 가장 큰 거래처명과 금액은 얼마인가? (3점)

(3) 2분기(4월 1일 ~ 6월 30일) 기간 중 보통예금 입금액과 출금액의 차액은 얼마인가? (단, 전월이월은 제외한 월 금액으로 조회하고 차액은 양수로 입력할 것) (4점)

▶ 정답 및 해설 | p.529

제118회 기출문제

☑ 다시 봐야 할 문제(틀린 문제, 풀지 못한 문제, 헷갈리는 문제 등)는 회독별로 문제 번호 위 네모박스(□)에 체크하여 반복 학습할 수 있습니다.

이론시험

다음 문제를 보고 알맞은 것을 골라 [이론문제 답안작성] 메뉴에 입력하시오. (객관식 문항당 2점)

● 기 본 전 제 ●
문제에서 한국채택국제회계기준을 적용하도록 하는 전제조건이 없는 경우, 일반기업회계기준을 적용한다.

□□□
1. 다음 중 수익의 예상에 해당하는 계정과목으로 옳은 것은?

① 미수수익 ② 미지급비용 ③ 선수수익 ④ 선급비용

□□□
2. 개인기업의 다음 총계정원장에 대한 설명으로 옳지 않은 것은?

자본금					
12/31	손익	80,000원	1/1	기초잔액	580,000원

① 기초자본금은 580,000원이다.
② 당기순이익 80,000원이 발생하였다.
③ 차기의 기초자본은 500,000원이다.
④ 마감 시 차기이월액은 500,000원이다.

□□□
3. 다음 중 대변을 받을어음 계정으로 회계처리하는 항목을 모두 나열한 것은?

가. 어음의 할인	나. 어음의 배서	다. 어음의 발행	라. 어음의 만기

① 가, 라 ② 가, 나, 라 ③ 가, 다, 라 ④ 가, 나, 다, 라

4. 다음 중 재고자산의 평가방법으로 적절하지 않은 것은?

① 개별법
② 후입선출법
③ 총평균법
④ 정액법

5. 다음 자료를 이용하여 기말 결산 시 인식해야 하는 대손상각비를 계산하면 얼마인가?

> 당기 기말 매출채권 잔액은 10,000,000원이고, 기말 매출채권 잔액에 대하여 1%의 대손충당금을 설정하기로 한다. 한편 기말 결산 전의 대손충당금 잔액은 60,000원이다.

① 0원
② 40,000원
③ 60,000원
④ 100,000원

6. 다음 중 영업외비용에 해당하는 것들로 연결된 것으로 옳은 것은?

> 가. 잡급
> 나. 이자비용
> 다. 보험료
> 라. 외환차손

① 가, 나
② 나, 다
③ 나, 라
④ 다, 라

7. 다음의 부채 중 재무상태표에 계상될 수 없는 부채는?

① 선수수익
② 미지급금
③ 가수금
④ 예수금

8. 다음 중 회계의 순환과정의 순서로 옳지 않은 것은?

① 분개 → 전기
② 수정 후 시산표 작성 → 각종 장부 마감
③ 결산정리분개 → 수정 전 시산표 작성
④ 각종 장부 마감 → 결산보고서 작성

9. 다음 중 비유동부채에 해당하지 않는 것은?

① 장기차입금　　　　　② 퇴직급여충당부채
③ 미지급비용　　　　　④ 장기외상매입금

10. 다음 중 회계상 거래에 해당하는 것은?

① 기계장치를 10억 원에 취득하기로 계약을 체결하였다.
② 상품(장부가액 100,000원)이 화재로 인해 소실되었다.
③ 월 2백만 원의 지급조건으로 직원을 채용하고 근로계약서를 작성하였다.
④ 차량운반구를 1억 원에 매입하기로 하고 계약을 체결하였다.

11. 다음 중 유형자산으로 분류하기 위한 조건으로 가장 옳지 않은 것은?

① 1년을 초과하여 사용할 것이 예상되어야 한다.
② 타인에 대한 임대 또는 자체적으로 사용할 목적으로 보유하고 있어야 한다.
③ 물리적인 실체가 있어야 한다.
④ 판매 목적으로 보유해야 한다.

12. 다음 중 유형자산의 감가상각비를 산출하는 기본 요소에 해당하지 않는 것은?

① 내용연수　　② 취득원가　　③ 잔존가치　　④ 처분가액

13. 다음은 소매업을 영위하는 회사에서 단합목적으로 회사직원들과 함께 식사하고 받은 현금영수증이다. 이를 회계처리할 경우 차변에 기재될 계정과목으로 옳은 것은?

```
                    현금영수증
가맹점명 : 장충동왕족발          대표자 : 이종호
사업자번호 : 120-25-42321       전화번호 : 031-945-3521
주소 : 경기도 파주시 광탄면
─────────────────────────────────
거래유형 :                              지출증빙
거래종류 :                              승인거래
식별번호 :                              525-12-10425
취소시 원거래일자 :
거래일시 :                              20xx/06/18
─────────────────────────────────
공급가액 :                              90,909원
부가세 :                                9,091원
봉사료 :
합계 :                                  100,000원
승인번호 :
             현금영수증 문의(국세청) : 126
             http://현금영수증.kr
```

① 기업업무추진비   ② 복리후생비   ③ 원재료   ④ 외주가공비

14. 다음 자료를 이용하여 당기 매출총이익을 구한 것으로 옳은 것은?

- 당기상품 순매출액 : 6,700,000원
- 기초상품재고액 : 150,000원
- 당기상품 총매입액 : 5,000,000원
- 기말상품재고액 : 500,000원

① 1,700,000원   ② 2,050,000원   ③ 2,200,000원   ④ 2,350,000원

15. 종업원급여를 다음과 같이 지급한 경우 예수금으로 회계처리될 합계금액은 얼마인가?

단위 : 원

급여	국민연금	건강보험	소득세 및 지방소득세	공제 합계	차인지급액
3,000,000	135,000	120,000	93,000	348,000	2,652,000

① 2,652,000원   ② 255,000원   ③ 93,000원   ④ 348,000원

실무시험

바른메디컬(회사코드 : 2218)은 의료기기를 판매하는 개인기업으로 당기(제3기)의 회계기간은 2024. 1. 1. ~ 2024. 12. 31.이다. 전산세무회계 수험용 프로그램을 이용하여 다음 물음에 답하시오.

문제 1 다음은 바른메디컬의 사업자등록증이다. [회사등록] 메뉴에 입력된 내용을 검토하여 누락분은 추가 입력하고 잘못된 부분은 정정하시오. (6점)

사업자등록증
(일반과세자)

등록번호 : 513-31-12821

상　　　호 : 바른메디컬
성　　　명 : 김정현　　　생 년 월 일 : 1987년 01월 06일
개 업 연 월 일 : 2022년 02월 10일
사 업 장 소 재 지 : 인천광역시 부평구 부평대로 17 (부평동)
사 업 의 종 류 : 업태 도소매　　종목 의료기기

발 급 사 유 : 신규
공 동 사 업 자 :

사업자 단위 과세 적용사업자 여부 : 여( ) 부(∨)
전자세금계산서 전용 전자우편주소 :

　　　　　　　　2022년 02월 10일
　　　　　　　　부평세무서장 인

문제 2
다음은 바른메디컬의 전기분 손익계산서이다. 입력되어 있는 자료를 검토하여 오류 부분은 정정하고 누락 된 부분은 추가 입력하시오. (6점)

손 익 계 산 서

회사명 : 바른메디컬　　　제2기 2023. 1. 1. ~ 2023. 12. 31.　　　(단위 : 원)

과목	금액	과목	금액
Ⅰ. 매 출 액	185,000,000	Ⅴ. 영 업 이 익	9,100,000
상 품 매 출	185,000,000	Ⅵ. 영 업 외 수 익	300,000
Ⅱ. 매 출 원 가	145,000,000	잡 이 익	300,000
상 품 매 출 원 가	145,000,000	Ⅶ. 영 업 외 비 용	800,000
기 초 상 품 재 고 액	25,000,000	기 부 금	800,000
당 기 상 품 매 입 액	160,000,000	Ⅷ. 소득세차감전순이익	8,600,000
기 말 상 품 재 고 액	40,000,000	Ⅸ. 소 득 세 등	0
Ⅲ. 매 출 총 이 익	40,000,000	Ⅹ. 당 기 순 이 익	8,600,000
Ⅳ. 판 매 비 와 관 리 비	30,900,000		
급 여	12,000,000		
복 리 후 생 비	1,900,000		
여 비 교 통 비	2,000,000		
임 차 료	9,000,000		
차 량 유 지 비	3,600,000		
운 반 비	2,400,000		

문제 3
다음 자료를 이용하여 입력하시오. (6점)

(1) 다음 자료를 이용하여 기초정보관리의 [거래처등록] 메뉴에서 거래처(금융기관)를 추가로 등록하시오. (단, 주어진 자료 외의 다른 항목은 입력할 필요 없음) (3점)

- 거래처코드 : 99011
- 거래처명 : 아름은행
- 유형 : 보통예금
- 계좌번호 : 207087-90-208199
- 사업용 계좌 : 여

□□□
(2) 바른메디컬의 외상매출금과 미지급금의 거래처별 초기이월 잔액은 다음과 같다. 입력된 자료를 검토하여 잘못된 부분은 삭제 또는 수정, 추가 입력하여 주어진 자료에 맞게 정정하시오. (3점)

계정과목	거래처	잔액
외상매출금	가나상사	101,050,000원
	다라상사	1,530,000원
	마바상사	201,000원
미지급금	한삼사무가구	12,700,000원
	알파문구	1,700,000원
	하나렌트카	28,000,000원

문제 4 [일반전표입력] 메뉴를 이용하여 다음의 거래 자료를 입력하시오. (24점)

● 입력 시 유의사항 ●

- 적요의 입력은 생략한다.
- 부가가치세는 고려하지 않는다.
- 채권·채무와 관련된 거래는 별도의 요구가 없는 한 반드시 기등록된 거래처코드를 선택하는 방법으로 거래처명을 입력한다.
- 회계처리 시 계정과목은 별도의 제시가 없는 한 등록된 계정과목 중 가장 적절한 과목으로 한다.

□□□
(1) 7월 12일 영업부 직원의 건강보험 직원부담분 210,000원과 회사부담분 210,000원을 보통예금 계좌에서 이체하여 납부하였다. (단, 회사부담분은 복리후생비 계정을 사용할 것) (3점)

□□□
(2) 7월 30일 광고 선전을 목적으로 불특정 다수에게 배포할 판촉물을 제작하고 제작 대금 500,000원은 현금으로 결제하였다. (3점)

□□□
(3) 8월 26일 경상남도 하동군청에 수해 복구 기부금으로 1,000,000원을 보통예금에서 이체하여 기부하였다. (3점)

□□□
(4) 10월 1일 국민은행으로부터 2년 후 상환 조건으로 200,000,000원을 차입하고, 보통예금 계좌로 입금받았다. (3점)

□□□
(5) 10월 5일 이동상사에 상품을 15,000,000원에 판매하였다. 판매 대금 중 40%는 보통예금에 입금되었고, 나머지 60%는 이동상사가 발행한 6개월 만기 약속어음으로 받았다. (3점)

□□□
(6) 11월 8일 본사 영업부에 비치된 복사기를 수리하고 수리비(수익적 지출) 120,000원을 신용카드(국민카드)로 결제하였다. (3점)

□□□
(7) 11월 30일 다음과 같이 인적용역제공 사업소득자에게 원천징수세액 3.3%를 제외하고 보통예금에서 지급하였다. (단, 해당 인적용역제공 사업소득자에게 지급하는 비용은 수수료비용 계정으로 처리하기로 한다. 또한, 하나의 전표로 처리하되 공제항목은 구분하지 않고 하나의 계정과목으로 처리할 것) (3점)

사업소득 지급명세

지급년월 : 20xx년 11월

회사명 : 바른메디컬

| NO | 코드 | 성명 | 귀속년월 | 지급액 | 소득세 | 차인지급액 | 영수인 |
			지급년월		지방소득세		
1	00001	임솔	20xx-11	700,000원	21,000원	676,900원	
			20xx-11-30		2,100원		
총계				700,000원	21,000원	676,900원	
					2,100원		

□□□
(8) 12월 21일 백화점 상품권 500,000원을 사업용카드(현대카드)로 구매하여 거래처에 선물하였다. (3점)

롯데백화점	
500,000원	
카드종류	신용카드
카드번호	1313-5200-7100-1207
거래일자	20xx. 12. 21. 17:10:05
일시불/할부	일시불
승인번호	

[상품명]	[금액]
상품권 50만 원권	500,000원
합 계 액	500,000원
받은금액	500,000원

가맹점정보
가맹점명	롯데백화점
사업자등록번호	101-85-52021
가맹점번호	185000
대표자명	신원
전화번호	02-113-1200

이용해주셔서 감사합니다.
교환/환불은 영수증을 지참하여 일주일 이내 가능합니다.
현대카드

문제 5 [일반전표입력] 메뉴에 입력된 내용 중 다음의 오류가 발견되었다. 입력된 내용을 검토하고 수정 또는 삭제, 추가 입력하여 올바르게 정정하시오. (6점)

□□□
(1) 9월 5일 차량운반구를 구입하면서 취득세 500,000원을 보통예금에서 계좌이체하고 세금과공과로 회계처리 하였다. (3점)

□□□
(2) 10월 13일 경북상사에 현금 1,000,000원을 지급하고 전액 외상매입금을 지급한 것으로 처리하였으나, 금일 현재 경북상사에 대한 외상매입금 잔액(700,000원)을 초과한 금액은 선급금인 것으로 확인되었다. (3점)

문제 6 다음의 결산정리사항을 입력하여 결산을 완료하시오. (12점)

(1) 당기 구입 시 자산으로 계상한 소모품 중 결산일 현재 영업부서에서 사용한 소모품비는 200,000원이다. (3점)

(2) 당기 중에 단기운용목적으로 구입한 주권상장법인인 ㈜누리의 발행주식 1,000주(1주당 액면금액 1,000원)를 1주당 1,200원에 취득하였으며, 기말 현재 공정가치는 1주당 1,700원으로 평가하였다. 단, 취득 이후 처분한 주식은 없다. (3점)

(3) 12월 1일에 영업부 사무실을 단기계약(계약기간 : 올해. 12월 초 ~ 내년. 2월 말)하고 임차료 300,000원을 현금으로 지급하였다. 지급 시 전액 선급비용으로 회계처리 하였을 경우 기말 수정분개를 하시오. (단, 월할 계산할 것) (3점)

(4) 외상매출금 잔액 131,600,000원에 대해서만 1% 대손충당금을 설정하였다. 설정 전 대손충당금 잔액은 400,000원이다. (단, 본 문제에서 전산데이터 자료는 적용하지 않기로 한다) (3점)

문제 7 다음 사항을 조회하여 알맞은 답안을 [이론문제 답안작성] 메뉴에 입력하시오. (10점)

(1) 3월 말 현재 받을어음 잔액이 가장 큰 거래처의 상호와 그 받을어음의 잔액은 얼마인가? (3점)

(2) 2월 말 현재 자산총계와 부채총계의 차액은 얼마인가? (3점)

(3) 1월 ~ 6월 중 외상매입금 월말 잔액이 가장 큰 달과 가장 작은 달의 차이는 얼마인가? (4점)

▶ 정답 및 해설 | p.533

제117회 기출문제

✓ 다시 봐야 할 문제(틀린 문제, 풀지 못한 문제, 헷갈리는 문제 등)는 회독별로 문제 번호 위 네모박스(□)에 체크하여 반복 학습할 수 있습니다.

이론시험

다음 문제를 보고 알맞은 것을 골라 [이론문제 답안작성] 메뉴에 입력하시오. (객관식 문항당 2점)

● 기 본 전 제 ●
문제에서 한국채택국제회계기준을 적용하도록 하는 전제조건이 없는 경우, 일반기업회계기준을 적용한다.

1. 다음 중 결산 시 총계정원장의 마감에 대한 설명으로 옳지 않은 것은?

① 결산 예비절차에 속한다.
② 손익계산서 계정은 모두 손익으로 마감한다.
③ 부채 계정은 차변에 차기이월로 마감한다.
④ 재무상태표 계정은 모두 차기이월로 마감한다.

2. 다음의 내용과 관련하여 재무상태표와 손익계산서에 미치는 영향으로 옳은 것은?

건물 내부 조명기구 교체 비용을 수익적 지출로 처리하여야 하나, 자본적 지출로 처리하였다.

① 자산의 과소계상
② 비용의 과대계상
③ 수익의 과대계상
④ 당기순이익의 과대계상

3. 다음 중 당좌자산에 대한 설명으로 옳지 않은 것은?

① 유동성이 가장 높은 자산이다.
② 보고기간 종료일로부터 1년 이내에 현금화되는 자산이다.
③ 매출채권 및 선급비용, 미수수익이 포함된다.
④ 우편환증서, 자기앞수표, 송금수표, 당좌차월도 이에 포함된다.

4. 다음 중 판매관리비에 해당하지 않는 항목은 무엇인가?

① 급여
② 외환차손
③ 매출채권에 대한 대손상각비
④ 여비교통비

5. 다음의 계산식 중 옳지 않은 것은?

① 매출액 − 매출원가 = 매출총이익
② 영업이익 − 영업외비용 − 영업외수익 = 법인세비용차감전순이익
③ 매출총이익 − 판매비와관리비 = 영업이익
④ 법인세비용차감전순이익 − 법인세비용 = 당기순이익

6. 다음의 자료를 이용하여 재고자산의 취득원가를 계산하면 얼마인가?

- 재고의 매입원가 : 10,000원
- 재고수입 시 발생한 통관 비용 : 5,000원
- 판매장소 임차료 : 3,000원

① 10,000원   ② 13,000원   ③ 15,000원   ④ 18,000원

7. 기초자본금 150,000원, 총수익 130,000원, 총비용 100,000원일 때, 회사의 기말자본금은 얼마인가?

① 50,000원   ② 150,000원   ③ 180,000원   ④ 230,000원

8. 다음은 당기 말 부채계정 잔액의 일부이다. 재무상태표상 매입채무는 얼마인가?

- 미지급임차료 : 30,000원
- 단기차입금 : 20,000원
- 외상매입금 : 10,000원
- 선수금 : 40,000원
- 지급어음 : 60,000원
- 가수금 : 40,000원

① 30,000원　　② 50,000원　　③ 60,000원　　④ 70,000원

9. 다음 중 재무상태표에서 해당 자산이나 부채의 차감적인 평가항목들로 짝지어진 것을 고르시오.

- 대손충당금　・감가상각누계액　・미지급금　・퇴직급여충당부채　・선수금

① 대손충당금, 선수금
② 감가상각누계액, 퇴직급여충당부채
③ 미지급금, 선수금
④ 대손충당금, 감가상각누계액

10. 다음 중 영업이익에 영향을 미치는 것으로 옳은 것은?

① 잡이익　　② 광고선전비　　③ 이자비용　　④ 기부금

11. 다음 중 일정 기간 동안 기업의 경영성과에 대한 정보를 제공하는 재무보고서의 계정과목으로 옳지 않은 것은?

① 임대료　　② 미지급비용　　③ 잡손실　　④ 기부금

12. 다음의 자료를 이용하여 유형자산의 취득원가를 계산하면 얼마인가?

- 취득세 : 50,000원
- 재산세 : 30,000원
- 유형자산 매입대금 : 1,500,000원
- 사용 중에 발생된 수익적 지출 : 20,000원

① 1,500,000원   ② 1,550,000원   ③ 1,570,000원   ④ 1,580,000원

13. 다음의 내용이 설명하는 것으로 옳은 것은?

재화의 생산, 용역의 제공, 타인에 대한 임대, 관리에 사용할 목적으로 기업이 보유하고 있으며, 물리적 실체는 없지만 식별할 수 있고, 통제하고 있으며, 미래 경제적 효익이 있는 비화폐성자산을 말한다.

① 유형자산   ② 투자자산   ③ 무형자산   ④ 유동부채

14. 다음의 거래를 분개할 경우, 차변에 오는 계정과목으로 옳은 것은?

결산일 현재 현금시재액이 장부가액보다 30,000원이 부족함을 발견했다.

① 현금   ② 잡손실   ③ 잡이익   ④ 이자수익

15. 다음의 자료를 참고로 하여 재무상태표를 작성할 경우, 유동성 배열에 따라 두 번째로 나열해야 할 것으로 옳은 것은?

현금, 산업재산권, 상품, 투자부동산, 기계장치

① 현금   ② 기계장치   ③ 상품   ④ 투자부동산

실무시험

이현상사(회사코드 : 2217)는 신발을 판매하는 개인기업으로 당기(제8기)의 회계기간은 2024. 1. 1. ~ 2024. 12. 31.이다. 전산세무회계 수험용 프로그램을 이용하여 다음 물음에 답하시오.

문제 1 다음은 이현상사의 사업자등록증이다. [회사등록] 메뉴에 입력된 내용을 검토하여 누락분은 추가 입력하고 잘못된 부분은 정정하시오. (주소 입력 시 우편번호는 입력하지 않아도 무방함) (6점)

사업자등록증
(일반과세자)
등록번호 : 250-21-15248

상　　　호 : 이현상사
성　　　명 : 김세무　　　생 년 월 일: 1987년 9월 6일
개 업 연 월 일 : 2017년 02월 01일
사 업 장 소 재 지 : 경기도 파주시 금빛로 15(금촌동)
사 업 의 종 류 : 업태 도소매　　종목 신발

발 급 사 유 : 신규
공 동 사 업 자 :

사업자 단위 과세 적용사업자 여부 : 여( ) 부(∨)
전자세금계산서 전용 전자우편주소 :

2017년 02월 01일
파주세무서장 인

문제 2
다음은 이현상사의 전기분 재무상태표이다. 입력되어 있는 자료를 검토하여 오류 부분은 정정하고 누락된 부분은 추가 입력하시오. (6점)

재 무 상 태 표

회사명 : 이현상사 　　　제7기 2023. 12. 31. 현재 　　　(단위 : 원)

과목	금액		과목	금액
현　　　　　금		10,000,000	외 상 매 입 금	18,000,000
당 좌 예 금		3,000,000	지 급 어 음	60,000,000
보 통 예 금		23,000,000	미 지 급 금	31,700,000
외 상 매 출 금	32,000,000		단 기 차 입 금	48,000,000
대 손 충 당 금	320,000	31,680,000	장 기 차 입 금	40,000,000
받 을 어 음	52,000,000		자 본 금	45,980,000
대 손 충 당 금	520,000	51,480,000	(당기순이익 :	
상　　　　　품		50,000,000	10,000,000)	
장 기 대 여 금		20,000,000		
건　　　　　물	47,920,000			
감가상각누계액	4,000,000	43,920,000		
차 량 운 반 구	20,000,000			
감가상각누계액	14,000,000	6,000,000		
비　　　　　품	7,000,000			
감가상각누계액	2,400,000	4,600,000		
자 산 총 계		243,680,000	부채와자본총계	243,680,000

문제 3
다음 자료를 이용하여 입력하시오. (6점)

(1) [계정과목및적요등록] 메뉴를 이용하여 판매비와관리비의 기업업무추진비 계정에 다음 내용의 적요를 등록하시오. (3점)

> 대체적요 No.5 : 거래처 현물접대

(2) [거래처별초기이월] 메뉴의 계정과목별 잔액은 다음과 같다. 주어진 자료를 검토하여 잘못된 부분은 오류를 정정하고, 누락된 부분은 추가 입력하시오. (3점)

계정과목	거래처명	금액
외상매출금	베베인터내셔널	9,500,000원
	코코무역	15,300,000원
	호호상사	7,200,000원
외상매입금	모닝상사	2,200,000원
	미라클상사	3,000,000원
	나비장식	12,800,000원

문제 4 [일반전표입력] 메뉴를 이용하여 다음의 거래 자료를 입력하시오. (24점)

● 입력 시 유의사항 ●

- 적요의 입력은 생략한다.
- 부가가치세는 고려하지 않는다.
- 채권·채무와 관련된 거래는 별도의 요구가 없는 한 반드시 기등록된 거래처코드를 선택하는 방법으로 거래처명을 입력한다.
- 회계처리 시 계정과목은 별도의 제시가 없는 한 계정과목 중 가장 적절한 과목으로 한다.

(1) 7월 23일 대표자 개인의 거주용 주택 관련 임대차계약을 하고 임차보증금 5,000,000원을 현금으로 지급하였다. (3점)

(2) 8월 16일 상품을 판매하고 거래명세표를 다음과 같이 발급하였다. 대금 중 2,000,000원은 현금으로 받고, 잔액은 외상으로 하였다. (3점)

권		호		거래명세표(거래용)				
20xx년 08월 16일			사업자 등록번호	250-21-15248				
백호상사 귀하			상호	이현상사	성명	김세무	㉑	
			사업장 소재지	경기도 파주시 금빛로 15(금촌동)				
아래와 같이 계산합니다.			업태	도소매	종목	신발		
합계 금액		육백만 원정 (₩ 6,000,000)						
월일	품목		규격	수량	단가		공급대가	
08월 16일	사무용복합기			5	1,200,000		6,000,000원	
계							6,000,000원	
전잔금	없음				합계		6,000,000원	
입금	2,000,000원		잔금	4,000,000원	인수자	임우혁	㉑	
비고								

(3) 8월 27일 영업부에서 상품 판매 관련 운반비 30,000원을 현금으로 지급하고, 아래의 영수증을 받았다. (3점)

```
              영수증
***************************************
OK퀵서비스              217-09-8*****
대표자                        김하늘
         서울시 중구 충무로3가 ***
***************************************
    출발지    │    도착지
     필동    │    충현동

  합계요금
                         30,000원
         20xx년 8월 27일
       *** 감사합니다 ***
```

(4) 9월 18일 회사로부터 300,000원을 가지급 받아 출장을 갔던 영업부 직원 이미도가 출장에서 돌아왔다. 회사는 다음과 같이 출장비 명세서를 보고 받고 초과하는 금액은 현금으로 지급하였다. (단, 하나의 전표로 입력하고 가지급금의 거래처를 입력할 것) (3점)

사용내역	금액
숙박비	250,000원
교통비	170,000원
합계	420,000원

(5) 10월 16일 한세상사에 외상매입금을 지급하기 위하여 송금수수료 1,000원이 포함된 5,001,000원을 보통예금 계좌에서 이체하였다. (단, 송금수수료는 판매비와관리비 계정을 사용함) (3점)

(6) 11월 11일 시원상사의 파산으로 인하여 외상매출금을 회수할 수 없게 되어 시원상사의 외상매출금 200,000원 전액을 대손처리 하였다. 11월 11일 현재 외상매출금의 대손충당금 잔액은 320,000원이다. (3점)

(7) 12월 5일 하나은행의 장기차입금 원금 상환 및 이자와 관련된 보통예금 출금액 1,000,000원의 상세 내역은 다음과 같다. (단, 하나의 전표로 입력할 것) (3점)

\<대출거래내역조회\>						
• 조회기간 : 20xx. 12. 05. ~ 20xx. 12. 05.						
• 총건수 : 1건						
거래일자	거래내용	이자종류	거래금액(원) (원금+이자)	원금(원)	이자(원)	대출잔액(원)	이율
20xx. 12. 05.	대출금 상환		1,000,000	800,000	0	19,200,000	0%
20xx. 12. 05.		약정이자	0	0	200,000	0	2.63%

(8) 12월 23일 당사의 영업부에서 장기간 사용할 목적으로 냉장고를 구입하고 대금은 국민카드(신용카드)로 결제하였다. (단, 미지급금 계정을 사용하여 회계처리 할 것) (3점)

신용카드매출전표
20xx. 12. 23.(월) 14:30:42

3,000,000원
정상승인 | 일시불

결제정보
카드   국민카드(1002-3025-4252-5239)
거래유형   신용승인
승인번호   41254785
이용구분   일시불
은행확인   KB국민은행

가맹점 정보
가맹점명   성수㈜
사업자등록번호   117-85-52797
대표자명   이성수

본 매출표는 신용카드 이용에 따른 증빙용으로 국민카드사에서 발급한 것임을 확인합니다.

문제 5 [일반전표입력] 메뉴에 입력된 내용 중 다음의 오류가 발견되었다. 입력된 내용을 검토하고 수정 또는 삭제, 추가 입력하여 올바르게 정정하시오. (6점)

(1) 8월 20일 한세상사에 상품을 50,000,000원에 납품하기로 계약하고 보통예금 계좌로 입금받은 계약금 5,000,000원을 외상매출금의 회수로 회계처리한 것을 확인하였다. (3점)

(2) 11월 5일 부산은행으로부터 받은 대출 20,000,000원의 상환기일은 2년 후 11월 5일이다. (3점)

문제 6 다음의 결산정리사항을 입력하여 결산을 완료하시오. (12점)

(1) 영업부 서류 정리를 위한 단기계약직 직원(계약기간 : 올해 12월 1일 ~ 내년 1월 31일)을 채용하였다. 매월 급여는 1,500,000원이며 다음 달 5일에 지급하기로 하였다. (단, 급여 관련 공제는 없는 것으로 하고, 지급해야 하는 금액은 미지급비용 계정을 사용할 것) (3점)

(2) 기말 현재 가지급금 잔액 500,000원은 대구상사의 외상매입금 지급액으로 판명되었다. (가지급금의 거래처 입력은 생략한다) (3점)

(3) 기말 현재 장기대여금에 대해 미수이자 3,270,000원이 발생하였으나 회계처리가 되어있지 않았다. (3점)

(4) 보유 중인 비품에 대한 당기분(20x3년) 감가상각비를 계상하였다. (3점)

취득원가	잔존가액	취득일	상각방법	내용년수
5,000,000원	500,000원	20x1년 1월 1일	정액법	10년

문제 7 다음 사항을 조회하여 답안을 [이론문제 답안작성] 메뉴에 입력하시오. (10점)

(1) 상반기(1월 ~ 6월) 동안 지출한 이자비용은 모두 얼마인가? (3점)

(2) 6월 말 현재 거래처 성지상사에 대한 선급금 잔액은 얼마인가? (3점)

(3) 6월 말 현재 유동자산은 전기 말과 비교하여 얼마 증가 또는 감소하였는가? (단, 감소 시 (-)로 기재할 것) (4점)

▶ 정답 및 해설 | p.537

제116회 기출문제

✓ 다시 봐야 할 문제(틀린 문제, 풀지 못한 문제, 헷갈리는 문제 등)는 회독별로 문제 번호 위 네모박스(□)에 체크하여 반복 학습 할 수 있습니다.

이론시험

다음 문제를 보고 알맞은 것을 골라 [이론문제 답안작성] 메뉴에 입력하시오. (객관식 문항당 2점)

● 기 본 전 제 ●
문제에서 한국채택국제회계기준을 적용하도록 하는 전제조건이 없는 경우, 일반기업회계기준을 적용한다.

1. 다음 중 혼합거래에 해당하는 것으로 옳은 것은?

① 임대차계약을 맺고, 당월분 임대료 500,000원을 현금으로 받았다.
② 단기대여금 회수금액 300,000원과 그 이자 3,000원을 현금으로 받았다.
③ 단기차입금에 대한 이자 80,000원을 현금으로 지급하였다.
④ 상품 400,000원을 매입하면서 대금 중 100,000원은 현금으로 지급하고, 나머지 잔액은 외상으로 하였다.

2. 다음 중 재고자산의 원가를 결정하는 방법에 해당하는 것은?

① 선입선출법   ② 정률법   ③ 생산량비례법   ④ 정액법

3. 다음 중 결산 재무상태표에 표시할 수 없는 계정과목은 무엇인가?

① 단기차입금   ② 인출금   ③ 임차보증금   ④ 선급비용

4. 다음의 자료를 바탕으로 유형자산처분손익을 계산하면 얼마인가?

- 취득가액 : 10,000,000원
- 처분 시까지의 감가상각누계액 : 8,000,000원
- 처분가액 : 5,000,000원

① 처분이익 2,000,000원 ② 처분이익 3,000,000원
③ 처분손실 3,000,000원 ④ 처분손실 5,000,000원

5. 개인기업인 신나라상사의 기초자본금이 200,000원일 때, 다음 자료를 통해 알 수 있는 당기순이익은 얼마인가?

- 사업주가 개인사용을 목적으로 인출한 금액 : 50,000원
- 추가 출자금 : 40,000원
- 기말자본금 : 350,000원

① 150,000원 ② 160,000원 ③ 210,000원 ④ 290,000원

6. 다음 본오물산의 거래내역을 설명하는 계정과목으로 가장 바르게 짝지어진 것은?

(가) 공장 부지로 사용하기 위한 토지의 구입 시 발생한 취득세
(나) 본오물산 직원 급여 지급 시 발생한 소득세 원천징수액

	(가)	(나)
①	세금과공과	예수금
②	토지	예수금
③	세금과공과	세금과공과
④	토지	세금과공과

7. 다음 중 판매비와관리비에 해당하지 않는 것은?

① 이자비용 ② 차량유지비 ③ 통신비 ④ 기업업무추진비

8. 다음 중 정상적인 영업과정에서 판매를 목적으로 보유하는 재고자산에 대한 예시로 옳은 것은?

① 홍보 목적 전단지 ② 접대 목적 선물세트
③ 제품과 상품 ④ 기부 목적 쌀

9. 다음은 자본적 지출과 수익적 지출의 예시이다. 각 빈칸에 들어갈 말로 바르게 짝지어진 것은?

- 태풍에 파손된 유리 창문을 교체한 것은 (㉠)적 지출
- 자동차 엔진오일의 교체는 (㉡)적 지출

① ㉠ 자본, ㉡ 수익 ② ㉠ 자본, ㉡ 자본
③ ㉠ 수익, ㉡ 자본 ④ ㉠ 수익, ㉡ 수익

10. 다음과 같은 결합으로 이루어진 거래로 가장 옳은 것은?

(차) 부채의 감소   (대) 자산의 감소

① 외상매입금 4,000,000원을 보통예금 계좌에서 지급한다.
② 사무실의 전기요금 300,000원을 현금으로 지급한다.
③ 거래처 대표의 자녀 결혼으로 100,000원의 화환을 보낸다.
④ 사무실에서 사용하던 냉장고를 200,000원에 처분한다.

11. 다음 중 계정과목의 분류가 다른 것은?

① 예수금 ② 미지급비용 ③ 선급비용 ④ 선수금

12. 기간 경과분 이자수익이 당기에 입금되지 않았다. 기말 결산 시 해당 내용을 회계처리하지 않았을 때 당기 재무제표에 미치는 영향으로 가장 옳은 것은?

① 자산의 과소계상
② 부채의 과대계상
③ 수익의 과대계상
④ 비용의 과소계상

13. 다음의 자료를 이용하여 순매출액을 계산하면 얼마인가?

- 당기 상품매출액 : 300,000원
- 상품매출과 관련된 부대비용 : 5,000원
- 상품매출 환입액 : 10,000원

① 290,000원 ② 295,000원 ③ 305,000원 ④ 319,000원

14. 다음의 내용이 설명하는 계정과목으로 올바른 것은?

기간이 경과되어 보험료, 이자, 임차료 등의 비용이 발생하였으나 약정된 지급일이 되지 않아 지급하지 아니한 금액에 사용하는 계정과목이다.

① 가지급금 ② 예수금 ③ 미지급비용 ④ 선급금

15. 다음의 자료를 바탕으로 현금및현금성자산의 금액을 계산하면 얼마인가?

- 보통예금 : 500,000원
- 당좌예금 : 700,000원
- 1년 만기 정기예금 : 1,000,000원
- 단기매매증권 : 500,000원

① 1,200,000원 ② 1,500,000원 ③ 1,700,000원 ④ 2,200,000원

실무시험

하늘상사(코드번호 : 2216)는 유아용 의류를 판매하는 개인기업으로 당기(제9기)의 회계기간은 2024. 1. 1. ~ 2024. 12. 31.이다. 전산세무회계 수험용 프로그램을 이용하여 다음 물음에 답하시오.

문제 1 다음은 하늘상사의 사업자등록증이다. [회사등록] 메뉴에 입력된 내용을 검토하여 누락분은 추가 입력하고 잘못된 부분을 정정하시오. (주소 입력 시 우편번호는 입력하지 않아도 무방함) (6점)

사업자등록증
(일반과세자)
등록번호 : 628-26-01035

상　　　　호 : 하늘상사
성　　　　명 : 최은우　　　　생 년 월 일 : 1988년 10월 17일
개 업 연 월 일 : 2016년 03월 01일
사 업 장 소 재 지 : 서울특별시 강남구 논현로 56 (개포동 1228-4)
사 업 의 종 류 : 업태 도소매　　　종목 유아용 의류

발 급 사 유 : 신규
공 동 사 업 자 :

사업자 단위 과세 적용사업자 여부 : 여( ) 부(∨)
전자세금계산서 전용 전자우편주소 :

2022년 03월 01일
삼성세무서장 인

문제2 다음은 하늘상사의 전기분 손익계산서이다. 입력되어 있는 자료를 검토하여 오류부분을 정정하고 누락된 부분을 추가 입력하시오. (6점)

손 익 계 산 서

회사명 : 하늘상사 제8기 2023. 1. 1. ~ 2023. 12. 31. (단위 : 원)

과목	금액	과목	금액
I. 매 출 액	665,000,000	V. 영 업 이 익	129,500,000
상 품 매 출	665,000,000	VI. 영 업 외 수 익	240,000
II. 매 출 원 가	475,000,000	이 자 수 익	210,000
상 품 매 출 원 가	475,000,000	잡 이 익	30,000
기 초 상 품 재 고 액	19,000,000	VII. 영 업 외 비 용	3,000,000
당 기 상 품 매 입 액	472,000,000	기 부 금	3,000,000
기 말 상 품 재 고 액	16,000,000	VIII. 소득세차감전순이익	126,740,000
III. 매 출 총 이 익	190,000,000	IX. 소 득 세 등	0
IV. 판 매 비 와 관 리 비	60,500,000	X. 당 기 순 이 익	126,740,000
급 여	30,000,000		
복 리 후 생 비	2,500,000		
기 업 업 무 추 진 비	8,300,000		
통 신 비	420,000		
감 가 상 각 비	5,200,000		
임 차 료	12,000,000		
차 량 유 지 비	1,250,000		
소 모 품 비	830,000		

문제3 다음 자료를 이용하여 입력하시오. (6점)

(1) 다음의 신규 거래처를 [거래처등록] 메뉴에서 추가 입력하시오. (단, 우편번호 입력은 생략함) (3점)

코드	거래처명	대표자명	사업자등록번호	유형	사업장소재지	업태	종목
00308	뉴발상사	최은비	113-09-67896	동시	서울 송파구 법원로11길 11	도매및 소매업	신발 도매업

(2) 거래처별 초기이월의 올바른 채권과 채무 잔액은 다음과 같다. [거래처별초기이월] 메뉴의 자료를 검토하여 오류가 있으면 올바르게 삭제 또는 수정, 추가 입력을 하시오. (3점)

계정과목	거래처명	금액
외상매출금	스마일상사	20,000,000원
미수금	슈프림상사	10,000,000원
단기차입금	다온상사	23,000,000원

문제 4 [일반전표입력] 메뉴를 이용하여 다음의 거래 자료를 입력하시오. (24점)

● 입력 시 유의사항 ●

- 적요의 입력은 생략한다.
- 부가가치세는 고려하지 않는다.
- 채권·채무와 관련된 거래는 별도의 요구가 없는 한 반드시 기등록된 거래처코드를 선택하는 방법으로 거래처명을 입력한다.
- 회계처리 시 계정과목은 별도의 제시가 없는 한 등록된 계정과목 중 가장 적절한 과목으로 한다.

□□□

(1) 7월 25일 경리부 직원 류선재로부터 아래의 청첩장을 받고 축의금 300,000원을 사규에 따라 현금으로 지급하였다. (3점)

```
            류선재 & 임솔

              20xx0725
            SAVE THE DATE
            PARADISE HALL
```

□□□

(2) 8월 4일 영동상사로부터 상품 4,000,000원을 매입하고 대금 중 800,000원은 당좌수표를 발행하여 지급하고, 잔액은 어음을 발행하여 지급하였다. (3점)

□□□

(3) 8월 25일 하나상사에 상품 1,500,000원을 판매하는 계약을 하고, 계약금으로 상품 대금의 20%가 보통예금 계좌에 입금되었다. (3점)

□□□

(4) 10월 1일 운영자금을 확보하기 위하여 기업은행으로부터 50,000,000원을 5년 후에 상환하는 조건으로 차입하고, 차입금은 보통예금 계좌로 이체받았다. (3점)

(5) 10월 31일 영업부 과장 송해나의 10월분 급여를 보통예금 계좌에서 이체하여 지급하였다. (단, 하나의 전표로 처리하되, 공제 항목은 구분하지 않고 하나의 계정과목으로 처리할 것) (3점)

급여명세서			
귀속연월: 20xx년 10월		지급연월: 20xx년 10월 31일	
성 명	송해나		
세부 내역			
지급		공제	
급여 항목	지급액(원)	공제 항목	공제액(원)
기본급	2,717,000	소득세	49,100
		지방소득세	4,910
		국민연금	122,260
		건강보험	96,310
		장기요양보험	12,470
		고용보험	24,450
		공제액 계	309,500
지급액 계	2,717,000	차인지급액	2,407,500
계산 방법			
구분	산출식 또는 산출방법		지급금액(원)
기본급	209시간 × 13,000원/시간		2,717,000

(6) 11월 13일 가나상사에 상품을 판매하고 받은 어음 2,000,000원을 즉시 할인하여 할인료 100,000원을 차감한 잔액을 은행으로부터 보통예금 계좌로 입금받았다. (단, 매각거래로 처리할 것) (3점)

(7) 11월 22일 거래처 한올상사에서 상품 4,000,000원을 외상으로 매입하고 인수 운임 150,000원(당사 부담)은 현금으로 지급하였다. (단, 하나의 전표로 입력할 것) (3점)

(8) 12월 15일 다음과 같이 우리컨설팅에서 영업부 서비스교육을 진행하고 교육훈련비 대금 중 500,000원은 보통예금 계좌에서 이체하여 지급하고 잔액은 외상으로 하였다. (단, 원천징수세액은 고려하지 않는다) (3점)

권		호	거래명세표(거래용)			
20xx년 12월 15일			사업자등록번호	109-02-*****		
하늘상사 귀하			상호	우리컨설팅	성명	김우리 ㊞
			사업장소재지	서울특별시 양천구 신정중앙로 86		
아래와 같이 계산합니다.			업태	서비스	종목	컨설팅,강의
합계 금액			일백만 원정 (₩ 1,000,000)			
월일	품목	규격	수량	단가		공급대가
12월 15일	영업부 서비스교육		1	1,000,000원		1,000,000원
계						1,000,000원
전잔금	없음			합계		1,000,000원
입금	500,000원		잔금	500,000원		
비고						

문제 5 [일반전표입력] 메뉴에 입력된 내용 중 다음의 오류가 발견되었다. 입력된 내용을 검토하고 수정 또는 삭제, 추가 입력하여 올바르게 정정하시오. (6점)

(1) 8월 22일 만중상사로부터 보통예금 4,000,000원이 입금되어 선수금으로 처리한 내용은 전기에 대손처리하였던 만중상사의 외상매출금 4,000,000원이 회수된 것이다. (3점)

(2) 9월 15일 광고선전비로 계상한 130,000원은 거래처의 창립기념일 축하를 위한 화환 대금이다. (3점)

문제 6 다음의 결산정리사항을 입력하여 결산을 완료하시오. (12점)

(1) 회사의 자금사정으로 인하여 영업부의 12월분 전기요금 1,000,000원을 다음 달에 납부하기로 하였다. (3점)

(2) 기말 현재 현금과부족 30,000원은 영업부 컴퓨터 수리비(수익적 지출)를 지급한 것으로 밝혀졌다. (3점)

(3) 12월 1일에 국민은행으로부터 100,000,000원을 연 이자율 12%로 차입(차입기간 : 올해 12. 1. ~ 5년 후 11. 30.)하였다. 매월 이자는 다음 달 5일에 지급하기로 하고, 원금은 만기 시에 상환한다. 기말수정분개를 하시오. (단, 월할 계산할 것) (3점)

(4) 결산을 위해 재고자산을 실시한 결과 기말상품재고액은 15,000,000원이었다. (단, 5.결산차변, 6.결산대변을 사용하시오) (3점)

문제 7 다음 사항을 조회하여 알맞은 답안을 [이론문제 답안작성] 메뉴에 입력하시오. (10점)

(1) 상반기(1월 ~ 6월) 중 기업업무추진비(판관비)를 가장 많이 지출한 월과 그 금액은 얼마인가? (3점)

(2) 5월까지의 직원 급여 총 지급액은 얼마인가? (3점)

(3) 6월 말 현재 외상매출금 잔액이 가장 큰 거래처의 상호와 그 외상매출금 잔액은 얼마인가? (4점)

▶ 정답 및 해설 | p.540

제115회 기출문제

✓ 다시 봐야 할 문제(틀린 문제, 풀지 못한 문제, 헷갈리는 문제 등)는 회독별로 문제 번호 위 네모박스(□)에 체크하여 반복 학습할 수 있습니다.

이론시험

다음 문제를 보고 알맞은 것을 골라 [이론문제 답안작성] 메뉴에 입력하시오. (객관식 문항당 2점)

● 기본 전제 ●
문제에서 한국채택국제회계기준을 적용하도록 하는 전제조건이 없는 경우, 일반기업회계기준을 적용한다.

1. 다음 자료에 의하여 기말결산 시 재무상태표상에 현금및현금성자산으로 표시될 장부금액은 얼마인가?

- 서울은행에서 발행한 자기앞수표 : 30,000원
- 당좌개설보증금 : 50,000원
- 취득 당시 만기가 3개월 이내에 도래하는 금융상품 : 70,000원

① 50,000원 ② 80,000원 ③ 100,000원 ④ 120,000원

2. 다음 자료는 회계의 순환과정의 일부이다. (가), (나), (다)에 들어갈 순환과정의 순서로 옳은 것은?

거래 발생 → (가) → 전기 → 수정 전 시산표 작성 → (나) → 수정 후 시산표 작성 → (다) → 결산보고서 작성

	(가)	(나)	(다)
①	분개	각종 장부 마감	결산 정리 분개
②	분개	결산 정리 분개	각종 장부 마감
③	각종 장부 마감	분개	결산 정리 분개
④	결산 정리 분개	각종 장부 마감	분개

3. 다음은 개인기업인 서울상점의 당기(제5기) 손익 계정이다. 이를 통해 알 수 있는 내용이 아닌 것은?

손익				
12/31	상품매출원가	120,000원	12/31 상품매출	260,000원
	급여	40,000원	이자수익	10,000원
	보험료	30,000원		
	자본금	80,000원		
		270,000원		270,000원

① 당기분 보험료는 30,000원이다.
② 당기분 이자수익은 10,000원이다.
③ 당기의 매출총이익은 140,000원이다.
④ 당기의 기말 자본금은 80,000원이다.

4. 다음 중 재무상태표의 계정과목으로만 짝지어진 것은?

① 미지급금, 미지급비용
② 외상매출금, 상품매출
③ 감가상각누계액, 감가상각비
④ 대손충당금, 대손상각비

5. 다음 중 결산 시 차기이월로 계정을 마감하는 계정과목에 해당하는 것은?

① 이자수익   ② 임차료   ③ 통신비   ④ 미수금

6. 다음 중 일반적으로 유형자산의 취득원가에 포함시킬 수 없는 것은?

① 설치비
② 취득세
③ 취득 시 발생한 운송비
④ 보유 중에 발생한 수선유지비

7. 다음 중 판매비와관리비에 해당하는 것을 모두 고른 것은?

| 가. 이자비용 | 나. 유형자산처분손실 |
| 다. 복리후생비 | 라. 소모품비 |

① 가, 나   ② 가, 다   ③ 나, 다   ④ 다, 라

8. 다음 중 계정의 잔액 표시가 올바른 것은?

①	선수금		②	선급금
	2,000,000원		2,000,000원	

③	미수금		④	미지급금
		2,000,000원	2,000,000원	

9. 다음 중 일반기업회계기준상 재고자산의 평가 방법으로 인정되지 않는 것은?

① 개별법　　② 선입선출법　　③ 가중평균법　　④ 연수합계법

10. 상품 매출에 대한 계약을 하고 계약금 100,000원을 받아 아래와 같이 회계처리할 때, 다음 빈칸에 들어갈 계정과목으로 가장 옳은 것은?

(차) 현금	100,000원	(대) ( )	100,000원

① 선수금　　② 선급금　　③ 상품매출　　④ 외상매출금

11. 다음은 재무제표의 종류에 대한 설명이다. 아래의 보기 중 (가), (나)에서 각각 설명하는 재무제표의 종류로 모두 옳은 것은?

- (가) : 일정 시점 현재 기업이 보유하고 있는 자산, 부채, 자본에 대한 정보를 제공하는 재무보고서
- (나) : 일정 기간 동안 기업의 경영성과에 대한 정보를 제공하는 재무보고서

	(가)	(나)
①	재무상태표	손익계산서
②	잔액시산표	손익계산서
③	재무상태표	현금흐름표
④	잔액시산표	현금흐름표

12. 다음 중 원칙적으로 감가상각을 하지 않는 유형자산은?

① 기계장치　　② 차량운반구　　③ 건설중인자산　　④ 건물

13. 다음 자료를 이용하여 상품의 당기 순매입액을 계산하면 얼마인가?

- 당기에 상품 50,000원을 외상으로 매입하였다.
- 매입할인을 8,000원 받았다.

① 42,000원　　② 47,000원　　③ 50,000원　　④ 52,000원

14. 다음의 자료를 이용하여 기말자본을 계산하면 얼마인가?

- 기초자본 : 300,000원　　• 당기순이익 : 160,000원　　• 기말자본 : (　?　)원

① 140,000원　　② 230,000원　　③ 300,000원　　④ 460,000원

15. 다음 중 수익과 비용에 대한 설명으로 옳지 않은 것은?

① 급여는 영업비용에 해당한다.
② 소득세는 영업외비용에 해당한다.
③ 유형자산의 감가상각비는 영업비용에 해당한다.
④ 이자수익은 영업외수익에 해당한다.

실무시험

슈리상사(회사코드 : 2215)는 신발을 판매하는 개인기업으로서 당기(제15기)의 회계기간은 2024. 1. 1. ~ 2024. 12. 31.이다. 전산세무회계 수험용 프로그램을 이용하여 다음 물음에 답하시오.

문제 1 다음은 슈리상사의 사업자등록증이다. [회사등록] 메뉴에 입력된 내용을 검토하여 누락분은 추가입력하고 잘못된 부분은 정정하시오. (단, 우편번호 입력은 생략할 것) (6점)

사업자등록증
(일반과세자)
등록번호 : 101-11-54033

상　　　　호 : 슈리상사

성　　　　명 : 박유빈 외 1명　　　생 년 월 일 : 1987년 12월 03일

개 업 연 월 일 : 2010년 09월 23일

사 업 장 소 재 지 : 서울특별시 동작구 동작대로 29 (사당동)

사 업 의 종 류 : 업태 도소매　　　종목 신발

발 급 사 유 : 신규

공 동 사 업 자 : 박기수

사업자 단위 과세 적용사업자 여부 : 여( ) 부(∨)

전자세금계산서 전용 전자우편주소 :

　　　　　　　　　2010년 09월 23일
　　　　　　　　　동작세무서장 인

문제 2

다음은 슈리상사의 전기분 손익계산서이다. 입력되어 있는 자료를 검토하여 오류 부분은 정정하고 누락된 부분은 추가 입력하시오. (6점)

손 익 계 산 서

회사명 : 슈리상사   제14기 2023. 1. 1. ~ 2023. 12. 31.   (단위 : 원)

과목	금액	과목	금액
매 출 액	350,000,000	영 업 이 익	94,500,000
상 품 매 출	350,000,000	영 업 외 수 익	2,300,000
매 출 원 가	150,000,000	이 자 수 익	700,000
상 품 매 출 원 가	150,000,000	잡 이 익	1,600,000
기 초 상 품 재 고 액	10,000,000	영 업 외 비 용	6,800,000
당 기 상 품 매 입 액	190,000,000	이 자 비 용	6,500,000
기 말 상 품 재 고 액	50,000,000	잡 손 실	300,000
매 출 총 이 익	200,000,000	소득세차감전순이익	90,000,000
판 매 비 와 관 리 비	105,500,000	소 득 세 등	0
급 여	80,000,000	당 기 순 이 익	90,000,000
복 리 후 생 비	6,300,000		
여 비 교 통 비	2,400,000		
임 차 료	12,000,000		
수 선 비	1,200,000		
수 수 료 비 용	2,700,000		
광 고 선 전 비	900,000		

문제 3

다음 자료를 이용하여 입력하시오. (6점)

(1) [계정과목및적요등록] 메뉴에서 판매비와관리비의 상여금 계정에 다음 내용의 적요를 등록하시오. (3점)

> 현금적요 No.2 : 명절 특별 상여금 지급

□□□
(2) 슈리상사의 거래처별 초기이월 채권과 채무잔액은 다음과 같다. 자료에 맞게 추가입력이나 정정 및 삭제하시오. (3점)

계정과목	거래처	잔액	계
외상매출금	희은상사	6,000,000원	34,800,000원
	폴로전자	15,800,000원	
	예진상회	13,000,000원	
지급어음	슬기상회	6,000,000원	17,000,000원
	효은유통	7,600,000원	
	주언상사	3,400,000원	

문제 4 [일반전표입력] 메뉴를 이용하여 다음의 거래 자료를 입력하시오. (24점)

● 입력 시 유의사항 ●

- 적요의 입력은 생략한다.
- 부가가치세는 고려하지 않는다.
- 채권·채무와 관련된 거래는 별도의 요구가 없는 한 반드시 기등록된 거래처코드를 선택하는 방법으로 거래처명을 입력한다.
- 회계처리 시 계정과목은 별도의 제시가 없는 한 등록된 계정과목 중 가장 적절한 과목으로 한다.

□□□
(1) 7월 29일 사무실에서 사용하는 노트북을 수리하고 대금은 국민카드로 결제하였다. (단, 해당 지출은 수익적 지출에 해당함) (3점)

카드매출전표

카드종류 : 국민카드
카드번호 : 1234-5678-11**-2222
거래일시 : 20xx. 07. 29. 11:11:12
거래유형 : 신용승인
금　　액 : 150,000원
결제방법 : 일시불
승인번호 : 12341234
은행확인 : 신한은행

가맹점명 : 규은전자
― 이 하 생 략 ―

□□□
(2) 8월 18일 농협은행으로부터 차입한 금액에 대한 이자 900,000원을 보통예금 계좌에서 지급하였다. (3점)

□□□
(3) 8월 31일 당사에서 보관 중이던 섬미상사 발행 당좌수표로 넥사상사의 외상매입금 3,000,000원을 지급하였다. (3점)

□□□
(4) 9월 20일 청소년의 날을 맞아 소년소녀가장을 돕기 위해 현금 500,000원을 방송국에 기부하였다. (3점)

□□□
(5) 10월 15일 사무실로 이용 중인 동작빌딩 임대차계약을 아래와 같이 임차보증금만 인상하는 것으로 재계약하고, 인상된 임차보증금을 보통예금 계좌에서 이체하여 지급하였다. 종전 임대차계약의 임차보증금은 170,000,000원이며, 갱신 후 임대차계약서는 아래와 같다. (3점)

부동산 임대차(월세) 계약서

본 부동산에 대하여 임대인과 임차인 쌍방은 다음과 같이 합의하여 임대차(월세)계약을 체결한다.

1. 부동산의 표시

소 재 지	서울특별시 동작구 동작대로 29 (사당동)				
건 물	구조	철근콘크리트	용도	사무실	면적	100㎡
임 대 부 분	상동 소재지 전부				

2. 계약내용

제 1 조 위 부동산의 임대차계약에 있어 임차인은 보증금 및 차임을 아래와 같이 지불하기로 한다.

보 증 금	일금 일억팔천만 원정 (₩ 180,000,000)
차 임	일금 육십만 원정 (₩ 600,000)은 매월 말일에 지불한다.

제 2 조 임대인은 위 부동산을 임대차 목적대로 사용·수익할 수 있는 상태로 하여 20××년 10월 15일까지 임차인에게 인도하며, 임대차기간은 인도일로부터 24개월로 한다.

… 중략 …

임대인 : 동작빌딩 대표   이주인   (인)
임차인 : 슈리상사 대표 박유빈 외 1명   (인)

□□□
(6) 11월 4일 보유하고 있던 기계장치(취득원가 20,000,000원)를 광운상사에 10,000,000원에 매각하고 그 대금은 보통예금 계좌로 입금받았다. (단, 11월 4일 현재 해당 기계장치의 감가상각누계액은 10,000,000원이다) (3점)

□□□
(7) 12월 1일 영업부 출장용 자동차를 30,000,000원에 구입하면서 동시에 아래와 같이 취득세를 납부하였다. 차량운반구 구매액과 취득세는 모두 보통예금 계좌에서 지출하였다. (단, 하나의 전표로 입력할 것) (3점)

대전광역시		차량취득세납부영수증			납부(납입)서		납세자보관용 영수증	
납세자		슈리상사						
주소		서울특별시 동작구 동작대로 29 (사당동)						
납세번호		기관번호 1234567		세목 10101501		납세년월기 20xx12	과세번호 0124751	
과세내역	차번	222머8888		년식	20xx		과세표준액	
	목적	신규등록(일반등록)		특례	세율특례없음		30,000,000	
	차명	에쿠스						
	차종	승용자동차		세율	70/1000			
세목		납부세액		납부할 세액 합계		전용계좌로도 편리하게 납부!!		
취득세		2,100,000				우리은행	1620-441829-64-125	
가산세		0		2,100,000원		신한은행	5563-04433-245814	
지방교육세		0				하나은행	1317-865254-74125	
농어촌특별세		0	신고납부기한			국민은행	44205-84-28179245	
합계세액		2,100,000		20xx. 12. 31.까지		기업은행	5528-774145-58-247	
지방세법 제6조~22조, 제30조의 규정에 의하여 위와 같이 신고하고 납부합니다.						■ 전용계좌 납부안내(뒷면참조)		
담당자		위의 금액을 영수합니다.					수납인	
한대교		납부장소 : 전국은행(한국은행 제외) 우체국 농협				20xx년 12월 01일		

(8) 12월 10일 거래처 직원의 결혼식에 보내기 위한 축하 화환을 주문하고 대금은 현금으로 지급하면서 아래와 같은 현금영수증을 수령하였다. (3점)

현금영수증		
승인번호	구매자 발행번호	발행방법
G54782245	101-11-54033	지출증빙
신청구분	발행일자	취소일자
사업자번호	20xx. 12. 10.	-
상품명		
축하3단화환		
구분	주문번호	상품주문번호
일반상품		

판매자 정보	
판매자상호	대표자명
스마일꽃집	김다림
사업자등록번호	판매자전화번호
201-91-41674	032-459-8751
판매자사업장주소	
인천시 계양구 방축로 106	

금액	
공급가액	100,000
부가세액	
봉사료	
승인금액	100,000

문제 5 [일반전표입력] 메뉴에 입력된 내용 중 다음의 오류가 발견되었다. 입력된 내용을 검토하고 수정 또는 삭제, 추가 입력하여 올바르게 정정하시오. (6점)

(1) 10월 25일 본사 건물의 외벽 방수 공사비 5,000,000원을 수익적 지출로 처리해야 하나, 자본적 지출로 잘못 처리하였다. (3점)

(2) 11월 10일 보통예금 계좌에서 신한은행으로 이체한 1,000,000원은 장기차입금을 상환한 것이 아니라 이자비용을 지급한 것이다. (3점)

문제 6 다음의 결산정리사항을 입력하여 결산을 완료하시오. (12점)

□□□
(1) 결산일 현재 임대료(영업외수익) 미수분 300,000원을 결산정리분개 하였다. (3점)

□□□
(2) 단기투자목적으로 2개월 전에 ㈜자유로의 주식 100주를 주당 6,000원에 취득하였다. 기말 현재 이 주식의 공정가치는 주당 4,000원이다. (3점)

□□□
(3) 올해 10월 1일에 영업부 출장용 차량의 보험료(보험기간 : 올해 10. 1. ~ 내년 9. 30.) 600,000원을 현금으로 지급하면서 전액 보험료로 처리하였다. 기말수정분개를 하시오. (단, 월할 계산할 것) (3점)

□□□
(4) 12월 31일 당기분 차량운반구에 대한 감가상각비 600,000원과 비품에 대한 감가상각비 500,000원을 계상하였다. (3점)

문제 7 다음 사항을 조회하여 알맞은 답안을 [이론문제 답안작성] 메뉴에 입력하시오. (10점)

□□□
(1) 6월 30일 현재 당좌자산의 금액은 얼마인가? (3점)

□□□
(2) 상반기(1 ~ 6월) 중 광고선전비(판관비) 지출액이 가장 적은 달의 지출액은 얼마인가? (3점)

□□□
(3) 6월 말 현재 거래처 유화산업의 ① 외상매출금과 ② 받을어음의 잔액을 각각 순서대로 적으시오. (4점)

▶ 정답 및 해설 | p.544

제114회 기출문제

✓ 다시 봐야 할 문제(틀린 문제, 풀지 못한 문제, 헷갈리는 문제 등)는 회독별로 문제 번호 위 네모박스(□)에 체크하여 반복 학습 할 수 있습니다.

이론시험

다음 문제를 보고 알맞은 것을 골라 [이론문제 답안작성] 메뉴에 입력하시오. (객관식 문항당 2점)

● 기 본 전 제 ●
문제에서 한국채택국제회계기준을 적용하도록 하는 전제조건이 없는 경우, 일반기업회계기준을 적용한다.

1. 다음은 계정의 기록 방법에 대한 설명이다. 아래의 (가)와 (나)에 각각 들어갈 내용으로 옳게 짝지어진 것은?

- 부채의 감소는 (가)에 기록한다.
- 수익의 증가는 (나)에 기록한다.

	(가)	(나)		(가)	(나)
①	대변	대변	②	차변	차변
③	차변	대변	④	대변	차변

2. 다음은 한국상점(회계기간 : 매년 1월 1일 ~ 12월 31일)의 현금 관련 자료이다. 아래의 (가)에 들어갈 계정과목으로 옳은 것은?

- 1월 30일 – 장부상 현금 잔액 400,000원
  – 실제 현금 잔액 500,000원
- 12월 31일 – 결산 시까지 현금과부족 계정 잔액의 원인이 밝혀지지 않음

현금과부족				
7/1	이자수익	70,000원	1/30 현금	100,000원
12/31	(가)	30,000원		
		100,000원		100,000원

① 잡손실　　② 잡이익　　③ 현금과부족　　④ 현금

3. 다음 중 거래의 결과로 인식할 비용의 분류가 나머지와 다른 것은?

① 영업부 사원의 당월분 급여 2,000,000원을 현금으로 지급하다.
② 화재로 인하여 창고에 보관하던 상품 500,000원이 소실되다.
③ 영업부 사무실 건물에 대한 월세 200,000원을 현금으로 지급하다.
④ 종업원의 단합을 위해 체육대회행사비 50,000원을 현금으로 지급하다.

4. 다음의 자료를 이용하여 계산한 당기 중 외상으로 매출한 금액(에누리하기 전의 금액)은 얼마인가?

- 외상매출금 기초잔액 : 400,000원   • 외상매출금 당기 회수액 : 600,000원
- 외상매출금 중 에누리액 : 100,000원   • 외상매출금 기말잔액 : 300,000원

① 300,000원   ② 400,000원   ③ 500,000원   ④ 600,000원

5. 다음 중 아래의 자료에서 설명하는 특징을 가진 재고자산의 단가 결정방법으로 옳은 것은?

- 실제 재고자산의 물량 흐름과 괴리가 발생하는 경우가 많다.
- 일반적으로 기말재고액이 과소계상되는 특징이 있다.

① 개별법   ② 가중평균법   ③ 선입선출법   ④ 후입선출법

6. 다음은 한국제조가 당기 중 처분한 기계장치 관련 자료이다. 기계장치의 취득가액은 얼마인가?

- 유형자산처분이익 : 7,000,000원   • 처분가액 : 12,000,000원   • 감가상각누계액 : 5,000,000원

① 7,000,000원   ② 8,000,000원   ③ 9,000,000원   ④ 10,000,000원

7. 다음의 자료를 참고하여 기말자본을 구하시오.

- 당기총수익 : 2,000,000원   • 기초자산 : 1,700,000원
- 당기총비용 : 1,500,000원   • 기초자본 : 1,300,000원

① 1,200,000원   ② 1,500,000원   ③ 1,800,000원   ④ 2,000,000원

8. 다음 중 손익의 이연을 처리하기 위해 사용하는 계정과목을 모두 고른 것은?

가. 선급비용 나. 선수수익 다. 대손충당금 라. 잡손실

① 가, 나 ② 가, 다 ③ 나, 다 ④ 다, 라

9. 다음 중 재고자산의 종류에 해당하지 않는 것은?

① 상품 ② 재공품 ③ 반제품 ④ 비품

10. 다음 중 아래의 (가)와 (나)에 각각 들어갈 부채 항목의 계정과목으로 옳게 짝지어진 것은?

- 현금 등 대가를 미리 받았으나 수익이 실현되는 시점이 차기 이후에 속하는 경우 (가)(으)로 처리한다.
- 일반적인 상거래 외의 거래와 관련하여 발생한 현금 수령액 중 임시로 보관하였다가 곧 제3자에게 다시 지급해야 하는 경우 (나)(으)로 처리한다.

	(가)	(나)
①	선급금	예수금
②	선수수익	예수금
③	선수수익	미수수익
④	선급금	미수수익

11. 다음 중 회계상 거래에 해당하는 것은?

① 직원 1명을 신규 채용하고 근로계약서를 작성했다.
② 매장 임차료를 종전 대비 5% 인상하기로 임대인과 구두 협의했다.
③ 제품 100개를 주문한 고객으로부터 제품 50개 추가 주문을 받았다.
④ 사업자금으로 차입한 대출금에 대한 1개월분 대출이자가 발생하였다.

12. 다음 중 아래의 회계처리에 대한 설명으로 가장 적절한 것은?

(차) 현금	10,000원	(대) 외상매출금	10,000원

① 상품을 판매하고 현금 10,000원을 수령하였다.
② 지난달에 판매한 상품이 환불되어 현금 10,000원을 환불하였다.
③ 지난달에 판매한 상품에 대한 대금 10,000원을 수령하였다.
④ 상품을 판매하고 대금 10,000원을 다음달에 받기로 하였다.

13. 다음 중 일반기업회계기준에서 규정하고 있는 재무제표의 종류로 올바르지 않은 것은?

① 시산표　　② 손익계산서　　③ 자본변동표　　④ 현금흐름표

14. ㈜서울은 직접 판매와 수탁자를 통한 위탁판매도 하고 있다. 기말 현재 재고자산의 현황이 아래와 같을 때, 기말 재고자산 가액은 얼마인가?

- ㈜서울의 창고에 보관 중인 재고자산 가액 : 500,000원
- 수탁자에게 위탁판매를 요청하여 수탁자 창고에 보관 중인 재고자산 가액 : 100,000원
- 수탁자의 당기 위탁판매 실적에 따라 ㈜서울에 청구한 위탁판매수수료 : 30,000원

① 400,000원　　② 470,000원　　③ 570,000원　　④ 600,000원

15. 다음 자료를 이용하여 당기 매출총이익을 구하시오.

- 기초 재고자산 : 200,000원
- 재고자산 당기 매입액 : 1,000,000원
- 기말 재고자산 : 300,000원
- 당기 매출액 : 2,000,000원
- 판매 사원에 대한 당기 급여 총지급액 : 400,000원

① 600,000원　　② 700,000원　　③ 1,000,000원　　④ 1,100,000원

실무시험

두일상사(회사코드 : 2214)는 사무용가구를 판매하는 개인기업으로 당기(제11기) 회계기간은 2024. 1. 1. ~ 2024. 12. 31.이다. 전산세무회계 수험용 프로그램을 이용하여 다음 물음에 답하시오.

문제1 다음은 두일상사의 사업자등록증이다. [회사등록] 메뉴에 입력된 내용을 검토하여 누락분은 추가입력하고 잘못된 부분은 정정하시오. (단, 우편번호 입력은 생략할 것) (6점)

사업자등록증
(일반과세자)
등록번호 : 118-08-70123

상　　　　호 : 두일상사
성　　　　명 : 이두일　　　　생 년 월 일 : 1963년 10월 20일
개 업 연 월 일 : 2014년 01월 24일
사 업 장 소 재 지 : 대전광역시 동구 갱이길 2 (가양동)
사 업 의 종 류 : 업태 도소매　　　종목 사무용가구

교 부 사 유 : 신규
공 동 사 업 자 :

사업자 단위 과세 적용사업자 여부 : 여(　) 부(∨)
전자세금계산서 전용 전자우편주소 :

2014년 01월 24일
대전세무서장 인

문제2 다음은 두일상사의 전기분 재무상태표이다. 입력되어 있는 자료를 검토하여 오류 부분은 정정하고 누락된 부분은 추가 입력하시오. (6점)

재 무 상 태 표

회사명 : 두일상사   제10기 2023. 12. 31. 현재   (단위 : 원)

과목	금액		과목	금액
현　　　　금		60,000,000	외 상 매 입 금	55,400,000
당 좌 예 금		45,000,000	지 급 어 음	90,000,000
보 통 예 금		53,000,000	미 지 급 금	78,500,000
외 상 매 출 금	90,000,000		단 기 차 입 금	45,000,000
대 손 충 당 금	900,000	89,100,000	장 기 차 입 금	116,350,000
받 을 어 음	65,000,000		자 본 금	156,950,000
대 손 충 당 금	650,000	64,350,000	(당기순이익 :	
단 기 대 여 금		50,000,000	46,600,000)	
상　　　　품		3,000,000		
소 모 품		500,000		
토　　　　지		100,000,000		
차 량 운 반 구	64,500,000			
감가상각누계액	10,750,000	53,750,000		
비　　　　품	29,500,000			
감가상각누계액	6,000,000	23,500,000		
자 산 총 계		542,200,000	부채와자본총계	542,200,000

문제3 다음 자료를 이용하여 입력하시오. (6점)

☐☐☐

(1) 다음의 자료를 이용하여 기초정보관리의 [거래처등록] 메뉴를 거래처(금융기관)를 추가로 등록하시오. (단, 주어진 자료 외의 다른 항목은 입력할 필요 없음) (3점)

- 코드 : 98100
- 거래처명 : 케이뱅크 적금
- 유형 : 정기적금
- 계좌번호 : 1234-5678-1234
- 계좌개설은행 : 케이뱅크
- 계좌개설일 : 2024년 7월 1일

☐☐☐

(2) 외상매출금과 단기차입금의 거래처별 초기이월 채권과 채무의 잔액은 다음과 같다. 입력된 자료를 검토하여 잘못된 부분은 수정 또는 삭제, 추가 입력하여 주어진 자료에 맞게 정정하시오. (3점)

계정과목	거래처명	잔액	계
외상매출금	태양마트	34,000,000원	90,000,000원
	㈜애옹전자	56,000,000원	
단기차입금	은산상사	20,000,000원	45,000,000원
	세연상사	22,000,000원	
	일류상사	3,000,000원	

문제 4 [일반전표입력] 메뉴를 이용하여 다음의 거래 자료를 입력하시오. (24점)

― ● 입력 시 유의사항 ● ―

- 적요의 입력은 생략한다.
- 부가가치세는 고려하지 않는다.
- 채권·채무와 관련된 거래는 별도의 요구가 없는 한 반드시 기등록된 거래처코드를 선택하는 방법으로 거래처명을 입력한다.
- 회계처리 시 계정과목은 별도의 제시가 없는 한 등록된 계정과목 중 가장 적절한 과목으로 한다.

(1) 7월 3일 거래처 대전상사로부터 차입한 단기차입금 8,000,000원의 상환기일이 도래하여 당좌수표를 발행하여 상환하다. (3점)

(2) 7월 10일 관리부 직원들이 시내 출장용으로 사용하는 교통카드를 충전하고, 대금은 현금으로 지급하였다. (3점)

[교통카드 충전영수증]

역 사 명 : 평촌역
장 비 번 호 : 163
카 드 번 호 : 5089-3466-5253-6694
결 제 방 식 : 현금
충 전 일 시 : 20xx.07.10.

충전전잔액 :   500원
충 전 금 액 :   50,000원
충전후잔액 :   50,500원

대표자명   이춘덕
사업자번호   108-12-16395
주소   서울특별시 서초구 반포대로 21

(3) 8월 5일 능곡가구의 파산으로 인하여 외상매출금 5,000,000원이 회수할 수 없는 것으로 판명되어 대손처리하기로 하였다. 단, 8월 5일 현재 대손충당금 잔액은 900,000원이다. (3점)

(4) 8월 13일 사업용 부지로 사용하기 위한 토지를 매입하면서 발생한 부동산중개수수료를 현금으로 지급하고 아래의 현금영수증을 발급받았다. (3점)

유성부동산
305-42-23567   김유성
대전광역시 유성구 노은동로 104   TEL : 1577-0000

현금영수증(지출증빙용)

구매 20xx/08/13   거래번호 : 12341234-123

상품명	수량	단가	금액
중개수수료		1,000,000원	1,000,000원
공 급 대 가			1,000,000원
합 계			1,000,000원
받 은 금 액			1,000,000원

□□□
(5) 9월 25일 임대인에게 800,000원(영업부 사무실 임차료 750,000원 및 건물관리비 50,000원)을 보통예금 계좌에서 이체하여 지급하였다. (단, 하나의 전표로 입력할 것) (3점)

□□□
(6) 10월 24일 정풍상사에 판매하기 위한 상품의 상차작업을 위해 일용직 근로자를 고용하고 일당 100,000원을 현금으로 지급하였다. (3점)

□□□
(7) 11월 15일 아린상사에서 상품을 45,000,000원에 매입하기로 계약하고, 계약금은 당좌수표를 발행하여 지급하였다. 계약금은 매입 금액의 10%이다. (3점)

□□□
(8) 11월 23일 영업부에서 사용할 차량을 구입하고, 대금은 국민카드(신용카드)로 결제하였다. (3점)

신용카드매출전표
20xx.11.23. 17:20:11

20,000,000원
정상승인 | 일시불

결제정보	
카드	국민카드(7890-4321-1000-2949)
거래유형	신용승인
승인번호	75611061
이용구분	일시불
은행확인	KB국민은행

가맹점 정보	
가맹점명	오지자동차
사업자등록번호	203-71-61019
대표자명	박미래

본 매출표는 신용카드 이용에 따른 증빙용으로 국민카드사에서 발급한 것임을 확인합니다.

문제 5 [일반전표입력] 메뉴에 입력된 내용 중 다음의 오류가 발견되었다. 입력된 내용을 검토하고 수정 또는 삭제, 추가 입력하여 올바르게 정정하시오. (6점)

□□□
(1) 8월 16일 보통예금 계좌에서 출금된 1,000,000원은 임차료(판관비)가 아니라 경의상사에 지급한 임차보증금인 것으로 확인되었다. (3점)

□□□
(2) 9월 30일 사업용 토지에 부과된 재산세 300,000원을 보통예금 계좌에서 이체하여 납부하고, 이를 토지의 취득가액으로 회계처리한 것으로 확인되었다. (3점)

문제 6 다음의 결산정리사항을 입력하여 결산을 완료하시오. (12점)

(1) 포스상사로부터 차입한 단기차입금에 대한 기간경과분 당기 발생 이자는 360,000원이다. 필요한 회계처리를 하시오. (3점)

(2) 기말 현재 가지급금 잔액 500,000원은 ㈜디자인가구의 외상매입금 지급액으로 판명되었다. (가지급금의 거래처 입력은 생략한다) (3점)

(3) 영업부의 당기 소모품 내역이 다음과 같다. 결산일에 필요한 회계처리를 하시오. (단, 소모품 구입 시 전액 자산으로 처리하였다) (3점)

소모품 기초잔액	소모품 당기구입액	소모품 기말잔액
500,000원	200,000원	300,000원

(4) 매출채권(외상매출금 및 받을어음) 잔액에 대하여만 2%의 대손충당금을 보충법으로 설정하시오. (단, 그 외의 채권에 대하여는 대손충당금을 설정하지 않는다) (3점)

문제 7 다음 사항을 조회하여 알맞은 답안을 [이론문제 답안작성] 메뉴에 입력하시오. (10점)

(1) 4월 말 현재 지급어음 잔액은 얼마인가? (3점)

(2) 5월 1일부터 5월 31일까지 기간의 외상매출금 회수액은 모두 얼마인가? (3점)

(3) 상반기(1월 ~ 6월) 중 복리후생비(판관비)의 지출이 가장 적은 월과 그 월의 복리후생비(판관비) 금액은 얼마인가? (4점)

▶ 정답 및 해설 | p.547

제113회 기출문제

☑ 다시 봐야 할 문제(틀린 문제, 풀지 못한 문제, 헷갈리는 문제 등)는 회독별로 문제 번호 위 네모박스(□)에 체크하여 반복 학습할 수 있습니다.

이론시험

다음 문제를 보고 알맞은 것을 골라 [이론문제 답안작성] 메뉴에 입력하시오. (객관식 문항당 2점)

― ● 기 본 전 제 ● ―
문제에서 한국채택국제회계기준을 적용하도록 하는 전제조건이 없는 경우, 일반기업회계기준을 적용한다.

1. 다음의 거래 내용을 보고 결합관계를 적절하게 나타낸 것은?

> 전화요금 50,000원이 보통예금 계좌에서 자동이체된다.

	차변	대변
①	자산의 증가	자산의 감소
②	부채의 감소	수익의 발생
③	자본의 감소	부채의 증가
④	비용의 발생	자산의 감소

2. 다음 중 총계정원장의 잔액이 항상 대변에 나타나는 계정과목은 무엇인가?

① 임대료 ② 보통예금 ③ 수수료비용 ④ 외상매출금

3. 다음 중 기말상품재고액 30,000원을 50,000원으로 잘못 회계처리한 경우 재무제표에 미치는 영향으로 옳은 것은?

① 재고자산이 과소계상된다.
② 매출원가가 과소계상된다.
③ 매출총이익이 과소계상된다.
④ 당기순이익이 과소계상된다.

4. 다음 중 유동성배열법에 의하여 나열할 경우 재무상태표상 가장 위쪽(상단)에 표시되는 계정과목은 무엇인가?

① 영업권 ② 장기대여금
③ 단기대여금 ④ 영업활동에 사용하는 건물

5. 다음 중 감가상각을 해야 하는 자산으로만 짝지은 것은 무엇인가?

① 건물, 토지 ② 차량운반구, 기계장치
③ 단기매매증권, 구축물 ④ 상품, 건설중인자산

6. 회사의 재산 상태가 다음과 같은 경우 순자산(자본)은 얼마인가?

• 현금 : 300,000원	• 선급금 : 200,000원	• 매입채무 : 100,000원
• 단기대여금 : 100,000원	• 상품 : 800,000원	• 사채 : 300,000원

① 1,000,000원 ② 1,100,000원 ③ 1,200,000원 ④ 1,600,000원

7. 다음 중 일정 시점의 재무상태를 나타내는 재무보고서의 계정과목으로만 연결된 것은?

① 선급비용, 급여 ② 현금, 선급비용
③ 매출원가, 선수금 ④ 매출채권, 이자비용

8. 다음 중 현금및현금성자산 계정과목으로 처리할 수 없는 것은?

① 보통예금　　② 우편환증서　　③ 자기앞수표　　④ 우표

9. 다음 자료에 의한 매출채권의 기말 대손충당금 잔액은 얼마인가?

- 기초 매출채권 : 500,000원
- 당기 매출액 : 2,000,000원 (판매시점에 전액 외상으로 판매함)
- 당기 중 회수한 매출채권 : 1,500,000원
- 기말 매출채권 잔액에 대하여 1%의 대손충당금을 설정하기로 한다.

① 0원　　② 5,000원　　③ 10,000원　　④ 15,000원

10. 다음 자료에서 부채의 합계액은 얼마인가?

- 직원에게 빌려준 금전 : 150,000원
- 선급비용 : 50,000원
- 선급금 : 120,000원
- 선수수익 : 30,000원
- 선수금 : 70,000원

① 100,000원　　② 120,000원　　③ 150,000원　　④ 180,000원

11. 다음 자료는 회계의 순환과정의 일부이다. (가), (나), (다)의 순서로 옳은 것은?

거래 발생 → (가) → 전기 → 수정 전 시산표 작성 → (나) → 수정 후 시산표 작성 → (다) → 결산보고서 작성

	(가)	(나)	(다)
①	분개	각종 장부 마감	결산 정리 분개
②	분개	결산 정리 분개	각종 장부 마감
③	각종 장부 마감	분개	결산 정리 분개
④	결산 정리 분개	각종 장부 마감	분개

12. 다음 중 재고자산의 취득원가를 구할 때 차감하는 계정과목이 아닌 것은?

① 매입할인   ② 매입환출   ③ 매입에누리   ④ 매입부대비용

13. 다음 중 영업외비용에 해당하지 않는 것은?

① 보험료   ② 기부금   ③ 이자비용   ④ 유형자산처분손실

14. 다음 재고자산의 단가결정방법 중 선입선출법에 대한 설명으로 적절하지 않은 것은?

① 물가 상승 시 이익이 과대계상된다.
② 물량흐름과 원가흐름이 대체로 일치한다.
③ 물가 상승 시 기말재고자산이 과소평가된다.
④ 기말재고자산이 현행원가에 가깝게 표시된다.

15. 다음과 같이 사업에 사용할 토지를 무상으로 취득한 경우, 토지의 취득가액은 얼마인가?

- 무상으로 취득한 토지의 공정가치 : 1,000,000원
- 토지 취득 시 발생한 취득세 : 40,000원

① 0원   ② 40,000원   ③ 1,000,000원   ④ 1,040,000원

실무시험

엔시상사(회사코드 : 2213)는 문구 및 잡화를 판매하는 개인기업으로 당기(제7기) 회계기간은 2024. 1. 1. ~ 2024. 12. 31.이다. 전산세무회계 수험용 프로그램을 이용하여 다음 물음에 답하시오.

문제 1 다음은 엔시상사의 사업자등록증이다. [회사등록] 메뉴에 입력된 내용을 검토하여 누락분은 추가입력하고 잘못된 부분은 정정하시오. (단, 우편번호 입력은 생략할 것) (6점)

사업자등록증
(일반과세자)
등록번호 : 304-25-70134

상　　　호 : 엔시상사
성　　　명 : 정성찬　　　생 년 월 일 : 1980년 09월 21일
개 업 연 월 일 : 2018년 04월 08일
사 업 장 소 재 지 : 경기도 성남시 중원구 광명로 6 (성남동)
사 업 의 종 류 : [업태] 도소매　　[종목] 문구 및 잡화

교 부 사 유 : 신규
공 동 사 업 자 :

사업자 단위 과세 적용사업자 여부 : 여(　) 부(∨)
전자세금계산서 전용 전자우편주소　:

2018년 04월 08일
성남세무서장 인

문제 2

다음은 엔시상사의 전기분 손익계산서이다. 입력되어 있는 자료를 검토하여 오류 부분은 정정하고 누락된 부분은 추가 입력하시오. (6점)

손 익 계 산 서

회사명 : 엔시상사　　　제6기 2023. 1. 1. ~ 2023. 12. 31.　　　(단위 : 원)

과목	금액	과목	금액
Ⅰ. 매 출 액	100,000,000	Ⅴ. 영 업 이 익	10,890,000
상 품 매 출	100,000,000	Ⅵ. 영 업 외 수 익	610,000
Ⅱ. 매 출 원 가	60,210,000	이 자 수 익	610,000
상 품 매 출 원 가	60,210,000	Ⅶ. 영 업 외 비 용	2,000,000
기 초 상 품 재 고 액	26,000,000	이 자 비 용	2,000,000
당 기 상 품 매 입 액	38,210,000	Ⅷ. 소득세차감전순이익	9,500,000
기 말 상 품 재 고 액	4,000,000	Ⅸ. 소 득 세 등	0
Ⅲ. 매 출 총 이 익	39,790,000	Ⅹ. 당 기 순 이 익	9,500,000
Ⅳ. 판 매 비 와 관 리 비	28,900,000		
급　　　　　　　여	20,000,000		
복 리 후 생 비	4,900,000		
여 비 교 통 비	1,000,000		
임　　차　　료	2,300,000		
운　　반　　비	400,000		
소 모 품 비	300,000		

문제 3

다음 자료를 이용하여 입력하시오. (6점)

(1) 다음 자료를 이용하여 [계정과목및적요등록] 메뉴에서 재고자산 항목의 상품 계정에 적요를 추가로 등록하시오. (3점)

> 현금적요 3. 수출용 상품 매입

(2) 외상매입금과 지급어음에 대한 거래처별 초기이월 자료는 다음과 같다. 주어진 자료를 검토하여 누락된 부분을 수정 및 추가 입력하시오. (3점)

계정과목	거래처명	잔액
외상매입금	엘리상사	3,000,000원
	동오상사	10,000,000원
지급어음	디오상사	3,500,000원
	망도상사	3,000,000원

문제 4 다음의 거래 자료를 [일반전표입력] 메뉴를 이용하여 입력하시오. (24점)

● 입력 시 유의사항 ●

- 적요의 입력은 생략한다.
- 부가가치세는 고려하지 않는다.
- 채권·채무와 관련된 거래는 별도의 요구가 없는 한 반드시 기등록된 거래처코드를 선택하는 방법으로 거래처명을 입력한다.
- 회계처리 시 계정과목은 별도의 제시가 없는 한 등록된 계정과목 중 가장 적절한 과목으로 한다.

□□□
(1) 8월 10일 매출거래처 수민상회에 대한 외상매출금을 현금으로 회수하고, 아래의 입금표를 발행하여 교부하였다. (3점)

입 금 표
(공급자 보관용)

작성일 : 20xx년 08월 10일　　　　　　　　　지급일 : 20xx년 08월 10일

공급자 (수령인)	상 호	엔시상사	대 표 자 명	정성찬
	사업자등록번호	304-25-70134		
	사업장소재지	경기도 성남시 중원구 광명로 6		
공급받는자 (지급인)	상 호	수민상회	대 표 자 명	이수민
	사업자등록번호	307-02-67153		
	사업장소재지	대구광역시 북구 칠성시장로7길 17-18		

금액	십	억	천	백	십	만	천	백	십	일
				2	4	0	0	0	0	0

(내용)
외상매출금 현금 입금

위 금액을 정히 영수합니다.

□□□
(2) 8월 25일 거래처 대표로부터 아래와 같은 모바일 청첩장을 받고, 축의금 200,000원을 현금으로 지급하였다. (3점)

```
WE ARE GETTING MARRIED
       INVITATION
────────────────────────
      박희주 AND 차지민

    20xx. 8. 25.SUN 13:00PM
   그랜드팰리스컨벤션 다이아몬드홀

       두 사람이 하나가 되어
     인생의 여정을 시작하는 첫날을
   함께 축복해 주시면 감사드리겠습니다.
```

□□□
(3) 9월 2일 영업부 직원의 고용보험료 220,000원을 보통예금 계좌에서 납부하였다. 납부한 금액 중 100,000원은 직원부담분이고, 나머지는 회사부담분으로 직원부담분은 직원의 8월 귀속 급여에서 공제한 상태이다. (단, 하나의 전표로 처리하고 회사부담분은 복리후생비 계정으로 처리할 것) (3점)

□□□
(4) 9월 20일 유형자산인 토지에 대한 재산세 500,000원을 현금으로 납부하였다. (3점)

| 납세자보관용 | 20xx년09월(토지분) | 재산세 | 도시지역분 지방교육세 | 고지서 |

전자납부번호	구 분	납기 내 금액	납기 후 금액
11500-1-12452-124234	합 계	500,000	500,000
	납부기한	20xx. 9. 30.까지	20xx. 10. 31.까지

납세자 엔시상사
주소지 경기도 성남시 중원구 광명로 6
과세대상 경기도 성남시 중원구 성남동 1357

※이 영수증은 과세증명서로 사용 가능
위의 금액을 납부하시기 바랍니다.
20xx년 9월 10일

□□□
(5) 9월 25일 상품 매입대금으로 가은상사에 발행하여 지급한 약속어음 3,500,000원의 만기가 도래하여 보통예금 계좌에서 이체하여 상환하다. (3점)

□□□
(6) 10월 5일 다음과 같이 상품을 판매하고 대금 중 4,000,000원은 자기앞수표로 받고 잔액은 외상으로 하였다. (3점)

5권		10호		거래명세표(보관용)		
20xx년 10월 5일			공급자	사업자등록번호	304-25-70134	
				상호	엔시상사	성명	정성찬 (인)
한능협 귀하				사업장소재지	경기도 성남시 중원구 광명로 6	
아래와 같이 계산합니다.				업태	도소매	종목	문구및잡화
합계 금액		일천만 원정 (₩ 10,000,000)				
월일	품목	규격	수량	단가	공급대가	
10/05	만년필		4	2,500,000원	10,000,000원	
	계				10,000,000원	
전잔금	없음			합계	10,000,000원	
입금	4,000,000원	잔금	6,000,000원	인수자	강아영 (인)	
비고						

□□□
(7) 10월 20일 영업부 사무실의 10월분 수도요금 30,000원과 소모품비(비용) 100,000원을 삼성카드로 결제하였다. (3점)

(8) 11월 10일 정기예금 이자 100,000원이 발생하여 원천징수세액을 차감한 금액이 보통예금으로 입금되었으며, 다음과 같이 원천징수영수증을 받았다. (단, 원천징수세액은 선납세금 계정을 이용하고 하나의 전표로 입력할 것) (3점)

이자소득 원천징수영수증

☑ 소득자 보관용
☐ 발행자 보관용
☐ 발행자 보고용

※관리번호

징수의무자	법인명(상호)	농협은행	
소 득 자	성명(상호)	사업자등록번호	계좌번호
	정성찬(엔시상사)	304-25-70134	904-480-511166
	주소	경기도 성남시 중원구 광명로 6	

지급일	이자율	지급액(소득금액)	세율	원천징수세액		
				소득세	지방소득세	계
20xx/11/10	1%	100,000원	14%	14,000원	1,400원	15,400원

위의 원천징수세액(수입금액)을 정히 영수(지급)합니다.

20xx년 11월 10일

징수(보고)의무자 농협은행

문제 5 [일반전표입력] 메뉴에 입력된 내용 중 다음의 오류가 발견되었다. 입력된 내용을 검토하고 수정 또는 삭제, 추가 입력하여 올바르게 정정하시오. (6점)

(1) 8월 6일 보통예금 계좌에서 이체한 6,000,000원은 사업용카드 중 신한카드의 미지급금을 결제한 것으로 회계처리하였으나 하나카드의 미지급금을 결제한 것으로 확인되었다. (3점)

(2) 10월 25일 구매부 직원의 10월분 급여 지급액에 대한 회계처리 시 공제 항목에 대한 회계처리를 하지 않고 급여액 총액을 보통예금 계좌에서 이체하여 지급한 것으로 잘못 회계처리 하였다. (단, 하나의 전표로 처리하되, 공제 항목은 항목별로 구분하지 않는다) (3점)

10월분 급여명세서

사 원 명 : 박민정
부 서 : 구매부
직 급 : 대리

지 급 내 역	지 급 액	공 제 내 역	공 제 액
기 본 급 여	4,200,000원	국 민 연 금	189,000원
직 책 수 당	0원	건 강 보 험	146,790원
상 여 금	0원	고 용 보 험	37,800원
특 별 수 당	0원	소 득 세	237,660원
자 가 운 전 보 조 금	0원	지 방 소 득 세	23,760원
교 육 지 원 수 당	0원	기 타 공 제	0원
지 급 액 계	4,200,000원	공 제 액 계	635,010원
귀하의 노고에 감사드립니다.		차 인 지 급 액	3,564,990원

문제 6 다음의 결산정리사항을 입력하여 결산을 완료하시오. (12점)

(1) 4월 1일에 영업부 사무실의 12개월분 임차료(임차기간 : 올해 4. 1. ~ 내년 3. 31.) 24,000,000원을 보통예금 계좌에서 이체하여 지급하고 전액 자산계정인 선급비용으로 회계처리하였다. 기말 수정분개를 하시오. (단, 월할 계산할 것) (3점)

(2) 기말 외상매출금 중 미국 BRIZ사의 외상매출금 20,000,000원(미화 $20,000)이 포함되어 있다. 결산일 현재 기준환율은 1$당 1,100원이다. (3점)

(3) 기말 현재 현금과부족 중 15,000원은 판매 관련 등록면허세를 현금으로 납부한 것으로 밝혀졌다. (3점)

(4) 결산을 위하여 창고의 재고자산을 실사한 결과, 기말상품재고액은 4,500,000원이다. (단, 5.결산차변, 6.결산대변을 사용하시오) (3점)

문제 7 다음 사항을 조회하여 알맞은 답안을 [이론문제 답안작성] 메뉴에 입력하시오. (10점)

(1) 상반기(1월 ~ 6월) 중 어룡상사에 대한 외상매입금 지급액은 얼마인가? (3점)

(2) 상반기(1월 ~ 6월) 동안 지출한 복리후생비(판관비) 금액은 모두 얼마인가? (3점)

(3) 6월 말 현재 유동자산과 유동부채의 차액은 얼마인가? (4점)

▶ 정답 및 해설 | p.551

제112회 기출문제

✓ 다시 봐야 할 문제(틀린 문제, 풀지 못한 문제, 헷갈리는 문제 등)는 회독별로 문제 번호 위 네모박스(□)에 체크하여 반복 학습할 수 있습니다.

이론시험

다음 문제를 보고 알맞은 것을 골라 [이론문제 답안작성] 메뉴에 입력하시오. (객관식 문항당 2점)

● 기 본 전 제 ●
문제에서 한국채택국제회계기준을 적용하도록 하는 전제조건이 없는 경우, 일반기업회계기준을 적용한다.

1. 다음 중 손익계산서에 대한 설명으로 옳지 않은 것은?

① 재무제표의 종류에 속한다.
② 재산법을 이용하여 당기순손익을 산출한다.
③ 일정한 기간의 경영성과를 나타내는 보고서이다.
④ 손익계산서 등식은 '총비용 = 총수익 + 당기순손실' 또는 '총비용 + 당기순이익 = 총수익' 이다.

2. 다음의 자료를 통해 알 수 있는 외상매입금 당기 지급액은 얼마인가?

- 기초 외상매입금 : 60,000원
- 당기 외상매입액 : 300,000원
- 외상매입금 중 매입환출 : 30,000원
- 기말 외상매입금 : 120,000원

① 150,000원   ② 180,000원   ③ 210,000원   ④ 360,000원

3. 다음 중 영업이익에 영향을 미치지 않는 것은?

① 이자비용   ② 상품매출원가   ③ 기업업무추진비   ④ 세금과공과

4. 다음 중 결산 수정분개의 대상 항목 또는 유형으로 적합하지 않은 것은?

① 유형자산의 처분
② 수익과 비용의 이연과 예상
③ 현금과부족 계정 잔액의 정리
④ 매출채권에 대한 대손충당금 설정

5. 다음 중 유형자산이 아닌 것은?

① 공장용 토지
② 영업부서용 차량
③ 상품보관용 창고
④ 본사 건물 임차보증금

6. 다음 중 유동성이 가장 높은 자산을 고르시오.

① 재고자산
② 당좌자산
③ 유형자산
④ 기타비유동자산

7. 다음 자료를 이용하여 단기매매증권처분손익을 계산하면 얼마인가?

| • 매도금액 : 2,000,000원 • 장부금액 : 1,600,000원 • 처분 시 매각 수수료 : 100,000원 |

① (-)400,000원
② (-)300,000원
③ 300,000원
④ 400,000원

8. 다음 중 재고자산에 해당하지 않는 것은?

① 원재료
② 판매 목적으로 보유 중인 부동산매매업자의 건물
③ 상품
④ 상품매입 계약을 체결하고 지급한 선급금

9. 다음 중 대손충당금 설정 대상에 해당하는 계정과목으로 옳은 것은?

① 받을어음　　② 지급어음　　③ 미지급금　　④ 선수금

10. 다음 손익계정의 자료를 이용하여 매출총이익을 계산한 것으로 옳은 것은?

손익			
상품매출원가	600,000	상품매출	800,000

① 5,000원　　② 195,000원　　③ 200,000원　　④ 795,000원

11. 다음 중 일반기업회계준상 재무제표에 해당하는 것으로만 구성된 것은?

① 재무상태표, 손익계산서
② 주기, 시산표
③ 손익계산서, 시산표
④ 재무상태표, 총계정원장

12. 다음은 기말 재무상태표상 계정별 잔액이다. 이 회사의 기말자본은 얼마인가?

- 현금 : 100,000원　　・선수금 : 300,000원　　・단기차입금 : 100,000원
- 상품 : 1,000,000원　　・외상매입금 : 200,000원

① 300,000원　　② 500,000원　　③ 800,000원　　④ 1,100,000원

13. 다음 중 감가상각에 대한 설명으로 틀린 것은?

① 자산이 사용 가능한 때부터 감가상각을 시작한다.
② 정액법은 내용연수 동안 매년 일정한 상각액을 인식하는 방법이다.
③ 자본적 지출액은 감가상각비를 계산하는 데 있어 고려 대상이 아니다.
④ 정률법으로 감가상각하는 경우 기말 장부가액은 우하향 그래프의 곡선 형태를 나타낸다.

14. 다음 중 아래의 자료와 같은 결합관계가 나타날 수 있는 회계상 거래를 고르시오.

(차) 자산의 증가   (대) 수익의 발생

① 판매용 물품 300,000원을 외상으로 매입하였다.
② 전월에 발생한 외상매출금 100,000원을 현금으로 회수하였다.
③ 직원 가불금 300,000원을 보통예금 계좌에서 인출하여 지급하였다.
④ 당사의 보통예금에 대한 이자 300,000원이 해당 보통예금 계좌로 입금되었다.

15. 다음 중 아래 계정별원장의 (   ) 안에 들어갈 계정과목으로 가장 적합한 것은?

( )	
당좌예금 300,000원	전기이월 200,000원
현금 150,000원	차량운반구 600,000원
차기이월 350,000원	
800,000원	800,000원

① 미수금   ② 미지급금   ③ 선급금   ④ 외상매출금

실무시험

합격물산(코드번호 : 2212)은 문구 및 잡화를 판매하는 개인기업으로 당기(제12기) 회계기간은 2023. 1. 1. ~ 2023. 12. 31.이다. 전산세무회계 수험용 프로그램을 이용하여 다음 물음에 답하시오.

문제 1 다음은 합격물산의 사업자등록증이다. [회사등록] 메뉴에 입력된 내용을 검토하여 누락분은 추가입력하고 잘못된 부분은 정정하시오. (단, 우편번호 입력은 생략할 것) (6점)

사업자등록증
(일반과세자)

등록번호 : 305-52-36547

상　　　　호 : 합격물산
성　　　　명 : 나합격　　　생 년 월 일 : 1965년 05월 05일
개 업 연 월 일 : 2012년 03월 14일
사 업 장 소 재 지 : 대전광역시 중구 대전천서로 7(옥계동)
사 업 의 종 류 : 업태 도소매　　종목 문구 및 잡화

교 부 사 유 : 신규
공 동 사 업 자 :

사업자 단위 과세 적용사업자 여부 : 여( )　부(∨)
전자세금계산서 전용 전자우편주소　:

2012년 03월 14일
대전세무서장 인

문제 2 다음은 합격물산의 전기분 손익계산서이다. 입력되어 있는 자료를 검토하여 오류 부분은 정정하고 누락된 부분은 추가 입력하시오. (6점)

손 익 계 산 서

회사명 : 합격물산 제11기 2022. 1. 1. ~ 2022. 12. 31. (단위 : 원)

과목	금액	과목	금액
Ⅰ 매 출 액	237,000,000	Ⅴ 영 업 이 익	47,430,000
상 품 매 출	237,000,000	Ⅵ 영 업 외 수 익	670,000
Ⅱ 매 출 원 가	153,000,000	이 자 수 익	600,000
상 품 매 출 원 가	153,000,000	잡 이 익	70,000
기 초 상 품 재 고 액	20,000,000	Ⅶ 영 업 외 비 용	17,000,000
당 기 상 품 매 입 액	150,000,000	기 부 금	5,000,000
기 말 상 품 재 고 액	17,000,000	유형자산처분손실	12,000,000
Ⅲ 매 출 총 이 익	84,000,000	Ⅷ 소득세차감전순이익	31,100,000
Ⅳ 판 매 비 와 관 리 비	36,570,000	Ⅸ 소 득 세 등	0
급 여	20,400,000	Ⅹ 당 기 순 이 익	31,100,000
복 리 후 생 비	3,900,000		
기업업무추진비	4,020,000		
통 신 비	370,000		
감 가 상 각 비	5,500,000		
임 차 료	500,000		
차 량 유 지 비	790,000		
소 모 품 비	1,090,000		

문제 3 다음 자료를 이용하여 입력하시오. (6점)

(1) 합격물산의 거래처별 초기이월 자료는 다음과 같다. 주어진 자료를 검토하여 잘못된 부분은 오류를 정정하고, 누락된 부분은 추가하여 입력하시오. (3점)

계정과목	거래처명	잔액
받을어음	아진상사	5,000,000원
외상매입금	대영상사	20,000,000원
예수금	대전세무서	300,000원

(2) 다음 자료를 이용하여 [거래처등록] 메뉴에서 거래처(신용카드)를 추가로 등록하시오. (단, 주어진 자료 외의 다른 항목은 입력할 필요 없음) (3점)

- 거래처코드 : 99603
- 거래처명 : BC카드
- 유형 : 매입
- 카드번호 : 1234-5678-1001-2348
- 카드종류 : 사업용카드

문제 4 다음의 거래 자료를 [일반전표입력] 메뉴를 이용하여 입력하시오. (24점)

● 입력 시 유의사항 ●

- 적요의 입력은 생략한다.
- 부가가치세는 고려하지 않는다.
- 채권·채무와 관련된 거래는 별도의 요구가 없는 한 반드시 기등록된 거래처코드를 선택하는 방법으로 거래처명을 입력한다.
- 회계처리 시 계정과목은 별도의 제시가 없는 한 등록된 계정과목 중 가장 적절한 과목으로 한다.

(1) 8월 9일 ㈜모닝으로부터 상품 2,000,000원을 구매하는 계약을 하고, 상품 대금의 10%를 계약금으로 지급하는 약정에 따라 계약금 200,000원을 현금으로 지급하였다. (3점)

(2) 8월 20일 상품 운반용 중고 화물차를 7,000,000원에 구매하면서 전액 삼성카드로 결제하고, 취득세 300,000원은 보통예금 계좌에서 이체하였다. (3점)

(3) 9월 25일 영업사원 김예진의 9월 급여를 보통예금 계좌에서 이체하여 지급하였으며, 급여내역은 다음과 같다. (단, 하나의 전표로 처리하되, 공제항목은 구분하지 않고 하나의 계정과목으로 처리할 것) (3점)

9월 급여내역			
이름	김예진	지급일	9월 25일
기 본 급 여	3,500,000원	소 득 세	150,000원
직 책 수 당	200,000원	지 방 소 득 세	15,000원
상 여 금	0원	고 용 보 험	33,300원
특 별 수 당	0원	국 민 연 금	166,500원
자 가 운 전 보 조 금	0원	건 강 보 험	131,160원
		장 기 요 양 보 험 료	16,800원
급 여 계	3,700,000원	공 제 합 계	512,760원
노고에 감사드립니다.		차 인 지 급 액	3,187,240원

(4) 10월 2일 민족 최대의 명절 추석을 맞이하여 영업부의 거래처와 당사의 영업사원들에게 보낼 선물 세트를 각각 2,000,000원과 1,000,000원에 구입하고 삼성카드로 결제하였다. (3점)

카드매출전표

카드종류	신용/삼성카드
카드번호	1250-4121-2412-1114
거래일자	20xx.10.02.10:30:51
일시불/할부	일시불
승인번호	69117675

이용내역

상품명	추석선물세트
단가	20,000원
수량	150개
결제금액	3,000,000원

가맹점정보

가맹점명	하나로유통
사업자등록번호	130-52-12349
가맹점번호	163732104
대표자명	김현숙
전화번호	031-400-3240

위의 거래내역을 확인합니다.
Samsung Card

(5) 11월 17일 다음은 ㈜새로운에 상품을 판매하고 발급한 거래명세표이다. 대금 중 12,000,000원은 당좌예금 계좌로 입금되었고, 잔액은 ㈜새로운이 발행한 약속어음으로 받았다. (3점)

거래명세표

㈜새로운 귀하				등록번호				
				상 호	합격물산	대 표	나합격	
발행일	20xx.11.17.	거래번호	001	업 태	도소매업	종 목	문구 및 잡화	
				주 소	대전광역시 중구 대전천서로 7(옥계동)			
				전 화	042-677-1234	팩 스	042-677-1235	
NO.	품목	규격	수량	단가		공급가액		비고
1	A상품	5'	100	350,000		35,000,000		
총계						35,000,000		
결제계좌	은행명	계좌번호		예금주	담당자	전화	042-677-1234	
	농협은행	123-456-789-10		나합격		이메일	allpass@nate.com	

□□□
(6) 12월 1일 사업장 건물의 엘리베이터 설치 공사를 하고 공사대금 15,000,000원은 보통예금 계좌에서 지급하였다. (단, 엘리베이터 설치 공사는 건물의 자본적 지출로 처리할 것) (3점)

□□□
(7) 12월 27일 세무법인으로부터 세무 컨설팅을 받고 수수료 300,000원을 현금으로 지급하였다. (3점)

□□□
(8) 12월 29일 현금 시재를 확인한 결과 실제 잔액이 장부상 잔액보다 30,000원 많은 것을 발견하였으나 그 원인이 파악되지 않았다. (3점)

문제 5 [일반전표입력] 메뉴에 입력된 내용 중 다음의 오류가 발견되었다. 입력된 내용을 검토하고 수정 또는 삭제, 추가 입력하여 올바르게 정정하시오. (6점)

□□□
(1) 7월 10일 거래처 하진상사로부터 보통예금 계좌로 입금된 200,000원에 대하여 외상매출금을 회수한 것으로 처리하였으나 당일에 체결한 매출 계약 건에 대한 계약금이 입금된 것이다. (3점)

□□□
(2) 11월 25일 세금과공과 200,000원으로 회계처리한 것은 회사 대표의 개인 소유 주택에 대한 재산세 200,000원을 회사 현금으로 납부한 것이다. (3점)

문제 6 다음의 결산정리사항을 입력하여 결산을 완료하시오. (12점)

(1) 상품보관을 위하여 임차한 창고의 월 임차료는 500,000원으로 임대차계약 기간은 올해 12월 1일부터 내년 11월 30일까지이며, 매월 임차료는 다음달 10일에 지급하기로 계약하였다. (3점)

(2) 당기 말 현재 단기대여금에 대한 당기분 이자 미수액은 300,000원이다. (3점)

(3) 결산일 현재 마이너스통장인 보통예금(기업은행) 계좌의 잔액이 (-)800,000원이다. (3점)

(4) 보유 중인 비품에 대한 당기(20x2년)분 감가상각비를 계상하다. (취득일 전년도(20x1년) 1월 1일, 취득원가 55,000,000원, 잔존가액 0원, 내용연수 10년, 정액법 상각, 상각률 10%) (3점)

문제 7 다음 사항을 조회하여 알맞은 답안을 [이론문제 답안작성] 메뉴에 입력하시오. (10점)

(1) 1월부터 5월까지 기간 중 현금의 지출이 가장 많은 달은? (3점)

(2) 상반기(1월 ~ 6월) 중 현금으로 지급한 급여(판매비및일반관리비)액은 얼마인가? (3점)

(3) 6월 1일부터 6월 30일까지 외상매출금을 받을어음으로 회수한 금액은 얼마인가? (4점)

제111회 기출문제

다시 봐야 할 문제(틀린 문제, 풀지 못한 문제, 헷갈리는 문제 등)는 회독별로 문제 번호 위 네모박스(□)에 체크하여 반복 학습할 수 있습니다.

이론시험

다음 문제를 보고 알맞은 것을 골라 [이론문제 답안작성] 메뉴에 입력하시오. (객관식 문항당 2점)

> ● 기 본 전 제 ●
> 문제에서 한국채택국제회계기준을 적용하도록 하는 전제조건이 없는 경우, 일반기업회계기준을 적용한다.

1. 다음 중 복식부기와 관련된 설명이 아닌 것은?

① 차변과 대변이라는 개념이 존재한다.
② 대차평균의 원리가 적용된다.
③ 모든 거래에 대해 이중으로 기록하여 자기검증기능이 있다.
④ 재산 등의 증감변화에 대해 개별 항목의 변동만 기록한다.

2. 다음의 내용이 설명하는 계정과목으로 옳은 것은?

> 재화의 생산, 용역의 제공, 타인에 대한 임대 또는 자체적으로 사용할 목적으로 보유하는 물리적 형체가 있는 자산으로서, 1년을 초과하여 사용할 것이 예상되는 자산을 말한다.

① 건물 ② 사채 ③ 이자수익 ④ 퇴직급여

3. 다음 괄호 안에 들어갈 내용으로 올바른 것은?

> 현금성자산이란 채무증권이나 금융상품 중에서 취득 당시에 만기가 (   ) 이내에 도래하는 것을 말한다.

① 1개월 ② 3개월 ③ 6개월 ④ 1년

4. 다음 중 일반기업회계기준에 의한 회계의 특징으로 볼 수 없는 것은?

① 복식회계　　② 영리회계　　③ 재무회계　　④ 단식회계

5. 다음 중 재고자산에 대한 설명으로 틀린 것은?

① 판매를 위하여 보유하고 있는 상품 또는 제품은 재고자산에 해당한다.
② 판매와 관련하여 발생한 수수료는 판매비와관리비로 비용처리 한다.
③ 판매되지 않은 재고자산은 매입한 시점에 즉시 당기 비용으로 인식한다.
④ 개별법은 가장 정확하게 매출원가와 기말재고액을 결정하는 방법이다.

6. 다음의 자료가 설명하는 내용의 계정과목으로 올바른 것은?

> 금전을 수취하였으나 그 내용이 확정되지 않은 경우에 임시로 사용하는 계정과목이다.

① 미지급비용　　② 미지급금　　③ 가수금　　④ 외상매입금

7. 다음은 영업활동 목적으로 거래처 직원과 함께 식사하고 받은 현금영수증이다. 이를 회계처리할 경우 차변에 기재할 계정과목으로 옳은 것은?

```
              현금영수증
가맹점명 : 망향비빔국수      대표자 : 이명환
사업자번호 : 145-54-45245    전화번호 : 031-542-4524
주소 : 경기도 안양시 만안구
......................................................
거래유형 :                              지출증빙
거래종류 :                              승인거래
식별번호 :                          855-12-01853
취소시 원거래일자 :
거래일시 :                             20xx/06/29
......................................................
공급가액 :                              20,000원
부가세 :                                 2,000원
봉사료 :
합계 :                                  22,000원
승인번호 :                            1245345225
              현금영수증 문의(국세청) : 126
                http://현금영수증.kr
```

① 기부금　　② 기업업무추진비　　③ 복리후생비　　④ 세금과공과

8. 재고자산은 그 평가방법에 따라 금액이 달라질 수 있다. 다음 중 평가방법에 따른 기말재고자산 금액의 변동이 매출원가와 매출총이익에 미치는 영향으로 옳은 것은?

① 기말재고자산 금액이 감소하면 매출원가도 감소한다.
② 기말재고자산 금액이 감소하면 매출총이익은 증가한다.
③ 기말재고자산 금액이 증가하면 매출원가도 증가한다.
④ 기말재고자산 금액이 증가하면 매출총이익이 증가한다.

9. 다음 중 판매비와관리비에 해당하는 계정과목은 모두 몇 개인가?

- 기부금
- 세금과공과
- 이자비용
- 보험료
- 미수금
- 미지급비용
- 선급비용

① 1개　　② 2개　　③ 3개　　④ 4개

10. 다음 중 아래의 잔액시산표에 대한 설명으로 옳은 것은?

잔액시산표
일산상사　　20x1. 1. 1. ~ 20x1. 12. 31.　　(단위 : 원)

차변	원면	계정과목	대변
220,000	1	현금	
700,000	2	건물	
	3	외상매입금	90,000
	4	자본금	820,000
	5	이자수익	60,000
50,000	6	급여	
970,000			970,000

① 당기의 기말자본금은 820,000원이다.
② 유동자산의 총합계액은 900,000원이다.
③ 판매비와관리비는 130,000원이다.
④ 당기순이익은 10,000원이다.

11. 다음 중 회계상 거래와 관련하여 자산의 증가와 자산의 감소가 동시에 발생하는 거래로 옳은 것은?

① 영업용 차량을 현금 1,000,000원을 주고 구입하였다.
② 사무실 월세 1,000,000원을 현금으로 지급하였다.
③ 정기예금 이자 1,000,000원을 현금으로 수령하였다.
④ 상품을 1,000,000원에 외상으로 구입하였다.

12. 다음은 서울상사의 수익적 지출 및 자본적 지출에 관한 내용이다. 다음 중 성격이 나머지와 다른 하나는 무엇인가?

① 사무실 유리창이 깨져서 새로운 유리창을 구입하여 교체하였다.
② 기계장치의 경미한 수준의 부속품이 마모되어 해당 부속품을 교체하였다.
③ 상가 건물의 편의성을 높이기 위해 엘리베이터를 설치하였다.
④ 사업장의 벽지가 찢어져서 외주업체를 통하여 다시 도배하였다.

13. 다음은 합격물산의 세금 납부내역이다. 이에 대한 회계처리 시 (A)와 (B)의 차변 계정과목으로 주어진 자료에서 가장 바르게 짝지은 것은?

(A) 합격물산 대표자의 자택에 대한 재산세 납부
(B) 합격물산 사옥에 대한 건물분 재산세 납부

	(A)	(B)		(A)	(B)
①	세금과공과	세금과공과	②	세금과공과	인출금
③	인출금	세금과공과	④	인출금	건물

14. 다음은 합격물산의 당기 말 부채계정 잔액의 일부이다. 재무상태표에 표시될 매입채무는 얼마인가?

• 선수금 : 10,000원   • 지급어음 : 20,000원   • 외상매입금 : 30,000원
• 단기차입금 : 40,000원   • 미지급금 : 50,000원

① 50,000원   ② 60,000원   ③ 100,000원   ④ 110,000원

15. 다음의 자료에서 기초자본은 얼마인가?

• 기초자본 : (?)   • 총수익 : 100,000원   • 기말자본 : 200,000원   • 총비용 : 80,000원

① 170,000원   ② 180,000원   ③ 190,000원   ④ 200,000원

실무시험

파라상사(코드번호 : 2211)는 문구 및 잡화를 판매하는 개인기업으로 당기(제12기)의 회계기간은 2023. 1. 1. ~ 2023. 12. 31.이다. 전산세무회계 수험용 프로그램을 이용하여 다음 물음에 답하시오.

문제 1 다음은 파라상사의 사업자등록증이다. [회사등록] 메뉴에 입력된 내용을 검토하여 누락분은 추가입력하고 잘못된 부분은 정정하시오. (주소 입력 시 우편번호는 입력하지 않아도 무방함) (6점)

사업자등록증
(일반과세자)
등록번호 : 855-12-01853

상　　　호 : 파라상사
성　　　명 : 박연원　　　생 년 월 일 : 1966년 07월 22일
개 업 연 월 일 : 2012년 02월 02일
사 업 장 소 재 지 : 경기도 안양시 동안구 귀인로 237 (평촌동)
사 업 의 종 류 : 업태 도소매　　종목 문구 및 잡화

교 부 사 유 : 신규
공 동 사 업 자 :

사업자 단위 과세 적용사업자 여부 : 여( ) 부(∨)
전자세금계산서 전용 전자우편주소　:

2012년 02월 02일
동안양세무서장 인

문제 2 다음은 파라상사의 전기분 재무상태표이다. 입력되어 있는 자료를 검토하여 오류부분은 정정하고 누락된 부분은 추가 입력하시오. (6점)

재 무 상 태 표

회사명 : 파라상사 제11기 2022. 12. 31. 현재 (단위 : 원)

과목	금액		과목	금액
현　　　　　금		2,500,000	외 상 매 입 금	50,000,000
당 좌 예 금		43,000,000	지 급 어 음	8,100,000
보 통 예 금		50,000,000	미 지 급 금	29,000,000
외 상 매 출 금	20,000,000		단 기 차 입 금	5,000,000
대 손 충 당 금	900,000	19,100,000	장 기 차 입 금	10,000,000
받 을 어 음	4,900,000		자 본 금	49,757,000
대 손 충 당 금	43,000	4,857,000	(당기순이익 :	
미 　 수 　 금		600,000	8,090,000)	
상　　　　　품		7,000,000		
장 기 대 여 금		2,000,000		
차 량 운 반 구	10,000,000			
감가상각누계액	2,000,000	8,000,000		
비　　　　　품	7,600,000			
감가상각누계액	2,800,000	4,800,000		
임 차 보 증 금		10,000,000		
자 산 총 계		151,857,000	부채와자본총계	151,857,000

문제 3 다음 자료를 이용하여 입력하시오. (6점)

(1) 파라상사의 외상매입금과 미지급금에 대한 거래처별 초기이월 잔액은 다음과 같다. 입력된 자료를 검토하여 잘못된 부분은 삭제 또는 수정, 추가 입력하여 주어진 자료에 맞게 정정하시오. (3점)

계정과목	거래처	잔액
외상매입금	고래전자	12,000,000원
	건우상사	11,000,000원
	석류상사	27,000,000원
미지급금	앨리스상사	25,000,000원
	용구상사	4,000,000원

(2) 다음의 내용을 [계정과목및적요등록] 메뉴를 이용하여 보통예금 계정과목에 현금적요를 등록하시오. (3점)

> 현금적요 : 적요 No.5, 미수금 보통예금 입금

문제 4 다음의 거래 자료를 [일반전표입력] 메뉴를 이용하여 입력하시오. (24점)

— ● 입력 시 유의사항 ● —

- 적요의 입력은 생략한다.
- 부가가치세는 고려하지 않는다.
- 채권·채무와 관련된 거래는 별도의 요구가 없는 한 반드시 기등록된 거래처코드를 선택하는 방법으로 거래처명을 입력한다.
- 회계처리 시 계정과목은 별도의 제시가 없는 한 등록된 계정과목 중 가장 적절한 과목으로 한다.

(1) 7월 13일 전기에 대손처리하였던 나마상사의 외상매출금 2,000,000원이 회수되어 보통예금 계좌로 입금되었다. (3점)

(2) 8월 1일 남선상사에 대한 외상매입금 2,000,000원을 지급하기 위하여 오름상사로부터 상품 판매대금으로 받은 약속어음을 배서양도하였다. (3점)

(3) 8월 31일 창고가 필요하여 다음과 같이 임대차계약을 체결하고 임차보증금을 보통예금 계좌에서 이체하여 지급하였다. (단, 보증금의 거래처를 기재할 것) (3점)

부동산 월세 계약서

본 부동산에 대하여 임대인과 임차인 쌍방은 다음과 같이 합의하여 임대차계약을 체결한다.

1. 부동산의 표시

소 재 지	부산광역시 동래구 금강로73번길 6 (온천동)				
건 물	구조	철근콘크리트	용도	창고	면적	50㎡
임 대 부 분	상동 소재지 전부				

2. 계약내용

제 1 조 위 부동산의 임대차계약에 있어 임차인은 보증금 및 차임을 아래와 같이 지불하기로 한다.

보 증 금	일금 이천만 원정 (₩ 20,000,000) (보증금은 20x1년 8월 31일에 지급하기로 한다.)
차 임	일금 삼십만 원정 (₩ 300,000)은 익월 10일에 지불한다.

제 2 조 임대인은 위 부동산을 임대차 목적대로 사용·수익할 수 있는 상태로 하여 20x1년 8월 31일까지 임차인에게 인도하며, 임대차기간은 인도일로부터 20x3년 8월 30일까지 24개월로 한다.

… 중략 …

(갑) 임대인 : 온천상가 대표 김온천 (인)

(을) 임차인 : 파라상사 대표 박연원 (인)

□□□
(4) 9월 2일 대표자가 개인적인 용도로 사용할 목적으로 컴퓨터를 구입하고 사업용카드(삼성카드)로 결제하였다. (3점)

웅장컴퓨터	
1,500,000원	
카드종류	신용카드
카드번호	1351-1234-5050-9990
거래일자	20xx.09.02. 11:11:34
일시불/할부	일시불
승인번호	48556494
[상품명]	[금액]
컴퓨터	1,500,000원
합 계 액	1,500,000원
받은금액	1,500,000원
가맹점정보	
가맹점명	웅장컴퓨터
사업자등록번호	105-21-32549
가맹점번호	23721275
대표자명	진영기
전화번호	02-351-0000

이용해주셔서 감사합니다.
교환/환불은 영수증을 지참하여 일주일 이내 가능합니다.
삼성카드

□□□
(5) 9월 16일 만안상사에 당사가 보유하고 있던 차량운반구(취득원가 10,000,000원, 처분 시까지의 감가상각누계액 2,000,000원)를 9,000,000원에 매각하고 대금은 자기앞수표로 받았다. (3점)

□□□
(6) 9월 30일 기업 운영자금을 확보하기 위하여 10,000,000원을 우리은행으로부터 2년 후에 상환하는 조건으로 차입하고, 차입금은 보통예금 계좌로 이체받았다. (3점)

□□□
(7) 10월 2일 거래처 포스코상사로부터 상품을 2,000,000원에 외상으로 매입하고, 상품 매입과정 중에 발생한 운반비 200,000원(당사가 부담)은 현금으로 지급하였다. (3점)

(8) 10월 29일 신규 채용한 영업부 신입사원들이 사용할 컴퓨터 5대를 주문하고, 견적서 금액의 10%를 계약금으로 보통예금 계좌에서 송금하였다. (3점)

견 적 서

공급자	사업자번호	206-13-30738			견적번호 : 효은-01112 아래와 같이 견적서를 발송 20xx년 10월 29일	
	상 호	효은상사	대 표 자	김효은 (인)		
	소 재 지	서울시 성동구 행당로 133 (행당동)				
	업 태	도소매	종 목	컴퓨터		
	담 당 자	한슬기	전화번호	1599-7700		

품명	규격	수량(개)	단가(원)	금액(원)	비고
삼성 센스 시리즈	S-7	5	2,000,000	10,000,000	
	이하 여백				
합 계 금 액				10,000,000	

유효기간 : 견적 유효기간은 발행 후 15일

납   기 : 발주 후 3일

결제방법 : 현금결제 및 카드결제 가능

송금계좌 : KB국민은행 / 666-12-90238

기   타 : 운반비 별도

문제 5 [일반전표입력] 메뉴에 입력된 내용 중 다음의 오류가 발견되었다. 입력된 내용을 검토하고 수정 또는 삭제, 추가 입력하여 올바르게 정정하시오. (6점)

(1) 10월 5일 자본적 지출로 회계처리해야 할 영업점 건물 방화문 설치비 13,000,000원을 수익적 지출로 회계처리하였다. (3점)

(2) 10월 13일 사업용 신용카드(삼성카드)로 결제한 복리후생비 400,000원은 영업부의 부서 회식대가 아니라 영업부의 매출거래처 접대목적으로 지출한 것으로 확인되었다. (3점)

문제 6 다음의 결산정리사항을 입력하여 결산을 완료하시오. (12점)

(1) 기말 결산일 현재까지 기간 경과분에 대한 미수이자 1,500,000원 발생하였는데 이와 관련하여 어떠한 회계처리도 되어 있지 아니한 상태이다. (3점)

(2) 당기에 납부하고 전액 비용으로 처리한 영업부의 보험료 중 선급액 120,000원에 대한 결산분개를 하시오. (3점)

(3) 당기 중에 단기운용목적으로 ㈜기유의 발행주식 1,000주(1주당 액면금액 1,000원)를 1주당 1,500원에 취득하였으며, 기말 현재 공정가치는 1주당 1,600원이다. 단, 취득 후 주식의 처분은 없었다. (3점)

(4) 기말 매출채권(외상매출금, 받을어음) 잔액에 대하여만 1%를 보충법에 따라 대손충당금을 설정하시오. (3점)

문제 7 다음 사항을 조회하여 알맞은 답안을 [이론문제 답안작성] 메뉴에 입력하시오. (10점)

(1) 3월(3월 1일 ~ 3월 31일) 중 외상매출 거래(어음수취분 제외) 건수는 총 몇 건인가? (3점)

(2) 6월 말 현재 거래처 자담상사에 대한 선급금 잔액은 얼마인가? (3점)

(3) 현금과 관련하여 상반기(1 ~ 6월) 중 입금액이 가장 많은 달의 그 입금액과 출금액이 가장 많은 달의 그 출금액과의 차액은 얼마인가? (단, 음수로 입력하지 말 것) (4점)

▶ 정답 및 해설 | p.557

제110회 기출문제

✓ 다시 봐야 할 문제(틀린 문제, 풀지 못한 문제, 헷갈리는 문제 등)는 회독별로 문제 번호 위 네모박스(□)에 체크하여 반복 학습할 수 있습니다.

이론시험

다음 문제를 보고 알맞은 것을 골라 [이론문제 답안작성] 메뉴에 입력하시오. (객관식 문항당 2점)

● 기 본 전 제 ●
문제에서 한국채택국제회계기준을 적용하도록 하는 전제조건이 없는 경우, 일반기업회계기준을 적용한다.

1. 다음 중 아래의 거래 요소가 나타나는 거래로 옳은 것은?

> 비용의 발생 – 자산의 감소

① 임대차 계약을 맺고, 당월분 임대료 500,000원을 현금으로 받다.
② 상품 400,000원을 매입하고 대금은 외상으로 하다.
③ 단기차입금에 대한 이자 80,000원을 현금으로 지급하다.
④ 토지 80,000,000원을 구입하고 대금은 보통예금 계좌로 이체하다.

2. 다음 중 유동부채에 해당하지 않는 것은?

① 유동성장기부채 ② 선급비용 ③ 단기차입금 ④ 예수금

3. 다음 중 아래의 (가)와 (나)에 각각 들어갈 내용으로 옳은 것은?

> 단기매매증권을 취득하면서 발생한 수수료는 (가) (으)로 처리하고, 차량운반구를 취득하면서 발생한 취득세는 (나) (으)로 처리한다.

	(가)	(나)		(가)	(나)
①	수수료비용	차량운반구	②	단기매매증권	차량운반구
③	수수료비용	세금과공과	④	단기매매증권	수수료비용

4. 다음 계정별원장에 기입된 거래를 보고 (A) 안에 들어갈 수 있는 계정과목으로 가장 적절한 것은?

	(A)		
9/15	200,000원	기초	1,500,000원
기말	1,600,000원	9/10	300,000원

① 받을어음　② 외상매입금　③ 광고선전비　④ 미수금

5. 다음 중 유형자산의 취득원가를 구성하는 항목이 아닌 것은?

① 재산세
② 취득세
③ 설치비
④ 정상적인 사용을 위한 시운전비

6. 다음 중 당좌자산에 해당하지 않는 것은?

① 현금및현금성자산
② 매출채권
③ 단기투자자산
④ 당좌차월

7. 다음은 인출금 계정과목의 특징에 대한 설명이다. 다음 중 아래의 (가) ~ (다)에 대한 설명으로 모두 옳은 것은?

- 주로 기업주(사업주)의 (가)의 지출을 의미한다.
- (나)에서 사용되며 임시계정에 해당한다.
- (다)에 대한 평가계정으로 보고기간 말에 (다)으로 대체되어 마감한다.

	(가)	(나)	(다)
①	개인적 용도	개인기업	자본금 계정
②	사업적 용도	법인기업	자본금 계정
③	개인적 용도	법인기업	자산 계정
④	사업적 용도	개인기업	자산 계정

8. 다음 중 손익계산서와 관련된 계정과목이 아닌 것은?

① 임차료　　　② 선급비용　　　③ 임대료　　　④ 유형자산처분이익

9. 다음 중 미지급비용에 대한 설명으로 가장 적절한 것은?

① 당기의 수익에 대응되는 지급된 비용
② 당기의 수익에 대응되는 미지급된 비용
③ 당기의 수익에 대응되지 않지만 지급된 비용
④ 당기의 수익에 대응되지 않지만 미지급된 비용

10. 12월 말 결산일 현재 손익계산서상 당기순이익은 300,000원이었으나, 아래의 사항이 반영되어 있지 않음을 확인하였다. 아래 사항을 반영한 후의 당기순이익은 얼마인가?

> 손익계산서에 보험료 120,000원이 계상되어 있으나 해당 보험료 중 선급보험료 해당액은 30,000원으로 확인되었다.

① 210,000원　　② 270,000원　　③ 330,000원　　④ 390,000원

11. 다음 지출내역 중 영업외비용의 합계액은 얼마인가?

> • 영업용 자동차 보험료 : 5,000원
> • 대손이 확정된 외상매출금의 대손상각비 : 2,000원
> • 10년 만기 은행 차입금의 이자 : 3,000원
> • 사랑의열매 기부금 : 1,000원

① 1,000원　　② 3,000원　　③ 4,000원　　④ 6,000원

12. 다음 중 판매비와관리비에 해당하는 계정과목이 아닌 것은?

① 기업업무추진비   ② 세금과공과   ③ 광고선전비   ④ 기타의대손상각비

13. 다음은 회계의 순환과정을 나타낸 것이다. 아래의 (가)에 들어갈 용어로 옳은 것은?

① 거래   ② 계정   ③ 전기   ④ 제좌

14. 다음 자료에서 설명하고 있는 (A)와 (B)에 각각 들어갈 용어로 바르게 짝지은 것은 무엇인가?

> 일정 시점의 기업의 ☐(A)☐ 을(를) 나타낸 표를 재무상태표라 하고, 일정 기간의 기업의 ☐(B)☐ 을(를) 나타낸 표를 손익계산서라 한다.

	(A)	(B)
①	재무상태	경영성과
②	경영성과	재무상태
③	거래의 이중성	대차평균의 원리
④	대차평균의 원리	거래의 이중성

15. 다음 중 상품에 대한 재고자산의 원가를 결정하는 방법에 해당하지 않는 것은?

① 개별법   ② 총평균법   ③ 선입선출법   ④ 연수합계법

실무시험

수호상사(코드번호 : 2210)는 전자제품을 판매하는 개인기업으로 당기(제14기)의 회계기간은 2023. 1. 1. ~ 2023. 12. 31.이다. 전산세무회계 수험용 프로그램을 이용하여 다음 물음에 답하시오.

문제 1 다음은 수호상사의 사업자등록증이다. [회사등록] 메뉴에 입력된 내용을 검토하여 누락분은 추가입력하고 잘못된 부분을 정정하시오. (주소 입력 시 우편번호는 입력하지 않아도 무방함) (6점)

사업자등록증
(일반과세자)
등록번호 417-26-00528

1. 상　　　　호 : 수호상사

2. 성　　　　명 : 김선호　　　　생년월일 : 1969년 9월 13일

3. 개 업 연 월 일 : 2010년 9월 14일

4. 사 업 장 소 재 지 : 대전광역시 동구 대전로 987(삼성동)

5. 사 업 의 종 류 : [업태] 도소매
　　　　　　　　　　[종목] 전자제품

6. 발 급 사 유 : 신규

7. 공 동 사 업 자 :

8. 사업자 단위 과세 적용사업자 여부: 여( ) 부(∨)

9. 전자세금계산서 전용 전자우편 주소 :

2010년 9월 14일
대전세무서장 인

문제 2 다음은 수호상사의 전기분 손익계산서이다. 입력되어 있는 자료를 검토하여 오류부분을 정정하고 누락된 부분을 추가 입력하시오. (6점)

손 익 계 산 서

회사명 : 수호상사　　　　　　제13기 2022. 1. 1. ～ 2022. 12. 31.　　　　　　(단위 : 원)

과목	금액	과목	금액
Ⅰ.매　　출　　액	257,000,000	Ⅴ.영　업　이　익	18,210,000
상　품　매　출	257,000,000	Ⅵ.영　업　외　수　익	3,200,000
Ⅱ.매　출　원　가	205,000,000	이　　자　　수　　익	200,000
상　품　매　출　원　가	205,000,000	임　　　대　　　료	3,000,000
기　초　상　품　재　고　액	20,000,000	Ⅶ.영　업　외　비　용	850,000
당　기　상　품　매　입　액	198,000,000	이　　자　　비　　용	850,000
기　말　상　품　재　고　액	13,000,000	Ⅷ.소득세차감전순이익	20,560,000
Ⅲ.매　출　총　이　익	52,000,000	Ⅸ.소　　득　　세　　등	0
Ⅳ.판　매　비　와　관　리　비	33,790,000	Ⅹ.당　기　순　이　익	20,560,000
급　　　　　　　　여	24,000,000		
복　리　후　생　비	1,100,000		
기　업　업　무　추　진　비	4,300,000		
감　가　상　각　비	500,000		
보　　　험　　　료	700,000		
차　량　유　지　비	2,300,000		
소　　모　　품　　비	890,000		

문제 3 다음 자료를 이용하여 입력하시오. (6점)

(1) 다음 자료를 이용하여 기초정보관리의 [거래처등록] 메뉴에서 거래처(금융기관)를 추가로 등록하시오. (단, 주어진 자료 외의 다른 항목은 입력할 필요 없음) (3점)

- 거래처코드 : 98006
- 거래처명 : 한경은행
- 유형 : 보통예금
- 계좌번호 : 1203-4562-49735
- 사업용 계좌 : 여

□□□
(2) 수호상사의 외상매출금과 외상매입금의 거래처별 초기이월 채권과 채무잔액은 다음과 같다. 입력된 자료를 검토하여 잘못된 부분은 수정 또는 삭제, 추가 입력하여 주어진 자료에 맞게 정정하시오. (3점)

계정과목	거래처	잔액	계
외상매출금	믿음전자	20,000,000원	35,000,000원
	우진전자	10,000,000원	
	㈜형제	5,000,000원	
외상매입금	중소상사	12,000,000원	28,000,000원
	숭실상회	10,000,000원	
	국보상사	6,000,000원	

문제 4 [일반전표입력] 메뉴를 이용하여 다음의 거래 자료를 입력하시오. (24점)

● 입력 시 유의사항 ●

- 적요의 입력은 생략한다.
- 부가가치세는 고려하지 않는다.
- 채권·채무와 관련된 거래는 별도의 요구가 없는 한 반드시 기등록된 거래처코드를 선택하는 방법으로 거래처명을 입력한다.
- 회계처리 시 계정과목은 별도의 제시가 없는 한 등록된 계정과목 중 가장 적절한 과목으로 한다.

□□□
(1) 7월 16일 우와상사에 상품 3,000,000원을 판매하기로 계약하고, 계약금 600,000원을 보통예금 계좌로 입금받았다. (3점)

□□□
(2) 8월 4일 당사의 영업부에서 장기간 사용할 목적으로 비품을 구입하고 대금은 BC카드(신용카드)로 결제하였다. (단, 미지급금 계정을 사용하여 회계처리할 것) (3점)

```
신용카드매출전표
20xx. 08. 24.(금) 15:30:51
15,000,000원

정상승인 | 일시불

결제정보
카드              BC카드(1234-5678-1001-2348)
거래유형                              신용승인
승인번호                              71942793
이용구분                                일시불
은행확인                            KB국민은행

가맹점 정보
가맹점명                               서현㈜
사업자등록번호                    618-81-00741
대표자명                               김서현

본 매출표는 신용카드 이용에 따른 증빙용으로 비씨카드사에서 발급한 것임을 확인합니다.
                                비씨카드주식회사
```

(3) 8월 25일 영업용 차량운반구에 대한 자동차세 120,000원을 현금으로 납부하다. (3점)

(4) 9월 6일 거래처 수분상사의 외상매출금 중 1,800,000원이 예정일보다 빠르게 회수되어 할인금액 2%를 제외한 금액을 당좌예금 계좌로 입금받았다. (단, 상품매출에 대한 매출할인 계정을 사용할 것) (3점)

(5) 9월 20일 영업부 직원들을 위한 간식을 현금으로 구매하고 아래의 현금영수증을 수취하였다. (3점)

```
[고객용]
              현금 매출 전표
*************************************
간식천국                    378-62-00158
이재철                      TEL : 1577-0000
대구광역시 동구 안심로 15
20xx/09/20  11:53:48        NO : 18542
.....................................
노나머거본파이         5         50,000
에너지파워드링크       30        150,000
합계수량/금액          35        200,000
.....................................
받을금액                        200,000
현    금                        200,000
*************************************
            현금영수증(지출증빙)
거래자번호 : 417-26-00528
승인번호 : G141080158
전화번호 : 현금영수증문의 ☎126-1-1
홈페이지 : https://hometax.go.kr
```

(6) 10월 5일 당사의 상품을 홍보할 목적으로 홍보용 포스트잇을 제작하고 사업용카드(삼성카드)로 결제하였다. (3점)

```
홍보물닷컴
500,000원
─────────────────────────────────────
카드종류      신용카드
카드번호      8504-1245-4545-0506
거래일자      20xx. 10. 5.  15:29:45
일시불/할부   일시불
승인번호      28516480
─────────────────────────────────────
      [상품명]                [금액]
    홍보용 포스트잇         500,000원

                    합 계 액    500,000원
                    받은금액    500,000원
─────────────────────────────────────
가맹점 정보
가맹점명       홍보물닷컴
사업자등록번호  305-35-65424
가맹점번호     23721275
대표자명       임하진
전화번호       051-651-0000
        이용해 주셔서 감사합니다.
  교환/환불은 영수증을 지참하여 일주일 이내 가능합니다.
                                          삼성카드
```

(7) 10월 13일 대전시 동구청에 태풍 피해 이재민 돕기 성금으로 현금 500,000원을 기부하였다. (3점)

(8) 11월 1일 영업부 직원의 국민건강보험료 회사부담분 190,000원과 직원부담분 190,000원을 보통예금 계좌에서 이체하여 납부하였다. (단, 회사부담분은 복리후생비 계정을 사용할 것) (3점)

문제 5 [일반전표입력] 메뉴에 입력된 내용 중 다음의 오류가 발견되었다. 입력된 내용을 검토하고 수정 또는 삭제, 추가 입력하여 올바르게 정정하시오. (6점)

(1) 8월 16일 운반비로 계상한 50,000원은 무선상사로부터 상품 매입 시 당사 부담의 운반비를 지급한 것이다. (3점)

(2) 9월 30일 농협은행에서 차입한 장기차입금을 상환하기 위하여 보통예금 계좌에서 11,000,000원을 지급하고 이를 모두 차입금 원금을 상환한 것으로 회계처리하였으나 이 중 차입금 원금은 10,000,000원이고, 나머지 1,000,000원은 차입금에 대한 이자로 확인되었다. (3점)

문제 6 다음의 결산정리사항을 입력하여 결산을 완료하시오. (12점)

(1) 영업부에서 사용하기 위하여 소모품을 구입하고 자산으로 처리한 금액 중 당기 중에 사용한 금액은 70,000원이다. (3점)

(2) 기말 현재 가수금 잔액 200,000원은 강원상사의 외상매출금 회수액으로 판명되었다. (가수금의 거래처 입력은 생략할 것) (3점)

(3) 결산일까지 현금과부족 100,000원의 원인이 판명되지 않았다. (3점)

(4) 당기분 차량운반구에 대한 감가상각비 600,000원과 비품에 대한 감가상각비 500,000원을 계상하다. 모두 영업부 유형자산이다. (3점)

문제 7 다음 사항을 조회하여 알맞은 답안을 [이론문제 답안작성] 메뉴에 입력하시오. (10점)

(1) 6월 말 현재 외상매출금 잔액이 가장 적은 거래처의 상호와 그 외상매출금 잔액은 얼마인가? (3점)

(2) 상반기(1 ~ 6월) 중 복리후생비(판관비) 지출액이 가장 많은 달의 지출액은 얼마인가? (3점)

(3) 6월 말 현재 차량운반구의 장부가액은 얼마인가? (4점)

▶ 정답 및 해설 | p.560

제109회 기출문제

☑ 다시 봐야 할 문제(틀린 문제, 풀지 못한 문제, 헷갈리는 문제 등)는 회독별로 문제 번호 위 네모박스(□)에 체크하여 반복 학습 할 수 있습니다.

이론시험

다음 문제를 보고 알맞은 것을 골라 [이론문제 답안작성] 메뉴에 입력하시오. (객관식 문항당 2점)

● 기 본 전 제 ●
문제에서 한국채택국제회계기준을 적용하도록 하는 전제조건이 없는 경우, 일반기업회계기준을 적용한다.

1. 다음 중 거래의 종류와 해당 거래의 연결이 올바르지 않은 것은?

① 교환거래 : 상품 1,000,000원을 매출하기로 계약하고 매출대금의 10%를 현금으로 받다.
② 손익거래 : 당월분 사무실 전화요금 50,000원과 전기요금 100,000원이 보통예금 계좌에서 자동으로 이체되다.
③ 손익거래 : 사무실을 임대하고 1년치 임대료 600,000원을 보통예금 계좌로 입금받아 수익 계정으로 처리하다.
④ 혼합거래 : 단기차입금 1,000,000원과 장기차입금 2,000,000원을 보통예금 계좌에서 이체하여 상환하다.

2. 다음 중 결산 시 대손상각 처리를 할 수 있는 계정과목에 해당하지 않는 것은?

① 받을어음   ② 미수금   ③ 외상매출금   ④ 단기차입금

3. 다음 중 현금 계정으로 처리할 수 없는 것은?

① 자기앞수표   ② 당사 발행 당좌수표
③ 우편환증서   ④ 배당금지급통지표

4. 다음 자료에서 상품의 순매입액은 얼마인가?

- 당기상품매입액 : 50,000원
- 상품매입과 관련된 취득부대비용 : 2,000원
- 상품매입할인 : 3,000원
- 상품매출에누리 : 5,000원

① 44,000원 ② 47,000원 ③ 49,000원 ④ 52,000원

5. 다음의 거래요소 중 차변에 올 수 있는 거래요소는 무엇인가?

① 수익의 발생 ② 비용의 발생 ③ 자산의 감소 ④ 부채의 증가

6. 다음 중 외상매출금 계정이 대변에 기입될 수 있는 거래를 모두 찾으시오.

가. 상품을 매출하고 대금을 한 달 후에 지급받기로 했을 때
나. 외상매출금이 보통예금으로 입금되었을 때
다. 외상매출금을 현금으로 지급받았을 때
라. 외상매입한 상품 대금을 한 달 후에 보통예금으로 지급했을 때

① 가, 나 ② 나, 다 ③ 다, 라 ④ 가, 라

7. 다음 중 재무상태표상 기말재고자산이 50,000원 과대계상되었을 때 나타날 수 없는 것은?

① 당기순이익 50,000원 과소계상
② 매출원가 50,000원 과소계상
③ 영업이익 50,000원 과대계상
④ 차기이월되는 재고자산 50,000원 과대계상

8. 다음 자료를 이용하여 영업이익을 계산하면 얼마인가?

- 매출액: 20,000,000원
- 매출원가: 14,000,000원
- 이자비용: 300,000원
- 복리후생비: 300,000원
- 유형자산처분손실: 600,000원
- 급여: 2,000,000원

① 2,800,000원 ② 3,100,000원 ③ 3,700,000원 ④ 4,000,000원

9. 다음 자료에 의한 기말 현재 대손충당금 잔액은 얼마인가?

- 기말 매출채권: 20,000,000원
- 기말 매출채권 잔액에 대하여 1%의 대손충당금을 설정하기로 한다.

① 200,000원 ② 218,000원 ③ 250,000원 ④ 320,000원

10. 다음 중 일반기업회계기준상 유형자산의 감가상각방법으로 인정되지 않는 것은?

① 선입선출법 ② 정률법 ③ 연수합계법 ④ 생산량비례법

11. 다음의 지출내역 중 판매비와관리비에 해당하는 것을 모두 고른 것은?

가. 출장 여비교통비
나. 거래처 대표자의 결혼식 화환 구입비
다. 차입금에 대한 이자
라. 유형자산의 처분이익

① 가, 나 ② 나, 다 ③ 가, 라 ④ 다, 라

12. 다음 중 자본잉여금에 해당하지 않는 것은?

① 주식발행초과금　　　　② 감자차익
③ 자기주식처분이익　　　④ 임의적립금

13. 다음 중 유동부채에 해당하는 항목의 합계금액으로 적절한 것은?

- 유동성장기부채 : 4,000,000원
- 미지급비용 : 1,400,000원
- 예수금 : 500,000원
- 장기차입금 : 5,000,000원
- 선급비용 : 2,500,000원
- 외상매입금 : 3,300,000원

① 5,200,000원　② 9,200,000원　③ 11,700,000원　④ 16,700,000원

14. 다음 중 당좌자산에 해당하지 않는 항목은?

① 매출채권　② 현금　③ 선급비용　④ 건설중인자산

15. 다음 중 유형자산에 대한 추가적인 지출이 발생했을 때 당기 비용으로 처리할 수 있는 거래를 고르시오.

① 건물의 피난시설을 설치하기 위한 지출
② 내용연수를 연장시키는 지출
③ 건물 내부의 조명기구를 교체하는 지출
④ 상당한 품질향상을 가져오는 지출

실무시험

정금상사(코드번호 : 2209)는 신발을 판매하는 개인기업으로 당기(제14기)의 회계기간은 2023. 1. 1. ~ 2023. 12. 31.이다. 전산세무회계 수험용 프로그램을 이용하여 다음 물음에 답하시오.

문제 1 다음은 정금상사의 사업자등록증이다. [회사등록] 메뉴에 입력된 내용을 검토하여 누락분은 추가 입력하고 잘못된 부분을 정정하시오. (주소 입력 시 우편번호는 입력하지 않아도 무방함) (6점)

사업자등록증
(일반과세자)
등록번호 646-04-01031

1. 상   호 : 정금상사

2. 성   명 : 최종효   생년월일 : 1992년 11월 19일

3. 개 업 연 월 일 : 2010년 6월 1일

4. 사 업 장 소 재 지 : 서울특별시 강동구 천호대로 1057

5. 사 업 의 종 류 : [업태] 도소매
                    [종목] 신발

6. 발 급 사 유 : 신규

7. 공 동 사 업 자 :

8. 사업자 단위 과세 적용사업자 여부: 여( ) 부(∨)

9. 전자세금계산서 전용 전자우편 주소 :

2010년 6월 1일
강동세무서장 인

문제 2 다음은 정금상사의 전기분 손익계산서이다. 입력되어 있는 자료를 검토하여 오류부분을 정정하고 누락된 부분을 추가 입력하시오. (6점)

손 익 계 산 서

회사명 : 정금상사   제13기 2022. 1. 1. ~ 2022. 12. 31.   (단위 : 원)

과목	금액	과목	금액
I. 매 출 액	120,000,000	V. 영 업 이 익	4,900,000
상 품 매 출	120,000,000	VI. 영 업 외 수 익	800,000
II. 매 출 원 가	90,000,000	이 자 수 익	800,000
상 품 매 출 원 가	90,000,000	VII. 영 업 외 비 용	600,000
기 초 상 품 재 고 액	30,000,000	이 자 비 용	600,000
당 기 상 품 매 입 액	80,000,000	VIII. 소득세차감전순이익	5,100,000
기 말 상 품 재 고 액	20,000,000	IX. 소 득 세 등	0
III. 매 출 총 이 익	30,000,000	X. 당 기 순 이 익	5,100,000
IV. 판 매 비 와 관 리 비	25,100,000		
급　　　　　여	18,000,000		
복 리 후 생 비	5,000,000		
여 비 교 통 비	600,000		
기 업 업 무 추 진 비	300,000		
소 모 품 비	500,000		
광 고 선 전 비	700,000		

문제 3 다음 자료를 이용하여 입력하시오. (6점)

(1) [계정과목및적요등록] 메뉴에서 판매비와관리비의 기업업무추진비 계정에 다음 내용의 적요를 등록하시오. (3점)

> 현금적요 : 5. 거래처 명절선물 대금 지급

(2) 정금상사의 외상매출금과 단기대여금에 대한 거래처별 초기이월 잔액은 다음과 같다. 입력된 자료를 검토하여 잘못된 부분은 수정 또는 삭제, 추가 입력하여 주어진 자료에 맞게 정정하시오. (3점)

계정과목	거래처	잔액	합계
외상매출금	㈜사이버나라	45,000,000원	68,000,000원
	세계상회	23,000,000원	
단기대여금	㈜해일	10,000,000원	13,000,000원
	부림상사	3,000,000원	

문제 4 다음 거래 자료를 [일반전표입력] 메뉴에 추가 입력하시오. (24점)

● 입력 시 유의사항 ●

- 적요의 입력은 생략한다.
- 부가가치세는 고려하지 않는다.
- 채권·채무와 관련된 거래는 별도의 요구가 없는 한 반드시 기등록된 거래처코드를 선택하는 방법으로 거래처명을 입력한다.
- 회계처리 시 계정과목은 별도의 제시가 없는 한 등록된 계정과목 중 가장 적절한 과목으로 한다.

□□□
(1) 8월 1일 단기매매목적으로 ㈜바이오의 발행주식 10주를 1주당 200,000원에 취득하였다. 대금은 취득과정에서 발생한 별도의 증권거래수수료 12,000원을 포함하여 보통예금 계좌에서 전액을 지급하였다. ㈜바이오의 발행주식 1주당 액면가액은 1,000원이다. (3점)

□□□
(2) 9월 2일 푸름상회에서 판매용 신발을 매입하고 대금 중 5,000,000원은 푸름상회에 대한 외상매출금과 상계하여 처리하고 잔액은 외상으로 한다. (3점)

거래명세표(거래용)

권		호					
20xx년 9월 2일			공급자	사업자 등록번호	109-02-57411		
정금상사 귀하				상호	푸름상회	성명	나푸름 ㊞
				사업장 소재지	서울특별시 서초구 명달로 105		
아래와 같이 계산합니다.				업태	도소매	종목	신발
합계 금액			구백육십만 원정 (₩ 9,600,000)				
월일	품목	규격	수량		단가	공급대가	
9월 2일	레인부츠		12		800,000원	9,600,000원	
계						9,600,000원	
전잔금	없음			합계		9,600,000원	
입금	5,000,000원	잔금	4,600,000원		인수자	최종효 ㊞	
비고	판매대금 5,000,000원은 외상대금과 상계처리하기로 함						

(3) 10월 5일 업무용 모니터(비품)를 구입하고 현금 550,000원을 다음과 같이 지급하다. (3점)

```
            현금영수증(지출증빙용)
              CASH RECEIPT
*********************************************
   사업자등록번호       108-81-11116
   현금영수증가맹점명    ㈜성실산업
   대표자              김성실
   주소                서울 관악 봉천 458
   전화번호            02-220-2223
*********************************************
   품명     모니터      승인번호    12345
   거래일시  20xx. 10. 5.  취소일자
   
     단위           백    천    원
     금액 AMOUNT        5 5 0 0 0 0
     봉사료 TIPS
     합계 TOTAL         5 5 0 0 0 0
*********************************************
```

(4) 10월 20일 영업부 직원의 건강보험료 회사부담분 220,000원과 직원부담분 220,000원을 보통예금 계좌에서 이체하여 납부하다. (단, 하나의 전표로 처리하고, 회사부담분 건강보험료는 복리후생비 계정을 사용할 것) (3점)

(5) 11월 1일 광고 선전을 목적으로 불특정 다수에게 배포할 판촉물을 제작하고 제작대금 990,000원은 당좌수표를 발행하여 지급하다. (3점)

(6) 11월 30일 좋은은행에 예치한 1년 만기 정기예금의 만기가 도래하여 원금 10,000,000원과 이자 500,000원이 보통예금 계좌로 입금되다. (3점)

(7) 12월 5일 본사 영업부에 비치된 에어컨을 수리하고 수리비 330,000원(수익적 지출)을 신용카드(하나카드)로 결제하다. (3점)

(8) 12월 15일 에스파파상사로부터 상품을 25,000,000원에 매입하기로 계약하고, 계약금 1,000,000원을 보통예금 계좌에서 이체하여 지급하다. (3점)

문제 5 [일반전표입력] 메뉴에 입력된 내용 중 다음의 오류가 발견되었다. 입력된 내용을 검토하고 수정 또는 삭제, 추가 입력하여 올바르게 정정하시오. (6점)

(1) 10월 27일 기업주가 사업 확장을 위하여 좋은은행에서 만기 1년 이내의 대출 10,000,000원을 단기차입하여 보통예금 계좌에 입금하였으나 이를 자본금으로 처리하였음을 확인하다. (3점)

(2) 11월 16일 보통예금 계좌에서 지급한 198,000원은 거래처에 선물하기 위해 구입한 신발이 아니라 판매를 목적으로 구입한 신발의 매입대금이었음이 확인되었다. (3점)

문제 6 다음의 결산정리사항을 입력하여 결산을 완료하시오. (12점)

(1) 구입 시 자산으로 처리한 소모품 중 결산일 현재 사용한 소모품비는 550,000원이다. (3점)

(2) 올해 7월 1일에 영업부의 1년치 보증보험료(보험기간 : 올해 7. 1. ~ 내년 6. 30.) 1,200,000원을 보통예금 계좌에서 이체하면서 전액 비용 계정인 보험료로 처리하였다. 기말수정분개를 하시오. (단, 월할 계산할 것) (3점)

(3) 현금과부족 계정으로 처리한 현금초과액 50,000원에 대한 원인이 결산일 현재까지 밝혀지지 않았다. (3점)

(4) 외상매출금 및 받을어음 잔액에 대하여만 1%의 대손충당금을 보충법으로 설정하시오. (단, 그 외 채권에 대하여는 대손충당금을 설정하지 않도록 한다) (3점)

문제 7 다음 사항을 조회하여 알맞은 답안을 [이론문제 답안작성] 메뉴에 입력하시오. (10점)

(1) 상반기(1월 ~ 6월) 중 현금의 지출이 가장 많은 월은 몇 월이며, 그 금액은 얼마인가? (4점)

(2) 6월 30일 현재 유동부채의 금액은 얼마인가? (3점)

(3) 상반기(1월 ~ 6월) 중 복리후생비(판관비)의 지출이 가장 많은 월과 적은 월의 차액은 얼마인가? (단, 반드시 양수로 입력할 것) (3점)

▶ 정답 및 해설 | p.563

제108회 기출문제

다시 봐야 할 문제(틀린 문제, 풀지 못한 문제, 헷갈리는 문제 등)는 회독별로 문제 번호 위 네모박스(□)에 체크하여 반복 학습할 수 있습니다.

이론시험

다음 문제를 보고 알맞은 것을 골라 [이론문제 답안작성] 메뉴에 입력하시오. (객관식 문항당 2점)

― ● 기 본 전 제 ● ―
문제에서 한국채택국제회계기준을 적용하도록 하는 전제조건이 없는 경우, 일반기업회계기준을 적용한다.

1. 다음 중 일정 기간의 회계정보를 제공하는 재무제표가 아닌 것은?

① 현금흐름표 ② 손익계산서 ③ 재무상태표 ④ 자본변동표

2. 다음 중 계정의 잔액 표시가 잘못된 것을 고르시오.

①	받을어음	②	미지급금
	1,500,000원		1,500,000원

③	자본금	④	임대료
	1,500,000원		1,500,000원

3. 다음은 당기의 재고자산 관련 자료이다. 당기의 상품 매출원가는 얼마인가?

- 기초상품재고액 : 10,000원
- 상품매입에누리 : 1,000원
- 당기상품매입액 : 30,000원
- 기말상품재고액 : 5,000원

① 34,000원 ② 35,000원 ③ 39,000원 ④ 40,000원

4. 12월 말 결산법인의 당기 취득 기계장치 관련 자료가 다음과 같다. 이를 바탕으로 당기 손익계산서에 반영될 당기의 감가상각비는 얼마인가?

- 7월 1일 기계장치를 1,000,000원에 취득하였다.
- 7월 1일 기계장치 취득 즉시 수익적 지출 100,000원이 발생하였다.
- 위 기계장치의 잔존가치는 0원, 내용연수는 5년, 상각방법은 정액법이다. (단, 월할 상각할 것)

① 100,000원 ② 110,000원 ③ 200,000원 ④ 220,000원

5. 다음 자료에서 당기말 재무제표에 계상될 보험료는 얼마인가? (단, 회계연도는 매년 1월 1일부터 12월 31일까지이다)

- 11월 1일 화재보험에 가입하고, 보험료 600,000원을 현금으로 지급하였다.
- 보험기간은 가입 시점부터 1년이며, 기간 계산은 월할로 한다.
- 이외 보험료는 없는 것으로 한다.

① 50,000원 ② 100,000원 ③ 300,000원 ④ 600,000원

6. 다음 중 재무상태표에 표시되는 매입채무 계정에 해당하는 것으로만 짝지어진 것은?

① 미수금, 미지급금 ② 가수금, 가지급금
③ 외상매출금, 받을어음 ④ 외상매입금, 지급어음

7. 다음 중 계정과목의 분류가 올바른 것은?

① 유동자산 : 차량운반구 ② 비유동자산 : 당좌예금
③ 유동부채 : 단기차입금 ④ 비유동부채 : 선수수익

8. 다음 중 현금및현금성자산에 포함되지 않는 것은?

① 우편환증서 ② 배당금지급통지서
③ 당좌차월 ④ 자기앞수표

9. 다음 중 상품 매입계약에 따른 계약금을 미리 지급한 경우에 사용하는 계정과목으로 옳은 것은?

① 가지급금 ② 선급금 ③ 미지급금 ④ 지급어음

10. 다음 자료에서 부채의 합계액은 얼마인가?

- 외상매입금 : 3,000,000원
- 선수수익 : 500,000원
- 단기대여금 : 4,000,000원
- 미지급비용 : 2,000,000원
- 선급비용 : 1,500,000원
- 미수수익 : 1,000,000원

① 5,500,000원 ② 6,000,000원 ③ 6,500,000원 ④ 12,000,000원

11. 다음 중 아래 빈칸에 들어갈 내용으로 적절한 것은?

유동자산은 보고기간 종료일로부터 (　)년 이내에 현금화 또는 실현될 것으로 예상되는 자산을 의미한다.

① 1 ② 2 ③ 3 ④ 5

12. 다음 자료에서 당기 외상매출금 기말잔액은 얼마인가?

> • 외상매출금 기초잔액 : 3,000,000원
> • 당기 외상매출금 발생액 : 7,000,000원
> • 당기 외상매출금 회수액 : 1,000,000원

① 0원　　　　② 3,000,000원　　　　③ 5,000,000원　　　　④ 9,000,000원

13. 다음 중 재고자산에 대한 설명으로 적절하지 않은 것은?

① 재고자산은 정상적인 영업과정에서 판매를 위하여 보유하거나 생산과정에 있는 자산 및 생산 또는 서비스 제공과정에 투입될 원재료나 소모품의 형태로 존재하는 자산을 말한다.
② 재고자산의 취득원가는 취득과 직접적으로 관련되어 있으며 정상적으로 발생되는 기타 원가를 포함한다.
③ 선입선출법은 먼저 구입한 상품이 먼저 판매된다는 가정하에 매출원가 및 기말재고액을 구하는 방법이다.
④ 개별법은 상호 교환될 수 있는 재고자산 항목인 경우에만 사용 가능하다.

14. 다음 중 수익의 이연에 해당하는 계정과목으로 옳은 것은?

① 선급비용　　　② 미지급비용　　　③ 선수수익　　　④ 미수수익

15. 다음 중 기말재고자산을 과대평가하였을 때 나타나는 현상으로 옳은 것은?

	매출원가	당기순이익
①	과대계상	과소계상
②	과소계상	과대계상
③	과대계상	과대계상
④	과소계상	과소계상

실무시험

지우상사(코드번호 : 2208)는 사무기기를 판매하는 개인기업으로 당기(제13기) 회계기간은 2023. 1. 1. ~ 2023. 12. 31.이다. 전산세무회계 수험용 프로그램을 이용하여 다음 물음에 답하시오.

문제 1 다음은 지우상사의 사업자등록증이다. [회사등록] 메뉴에 입력된 내용을 검토하여 누락분은 추가 입력하고 잘못된 부분은 정정하시오. (주소 입력 시 우편번호는 입력하지 않아도 무방함) (6점)

사업자등록증
(일반과세자)
등록번호 210-21-68451

1. 상   호 : 지우상사

2. 성   명 : 한세무   생년월일 : 1965년 12월 1일

3. 개 업 연 월 일 : 2011년 2월 1일

4. 사 업 장 소 재 지 : 경기도 부천시 가로공원로 20-1

5. 사 업 의 종 류 : [업태] 도소매
                  [종목] 사무기기

6. 발 급 사 유 : 신규

7. 공 동 사 업 자 :

8. 사업자 단위 과세 적용사업자 여부: 여( ) 부(∨)

9. 전자세금계산서 전용 전자우편 주소 :

2011년 2월 1일
부천세무서장 인

문제 2 지우상사의 전기분 손익계산서는 다음과 같다. 입력되어 있는 자료를 검토하여 오류부분은 정정하고 누락된 부분은 추가 입력하시오. (6점)

손 익 계 산 서

회사명 : 지우상사　　　　제12기 2022. 1. 1. ~ 2022. 12. 31.　　　　(단위 : 원)

과목	금액	과목	금액
Ⅰ. 매 출 액	125,500,000	Ⅴ. 영 업 이 익	11,850,000
1. 상 품 매 출	125,500,000	Ⅵ. 영 업 외 수 익	500,000
Ⅱ. 매 출 원 가	88,800,000	1. 이 자 수 익	500,000
상 품 매 출 원 가	88,800,000	Ⅶ. 영 업 외 비 용	1,200,000
1. 기초상품재고액	12,300,000	1. 이 자 비 용	1,200,000
2. 당기상품매입액	79,000,000	Ⅷ. 소득세차감전이익	11,150,000
3. 기말상품재고액	2,500,000	Ⅸ. 소 득 세 등	0
Ⅲ. 매 출 총 이 익	36,700,000	Ⅹ. 당 기 순 이 익	11,150,000
Ⅳ. 판 매 비 와 관 리 비	24,850,000		
1. 급 여	14,500,000		
2. 복 리 후 생 비	1,200,000		
3. 여 비 교 통 비	800,000		
4. 기업업무추진비	750,000		
5. 수 도 광 열 비	1,100,000		
6. 감 가 상 각 비	3,950,000		
7. 임 차 료	1,200,000		
8. 차 량 유 지 비	550,000		
9. 수 수 료 비 용	300,000		
10. 광 고 선 전 비	500,000		

문제 3 다음 자료를 이용하여 입력하시오. (6점)

☐☐☐
(1) 다음 자료를 이용하여 [계정과목및적요등록] 메뉴에서 판매비및일반관리비 항목의 여비교통비 계정과목에 적요를 추가로 등록하시오. (3점)

> 대체적요 : 3. 직원의 국내출장비 예금 인출

☐☐☐
(2) [거래처별초기이월] 메뉴의 계정과목별 잔액은 다음과 같다. 주어진 자료를 검토하여 잘못된 부분은 오류를 정정하고, 누락된 부분은 추가 입력하시오. (3점)

계정과목	거래처명	금액
외상매입금	라라무역	23,200,000원
	양산상사	35,800,000원
단기차입금	㈜굿맨	36,000,000원

문제 4 [일반전표입력] 메뉴를 이용하여 다음의 거래 자료를 입력하시오. (24점)

● 입력 시 유의사항 ●

- 적요의 입력은 생략한다.
- 부가가치세는 고려하지 않는다.
- 채권·채무와 관련된 거래는 별도의 요구가 없는 한 반드시 기등록된 거래처코드를 선택하는 방법으로 거래처명을 입력한다.
- 회계처리 시 계정과목은 별도의 제시가 없는 한 등록된 계정과목 중 가장 적절한 과목으로 한다.

(1) 7월 15일 태영상사에 상품을 4,000,000원에 판매하고 판매대금 중 20%는 태영상사가 발행한 6개월 만기 약속어음으로 받았으며, 나머지 판매대금은 8월 말에 받기로 하였다. (3점)

(2) 8월 25일 큰손은행으로부터 아래와 같이 사업확장을 위한 자금을 차입하고 보통예금 계좌로 송금받았다. (3점)

차입금액	자금용도	연이자율	차입기간	이자 지급 방법
15,000,000원	시설자금	7%	3년	만기 일시 지급

(3) 9월 5일 영업부 사무실의 8월분 인터넷이용료 50,000원과 수도요금 40,000원을 삼성카드로 결제하였다. (3점)

(4) 10월 5일 명절을 맞이하여 과일세트 30박스를 싱싱과일에서 구입하여 매출거래처에 선물하였고, 아래와 같이 영수증을 받았다. (3점)

```
                    영수증
*************************************************
싱싱과일                       105-91-3*****
대표자                              김민정
            경기도 부천시 중동 *** 1층
*************************************************
    품목      수량      단가        금액
    과일세트    30     10,000      300,000
    합계금액              ₩ 300,000
        결제 구분              금액
    현금                      300,000
    받은 금액                  300,000
    미수금                        -
            *** 감사합니다 ***
```

(5) 10월 24일 새로운 창고를 건축하기 위하여 토지를 50,000,000원에 취득하면서 취득세 2,300,000원을 포함한 총 52,300,000원을 현금으로 지급하였다. (3점)

□□□
(6) 11월 2일 온나라상사의 파산으로 인하여 외상매출금을 회수할 수 없게 됨에 따라 온나라상사의 외상매출금 3,000,000원 전액을 대손처리하기로 하다. 11월 2일 현재 대손충당금 잔액은 900,000원이다. (3점)

□□□
(7) 11월 30일 영업부 대리 김민정의 11월분 급여를 보통예금 계좌에서 이체하여 지급하였다. (단, 하나의 전표로 처리하되, 공제항목은 구분하지 않고 하나의 계정과목으로 처리할 것) (3점)

11월분 급여명세서			
사 원 명 : 김민정		부 서 : 영업부	
입 사 일 : 20xx. 10. 1.		직 급 : 대리	
지급내역	지급액	공제내역	공제액
기 본 급 여	4,200,000원	국 민 연 금	189,000원
직 책 수 당	0원	건 강 보 험	146,790원
상 여 금	0원	고 용 보 험	37,800원
특 별 수 당	0원	소 득 세	237,660원
자 가 운 전 보 조 금	0원	지 방 소 득 세	23,760원
교 육 지 원 수 당	0원	기 타 공 제	0원
지 급 액 계	4,200,000원	공 제 액 계	635,010원
귀하의 노고에 감사드립니다.		차 인 지 급 액	3,564,990원

□□□
(8) 12월 15일 대한상사의 외상매입금 7,000,000원 중 2,000,000원은 현금으로 지급하고 잔액은 보통예금 계좌에서 이체하였다. (3점)

문제 5 [일반전표입력] 메뉴에 입력된 내용 중 다음의 오류가 발견되었다. 입력된 내용을 검토하고 수정 또는 삭제, 추가 입력하여 올바르게 정정하시오. (6점)

□□□
(1) 8월 20일 두리상사에서 상품을 35,000,000원에 매입하기로 계약하고 현금으로 지급한 계약금 3,500,000원을 선수금으로 입금 처리하였음이 확인된다. (3점)

□□□
(2) 9월 16일 보통예금 계좌에서 나라은행으로 이체한 4,000,000원은 이자비용을 지급한 것이 아니라 단기차입금을 상환한 것이다. (3점)

문제 6 다음의 결산정리사항을 입력하여 결산을 완료하시오. (12점)

(1) 올해 4월 1일 하나은행으로부터 30,000,000원을 12개월간 차입하고, 이자는 차입금 상환 시점에 원금과 함께 일시 지급하기로 하였다. 적용 이자율은 연 5%이며, 차입기간은 올해 4. 1. ~ 내년 3. 31.이다. 관련된 결산분개를 하시오. (단, 이자는 월할 계산할 것) (3점)

(2) 결산일 현재 예금에 대한 기간경과분 발생이자는 15,000원이다. (3점)

(3) 기말 현재 영업부의 비품에 대한 당기분 감가상각비는 1,700,000원이다. (3점)

(4) 결산을 위하여 창고의 재고자산을 실사한 결과 기말상품재고액은 6,500,000원이다. (단, 5.결산차변, 6.결산대변을 사용하시오) (3점)

문제 7 다음 사항을 조회하여 알맞은 답안을 [이론문제 답안작성] 메뉴에 입력하시오. (10점)

(1) 2분기(4월 ~ 6월)에 수석상사에 발행하여 교부한 지급어음의 총 합계액은 얼마인가? (단, 전기이월 금액은 제외할 것) (3점)

(2) 상반기(1월 ~ 6월)의 보통예금 입금액은 총 얼마인가? (단, 전기이월 금액은 제외할 것) (3점)

(3) 상반기(1월 ~ 6월) 중 기업업무추진비(판매비와일반관리비)를 가장 적게 지출한 월과 그 금액은 얼마인가? (4점)

▶ 정답 및 해설 | p.566

정답및해설 | 제122회 기출문제

▶ 문제 | p.368

이론시험

| 1 ④ | 2 ③ | 3 ① | 4 ④ | 5 ② | 6 ③ | 7 ④ | 8 ④ |
| 9 ② | 10 ① | 11 ④ | 12 ② | 13 ① | 14 ② | 15 ③ | |

1 ④ ① 자본등식 : 자본 = 자산 − 부채
② 재산법 : 기말자본 − 기초자본 = 당기순손익
③ 손익법 : 총수익 − 총비용 = 당기순손익

2 ③ • 출금전표란 거래 금액 전체가 현금으로 출금되는 거래인 경우에 사용하는 전표를 말한다.
• 타인발행당좌수표, 자기앞수표는 통화대용증권에 해당하므로 현금 계정으로 회계처리한다.
• 당사가 당좌수표를 발행하면 당좌예금 계정을 대변으로 회계처리한다.
• ①, ②, ④ : (차) 상품   2,000,000   (대) 현금   2,000,000
• ③   : (차) 상품   2,000,000   (대) 당좌예금   2,000,000

3 ① • 현금및현금성자산 = (통화 + 통화대용증권) + 요구불예금 + 현금성자산
• 단기매매증권(단기투자자산) / 당좌예금(요구불예금) / 보통예금(요구불예금) / 우편환증서(통화대용증권)

4 ④ 단기매매증권 취득에 대한 수수료는 영업외비용(수수료비용 계정)으로 회계처리한다.

5 ② (나) : 단기매매증권평가이익

6 ③ • 재고자산이란 기업의 주된 영업활동에서 ㉠ 판매를 목적으로 보유하고 있는 자산(상품, 제품), ㉡ 판매를 목적으로 생산과정에 있는 자산(재공품, 반제품), ㉢ 판매할 자산의 생산과정에 투입될 자산(원재료, 저장품)을 말한다.
• 영업권은 무형자산에 해당한다.

7 ④ 이동평균법이란 매입할 때마다 새로 입고되는 상품의 매입액과 기존 상품의 장부금액을 합하여 새로운 평균단가(이동평균단가)를 구하고 이동평균단가로 출고단가를 산정하는 방법을 말한다.

8 ④ (유형자산 처분 시 회계처리)
(차) 감가상각누계액   ?   (대) 기계장치   3,000,000
    현금 등   1,000,000   유형자산처분이익   500,000
∴ 처분금액 = 2,500,000원

9 ② 자본적 지출(자산)을 수익적 지출(비용)로 처리하는 경우
: 자산 과소, 비용 과대 → 당기순이익 과소 → 자본 과소

10 ① 선급금(자산) − 미지급금(부채) − 자본금(자본) − 선수수익(부채)

11 ④ • 상품(자산) / 비품(자산) / 차량운반구(자산) / 자본금(자본)
• 자산 = 부채 + 자본
→ 400,000 + 50,000 + 200,000 = ? + 400,000
∴ 부채 = 250,000원

12 ② • 기초 재무상태표

기초자산	3,000,000	기초부채	1,700,000
		기초자본	1,300,000

• 당기순이익 = 총수익 − 총비용
  = 1,750,000 − 1,620,000 = 130,000원
• 기초자본 + (추가출자액 − 기업주 인출액) + 당기순이익 = 기말자본
  → 1,300,000 + (100,000 − 200,000) + 130,000 = ?
  ∴ 기말자본 = 1,330,000원

13 ① • 기중 분개 : (차) 소모품비   150,000   (대) 현금 등   150,000
• 기말수정분개 : (차) 소모품   50,000   (대) 소모품비   50,000

14 ② 미지급급여란 급여에 대한 미지급비용 계정을 말한다. 미지급비용 계정은 부채에 해당한다.

15 ③ 급여(판관비) / 외환차익(영업외수익) / 여비교통비(판관비) / 이자비용(영업외비용) / 대손상각비(판관비) / 감가상각비(판관비) / 기부금(영업외비용) / 기타의 대손상각비(영업외비용)

> **참고** 외환차익
> 외화자산을 회수하거나 외화부채를 상환할 때 환율의 차이로 인하여 발생하는 수익을 말하며, 이는 영업외수익에 해당한다.

실무시험

문제 1 회사등록

[회사등록] 메뉴에서
• 개업연월일 : "2009년 3월 1일"에서 "2010년 1월 10일"로 수정
• 업태 : "제조"에서 "도소매"로 수정
• 종목 : "여성복"에서 "유아용 의류"로 수정

문제 2 전기분재무상태표 / 전기분손익계산서

[전기분손익계산서] 메뉴에서
• 상품매출원가 보조창 ▶ 당기상품매입액 : "350,000,000"에서 "400,000,000"으로 수정
• 여비교통비 : "4,500,000"에서 "3,500,000"으로 수정
• 기부금 : "1,500,000"을 추가 입력

문제 3 거래처등록 / 계정과목및적요등록 / 거래처별초기이월

(1) [계정과목및적요등록] 메뉴에서
  114.단기대여금 계정의 대체적요란 3번에 "직원 가불금"을 입력

(2) [거래처별초기이월] 메뉴에서
• 외상매출금 : ㈜이현 "15,000,000"에서 "0"으로 수정(또는 삭제)
  "아가사랑㈜ 15,000,000"을 추가 입력
• 외상매입금 : 사랑의류 "20,000,000"에서 "10,000,000"으로 수정
  ㈜강남의류 "10,000,000"에서 "15,000,000"으로 수정

문제 4 일반전표입력

(1) 7월 14일 (차) 임차보증금(신라빌딩)   10,000,000   (대) 보통예금   10,000,000

(2) 7월 22일 (차) 보통예금   3,000,000   (대) 외상매출금(동신상사)   3,000,000

(3) 7월 24일 (차) 광고선전비(판관비)   3,000,000   (대) 미지급금(삼성카드)   3,000,000

(4) 8월 21일	(차) 잡급(판관비)	100,000	(대) 현금	100,000
(5) 9월 10일	(차) 받을어음(오민상사)	2,000,000	(대) 상품매출	2,000,000
	운반비(판관비)	50,000	현금	50,000
(6) 9월 30일	(차) 차량운반구	20,000,000	(대) 자산수증이익	20,000,000
(7) 11월 15일	(차) 보통예금	200,000	(대) 선수금(연지상사)	200,000
(8) 12월 14일	(차) 단기매매증권	50,000,000	(대) 보통예금	50,010,000
	수수료비용(영업외비용)	10,000[1]		

[1] 단기매매증권 구입 시 발생하는 제비용은 '수수료비용' 계정 등 영업외비용으로 회계처리한다.

문제 5 오류수정

(1) [일반전표입력] 10월 10일
- 수정 전   (차) 세금과공과(판관비)   2,000,000   (대) 보통예금   2,000,000
- 수정 후   (차) 건물   2,000,000   (대) 보통예금   2,000,000

(2) [일반전표입력] 10월 15일
- 수정 전   (차) 복리후생비(판관비)   300,000   (대) 현금   300,000
- 수정 후   (차) 기업업무추진비(판관비)   300,000   (대) 현금   300,000

문제 6 결산

(1) [일반전표입력] 12월 31일
   (차) 임차료(판관비)   500,000   (대) 미지급비용   500,000

(2) [일반전표입력] 12월 31일
   (차) 운반비(판관비)   150,000   (대) 가지급금   150,000

(3) [일반전표입력] 12월 31일
   (차) 소모품비(판관비)   4,000,000   (대) 소모품   4,000,000[1]

[1] 기말수정분개 반영 전 소모품 계정 잔액 – 당기말 재무상태표에 기록될 소모품 기말잔액
= (소모품 기초 잔액 + 소모품 구입 시 자산으로 처리한 금액) – 소모품 기말잔액
= (1,000,000 + 5,000,000) – 2,000,000 = 4,000,000원
(→ 당기말 재무상태표상 소모품(자산) 계정 잔액 : 2,000,000원)

(4) [일반전표입력] 12월 31일
   (결차) 상품매출원가   82,000,000[1]   (결대) 상품   82,000,000

[1] 판매가능상품액 – 기말상품재고액 = 109,000,000 – 27,000,000 = 82,000,000원

참고 [결산자료입력] 메뉴에서 기간 1월 ~ 12월을 선택하고, 기말 상품 재고액 "27,000,000"을 '2.매출원가 ▶ 상품매출원가 ▶ 146. 기말 상품 재고액'의 '결산반영금액' 란에 입력한 후, 메뉴 상단에 있는 F3 전표추가 를 클릭하여도 위와 동일한 내용의 자동전표를 생성할 수 있다.

문제 7 장부조회

(1) 6월 / 6,500,000원
- [총계정원장] 메뉴에서 기간은 1월 1일 ~ 6월 30일, 계정과목은 받을어음을 선택하여, 대변 금액이 가장 큰 월을 조회
- 해당 금액을 더블클릭하여 거래 내역을 확인

(2) 7,700,000원
- [재무상태표] 메뉴에서 기간은 6월을 선택하여, 당기 6월 말 현재 건물의 장부금액을 조회
- 건물의 장부금액 = 취득원가 – 감가상각누계액
  = 10,000,000 – 2,300,000 = 7,700,000원

(3) 상품매출액 100,300,000원 / 상품매입액 9,300,000원
- [일계표(월계표)] 메뉴에서 기간은 4월 1일 ~ 6월 30일을 선택하여 상품매출 계정의 대변 '계' 열 금액을 조회
- [일계표(월계표)] 메뉴에서 기간은 4월 1일 ~ 6월 30일을 선택하여 상품 계정의 차변 '계' 열 금액을 조회

정답및해설 | 제121회 기출문제

▶ 문제 | p.378

이론시험

| 1 ① | 2 ③ | 3 ② | 4 ② | 5 ③ | 6 ④ | 7 ③ | 8 ③ |
| 9 ① | 10 ③ | 11 ② | 12 ② | 13 ① | 14 ③ | 15 ② | |

1 ① 회계는 주된 정보이용자가 누구인지에 따라 크게 재무회계와 원가회계로 분류된다. 재무회계는 외부정보이용자를, 원가회계는 내부정보이용자를 주된 정보이용자로 하는 회계이다.

2 ③ (시산표 등식)
기말자산 + 총비용 = 기말부채 + 기초자본 + 총수익

3 ② • 외상매출 시 회계처리
  (차) 외상매출금   300,000   (대) 상품매출   300,000
 • 매출에누리 및 매출할인 회계처리
  (차) 매출에누리 등(상품매출)   30,000   (대) 외상매출금   30,000
 • 외상매출금 회수 시 회계처리
  (차) 현금   ?   (대) 외상매출금   ?
 • 외상매출금 계정의 총계정원장

외상매출금(자산)			
기초잔액	100,000	매출에누리	30,000
외상매출액	300,000	회수액	?
		기말잔액	80,000
	400,000		400,000

∴ 회수액 = (100,000 + 300,000) − (30,000 + 80,000) = 290,000원

4 ② • 단기매매증권 취득 시 발생하는 제비용은 수수료비용 계정 등 영업외비용으로 회계처리한다.
  • (차) 단기매매증권   700,000   (대) 현금   710,000
     수수료비용(영업외비용)   10,000

5 ③ • 재고자산의 기말 단가결정방법 : 개별법, 선입선출법, 후입선출법, 총평균법, 이동평균법
 • 유형자산의 감가상각방법 : 정액법, 정률법

6 ④ • 토지(유형자산) / 판매용 차량운반구(재고자산) / 외상매출금(당좌자산) / 사무실 냉난방기(유형자산)
 • 유형자산은 감가상각을 인식하는 것이 원칙이다. 예외적으로 유형자산 중 토지와 건설중인자산은 감가상각을 하지 않는다.

7 ③ (유형자산 처분 시 회계처리)
  (차) 감가상각누계액   1,800,000   (대) 비품   ?
     현금 등   1,000,000   유형자산처분이익   100,000
 ∴ 취득원가 = 2,700,000원

8 ③ 단기대여금(자산) / 매출채권(자산) / 미수금(자산) / 선수금(부채) / 선급비용(자산) / 임차보증금(자산) / 선급금(자산) / 예수금(부채)
 ∴ 자산에 해당하는 계정과목 : 6개

9 ① 선수금(유동부채) / 단기차입금(유동부채) / 장기미지급금(비유동부채) / 퇴직급여충당부채(비유동부채)
   참고 퇴직급여충당부채
   종업원이 퇴직할 때 지급하여야 하는 퇴직금을 충당하기 위하여 미리 부채로 설정해 놓은 금액을 말하며, 이는 비유동부채에 해당한다.

10 ③ • 손익계산서의 계정과목 : 수익, 비용
   • 자본금(자본) / 보통예금(자산) / 상품매출(수익) / 예수금(부채) / 이자수익(수익) / 감가상각비(비용) / 대손충당금(자산의 차감항목) / 이자비용(비용)

11 ② 자산 = 부채 + 자본
   → 현금 + 외상매출금 + 선급금 = 선수금 + 단기차입금 + 자본금
   → 550,000 + 250,000 + 500,000 = 200,000 + ? + 500,000
   ∴ 단기차입금 = 600,000원

12 ② • 매출원가 = 기초재고 + 당기매입 − 기말재고
   • 기말재고자산 10,000원 과소 → 매출원가 10,000원 과대 → 매출총이익 및 영업이익 10,000원 과소

13 ① • 1월 30일 (차) 현금   80,000   (대) 현금과부족   80,000
       • 7월 1일 (차) 현금과부족   60,000   (대) 이자수익   60,000
       • 12월 31일 (차) 현금과부족   20,000   (대) 잡이익   20,000

14 ③ • 영업이익 = 매출액 − 매출원가 − 판매비와관리비
   • 이자수익(영업외수익) / 이자비용(영업외비용) / 상품매출원가(매출원가) / 잡이익(영업외수익)

15 ② 거래처에게 발송한 한우선물세트 구입 비용(②)은 기업업무추진비에 해당한다.

실무시험

문제 1 회사등록

[회사등록] 메뉴에서
• 대표자명 : "김경환"에서 "김민수"로 수정
• 개업연월일 : "2015년 6월 30일"에서 "2018년 5월 26일"로 수정
• 업태 : "도소매"를 추가 입력

문제 2 전기분재무상태표 / 전기분손익계산서

[전기분재무상태표] 메뉴에서
• 대손충당금(외상매출금) : "155,000"을 추가 입력
• 감가상각누계액(비품) : "3,365,000"에서 "3,400,000"으로 수정
• 예수금 : "870,000"에서 "780,000"으로 수정

문제 3 거래처등록 / 계정과목및적요등록 / 거래처별초기이월

(1) [거래처등록] 메뉴에서 [일반거래처] 탭을 선택한 후 다음을 입력
   • 코드 : 00518
   • 거래처명 : 덕우상사
   • 유형 : 동시
   • 사업자등록번호 : 113-09-67896
   • 대표자성명 : 김희동
   • 업태 : 도매및소매업
   • 종목 : 의류 소매업

(2) [거래처별초기이월] 메뉴에서
- 외상매입금 : "타임상사 6,000,000"을 추가 입력
- 지급어음 : 달래상사 "5,000,000"에서 "7,000,000"으로 수정
  "도원상사 11,500,000"을 추가 입력

문제 4 일반전표입력

(1) 7월 28일 (차) 보통예금 19,400,000 (대) 단기차입금(상호저축은행) 20,000,000
           이자비용 600,000

(2) 8월 2일 (차) 외상매입금(수민상사) 6,000,000 (대) 외상매출금(수민상사) 6,000,000

(3) 8월 19일 (차) 보통예금 4,950,000 (대) 받을어음(여수상사) 5,000,000
           수수료비용(판관비) 50,000

(4) 8월 21일 (차) 비품 10,000,000 (대) 보통예금 9,000,000
                                    선급금(삼인전자) 1,000,000

(5) 9월 15일 (차) 기부금 5,000,000 (대) 보통예금 5,000,000

(6) 10월 10일 (차) 복리후생비(판관비) 90,000 (대) 보통예금 180,000
            예수금 90,000

(7) 11월 30일 (차) 급여(판관비) 2,100,000 (대) 예수금 195,290
                                          당좌예금 1,904,710

(8) 12월 21일 (차) 세금과공과(판관비) 259,740 (대) 현금 259,740

문제 5 오류수정

(1) [일반전표입력] 9월 12일
- 수정 전   (차) 수선비(판관비) 2,000,000 (대) 현금 2,000,000
- 수정 후   (차) 건물 2,000,000 (대) 현금 2,000,000

(2) [일반전표입력] 12월 1일
- 수정 전   (차) 보통예금 1,300,000 (대) 외상매출금(피치상사) 1,300,000
- 수정 후   (차) 보통예금 1,300,000 (대) 선수금(강북상사) 1,300,000

문제 6 결산

(1) [일반전표입력] 12월 31일
       (차) 단기매매증권 300,000 (대) 단기매매증권평가이익 300,000[1]
       [1] (@20,000원 − @14,000원) × 50주 = 300,000원

(2) [일반전표입력] 12월 31일
       (차) 임대료 3,000,000[1] (대) 선수수익 3,000,000
       [1] 6,000,000원 × (3개월/6개월) = 3,000,000원

(3) [일반전표입력] 12월 31일
       (차) 가수금 1,400,000 (대) 외상매출금(고돌상사) 1,400,000

(4) [일반전표입력] 12월 31일
       (차) 미수수익 250,000 (대) 이자수익 250,000

문제 7 장부조회

(1) 950,000원
    [총계정원장] 메뉴에서 기간은 1월 1일 ~ 6월 30일, 계정과목은 복리후생비(판관비)를 선택하여, 차변 금액이 가장 큰 월을 조회

(2) 3건 / 3,500,000원
　　(방법 1) • [일계표(월계표)] 메뉴에서 기간은 6월 1일 ~ 6월 30일을 선택하여, 상품 계정의 차변 '계' 열 금액을 조회
　　　　　　• 해당 금액을 더블클릭하여 거래 내역을 확인
　　(방법 2) • [총계정원장] 메뉴에서 기간은 6월 1일 ~ 6월 30일, 계정과목은 상품을 선택하여, 6월의 차변 금액을 조회
　　　　　　• 해당 금액을 더블클릭하여 거래 내역을 확인

(3) 4,500,000원
　　(방법 1) • [거래처원장] 메뉴에서 기간은 1월 1일 ~ 6월 30일, 계정과목은 외상매입금, 거래처는 샛별상사를 선택하여, 6월 30일 현재 잔액을 조회
　　　　　　• [거래처원장] 메뉴에서 기간은 1월 1일 ~ 6월 30일, 계정과목은 미지급금, 거래처는 샛별상사를 선택하여, 6월 30일 현재 잔액을 조회
　　　　　　• 잔액의 합계 = 1,900,000(외상매입금) + 2,600,000(미지급금) = 4,500,000원
　　(방법 2) • [거래처별계정과목별원장] 메뉴에서 기간은 1월 1일 ~ 6월 30일, 계정과목은 전체, 거래처는 샛별상사를 선택하여, 6월 30일 현재 외상매입금 잔액과 미지급금 잔액을 조회
　　　　　　• 잔액의 합계 = 1,900,000(외상매입금) + 2,600,000(미지급금) = 4,500,000원

정답및해설 | 제120회 기출문제

▶ 문제 | p.389

이론시험

| 1 ② | 2 ① | 3 ③ | 4 ② | 5 ④ | 6 ① | 7 ② | 8 ② |
| 9 ③ | 10 ③ | 11 ③ | 12 ① | 13 ① | 14 ① | 15 ① | |

1 ② • 회계상 거래란 기업의 경영활동에서 ㉠ 자산·부채·자본·수익·비용의 증감변화가 생기는 것으로서 ㉡ 그 증감을 금액으로 측정할 수 있는 것을 말한다.
• 계약금 없는 취득 주문(②)만으로는 자산·부채·자본·수익·비용의 증감변화가 생기지 않으므로, 이러한 행위는 회계상 거래가 아니다.

2 ① • 재무상태표란 일정 시점 현재 기업의 재무상태(자산, 부채, 자본)를 나타내는 보고서를 말한다.
• 손익계산서란 일정 기간 동안의 기업의 경영성과(수익, 비용)를 나타내는 보고서를 말한다.

3 ③ • 현금및현금성자산 = (통화 + 통화대용증권) + 요구불예금 + 현금성자산
• 현금성자산이란 채무증권이나 금융상품 중에서 취득 당시에 만기가 3개월 이내인 것을 말한다.
• 보통예금(요구불예금) / 자기앞수표(통화대용증권) / 취득 당시 만기가 5개월인 채무증권(단기금융상품) / 당좌예금(요구불예금)

4 ② • 당사가 발행한 약속어음에 대하여 대변을 기록할 때, 일반적인 상거래에서는 지급어음 계정으로, 일반적인 상거래 이외의 거래에서는 미지급금 계정으로 회계처리한다.
• (차) 상품   4,000,000   (대) 지급어음   4,000,000
• (차) 비품   4,000,000   (대) 미지급금   4,000,000

5 ④ 기말재고자산가액 = 당사 창고에 보관 중인 상품 + 수탁자의 창고에 보관 중인 적송품 + 선적지 인도조건 매입 미착품
= 100,000 + 50,000 + 200,000 = 350,000원

참고 적송품(위탁판매)
• 위탁판매란 회사(위탁자)가 자신의 상품을 홈쇼핑 등(수탁자)에게 위탁하는 방식으로 판매하는 것을 말한다. 위탁자가 수탁자에게 판매를 위탁하기 위하여 보낸 상품을 적송품이라고 한다.
• 위탁판매일 경우 위탁자는 수탁자가 고객에게 적송품을 판매한 시점에 수익을 인식한다. 기말 현재 판매되지 않은 적송품은 수탁자의 창고에 보관되어 있더라도 위탁자(당사)의 재고자산에 포함된다.

참고 선적지 인도조건인 미착품
• 미착품이란 상품을 주문하였으나 결산일 현재 운송 중에 있는 것을 말한다. 미착품에 대한 소유권이 판매자에게 있는지(도착지 인도조건), 구매자에게 있는지(선적지 인도조건)는 매매계약조건에 따라 결정된다.
• 선적지 인도조건일 경우 판매자는 재화를 선적하는 시점에 수익을 인식한다. 선적지 인도조건에서는 상품을 선적하는 시점에 소유권이 구매자에게 이전되기 때문에, 기말 현재 운송 중에 있는 미착품은 구매자(당사)의 재고자산에 포함된다.

6 ① • 서울상점 입장에서의 회계처리
(차) 상품   200,000   (대) 당좌예금   200,000
• 대구상점 입장에서의 회계처리
(차) 현금[1]   200,000   (대) 상품매출   200,000
[1] 타인발행 당좌수표에 해당하므로 '현금' 계정으로 회계처리한다.

7 ② 정률법을 적용하면 내용연수 초기에는 감가상각비를 많이 인식하고 후기로 갈수록 적게 인식하게 된다.

8 ② • 유동자산 : 당좌자산, 재고자산
• 비유동자산 : 투자자산, 유형자산, 무형자산, 기타비유동자산

9 ③ • 외상 매입거래에 대한 회계처리
      (차) 상품   ?   (대) 외상매입금   ?
    • 외상매입금 현금지급에 대한 회계처리
      (차) 외상매입금   310,000   (대) 현금   310,000
    • 외상매입금 계정의 총계정원장

외상매입금			
현금지급	310,000	기초잔액	210,000
기말잔액	230,000	외상매입	?
	540,000		540,000

    ∴ 당기 외상매입액 = (310,000 + 230,000) − 210,000 = 330,000원

10 ③ (회계처리)
      (차) 차입금(부채의 감소)   1,000,000   (대) 보통예금(자산의 감소)   1,000,000

11 ③ • 재무상태표 계정과목 : 자산, 부채, 자본
     • 손익계산서 계정과목 : 수익, 비용
     • 상품매출원가(비용) / 수선비(비용) / 선수금(부채) / 소득세비용(비용)

12 ① • 개인기업은 자본이 자본금으로만 구성되어 있다. 개인기업의 설립 시 자본금은 개인기업 소유주의 출자액을 의미한다.
     • 개인기업에서는 기업주가 기업의 자본금을 자유롭게 인출하거나 추가 출자할 수 있고, 출자액뿐만 아니라 경영성과로 인한 순이익도 자본금으로 합산된다.

13 ① • 매출액 = 매출원가 × (100% + 20%)
        → 48,000,000 = ? × 1.2
        ∴ 매출원가 = 40,000,000원
     • 매출총이익 = 매출액 − 매출원가
                = 48,000,000 − 40,000,000 = 8,000,000원

14 ① 복리후생비(판관비) / 선급비용(자산) / 이자비용(영업외비용) / 잡손실(영업외비용)

15 ① ① (차) 기부금(영업외비용)   50,000   (대) 현금   50,000
      ② (차) 급여(판관비)   1,000,000   (대) 현금 등   1,000,000
      ③ (차) 대손충당금   xxx   (대) 외상매출금   30,000
            대손상각비(판관비)   xxx
      ④ (차) 기업업무추진비(판관비)   70,000   (대) 현금 등   70,000

실무시험

문제 1 회사등록

[회사등록] 메뉴에서
- 사업자등록번호 : "305-52-36528"에서 "305-52-36547"로 수정
- 대표자명 : "홍길동"에서 "최대전"으로 수정
- 종목 : "스포츠용품"에서 "가방"으로 수정

문제 2 전기분재무상태표 / 전기분손익계산서

[전기분손익계산서] 메뉴에서
- 상품매출원가(보조창) ▶ 기초상품재고액 : "5,000,000"에서 "10,000,000"으로 수정
- 운반비 : "2,300,000"을 추가 입력
- 기부금 : "100,000"에서 "0"으로 수정(또는 삭제)

- 잡손실 : "100,000"을 추가 입력

문제 3   거래처등록 / 계정과목및적요등록 / 거래처별초기이월

(1) [거래처등록] 메뉴에서 [금융기관] 탭을 선택한 후 다음을 입력
- 코드 : 98006
- 거래처명 : 우리은행
- 유형 : 1.보통예금
- 계좌번호 : 1005-103-516135
- 계좌개설일 : 2025. 4. 20.

(2) [거래처별초기이월] 메뉴에서
- 미수금 : 도움상사 "1,400,000"에서 "2,400,000"으로 수정
  태성상회 "3,300,000"에서 "2,200,000"으로 수정
- 미지급금 : "블루상사 1,800,000"을 추가 입력

문제 4   일반전표입력

(1) 7월 5일	(차) 수선비(판관비)	2,000,000	(대) 보통예금	2,000,000
(2) 7월 31일	(차) 세금과공과(판관비)	200,000	(대) 보통예금	200,000
(3) 8월 11일	(차) 퇴직급여충당부채 퇴직급여(판관비)	2,600,000 400,000	(대) 보통예금	3,000,000

참고 퇴직급여충당부채
종업원이 퇴직할 때 지급하여야 하는 퇴직금을 충당하기 위하여 미리 부채로 설정해 놓은 금액을 말하며, 이는 비유동부채에 해당한다.

(4) 8월 25일	(차) 상품	4,500,000	(대) 받을어음(오선상사)	4,500,000
(5) 9월 20일	(차) 선급금(둘둘상사)	500,000	(대) 보통예금	500,000
(6) 10월 20일	(차) 복리후생비(판관비)	100,000	(대) 현금	100,000
(7) 10월 27일	(차) 기업업무추진비(판관비) 인출금[1]	1,100,000 1,100,000	(대) 미지급금(하나카드)	2,200,000

[1] '자본금' 계정으로 입력하여도 정답 인정

(8) 12월 21일	(차) 장기대여금(도움상사)	10,000,000	(대) 보통예금	10,000,000

문제 5   오류수정

(1) [일반전표입력] 8월 29일

• 수정 전	(차) 운반비(판관비)	100,000	(대) 현금	100,000
• 수정 후	(차) 상품	100,000	(대) 현금	100,000

(2) [일반전표입력] 11월 30일

• 수정 전	(차) 미수금(유미상사)	2,600,000	(대) 상품매출	2,600,000
• 수정 후	(차) 외상매출금(유미상사)	2,600,000	(대) 상품매출	2,600,000

문제 6   결산

(1) [일반전표입력] 12월 31일

(차) 현금	100,000	(대) 잡이익	100,000

참고 아래 2개의 분개가 같은 날짜(12월 31일)에 발생하여 이를 하나의 전표로 작성한 것으로 볼 수 있다.

(차) 현금	100,000	(대) 현금과부족	100,000
(차) 현금과부족	100,000	(대) 잡이익	100,000

(2) [일반전표입력] 12월 31일

(차) 소모품	120,000	(대) 소모품비(판관비)	120,000

(3) [일반전표입력] 12월 31일

| | (차) 이자비용 | 300,000[1] | (대) 미지급비용 | 300,000 |

[1] (30,000,000원 × 연 6% × (6개월/12개월)) × (2개월/6개월)
= 30,000,000원 × 연 6% × (2개월/12개월) = 300,000원

(4) [일반전표입력] 12월 31일

| | (차) 감가상각비(판관비) | 676,500[1] | (대) 감가상각누계액(비품) | 676,500 |

[1] (취득원가 − 기초의 감가상각누계액) × 감가상각률 × 해당 월수
= (3,000,000 − 0) × 0.451 × (6개월/12개월) = 676,500원

문제 7 장부조회

(1) 26,700,000원

[거래처원장] 메뉴에서 기간은 1월 1일 ~ 6월 30일, 계정과목은 외상매출금, 거래처는 시안상사를 선택하여, 6월 30일 현재 잔액을 조회

(2) 5,050,000원

(방법 1) • [일계표(월계표)] 메뉴에서 기간은 5월 1일 ~ 5월 31일을 선택하여, 외상매입금 계정의 차변 '계' 열 금액을 조회
 • 해당 금액을 더블클릭하여 거래 내역을 확인

(방법 2) • [총계정원장] 메뉴에서 기간은 5월 1일 ~ 5월 31일, 계정과목은 외상매입금을 선택하여, 5월의 차변 금액을 조회
 • 해당 금액을 더블클릭하여 거래 내역을 확인

(3) 기업업무추진비 / 3,800,000원

[일계표(월계표)] 메뉴에서 기간은 6월 1일 ~ 6월 30일을 선택하여, 판매비와관리비 중에서 차변 '현금' 열 금액이 가장 큰 계정과목을 조회

정답및해설 | 제119회 기출문제

▶ 문제 | p.399

이론시험

| 1 ③ | 2 ④ | 3 ① | 4 ④ | 5 ② | 6 ① | 7 ② | 8 ② |
| 9 ② | 10 ④ | 11 ③ | 12 ② | 13 ④ | 14 ③ | 15 ① |

1 ③ 일반기업회계기준에서 규정하고 있는 재무제표 : 재무상태표, 손익계산서, 자본변동표, 현금흐름표, 주석

2 ④ • 올바른 회계처리
  (차) 현금   xxx   (대) 선수금(부채의 증가)   xxx
 • 회사의 회계처리
  (차) 현금   xxx   (대) 상품매출(수익의 증가)   xxx
 • 재무제표에 미치는 영향
  : 부채 과소, 수익 과대 → 당기순이익 과대 → 자본 과대

3 ① • 현금및현금성자산 = (통화 + 통화대용증권) + 요구불예금 + 현금성자산
 • ㄱ. 통화대용증권 / ㄴ. 현금성자산 / ㄷ. 단기매매증권 / ㄹ. 단기금융상품

4 ④ • 자본금(자본) / 예수금(부채) / 장기차입금(부채) / 선수금(부채)
 • 자산 = 부채 + 자본
   = (예수금 + 선수금 + 장기차입금) + 자본금
   = (100,000 + 500,000 + 50,000) + 200,000 = 850,000원

5 ② ㉠ 물가가 상승하고 ㉡ 기말재고수량이 기초재고수량보다 같거나 클 경우, 기말재고자산가액의 크기 순서
 : 선입선출법 > 이동평균법 > 총평균법 > 후입선출법

6 ① 5월 4일 (차) 선급금   100,000   (대) 현금   100,000

7 ② • 정액법 : 내용연수 동안 감가상각비가 매 기간 동일하다.
 • 정률법, 이중체감법, 연수합계법 : 내용연수 동안 감가상각비가 매 기간 감소한다.
  참고 • 이중체감법: 감가상각비 = (취득원가 − 기초의 감가상각누계액) × $\frac{2}{내용연수}$
    • 연수합계법: 감가상각비 = (취득원가 − 잔존가치) × $\frac{기초 현재 잔여내용연수}{내용연수의 합계}$

8 ② • 처분 시점의 장부금액 = 취득원가 − 처분 시점의 감가상각누계액
   → 6,800,000 = 10,000,000 − ?
   ∴ 처분 시점의 감가상각누계액 = 3,200,000원
 • 처분 시점의 회계처리
  (차) 현금   9,000,000   (대) 차량운반구   10,000,000
    감가상각누계액   3,200,000   유형자산처분이익   2,200,000

9 ② ① (차) 상품   20,000,000   (대) 현금   20,000,000
    ② (차) 상품   20,000,000   (대) 외상매입금   20,000,000
    ③ (차) 외상매입금   20,000,000   (대) 현금   20,000,000
    ④ (차) 현금   20,000,000   (대) 매입환출(상품)   20,000,000

10 ④ 선수금(유동부채) / 외상매입금(유동부채) / 예수금(유동부채) / 장기차입금(비유동부채) / 임대보증금(비유동부채) / 유동성장기부채(유동부채) / 장기차입금(비유동부채) / 퇴직급여충당부채(비유동부채)

> 참고 퇴직급여충당부채
> 종업원이 퇴직할 때 지급하여야 하는 퇴직금을 충당하기 위하여 미리 부채로 설정해 놓은 금액을 말하며, 이는 비유동부채에 해당한다.

11 ③ 이월시산표 : 차기이월되는 모든 계정과목(자산, 부채, 자본)의 차기이월 금액을 한 곳에 모아 정리한 표 (= 재무상태표)

12 ② 기초자본 + 당기순이익 = 기말자본
→ 300,000 + ? = 460,000
∴ 당기순이익 = 160,000원

13 ④
- 결산 시 손익(집합손익) 계정으로 대체하여 마감하는 계정과목 : 수익, 비용
- 결산 시 당기말 잔액을 차기로 이월하여 마감하는 계정과목 : 자산, 부채, 자본
- 이자수익(수익) / 임차료(비용) / 기업업무추진비(비용) / 미수금(자산)

14 ③ 판매비와관리비란 상품의 판매활동과 기업의 관리활동에서 발생하는 비용으로서 매출원가에 속하지 않는 모든 영업비용을 말한다.

15 ①
① 대손상각비·기타의대손상각비(비용) 300,000원 증가 → 당기순이익 300,000원 감소
② 상품의 취득원가 500,000원 감소 → 매출원가(비용) 500,000원 감소 → 당기순이익 500,000원 증가
③ 단기매매증권처분이익(수익) 500,000원 증가 → 당기순이익 500,000원 증가
④ 재해손실(비용) 1,000,000원 증가, 보험금수익(수익) 300,000원 증가 → 당기순이익 299,000원 증가

> 참고 보험금수익
> 보험에 가입된 자산이 피해를 입었을 경우 보험회사로부터 받는 보험금

실무시험

문제 1 회사등록

[회사등록] 메뉴에서
- 사업자등록번호 : "104-03-12153"에서 "104-04-11258"로 수정
- 종목 : "문구및잡화"에서 "신발"로 수정
- 개업연월일 : "2017년 2월 2일"에서 "2015년 2월 2일"로 수정

문제 2 전기분재무상태표 / 전기분손익계산서

[전기분재무상태표] 메뉴에서
- 감가상각누계액(차량운반구) : "10,950,000"에서 "10,750,000"으로 수정
- 임차보증금 : "50,500,000"을 추가 입력
- 장기차입금 : "116,530,000"에서 "116,350,000"으로 수정

문제 3 거래처등록 / 계정과목및적요등록 / 거래처별초기이월

(1) [거래처등록] 메뉴에서 [일반거래처] 탭을 선택한 후 다음을 입력
- 코드 : 03095
- 거래처명 : 서울스포츠
- 유형 : 동시
- 사업자등록번호 : 414-03-53425
- 대표자성명 : 진선미
- 업태 : 도소매
- 종목 : 스포츠용품

(2) [거래처별초기이월] 메뉴에서
- 외상매출금 : 바리상사 "8,000,000"에서 "30,000,000"으로 수정
- 지급어음 : 차이나상사 "15,000,000"에서 "20,000,000"으로 수정
- 미지급금 : "다름상사 18,500,000"을 추가 입력

문제 4 일반전표입력

(1) 7월 16일 (차) 선수금(평화상사) 600,000 (대) 상품매출 3,000,000
　　　　　　　　보통예금 2,400,000

(2) 8월 15일 (차) 세금과공과(판관비) 62,500 (대) 보통예금 62,500

(3) 8월 31일 (차) 교육훈련비(판관비) 1,000,000 (대) 보통예금 1,000,000

(4) 9월 24일 (차) 비품 8,000,000 (대) 선급금(도호상사) 1,000,000
　　　　　　　　　　　　　　　　　　　　　당좌예금 7,000,000

(5) 10월 3일 (차) 상품 7,560,000 (대) 현금 7,560,000

(6) 10월 28일 (차) 외상매입금(동문상사) 10,000,000 (대) 받을어음(제주상사) 10,000,000

(7) 11월 27일 (차) 급여(판관비) 2,550,000 (대) 보통예금 2,306,510
　　　　　　　　　　　　　　　　　　　　　예수금 243,490

(8) 12월 28일 (차) 차량유지비(판관비) 880,000 (대) 미지급금(하나카드) 880,000

문제 5 오류수정

(1) [일반전표입력] 8월 29일
- 수정 전　(차) 외상매입금(아현상사) 1,001,000　(대) 보통예금 1,001,000
- 수정 후　(차) 외상매입금(아현상사) 1,000,000　(대) 보통예금 1,001,000
　　　　　　　수수료비용(판관비) 1,000

(2) [일반전표입력] 11월 25일
- 수정 전　(차) 보통예금 6,000,000　(대) 임대료 6,000,000
- 수정 후　(차) 보통예금 6,000,000　(대) 임대보증금(세트상사) 6,000,000

문제 6 결산

(1) [일반전표입력] 12월 31일
　　　　　(차) 미수수익 150,000 (대) 이자수익 150,000

(2) [일반전표입력] 12월 31일
　　　　　(차) 선급비용 600,000[1] (대) 보험료(판관비) 600,000
　　[1] 1,200,000원 × (6개월/12개월) = 600,000원

(3) [일반전표입력] 12월 31일
　　　　　(차) 잡손실 50,000 (대) 현금 50,000

참고　아래 2개의 분개가 같은 날짜(12월 31일)에 발생하여 이를 하나의 전표로 작성한 것으로 볼 수 있다.
　　　(차) 현금과부족 50,000 (대) 현금 50,000
　　　(차) 잡손실 50,000 (대) 현금과부족 50,000

(4) [일반전표입력] 12월 31일
　　　　　(차) 대손상각비(판관비) 1,077,700 (대) 대손충당금(외상매출금) 727,700[1]
　　　　　　　　　　　　　　　　　　　　　대손충당금(받을어음) 350,000[2]
　　[1] (102,770,000 × 1%) − 300,000 = 727,700원
　　[2] (100,000,000 × 1%) − 650,000 = 350,000원

문제 7 장부조회

(1) 870,000원

[일계표(월계표)] 메뉴에서 기간은 3월 1일 ~ 3월 31일을 선택하여, 복리후생비(판관비) 계정의 차변 '현금' 열 금액을 조회

(2) 타이상사 / 39,600,000원

[거래처원장] 메뉴에서 기간은 1월 1일 ~ 4월 30일, 계정과목은 외상매출금, 거래처는 전체를 선택하여, 4월 말 현재 잔액이 가장 큰 거래처와 그 금액을 조회

(3) 18,985,000원
- [일계표(월계표)] 메뉴에서 기간은 4월 1일 ~ 6월 30일을 선택하여, 보통예금 계정의 차변 '계' 열 금액과 대변 '계' 열 금액을 조회
- 차이금액 = 31,750,000(입금액) − 12,765,000(출금액) = 18,985,000원

정답및해설 | 제118회 기출문제

▶ 문제 | p.410

이론시험

| 1 ① | 2 ② | 3 ② | 4 ④ | 5 ② | 6 ③ | 7 ③ | 8 ③ |
| 9 ③ | 10 ② | 11 ④ | 12 ④ | 13 ② | 14 ② | 15 ④ | |

1 ① 미수수익(수익의 발생) / 미지급비용(비용의 발생) / 선수수익(수익의 이연) / 선급비용(비용의 이연)

2 ② • 당기순손실(즉, 수익 < 비용)인 경우, 손익(집합손익) 계정의 잔액이 차변에 남게 되므로, 손익 계정의 잔액을 대변에 적어서 잔액을 '0'으로 만들고, 이를 자본(개인기업인 경우 자본금 계정)의 감소로 반영한다.
 • 당기순손실 80,000원을 자본(자본금 계정)의 감소로 반영하는 분개
  12월 31일 (차) 자본금   80,000   (대) 손익   80,000
 • 기말자본 = 기초자본 − 당기순손실
    = 580,000 − 80,000 = 500,000원

3 ② • 가. 어음의 할인
   (차) 보통예금 등   xxx   (대) 받을어음   xxx
    매출채권처분손실   xxx
 • 나. 어음의 배서
   (차) 상품 등   xxx   (대) 받을어음   xxx
 • 다. 어음의 발행
   (차) 상품 등   xxx   (대) 지급어음   xxx
 • 라. 어음의 만기(추심)
   (차) 보통예금 등   xxx   (대) 받을어음   xxx
    수수료비용   xxx

4 ④ • 재고자산의 단가 결정방법 : 개별법, 선입선출법, 후입선출법, 총평균법, 이동평균법
 • 유형자산의 감가상각방법 : 정액법, 정률법

5 ② • 대손충당금 추가설정액 = (기말채권 잔액 × 대손추정률) − 기 설정 대손충당금
       = (10,000,000 × 1%) − 60,000 = 40,000원
 • 기말 결산 시 매출채권에 대한 대손충당금 추가설정 회계처리
  (차) 대손상각비   40,000   (대) 대손충당금   40,000

6 ③ 가. 잡급(판관비) / 나. 이자비용(영업외비용) / 다. 보험료(판관비) / 라. 외환차손(영업외비용)
 참고 외환차손
  외화자산을 회수하거나 외화부채를 상환할 때 환율의 차이로 인하여 발생하는 비용을 말하며, 이는 영업외비용에 해당한다.

7 ③ 가수금이란 금전을 수취하였으나 그 내용이 확정되지 않았을 경우 내용이 확정될 때까지 임시적으로 사용하는 계정과목을 말한다. 이는 미결산계정에 해당하므로, 기말 결산 때까지는 반드시 적절한 계정과목으로 대체하여야 하며 최종 재무제표에는 나타나지 않도록 하여야 한다.

8 ③ (회계의 순환과정)
 거래 발생 → 분개 → 전기 → 수정 전 시산표 작성 → 결산정리분개 → 수정 후 시산표 작성 → 각종 장부 마감 → 결산보고서 작성

9 ③ 장기차입금(비유동부채) / 퇴직급여충당부채(비유동부채) / 미지급비용(유동부채) / 장기외상매입금(비유동부채)

   참고 퇴직급여충당부채
   종업원이 퇴직할 때 지급하여야 하는 퇴직금을 충당하기 위하여 미리 부채로 설정해 놓는 금액을 말하며, 이는 비유동부채에 해당한다.

10 ② • 회계상 거래란 기업의 경영활동에서 ㉠ 자산·부채·자본·수익·비용의 증감변화가 생기는 것으로서 ㉡ 그 증감을 금액으로 측정할 수 있는 것을 말한다.
   • 계약금 없는 취득 계약(①, ④), 채용계약 체결(③)만으로는 자산·부채·자본·수익·비용의 증감변화가 생기지 않으므로, 이러한 행위들은 회계상 거래가 아니다.
   • 화재로 인한 상품 100,000원 소실(②)은 회계상 거래에 해당하므로 이에 대하여 분개를 할 수 있다.
   (차) 재해손실   100,000   (대) 상품   100,000

11 ④ • 유형자산이란 장기간에 걸쳐(①) 영업활동에 사용할 목적으로(②) 보유하는 자산으로서 물리적 형체가 있는(③) 자산을 말한다.
   • 재고자산이란 기업의 주된 영업활동에서 판매를 목적으로(④) 보유하고 있는 자산을 말한다.

12 ④ 감가상각비의 계산요소 : 취득원가, 잔존가치, 내용연수

13 ② 복리후생비란 종업원의 근로환경 개선 및 근로의욕 향상을 위한 지출을 말한다. (예) 직원회식비)

14 ② • 매출원가 = 기초재고 + 당기매입 − 기말재고
           = 150,000 + 5,000,000 − 500,000 = 4,650,000원
   • 매출총이익 = 매출액 − 매출원가
           = 6,700,000 − 4,650,000 = 2,050,000원

15 ④ (차) 급여   3,000,000   (대) 예수금   348,000
                                                      보통예금 등   2,652,000

실무시험

문제 1 회사등록

[회사등록] 메뉴에서
• 과세유형 : "3.면세사업자"에서 "1.일반과세"로 수정
• 종목 : "자동차운전전문학원"에서 "의료기기"로 수정
• 개업연월일 : "2023년 2월 10일"에서 "2022년 2월 10일"로 수정

문제 2 전기분재무상태표 / 전기분손익계산서

[전기분손익계산서] 메뉴에서
• 급여 : "21,000,000"에서 "12,000,000"으로 수정
• 차량유지비 : "3,600,000"을 추가 입력
• 이자비용 : "800,000"에서 "0"으로 수정(또는 삭제)
• 기부금 : "800,000"을 추가 입력

문제 3 거래처등록 / 계정과목및적요등록 / 거래처별초기이월

(1) [거래처등록] 메뉴에서 [금융기관] 탭을 선택한 후 다음을 입력
   • 코드 : 99011
   • 거래처명 : 아름은행
   • 유형 : 1.보통예금
   • 계좌번호 : 207087-90-208199
   • 사업용 계좌 : 1.여

(2) [거래처별초기이월] 메뉴에서
- 외상매출금 : 아자상사 "101,050,000"에서 "0"으로 수정(또는 삭제)
 "가나상사 101,050,000"을 추가 입력
 "마바상사 201,000"을 추가 입력
- 미지급금 : 알파문구 "17,000,000"에서 "1,700,000"으로 수정

문제 4 일반전표입력

(1) 7월 12일	(차) 예수금	210,000	(대) 보통예금	420,000
	복리후생비(판관비)	210,000		
(2) 7월 30일	(차) 광고선전비(판관비)	500,000	(대) 현금	500,000
(3) 8월 26일	(차) 기부금	1,000,000	(대) 보통예금	1,000,000
(4) 10월 1일	(차) 보통예금	200,000,000	(대) 장기차입금(국민은행)	200,000,000
(5) 10월 5일	(차) 보통예금	6,000,000	(대) 상품매출	15,000,000
	받을어음(이동상사)	9,000,000		
(6) 11월 8일	(차) 수선비(판관비)	120,000	(대) 미지급금(국민카드)	120,000
(7) 11월 30일	(차) 수수료비용(판관비)	700,000	(대) 예수금	23,100
			보통예금	676,900
(8) 12월 21일	(차) 기업업무추진비(판관비)	500,000	(대) 미지급금(현대카드)	500,000

문제 5 오류수정

(1) [일반전표입력] 9월 5일
- 수정 전   (차) 세금과공과(판관비)   500,000   (대) 보통예금   500,000
- 수정 후   (차) 차량운반구   500,000   (대) 보통예금   500,000

(2) [일반전표입력] 10월 13일
- 수정 전   (차) 외상매입금(경북상사)   1,000,000   (대) 현금   1,000,000
- 수정 후   (차) 외상매입금(경북상사)   700,000   (대) 현금   1,000,000
             선급금(경북상사)   300,000

문제 6 결산

(1) [일반전표입력] 12월 31일
    (차) 소모품비(판관비)   200,000   (대) 소모품   200,000

(2) [일반전표입력] 12월 31일
    (차) 단기매매증권   500,000   (대) 단기매매증권평가이익   500,000[1]
    [1] 기말 공정가치 − 평가 전 장부금액
       = (1,000주 × @1,700원) − (1,000주 × @1,200원) = 500,000원

(3) [일반전표입력] 12월 31일
    (차) 임차료(판관비)   100,000[1]   (대) 선급비용   100,000
    [1] • 300,000원 × (1개월/3개월) = 100,000원
        • 임차료 지급액 중 당기 비용(임차료 계정)으로 계상되는 금액 = 100,000원

(4) [일반전표입력] 12월 31일
    (차) 대손상각비(판관비)   916,000   (대) 대손충당금(외상매출금)   916,000[1]
    [1] (131,600,000 × 1%) − 400,000 = 916,000원

문제 7 장부조회

(1) 현인상사 / 21,000,000원
   [거래처원장] 메뉴에서 기간은 1월 1일 ~ 3월 31일, 계정과목은 받을어음, 거래처는 전체를 선택하여, 3월 말 현재 잔액이 가장 큰 거래처와 그 금액을 조회

(2) 184,300,000원
   - [재무상태표] 메뉴에서 기간은 2월을 선택하여, 당기 2월 말 현재 자산의 합계와 부채의 합계를 조회
   - 차이금액 = 354,700,000(자산 합계) − 170,400,000(부채 합계)
             = 184,300,000(자본 합계) = 184,300,000원

(3) 19,000,000원
   - [총계정원장] 메뉴에서 기간은 1월 1일 ~ 6월 30일, 계정과목은 외상매입금을 선택하여, 월별 잔액 금액을 조회
   - 차이금액 = 40,000,000(4월 말 잔액) − 21,000,000(1월 말 잔액) = 19,000,000원

정답및해설 | 제117회 기출문제

▶문제 | p.420

이론시험

1 ① 2 ④ 3 ④ 4 ② 5 ② 6 ③ 7 ③ 8 ④
9 ④ 10 ② 11 ② 12 ② 13 ③ 14 ② 15 ③

1 ① • 수정전시산표 작성은 결산 예비절차에 해당한다.
  • 총계정원장의 마감은 결산 본절차에 해당한다.

2 ④ 수익적 지출(비용)을 자본적 지출(자산)으로 처리하는 경우
  : 자산 과대, 비용 과소 → 당기순이익 과대 → 자본 과대

3 ④ 당좌차월은 부채에 해당한다.

4 ② 급여(판관비) / 외환차손(영업외비용) / 매출채권에 대한 대손상각비(판관비) / 여비교통비(판관비)
  참고 외환차손
    외화자산을 회수하거나 외화부채를 상환할 때 환율의 차이로 인하여 발생하는 비용을 말하며, 이는 영업외비용에 해당한다.

5 ② 영업이익 − 영업외비용 + 영업외수익 = 법인세비용차감전순이익

6 ③ • 재고자산의 취득원가 = 매입가액 + 취득부대비용
              = 10,000 + 5,000 = 15,000원
  • 재화의 수입 시 발생한 통관 비용은 해당 자산의 취득부대비용에 해당한다.
  • 판매장소 임차료는 비용(판매비와관리비)에 해당한다.

7 ③ • 당기순이익 = 수익 − 비용
         = 130,000 − 100,000 = 30,000원
  • 기말자본 = 기초자본 + 당기순이익
         = 150,000 + 30,000 = 180,000원

8 ④ 매입채무 = 외상매입금 + 지급어음
        = 10,000 + 60,000 = 70,000원

9 ④ • 대손충당금은 수취채권(자산)의 차감적 평가계정에 해당한다.
  • 감가상각누계액은 유형자산(자산)의 차감적 평가계정에 해당한다.
  참고 퇴직급여충당부채
    종업원이 퇴직할 때 지급하여야 하는 퇴직금을 충당하기 위하여 미리 부채로 설정해 놓는 금액을 말하며, 이는 비유동부채에 해당한다.

10 ② • 잡이익(영업외수익) / 광고선전비(판매비와관리비) / 이자비용(영업외비용) / 기부금(영업외비용)
  • 영업이익 = 매출액 − 매출원가 − 판매비와관리비

11 ② • 손익계산서 : 일정 기간 동안 기업의 경영성과에 대한 정보를 제공하는 재무보고서
  • 손익계산서 계정 : 수익, 비용
  • 임대료(수익) / 미지급비용(부채) / 잡손실(비용) / 기부금(비용)

12 ②   • 유형자산의 취득원가 = 매입가액 + 취득세
                          = 1,500,000 + 50,000 = 1,550,000원
   • 취득세는 자산의 취득부대비용에 해당하므로 자산으로 회계처리한다.
   • 재산세는 자산의 보유와 관련된 지출이므로 당기 비용으로 회계처리한다.
   • 수익적 지출은 당기 비용으로 회계처리한다.

13 ③   무형자산이란 장기간에 걸쳐 영업활동에 사용할 목적으로 보유하는 물리적 형체가 없는 자산으로서 ㉠ 식별 가능하고, ㉡ 기업이 통제하고 있으며, ㉢ 미래 경제적 효익이 있는 것을 말한다.

14 ②   • 12월 31일 (차) 잡손실   30,000   (대) 현금   30,000
   • 아래 2개의 분개가 같은 날짜(12월 31일)에 발생하여 이를 하나의 전표로 작성한 것으로 볼 수 있다.
       - (차) 현금과부족   30,000   (대) 현금   30,000
       - (차) 잡손실   30,000   (대) 현금과부족   30,000

15 ③   • 유동성배열법에 따른 자산 배열 순서
       : 당좌자산 – 재고자산 – 투자자산 – 유형자산 – 무형자산 – 기타비유동자산
   • 현금(당좌자산) – 상품(재고자산) – 투자부동산(투자자산) – 기계장치(유형자산) – 산업재산권(무형자산)

실무시험

문제 1 회사등록

[회사등록] 메뉴에서
- 업태 : "제조"에서 "도소매"로 수정
- 종목 : "사무기기"에서 "신발"로 수정
- 사업장 관할세무서 : "고양"에서 "파주"로 수정

문제 2 전기분재무상태표 / 전기분손익계산서

[전기분재무상태표] 메뉴에서
- 보통예금 : "2,300,000"에서 "23,000,000"으로 수정
- 대손충당금(받을어음) : "520,000"을 추가 입력
- 단기차입금 : "48,000,000"을 추가 입력

문제 3 거래처등록 / 계정과목및적요등록 / 거래처별초기이월

(1) [계정과목및적요등록] 메뉴에서
   813.기업업무추진비(판관비) 계정의 대체적요란 5번에 "거래처 현물접대"를 입력

(2) [거래처별초기이월] 메뉴에서
   • 외상매출금 : 코코무역 "10,000,000"에서 "15,300,000"으로 수정
                "호호상사 7,200,000"을 추가 입력
   • 외상매입금 : "나비장식 12,800,000"을 추가 입력

문제 4 일반전표입력

(1) 7월 23일 (차) 인출금[1]   5,000,000   (대) 현금   5,000,000
   [1] '자본금' 계정으로 입력하여도 정답 인정

(2) 8월 16일 (차) 현금   2,000,000   (대) 상품매출   6,000,000
              외상매출금(백호상사)   4,000,000

(3) 8월 27일 (차) 운반비(판관비)   30,000   (대) 현금   30,000

(4) 9월 18일 (차) 여비교통비(판관비) 420,000 (대) 가지급금(이미도) 300,000
현금 120,000

(5) 10월 16일 (차) 외상매입금(한세상사) 5,000,000 (대) 보통예금 5,001,000
수수료비용(판관비) 1,000

(6) 11월 11일 (차) 대손충당금(외상매출금) 200,000 (대) 외상매출금(시원상사) 200,000

(7) 12월 5일 (차) 장기차입금(하나은행) 800,000 (대) 보통예금 1,000,000
이자비용 200,000

(8) 12월 23일 (차) 비품 3,000,000 (대) 미지급금(국민카드) 3,000,000

문제 5 오류수정

(1) [일반전표입력] 8월 20일
 • 수정 전 (차) 보통예금 5,000,000 (대) 외상매출금(한세상사) 5,000,000
 • 수정 후 (차) 보통예금 5,000,000 (대) 선수금(한세상사) 5,000,000

(2) [일반전표입력] 11월 5일
 • 수정 전 (차) 보통예금 20,000,000 (대) 단기차입금(부산은행) 20,000,000
 • 수정 후 (차) 보통예금 20,000,000 (대) 장기차입금(부산은행) 20,000,000

문제 6 결산

(1) [일반전표입력] 12월 31일
 (차) 잡급(판관비)[1] 1,500,000 (대) 미지급비용 1,500,000
  [1] '급여(판관비)' 계정으로 입력하여도 정답 인정

(2) [일반전표입력] 12월 31일
 (차) 외상매입금(대구상사) 500,000 (대) 가지급금 500,000

(3) [일반전표입력] 12월 31일
 (차) 미수수익 3,270,000 (대) 이자수익 3,270,000

(4) [일반전표입력] 12월 31일
 (차) 감가상각비(판관비) 450,000[1] (대) 감가상각누계액(비품) 450,000
  [1] (취득원가 − 잔존가치) × (1/내용연수) = (5,000,000 − 500,000) × (1/10) = 450,000원

문제 7 장부조회

(1) 1,650,000원
 (방법 1) [합계잔액시산표] (또는 [손익계산서]) 메뉴에서 기간은 6월 30일을 선택하여, 이자비용 계정의 차변 잔액을 조회
 (방법 2) [일계표(월계표)] 메뉴에서 기간은 1월 1일 ~ 6월 30일을 선택하여, 이자비용 계정의 차변 '계' 열 금액을 조회

(2) 2,600,000원
 [거래처원장] 메뉴에서 기간은 1월 1일 ~ 6월 30일, 계정과목은 선급금, 거래처는 성지상사를 선택하여, 6월 말 현재 잔액을 조회

(3) 302,091,000원
 • [재무상태표] 메뉴에서 기간은 6월을 선택하여, 당기 6월 말 유동자산 합계와 전기말 유동자산 합계를 조회
 • 증가 또는 감소 금액 = 471,251,000(당기 6월 말) − 169,160,000(전기말) = 302,091,000원 증가

정답및해설 | 제116회 기출문제

▶ 문제 | p.430

이론시험

1 ②	2 ①	3 ②	4 ②	5 ②	6 ②	7 ①	8 ③
9 ④	10 ①	11 ③	12 ①	13 ①	14 ③	15 ①	

1 ② ① (차) 현금(자산의 증가)　　　　　　500,000　　(대) 임대료(수익의 발생)　　　　500,000
　　　→ '수익·비용 금액 = 거래금액의 총액' : 손익거래
　　② (차) 현금(자산의 증가)　　　　　　303,000　　(대) 단기대여금(자산의 감소)　　300,000
　　　　　　　　　　　　　　　　　　　　　　　　　이자수익(수익의 발생)　　　　3,000
　　　→ '수익·비용 금액 = 거래금액의 일부' : 혼합거래
　　③ (차) 이자비용(비용의 발생)　　　　　80,000　　(대) 현금(자산의 감소)　　　　 80,000
　　　→ '수익·비용 금액 = 거래금액의 총액' : 손익거래
　　④ (차) 상품(자산의 증가)　　　　　　400,000　　(대) 현금(자산의 감소)　　　　100,000
　　　　　　　　　　　　　　　　　　　　　　　　　외상매입금(부채의 증가)　　　300,000
　　　→ 수익·비용이 없음 : 교환거래

2 ① • 재고자산의 단가 결정방법 : 개별법, 선입선출법, 후입선출법, 총평균법, 이동평균법
　　• 유형자산의 감가상각방법 : 정액법, 정률법, 생산량비례법 등

3 ② • 단기차입금(부채), 임차보증금(자산), 선급비용(자산)
　　• 인출금이란 개인기업에서 기중에 발생하는 출자액 인출이나 추가 출자를 별도로 관리하기 위하여 임시적으로 사용하는 계정과목을 말한다. 기말 결산 시 인출금 계정의 잔액을 자본금 계정으로 대체하여 최종 재무제표에는 나타나지 않게 한다.

4 ② (유형자산 처분 시 회계처리)
　　(차) 감가상각누계액　　　　　　　　8,000,000　　(대) 기계장치 등　　　　　　10,000,000
　　　 현금 등　　　　　　　　　　　　5,000,000　　　　유형자산처분이익　　　　3,000,000[1]
　　　 [1] 처분금액 − 처분 전 장부금액 = 5,000,000 − (10,000,000 − 8,000,000) = 3,000,000원

5 ② • 자본금(및 인출금) 계정의 총계정원장

자본금(자본)			
인출액	50,000	기초잔액	200,000
기말잔액	350,000	추가출자액	40,000
		당기순이익	?
	400,000		400,000

　　• 기초자본 + (추가 출자액 − 기업주 인출액) + 당기순이익 = 기말자본
　　 → 200,000 + (40,000 − 50,000) + ? = 350,000
　　 ∴ 당기순이익 = 160,000원

6 ② (가) (차) 토지　　　　　　　　　　xxx　　(대) 현금 등　　　　　　　　xxx
　　 (나) (차) 급여　　　　　　　　　　xxx　　(대) 예수금　　　　　　　　xxx
　　　　　　　　　　　　　　　　　　　　　　　　 현금 등　　　　　　　　xxx

7 ① 이자비용(영업외비용), 차량유지비(판관비), 통신비(판관비), 기업업무추진비(판관비)

8 ③ ① 광고선전비(판관비) / ② 기업업무추진비(판관비) / ③ 제품(재고자산), 상품(재고자산) / ④ 기부금(영업외비용)

| 9 | ④ | 파손된 유리의 대체(㉠), 자동차 엔진오일의 교체(㉡) 등은 유형자산의 당초 성능 수준을 유지시키기 위한 지출이므로, 수익적 지출에 해당한다. |

10	①	① (차) 외상매입금(부채의 감소)	4,000,000	(대) 보통예금(자산의 감소)	4,000,000
		② (차) 수도광열비(비용의 발생)	300,000	(대) 현금(자산의 감소)	300,000
		③ (차) 기업업무추진비(비용의 발생)	100,000	(대) 현금 등(자산의 감소)	100,000
		④ (차) 현금 등(자산의 증가)	200,000	(대) 비품(순액, 자산의 감소)	200,000

11 ③ 예수금(부채), 미지급비용(부채), 선급비용(자산), 선수금(부채)

12 ① · 누락된 회계처리
　　　(차) 미수수익(자산의 증가)　　　　　　　×××　　(대) 이자수익(수익의 발생)　　　×××
　　· 재무제표에 미치는 영향 : 자산 과소, 수익 과소 → 당기순이익 과소 → 자본 과소

13 ① · 순매출액 = 총매출액 - 매출환입 - 매출에누리 - 매출할인
　　　　　　　 = 300,000 - 10,000 - 0 - 0 = 290,000원
　　· 상품매출과 관련된 부대비용 : 판매비와관리비

14 ③ 미지급비용이란 당기에 속하는 비용 중 차기에 지급할 예정인 금액에 대하여 사용하는 계정과목을 말하며, 이는 부채에 해당한다.

15 ① · 보통예금(요구불예금), 당좌예금(요구불예금), 1년 만기 정기예금(단기금융상품, 단기투자자산), 단기매매증권(단기투자자산)
　　· 현금및현금성자산 = (통화 + 통화대용증권) + 요구불예금 + 현금성자산
　　　　　　　　　　　 = (0 + 0) + (500,000 + 700,000) + 0 = 1,200,000원

실무시험

문제 1 회사등록

[회사등록] 메뉴에서
- 사업자등록번호 : "628-26-01132"에서 "628-26-01035"로 수정
- 종목 : "컴퓨터 부품"에서 "유아용 의류"로 수정
- 사업장 관할세무서 : "강동"에서 "삼성"으로 수정

문제 2 전기분재무상태표 / 전기분손익계산서

[전기분손익계산서] 메뉴에서
- 상품매출 : "656,000,000"에서 "665,000,000"으로 수정
- 기업업무추진비 : "8,100,000"에서 "8,300,000"으로 수정
- 임차료 : "12,000,000"을 추가 입력

문제 3 거래처등록 / 계정과목및적요등록 / 거래처별초기이월

(1) [거래처등록] 메뉴에서 [일반거래처] 탭을 선택한 후 다음을 입력
- 코드 : 00308
- 거래처명 : 뉴발상사
- 유형 : 동시
- 사업자등록번호 : 113-09-67896
- 대표자성명 : 최은비
- 업태 : 도매및소매업
- 종목 : 신발 도매업
- 주소 : 서울 송파구 법원로11길 11

(2) [거래처별초기이월] 메뉴에서
- 외상매출금 : 온컴상사 "20,000,000"을 "0"으로 수정(또는 삭제)
  "스마일상사 20,000,000"을 추가 입력
- 미수금 : 슈프림상사 "1,000,000"에서 "10,000,000"으로 수정
- 단기차입금 : "다온상사 23,000,000"을 추가 입력

문제 4 일반전표입력

(1) 7월 25일 (차) 복리후생비(판관비) 300,000 (대) 현금 300,000

(2) 8월 4일 (차) 상품 4,000,000 (대) 당좌예금 800,000
    지급어음(영동상사) 3,200,000

(3) 8월 25일 (차) 보통예금 300,000 (대) 선수금(하나상사) 300,000

(4) 10월 1일 (차) 보통예금 50,000,000 (대) 장기차입금(기업은행) 50,000,000

(5) 10월 31일 (차) 급여(판관비) 2,717,000 (대) 예수금 309,500
    보통예금 2,407,500

(6) 11월 13일 (차) 보통예금 1,900,000 (대) 받을어음(가나상사) 2,000,000
    매출채권처분손실 100,000

(7) 11월 22일 (차) 상품 4,150,000 (대) 외상매입금(한올상사) 4,000,000
    현금 150,000

(8) 12월 15일 (차) 교육훈련비(판관비) 1,000,000 (대) 보통예금 500,000
    미지급금(우리컨설팅) 500,000

문제 5 오류수정

(1) [일반전표입력] 8월 22일
- 수정 전   (차) 보통예금 4,000,000 (대) 선수금(만중상사) 4,000,000
- 수정 후   (차) 보통예금 4,000,000 (대) 대손충당금(외상매출금) 4,000,000

(2) [일반전표입력] 9월 15일
- 수정 전   (차) 광고선전비(판관비) 130,000 (대) 보통예금 130,000
- 수정 후   (차) 기업업무추진비(판관비) 130,000 (대) 보통예금 130,000

문제 6 결산

(1) [일반전표입력] 12월 31일
    (차) 수도광열비(판관비) 1,000,000 (대) 미지급비용 1,000,000

(2) [일반전표입력] 12월 31일
    (차) 수선비(판관비) 30,000 (대) 현금과부족 30,000

(3) [일반전표입력] 12월 31일
    (차) 이자비용 1,000,000[1] (대) 미지급비용 1,000,000
    [1] 100,000,000원 × 연 12% × (1개월/12개월) = 1,000,000원

(4) [일반전표입력] 12월 31일
    (결차) 상품매출원가 180,950,000[1] (결대) 상품 180,950,000
    [1] 판매가능상품액 − 기말상품재고액 = 195,950,000 − 15,000,000 = 180,950,000원

    참고 [결산자료입력] 메뉴에서 기간 1월 ~ 12월을 선택하고, 기말상품재고액 "15,000,000"을 '2.매출원가 ▶ 상품매출원가 ▶ 146.기말상품재고액'의 '결산반영금액'란에 입력한 후, 메뉴 상단에 있는 F3 전표추가 를 클릭하여도 위와 동일한 내용의 자동전표를 생성할 수 있다.

문제 7 장부조회

(1) 2월 / 1,520,000원
　[총계정원장] 메뉴에서 기간은 1월 1일 ~ 6월 30일, 계정과목은 기업업무추진비(판관비)를 선택하여, 차변 금액이 가장 큰 월을 조회

(2) 27,000,000원
　(방법 1) [합계잔액시산표](또는 [손익계산서]) 메뉴에서 기간은 5월 31일을 선택하여, 급여(판관비) 계정의 차변 잔액을 조회
　(방법 2) [일계표(월계표)] 메뉴에서 기간은 1월 1일 ~ 5월 31일을 선택하여, 급여(판관비) 계정의 차변 '계' 열 금액을 조회

(3) 다주상사 / 46,300,000원
　[거래처원장] 메뉴에서 기간은 1월 1일 ~ 6월 30일, 계정과목은 외상매출금, 거래처는 전체를 선택하여, 6월 말 현재 잔액이 가장 큰 거래처와 그 금액을 조회

정답및해설 | 제115회 기출문제

▶ 문제 | p.440

이론시험

| 1 ③ | 2 ② | 3 ④ | 4 ① | 5 ④ | 6 ④ | 7 ④ | 8 ② |
| 9 ④ | 10 ① | 11 ① | 12 ③ | 13 ① | 14 ④ | 15 ② |

1 ③ • 자기앞수표(통화대용증권), 당좌개설보증금(장기금융상품), 취득 당시 만기가 3개월 이내에 도래하는 금융상품(현금성자산)
• 현금및현금성자산 = (통화 + 통화대용증권) + 요구불예금 + 현금성자산
  = (0 + 30,000) + 0 + 70,000 = 100,000원

참고 당좌개설보증금
당좌개설보증금이란 기업이 당좌예금을 개설할 때 은행에 맡겨야 하고 당좌거래를 유지하는 동안 찾을 수 없는 보증금을 말한다. 당좌개설보증금은 사용이 제한되어 있는 예금으로서 만기(당좌거래계약 종료일)가 결산일로부터 1년 이후에 도래하는 것이므로 장기금융상품에 해당한다.

2 ② (회계의 순환과정)
거래 발생 → 분개 → 전기 → 수정 전 시산표 작성 → 결산 정리 분개 → 수정 후 시산표 작성 → 각종 장부 마감 → 결산보고서 작성

3 ④ • 매출총이익 = 매출액 − 매출원가
  = 260,000 − 120,000 = 140,000원
• 손익 계정의 총계정원장에서 자본금 계정으로 대체되는 80,000원은 수익 합계와 비용 합계의 차이금액인 당기순이익을 의미한다.
• 기말 자본금 = 기초 자본금 + 당기순이익

4 ① • 재무상태표 계정과목 : 자산, 부채, 자본
• 손익계산서 계정과목 : 수익, 비용
• 미지급금(부채), 미지급비용(부채), 외상매출금(자산), 상품매출(수익), 감가상각누계액(자산의 차감), 감가상각비(비용), 대손충당금(자산의 차감), 대손상각비(비용)

5 ④ • 차기이월로 계정을 마감하는 계정과목 = 재무상태표 계정과목 = 자산, 부채, 자본
• 차기로 이월시키지 않고 손익계정으로 대체하여 계정을 마감하는 계정과목 = 손익계산서 계정과목 = 수익, 비용
• 이자수익(수익), 임차료(비용), 통신비(비용), 미수금(자산)

6 ④ • 설치비, 취득세, 취득 시 발생한 운송비는 취득부대비용에 해당하므로 취득원가에 포함시킨다.
• 보유 중에 발생한 수선유지비는 자산의 보유와 관련된 지출이므로 당기 비용으로 회계처리한다.

7 ④ 이자비용(영업외비용), 유형자산처분손실(영업외비용), 복리후생비(판관비), 소모품비(판관비)

8 ② • 선수금(부채), 선급금(자산), 미수금(자산), 미지급금(부채)
• 총계정원장에서 자산·비용은 잔액이 차변에 표시되고, 부채·자본·수익은 잔액이 대변에 표시된다.

9 ④ • 재고자산의 단가 결정방법 : 개별법, 선입선출법, 후입선출법, 가중평균법(총평균법, 이동평균법)
• 유형자산의 감가상각방법 : 정액법, 정률법, 연수합계법

10 ① • 상품매출에 대한 계약을 하고 계약금 100,000원을 받은 경우 회계처리
  (차) 현금 등   100,000   (대) 선수금   100,000
• 선수금이란 계약금 성격으로 미리 받은 대금을 말한다.

11 ① • 재무상태표 : 일정 시점 현재 기업의 재무상태(자산, 부채, 자본)를 나타내는 보고서
 • 손익계산서 : 일정 기간 동안의 기업의 경영성과(수익, 비용)를 나타내는 보고서

12 ③ 건설중인자산은 아직 건설이 완료되지 않은 것이므로 감가상각을 하지 않는다. 건설이 완료되어 건물 등 해당 계정으로 대체되고 자산이 사용 가능한 때부터 감가상각을 시작한다.

13 ① 상품의 당기 순매입액 = 상품 취득원가
= 매입가액 + 취득부대비용 − 매입환출 − 매입에누리 − 매입할인
= 50,000 + 0 − 0 − 0 − 8,000 = 42,000원

14 ④ 기말자본 = 기초자본 + 당기순이익
= 300,000 + 160,000 = 460,000원

15 ② • 영업이익 = 매출액 − 매출원가 − 판매비와관리비
 • 개인기업의 당기순이익 = 매출액 − 매출원가 − 판매비와관리비 + 영업외수익 − 영업외비용 − 소득세비용
 • 영업비용 : 매출원가, 판매비와관리비
 • ① 급여(판관비, 영업비용) / ② 소득세(소득세비용) / ③ 감가상각비(판관비, 영업비용) / ④ 이자수익(영업외수익)

실무시험

문제 1 회사등록

[회사등록] 메뉴에서
• 업태 : "제조"에서 "도소매"로 수정
• 종목 : "금속제품"에서 "신발"로 수정
• 개업연월일 : "2015년 9월 23일"에서 "2010년 9월 23일"로 수정

문제 2 전기분재무상태표 / 전기분손익계산서

[전기분손익계산서] 메뉴에서
• 상품매출원가(보조창) ▶ 당기상품매입액 : "180,000,000"에서 "190,000,000"으로 수정
• 수수료비용 : "2,000,000"에서 "2,700,000"으로 수정
• 잡손실 : "300,000"을 추가 입력

문제 3 거래처등록 / 계정과목및적요등록 / 거래처별초기이월

(1) [계정과목및적요등록] 메뉴에서
803.상여금(판관비) 계정의 현금적요란 2번에 "명절 특별 상여금 지급"을 입력

(2) [거래처별초기이월] 메뉴에서
• 외상매출금 : 폴로전자 "4,200,000"에서 "15,800,000"으로 수정
   예진상회 "2,200,000"에서 "13,000,000"으로 수정
• 지급어음 : "주언상사 3,400,000"을 추가 입력

문제 4 일반전표입력

(1) 7월 29일 (차) 수선비(판관비) 150,000 (대) 미지급금(국민카드) 150,000

(2) 8월 18일 (차) 이자비용 900,000 (대) 보통예금 900,000

(3) 8월 31일 (차) 외상매입금(넥사상사) 3,000,000 (대) 현금[1] 3,000,000

[1] 타인발행당좌수표는 통화대용증권에 해당하므로 현금 계정으로 회계처리한다.

(4) 9월 20일 (차) 기부금 500,000 (대) 현금 500,000

(5) 10월 15일 (차) 임차보증금(동작빌딩) 10,000,000   (대) 보통예금   10,000,000

(6) 11월 4일 (차) 감가상각누계액(기계장치) 10,000,000   (대) 기계장치   20,000,000
　　　　　　　　보통예금 10,000,000

(7) 12월 1일 (차) 차량운반구 32,100,000   (대) 보통예금   32,100,000

(8) 12월 10일 (차) 기업업무추진비(판관비) 100,000   (대) 현금   100,000

문제 5 오류수정

(1) [일반전표입력] 10월 25일
 - 수정 전　(차) 건물　　　　　5,000,000   (대) 현금   5,000,000
 - 수정 후　(차) 수선비(판관비)　5,000,000   (대) 현금   5,000,000

(2) [일반전표입력] 11월 10일
 - 수정 전　(차) 장기차입금(신한은행) 1,000,000   (대) 보통예금   1,000,000
 - 수정 후　(차) 이자비용　　　　　1,000,000   (대) 보통예금   1,000,000

문제 6 결산

(1) [일반전표입력] 12월 31일
　　　(차) 미수수익   300,000   (대) 임대료   300,000

(2) [일반전표입력] 12월 31일
　　　(차) 단기매매증권평가손실   200,000   (대) 단기매매증권   200,000

(3) [일반전표입력] 12월 31일
　　　(차) 선급비용   450,000[1]   (대) 보험료(판관비)   450,000
　　　[1] 600,000원 × (9개월/12개월) = 450,000원

(4) [일반전표입력] 12월 31일
　　　(차) 감가상각비(판관비)   1,100,000   (대) 감가상각누계액(차량운반구)   600,000
　　　　　　　　　　　　　　　　　　　　　　　　감가상각누계액(비품)   500,000

문제 7 장부조회

(1) 247,210,500원
　　[재무상태표] 메뉴에서 기간은 6월을 선택하여, 당기 6월 말 현재 당좌자산의 합계를 조회

(2) 1,650,000원
　　[총계정원장] 메뉴에서 기간은 1월 1일 ~ 6월 30일, 계정과목은 광고선전비(판관비)를 선택하여, 차변 금액이 가장 작은 월을 조회

(3) ① 외상매출금 잔액 10,500,000원 / ② 받을어음 잔액 500,000원
 - [거래처원장] 메뉴에서 기간은 1월 1일 ~ 6월 30일, 계정과목은 외상매출금, 거래처는 유화산업을 선택하여, 6월 30일 현재 잔액을 조회
 - [거래처원장] 메뉴에서 기간은 1월 1일 ~ 6월 30일, 계정과목은 받을어음, 거래처는 유화산업을 선택하여, 6월 30일 현재 잔액을 조회

정답및해설 | 제114회 기출문제

▶ 문제 | p.451

이론시험

| 1 ③ | 2 ② | 3 ② | 4 ④ | 5 ④ | 6 ④ | 7 ③ | 8 ① |
| 9 ④ | 10 ② | 11 ④ | 12 ③ | 13 ① | 14 ④ | 15 ④ | |

1 ③ · 차변요소 : 자산의 증가, 부채의 감소, 자본의 감소, 수익의 감소, 비용의 증가
· 대변요소 : 자산의 감소, 부채의 증가, 자본의 증가, 수익의 증가, 비용의 감소

2 ② · 1월 20일 (차) 현금　　　　　　　　　　100,000　　(대) 현금과부족　　　　　　　　100,000
· 7월　1일 (차) 현금과부족　　　　　　　 70,000　　(대) 이자수익　　　　　　　　 70,000
· 12월 31일 (차) 현금과부족　　　　　　　 30,000　　(대) 잡이익　　　　　　　　　 30,000

3 ② ① (차) 급여(판관비)　　　　　　　　2,000,000　　(대) 현금　　　　　　　　　2,000,000
　② (차) 재해손실(영업외비용)　　　　　500,000　　(대) 상품　　　　　　　　　　500,000
　③ (차) 임차료(판관비)　　　　　　　　 200,000　　(대) 현금　　　　　　　　　　200,000
　④ (차) 복리후생비(판관비)　　　　　　 50,000　　(대) 현금　　　　　　　　　　 50,000

4 ④ · 외상매출 시 회계처리
　　(차) 외상매출금　　　　　　　　　　　？　　(대) 상품매출　　　　　　　　　　？
　· 외상매출금 회수 시 회계처리
　　(차) 현금 등　　　　　　　　　　600,000　　(대) 외상매출금　　　　　　 600,000
　· 외상매출금 중 매출에누리 시 회계처리
　　(차) 매출에누리(상품매출)　　　 100,000　　(대) 외상매출금　　　　　　 100,000
　· 매출채권 계정의 총계정원장

외상매출금(자산)			
기초잔액	400,000	회수액	600,000
외상매출액	?	매출에누리	100,000
		기말잔액	300,000
	1,000,000		1,000,000

　∴ 외상매출액 = (600,000 + 100,000 + 300,000) - 400,000 = 600,000원

5 ④ 후입선출법에서는 기말재고자산이 오래전 매입분으로 구성되므로 물가 상승 시 기말재고자산이 과소계상된다.

6 ④ (유형자산 처분 시 회계처리)
　(차) 감가상각누계액　　　　　　 5,000,000　　(대) 기계장치　　　　　　　　　　？
　　 현금 등　　　　　　　　　12,000,000　　　 유형자산처분이익　　　　7,000,000
　∴ 취득원가 = 10,000,000원

7 ③ · 당기순이익 = 총수익 - 총비용
　　　　　　 = 2,000,000 - 1,500,000 = 500,000원
　· 기초자본 + 당기순이익 = 기말자본
　　→ 1,300,000 + 500,000 = ?
　　∴ 기말자본 = 1,800,000원

8 ① 미수수익(수익의 발생) / 미지급비용(비용의 발생) / 선수수익(수익의 이연) / 선급비용(비용의 이연)

9 ④ 상품(재고자산) / 재공품(재고자산) / 반제품(재고자산) / 비품(유형자산)

10 ② • 선수수익이란 당기에 이미 받은 금액 중 차기 수익에 해당하는 부분을 말한다.
  • 예수금이란 최종적으로는 제3자에게 지급해야 할 금액을 거래처나 종업원으로부터 미리 받아 일시적으로 보관하고 있는 금액을 말한다.

11 ④ • 채용 계약 체결(①), 구두 협의(②), 계약금 없는 주문(③)만으로는 자산, 부채, 자본, 수익, 비용의 증감변화가 생기지 않으므로 이러한 행위들은 회계상 거래가 아니다.
  • ④는 회계상 거래에 해당하므로 이에 대하여 분개를 할 수 있다.
  (차) 이자비용　　　　　　　　　　xxx　　　　(대) 미지급비용　　　　　　　　　　xxx

12 ③ ① (차) 현금　　　　　　　　　　10,000　　　　(대) 상품매출　　　　　　　　　　10,000
  ② (차) 매출환입(상품매출)　　　　10,000　　　　(대) 현금　　　　　　　　　　　10,000
  ③ (차) 현금 등　　　　　　　　　10,000　　　　(대) 외상매출금　　　　　　　　　10,000
  ④ (차) 외상매출금　　　　　　　　10,000　　　　(대) 상품매출　　　　　　　　　　10,000

13 ① 일반기업회계기준에서 규정하고 있는 재무제표 : 재무상태표, 손익계산서, 자본변동표, 현금흐름표, 주석

14 ④ • 기말재고자산가액 = 당사 창고에 보관 중인 재고자산 + 기말 현재 판매되지 않은 적송품
  　　　　　　　　= 500,000 + 100,000 = 600,000원
  • 위탁자(당사)는 위탁판매에 따른 수수료를 비용으로 회계처리한다.
  참고 적송품(위탁판매)
  　위탁판매란 회사가 자신의 상품을 홈쇼핑 등에 위탁하는 방식으로 판매하는 것을 말한다. 이때 판매를 위탁한 회사를 위탁자, 판매를 위탁받아서 판매를 대행하는 홈쇼핑 등을 수탁자라고 하며, 위탁자가 수탁자에게 판매를 위탁하기 위하여 보낸 상품을 적송품이라고 한다. 위탁판매일 경우 위탁자는 수탁자가 적송품을 판매한 시점에 수익을 인식한다. 적송품은 고객에게 판매되기 전까지 위탁자의 소유 자산이므로 기말 현재 판매되지 않은 적송품은 수탁자의 창고에 보관되어 있더라도 위탁자의 재고자산에 포함된다.

15 ④ • 매출원가 = 기초재고 + 당기매입 - 기말재고
  　　　　= 200,000 + 1,000,000 - 300,000 = 900,000원
  • 매출총이익 = 매출액 - 매출원가
  　　　　　= 2,000,000 - 900,000 = 1,100,000원
  • 판매 사원에 대한 급여는 판매비와관리비에 해당한다.

실무시험

문제 1　회사등록

[회사등록] 메뉴에서
• 대표자명 : "안병남"에서 "이두일"로 수정
• 개업연월일 : "2016년 10월 5일"에서 "2014년 1월 24일"로 수정
• 사업장 관할세무서 : "안동"에서 "대전"으로 수정

문제 2　전기분재무상태표 / 전기분손익계산서

[전기분재무상태표] 메뉴에서
• 받을어음 : "69,300,000"에서 "65,000,000"으로 수정
• 감가상각누계액(차량운반구) : "11,750,000"에서 "10,750,000"으로 수정
• 장기차입금 : "116,350,000"을 추가 입력

문제 3 거래처등록 / 계정과목및적요등록 / 거래처별초기이월

(1) [거래처등록] 메뉴에서 [금융기관] 탭을 선택한 후 다음을 입력
- 코드 : 98100
- 거래처명 : 케이뱅크 적금
- 유형 : 3.정기적금
- 계좌번호 : 1234-5678-1234
- 계좌개설은행 : 089.케이뱅크
- 계좌개설일 : 2024년 7월 1일

(2) [거래처별초기이월] 메뉴에서
- 외상매출금 : 태양마트 "15,000,000"에서 "34,000,000"으로 수정
- 단기차입금 : 은산상사 "35,000,000"에서 "20,000,000"으로 수정
  종로상사 "5,000,000"을 "0"으로 수정(또는 삭제)
  "일류상사 3,000,000"을 추가 입력

문제 4 일반전표입력

(1) 7월 3일	(차) 단기차입금(대전상사)	8,000,000	(대) 당좌예금	8,000,000
(2) 7월 10일	(차) 여비교통비(판관비)	50,000	(대) 현금	50,000
(3) 8월 5일	(차) 대손충당금(외상매출금)	900,000	(대) 외상매출금(능곡가구)	5,000,000
	대손상각비(판관비)	4,100,000		
(4) 8월 13일	(차) 토지	1,000,000	(대) 현금	1,000,000
(5) 9월 25일	(차) 임차료(판관비)	750,000	(대) 보통예금	800,000
	건물관리비(판관비)	50,000		
(6) 10월 24일	(차) 잡급(판관비)	100,000	(대) 현금	100,000
(7) 11월 15일	(차) 선급금(아린상사)	4,500,000	(대) 당좌예금	4,500,000
(8) 11월 23일	(차) 차량운반구	20,000,000	(대) 미지급금(국민카드)	20,000,000

문제 5 오류수정

(1) [일반전표입력] 8월 16일
- 수정 전   (차) 임차료(판관비)   1,000,000   (대) 보통예금   1,000,000
- 수정 후   (차) 임차보증금(경의상사)   1,000,000   (대) 보통예금   1,000,000

(2) [일반전표입력] 9월 30일
- 수정 전   (차) 토지   300,000   (대) 보통예금   300,000
- 수정 후   (차) 세금과공과(판관비)   300,000   (대) 보통예금   300,000

문제 6 결산

(1) [일반전표입력] 12월 31일
  (차) 이자비용   360,000   (대) 미지급비용   360,000

(2) [일반전표입력] 12월 31일
  (차) 외상매입금(㈜디자인가구) 500,000   (대) 가지급금   500,000

(3) [일반전표입력] 12월 31일
  (차) 소모품비(판관비)   400,000[1] (대) 소모품   400,000

  [1] • (500,000 + 200,000) − 300,000 = 400,000원
  • 소모품 기초잔액과 소모품 당기구입액의 합계액 중 당기 비용(소모품비 계정)으로 표시되는 금액 = 400,000원

(4) [일반전표입력] 12월 31일

(차) 대손상각비(판관비)	4,431,400	(대) 대손충당금(외상매출금)	3,081,400[1]
			대손충당금(받을어음)	1,350,000[2]

[1] (154,070,000 × 2%) − 0 = 3,081,400원
[2] (100,000,000 × 2%) − 650,000 = 1,350,000원

문제 7 장부조회

(1) 130,000,000원
  [합계잔액시산표](또는 [재무상태표]) 메뉴에서 기간은 4월 30일을 선택하여, 지급어음 계정의 대변 잔액을 조회

(2) 60,000,000원
  (방법 1) • [일계표(월계표)] 메뉴에서 기간은 5월 1일 ~ 5월 31일을 선택하여, 외상매출금 계정의 대변 '계' 열 금액을 조회
       • 해당 금액을 더블클릭하여 거래 내역을 확인
  (방법 2) • [총계정원장] 메뉴에서 기간은 5월 1일 ~ 5월 31일, 계정과목은 외상매출금을 선택하여, 5월의 대변 금액을 조회
       • 해당 금액을 더블클릭하여 거래 내역을 확인

(3) 5월 / 300,000원
  [총계정원장] 메뉴에서 기간은 1월 1일 ~ 6월 30일, 계정과목은 복리후생비(판관비)를 선택하여, 차변 금액이 가장 큰 월을 조회

정답및해설 | 제113회 기출문제

▶ 문제 | p.460

이론시험

| 1 ④ | 2 ① | 3 ② | 4 ③ | 5 ② | 6 ① | 7 ② | 8 ④ |
| 9 ③ | 10 ① | 11 ② | 12 ④ | 13 ① | 14 ③ | 15 ④ | |

1 ④ (차) 통신비(비용의 발생) 50,000 (대) 보통예금(자산의 감소) 50,000

2 ① • 총계정원장에서 자산, 비용 계정의 잔액은 차변에, 부채, 자본, 수익 계정의 잔액은 대변에 남게 된다.
• 임대료(수익) / 보통예금(자산) / 수수료비용(비용) / 외상매출금(자산)

3 ② 기말재고자산가액 20,000원 과대 → 매출원가 20,000원 과소 → 매출총이익 및 당기순이익 20,000원 과대

4 ③ • 유동성배열법에 따른 자산 배열 순서 : 당좌자산 − 재고자산 − 투자자산 − 유형자산 − 무형자산 − 기타비유동자산
• 단기대여금(당좌자산) − 장기대여금(투자자산) − 영업활동에 사용하는 건물(유형자산) − 영업권(무형자산)

5 ② • 유형자산은 감가상각을 인식하는 것이 원칙이다. 예외적으로 유형자산 중 토지와 건설중인자산은 감가상각을 하지 않는다.
• 건물(유형자산) / 토지(감가상각 ×) / 차량운반구(유형자산) / 기계장치(유형자산) / 단기매매증권(당좌자산) / 구축물(유형자산) / 상품(재고자산) / 건설중인자산(감가상각 ×)

6 ① 자본 = 자산 − 부채
  = (현금 + 선급금 + 단기대여금 + 상품) − (매입채무 + 사채)
  = (300,000 + 200,000 + 100,000 + 800,000) − (100,000 + 300,000) = 1,000,000원

> 참고 사채
> 주식회사가 장기자금을 조달하기 위하여 회사채라는 채무증권을 발행하고, 회사채에서 정하는 바에 따라 만기까지의 기간 동안 표시이자(액면이자)를 지급 및 만기일에 원금(액면금액)을 상환할 것을 약정하는 부채를 말하며, 이는 비유동부채에 해당한다.

7 ② • 일정 시점의 재무상태를 나타내는 재무보고서는 재무상태표이며, 재무상태표의 구성요소는 자산, 부채, 자본이다.
• 선급비용(자산) / 급여(비용) / 현금(자산) / 선급비용(자산) / 매출원가(비용) / 선수금(부채) / 매출채권(자산) / 이자비용(비용)

8 ④ • 현금및현금성자산 = (통화 + 통화대용증권) + 요구불예금 + 현금성자산
• 보통예금(요구불예금) / 우편환증서(통화대용증권) / 자기앞수표(통화대용증권) / 우표(비용)
• 우표는 통신비 등 비용으로 분류한다.

9 ③ • 외상매출 시 회계처리
  (차) 매출채권 2,000,000 (대) 상품매출 2,000,000
• 매출채권 회수 시 회계처리
  (차) 현금 등 1,500,000 (대) 매출채권 1,500,000
• 매출채권 계정의 총계정원장

매출채권(자산)

기초잔액	500,000	회수액	1,500,000
외상매출액	2,000,000	기말잔액	?
	2,500,000		2,500,000

∴ 기말잔액 = (500,000 + 2,000,000) − 1,500,000 = 1,000,000원
• 기말 대손충당금 잔액 = 기말 매출채권 잔액 × 1%
          = 1,000,000 × 1% = 10,000원

10 ① • 직원에게 빌려준 금전(자산) / 선급비용(자산) / 선급금(자산) / 선수수익(부채) / 선수금(부채)
• 부채의 합계액 = 선수수익 + 선수금 = 30,000 + 70,000 = 100,000원

11 ② 거래 발생 → 분개 → 전기 → 수정 전 시산표 작성 → 결산 정리 분개 → 수정 후 시산표 작성 → 각종 장부 마감 → 결산보고서 작성

12 ④ 재고자산의 취득원가 = 매입가액 + 취득부대비용 - 매입환출 - 매입에누리 - 매입할인

13 ① 보험료(판관비) / 기부금(영업외비용) / 이자비용(영업외비용) / 유형자산처분손실(영업외비용)

14 ③ 선입선출법에서는 기말재고자산이 가장 최근 매입분으로 구성되므로 물가 상승 시 기말재고자산이 과대평가된다.

15 ④ • 증여에 의하여 무상으로 취득한 경우에는 그 자산의 공정가치를 취득원가로 한다.
• 자산의 취득하는 과정에서 발생하는 운송료, 수수료, 제세금 등의 부대비용은 자산의 취득원가로 회계처리한다.
• 증여에 의한 무상취득 시 회계처리
(차) 토지   1,040,000   (대) 자산수증이익   1,000,000
                                                           현금 등   40,000

실무시험

문제 1 회사등록

[회사등록] 메뉴에서
• 대표자명 : "최연제"에서 "정성찬"으로 수정
• 종목 : "스포츠 용품"에서 "문구 및 잡화"로 수정
• 개업연월일 : "2018년 7월 14일"에서 "2018년 4월 8일"로 수정

문제 2 전기분재무상태표 / 전기분손익계산서

[전기분손익계산서] 메뉴에서
• 급여 : "10,000,000"에서 "20,000,000"으로 수정
• 임차료 : "2,100,000"에서 "2,300,000"으로 수정
• 통신비 : "400,000"에서 "0"으로 수정(또는 삭제)
• 운반비 : "400,000"을 추가 입력

문제 3 거래처등록 / 계정과목및적요등록 / 거래처별초기이월

(1) [계정과목및적요등록] 메뉴에서
146.상품 계정의 현금적요란 3번에 "수출용 상품 매입"을 입력

(2) [거래처별초기이월] 메뉴에서
• 외상매입금 : "동오상사 10,000,000"을 추가 입력
• 지급어음 : 디오상사 "3,000,000"에서 "3,500,000"으로 수정
           "망도상사 3,000,000"을 추가 입력

문제 4 일반전표입력

(1) 8월 10일	(차) 현금	2,400,000	(대) 외상매출금(수민상회)	2,400,000
(2) 8월 25일	(차) 기업업무추진비(판관비)	200,000	(대) 현금	200,000
(3) 9월 2일	(차) 예수금	100,000	(대) 보통예금	220,000
	복리후생비(판관비)	120,000		
(4) 9월 20일	(차) 세금과공과(판관비)	500,000	(대) 현금	500,000
(5) 9월 25일	(차) 지급어음(가은상사)	3,500,000	(대) 보통예금	3,500,000
(6) 10월 5일	(차) 현금	4,000,000	(대) 상품매출	10,000,000
	외상매출금(한능협)	6,000,000		

(7) 10월 20일 (차) 수도광열비(판관비) 30,000 (대) 미지급금(삼성카드) 130,000
　　　　　　　　 소모품비(판관비) 100,000

(8) 11월 10일 (차) 선납세금 15,400 (대) 이자수익 100,000
　　　　　　　　 보통예금 84,600

문제 5　오류수정

(1) [일반전표입력] 8월 6일
　　• 수정 전　(차) 미지급금(신한카드)　6,000,000　(대) 보통예금　6,000,000
　　• 수정 후　(차) 미지급금(하나카드)　6,000,000　(대) 보통예금　6,000,000

(2) [일반전표입력] 10월 25일
　　• 수정 전　(차) 급여　4,200,000　(대) 보통예금　4,200,000
　　• 수정 후　(차) 급여　4,200,000　(대) 예수금　635,010
　　　　　　　　　　　　　　　　　　　　　　　 보통예금　3,564,990

문제 6　결산

(1) [일반전표입력] 12월 31일
　　(차) 임차료(판관비)　18,000,000[1]　(대) 선급비용　18,000,000
　　　[1] • 24,000,000원 × (9개월/12개월) = 18,000,000원
　　　　　• 임차료 지급액 중 당기 비용(임차료 계정)으로 계상되는 금액 = 18,000,000원

(2) [일반전표입력] 12월 31일
　　(차) 외상매출금(미국 BRIZ사)　2,000,000　(대) 외화환산이익　2,000,000[1]
　　　[1] 외화환산손익 = 기말 환산액 − 환산 전 장부금액
　　　　　　　　　　　 = ($20,000 × @1,100원) − 20,000,000원 = 2,000,000원 (자산이므로 외화환산이익)

　　참고　외화환산손익
　　• 외화거래에 따라 발생한 화폐성 외화 자산·부채는 거래발생일 현재 환율로 기록된다.
　　• 기말 현재 회사가 보유하고 있는 화폐성 외화 자산·부채는 결산일 현재 기준환율로 환산하여야 하는데, 기말 현재 외화금액의 원화환산액과 환산 전 장부금액의 차액을 외화환산이익(영업외수익)·외화환산손실(영업외비용)로 회계처리한다.
　　• 만약 본 문제와 같이 환율이 상승하여 결산일에 환산한 금액이 환산 전 장부금액보다 커졌다면, 화폐성 외화 자산에 대하여는 자산의 증가로 인하여 외화환산이익이 발생하고, 화폐성 외화 부채에 대하여는 부채의 증가로 인하여 외화환산손실이 발생하게 된다.

(3) [일반전표입력] 12월 31일
　　(차) 세금과공과(판관비)　15,000　(대) 현금과부족　15,000

(4) [일반전표입력] 12월 31일
　　(결차) 상품매출원가　129,100,000[1]　(결대) 상품　129,100,000
　　　[1] 판매가능상품액 − 기말상품재고액 = 133,600,000 − 4,500,000 = 129,100,000원
　　참고　[결산자료입력] 메뉴에서 기간 1월 ~ 12월을 선택하고, 기말 상품 재고액 "4,500,000"을 '2.매출원가 ▶ 상품매출원가 ▶ 146.기말 상품 재고액'의 '결산반영금액'란에 입력한 후, 메뉴 상단에 있는 F3 전표추가 를 클릭하여도 위와 동일한 내용의 자동전표를 생성할 수 있다.

문제 7　장부조회

(1) 4,060,000원
　　[거래처원장] 메뉴에서 기간은 1월 1일 ~ 6월 30일, 계정과목은 외상매입금, 거래처는 어룡상사를 선택하여, 해당 기간의 차변 금액을 조회

(2) 4,984,300원
　　(방법 1) [합계잔액시산표] (또는 [손익계산서]) 메뉴에서 기간은 6월 30일을 선택하여, 복리후생비(판관비) 계정의 차변 잔액을 조회
　　(방법 2) [일계표(월계표)] 메뉴에서 기간은 1월 1일 ~ 6월 30일을 선택하여, 복리후생비(판관비) 계정의 차변 '계' 열 금액을 조회

(3) 86,188,000원
　　• [재무상태표] 메뉴에서 기간은 6월을 선택하여, 당기 6월 말 현재 유동자산의 합계와 유동부채의 합계를 조회
　　• 차이금액 = 280,188,000(유동자산 합계) − 194,000,000(유동부채 합계) = 86,188,000원

정답및해설 | 제112회 기출문제

▶ 문제 | p.470

이론시험

| 1 ② | 2 ③ | 3 ① | 4 ① | 5 ④ | 6 ② | 7 ③ | 8 ④ |
| 9 ① | 10 ③ | 11 ① | 12 ② | 13 ③ | 14 ④ | 15 ② | |

1 ② • 손익법을 이용하여 산출하는 당기순이익 = 총수익 − 총비용
 • 재산법을 이용하여 산출하는 당기순이익 = 기말자본 − 기초자본
 • 손익계산서는 손익법을 이용하여 당기순이익을 산출한다.

2 ③ • 외상매입 시 회계처리
 (차) 상품 300,000 (대) 외상매입금 300,000
 • 외상매입금 중 환출 시 회계처리
 (차) 외상매입금 30,000 (대) 매입환출(상품) 30,000
 • 외상매입금 지급 시 회계처리
 (차) 외상매입금 ? (대) 현금 등 ?
 • 외상매입금 계정의 총계정원장

외상매입금(부채)			
매입환출	30,000	기초잔액	60,000
지급액	?	외상매입액	300,000
기말잔액	120,000		
	360,000		360,000

 ∴ 지급액 = (60,000 + 300,000) − (30,000 + 120,000) = 210,000원

3 ① • 이자비용(영업외비용) / 상품매출원가(매출원가) / 기업업무추진비(판관비) / 세금과공과(판관비)
 • 영업이익 = 매출액 − 매출원가 − 판관비

4 ① 유형자산의 처분은 기말 결산(기말수정분개) 대상이 아니라 기중 회계처리 대상에 해당한다.

5 ④ • ① 토지(유형자산) / ② 차량운반구(유형자산) / ③ 건물(유형자산)
 • ④ 임차보증금(기타비유동자산)

6 ② 유동성이 높은 순서 (유동성배열법에 따른 자산 배열 순서)
 : 당좌자산 − 재고자산 − 투자자산 − 유형자산 − 무형자산 − 기타비유동자산

7 ③ (단기매매증권 처분 시 회계처리)
 (차) 현금 등 2,000,000 (대) 단기매매증권 1,600,000
  현금 등 100,000
  단기매매증권처분이익 300,000[1]

 [1] 처분금액 − 처분 전 장부금액 = (2,000,000 − 100,000) − 1,600,000 = 300,000원

8 ④ • 부동산매매업을 주업으로 하는 기업이 판매를 목적으로 토지나 건물을 구입하여 보유하고 있다면 이는 재고자산으로 분류된다.
 • 선급금은 당좌자산에 해당한다.

9 ① • 대손충당금이란 외상매출금, 받을어음, 미수금, 대여금 등 수취채권 성격이 있는 자산 계정들의 잔액에 대한 대손예상액을 말한다.

• 지급어음(②), 미지급금(③), 선수금(④)은 부채 계정이므로 대손충당금을 설정할 수 있는 계정과목에 해당하지 않는다.

10 ③ 매출총이익 = 매출액 – 매출원가
= 800,000 – 600,000 = 200,000원

11 ① 일반기업회계기준에서 규정하고 있는 재무제표 : 재무상태표, 손익계산서, 자본변동표, 현금흐름표, 주석

12 ② 자본 = 자산 – 부채
= (현금 + 상품) – (선수금 + 단기차입금 + 외상매입금)
= (100,000 + 1,000,000) – (300,000 + 100,000 + 200,000) = 500,000원

13 ③ 자본적 지출액은 해당 자산의 취득원가에 가산한다. 그 후, 지출의 효익이 지속되는 기간에 걸쳐 감가상각을 통하여 비용을 인식한다.

14 ④ ① (차) 상품(자산의 증가)　　　　　　　300,000　　　(대) 외상매입금(부채의 증가)　　　300,000
　　 ② (차) 현금(자산의 증가)　　　　　　　100,000　　　(대) 외상매출금(자산의 감소)　　　100,000
　　 ③ (차) 급여(비용의 발생)　　　　　　　300,000　　　(대) 보통예금(자산의 감소)　　　　300,000
　　　　(또는 단기대여금(자산의 증가))
　　 ④ (차) 보통예금(자산의 증가)　　　　　300,000　　　(대) 이자수익(수익의 발생)　　　　300,000

15 ② • 총계정원장에서 전기이월 금액이 대변에 기재되어 있으므로 부채 계정 또는 자본 계정에 해당한다.
• 미수금(자산) / 미지급금(부채) / 선급금(자산) / 외상매출금(자산)

실무시험

문제 1 회사등록

[회사등록] 메뉴에서
- 사업자등록번호 : "350-52-35647"에서 "305-52-36547"로 수정
- 사업장 주소 : "부산광역시 해운대구 중동 777"에서 "대전광역시 중구 대전천서로 7(옥계동)"으로 수정
- 종목 : "신발, 의류, 잡화"에서 "문구 및 잡화"로 수정

문제 2 전기분재무상태표 / 전기분손익계산서

[전기분손익계산서] 메뉴에서
- 상품매출 : "227,000,000"에서 "237,000,000"으로 수정
- 여비교통비 : "3,900,000"에서 "0"으로 수정(또는 삭제)
- 복리후생비 : "3,900,000"을 추가 입력
- 유형자산처분손실 : "12,000,000"을 추가 입력

문제 3 거래처등록 / 계정과목및적요등록 / 거래처별초기이월

(1) [거래처별초기이월] 메뉴에서
- 받을어음 : 아진상사 "2,000,000"에서 "5,000,000"으로 수정
- 외상매입금 : 대영상사 "15,000,000"에서 "20,000,000"으로 수정
- 예수금 : "대전세무서 300,000"을 추가 입력

(2) [거래처등록] 메뉴에서 [신용카드] 탭을 선택한 후 다음을 입력
- 코드 : 99603
- 거래처명 : BC카드
- 유형 : 매입
- 카드번호(매입) : 1234-5678-1001-2348
- 카드종류(매입) : 3.사업용카드

문제 4 일반전표입력

(1) 8월 9일 (차) 선급금(㈜모닝) 200,000 (대) 현금 200,000

(2) 8월 20일 (차) 차량운반구 7,300,000 (대) 미지급금(삼성카드) 7,000,000
　　　　　　　　　　　　　　　　　　　　　　　보통예금 300,000

(3) 9월 25일 (차) 급여(판관비) 3,700,000 (대) 예수금 512,760
　　　　　　　　　　　　　　　　　　　　　　　보통예금 3,187,240

(4) 10월 2일 (차) 기업업무추진비(판관비) 2,000,000 (대) 미지급금(삼성카드) 3,000,000
　　　　　　　　복리후생비(판관비) 1,000,000

(5) 11월 17일 (차) 당좌예금 12,000,000 (대) 상품매출 35,000,000
　　　　　　　　받을어음(㈜새로운) 23,000,000

(6) 12월 1일 (차) 건물 15,000,000 (대) 보통예금 15,000,000

(7) 12월 27일 (차) 수수료비용(판관비) 300,000 (대) 현금 300,000

(8) 12월 29일 (차) 현금 30,000 (대) 현금과부족 30,000

문제 5 오류수정

(1) [일반전표입력] 7월 10일
　• 수정 전　(차) 보통예금 200,000 (대) 외상매출금(하진상사) 200,000
　• 수정 후　(차) 보통예금 200,000 (대) 선수금(하진상사) 200,000

(2) [일반전표입력] 11월 25일
　• 수정 전　(차) 세금과공과(판관비) 200,000 (대) 현금 200,000
　• 수정 후　(차) 인출금[1] 200,000 (대) 현금 200,000
　　　[1] '자본금' 계정으로 입력하여도 정답 인정

문제 6 결산

(1) [일반전표입력] 12월 31일
　　(차) 임차료(판관비) 500,000 (대) 미지급비용 500,000

(2) [일반전표입력] 12월 31일
　　(차) 미수수익 300,000 (대) 이자수익 300,000

(3) [일반전표입력] 12월 31일
　　(차) 보통예금 800,000 (대) 단기차입금(기업은행) 800,000

(4) [일반전표입력] 12월 31일
　　(차) 감가상각비(판관비) 5,500,000[1] (대) 감가상각누계액(비품) 5,500,000
　　[1] (취득원가 − 잔존가치) × (1/내용연수) = (55,000,000 − 0) × (1/10) = 5,500,000원

문제 7 장부조회

(1) 2월
　[총계정원장] 메뉴에서 기간은 1월 1일 ~ 5월 31일, 계정과목은 현금을 선택하여, 대변 금액이 가장 큰 월을 조회

(2) 12,000,000원
　[일계표(월계표)] 메뉴에서 기간은 1월 1일 ~ 6월 30일을 선택하여, 급여(판관비) 계정의 차변 '현금' 열 금액을 조회

(3) 5,000,000원
　(방법 1) [총계정원장](또는 [일계표(월계표)] 메뉴에서 기간은 6월 1일 ~ 6월 30일, 계정과목은 외상매출금을 선택한 다음, 6월의 대변(대변 '계' 열) 금액을 더블클릭하여 거래 내역에서 '(차) 받을어음 xxx (대) 외상매출금 xxx'으로 회계처리 된 금액을 조회
　(방법 2) [총계정원장](또는 [일계표(월계표)] 메뉴에서 기간은 6월 1일 ~ 6월 30일, 계정과목은 받을어음을 선택한 다음, 6월의 차변(차변 '계' 열) 금액을 더블클릭하여 거래 내역에서 '(차) 받을어음 xxx (대) 외상매출금 xxx'으로 회계처리된 금액을 조회

정답 및 해설 | 제111회 기출문제

▶ 문제 | p.480

이론시험

| 1 ④ | 2 ① | 3 ② | 4 ④ | 5 ③ | 6 ③ | 7 ② | 8 ④ |
| 9 ② | 10 ④ | 11 ① | 12 ③ | 13 ③ | 14 ① | 15 ② | |

1 ④ 복식부기에서는 재산 등의 증감변화에 대해 원인과 결과로 나누어 이중(차변과 대변)으로 기록한다.

2 ① • 유형자산이란 장기간에 걸쳐 영업활동에 사용할 목적으로 보유하는 자산으로서 물리적 형체가 있는 자산을 말한다.
 • 건물(자산, 유형자산), 사채(부채), 이자수익(수익), 퇴직급여(비용)
 참고 • 사채 : 주식회사가 장기자금을 조달하기 위하여 회사채라는 채무증권을 발행하고, 회사채에서 정하는 바에 따라 만기까지의 기간 동안 표시이자(액면이자)를 지급 및 만기일에 원금(액면금액)을 상환할 것을 약정하는 부채를 말하며, 이는 비유동부채에 해당한다.
 • 퇴직급여 : 종업원에게 지급하여야 하는 퇴직금과 관련된 회계처리를 할 때 사용하는 비용을 말하며, 이는 판매비와관리비에 해당한다.

3 ② 현금성자산이란 채무증권이나 금융상품 중에서 취득 당시에 만기가 3개월 이내인 것을 말한다.

4 ④ • 영리회계 : 이익 창출을 목적으로 하는 기업에 관한 회계정보를 제공하는 것
 • 재무회계 : 주주, 은행, 거래처, 과세기관 등 기업 외부의 다양한 정보이용자에게 기업회계기준에 따라 작성한 재무제표를 사용하여 회계정보를 제공하는 것
 • 단식부기 : 거래의 결과(예 수입과 지출)만을 가계부 형식으로 기록하는 방식
 • 복식부기 : 하나의 거래를 두 가지 내용(원인과 결과)으로 나누어 왼쪽과 오른쪽 양변에 기록하는 방식
 • 회계상 거래를 장부에 기록하는 방법에는 단식부기와 복식부기가 있을 수 있는데, 회계는 복식부기에 따라 양변으로 기록한다.

5 ③ 재고자산은 판매되어 수익(매출액)이 인식되는 기간에 그 수익에 대응시켜서 비용(매출원가)으로 인식한다.

6 ③ 가수금이란 금전을 수취하였으나 그 내용이 확정되지 않았을 경우 그 내용이 확정될 때까지 임시적으로 사용하는 계정과목을 말한다.

7 ② (회계처리)
 6월 29일 (차) 기업업무추진비   22,000   (대) 현금 등   22,000

8 ④ • 기말재고자산 증가 → 매출원가 감소 → 매출총이익 증가
 • 기말재고자산 감소 → 매출원가 증가 → 매출총이익 감소

9 ② • 기부금(영업외비용) / 세금과공과(판관비) / 이자비용(영업외비용) / 보험료(판관비) / 미수금(자산) / 미지급비용(자산) / 선급비용(자산)
 • 판매비와관리비에 해당하는 계정과목 : 세금과공과, 보험료

10 ④ • 당기순이익 = 수익 − 비용 = 이자수익 − 급여
   = 60,000 − 50,000 = 10,000원
 • 기말자본 = (방법 1) 기초자본 + 당기순이익 = 820,000 + 10,000 = 830,000원
   = (방법 2) 기말자산 − 기말부채 = (현금 + 건물) − 외상매입금
   = (220,000 + 700,000) − 90,000 = 830,000원
 • 유동자산 = 현금 = 220,000원
 • 판매비와관리비 = 급여 = 50,000원

11 ① ① (차) 차량운반구(자산의 증가)　　　　1,000,000　　(대) 현금(자산의 감소)　　　　1,000,000
　　　② (차) 임차료(비용의 증가)　　　　　1,000,000　　(대) 현금(자산의 감소)　　　　1,000,000
　　　③ (차) 현금(자산의 증가)　　　　　　1,000,000　　(대) 이자수익(수익의 증가)　　1,000,000
　　　④ (차) 상품(자산의 증가)　　　　　　1,000,000　　(대) 외상매입금(부채의 증가)　1,000,000

12 ③ ・① ② ④ : 수익적 지출 (∵ 당초 성능 수준으로 회복)
　　　・③ : 자본적 지출 (∵ 성능 수준을 향상)

13 ③ ・(A) : (차) 인출금　　　　　　　　　　xxx　　(대) 현금 등　　　　　　　　　xxx
　　　・(B) : (차) 세금과공과　　　　　　　　xxx　　(대) 현금 등　　　　　　　　　xxx

14 ① 매입채무 = 외상매입금 + 지급어음
　　　　　　＝ 30,000 + 20,000 = 50,000원

15 ② ・당기순이익 = 총수익 − 총비용
　　　　　　　　＝ 100,000 − 80,000 = 20,000원
　　　・기초자본 + 당기순이익 = 기말자본
　　　　→ ? + 20,000 = 200,000
　　　　∴ 기초자본 = 180,000원

실무시험

문제 1 회사등록

[회사등록] 메뉴에서
- 대표자명 : "이기호"에서 "박연원"으로 수정
- 업태 : "제조"에서 "도소매"로 수정
- 개업연월일 : "2017년 8월 20일"에서 "2012년 2월 2일"로 수정

문제 2 전기분재무상태표 / 전기분손익계산서

[전기분재무상태표] 메뉴에서
- 미수금 : "600,000"을 추가 입력
- 지급어음 : "810,000"에서 "8,100,000"으로 수정
- 단기차입금 : "500,000"에서 "5,000,000"으로 수정

문제 3 거래처등록 / 계정과목및적요등록 / 거래처별초기이월

(1) [거래처별초기이월] 메뉴에서
- 외상매입금 : 고래전자 "10,000,000"에서 "12,000,000"으로 수정
　　　　　　　"석류상사 27,000,000"을 추가 입력
- 미지급금 : 앨리스상사 "2,500,000"에서 "25,000,000"으로 수정

(2) [계정과목및적요등록] 메뉴에서
　　103.보통예금 계정의 현금적요란 5번에 "미수금 보통예금 입금"을 입력

문제 4 일반전표입력

(1) 7월 13일　(차) 보통예금　　　　　　2,000,000　　(대) 대손충당금(외상매출금)　2,000,000
(2) 8월 1일　(차) 외상매입금(남선상사)　2,000,000　　(대) 받을어음(오름상사)　　　2,000,000
(3) 8월 31일　(차) 임차보증금(온천상가)　20,000,000　　(대) 보통예금　　　　　　　20,000,000

(4) 9월   2일 (차) 인출금[1]   1,500,000   (대) 미지급금(삼성카드)   1,500,000
              [1] '자본금' 계정으로 입력하여도 정답 인정

(5) 9월 16일 (차) 감가상각누계액(차량운반구)   2,000,000   (대) 차량운반구   10,000,000
                   현금   9,000,000   유형자산처분이익   1,000,000

(6) 9월 30일 (차) 보통예금   10,000,000   (대) 장기차입금(우리은행)   10,000,000

(7) 10월 2일 (차) 상품   2,200,000   (대) 외상매입금(포스코상사)   2,000,000
                                                                       현금   200,000

(8) 10월 29일 (차) 선급금(효은상사)   1,000,000   (대) 보통예금   1,000,000

문제 5 오류수정

(1) [일반전표입력] 10월 5일
  • 수정 전   (차) 수선비(판관비)   1,300,000   (대) 현금   1,300,000
  • 수정 후   (차) 건물   13,000,000   (대) 현금   13,000,000

(2) [일반전표입력] 10월 13일
  • 수정 전   (차) 복리후생비(판관비)   400,000   (대) 미지급금(삼성카드)   400,000
  • 수정 후   (차) 기업업무추진비(판관비)   400,000   (대) 미지급금(삼성카드)   400,000

문제 6 결산

(1) [일반전표입력] 12월 31일
             (차) 미수수익   1,500,000   (대) 이자수익   1,500,000

(2) [일반전표입력] 12월 31일
             (차) 선급비용   120,000   (대) 보험료(판관비)   120,000

(3) [일반전표입력] 12월 31일
             (차) 단기매매증권   100,000   (대) 단기매매증권평가이익   100,000[1]
             [1] 기말 공정가치 - 평가 전 장부금액
                 = (1,000주 - @1,600원) - (1,000주 - @1,500원) = 100,000원

(4) [일반전표입력] 12월 31일
             (차) 대손상각비(판관비)   563,500   (대) 대손충당금(외상매출금)   323,500[1]
                                                                     대손충당금(받을어음)   240,000[2]
             [1] (322,350,000 × 1%) - 2,900,000 = 323,500원
             [2] (28,300,000 × 1%) - 43,000 = 240,000원

문제 7 장부조회

(1) 3건
   [총계정원장] 메뉴에서 기간은 3월 1일 ~ 3월 31일, 계정과목은 외상매출금을 선택하여, 3월의 차변 금액을 더블클릭하여 거래 내역에서 건수를 조회

(2) 5,200,000원
   [거래처원장] 메뉴에서 기간은 1월 1일 ~ 6월 30일, 계정과목은 선급금, 거래처는 자담상사를 선택하여, 6월 30일 현재 잔액을 조회

(3) 23,400,000원
   • [총계정원장] 메뉴에서 기간은 1월 1일 ~ 6월 30일, 계정과목은 현금을 선택하여, 차변 금액이 가장 큰 월과 대변 금액이 가장 큰 월을 조회
   • 차이금액 = 44,000,000원(5월, 입금액) - 20,600,000원(2월, 출금액) = 23,400,000원

정답및해설 | 제110회 기출문제

▶ 문제 | p.490

이론시험

| 1 ③ | 2 ② | 3 ① | 4 ② | 5 ① | 6 ④ | 7 ① | 8 ② |
| 9 ② | 10 ③ | 11 ③ | 12 ④ | 13 ③ | 14 ① | 15 ④ |

1 ③ ① (차) 현금(자산의 증가)   500,000   (대) 임대료(수익의 발생)   500,000
      ② (차) 상품(자산의 증가)   400,000   (대) 외상매입금(부채의 증가)   400,000
      ③ (차) 이자비용(비용의 발생)   80,000   (대) 현금(자산의 감소)   80,000
      ④ (차) 토지(자산의 증가)   80,000,000   (대) 보통예금(자산의 감소)   80,000,000

2 ② 유동성장기부채(유동부채), 선급비용(당좌자산), 단기차입금(유동부채), 예수금(유동부채)

3 ① • 단기매매증권 취득 시 발생하는 제비용은 수수료비용 계정 등 영업외비용으로 회계처리한다.
      • 차량운반구 취득 시 발생하는 제비용은 해당 자산 계정으로 회계처리한다.

4 ② • 총계정원장을 작성할 때, 자산 계정은 차변에, 부채 계정과 자본 계정은 대변에 각각 기초 금액을 기재한다. 반면, 수익 계정과 비용 계정은 전기로부터 이월되지 않으므로 기초 금액을 기재하지 않는다.
      • 받을어음(자산), 외상매입금(부채), 광고선전비(비용), 미수금(자산)

5 ① • 취득세, 설치비, 시운전비 : 유형자산의 취득부대비용에 해당하므로 해당 자산 계정으로 회계처리한다.
      • 재산세 : 자산의 보유와 관련된 지출이므로 당기 비용 계정으로 회계처리한다.

6 ④ 현금및현금성자산(당좌자산), 매출채권(당좌자산), 단기투자자산(당좌자산), 당좌차월(유동부채)

7 ① • 인출금이란 개인기업에서 기업주 개인적 용도의 인출 또는 추가 출자를 회계처리할 때 사용하는 임시 계정과목이다.
      • 기말 결산 시, 인출금 계정의 잔액을 자본금 계정으로 대체하는 회계처리를 한다.

8 ② 임차료(비용), 선급비용(자산), 임대료(수익), 유형자산처분이익(수익)

9 ② 미지급비용이란 당기의 수익에 대응되는 당기의 비용(수익·비용 대응의 원칙)이지만 결산일까지 지급되지 않은 금액을 말한다.

10 ③ • 누락된 회계처리
       (차) 선급비용(자산의 증가)   30,000   (대) 보험료(ⓐ 비용의 감소)   30,000
      • 수정 후 당기순이익 = 수정 전 당기순이익 + ⓐ
                         = 300,000 + 30,000 = 330,000원

11 ③ • 영업용 자동차 보험료(판관비), 외상매출금의 대손상각비(판관비), 차입금에 대한 이자비용(영업외비용), 기부금(영업외비용)
       • 영업외비용의 합계액 = 이자비용 + 기부금
                          = 3,000 + 1,000 = 4,000원

12 ④ 기업업무추진비(판관비), 세금과공과(판관비), 광고선전비(판관비), 기타의대손상각비(영업외비용)

13 ③ 전기란 계정과목별 잔액을 파악하기 위하여 분개장의 내용을 각 계정별 총계정원장으로 옮겨 적는 작업을 말한다.

14 ① • 재무상태표란 일정 시점 현재 기업의 재무상태(자산, 부채, 자본)를 나타내는 보고서를 말한다.
    • 손익계산서란 일정 기간 동안의 기업의 경영성과(수익, 비용)를 나타내는 보고서를 말한다.

15 ④ • 재고자산의 단가 결정방법 : 개별법, 선입선출법, 후입선출법, 총평균법, 이동평균법
    • 연수합계법은 유형자산의 감가상각방법에 해당한다.

실무시험

문제 1 회사등록

[회사등록] 메뉴에서
- 종목 : "문구및잡화"에서 "전자제품"으로 수정
- 개업연월일 : "2010년 1월 5일"에서 "2010년 9월 14일"로 수정
- 사업장 관할세무서 : "관악"에서 "대전"으로 수정

문제 2 전기분재무상태표 / 전기분손익계산서

[전기분손익계산서] 메뉴에서
- 급여 : "20,000,000"에서 "24,000,000"으로 수정
- 복리후생비 : "1,500,000"에서 "1,100,000"으로 수정
- 잡이익 : "3,000,000"을 "0"으로 수정(또는 삭제)
- 임대료 : "3,000,000"을 추가 입력

문제 3 거래처등록 / 계정과목및적요등록 / 거래처별초기이월

(1) [거래처등록] 메뉴에서
  [금융기관] 탭을 선택한 후, 한경은행(98006)을 등록
   - 코드 : 98006
   - 거래처명 : 한경은행
   - 유형 : 1.보통예금
   - 계좌번호 : 1203-4562-49735
   - 사업용 계좌 : 1.여

(2) [거래처별초기이월] 메뉴에서
   - 외상매출금 : 믿음전자 "15,000,000"에서 "20,000,000"으로 수정
                리트상사 "5,000,000"을 "0"으로 수정(또는 삭제)
                "㈜형제 5,000,000"을 추가 입력
   - 외상매입금 : 중소상사 "1,000,000"에서 "12,000,000"으로 수정

문제 4 일반전표입력

(1) 7월 16일 (차) 보통예금   600,000   (대) 선수금(우와상사)   600,000

(2) 8월 4일 (차) 비품   15,000,000   (대) 미지급금(BC카드)   15,000,000

(3) 8월 25일 (차) 세금과공과(판관비)   120,000   (대) 현금   120,000

(4) 9월 6일 (차) 매출할인(상품매출)   36,000   (대) 외상매출금(수분상사) 1,800,000
              당좌예금   1,764,000

(5) 9월 20일 (차) 복리후생비(판관비)   200,000   (대) 현금   200,000

(6) 10월 5일 (차) 광고선전비(판관비)   500,000   (대) 미지급금(삼성카드)   500,000

(7) 10월 13일 (차) 기부금   500,000   (대) 현금   500,000

(8) 11월 1일 (차) 예수금   190,000   (대) 보통예금   380,000
              복리후생비(판관비)   190,000

문제 5 오류수정

(1) [일반전표입력] 8월 16일
- 수정 전 (차) 운반비(판관비) 50,000 (대) 현금 50,000
- 수정 후 (차) 상품 50,000 (대) 현금 50,000

(2) [일반전표입력] 9월 30일
- 수정 전 (차) 장기차입금(농협은행) 11,000,000 (대) 보통예금 11,000,000
- 수정 후 (차) 장기차입금(농협은행) 10,000,000 (대) 보통예금 11,000,000
              이자비용 1,000,000

문제 6 결산

(1) [일반전표입력] 12월 31일
    (차) 소모품비(판관비) 70,000 (대) 소모품 70,000

(2) [일반전표입력] 12월 31일
    (차) 가수금 200,000 (대) 외상매출금(강원상사) 200,000

(3) [일반전표입력] 12월 31일
    (차) 현금과부족 100,000[1] (대) 잡이익 100,000

[1] [합계잔액시산표] 메뉴에서 기간을 12월 31일로 선택하여, 동일자 현재 현금과부족 계정의 차변 잔액이 '(−)100,000원'임을 조회

(4) [일반전표입력] 12월 31일
    (차) 감가상각비(판관비) 1,100,000 (대) 감가상각누계액(차량운반구) 600,000
                                          감가상각누계액(비품) 500,000

문제 7 장부조회

(1) 드림상사 / 4,200,000원
[거래처원장] 메뉴에서 기간은 1월 1일 ~ 6월 30일, 계정과목은 외상매출금, 거래처는 전체를 선택하여, 6월 말 현재 잔액이 가장 적은 거래처와 그 금액을 조회

(2) 2,524,000원
[총계정원장] 메뉴에서 기간은 1월 1일 ~ 6월 30일, 계정과목은 복리후생비(판관비)를 선택하여, 차변 금액이 가장 큰 월의 금액을 조회

(3) 16,000,000원
- [재무상태표](또는 [합계잔액시산표]) 메뉴에서 기간은 6월을 선택하여, 차량운반구의 장부금액을 조회
- 6월 말 현재 차량운반구의 장부금액 = 취득원가 − 감가상각누계액
                             = 22,000,000 − 6,000,000 = 16,000,000원

정답및해설 | 제109회 기출문제

▶ 문제 | p.500

이론시험

| 1 ④ | 2 ④ | 3 ② | 4 ③ | 5 ② | 6 ② | 7 ① | 8 ③ |
| 9 ① | 10 ① | 11 ① | 12 ④ | 13 ② | 14 ④ | 15 ③ | |

1 ④ ① (차) 현금(자산의 증가)   100,000   (대) 선수금(부채의 증가)   100,000
      → 수익·비용이 없음 : 교환거래
    ② (차) 통신비(비용의 발생)   50,000   (대) 보통예금(자산의 감소)   150,000
        수도광열비(비용의 발생)   100,000
      → '수익·비용 금액 = 거래금액의 총액' : 손익거래
    ③ (차) 보통예금(자산의 증가)   600,000   (대) 임대료(수익의 발생)   600,000
      → '수익·비용 금액 = 거래금액의 총액' : 손익거래
    ④ (차) 단기차입금(부채의 감소)   1,000,000   (대) 보통예금(자산의 감소)   3,000,000
        장기차입금(부채의 감소)   2,000,000
      → 수익·비용이 없음 : 교환거래

2 ④ 대손충당금이란 외상매출금, 받을어음, 미수금, 대여금 등 수취채권 성격이 있는 자산 계정들의 잔액에 대한 대손예상액을 말한다. 단기차입금은 지급채무 성격이 있는 부채 계정이므로, 대손충당금을 설정할 수 있는 계정과목에 해당하지 않는다.

3 ② • 자기앞수표, 우편환증서, 배당금지급통지표는 통화대용증권에 해당하므로 현금 계정으로 회계처리한다.
    • 당사가 당좌수표를 발행하면 당좌예금 계정으로 대변에 회계처리한다.

4 ③ 당기 순매입액 = 매입가액 + 취득부대비용 − 매입환출 − 매입에누리 − 매입할인
              = 50,000 + 2,000 − 0 − 0 − 3,000 = 49,000원

5 ② • 차변요소 : 자산의 증가, 부채의 감소, 자본의 감소, 수익의 발생
    • 대변요소 : 자산의 감소, 부채의 증가, 자본의 증가, 비용의 발생

6 ② • 가. : (차) 외상매출금   xxx   (대) 상품매출   xxx
    • 나. : (차) 보통예금   xxx   (대) 외상매출금   xxx
    • 다. : (차) 현금   xxx   (대) 외상매출금   xxx
    • 라. : (차) 외상매입금   xxx   (대) 보통예금   xxx

7 ① 기말재고자산(차기이월 재고자산) 50,000원 과대계상 → 매출원가 50,000원 과소계상 → 당기순이익(영업이익) 50,000원 과대계상

8 ③ • 복리후생비(판관비), 유형자산처분손실(영업외비용), 이자비용(영업외비용), 급여(판관비)
    • 영업이익 = 매출액 − 매출원가 − 판매비와관리비
           = 20,000,000 − 14,000,000 − (300,000 + 2,000,000) = 3,700,000원

9 ① 기말 현재 대손충당금 잔액 = 대손추산액 = 기말 현재 수취채권 잔액 × 대손추정률
                    = 20,000,000 × 1% = 200,000원

10 ① 선입선출법은 기말재고자산의 단가결정방법에 해당한다.

11 ① · 가. 출장 여비교통비 : 여비교통비(판관비)
· 나. 거래처 대표자의 결혼식 화환 구입비 : 기업업무추진비(판관비)
· 다. 차입금에 대한 이자 : 이자비용(영업외비용)
· 라. 유형자산의 처분이익 : 유형자산처분이익(영업외비용)

12 ④ · 법인기업은 자본을 자본금, 자본잉여금, 자본조정, 기타포괄손익누계액, 이익잉여금으로 구분하여 표시한다.
· 주식발행초과금(자본잉여금), 감자차익(자본잉여금), 자기주식처분이익(자본잉여금), 임의적립금(이익잉여금)

13 ② · 유동성장기부채(유동부채), 장기차입금(비유동부채), 미지급비용(유동부채), 선급비용(유동자산), 예수금(유동부채), 외상매입금(유동부채)
· 유동부채 항목의 합계금액 = 유동성장기부채 + 미지급비용 + 예수금 + 외상매입금
  = 4,000,000 + 1,400,000 + 500,000 + 3,300,000 = 9,200,000원

14 ④ 매출채권(당좌자산), 현금(당좌자산), 선급비용(당좌자산), 건설중인자산(유형자산)

15 ③ 수익적 지출이란 당초 예상되었던 성능 수준으로 회복시키거나 유지하기 위한 지출을 말하며, 이를 당기 비용으로 회계처리한다. 건물 내부의 조명기구를 교체하는 지출은 수익적 지출에 해당한다.

실무시험

문제 1 회사등록

[회사등록] 메뉴에서
· 사업자등록번호 : "646-40-01031"에서 "646-04-01031"로 수정
· 종목 : "식료품"에서 "신발"로 수정
· 사업장 관할세무서 : "안동"에서 "강동"으로 수정

문제 2 전기분재무상태표 / 전기분손익계산서

[전기분손익계산서] 메뉴에서
· 여비교통비 : "500,000"에서 "600,000"으로 수정
· 광고선전비 : "600,000"에서 "700,000"으로 수정
· 기부금 : "600,000"을 "0"으로 수정(또는 삭제)
· 이자비용 : "600,000"을 추가 입력

문제 3 거래처등록 / 계정과목및적요등록 / 거래처별초기이월

(1) [계정과목및적요등록] 메뉴에서
  813.기업업무추진비 계정의 현금적요란 5번에 "거래처 명절선물 대금 지급"을 입력

(2) [거래처별초기이월] 메뉴에서
  · 외상매출금 : ㈜사이버나라 "20,000,000"에서 "45,000,000"으로 수정
  · 단기대여금 : ㈜해일 "20,000,000"에서 "10,000,000"으로 수정
    부림상사 "30,000,000"에서 "3,000,000"으로 수정

문제 4 일반전표입력

(1) 8월 1일 (차) 단기매매증권　　　　　　2,000,000　　(대) 보통예금　　　　　2,012,000
　　　　　　　수수료비용(영업외비용)　　　12,000[1]
　　　　　　[1] 단기매매증권의 구입 시 발생하는 제비용은 '수수료비용' 계정 등 영업외비용으로 회계처리한다.

(2) 9월 2일 (차) 상품　　　　　　　　　　9,600,000　　(대) 외상매출금(푸름상회)　5,000,000
　　　　　　　　　　　　　　　　　　　　　　　　　　　　외상매입금(푸름상회)　4,600,000

(3) 10월 5일 (차) 비품　　　　　　　　　　550,000　　　(대) 현금　　　　　　　　　　550,000

(4) 10월 20일 (차) 예수금　　　　　　　　220,000　　　(대) 보통예금　　　　　　　440,000
　　　　　　　　　복리후생비(판관비)　　220,000

(5) 11월 1일 (차) 광고선전비(판관비)　　990,000　　　(대) 당좌예금　　　　　　　990,000

(6) 11월 30일 (차) 보통예금　　　　　　10,500,000　　(대) 정기예금　　　　　　10,000,000
　　　　　　　　　　　　　　　　　　　　　　　　　　　이자수익　　　　　　　　500,000

(7) 12월 5일 (차) 수선비(판관비)　　　　330,000　　　(대) 미지급금(하나카드)　　330,000

(8) 12월 15일 (차) 선급금(에스파파상사)　1,000,000　　(대) 보통예금　　　　　　1,000,000

문제 5　오류수정

(1) [일반전표입력] 10월 27일
　· 수정 전　(차) 보통예금　　　10,000,000　　(대) 자본금　　　　　　　　10,000,000
　· 수정 후　(차) 보통예금　　　10,000,000　　(대) 단기차입금(좋은은행)　10,000,000

(2) [일반전표입력] 11월 16일
　· 수정 전　(차) 기업업무추진비(판관비)　198,000　　(대) 보통예금　　　198,000
　· 수정 후　(차) 상품　　　　　　　　　　　198,000　　(대) 보통예금　　　198,000

문제 6　결산

(1) [일반전표입력] 12월 31일
　　　　　　(차) 소모품비(판관비)　　　550,000　　(대) 소모품　　　　　　　　550,000

(2) [일반전표입력] 12월 31일
　　　　　　(차) 선급비용　　　　　　　600,000[1]　　(대) 보험료(판관비)　　　600,000
　　[1] 1,200,000원 × (6개월/12개월) = 600,000원

(3) [일반전표입력] 12월 31일
　　　　　　(차) 현금과부족　　　　　　50,000　　(대) 잡이익　　　　　　　　50,000

(4) [일반전표입력] 12월 31일
　　　　　　(차) 대손상각비(판관비)　　1,748,200　　(대) 대손충당금(외상매출금)　1,281,200[1]
　　　　　　　　　　　　　　　　　　　　　　　　　　　대손충당금(받을어음)　　　467,000[2]
　　[1] (128,120,000 × 1%) − 0 = 1,281,200원
　　[2] (46,700,000 × 1%) − 0 = 467,000원

문제 7　장부조회

(1) 4월 / 24,150,000원
　　[총계정원장] 메뉴에서 기간은 1월 1일 ~ 6월 30일, 계정과목은 현금을 선택하여, 대변 금액이 가장 큰 월을 조회

(2) 158,800,000원
　　[재무상태표](또는 [합계잔액시산표]) 메뉴에서 기간은 6월을 선택하여, 당기 6월 말 유동부채 합계 금액을 조회

(3) 1,320,000원
　· [총계정원장] 메뉴에서 기간은 1월 1일 ~ 6월 30일, 계정과목은 복리후생비(판관비)를 선택하여, 차변 금액이 가장 큰 월과 작은 월을 조회
　· 차이 = 1,825,000(2월) − 505,000(6월) = 1,320,000원

정답및해설 | 제108회 기출문제

▶ 문제 | p.509

이론시험

| 1 ③ | 2 ④ | 3 ① | 4 ① | 5 ② | 6 ④ | 7 ③ | 8 ③ |
| 9 ② | 10 ① | 11 ① | 12 ④ | 13 ④ | 14 ③ | 15 ② |

1 ③ 재무상태표는 기업의 재무상태를 보고하기 위하여 일정 시점 현재의 자산, 부채, 자본을 나타내는 보고서이다.

2 ④ 총계정원장에서 받을어음(자산) 계정의 잔액은 왼쪽에, 미지급금(부채), 자본금(자본), 임대료(수익) 계정의 잔액은 오른쪽에 남게 된다.

3 ① • 당기 순매입액 = 매입가액 + 취득부대비용 − 매입환출 − 매입에누리 − 매입할인
             = 30,000 + 0 − 0 − 1,000 − 0 = 29,000원
     • 매출원가 = 기초재고 + 당기 순매입액 − 기말재고
             = 10,000 + 29,000 − 5,000 = 34,000원

4 ① • 수익적 지출은 차량유지비 계정 등 당기 비용으로 회계처리한다.
     • 기중 취득 자산에 대한 정액법 감가상각비 = (취득원가 − 잔존가치) × (1/내용연수) × 해당 월수
                                   = (1,000,000 − 0) × (1/5) × (6개월/12개월) = 100,000원

5 ② 보험료 지급액 중 최종 재무제표에 당기 비용(보험료 계정)으로 표시되는 금액
     = 600,000원 × (2개월/12개월) = 100,000원

6 ④ 매입채무 = 외상매입금 + 지급어음

7 ③ 차량운반구(유형자산, 비유동자산), 당좌예금(당좌자산, 유동자산), 단기차입금(유동부채), 선수수익(유동부채)

8 ③ • 현금및현금성자산 = (통화 + 통화대용증권) + 요구불예금 + 현금성자산
     • 우편환증서, 배당금지급통지서, 자기앞수표는 통화대용증권에 해당한다.
     • 당좌차월은 부채에 해당한다.

9 ② 선급금이란 계약금 성격으로 미리 지급한 대금을 말한다.

10 ① • 외상매입금(부채), 선수수익(부채), 단기대여금(자산), 미지급비용(부채), 선급비용(자산), 미수수익(자산)
     • 부채의 합계액 = 외상매입금 + 선수수익 + 미지급비용
               = 3,000,000 + 500,000 + 2,000,000 = 5,500,000원

11 ① 유동자산이란 보고기간 종료일로부터 1년 이내에 현금화되는 자산을 말한다.

12 ④ • 외상매출 시 회계처리
       (차) 외상매출금   7,000,000   (대) 상품매출   7,000,000
     • 외상매출금 회수 시 회계처리
       (차) 현금 등   1,000,000   (대) 외상매출금   1,000,000

- 외상매출금 계정의 총계정원장

외상매출금(자산)			
기초잔액	3,000,000	회수액	1,000,000
외상매출액	7,000,000	기말잔액	?
	10,000,000		10,000,000

∴ 기말잔액 = (3,000,000 + 7,000,000) − 1,000,000 = 9,000,000원

13 ④ 개별법은 상호 교환될 수 없는 재고자산 항목인 경우에 적합하다. 개별법은 가장 정확한 단가 산정방법이나 실무에서 적용하기는 현실적으로 어렵다.

14 ③ 선급비용(비용의 이연), 미지급비용(비용의 발생), 선수수익(수익의 이연), 미수수익(수익의 발생)

15 ② 기말재고자산 과대평가 → 매출원가 과소계상 → 당기순이익 과대계상

실무시험

문제 1 회사등록

[회사등록] 메뉴에서
- 업태 : "제조"에서 "도소매"로 수정
- 종목 : "의약품"에서 "사무기기"로 수정
- 사업장 관할세무서 : "금정"에서 "부천"으로 수정

문제 2 전기분재무상태표 / 전기분손익계산서

[전기분손익계산서] 메뉴에서
- 기업업무추진비 : "800,000"에서 "750,000"으로 수정
- 임차료 : "1,200,000"을 추가 입력
- 이자비용 : "1,200,000"을 추가 입력

문제 3 거래처등록 / 계정과목및적요등록 / 거래처별초기이월

(1) [계정과목및적요등록] 메뉴에서
812.여비교통비 계정의 대체적요란 3번에 "직원의 국내출장비 예금 인출"을 입력

(2) [거래처별초기이월] 메뉴에서
- 외상매입금 : 라라무역 "2,320,000"에서 "23,200,000"으로 수정
  "양산상사 35,800,000"을 추가 입력
- 단기차입금 : "㈜굿맨 36,000,000"을 추가 입력

문제 4 일반전표입력

(1) 7월 15일	(차) 받을어음(태영상사)	800,000	(대) 상품매출	4,000,000
	외상매출금(태영상사)	3,200,000		
(2) 8월 25일	(차) 보통예금	15,000,000	(대) 장기차입금(큰손은행)	15,000,000
(3) 9월 5일	(차) 통신비(판관비)	50,000	(대) 미지급금(삼성카드)	90,000
	수도광열비(판관비)	40,000		
(4) 10월 5일	(차) 기업업무추진비(판관비)	300,000	(대) 현금	300,000
(5) 10월 24일	(차) 토지	52,300,000	(대) 현금	52,300,000

(6) 11월 2일	(차) 대손충당금(외상매출금)	900,000	(대) 외상매출금(온나라상사)	3,000,000
	대손상각비(판관비)	2,100,000		
(7) 11월 30일	(차) 급여(판관비)	4,200,000	(대) 예수금	635,010
			보통예금	3,564,990
(8) 12월 15일	(차) 외상매입금(대한상사)	7,000,000	(대) 보통예금	5,000,000
			현금	2,000,000

문제 5 오류수정

(1) [일반전표입력] 8월 20일
- 수정 전   (차) 현금   3,500,000   (대) 선수금(두리상사)   3,500,000
- 수정 후   (차) 선급금(두리상사)   3,500,000   (대) 현금   3,500,000

(2) [일반전표입력] 9월 16일
- 수정 전   (차) 이자비용   4,000,000   (대) 보통예금   4,000,000
- 수정 후   (차) 단기차입금(나라은행)   4,000,000   (대) 보통예금   4,000,000

문제 6 결산

(1) [일반전표입력] 12월 31일
   (차) 이자비용   1,125,000   (대) 미지급비용   1,125,000 [1]
   [1] 30,000,000원 × 5% × (9개월/12개월) = 1,125,000원

(2) [일반전표입력] 12월 31일
   (차) 미수수익   15,000   (대) 이자수익   15,000

(3) [일반전표입력] 12월 31일
   (차) 감가상각비(판관비)   1,700,000   (대) 감가상각누계액(비품)   1,700,000

(4) [일반전표입력] 12월 31일
   (결차) 상품매출원가   187,920,000 [1]   (결대) 상품   187,920,000
   [1] 판매가능상품액 – 기말상품재고액 = 194,420,000 – 6,500,000 = 187,920,000원

   참고 [결산자료입력] 메뉴에서 기간 1월 ~ 12월을 선택하고, 기말상품재고액 "6,500,000"을 '2.매출원가 ▶ 상품매출원가 ▶ 146.기말상품재고액'의 '결산반영금액'란에 입력한 후, 메뉴 상단에 있는 F3 전표추가 를 클릭하여도 위와 동일한 내용의 자동전표를 생성할 수 있다.

문제 7 장부조회

(1) 30,000,000원
   [거래처원장] 메뉴에서 기간은 4월 1일 ~ 6월 30일, 계정과목은 지급어음, 거래처는 수석상사를 선택하여, 해당 기간의 대변 금액을 조회

(2) 86,562,000원
   [일계표(월계표)] 메뉴에서 기간은 1월 1일 ~ 6월 30일을 선택하여, 보통예금 계정의 차변 '계' 열 금액을 조회

(3) 3월 / 272,000원
   [총계정원장] 메뉴에서 기간은 1월 1일 ~ 6월 30일, 계정과목은 기업업무추진비(판관비)를 선택하여, 차변 금액이 가장 작은 월을 조회

해커스금융 단기 합격생이 말하는
세무회계자격증 합격의 비밀!

해커스금융과 함께해야 합격이 쉬워집니다!

취준생 한 달 단기합격
이*은
전산회계 1급

"한 번에 합격을 가능하게 만든 해커스 강의"

이남호 회계사의 강의는 열정 한 바가지 그 자체다.
어떻게 하면 개념을 쉽게 이해시킬 수 있는지에 대해 노력한 흔적이 많고,
수강생들이 헷갈리는 부분을 다시 한번 설명해 주는 꼼꼼함이 묻어 있다.

주부 한 달 단기합격
김*미
전산세무 2급

"전산세무 2급 한 달 만에 합격"

이남호 회계사의 상세한 풀이 및 해설강의가 도움이 되었습니다.
또한 강의 내용이나 교재 관련 궁금증이 생겨 문의하였을 때, 신속한 1:1 문의 답변으로
공부하는데 많은 도움을 받았습니다.
교재는 시험에 자주 빈출되는 핵심만 정리되어 있어 좋았습니다.

대학생 6주 단기 합격
허*진
전산세무 1급

"해커스 인강을 듣고 전산세무 1급 합격"

방대한 양의 시험범위를 이남호 회계사께서 중요한 파트를 구별해 설명해 주셔서
시간 절약이 되었습니다. 이론을 먼저 배움으로써 개념을 탄탄히 쌓고, **실무 강의로
이론에서 배운 내용을 곧바로 적용하는 연결된 학습으로 큰 효과를 봤습니다.**

합격의 기준, 해커스금융 fn.Hackers.com

더 많은 합격후기가 궁금하다면? ▶

해커스잡·해커스공기업 누적 수강건수 700만 선택
취업교육 1위 해커스

합격생들이 소개하는 **단기합격 비법**

삼성 그룹 최종 합격!
오*은 합격생

정말 큰 도움 받았습니다!
삼성 취업 3단계 중 많은 취준생이 좌절하는 GSAT에서 해커스 덕분에 합격할 수 있었다고 생각합니다.

국민건강보험공단 최종 합격!
신*규 합격생

모든 과정에서 선생님들이 최고라고 느꼈습니다!
취업 준비를 하면서 모르는 것이 생겨 답답할 때마다, 강의를 찾아보며 그 부분을 해결할 수 있어 너무 든든했기 때문에 모든 선생님께 감사드리고 싶습니다.

해커스 대기업/공기업 대표 교재

GSAT 베스트셀러
279주 1위

7년간 베스트셀러
1위 326회

[279주 베스트셀러 1위] YES24 수험서 자격증 베스트셀러 삼성 GSAT 분야 1위(2014년 4월 3주부터, 1판부터 20판까지 주별 베스트 1위 통산)
[326회] YES24/알라딘/반디앤루니스 취업/상식/적성 분야, 공사 공단 NCS 분야, 공사 공단 수험서 분야, 대기업/공기업/면접 분야 베스트셀러 1위 횟수 합계 (2016.02.~2023.10/1~14판 통산 주별 베스트/주간집계 기준)
[취업교육 1위] 주간동아 2024 한국고객만족도 교육(온·오프라인 취업) 1위
[700만] 해커스 온·오프라인 취업강의(특강) 누적신청건수(중복수강/무료 강의 포함/2015.06~2024.11.28)

| 대기업 | 공기업 |

최종합격자가 수강한 강의는? 지금 확인하기!

해커스잡 **ejob.Hackers.com**

전산회계 2급 합격을 위한
해커스금융의 특별 혜택

이론+실무 전 강의 수강권

VFN235227B45955AA9

해커스금융(fn.Hackers.com) 접속 후 로그인 ▶ 페이지 하단의 [쿠폰&수강권 등록] 클릭 ▶ [수강권입력] 란에 쿠폰번호 입력 후 이용

* 등록 후 7일간 사용 가능(ID당 1회에 한해 등록 가능)
* 수강권 등록 시 강의는 자동으로 시작되며, 제공된 강의는 연장이 불가합니다.

4단계 분개 전략을 활용한 빈출분개 100선 연습[PDF]

7BA4QEDRUHAE

분개연습 노트[PDF]

CUH48TSNMBC6

해커스금융(fn.Hackers.com) 접속 후 로그인 ▶ 페이지 우측 상단의 [교재] 클릭 ▶ 좌측의 [무료 자료 다운로드] 클릭 ▶ 쿠폰번호 입력 후 이용

▲ QR코드로 확인하기

이남호 교수님의 최신기출문제 해설강의+해설집

해커스금융(fn.Hackers.com) 접속 후 로그인 ▶ 페이지 상단의 [회계/세무] 클릭 ▶ 좌측의 [전산세무회계 기출해설 무료] 클릭 ▶ 급수 선택 후 이용

▲ QR코드로 확인하기

KcLep 프로그램 사용법 강의

해커스금융(fn.Hackers.com) 접속 후 로그인 ▶ 페이지 상단의 [회계/세무] 클릭 ▶ 좌측의 [전산세무회계 기출해설 무료] 클릭 후 이용

▲ QR코드로 확인하기

이론+실무 기초 특강

해커스금융(fn.Hackers.com) 접속 후 로그인 ▶ 페이지 상단의 [회계/세무] 클릭 ▶ 좌측의 [전산세무회계 전급수 인강무료] 클릭 후 이용

▲ QR코드로 확인하기

합격의 기준, 해커스금융 fn.Hackers.com